EN NOS VERTES ANNÉES

D0711646

Paru dans Le Livre de Poche :

FORTUNE DE FRANCE

1. Fortune de France
2. En nos vertes années
3. Paris, ma bonne ville
4. Le Prince que voilà
5. La Violente Amour
6. La Pique du jour
7. La Volte des vertugadins
8. L'Enfant-Roi
9. Les Roses de la vie
10. Le Lys et la Pourpre
11. La Gloire et les Périls
12. Complots et cabales
13. Le Glaive et les Amours

L'IDOLE

LE JOUR NE SE LÈVE PAS POUR NOUS

LE PROPRE DE L'HOMME

ROBERT MERLE

Fortune de France II

En nos vertes années

ÉDITIONS DE FALLOIS

EN NOS VERTES ANNÉES

Au Professeur Mion

« ... Ce combat perpétuel et malheureux contre la mort qui est l'état du médecin, et je crois, son honneur. » (p. 233)

CHAPITRE PREMIER

Ha certes! Si enflammé que je fusse à galoper en ce mois de juin avec mon gentil frère Samson et notre valet Miroul par les montées et les dévalades des grands chemins de France, cependant j'avais, par bouffées, le cœur mordu de laisser si loin derrière moi dans le Sarladais la baronnie de Mespech. Peu s'en fallait que, chevauchant, ne me vînt larme à l'œil chaque fois que je me ramentevais le grand nid crénelé où j'avais éclos et mis mes plumes, protégé des troubles du temps par ses remparts, mais plus encore par la bravoure de mon père, de l'oncle Sauveterre, de nos soldats, car notre dicton périgordin dit vrai : Il n'est bons murs que de bons hommes.

Mais quoi! Nos quinze ans venus, le latin bien enfourné dans nos têtes (où langue d'oc et français déjà voisinaient), notre valeur au surplus bien prouvée dans le combat de la Lendrevie, ne fallait-il pas nous tirer enfin du chaud duvet de notre Barberine, quitter, comme j'aimais à dire, nos maillots et enfances, et puisque nous avions le malheur d'être cadets (et mon bien-aimé Samson, par surcroît, bâtard), pousser plus avant nos études, et ainsi que l'avait décidé mon père, en Montpellier.

En cette bonne ville, il avait lui-même étudié en la fleur de son âge. Elle lui était fort chère, et il tenait que son collège de médecine, où Rabelais avait soutenu ses thèses, passait tous les autres, Paris compris, par l'audace, la variété, et les nouveautés de

11

son enseignement, brillant, disait-il, en cette deuxième partie du siècle, d'un éclat plus vif qu'au siècle précédent, l'école de Salerne.

Cependant, bien long et périlleux était le chemin de Sarlat à Montpellier, surtout pour trois huguenots qui n'avaient point cinquante ans à eux trois, et voyageaient en des temps encore si troublés, au sortir des guerres où les nôtres et les catholiques s'étaient si cruellement déchirés. Certes, une sorte de paix régnait maintenant entre les deux partis, mais grondante et rechignée. Les inquiétudes des nôtres avaient flambé derechef en 1565, lors de l'Entrevue de Bayonne, où Catherine de Médicis, s'entretenant en secret avec le Duc d'Albe, s'était, selon la rumeur, dite prête à troquer le mariage de sa fille Margot et de Don Juan d'Espagne contre le sang des huguenots français. Mais Philippe II avait en fin de compte refusé, non sans hauteur, d'allier de nouveau son sang avec le trône de France. Pis même : l'année suivante, le Roi très catholique, irrité de ce que des Français nichassent si près de ses possessions des Amériques, et dans son dépit oubliant tout soudain ses belles évangiles, avait fait massacrer par surprise nos colons bretons de Floride. Catherine de Médicis en avait conçu un grand courroux, au point que l'Espagnol avait perdu quelque peu de son crédit à la Cour de France, et n'osait plus, en son zèle papiste, réclamer si haut l'assassinat de nos chefs protestants et, pour la masse de nos frères, l'exil ou le bûcher.

Ces sanglants projets écartés, à tout le moins pour un temps, la fortune de France osait à nouveau sourire. La paix paraissait quelque peu gagner, les plus acharnés papistes parmi les sujets du Roi perdant cœur à n'être plus soutenus par l'Espagnol, et les catholiques modérés retrouvant l'espoir de chercher avec les nôtres des accommodements. Encore fallait-il compter, quand on chevauchait par le royaume, avec les gueux qui, dans le désordre des guerres civiles, infestaient les forêts, rançonnaient les carrefours, occupaient les ponts pour y lever péage, et non contents de larronner, commettaient, l'arme au poing, des excès infinis.

Certes, exercés aux armes dès notre âge le plus tendre — la dernière tétée des beaux tétons de Barberine ayant à peine passé le nœud de notre gorge —, en outre, armés en guerre pour la circonstance, le morion sur le chef, le corselet défendant la poitrine, le braquemart nous battant la jambe, la dague pendant à la ceinture, les crosses de nos pistolets émergeant des fontes de nos selles, et nos arquebuses portées sur le cheval de bât que menait Miroul par sa longe, nous pensions, Samson et moi, avoir peu à redouter de ces méchants. Mais Miroul qui, tout jeune qu'il fût, avait déjà connu les traîtrises des grands chemins, nous répétait, comme mon père l'avait fait, que le salut n'était point dans un combat où il ne servirait à rien de vaincre si l'un de nous était navré, mais dans la fuite, où la vélocité supérieure de nos montures nous assurerait l'avantage. Conseil de poids, car prudence, chez Miroul, n'était point fille de lâcheté. Fluet, mais agile au point de grimper le long d'un mur comme mouche avec ses pattes, et son coup de pique partant dans la lutte aussi roide et vif que carreau d'arbalète, il valait trois soldats à lui seul. Qu'on ne me croie pas ici gasconnant : je ne dis que le vrai. Et d'ailleurs, on le verra bien.

Quant au moment de ce voyage, il pourra surprendre, étant si précoce, les cours à Montpellier ne commençant qu'à la Saint-Luc [1], mais bien avais-je compris que l'intention de mon père, en le décidant si tôt, était de me guérir de la grande mélancolie où j'étais tombé après la mort de la petite Hélix, ma sœur de lait. Elle s'était, un mois plus tôt, endormie dans le Seigneur après de grandes souffrances, en la fleur de ses dix-neuf ans. Or je l'aimais de fort grande amitié, malgré la modestie de son état et les sourcillements de mon aîné François, resté, lui, pour l'heure, à l'abri de nos murs, en attendant de devenir Baron quand le Créateur rappellerait mon père à lui. Et attendre, François le pouvait, certes, et de longues

1. Le 18 octobre.

années encore, Dieu merci, tant mon père, à cinquante ans passés, était vif et vigoureux, ayant enlevé, un an plus tôt, Franchou — la chambrière de sa défunte épouse — dans le faubourg de la Lendrevie, aux portes de Sarlat infecté de peste, et l'épée à la main, faisant face, Samson et moi à ses côtés, à une bande de gueux sanguinaires.

Huguenot, je l'étais, certes, mais je l'étais moins que mon frère Samson, point nourri comme lui, dès le premier souffle, dans la religion réformée, ma mère m'ayant élevé dans la religion romaine. A son lit de mort — converti que j'étais pourtant, depuis l'âge de dix ans, à la nouvelle opinion, par mon père et selon une pression qui ne fut pas petite —, ma mère m'avait baillé une médaille de Marie, exigeant de moi le serment de la porter jusqu'à ma propre fin. Ainsi, professant la religion réformée, je portais autour du col, fidèlement, l'image et comme le symbole de la religion catholique.

Est-ce pour cela que les familiarités où la petite Hélix m'avait, de son vivant, entraîné en la douceur de nos nuits amicales, me paraissaient beaucoup moins damnables qu'elles ne seraient apparues à mon demi-frère Samson dont la grande beauté s'alliait à une vertu farouche, encore qu'il fût la preuve vivante, lui qui avait été conçu hors mariage, que mon père, tout huguenot qu'il fût, pouvait errer hors des droits chemins, sans que le Seigneur visitât de sa colère le fruit de son péché — ni d'ailleurs, le pécheur lui-même, tant étaient grandes la prospérité de Mespech et les richesses que la bonne économie huguenote et l'adroit ménage de nos champs y avaient accumulées.

Mon père n'avait voulu que nous passions, pour gagner Montpellier, par les montagnes du centre, où les embûches des gueux eussent été si faciles. Il avait préféré qu'après Cahors et Montauban nous prenions par Thoulouse, Carcassonne et Béziers, où la route courait en plaine et, bien qu'assurément plus longue, était aussi plus sûre, en raison de la grande affluence des gens qui y chevauchaient ou y menaient charrois. Cependant, au milieu à peine de notre chemin, logeant dans un faubourg de Thoulouse, à l'auberge des *Deux-Anges*, nous apprîmes par l'alberguière (une accorte veuve) que quinze jours plus tôt, un convoi marchand, pourtant bien défendu par trois hommes d'escorte, s'était fait piller et massacrer entre Carcassonne et Narbonne par une forte bande qui avait ses repaires dans les monts des Corbières.

Cette fâcheuse nouvelle nous donna fort à penser, et dans la chambre des *Deux-Anges*, où nous étions, Samson et moi, retirés — Miroul ayant son lit dans un petit cabinet attenant —, nous en devisâmes, assis tous trois en rond sur nos escabelles, Miroul un peu en retrait et tenant sur ses genoux sa viole dont il tirait entre-temps des sons lugubres pour accompagner nos alarmes. Car nous ne savions à quel saint, diable incube ou succube nous vouer, n'osant point poursuivre notre chemin en tel imminent péril, et moins encore en écrire à notre père, dont la réponse ne pourrait avant quinze jours nous parvenir.

— Quinze jours en l'auberge des *Deux-Anges*! s'écria Samson en secouant ses beaux cheveux de cuivre. Ce serait ruine de bourse, oisiveté coupable, tentation du malin...

Ici, Miroul, me regardant, pinça trois fois sa corde pour souligner le triple danger qui guettait en ces lieux nos vertes années. Et je fus étonné, quant à moi, que même au candide Samson, il n'eût point échappé que les brunes et rondelettes chambrières qui servaient dans l'auberge en nombre surérogatoire n'étaient point de mine à se modeler sur les deux anges de l'enseigne, lesquels, à vrai dire, n'avaient guère mérite à leur vertu, étant découpés dans du fer.

J'allais répondre à cette remarque quand, sur la dernière note de Miroul, éclata tout soudain dans la rue de la Mazelerie, où l'auberge était sise, un fort grand tumulte de sabots de chevaux, de jurons et de cris. Je tirai vers la fenêtre (il me fallut l'ouvrir pour voir, car elle était, comme toutes celles de la rue, garnie non de verre, mais de papier huilé). Samson m'y suivit, et Miroul, sa viole à la main, et dans le soir tombant nous vîmes, sautant sur le pavé luisant du haut de grands chevaux bais à grosses croupes et longues queues, une bonne cinquantaine de voyageurs, hommes et femmes, en vêture poussiéreuse, mais de vive couleur et bonne étoffe, armés qui d'une arquebuse, qui d'une pistole, qui d'une épée, les donzelles et commères ayant grande dague en leur moelleuse ceinture, et portant, contre le soleil des provinces du Midi, des couvre-chefs aussi grands que des boucliers. Les uns et les unes étaient d'âge et de condition divers, mais fort grands, l'épaule robuste, le cheveu paille, l'œil bleu, d'aucuns et d'aucunes toutefois, comme je le remarquais, d'un tout autre type, petits, trapus, noirs de peau et de poil, mais tous et toutes, blonds et bruns, si contents de démonter et de trouver gîte, qu'ils criaient et clabaudaient à oreilles étourdies, la trogne rouge, la voix enrouée, riant à gueule bec, et dans la liesse de se retrouver à terre, se poussant, se pastissant, s'accolant, se donnant fortes tapes sur épaules et sur cul, ou encore hurlant pour s'entr'appeler d'un bout à l'autre de la rue, et s'égosillant à se rompre le gargamel — leurs grands chevaux, cependant, fumant de sueur, tapaient du sabot et, secouant leurs blondes crinières, hennissaient après leurs avoines à vous tympaniser. Bref, gens et bêtes menaient, en cette rue de la Mazelerie, tel tapage et inouï vacarme que vous eussiez cru une armée de croquants révoltés assiégeant la Maison de Ville.

Tout le bon peuple thoulousain du faubourg était, comme nous-mêmes, en poste aux fenêtres, béant, muet, l'œil quasi sorti de l'orbite, et l'ouïe fort étonnée, car les nouveaux venus braillaient une étrange sorte de parladure, où des mots français (mais non point parlés dans l'accent pointu de Paris) se mêlaient à un jargon où pas un fils de bonne mère n'entendait goutte.

La troupe, enfin, s'engouffra en infinis bousculade

et tumulte dans l'auberge, tandis que les valets accouraient pour se saisir des chevaux et les mener aux écuries, non sans faire des cris d'admiration de la grosseur de leurs poitrails et de la puissance de leurs croupes. Sous nos pieds, bien que nous fussions au deuxième étage des *Deux-Anges*, la hurlade continuait, et si forte qu'on eût dit que les murs branlaient. On frappa un coup à notre porte, et Samson et moi étant fort occupés à la fenêtre à regarder les chevaux, je dis à Miroul d'ouvrir. Ce qu'il fit, sa viole à la main, car il ne la quittait mie, même en sa couche.

Apparut alors — je la vis du coin de mon œil senestre tout en contemplant les montures — l'alberguière elle-même, brune, vive et trémoussante, fort bien vêtue d'une cotte jaune et d'un corps de cotte lacé de même couleur, que poussait de l'intérieur un parpal si beau, si rond et si remuant que c'était bien malice de l'exposer là si on ne voulait point qu'on le palpât.

— Mon joli drole, dit l'alberguière en son thoulousain à Miroul, es-tu pas le valet de ces beaux gentilshommes du Périgord que je vois musant à la fenêtre ?

— Oui-da ! dit Miroul, pinçant une corde courtoise de sa viole. Je suis à leur service, et tout dévoué au vôtre, à l'occasion, ma bonne hôtesse, reprit-il, pinçant alors une autre corde dont c'est merveille ce qu'il lui fit dire en complément de son œillade.

— Foi de chrétienne ! dit l'alberguière en riant, tu es bien fendu de gueule, à ce que je vois, valet, et ta musique aussi. Comment te nomme-t-on ?

— Miroul, à votre service, dit notre valet qui, pinçant sa viole, chantonna derechef à mi-voix :

> *Miroul les yeux vairons !*
> *Un œil bleu, un œil marron !*

Mais ceci, hélas, me serra fort le cœur, car c'est ainsi que la petite Hélix accueillait Miroul dans les rémissions de sa longue agonie, quand il venait, à ma prière, sa viole en main, tâcher de lui faire oublier les flammes de son pâtiment. Toutefois je refoulai aussitôt ce souvenir dans la gibecière de ma mémoire. C'était en avant de moi désormais, et non pas en arrière, que je voulais regarder.

— Miroul! dit l'hôtesse en battant du cil et en se trémoussant, je n'ai guère fiance en ce vairon-là. Car si l'œil bleu est sage, l'œil marron est coquin.

C'était si bien badiné que je voulus y mettre mon grain, attiré au demeurant par cette belle garce comme la limaille par l'aimant.

— Ma commère, dis-je en me retournant tout à fait et venant à elle d'un pas vif, le dos droit et les mains aux hanches, quoi que tu nous demandes en aide, secours, ou service, tu l'auras assurément sur ta belle mine et gracieuse charnure.

— Voilà propos, dit-elle, qui plus est délectable quand plus souvent il est redit.

— Je te le redirai à toute heure, hôtesse, si tu le veux, et de jour et de nuit.

Mais l'alberguière, qui pensait sans doute que nous étions allés trop vite et trop loin dès le premier mot, ne répondit pas à cela autrement que par une révérence qui, pour dire le vrai, eût pu donner du chagrin à un esprit austère. Car elle dut, quand elle se releva, remettre de ses doigts légers ses jolis avantages au douillet logis de son corps de cotte.

— Moussu, dit-elle avec un air de feinte confusion, venons-en à nos affaires : Voici que nous arrivent au débotté cinquante pèlerins de Normandie qui se rendent saintement à Rome sous la conduite d'un puissant Baron et d'une demi-douzaine de moines.

— Je les ai ouïs, je crois! dis-je en riant.

— Hélas! dit l'alberguière, ce n'est pas là le pire! Car pour les loger, il m'en faudra mettre quatre par lit, et dans ce lit-ci — dit-elle en désignant le nôtre — vous n'êtes que deux. Mon noble Moussu, accepteriez-vous pour cette nuit deux autres compagnons de lit?

— Hommes ou femmes? dis-je avec un sourire.

— Hommes! dit Samson d'un air grave en quittant la fenêtre et en tirant vers nous.

L'alberguière le considéra un instant en silence tandis qu'il se tenait debout devant elle en sa virile beauté et vigoureuse symétrie de corps. Elle poussa alors un profond soupir, car bien elle sentait quel ange de Dieu c'était là, et qu'elle n'en pourrait rien tirer, elle qui aimait tant les vifs.

— Ce sera donc des hommes, dit l'alberguière avec un nouveau soupir qui fit passer une petite houle dans son corps de cotte, et qui me fit penser qu'elle eût peut-être cédé son lit aux pèlerins pour venir dans le nôtre.

— Des hommes, mais point des moines! dit Samson avec son charmant zézaiement, mais non sans roideur.

A cela, l'alberguière s'émut fort et changea de visage :

— Par saint Joseph, la Sainte Vierge et tous les saints! s'écria-t-elle, son œil brun s'abrunissant, seriez-vous de ces pestiférés hérétiques et suppôts du Diable qui ne peuvent souffrir auprès d'eux la présence des hommes de Dieu?

— Non point, ma commère! dis-je hâtivement, sachant combien, depuis la victoire de Montluc, les huguenots étaient, à Thoulouse, suspects et pourchassés, même par le populaire. Mon frère ne l'entend point ainsi! Mon frère craint que ces moines-ci soient trop gras et prennent dans le lit trop de place!

— Doux Jésus! dit l'alberguière, à nouveau rieuse. Etes-vous, Moussu, comme votre frère, ennemi de l'embonpoint?

— Nenni! dis-je en avançant les deux mains hardiment. Il est des embonpoints qui sont si doux à l'œil qu'on aimerait aider celles qui les ont à les porter!

— Là! Là! dit-elle en me tapant sur les doigts, sourcillant mais point du tout fâchée. Ceci est pour la montre, et non pour la commune usance.

Miroul pinça ici sa corde deux ou trois fois en

écho ironique, et l'alberguière rit à gueule bec en nous regardant l'un et l'autre d'un air fort entendu.

— Si cette grande caquetade est finie, dit Samson non sans impatience, je voudrais m'aller coucher.

— Mais vous ne me gênez point! dit l'alberguière, toute dévergognée. Si le dessous répond au-dessus, j'aurais plaisir à vous voir tel que le Seigneur vous fit.

— Fi donc, commère! dit Samson en rougissant et en lui tournant le dos.

— Là! Là! dit l'alberguière, que voilà d'étranges gentilshommes! L'un est trop chaud, l'autre est trop froid, et le valet a les yeux vairons. J'ai cependant une autre requête à vous faire, reprit-elle en cessant pour un temps de se trémousser. Mon noble Moussu, je vous ai ouï ce matin jargonner avec votre frère dans un galimatias qui m'a paru être le français de France.

— Eh quoi? dis-je, vous ne l'entendez point?

— Nous ne parlons que d'oc ici, dit l'alberguière, comme vous-même, Moussu, quoiqu'avec des mots et un accent différents. Sachez-le, il n'est pas drole ni drolette dans la rue de la Mazelerie, qui comprenne le français de France, ni qui sache le lire, et l'écrire moins encore. Cependant, dit-elle en se redressant avec fierté, je sais mes chiffres.

— Jamais chiffre ne fault à alberguière! dis-je en riant. Mais commère, repris-je, dites-moi sans ambages que vous voulez de mon truchement pour ce Baron normand.

— Mais c'est cela! dit l'alberguière.

— Je vous suis donc, dis-je, et de la main poussant dehors la rondelette, je refermai la porte derrière moi, fort aise d'échapper au regard de Samson.

A la suite de l'alberguière, je m'engageai alors dans un escalier fort sombre et fort tournant.

— Ce puissant Baron, me souffla l'alberguière dans l'obscurité, se nomme Caudebec. Par la Vierge, mon noble Moussu, cessez de me pouitrer! Suis-je pâte de pain pour être ainsi pétrie?

— Est-ce ma faute, dis-je, si votre escalier est

aussi sombre que vaches noires en bois brûlé? Ne faut-il pas bien que je m'accroche?

— Là! Là! Par saint Joseph, accrochez-vous ailleurs! Ha certes! Je vois bien maintenant que vous êtes bon chrétien et non de ces méchants hérétiques qui veulent nous interdire nos danses, nos jeux et les fêtes de nos saints. La peste emporte ces pisse-froid!

— Comment appelez-vous ce Normand? dis-je sans lui vouloir répondre, et au lieu de cela la baisotant au col et en haut des tétins.

— Caudebec. Ramentevez-vous bien ce nom : Caudebec. Ce Seigneur est si haut qu'il n'aime point qu'on ne sache pas qui il est.

— Caudebec, dis-je.

— Chaudebec vous-même! dit-elle en riant et se tortillant. Par tous les saints, vos lèvres et vos mains sont partout! Vous me poutounez à mourir! Me voici plus folle que chatte! Cessez, de grâce! J'ai grand ouvrage aux cuisines avec ces pieux pèlerins!

Mais comme je n'avais garde de lui obéir, sentant combien son dépit était feint, elle me bailla dans la poitrine une bourrade qui me fit choir et elle avec, tant je la tenais accolée : dévalade qui fit grand bruit sur les dernières marches de bois, et d'autant que régnait à cet instant dans la salle parmi les pèlerins un merveilleux silence, un moine debout achevant de réciter le *benedicite*. Et comme nos pèlerins, point trop recueillis, mimant la chatte mine, mais louchant sur les plats, ne faisaient rien tant que d'attendre d'être délivrés de ce latin par un « Amen », se fit alors le fracas de notre chute, et l'apparition toute soudaine au bas de l'escalier de l'alberguière et de moi, tombant et roulant l'un sur l'autre, ou plutôt moi sur elle, ce qui fut à mon très grand avantage, la bonne garce étant si rembourrée. Voyant quoi, ces pèlerins normands, étant gens fort joyeux et jaseurs, se mirent à rire tous ensemble comme un tas de mouches.

— Silence! cria, au bout de la table, d'une voix tonnante, le Baron de Caudebec, tapant du plat de sa forte main sur la table de chêne. N'avez-vous point vergogne de troubler par vos ris une sainte oraison, pour ce qu'une garce choit devant vous, cul par-dessus tête! Sanguienne! Est-ce là se conduire en pieux pèlerins qui s'en vont à Rome? Etes-vous plus vicieux que bateleurs de Paris? Silence, j'ai dit! Le premier qui, à cette table, ose ouvrir la gueule tant que prière ne sera dite, je lui fais voler la tête en pièces!

Le silence se fit alors, et le Baron dit :

— Termine, moine!

— Mais j'ai fini, dit le moine.

— Amen! cria alors le Baron de Caudebec, et tous, hommes et garces, firent écho dans une hurlade à ébranler la maison. Après quoi, fort soulagés, ils se ruèrent comme loups dévorants sur les viandes, ava-lant hardiment jambon de Baïonne, pintade rôtie, omelettes aux truffes, saucisses de Bigorre, truites de torrent, et quantité d'autres mets pour lesquels l'auberge des *Deux-Anges* était fort renommée dans le pays thoulousain. Tandis qu'ils branlaient ainsi des mâchoires, une bonne dizaine de chambrières, brunes et, comme j'ai dit, de bonne charnure et peu farouches, couraient de l'un à l'autre, versant du haut de leurs pichets, avec des ris et des trémousse-ments, des flots de nos bons vins de Guyenne dans les gobelets avides.

— Voilà, dit l'alberguière en se relevant du sol et en remettant son parpal en place, voilà, reprit-elle avec contentement, son œil vif et pointu parcourant la table, des dents fort aiguës et des gorges bien sèches.

— Et demain des chiffres bien gras sur votre ardoise, ma commère, dis-je en riant et en m'épous-setant.

— Chut, mon noble Moussu! dit l'alberguière, sa bouche à mon oreille, et fort inutilement, vu que la langue d'oc était de nos hôtes si déconnue. Ces bons Normands me paraissent fort étoffés. Avez-vous vu les bracelets d'or de ces grandes garces? Moussu, ne languissons pas céans, je me dois aux cuisines. Faites comme nous avons dit. Pour moi, reprit-elle (et disant cela, elle pétilla de l'œil, sa main potelée pétrissant mon bras), j'aurai l'occasion de vous retrouver en quelque coin ou recoin de ma maison, de jour ou de nuit, mais toujours humblement à votre service.

Ayant dit, elle me fit une profonde révérence, mais cette fois la main sur son gracieux parpal pour éviter qu'il s'échappât une fois encore de son logis devant cette pieuse assemblée.

— Monsieur, cria le Baron de Caudebec, pointant vers moi le pilon d'une pintade et roulant en me regardant un œil bleu dans une trogne rougeâtre, qui êtes-vous pour oser troubler ainsi nos saintes oraisons ? Si vous n'étiez si jeune, je vous passerais céans et sur l'heure ma rapière au travers du foie !

— Monsieur le Baron de Caudebec, dis-je dans le français de Paris et en le saluant, mais point jusqu'à terre, de grâce épargnez mon foie, bien qu'assurément je nie qu'il soit le siège de la pensée, comme le tenaient à tort les doctes de Babylone. Je me nomme Pierre de Siorac, je suis fils cadet du Baron de Mespech, en Périgord. Je vais en Montpellier étudier la médecine, et je viens céans m'offrir à vous pour être votre truchement, vu que j'entends la langue d'oc.

— Holà ! s'écria Caudebec, élevant son pilon vers le ciel. Les saints du Paradis vous envoient ! Page, une escabelle ici pour ce gentilhomme ! Près de moi ! A ce bout ! Vous me sauvez, mon ami ! Je suis plus perdu en ces provinces que chrétien chez les Maures ! Ces rustres n'entendent pas ma langue !

Je tirai vers lui, et quand je fus proche, le Baron me fit l'honneur de se lever et, courtoisement, de m'accoler avec de lourdes tapes sur l'épaule et le dos dont bien je me serais passé, tant ses grandes mains étaient fortes. Grand, il l'était, de reste, de son corps entier, le cou comme une tour, les épaules carrées, le poitrail bombé. Et avec cela, le poil blond, la moustache fournie, effilée et tombante, l'œil bleu, comme j'ai dit, en trogne cramoisie, richement vêtu, en outre, mais le pourpoint quelque peu gâté, pour ce qu'il mangeait comme un Turc, jetant derrière lui les

23

os qu'il avait rongés, et s'essuyant les doigts sur les cottes et jupons des chambrières qui passaient à portée de bras, et n'osaient trop le réganier, tant il grondait et sourcillait au moindre rebiquement, menaçant la drolette de découper ses tétins en lamelles si elle bronchait. Ceci était dit en français, où elle n'entendait miette, mais l'œil et le ton suffisaient. S'étant alors essuyé de ses sauces, et les doigts et les moustaches, le Baron ne laissait pas de pastisser quelque peu la croupière de la pauvrette, étant aussi paillard que dévot, à ce que j'eus tout loisir de voir, demeurant avec lui un demi-mois, comme je dirai.

— Mon ami! cria-t-il après ces embrassements, votre pourpoint est tout taché de la poussière de votre chute. Holà! Page! Ote au gentilhomme son pourpoint et le brosse! Page! Sanguienne! Le maraud dort encore! Pâques Dieu je m'en vais l'étriper!

A vrai dire, il se contenta d'un soufflet que le drolissou esquiva, non sans crier comme un porc qu'on égorge. Se jetant alors sur moi, le page me quitta le pourpoint en un éclair et l'emporta, car bien loin de dormir, le coquinasse était vif comme mercure, menteur, effronté, jouant mille tours à tous, et bien fendu de gueule hors d'ouïe de son maître. C'était merveille, au demeurant, de le voir, posté derrière le Baron, attraper au vol les os à demi mangés que celui-ci jetait par-dessus son épaule. Non que ce fût là sa seule provende. Car il larronnait aussi dans les écuelles des pèlerins et leur pillait sous le nez les morceaux de choix dès qu'ils tournaient la tête. Ce page s'appelait Rouen, de la ville où il était né, et bien que ce fût là une étrange façon d'appeler un chrétien, je ne lui ai pas connu d'autre nom. Il avait l'œil vert, et sur le chef une forêt de cheveux rouges si roides et si redressés qu'aucun peigne au monde n'eût pu les testonner.

Mais je poursuis. Le pourpoint quitté, je m'assis dans ma chemise sur l'escabelle entre le Baron et un moine trapu et large, avec des sourcils noirs fort épais qui lui barraient le visage en deux. Le bon apôtre mangeait fort reculé de la table en raison de la bosse que faisait sa bedondaine au bas de son large poitrail.

— Monsieur de Siorac, dit le Baron en broyant du palais et de la langue une longue saucisse de Bigorre qu'il avait tout entière enfournée, ce moine-ci est Frère Antoine — phrase qu'il prononça en ayant la bouche pleine : ce boine-ci est brère Anboine. Puis la saucisse enfin dépêchée, il lampa d'un coup son gobelet pour la diluer et reprit : Frère Antoine a mon entière fiance. Il est fort savant. Il a licence de confesser, et je lui ai baillé le gouvernement spirituel de nos bons pèlerins.

Frère Antoine me fit un salut de la tête d'un air bénin, me perçant cependant de son petit œil noir en levant ses épais sourcils. Ha! me pensais-je, se méfier de ce frère! Peut-être flaire-t-il en moi le huguenot : il me faudra prendre garde.

— Ce vin-là n'est des pires! cria le Baron en posant son gobelet et en saisissant à pleine main une seconde saucisse au lieu de la prendre avec délicatesse entre le pouce et l'index, comme Barberine, qui aimait la politesse, m'avait appris à le faire.

Ayant fourré sa prise tout entière dans sa bouche, le Baron reprit :

— La raison, Monsieur de Siorac, qui fait que je pèlerine est que ma pauvre femme se languit, hélas, de fièvre lente et continue en mon château de Caudebec. Mon ami, vous l'avez deviné : je m'en vais à Rome demander à notre Saint Père le Pape de prier la Vierge Marie qu'elle intercède auprès du Divin Fils pour la guérir.

Quelle idolâtrie! pensai-je, et que d'intercesseurs : le Pape! Marie! Et pourquoi ne point prier Dieu tout bonnement, ou par la seule médiation du fils, comme il est dit dans les Evangiles? Mais sentant sur moi le petit œil noir, guetteur et perçant de Frère Antoine, je restai coi, et pris une mine des plus confites.

— Monsieur de Siorac, dit alors Frère Antoine sur le ton le plus doux, n'avez-vous point quelque appréhension d'aller étudier la médecine en Montpellier, où les hérétiques tiennent le haut du pavé et grouillent comme guêpes au nid?

— Le bon chrétien ne craint pas le Diable! dis-je en souriant.

— Ha! C'est parlé, cela! cria le Baron. Holà, garce, du vin!

Mais la chambrière qu'il hélait ainsi fit l'oreille sourde, et bien je comprenais pourquoi.

— Monsieur mon truchement, dit le Baron en se tournant vers moi, bien me plaît cette garce par-dessus toutes les autres, comme je le lui ferai cette nuit assavoir. Dites-lui donc de m'apporter son vin céans et sur l'heure, si elle ne veut point que je lui découpe ses tétins en lamelles.

— Je vais lui aller dire, dis-je en me levant, fort aise d'échapper à l'œil de Frère Antoine et d'approcher une aussi jolie gouge.

Je tirai donc vers la donzelle, et pour l'apazimer, lui mis les deux mains sur les hanches en lui donnant du sourire et de l'œil.

— Mamie, dis-je, n'aigris pas plus outre la colère du Baron. Il demande ton vin.

— C'est, dit-elle en son thoulousain, que je ne veux point que cette bête-là gâte ma cotte et mes jupons, comme il a fait à Madeleine.

— Et toi, comment te nomme-t-on, Mamie? dis-je sans avoir à tant me forcer pour lui sourire, ses beaux yeux noirs luisants et vifs m'ensorcelant.

— Franchou, mon noble Moussu, dit-elle en me faisant la révérence, en même temps tenant haut son pichet de la dextre — tableau fort joli, mais surtout me frappa son nom: Franchou! pensai-je, Franchou! Comme la chambrière que mon père délivra de la peste à la pointe de l'épée dans le faubourg de la Lendrevie!

— Franchou, dis-je, si tu n'obéis point, le Baron dit qu'il découpera ton parpal en lamelles!

— Doux Jésus! s'écria Franchou avec une petite mine de peur qui me ravit. C'est donc cela qu'il grommelle en son patois français! Sainte Mère de Dieu, le ferait-il?

— Je ne sais. Il est homme de courte patience. Va donc, Franchou! Je demanderai à l'alberguière de te compenser le gâtement de ta cotte.

— Grand merci, mon noble Moussu! dit-elle avec un regard fort gracieux.

Hélas, la drolette n'y coupa point. A peine eut-elle servi à boire que le Baron lui gâta sa cotte de ses doigts dégouttant de l'huile des saucisses et, au surplus, la pastissa.

— Ha! cria le Baron en riant à ventre déboutonné, il me semble, Monsieur mon truchement, que tout en prêchant pour mon saint, vous avez prêché aussi pour le vôtre, car la garce n'a d'œil que pour vous, tandis que je la biscotte!

— Que dit cette grande bête? dit Franchou en son thoulousain.

— Que tu as de moi un petit pensamor.

— C'est bien vrai, ça! dit Franchou bonnement.

— Monsieur de Siorac, dit Frère Antoine, vous avez autour du col une fort belle chaîne. Peut-on voir ce qui y pend?

Je sortis la médaille de dessous ma chemise et la lui montrai.

— Ha! dit-il en se signant, la Vierge Marie! Bénie soit la Sainte Mère de Dieu! Et par qui, mon fils, vous fut donnée cette belle relique?

— Par ma mère, dis-je sans m'expliquer plus outre.

— Et sans doute, dit Frère Antoine, votre mère est-elle dame de haute lignée, la médaille étant d'or, bellement ouvragée, et à ce que je vois, fort ancienne.

— Non point, dis-je promptement. Notre noblesse est récente. Mon père a été fait chevalier sur le champ de bataille de Cérisoles, et Baron après la victoire de nos armes à Calais.

Je disais vrai, tout en équivoquant, comme mon père avait fait en son entretien avec le capucin après son combat de la Lendrevie. Car si mon père, de naissance roturière, avait été anobli, ainsi que je venais de le dire, ma mère, elle, était bien, comme l'avait deviné Frère Antoine au vu de sa médaille, de grande et ancienne lignée, descendant d'un Castelnau qui avait combattu aux Croisades. Mais je n'aurais pu révéler à Frère Antoine cette ascendance sans avouer du même coup que ma mère était proche alliée des Caumont, Seigneurs des Milandes et de Castelnau. Or ces Caumont étaient, eux, fort connus, et du royaume entier, pour soutenir la religion réformée dans le Périgord, le Quercy et l'Agenais.

— Je vous dois quelque manière d'excuse, mon fils, dit Frère Antoine en se penchant vers moi et en me regardant d'un œil plus doux. Je vous avais soupçonné, sur le vu de votre noir pourpoint — bien étrange sur le dos d'un jeune gentilhomme —, d'être un de ces pestiférés hérétiques qui s'insinuent, masqués, parmi nous pour corrompre notre foi. Mais vos gaillardes manières, et par là-dessus, cette sainte médaille, me persuadent qu'il n'en est rien.

— Quoi! Mon truchement, un hérétique! cria Caudebec. Tu rêves, moine!

Et là-dessus, assenant, pour lui donner congé, une forte tape sur les rondeurs de Franchou, il saisit une truite, et la fourra, tête, queue et arêtes, dans sa bouche. Franchou s'enfuit, la main sur le fessier, pleurant et gémissant, et à la vérité, plusieurs heures plus tard, sa peau en était encore rouge et navrée, comme je peux l'attester, révolté que je suis encore de ces manières fâcheuses.

— Mon fils, reprit Frère Antoine, son petit œil attaché sur les chambrières qui nous servaient, peu nous sert de nous cacher à nous-mêmes devant le Seigneur qui voit tout, que nous sommes faits d'argile merveilleusement fragile, que notre chair est d'une faiblesse extrême, que le démon nous guette sous chaque corps de cotte qui remue et palpite (mais ce-disant, il ne baissait pas les yeux, bien au contraire), que cette maison est, au demeurant, fort accueillante (il soupira), qu'on y fait bonne chère, qu'on y boit du meilleur, et qu'enfin ces brunes et vives garces m'ont l'air — Dieu fasse que je me trompe! — accoutumées à jouer de la croupière à tout venant.

Il soupira derechef.

— Demain, mon fils — et, tourné vers moi, fronçant ses épais et impérieux sourcils, il me perça tout soudain de son petit œil noir —, je vous entendrai en confession.

Ha, le traître! Il tâchait de me prendre sans vert! Sa suspicion n'était point éteinte, comme il l'avait dit, le cagot! Il me tenait en suspicion, et sachant combien les huguenots tenaient la confession auriculaire en horreur il me tendait ce méchant piège!

— Frère Antoine, dis-je, lui faisant bon visage, quoique j'en eusse, je ne puis dire encore si ma nuit sera innocente, mais si elle ne l'est point, comptez que je ferai demain appel à vos bons offices pour me laver de mes péchés.

Etrange méthode, pensai-je en mon for, cependant. On pèche, on lave, on recommence. Mais je ne pus penser plus outre. Le Baron de Caudebec poussa une grande hurlade et, la main sur sa gorge, se leva, criant qu'il se mourait, qu'une énorme arête s'était fichée au travers de son gargamel, et qu'on dépêchât sur l'heure un chevaucheur pour quérir un barbier. Sur l'heure, sanguienne! A l'instant, Pâques Dieu! Ou il tuerait tout dans cette maison du Diable, cuisinier, marmitons, gâte-sauce, garces, et jusqu'à l'alberguière!

Me levant alors, je le priai de se calmer. Je lui remontrai que le temps qu'on passerait à mettre la main sur un barbier, ce jour d'hui étant un dimanche, il aurait de grandes heures à pâtir, mais que s'il voulait bien s'asseoir, ouvrir la bouche, et montrer quelque patience, je ferais ce que je pourrais. Il consentit. Je me fis apporter un calel pour éclairer le fond de sa gorge — ce gouffre puait fort, à ce jour je me le ramentevois —, et aperçus l'arête plantée dans la chair à un demi-pouce derrière la luette. Je taillai alors deux longues baguettes de bois, en formai les terminaisons en spatules, puis m'en servant conjointement comme d'une pince, réussis à extraire la cause fort mince de ce grand tumulte.

Caudebec n'en crut pas ses sens quand, entonnant tout un pichet de vin pour se remettre, il ne sentit plus de pâtiment en son gargamel.

— Sanguienne! cria-t-il en se levant, c'est miracle! Sainte Vierge Marie, merci! Et toi, reprit-il en me baillant une grande brassée qui manqua m'étouffer, toi mon docte et jeune ami, à ce jour mon fils véritable, car mon fils par le sang n'est, comparé à toi, qu'un grand niquedouille qui à peine connaît sa dextre de sa senestre, ânonne son livre, écrit pis que moi-même, ne songe qu'à courir le renard, à se bâfrer, à s'enivrer, à opprimer le laboureur, à braquemarder les chambrières. La peste soit de ces ignoramus! Il eût laissé périr son pauvre père en ses tourments! Monsieur de Siorac! C'est la Vierge et les Saints qui vous mandèrent céans! C'est le Ciel qui vous a fait apparaître sur cette escabelle pour sauver un pauvre pécheur! Mon gentil truchement, mon gracieux cousin, mon éternel et immutable ami, que veux-tu comme salaire pour ce service d'immense conséquence pour la Baronnie de Caudebec? Requiers! Tout est à toi!

Et montrant combien un Baron normand peut gasconner tout autant qu'un homme de langue d'oc, il poursuivit :

— Parle! Que veux-tu? Ma bourse? Mon cheval? Ma fille?

— Fi donc! dis-je en riant. Votre fille pour une arête?

— Ma fille? Mais c'est que je n'ai pas de fille! s'écria Caudebec, se gaussant de lui-même et de moi à sa façon normande, qui n'était point si lourde, bien qu'elle fût un peu rustre.

— Eh bien, dis-je enfin, puisque vous parlez fille..., et m'approchant de lui, je lui glissai quelques mots dans le pavillon cramoisi de sa vaste oreille.

— Ha gaillard! s'écria-t-il en riant à gueule bec. Ha paillard! C'est donc cela! Mais c'est bien peu! Toutefois (se reprenant aussitôt) il est vrai que j'avais pris de la fantaisie pour la luronne. Mais soit, poursuivit-il avec un air d'immense générosité, je te la laisse, mon ami, puisque tel est ton plaisir.

Et bien soulagé, me sembla-t-il, d'en être quitte à si bon compte — les cadeaux n'étant point son fort, comme je l'avais deviné.

Là-dessus, le page me rapporta mon pourpoint, que je mis. Quoi fait, je pris congé du Baron de Caudebec, de Frère Antoine et de cette pieuse assemblée, qui n'en était encore qu'à la moitié de son festin, à la voir si bravement accueillir les viandes, qui de quart d'heure en quart d'heure arrivaient des cuisines. Au bas de l'escalier, cependant, j'appelai le page :

— Holà ! Rouen ! Viens me trouver céans !

— Me voilà, Monsieur, dit-il en accourant, et en me fixant de son œil vert, point trop à l'aise, me sembla-t-il.

— Rouen, dis-je à voix basse, tu me dois quatre sols pour avoir brossé mon pourpoint.

— Quatre sols, Monsieur ? dit Rouen en ouvrant la bouche.

— Tout justement. Ils étaient dans ma poche.

— Ils seront donc tombés, dit Rouen, l'œil baissé, et comme les cherchant.

— C'est ce que je crois. Ils sont tombés de ma poche dans la tienne.

— Nenni, Monsieur ! dit-il, mais sans élever la voix. Foi d'honnête garçon !

— Fi donc, Rouen ! Des serments à cette heure ! Qu'arriverait-il si je faisais mes contes à ton maître ?

— Il me fouetterait comme seigle vert.

— Pour éviter cette incommodité, Rouen, nous ferons donc un petit marché. Si par bonheur tu trouves à terre ces quatre sols, ils seront à toi par le droit de trouvaille. Et si tu ois Frère Antoine parler de moi au Baron, tu me répéteras ses propos.

— Tope ! Tope, mon maître ! dit Rouen en souriant d'une oreille à l'autre.

Je lui souris aussi, et posant la main sur ses roides cheveux rouges, je la passai amicalement à rebrousse-poil et je l'eusse ainsi décoiffé, si coiffé il avait pu être.

Après quoi, je m'en retournai dans ma chambre, fort content de la façon dont j'avais trompé Frère

Antoine, ayant agi, en la circonstance, en tous points comme mon père eût fait, car mon père tenait qu'on ne doit la vérité qu'à ses amis, et à ses ennemis la ruse et la duperie, comparant souvent les huguenots aux Hébreux de la Bible, quand ils vivaient, opprimés, au milieu des gentils.

Mon bien-aimé Samson ne s'était ni dévêtu ni couché, redoutant la venue en notre lit des deux étrangers que l'alberguière nous avait annoncés. A mon sentiment — que je n'eus garde de lui dire, tant il était innocent —, il avait eu tort d'insister si fort pour que ce fussent des hommes et non des garces qui vinssent avec nous, car il était si beau de sa personne qu'il eût pu tenter quelque bougre, si d'aventure il s'en était trouvé en cette compagnie.

Je découvris mon Samson tout songeur, dépit et taciturne sur son escabelle, fort marri de ma longue absence, et Miroul, assis en face de lui, n'osant ouvrir la bouche, et se contentant, quand et quand, de pincer une corde de sa viole pour consoler son maître et, comme je crois aussi, pour l'amour de son joli son.

Mon gentil Samson fut fort ému quand je lui eus expliqué que mon projet était de nous joindre à ces pèlerins normands et de faire route en leur compagnie jusqu'à Montpellier, pour ce qu'ils étaient une forte troupe, et fort bien armée, à laquelle n'oseraient se frotter les caïmans des Corbières.

— Quoi? s'écria-t-il. Vivre tout ce temps au milieu de ces papistes? Porter un masque? Ouïr leurs messes? Se confesser peut-être?

Je me redressai, les mains aux hanches.

— Monsieur mon frère, dis-je avec quelque froideur, vous grondez bien à tort.

A ce ton, il fut si remué que les larmes lui vinrent aux yeux, tant était grande l'amour qui, comme un beau sang rouge, courait de l'un à l'autre. Moi-même, je ne pus supporter qu'il pâtît, peu ou prou, de mon fait, et dans un grand élan je courus à lui, l'accolai et le baisai sur les deux joues. Sur quoi Miroul pinça sa viole.

— Samson, dis-je en le faisant asseoir sur le lit à côté de moi, ramentevez-vous avec quelle sagesse notre père vous a confié, à vous, le ménage de notre bourse, et à moi, le commandement de notre petite troupe, m'avisant seulement d'écouter les conseils de Miroul qui, mieux qu'aucun autre, connaît les gueux des grands chemins.

Ici, Miroul, loin de pincer sa viole, baissa la tête fort tristement, sa famille tout entière ayant été, dans le plat pays, égorgée sous ses yeux par une bande de ces méchants — sort qu'il eût partagé s'il n'avait eu l'esprit de se cacher dans le foin de la grange.

— Mais, dit Samson, rompre le pain avec ces sanguinaires papistes, qui ont envoyé tant des nôtres au bûcher !

— Sanguinaires, dis-je, ils l'ont été, et pourraient le redevenir. Mais pour l'heure, une sorte de paix règne entre eux et nous. Ce sont bonnes gens, au reste, que ces Normands, bien qu'ils soient idolâtres. Laisse-moi faire, gentil Samson.

— Mais, dit Samson, ouvrant tout grands ses yeux azuréens et les fixant sur moi avec un air de douce bonne foi qui me gonfla le cœur, je ne sais pas feindre, tu le sais.

— Je le sais, dis-je en lui mettant le bras sur l'épaule. Je feindrai donc pour deux. Quant à toi, Samson, tu ne piperas mot, étant atteint, dirai-je, d'une fièvre lente et continue, et Miroul te gardera, répondant à toutes les questions qu'on lui fera par les accords de sa viole. Qu'opines-tu, Miroul ?

— Monsieur mon maître, dit Miroul, je me trouve de penser que vous avez raison. Il y a moins péril pour nous au sein de ces papistes que réduits à nos seules forces sur les grands chemins.

— Mais que feront-ils s'ils nous découvrent ? dit Samson.

— Rien, je gage. Le Baron est rufe, mais point cruel.

On frappa à la porte. Miroul ouvrit, et la brune Franchou apparut, un lourd plateau dans les mains.

33

— Ma maîtresse, dit Franchou, son œil luisant me cherchant dès l'entrée, ne sait où vous mettre pour le souper, mes nobles Moussus, la grande salle étant tout occupée par ces pèlerins du Nord.

— Mais c'est fort bien ainsi, dis-je.

Et m'arrangeant pour tourner le dos à Samson, j'aidai Franchou à porter sa charge jusqu'à une petite table près de la fenêtre, encore que le jour étant tombé, et le papier huilé laissant passer peu de lumière, cette position était moins un avantage pour le manger que pour les regards que nous échangeâmes.

— Garce, dis-je, ne voulant pas la nommer devant mon frère, je vais dépêcher mon repas. Dès que tu seras toi-même libérée de ton ouvrage, viens me dire si le Baron de Caudebec a besoin de mon truchement.

Elle comprit au quart de mot, et son œil noir, luisant et vif, me le fit bien savoir.

— J'obéirai, mon noble Moussu, dit-elle en plongeant jusqu'à terre, mais l'œil point du tout aussi humble que sa révérence.

Les viandes étaient succulentes, mais bien que je mangeasse de friand appétit, mon attention était ailleurs : je tendais l'ouïe vers le couloir, où des pas résonnaient, mais tous fort lourds et trébuchants : les pèlerins s'en allaient dormir. Ce que fit d'ailleurs mon gentil Samson, le dernier gobelet de vin avalé, couché dans sa vêture sur le bord extrême du lit pour laisser place à nos hôtes.

— Miroul, dis-je à voix basse, quand ces bonnes gens viendront — Dieu fasse qu'ils ne soient ni trop carrés d'épaule, ni trop ronds de la taille —, dis-leur de rester cois pour ne point réveiller Samson.

— J'y veillerai, Moussu, dit Miroul, et je ne sais comment diable il faisait, mais dans les moments où il s'égayait sans le vouloir dire ni montrer, son œil bleu restait froid tandis que son œil marron pétillait.

Quelqu'un gratta comme souris à la porte, et sans attendre de réponse, la porte s'ouvrit.

— Mon noble Moussu, dit Franchou, ses belles

joues rondes toutes gonflées de son mensonge joyeux, le Baron réclame votre truchement!

Je bondis comme balle.

— J'y vais! Miroul, garde bien mon frère!

— Je vous souhaite, Moussu, bon truchement cette nuit, dit Miroul, sérieux comme Evêque en chaire, et pinçant deux petits accords sur sa tendre viole.

Ce fut une autre chanson quand, le lendemain à la pique du jour, dans la cour des *Deux-Anges*, je puisai de l'eau au puits pour faire mes ablutions — habitude ou bizarrerie, comme on voudra, que je tiens de mon père qui, dans ses vertes années de roture, avait étudié la médecine en Montpellier et, disciple zélé d'Hippocrate, tenait que l'eau et le corps de l'homme ont une affinité naturelle, la première aidant le second à se tenir en santé. Plût à Dieu, si j'ose ici me faire l'avocat de mon père, que l'usance de l'élément liquide fût plus répandue en ce siècle et en ce royaume qu'elle ne l'est, même parmi les grands! Car j'ai vu, en mes vingt ans, à la Cour de Charles IX, de hautes et jolies dames passer un temps infini à se pimplocher, mais de bain, pas le moindre. Et n'est-ce pas grande pitié que ces corps féminins, tant suaves et polis, demeurent, sous la soie et les affiquets, dans la saleté du laboureur, qui lui, du moins, a l'excuse de remuer la glèbe de l'aube au couchant. Hélas, qu'un homme est rebuté, quand il a le nez fin, et qu'il sent vite la crasse sous les parfums dont nos beautés se pulvérisent!

A Mespech, mon aîné François méprisait fort mes amours domestiques, mais je n'opine point dans ce sens. Je préfère dire, quant à moi: Vive Franchou, si Franchou se lave d'eau claire! Et fi de la princesse du sang (je ne la nommerai pas) qui osait se vanter à la Cour de ne s'être pas décrassé les mains de huit jours! Et il ne s'agissait que des mains! Je vous laisse à penser du reste.

Je m'aspergeais donc, hérétique même en ces

soins (et puissent mes péchés, le jour du jugement, me quitter aussi vite, par la grâce du Seigneur, que les sueurs et les humeurs de cette nuit), quand apparut, en sa cotte jaune, dans la cour mal pavée, notre belle alberguière, point du tout accorte, mais au contraire fort marrie et dépit, sourcillant, et sous le sourcil, l'œil pointu comme dague.

— Holà! dit-elle, les mains aux hanches, et le ton bien plus raisin que figue. Voilà notre bel étalon occupé à se panser lui-même après sa chevauchée!

Et comme, dans mon embarras, je ne pipais mot, elle ajouta ce trait de risée :

— Le jarret quelque peu fléchi, ce me semble!

— Point du tout! dis-je, piqué et me redressant. Et toujours à votre service, ma commère!

— Ha méchant! cria-t-elle alors. Ce n'est point vrai! Vous avez tourné l'épaule, cette nuit, à mon picotin! Vous avez henni après d'autres avoines!

Je pris alors le parti d'être quelque peu effronté, ne pouvant être repentant.

— Ma commère! dis-je, faisant le hardi et le cavalier, j'avais dessein, à dire le vrai, de manger aux deux mangeoires. Mais à peine fus-je installé à l'une qu'on me passa le licol.

— Si ce licol, comme je me pense, était deux faibles bras, vous eussiez pu le rompre! Allez, allez, vous parlez de miel, mais je n'ai plus fiance en votre parladure. Vous commencez avec l'une et avec l'autre, finissez.

— Mais ma commère, dis-je, la bonne auberge des *Deux-Anges* est sur l'aller comme sur le retour de ma maison du Sarladais. Nous aurons donc maintes occasions de nous revoir.

— Foin de ces creuses promesses! Je ne mange point de rôt à la fumée! dit-elle, fort irritée.

Et me tournant le dos, elle ajouta par-dessus son épaule :

— Voyez-vous pas le fat qui croit que je vais l'attendre?

Ce mot de « fat » me piqua fort, et d'autant que ma sotte gasconnade sur les deux mangeoires me l'avait bien mérité.

36

— Eh bien, dis-je avec quelque roideur, puisqu'il n'y a plus d'amitié entre nous, ma commère, faites-moi mon compte, et je m'en vais.

— Le compte est fait, dit-elle en se retournant avec un certain air de triomphe et de revanche qui me donna fort à penser. Trois repas à huit sols chacun : vingt-quatre sols. Six sols seulement pour la chambre, pour ce que vous l'avez partagée. Douze sols pour vos quatre chevaux. Et enfin dix-huit sols, mon noble Moussu, pour la garce qui vous a cette nuit accommodé.

Je restai sans voix, et la sueur me coula tout soudain dans le dos à la pensée que je devrais expliquer à mon gentil Samson — qui seul, comme j'ai dit, avait le pouvoir de lier et délier notre bourse — la raison de cet exorbitant supplément.

— Quoi ! dis-je. Payer les faveurs qu'on me baille !

— Cela dépend de qui les baille ! dit l'alberguière.

— Sanguienne ! comme dirait le Baron ! Je paierais pour une garce tout entichée de moi !

— Vous ne m'entendez point, Moussu ! dit l'alberguière, plus froide que pieds de nonne en chapelle. Vous ne payez pas pour ladite garce, mais pour l'avoir retirée toute une nuit, à mon très grand détriment, de la commune usance.

— Où suis-je donc céans ? m'écriai-je, redressé et les poings aux hanches. Dans un bordeau ?

— Nenni, Moussu ! dit l'alberguière en portant haut la crête à son tour. Mais dans une bonne, chrétienne et respectable auberge où l'on pourvoit aux aises du voyageur.

— Les chrétiennes aises ! dis-je en me gaussant.

Mais je me tus, sentant que cette ironie-là me retombait fort sur le nez. Du reste, l'alberguière me considérait, immutable comme roc. Je changeai alors de ton et de visage, je lui donnai du sourire, je lui baillai du regard, je lui parlai de miel. Mais rien n'y fit. Elle ne branla point. Et à la fin je compris que pour l'apazimer il fallait que je m'arrangeasse autrement avec elle.

Le qu'est-ce et le comment de cet arrangement, je

le donne à imaginer au lecteur, en le priant toutefois de ne pas passer sur moi un jugement trop sévère, pour ce que l'oisillon que j'étais, à peine quitté son nid de Mespech, s'enjuponnait ainsi de l'une à l'autre. Il n'est point dans ma nature d'être si léger. Et la pensée de ne pas offenser mon bien-aimé Samson, et dans son âme et dans le ménagement de notre bourse, pesa fort dans ma décision.

Non que je veuille ici faire le cafard. Ce ne fut point si grand sacrifice, bien que j'y marchasse d'abord en rechignant. A parler franc, l'alberguière, même après les fatigues d'une nuit, valait bien le débraguetter. Mille dious, quelle fournaise c'était là ! Et pour moi, pensée fort délicieuse en plus de la volupté, que d'être le soufflet qui attisait cette forge. Ha quelle pitié, pensai-je, rompu et content, en regagnant ma chambre (où Samson dormait encore, en compagnie de deux gros moines), que ces plaisirs, si sains au corps de l'homme et même à son esprit, soient, hors mariage, si coupables aux yeux de Dieu ! Hélas, on nous l'enseigne ainsi. Et il faut bien que ce soit vrai, puisque les deux religions du royaume sont là-dessus bien d'accord, la réformée comme la catholique.

CHAPITRE II

Je ne voulus pas risquer de réveiller Samson, ces deux gros moines prenant déjà tant de place. Gagnant le cabinet attenant, je me glissai dans le lit vacant de Miroul, notre valet étant sans doute à panser nos chevaux, la première pique du soleil luisant derrière le papier huilé de son fenestrou.

Toutes voluptés épuisées, il nous reste encore le dormir, et ce n'est pas le moindre. Quel délice, me retrouvant seul, de peser de tout mon long sur cette petite couche, les reins à l'aise et les membres jetés, et mes yeux se fermant déjà.

Cela étonna fort Samson de me voir au grand jour reposant ainsi sans battre un cil et sans un soupir, quand il se décida à me réveiller sur le midi, moi qui, à Mespech, étais le premier debout, et toujours le premier descendu dans la grand'salle du bas, avant même la Maligou qui cuisait notre pot. Mais je lui dis en me frottant l'œil et me testonnant de mes doigts les cheveux, combien mon truchement m'avait fatigué, et j'eus quelque vergogne à mentir ainsi, le trouvant aussitôt si compatissant. Ha! pensai-je, bel ange tu es, mon Samson, mais non très bon gardien, fort heureusement pour mes péchés.

Cependant, Caudebec allait s'amollissant en cette auberge dont les deux anges cachaient deux diablesses, dont l'une avait nom bonne chère et l'autre, bonne garce. La veille, il m'avait dit qu'il partirait aux aurores. Mais le midi, n'ayant pas à ses côtés de Samson, il ronflait encore, et à trois heures, ouvrant les yeux et s'étirant, il réclama — sanguienne! — des viandes et des vins. Ayant bu et mangé, il déclara que le sage ménageait sa monture, et que pour laisser reposer les chevaux, il ne partirait que le lendemain. Mais le lendemain soir, il s'endormit à minuit sur les tétins d'une drolette, et n'ouvrit l'œil que le surlendemain à midi. Et je crois bien que, remettant ainsi de jour en jour, il eût goûté à tous les plats des *Deux-Anges* et paillardé tour à tour avec les douze chambrières, si Frère Antoine, qui n'était pas sans pouvoir sur lui, ne lui avait ramentevé que sa femme se mourait de fièvre en son château de Caudebec, et qu'à tant tarder, le Baron risquait fort d'arriver à Rome après que le Seigneur l'eut reçue dans sa paix.

C'est ainsi que les deux frères Siorac et leur valet Miroul, arrivés un dimanche en l'auberge des *Deux-Anges*, n'en départirent avec ces pèlerins normands que le jeudi à l'aube, ces quatre jours pesant comme plomb sur Samson et comme liège sur moi, bien qu'à vrai dire, je ne manquasse pas d'occupations; mon truchement — j'entends ce mot sans double-entendre — étant si demandé.

L'alberguière me tint tout ce temps en très bonne

amitié, sans pour autant me rabattre de mon compte, sauf le supplément dont elle m'avait en son dépit menacé. Mais quand je lui demandai de compenser à Franchou le gâtement de sa cotte par le Baron, elle refusa tout à plat. Et je sentis qu'à insister trop, je ne servirais point Franchou, et que l'alberguière pourrait bien, après mon départ, la chasser, ce qui m'eût bien navré pour la pauvrette, à laquelle un bout de mon cœur s'était attaché : car elle était bonne fille à n'y pas croire, l'œil plus doux que celui de ma jument Accla, la lèvre plus suave que fesse d'enfantelet, au surplus aimante et confiante à me donner des larmes, et dans mes bras, fondant comme beurre. Hélas, pauvre Franchou ! Bien que je lui eusse enseigné « les herbes » et « où les mettre » — secret de la Maligou que j'avais connu par la petite Hélix —, elle se laissa, l'année suivante, engrosser par un quidam et périt en couches, comme tant et tant de femmes à qui la Nature, je trouve, est bien marâtre de ne leur permettre de donner la vie qu'au prix de la leur.

Mais pour revenir à cette cotte où le Baron s'était essuyé l'huile des saucisses, je ne voulus point trahir ni ma promesse ni l'attente de la pauvrette et me fis donner par Samson vingt sols (et un sermon bien roide), prétendant que j'avais perdu cette somme en jouant aux dés avec Caudebec. Conte dans lequel Samson coupa, mais qui fit pétiller l'œil marron de Miroul tandis que sa pupille bleue restait de glace.

A se voir si riche, ma Franchou sauta de joie, et me passant autour de la tête le licol de ses deux bras frais (et frais, ils l'étaient toujours, même dans le chaud du jour, le temps de Thoulouse en ce juin étant étouffant, quoique venteux), Franchou, dis-je, m'accola et me pressa comme si elle eût voulu nicher en mes entrailles. Mais se souvenant tout soudain que je partais le lendemain, elle passa, en un battement de cil, de liesse à tristesse, et mélangeant les souris et soupirs, elle me fit mille tendres mercis, et dans le cou mille petits poutounes, arrosés, cependant, de ses larmes. Et de tous ces remuements, j'étais fort ému, comme bien on pense.

40

Bien qu'il s'en fallût fort que l'alberguière m'accrochât le cœur aussi bien que Franchou, n'étant point faite d'un si tendre métal, et son bel œil brun bien trop près de ses chiffres, je voulus la servir aussi, pensant la retrouver plus d'une fois sur mon chemin. Je l'avertis que le paiement de ce que devaient les pèlerins ne se ferait pas sans traverses, le Baron étant plus prompt à dénouer l'aiguillette de son haut-de-chausses qu'à délier le cordon de sa bourse. Elle m'entendit fort bien, et d'autant que son addition, au fil de ces quatre jours, avait pris peut-être plus d'embonpoint qu'elle n'aurait dû.

Par mes soins avertie, et jouissant des faveurs du Lieutenant-criminel de Thoulouse — faveurs qu'elle avait plus d'un moyen de repayer —, la commère s'avisa de le prier de venir, avec quelques archers, à l'heure des comptes. Il consentit, et son apparition fit merveille. A sa vue s'apaisèrent les tonnerres et tempêtes du Baron, qui menaçait déjà, dans le particulier, de découper en lamelles les tétins de l'alberguière, et dans le général, d'occire tout le domestique, du gâte-sauce au marmiton.

Raison revenue, il argumenta, toutefois, par mon truchement, et si longuement, et si bien, avec tant d'adresse — le Lieutenant-criminel n'osant trop soutenir les chiffres de l'alberguière — qu'il finit par se faire rabattre une bonne partie de l'embonpoint que j'ai dit. Et ainsi, tous se séparèrent contents.

Mais ceci ayant pris plus de temps qu'on n'aurait voulu, la troupe ne partit que le soleil déjà levé, et elle ne put faire mieux que six lieues avant que la nuit tombât.

On coucha donc en un petit bourg fort mal remparé, et dans une auberge où l'on fit petite chère pour petit prix. Les chambrières y étaient fabuleusement décrépites, et l'alberguier fort en méfiance de ces Français du Nord.

— Pâques Dieu! dit Caudebec en mangeant du bout des lèvres une soupasse de fèves où traînaient des morceaux de chair salée. C'est tout juste l'Enfer après le Paradis! Ce vin est piquant comme pisse!

41

Monsieur mon truchement, demandez à cette face de carême de me bailler du moins une bonne et jeune garce pour veiller cette nuit sur mon sommeil.

Je traduisis, et à cette demande, l'alberguier sourcilla fort.

— Moussu, dit-il, refusant tout à plat, je ne tiens pas boutique ni marchandise de garces.

— Que dit cette longue face? cria Caudebec.

— Qu'il n'en est point céans.

— Quoi? Point de garce? Dans tout ce bourg? Sanguienne! Se moque-t-on de Caudebec?

— Non point, dis-je pour l'apazimer, elles seront toutes parties sur le coteau aider le laboureur à ses moissons.

Toutefois, là-dedans, Caudebec ne coupa point, et jurant qu'il allait tout occire, dégaina sa dague. Mais ceci n'émut guère l'alberguier qui, toujours sourcillant, resta de bronze.

— Monsieur le Baron, dis-je, rengainez, ce bourg-ci ne nous aime pas. N'y cherchons pas querelle. Une nuit sans garce est vite passée.

— Oh, que nenni! dit Caudebec, la mine fort triste tout soudain. Sans tétons pour dormir, je ne pense qu'à ma mort, au feu du purgatoire et à mes gros péchés.

— Monsieur le Baron, dit Frère Antoine, si vous pouviez dormir une seule nuit sans gouge, ils seraient moins gros.

— Hélas! dit Caudebec. Avec garce je pèche, mais à mes péchés ne pense. Et le tout n'est point dans le péché, mais dans le pensement.

Quoi dit, il pleura. Eh oui! Ce haut et puissant Baron pleura. Il est vrai qu'il avait bu beaucoup.

Je me tournai vers l'alberguier et lui assurai qu'il pouvait aller en paix, et qu'il ne serait pas plus avant molesté. Mais l'alberguier dit alors en son dialecte, et avec une merveilleuse fermeté, et de ton et de visage:

— Je n'ai pas de crainte. Aucune misère ne vient au-devant du Juste.

A cette citation de la Bible, je sus alors qu'il était

des nôtres. Et à vrai dire, d'emblée, je l'avais pensé, tant il regardait les pèlerins, leurs médailles et leurs moines avec peu d'amitié.

— Ha! dit le Baron, les pleurs lui tombant des yeux comme pluie en automne. Au purgatoire je suis déjà. Manger cette galimafrée! Boire cette vinasse! Et servi par des vieilles qui n'ont pas dents en gueule! Sans rien de gracieux à l'entour à me mettre sous l'œil! Ni sous la patte! Pâques Dieu! Je suis déjà mort et damné!

Et de son sort il fut si dépit qu'il but de cette méchante piquette à rouler sous la table. Cependant le lendemain, tard réveillé et les yeux fort troubles, il n'oublia pas pour autant le souci de sa bourse et le disputa une heure durant avec l'alberguier, touchant un compte au demeurant fort honnête. Bref le soleil disait déjà midi quand enfin on reprit le grand chemin de Thoulouse à Montpellier.

Ce jour-là on fit à peine un peu plus de cinq lieues, couchant cette fois à Castelnau d'Ary, Samson et moi, et Miroul aussi, fort impatients de cette lenteur, car nos petits chevaux eussent pu faire dix lieues par jour, tant ils étaient rapides et résistants, et Samson en particulier, se désolant de la dépense de tant d'auberges. Hélas pour mon pauvre Samson, celle de Castelnau d'Ary portait en enseigne un lion d'or, et ce lion, à l'usance, ne se montra pas plus angélique que les deux anges de Thoulouse, car il avait grande gueule pour enfourner les viandes et grandes griffes pour happer les tendres proies qui ne manquaient point en ce « logis » — comme humblement il se nommait.

L'alberguière, en outre, pâtissait à ravir, et je ne saurais décrire l'infinie variété de gâteaux dont elle excitait la friandise de sa pratique. Ces mignardises étaient le matin disposées sur la table de la grand'salle, à prendre à toute heure par qui voulait, pourvu qu'on fût son hôte, et en telle quantité que l'appétit le plus strident pût en être content. Qui plus est, l'alberguière ne comptait point ces merveilles en supplément, ces mignons casse-gueules lui paraissant sans grande conséquence. Je m'en donnai une belle ventrée. Et ce jour d'hui encore, je ne peux prononcer le nom de Castelnau d'Ary sans que la salive me vienne en bouche en souvenir de ces fêtes du gosier que l'hôtesse nous bailla gratis au logis du *Lion d'Or*.

Cette bonne alberguière, qui avait les doigts si légers à pâtisser sa pâte et l'âme si donnante, était brune, petite, rondelette, et dans le bourg on l'appelait la *patota*, pour ce qu'elle avait la face ronde et fraîche comme poupée. Au demeurant, fort éprise des grandes moustaches de son mari, fidèle à lui comme diamant, et bien que fort accorte, à ne toucher que de l'œil.

Mais tant de plus palpables garces gîtaient en ce logis — puisque logis il se disait — que Caudebec s'y ococoula comme renard en tanière et y resta cinq longs jours sous l'usuel prétexte de reposer les chevaux — lesquels, à vrai dire, frais comme poulains au vert, se prélassaient sans mouches dans l'ombre fraîche des écuries et menaient grande chère, le picotin, en cette maison, n'étant point avare. Si bien que nous serions encore, à cette heure, à peigner la crinière du lion, et mon gentil Samson, quasi hors de ses sens à tant bourse délier, si Frère Antoine, qui confessait Caudebec à son réveil (le seul moment du jour où il fût à jeun et sans ribaude), n'avait, pour finir, froncé les noirs, épais et impérieux sourcils qui barraient sa large face. Cela suffit. Le lendemain on leva l'ancre de ce havre.

Je sus par le page Rouen que, pour le décider, Frère Antoine avait menacé Caudebec de lui rogner d'aucuns jours d'indulgence que le Baron venait d'acquérir. Car le bon homme, qui était fort regardant avec son prochain, ne l'était point touchant son salut, et tenait un compte exact des milliers de jours d'indulgence dont il faisait l'achat par ses offrandes, et qui viendraient, croyait-il, diminuer d'autant les années qu'il aurait à passer au purgatoire. Mais sur ce chapitre, à mes yeux si scandaleux, du purgatoire et des indulgences, je tairai mon sentiment, de peur de chagriner ceux de mes lecteurs qui opinent là-dessus différemment de moi.

Avant de quitter Castelnau d'Ary, j'allai voir seul — Samson étant censé être aigrotant — les pierres de Norouse qui se dressent sur une éminence à côté du bourg. On raconte à leur sujet qu'une vieille ménine, passant là son chemin en portant sept cailloux en son tablier, les jeta séparément sur le sol infertile, jurant que ces cailloux iraient grossissant et grossissant, et cela jusqu'à se souder l'un à l'autre, à mesure que les femmes du bourg perdraient honte et vergogne. Je les ai vus, et j'en ai fait le tour. Et certes, si l'histoire est vraie, de cailloux ces pierres sont devenues rochers, hauts et larges de quatre toises, et il s'en faut, ce jour d'hui, de l'épaisseur d'une ligne, qu'ils ne se joignent. Les gens du bourg m'ont paru ajouter quelque crédit à cette méchante fable, mais à mon sentiment, elle est née tout entière dans l'esprit un peu fol d'un mari dépité.

A mon département du logis du *Lion d'Or*, j'allai dire un grand merci à la *patota*, la priant de me laisser la baiser sur les joues : ce que je fis fort chastement, les mains derrière le dos, sans la pouitrer ni pétrir en aucune façon. Car à la vérité, je ne savais quoi premier en notre bonne hôtesse admirer : ou sa beauté — car c'était une fleur de femme —, ou son art à pâtisser, ou sa vertu. Puissé-je avoir l'heur, quand le moment viendra pour moi du mariage, de trouver, en mon rang et condition, une demoiselle qui la vaille !

— Mon noble Moussu, dit la *patota*, le parpal palpitant, vous fûtes céans avec tous tant aimable et serviable qu'à peu que je ne pleure de vous voir partir sur le grand chemin affronter les périls de votre chevauchée avec votre obligeant valet et votre frère tant joli et muet. Dieu vous garde et guérisse aussi votre frère de sa fièvre lente, bien qu'à vrai dire il n'y paraisse pas, à la couleur de sa belle face. Vous plairait un poutoune encore, mon jeune Moussu ?

Avec élan de grande amitié, je la baisai à nouveau sur les joues.

— Par saint Honorat[1] ! Voilà que je pleure ! dit la *patota*, tout atendrézie. Que je suis rassottée de m'attacher ainsi à ma pratique, qui passe pourtant sur le grand chemin comme bateaux sur un fleuve ! Mon noble Moussu, étudiez bien en Montpellier ! Evitez les querelles et le jeu, et par la Vierge, n'abusez point des garces : elles sont ruines de corps et perdition de l'âme, comme bien vous savez.

— Mais, dis-je, n'est-ce pas médire là de votre sexe tant gentil et suave ? Mais c'est promis, j'en userai avec modération. Comme j'ai fait de vos bons gâteaux ! ajoutai-je en riant.

Sur quoi la *patota* rit aussi à gueule bec, et je dis :

— Un poutoune encore, ma bonne hôtesse ?

Et de nouveau je la saluai.

— Holà ! dit le mari de la *patota* en tirant sur ses grandes moustaches. Mon noble Moussu, vous m'allez user les joues de ma femme à tant la poutouner !

L'hôte était un solide gaillard, l'œil vif et le geste prompt, et la langue déliée, et bien connaissait-il son bonheur d'avoir l'usance d'une femme si vaillante à la tâche, si vertueuse et si bonne pâtissière. Aussi était-il un peu jaloux, mais le cachait par fierté sous de petites gausseries.

J'étais déjà en selle et mettais au trot quand une jolie chambrière courut après Accla.

— Ho ! Accla, ho ! dis-je en retenant ma jument. Que me veux-tu, mamie ?

— Ma maîtresse vous envoie cette petite provende de gâteaux pour charmer votre chevauchée.

Et elle me tendit le gracieux don apaqueté dans un torchon bien propre, les quatre bouts liés ensemble. J'enfournai le paquet dans mes fontes, et je fis un grand merci à la drolette pour la *patota* et donnai de l'éperon. J'ai vergogne à dire que le nœud de la gorge me serra, et les larmes tout près des yeux, tant cette féminine attention et douceur me rappela ma Barberine et ses petits présents de gueule chaque fois que je quittais Mespech, même pour un demi-jour.

1. Le patron des pâtissiers.

Je rejoignis la queue de notre cavalcade, mais le chemin montant alors, je mis au pas, comme le reste des cavaliers. Et je tombai dans un grand pensement de Mespech, lequel me fit grand mal, d'autant que la petite Hélix resurgit dans ma remembrance, dont je tâchai aussitôt de la chasser pour non point m'aigrir de sa disparition aussi durement que j'avais fait à sa mort. Hélas, la pauvrette hors de ma tête, Mespech y resta, avec son grand étang, ses vertes prairies, ses riantes collines, et dans le cœur et la gorge un grand serrement, tant la chaleur de mon nid tout soudain me fit faute, et la douceur de mon petit pays.

Chose étrange, point seulement me manquèrent alors mon père (en tout mon modèle et mon héros), l'oncle Sauveterre, ma petite sœur Catherine, mes deux cousins Siorac, tant niais et gentils, mais les murs eux-mêmes, les tours, les mâchicoulis, le châtelet d'entrée, les courtines, et allant, venant, jamais désoccupés, jamais avares de proverbes et de gausseries, nos gens de la châtellenie. Ha certes ! Je leur manquais aussi, je gage ! Car presque tous m'avaient vu naître, et bien plus que mon grand niquedouille d'aîné, qu'ils jugeaient hautain et lointain, j'étais le prince en cette maison, ayant le parler facile, le rire franc et les manières aimables de mon père.

Qu'on me pardonne de les nommer dans cet écrit comme je les nommai alors dans mon cœur : Jonas le carrier, Petremol et Escorgol, les tard venus, Cabusse, mon maître d'armes, Faujanet (que dans le Périgord nous appelons Faujanette), Coulondre Bras-de-fer — ces trois derniers anciens soldats de nos légions, pour ne pas mentionner notre pauvre Marsal le Bigle, tué d'une arquebusade au combat de la Lendrevie. Tous, bonnes et solides gens, y compris leurs gentilles garces : la Cathau de Cabusse, la Sarrazine de Jonas, la Jacotte de Coulondre ; et au château, ma belle et douce Barberine, la clabaudeuse Maligou, sa fille la Gavachette, tant jeunette et jolie, notre sévère Alazaïs (qui avait la force de deux hommes, sans compter la force morale), Franchou, à qui le Ciel, ce me semble, avait donné mission de maintenir mon père en la verdeur de sa vieillesse.

Ha Seigneur! Que je me sentis nu, à cet instant, sans eux, et seul, et démuni, moi sur qui reposait le commandement de notre jeune troupe en cette périlleuse chevauchée!

De cette mélancolie — fort étrange, à la vérité, puisqu'elle était issue tout entière d'un présent de gâteaux — me tira le page Rouen. Il vint au botte à botte avec moi, le cheveu rouge et roide, et sans capuche ni bonnet malgré le fort soleil de ce juin. Son œil vert, qui tant riait en ses farces, fort gravement fixé sur moi, il me demanda à voix basse permission de m'entretenir. Je fis signe de la tête que j'y consentais, et retenant Accla, je laissai le gros de la troupe nous distancer.

— Mon maître, dit Rouen, il se trame contre vous un vilain complot. Frère Antoine vous mine dans l'esprit du Baron.

— Que dit-il?

— Qu'il ne croit point en la fièvre lente de votre frère, lequel monte à cheval, et a bonnes couleurs en sa face. Et qu'il ne croit point non plus que vous êtes de la vraie religion, car vous ne vous êtes point confessé depuis Thoulouse, en dépit de ce que vous fîtes dans les auberges où nous gîtâmes.

— Et à cela que répond le Baron?

— Il jure qu'il vous aime assez, mais que s'il a la preuve que vous êtes hérétique, il vous passera son épée au travers du foie, dans l'espoir de gagner l'indulgence de Notre Seigneur Jésus-Christ après sa mort.

— Il fera donc son salut par mon foie! dis-je en me gaussant (mais en mon for très ému). Gentil Rouen, est-ce tout?

— Non point. Frère Antoine opine qu'au lieu de vous occire — ce qui ne serait pas sans danger —, il faut vous remettre tous trois aux juges de Carcassonne pour y être sondés sur vos croyances.

— Le bon apôtre que voilà! dis-je en affectant toujours la gaieté. Rouen, poursuivis-je en souriant, prends ce gâteau et ces deux sols en grand merci de ta fidélité. Mais point ne suis pourtant hérétique, comme je le ferai bien savoir.

— Le fussiez-vous, dit Rouen, que je vous aimerais davantage que Frère Antoine, qui dénonce mes farces au Baron, si bien qu'il ne se passe guère de jour sans que je sois fouetté. Hélas! tant s'y frotte le fouet que j'ai grand navrement de cul et grand pâtiment à me tenir sur selle! Sanguienne, je veux male mort à ce porc enjuponné, et croyez bien que je lui garde un beau chien de ma chienne pour le mordre là où je suis blessé!

— Ventre Saint-Antoine! Je t'y aiderai si je le peux! dis-je en riant.

Et lui donnant un autre gâteau, je le renvoyai content, et l'ouïe tout à mon service. Pour moi, je traînai quelque temps à la queue de la troupe, tout pensif, et l'œil sur les oreilles de mon Accla. Ha bonne Accla! pensai-je, ce n'est pas toi qui donnerais du sabot dans le ventre d'une jument sur une différence de dogme! Mais, à mieux réfléchir, que c'était là fâcheuse et ingrate nouvelle! Et qu'elle me donnait méchante idée de mes semblables! Ce « frère » peu fraternel que je n'avais mie offensé! Ce Baron, à qui j'avais rendu, par mon truchement, tant de gracieux offices! Ne lui avais-je tiré arête du gosier que pour qu'il vomît sang et mort contre moi? Ha Seigneur! Mon nid de Mespech, à peine quitté, voici donc les hommes, tels qu'ils sont, se meuvent, et ont leur être dans le monde où l'innocent n'est pas mieux traité que le dernier méchant!

Je fus un premier temps accablé et comme pétrifié de ces menaces du sort. En quelle hasardeuse fortune étions-nous tombés tous trois, quelque parti que nous prenions? Rester avec les pèlerins, c'était péril, mais les quitter, c'était péril aussi, et non des moindres, car passé Carcassonne, le grand chemin approchait de ces monts des Corbières, où les caïmans avaient leur repaire. L'Ancien Testament me revint alors en mémoire, et je m'en récitai un verset : « Seigneur, on m'a compté parmi ceux qui descendent à la fosse! Seigneur, les méchants poussent comme de l'herbe! Seigneur, jusques à quand vont-ils triompher et écraser ton peuple? »

A cela j'ajoutai une courte prière, et je me sentis conforté à l'extrême, mais cependant irrésolu, le monde des corps où je devais agir n'étant pas celui des âmes. Tout de gob, cependant, je décidai de taire mes alarmes à Samson, tant je savais bien à l'avance que le bel ange ne me serait d'aucun secours dans le temporel. En revanche, Miroul avait le chef solidement vissé sur les épaules, et les deux pieds bien plantés en la terre, et comme me l'avait recommandé mon père, je pris soin de le consulter. L'ayant donc tiré hors de l'ouïe de Samson et des pèlerins, je lui dis tout.

Il m'écouta sans battre un cil.

— Moussu mon maître, dit-il quand j'eus fini, j'ai ouï conter par votre belle nourrice Barberine que votre noble père et Monsieur de Sauveterre — du temps qu'ils étaient de la religion, mais sans le vouloir encore déclarer tant était grand alors le danger d'être brûlé [1], avaient usé d'un subterfuge pour paraître ouïr la messe à Mespech sans cependant l'ouïr. Ils avaient fait ménager un orifice dans la chapelle, qui conduisait à l'étage supérieur la voix du curé Pincettes dans le cabinet de Monsieur de Sauveterre. Là, prétextant que la boiterie de votre oncle lui rendait incommode la dévalade de l'escalier, ils « ouïssaient » la messe, d'en haut et de loin, hors de la vue du célébrant. En réalité, pendant le temps qu'elle durait, ils chantaient à voix basse les psaumes de David...

— Je sais cela, dis-je en souriant. J'ai vu l'orifice, et mon père m'a conté l'affaire.

— Moussu mon maître, dit Miroul, faites donc comme votre père. Usez de ruse. Confessez-vous.

— A ce frère diabolique! Mais il percera au premier mot que je ne suis papiste.

— Aussi ne vous faut-il point vous confesser à lui, mais à Frère Hyacinthe, qui est un peu dur de l'ouïe, au surplus rêveux et rassotté, et point du tout ami de Frère Antoine, à qui il garde une dent de le prendre

1. Sous Henri II et François II.

de haut avec lui alors qu'ils n'appartiennent pas au même ordre.

— Mais c'est merveille ! Comment sais-tu tout cela, Miroul ?

— En parlant aux valets. Les valets en savent plus que les maîtres, parfois même sur les maîtres eux-mêmes.

En disant cela, son œil marron pétilla tandis que son œil bleu restait froid, signe qu'il n'ignorait rien de l'usance que j'avais fait de mes nuits dans les bras des deux anges et entre les pattes du lion.

Le Frère Hyacinthe, que Miroul venait de nommer, cheminait toujours en queue de notre troupe, non que son hongre fût faible, mais il ne le commandait point, laissant les rênes lâches sur son garrot, et les deux mains, à peine les tenant, croisées benoîtement sur une vaste bedondaine, sur laquelle semblait se fixer son continuel pensement, pour autant, du moins, qu'on pût voir son visage à demi caché par une capuche qui abritait du soleil son crâne chauve, gras, luisant comme marbre. Somnolant et rêvassant, ses vastes reins appuyés sur le dosseret de sa selle, il chevauchait ainsi tout le jour, en toute quiétude, lenteur et silence, le hongre imitant le maître, et ne se mettant à trotter que lorsqu'il perdait de vue ses congénères, mais sans que Frère Hyacinthe reprît les rênes ou lui donnât de l'éperon. Et pendant tout ce temps, de parole à ses semblables, pas la moindre, et de réponse à qui lui voulait parler, aucune, mais prétextant de sa surdité, il répliquait à toute question : « Eh ! Eh ! Eh ! », marmonnant incontinent une patenôtre pour qu'on n'osât le déranger plus outre. Ainsi paraissant toujours recueilli, et plongé en ses oraisons, il avait grande réputation de sainteté parmi les pèlerins, et Caudebec le tenait en estime fort haute.

Au gîte, cependant, pourvu que la table fût bonne, notre ermite se réveillait, baissait capuche, dévoilait son crâne poli, et l'on voyait alors qu'il avait bonne trogne et nez cramoisi. Il retrouvait alors tout soudain et l'ouïe pour écouter l'hôtesse énumérer les

51

viandes, et bonne voix aussi pour héler les chambrières qui versaient le vin, et mangeait et buvait à tas, en silence, et la mine confite, comme d'aucuns religieux qui se donnent tant qu'ils peuvent le plaisir du ventre, leur règle leur défendant de s'en donner plus bas. Mais à vrai dire, je sais des moines, y compris dans cette troupe normande, qui se souciaient de règle et de vœux comme d'un copeau d'oignon et s'abreuvaient à péché de luxure comme à péché de friandise. Mais bien que ce soit là, chez les papistes, de criants abus, et qu'on devrait bien rhabiller, ce n'est point, à mon sentiment, les pires, tant s'en faut. Quel exemple, pourtant, peut donner à son troupeau un tel berger, surtout quand, parmi ses ouailles gîtant à la même auberge, se rencontrent de chaste dames, comme l'étaient ces Normandes ? Et n'est-ce pas grande honte, comme disait si bien Geoffroy Chaussier, qu'un pasteur conchié et des brebis propres ?

Mais je poursuis. Je retins mon Accla, ce qui ne fut pas tâche facile, car ma petite jument noire, pétulante et fougueuse, voulait toujours prendre le devant de ces grands chevaux normands, et tant elle avait de sang, s'offusquait de ce que je la voulusse mettre en queue. Il lui fallut bien obéir pourtant et se tenir sage sous moi, quand je me mis au botte à botte avec la monture du moine.

— Frère Hyacinthe ! dis-je d'une voix forte en me penchant vers sa capuche. Vous plairait-il de me confesser ?

— Eh ? Eh ? Eh ? dit Frère Hyacinthe sans tourner la tête.

Et de mâchonner un *Pater*. J'attendis la fin de cette oraison, mais celle-là finie, le moine en enfilant une autre, je mis la main dans mes fontes, et tirant du torchon un des gâteaux de la *patota*, je le lui mis sous le nez.

— Dieu vous le rende, mon fils, dit Frère Hyacinthe qui, s'en saisissant, l'enfourna dans sa vaste bouche.

Ayant goûté, mâché, retourné sur sa langue et

pressé contre son palais la tartelette, et celle-ci réduite enfin en délicieuses miettes et avalée, Frère Hyacinthe dit avec un soupir :

— Je le peux, assurément. Notre Saint Père le Pape a donné à mon ordre en l'an 1256 le pouvoir de confesser avec l'agrément de Monseigneur l'Evêque, dans les limites du diocèse.

— Frère Hyacinthe, dis-je avec alarme, ne pouvez-vous confesser hors de votre diocèse ?

— Assurément, je le peux. J'ai reçu licence de confesser les pèlerins que voici par tous les lieux où ils vont.

— C'est que pèlerin ne suis.

— Cela n'importe. Vous êtes de notre troupe, étant le truchement du Baron.

Là-dessus il se tint coi si longtemps que je le crus endormi, sa capuche me cachant sa face. Cependant, il reprit :

— Mon fils, j'appartiens au plus pauvre des ordres mendiants, et n'ai pas dans ma bure un seul sol vaillant. Ha certes, ce n'est pas moi qui ai belles bottes de cuir en mes pieds, ni lacs d'or pour fermer ma capuche comme d'aucuns bénédictins que je pourrais dire.

— Il est de fait, dis-je, que Frère Antoine paraît fort étoffé.

— Etoffé ! s'écria Frère Hyacinthe avec une chaleur d'aigreur qui m'étonna. Son abbaye tient enfermé au plus profond de ses voûtes, et sous porte de fer, un prodigieux trésor : dix-sept mille quatre cent quarante-trois reliques, dont plusieurs morceaux de la vraie croix.

Je confesse que je ne compris pas tout de gob, en ma naïveté, comment cela enrichissait l'abbaye de Frère Antoine, mais il ne fut que d'écouter.

— Ces reliques, reprit Frère Hyacinthe, sont montrées une fois l'an, à la Toussaint, aux fidèles, et ceux-ci se pressent alors comme moutons moutonnant par tous les chemins du diocèse pour les venir vénérer, cette vénération leur étant d'un grand profit, puisqu'elle leur vaut, bon an mal an, cent trente mille jours d'indulgence! A cette grande somme de jours, mon fils, vous imaginez la grandeur des offrandes!

Je ne pipai mot, indigné en mon for de ce honteux trafic.

— Pour moi, reprit Frère Hyacinthe, j'appartiens, comme j'ai dit, à un ordre mendiant. La pauvreté est donc mon lot. S'il vous plaît que j'ouïsse vos péchés, mon fils, il vous faudra me bailler un denier de confession.

— Voici ce denier! dis-je après avoir fouillé, non sans répugnance, dans mon escarcelle.

— Trois sols! dit Frère Hyacinthe en les considérant dans la paume de sa large main. C'est bien petit pour un fils de Baron. Mon fils, ne lésinez point. Bien donner au confesseur est gage qu'on se repent déjà. Votre contrition serait-elle imparfaite?

— Voici deux sols encore, dis-je, tout dépit que je fusse de me laisser tondre.

— Cela ira, je pense, dit Frère Hyacinthe. Mon fils, je vous ois.

Mais n'est-ce pas, à la vérité, une chose bien merveilleuse que, rejetant, comme tout huguenot, la confession auriculaire, et tenant, au surplus, ce moine, qui, d'ailleurs, à peine m'écoutait, en grand déprisement pour son avarice, je lui fis cependant un récit par le menu de mes péchés, sans en omettre un seul, sans rien atténuer, mais avec quelque sincérité de cœur, et crainte aussi d'avoir déplu à Dieu, comme si j'oubliais en quel temporel dessein et selon quelle utile ruse je lui faisais cette récitation. Ha! pensai-je après coup, les papistes ont-ils raison au moins en ceci, que c'est moins le confesseur qui compte que la confession?

— Mon fils, dit Frère Hyacinthe, quand enfin j'eus fini, devant que de vous absoudre, il me faut vous donner pénitence, car vous avez péché par la chair en l'auberge de Castelnau d'Ary, et aussi par la langue et le palais. Pour votre péché de luxure, vous réciterez dix *Pater* et dix *Ave*. Et pour votre péché de friandise, qui est capital aussi, ne l'oubliez point, vous me remettrez céans, en tout abaissement d'orgueil, les gâteaux que vous gardez dans vos fontes, sans en garder un seul.

Hélas! je les lui baillai un à un! Mais que ce fût avec humilité et sans grand bouillonnement de bile, je ne l'affirme point. Et là-dessus, Frère Hyacinthe me donna, fort gravement et suavement prononcée, mon absolution — bouclier dont je comptais bien me servir pour détourner les coups dont nous étions menacés.

Certes, l'habit ne fait pas le moine, et à dire vrai, il ne le défait pas non plus. J'ai connu à Sarlat, au moment où la peste dévorait tant de monde, des franciscains dont la bure, si souvent décriée par les nôtres, cachait un cœur évangélique. Evêque, prêtres, sénéchal, juges, nobles, bourgeois étoffés, et même un des deux consuls, tous avaient fui la ville aux premières atteintes du mal. Ces franciscains demeurèrent, et sans relâche apportèrent aux pesteux dans les faubourgs infects le secours de la religion. Tous y périrent, sauf deux, que mon père libéra des gueux de la Lendrevie, dans le combat où Marsal le Bigle fut mortellement navré. Un de ces franciscains, que mon père louait pour son merveilleux dévouement pendant la contagion, lui fit alors une remarque qui est bien la plus douce, la plus belle et la plus charitable tombée des lèvres d'un papiste à l'adresse d'un huguenot : Il lui dit en le remerciant que loin de le tenir pour hérétique, il préférait penser qu'il était un chrétien égaré dans une autre voie que la sienne, mais qu'il retrouverait à l'extrémité du chemin.

Je retournai auprès de mon gentil Samson, qui s'étonnait fort de mes absences, et je lui dis en baissant la voix — ce dont j'eusse pu me dispenser, pas un des pèlerins à l'entour ne parlant d'oc — qu'on doutait de sa fièvre lente, et ne pourrait-il point, pour colorer mes dires, feindre d'être pris tout soudain de faiblesse et se laisser choir de son Albière au milieu des Normands. Je fus longtemps à le convaincre, tant il répugnait à cette comédie. Il se soumit pourtant, et poussant sa jument sur le côté herbu du grand chemin, tomba fort bien et sans même bosseler son corselet, cependant que son morion, s'échappant de son chef, roulait à grand fracas sur la route pierreuse entre les pattes des chevaux. Ceci provoqua une grande émotion, de rires d'abord, de jaseries ensuite, et enfin de compassion, surtout chez les dames normandes à qui, toutes prudes qu'elles fussent, la beauté de mon Samson n'avait pas échappé.

— Bonnes gens, dis-je en démontant et en jetant mes rênes à Miroul, poursuivez, je vous prie. Ce n'est rien. Mon frère se pâme. Il est fort travaillé de sa fièvre lente.

Mais une grande, belle et blonde Normande, fort chrétienne et charitable, qui s'appelait, comme je sus plus tard, Dame Gertrude du Luc, voulut à toutes forces mettre aussi pied à terre et, s'agenouillant dans l'herbe avec de grands soupirs, saisit Samson à bras-le-corps avec beaucoup de force et l'installa dans son giron, où la tête du pauvret se trouva tout soudain nichée au creux d'un opulent parpal. Samson, les paupières fermées, devint cramoisi, et me détournant, je regardai Miroul, dont l'œil marron pétillait, tandis que l'œil bleu restait froid.

— Bonne dame, dis-je, vous voyez comme mon frère est travaillé de sa fièvre. Pouvez-vous lui bailler de votre gourde ?

— Oui-da ! dit Dame Gertrude du Luc, et de grand cœur.

Et lui tenant la tête serrée entre son bras et son parpal, elle le fit boire alors comme elle eût fait d'un enfantelet, Samson n'osant bouger ni même ouvrir les yeux.

— Il boit, mais ce me semble qu'il est encore pâmé, dit Gertrude. N'est-ce pas pitié que tombe en faiblesse un gentilhomme tant joli et bien fait ? Foi de chrétienne, il ressemble au bel archange saint Michel, qu'on voit sur le vitrail de notre église. C'est même teint de lait, mêmes cheveux de cuivre, même largeur d'épaules, sans compter les yeux, qu'il a du plus bel azur quand il les ouvre. J'aurais vergogne à parler ainsi si votre frère avait sa connaissance, reprit-elle en rougissant. Mais je ne crois pas qu'il m'oit. N'est-il pas encore bien pâmé?

— Il l'est, bonne dame, dis-je, fronçant le nez pour ne point rire, tant la scène me paraissait plaisante. Mais quand je lui aurai baillé deux petits soufflets, il ira soudain se réveillant, ayant tout oublié de ce que nous aurons dit.

— D'ailleurs, je n'y mets pas malice, dit Gertrude avec un soupir. Certes, je ne suis pas d'âge encore à être sa mère, mais je l'aime tout quasi mon enfant. Monsieur de Siorac, devant que vous le réveilliez, peux-je le baiser sur les joues?

— Sur les lèvres, Madame! Sur les lèvres! Telle est l'usance en notre Périgord!

L'œil marron de Miroul pétilla de plus belle à ce mensonge joyeux, et la dame, se penchant, baisa Samson ainsi que je l'avais dit. A quoi, à mon grand étonnement, Samson ne montra ni résistance, ni répugnance, ne voyant rien, peut-être, à blâmer à cette caresse qu'on lui donnait comme maternelle et qu'il recevait, pourtant, pour la première fois de sa vie.

Je donnai la main à Dame Gertrude du Luc pour se relever, mais elle s'y appuya à peine pour se mettre sur pied, tant souple et vigoureuse était cette haute dame. Elle portait à sa ceinture, outre sa gourde, un fort poignard joliment damassé, dont je gage qu'elle savait bien se servir, et dans les fontes de sa selle, deux pistolets. Sa monture n'était point d'ailleurs une quelconque haquenée, mais une forte jument baie, sur laquelle elle se jucha sans mon aide, en un battement de cil. Puis me faisant un salut du chef, l'air quelque peu ému, confus et vergogné, elle piqua, et rejoignit le gros de la troupe.

Dès qu'elle fut hors d'ouïe, je me pris, les mains aux hanches, à rire à gueule bec, et Miroul aussi.

— Allons, mon frère, dis-je à Samson, ouvrez l'œil! Relevez-vous! Foin de cette langueur! Vous êtes-vous assez ococoulé contre ce doux parpal? Et ne vous a-t-on pas poutouné à ravir?

Et me tournant vers Miroul, j'ajoutai :

— La ruse a fait merveille! La vertu de cette bonne dame est maintenant tout intéressée à conter que notre Samson se trouve dans un grand pâtiment. Sans cela, eût-elle pris avec lui toutes ces libertés ?

— Quelles libertés ? dit Samson qui, de sa vie n'avait été par garce tant approché ni caressé. N'at-elle pas dit qu'elle me tenait pour son enfant ? Et n'était-elle pas bien bravette à me bailler de son vin ? Quant à ses propos de miel, poursuivit-il en se levant, ils me ramentevaient Barberine.

Quoi dit — qui n'était peut-être pas dit aussi innocemment qu'à l'accoutumée —, il se remit en selle, et tout le reste de la chevauchée, se tint le visage penché sans prononcer un traître mot, tout songeur et rêveux.

Comme nous piquions tous trois pour rejoindre la queue de la troupe, vint à notre rencontre, galopant à brides avalées, en nuée de poussière, le page Rouen.

— Monsieur le Baron, cria-t-il du plus loin, vous fait demander s'il est constant que votre frère est mort !

— Ainsi, dis-je en riant, chemine la vérité d'un bout à l'autre de notre colonne, grossissant démesurément de la queue à la tête. Galope rassurer le Baron, gentil page. Voici mon frère, droit sur sa monture.

Il était bien droit, en effet, mais ne battait pas un cil, et ne disait mot, plongé dans un grand pensement.

— Mais est-il en vie néanmoins ? dit Rouen, se testonnant les cheveux de ses doigts et l'œil quasi sorti de l'orbite.

— Tu le vois!

— Mais n'est-ce pas son fantôme que je vois ?

— Miroul, dis-je, c'est merveille! Tu observes ici toute la force d'un conte : On doutait que Samson eût la fièvre. On va douter maintenant qu'il est vif.

On coucha ce soir-là à Carcassonne, splendide

ville bien remparée et tant bien défendue par ses tours et ses courtines que nos huguenots, comme on sait, s'y cassèrent les dents quand ils voulurent s'en saisir. Cependant nos pèlerins n'y purent demeurer au-delà d'une nuit, ni le gîte, ni la chair, ni les chambrières n'étant au goût de Caudebec.

Dès le lendemain, après qu'on eut pris le temps de quérir un maréchal et de faire referrer quelques-uns des chevaux (car ces Normands étaient bons ménagers de leurs montures et veillaient à leurs jambes, et aussi à ce qu'au gîte elles fussent bien étrillées et pansées par les valets), on reprit le chemin de Narbonne.

Le Baron ne souffrait pas qu'un seul cavalier le précédât, craignant d'avaler la poussière de qui trotterait devant lui, et pis encore, de respirer les pets et les crottins des chevaux, ayant le nez fort fin pour toutes les odeurs, hors la sienne. En outre, il entendait marcher à l'aise à son allure, sans croupe ni dos pour lui barrer l'horizon, ni monture qui eût eu l'insolence de lui disputer le passage. A sa dextre et quelque peu en retrait, Frère Antoine chevauchait, moi-même, son truchement, sur sa senestre au botte à botte, et derrière lui, le page Rouen, qui n'était guère désoccupé, le Baron l'envoyant continuellement porter ses messages, ses questions et ses ordres d'un bout à l'autre de la colonne. Derrière Rouen trottaient, sur de massifs chevaux, les soldats du Baron, en morion et corselet, au nombre de six, tous fort grands et larges, la face tannée et couturée, et l'œil fort peu évangélique. S'ils n'avaient été du domestique du Baron, ils eussent pu faire, je gage, d'assez effrayants brigands.

Sauf le Frère Hyacinthe qui, immutablement, fermait la marche, les rênes lâches et les mains croisées sur sa bedondaine, le reste de la compagnie chevauchait à sa fantaisie, quand et quand changeant de place dans la colonne, selon ce que chacun avait à dire, et à qui. Ce qui faisait un perpétuel va-et-vient, ces Normands étant grands conteurs et jaseurs, et, comme j'ai dit, merveilleusement rieurs, et aimant à entonner des chansons dont d'aucunes faisaient sourciller Frère Antoine quand il en ouïssait les échos. Mais de cela Caudebec n'avait cure, dépêchant Rouen pour faire répéter les couplets qui avaient capté sa faveur. Les dames, au nombre d'une douzaine en cette petite troupe, se cachaient alors le visage sous les grandes coiffes dont elles se protégeaient du soleil, mais ne laissaient pas pour autant de rire en tapinois aux plus effrontés passages. C'étaient toutes, sauf une, d'assez jeunes veuves, qui n'étaient pas sans avoir connu les agréments de la vie, au demeurant bourgeoises bien étoffées, qui pèlerinaient pour le plaisir autant que par piété. Elles portaient belle et commode vêture, fines bottes, bracelets d'or au poignet, mais nulle, assurément, n'était mieux parée que Dame Gertrude du Luc, qui me parut aussi avoir le pas sur les autres, son défunt mari ayant été de robe, comme je l'appris.

Lors de notre département de Carcassonne, bien que le jour fût beau, il n'y eut point de ris ni de chansons dans notre troupe, l'humeur de tous était au grave, et de tous, la veille, les armes avaient été bien revues et fourbies, car c'était en la partie du chemin qui s'étendait devant nous que les gueux des Corbières avaient vilainement occis les marchands thoulousains.

Le Baron, qui avait bu fort modérément la veille, restait fort silencieux, l'œil sur l'horizon et à dextre comme à senestre, observant la moindre ondulation de terrain comme s'il eût craint de voir surgir les caïmans. Cependant, au bout d'un moment se rassurant, il me jeta un coup d'œil qui n'était pas sans aigreur.

— Monsieur de Siorac, dit-il, si je suis ce jour occis, la compagnie où je me trouverai au moment de ma mort ne sera pas indifférente, je crois, au jugement que le Seigneur Dieu passera sur moi.

Ce début me piqua fort, et je dis d'un ton un peu vif :

— J'espère, Monsieur le Baron, que vous me trouvez d'assez bonne condition pour mourir à vos côtés.

— Il ne s'agit pas de condition, dit le Baron en sourcillant, mais de foi. Monsieur de Siorac, il me faut vous demander tout net : Etes-vous bon catholique ?

Ha ! pensai-je. Nous y voilà !

— Je le suis autant que je peux l'être, dis-je en équivoquant. Et du reste, serais-je céans avec vous, connaissant votre zèle, si je ne l'étais point ?

— Voire ! dit le Baron. Vous confessez-vous ?

— Une fois l'an.

— Une fois l'an ! s'écria le Baron. Sanguienne ! C'est bien peu ! Moi, Baron de Caudebec, je me confesse tous les jours que Dieu fait !

— C'est que vous êtes fort dévot, Monsieur le Baron, dis-je d'un ton courtois. Mais le Concile de Latran ne fait commandement d'Eglise que de la confession annuelle.

A ceci, comme bien je m'y attendais, le Baron béa, et se tournant vers Frère Antoine, il l'interrogea de l'œil.

— Cela n'est point faux, dit Frère Antoine, ses épais sourcils lui barrant la face. Mais on n'est pas bon chrétien si l'on reste d'un bout à l'autre de l'an pollué de ses péchés, surtout à l'approche d'un mortel péril.

— Ha, Frère Antoine ! dis-je en soupirant. Combien là-dessus je vous donne raison !

— Vous me donnez raison, Monsieur de Siorac, dit Frère Antoine, dardant sur moi son petit œil noir, mais point pourtant ne vous confessez, comme je vous y ai invité à Thoulouse.

— Si fait ! dis-je. Je vous ai obéi. Etant tombé hier dans un grand pensement de ce que je fis aux *Deux Anges* et au *Lion d'Or*, je me suis senti tout soudain si crasseux de mes pestiférés péchés que je n'ai eu de cesse que je ne les aie lavés.

— Et vous les avez confessés ?

— Certes.

— Et à qui ?

— A Frère Hyacinthe.

— A ce sot ! dit Frère Antoine.

— A ce sot ? s'écria le Baron, fort dépit et fâché. Est-ce là parler chrétien ? Sanguienne, Frère Hyacinthe n'est point si sot qu'il n'est saint ! Et le sot, c'est toi, moine, si tes soupçons n'ont ni fondement ni façade ! Holà, page ! Ventre Dieu, le maroufle dort ! Je m'en vais lui couper le vit !

— Je suis tout à votre service, Monsieur mon maître, dit Rouen en prenant du large.

— Vaunéant ! Va me quérir sur l'heure Frère Hyacinthe, et ne muse pas ! La peau de ton cul me répondra ce soir de ta célérité !

Tout le temps que prit Rouen à ramener le moine mendiant, Caudebec se tint coi, assez embarrassé, me sembla-t-il, de sa discourtoise inquisition. Je ne pipai pas davantage, bien droit sur ma selle, la tête droite aussi, et l'air d'un homme à ne point se laisser morguer. J'ai souvent vu mon père prendre cet air-là dans ses relations avec ses pairs quand quelque disputation l'atteignait, et en la circonstance j'imitais fort bien sa mine, assez marri, cependant, que mon jeune âge ne lui donnât pas plus de poids.

Frère Hyacinthe apparut, dodelinant de la tête et la bedondaine fort secouée par son hongre, qui hennissait de dépit d'avoir dû galoper pour remonter la colonne, non que le moine le piquât, mais Rouen, se penchant, ne cessait de lui fouetter l'arrière-train, préférant lui navrer la croupe que pâtir, à l'étape, de la sienne.

— Frère Hyacinthe, dit Caudebec, est-il constant que Monsieur de Siorac s'est à vous confessé ?

Mais je ne voulus pas laisser Caudebec tenir les guides ni le fouet et l'interrompant, je lui dis :

— Monsieur le Baron, je vous prie de ne point poser cette question. Elle porte atteinte à mon honneur. Elle suppose que j'aurais pu vous mentir.

— Réponds, Frère Hyacinthe ! cria alors Frère Antoine sur le ton le plus triomphant.

— Tiens ta langue, moine ! dit Caudebec avec rudesse. Ceci est une affaire entre gentilshommes et ne te concerne pas.

Et se tournant vers moi, il dit fort gravement :

— Monsieur de Siorac, il y va de mon salut. J'ai déjà dit que la présence à mes côtés d'un hérétique serait pour moi fort damnable si je venais à être occis ce jour. Si donc vous ne voulez point que je pose cette question, je ne la poserai point. Mais alors, nous croiserons l'épée, et le Seigneur Dieu jugera entre nous.

Je gardai là-dessus un silence sévère tout en me gaussant en mon for de cette barbare dévotion, et du grand frémissement où je voyais Frère Antoine qui, les yeux étincelant sous ses épais sourcils, se dressa sur ses étriers et, tourné vers Frère Hyacinthe, s'écria sur le ton du plus grand mépris :

— Eh bien, Hyacinthe, es-tu si fol et rassotté que tu ne puisses répondre à cette simple question : Monsieur de Siorac s'est-il oui ou non confessé ?

Caudebec fit de la dextre un geste impérieux pour faire taire Frère Antoine, et je surpris alors, du moine mendiant au moine nanti, un regard qui n'était pas des plus tendres. Cependant, ce ne fut qu'un éclair. Frère Hyacinthe, la capuche très enfoncée sur le front, resta dans son silence et sa benoîte immobilité.

— Eh bien donc, Monsieur de Siorac, nous en découdrons, dit Caudebec, la face fort rouge, et très à contrecœur, me sembla-t-il.

Ce qui ne fut pas sans me toucher, mais désirant mener cette scène où je voulais, c'est-à-dire au plus grand dam et détriment de mon accusateur, je restai coi, fort roide et droit sur mon Accla, le menton levé, et les yeux sur l'horizon.

— Monsieur le Baron, dit Frère Hyacinthe d'une voix douce, peux-je parler ?

— Je t'ai mandé pour cela, dit Caudebec avec reproche.

— Certes, dit Frère Hyacinthe, mais je ne peux cependant répondre à une question que vous ne voulez plus me poser.

— Pourquoi parler, dans ce cas ?

— Pour vous dire, Monsieur le Baron, que je serais, quant à moi, merveilleusement meurtri si deux bons chrétiens se coupaient la gorge sur une querelle de néant.

Caudebec redressa le torse, et d'un bloc se tourna vers le moine.

— Une querelle de néant! Monsieur de Siorac s'est-il donc confessé?

— Ne l'ai-je pas dit? m'écriai-je alors sur le ton le plus haut et de l'air le plus offensé. Dites ce que vous savez, Frère Hyacinthe, puisque vous avez déjà à demi répondu.

— Monsieur le Baron, le peux-je? dit Frère Hyacinthe.

— Parle, Pâques Dieu! hurla le Baron.

— Monsieur de Siorac s'est hier confessé à moi en parfaite contrition et entière humilité.

Le coin de l'œil fixé sur Frère Antoine pour ne rien perdre de sa déconfiture, le bon moine prononça ces mots de la façon la plus suave, les roulant sur sa langue avec autant de délectation que les gâteaux de la *patota*.

— Monsieur de Siorac, dit Caudebec, la face cramoisie et les yeux à terre, je vous dois des excuses de ce méchant soupçon.

Il me les devait mais, semblait-il, ne me les baillait pas encore. Même en paroles, ce Caudebec n'était pas très donnant.

— Nenni, dis-je, faisant le généreux. Vous ne m'en devez point, puisque le soupçon ne vient pas de vous.

C'était l'exonérer, et lui dire en même temps où détourner l'avalanche. Ce qu'il fit sans se faire prier. Tout cela tomba où il fallait, et droit, et roide, et accablant.

— Moine, dit-il en se tournant vers Frère Antoine, combien que tu sois fier moine, impérieux, instruit, et puissant en ton abbaye, désormais tu chevaucheras en queue de notre colonne, seul, et méditant tes erreurs. Et Frère Hyacinthe, que tu as tant déprisé, cheminera à ma droite et sera mon confesseur.

La grande commodité d'un état de moine, c'est qu'on n'y est pas tenu, comme chez les gentilshommes, de redresser la crête sous les coups. Bien au rebours, l'humilité étant dans leur condition une vertu, on peut s'en envelopper comme d'un manteau.

— Monsieur le Baron, dit Frère Antoine, tête et yeux baissés en un profond salut, j'obéirai à vos ordres, quels qu'ils soient, en toute soumission et respect.

Poussant alors un aussi profond soupir que si on l'eût mis en croix, puis regardant le ciel pour le prendre à témoin de son injuste martyre, il salua une deuxième fois le Baron, retint son cheval et tourna bride. Je gage que dès qu'il fut seul et la face cachée par sa capuche, ses yeux noirs crachèrent des flammes, et qu'à ces flammes on eût pu me rôtir tout vif.

A la réflexion, je ne voulus point laisser Caudebec mijoter plus avant dans ses pensées, changeant la pente de ses craintes, je lui dis :

— Monsieur le Baron, mon père m'a toujours dit que lorsqu'une troupe chemine sur un chemin en danger d'être attaquée, elle doit s'éclairer et dépêcher des chevaucheurs en avant d'elle, et sur chacun de ses flancs. Si vous jugiez bon d'envoyer deux de vos soldats sur ces crêtes, l'un à dextre et l'autre à senestre, mon frère, mon valet Miroul et moi-même, nous pourrions vous servir d'avant-garde.

— Pâques Dieu ! s'écria Caudebec. C'est pensé, cela ! Vous avez bonne jugeote pour vos jeunes ans ! Certes, je ne m'en étonne pas ; sang vaillant ne saurait mentir. Aussi bien aurais-je dû m'aviser de ces précautions de longtemps ! Holà, Fromont, va chevauchant cette colline, et toi, Honfleur, celle-là, et ouvrez l'œil ! Monsieur de Siorac, vais-je dépêcher deux soldats en avant-garde au lieu de votre petit groupe ?

— Nenni, vous n'en auriez plus assez pour vous garder.

— C'est que c'est mission périlleuse que mission d'avant-garde.

— Vous l'eussé-je demandée si elle ne l'était point ? dis-je en gasconnant.

Mais à vrai dire, j'avais grand'hâte de le laisser

seul, tant je sentais qu'il n'allait pas tarder à m'en vouloir de la disgrâce de son confesseur.

— Peux-je cependant, repris-je, laisser dans votre colonne notre cheval de bât et la longe à votre page ? Elle nous embarrasserait si nous devions revenir vers vous ventre à terre.

Il acquiesça, et ce fut avec soulagement que je me retrouvai sur le chemin de Narbonne avec Samson et Miroul, à un quart de lieue devant les pèlerins. Miroul, à son air, eût bien voulu entendre mes récits, mais je ne voulais point les faire devant Samson, qui ignorait que je me fusse confessé la veille, et que cela aurait beaucoup troublé de l'apprendre. L'instant, d'ailleurs, n'était pas aux clabauderies, mais à la vigilance, car nous courions grand danger, en effet, d'être surpris par une troupe nombreuse et anéantis.

Je dis à Miroul et à Samson de charger leurs pistolets, et dégainant, de passer la dragonne de leur épée à leur poignet. Je fis de même. Puis, sourcillant, je rappelai d'une voix sévère à Samson que sa lenteur à dégainer et sa répugnance à tirer sur son semblable, même quand celui-ci lui voulait ôter la vie, avaient failli me coûter la mienne lors du combat de la Lendrevie ; que si mon père lui avait baillé le ménage de notre bourse, il m'avait expressément confié le commandement de notre petite troupe ; qu'il avait donc, dans le présent, à m'obéir tout comme un suisse à son capitaine, sans broncher ni jaser ; que s'il ne le faisait point, il mettrait à coup sûr en danger sa vie, la mienne et celle de Miroul ; et que même au cas où rien de trop fâcheux ne sortirait de ce péril, c'en serait fait alors à jamais de notre amitié.

A ces dernières paroles, mon bel ange eut les larmes aux yeux. J'eus quelque remords de l'avoir si vertement secoué, et comme nous cheminions alors au botte à botte, tout en gardant mon air sourcilleux, je lui tendis la main. Il la serra dans les deux siennes avec élan, en disant d'une voix basse et distincte :

— Mon Pierre, je t'obéirai.

Ayant ainsi assis mon autorité sur mon armée, je me sentis plus confiant, quoique toujours l'esprit fort en alerte, et l'œil dardé de tous côtés. Car le chemin, en cet endroit, n'était point si droit et le pays si plat qu'il avait été. Les collines s'étaient rapprochées du chemin, et nous ne faisions pas deux cents toises sans qu'un tournant, ou une montée, ou une dévalade ne nous dérobât le reste de la route. J'ordonnai à mes compagnons de trotter dans l'herbe sur les bas-côtés, pour que les sabots de nos chevaux ne s'entendissent pas, et pour nous-mêmes, prêter l'ouïe à la moindre galopade, et bien fus-je ainsi inspiré, car au bout d'un moment j'entendis le bruit d'une chevauchée, et jetant un coup d'œil par-dessus mon épaule, je vis une demi-douzaine de cavaliers surgir sur le chemin à une centaine de toises derrière nous.

— Miroul, dis-je, ne te retourne pas, et toi, Samson, pas davantage. Nous avons derrière nous une troupe dont je sais bien qu'elle ne vient pas du grand chemin, Caudebec, comme vous savez, étant là-dessus fol comme lune en mars, et ne se laissant jamais dépasser. Elle vient donc des collines. Et qui sont ces marauds qui nous coupent de Caudebec? Il nous faut les reconnaître pendant qu'il en est temps. Miroul, à ce tournant que tu vois, mets-toi au couvert de ces fourrés et laisse-les approcher, assez pour les bien voir, pas assez pour qu'ils t'engagent. Puis reviens me dire au galop les mines que tu leur trouves, leurs armes et leurs montures.

Miroul ne dit pas un mot, mais, le tournant venu, se dissimula si bien qu'à quelques toises je ne pouvais le distinguer sous les feuilles, et sa jument pas davantage. Tout le temps que je m'éloignai de lui, le laissant seul, mon cœur battit, tout confiant que je fusse pourtant en son adresse, en sa merveilleuse agileté et en la célérité de son cheval arabe. Cependant, je tâchai, à cause de Samson, de maintenir un front serein, mais ne pus pourtant réprimer un profond soupir quand tout soudain Miroul fut là, souriant.

— Ils sont cinq, dit-il, de trogne fort basse et sanguinaire, assez mal montés sur des rosses étiques, mais fort hérissés de piques, de lancegayes, de coutelas et d'épées.

— Ont-ils des bâtons à feu?

— Je n'ai vu ni pistolet ni arquebuse, mais d'où j'étais, je n'ai pu distinguer leurs fontes.

— Pour moi, dis-je après un moment de réflexion, ces gueux ont des complices en avant de nous, et quand ceux-ci nous chargeront, ceux-là nous donneront sur la queue, et les uns et les autres à l'arme blanche, pour ne pas donner l'éveil à Caudebec. L'avant-garde écrasée, ce sera un jeu de surprendre alors les pèlerins et de les anéantir.

A cela ni Samson ni Miroul ne répondirent, attendant la suite.

— Eh bien, repris-je, nous n'allons pas, quant à nous, attendre d'être écrasés entre deux meules. Au prochain tournant qui nous dérobera à la vue de ces coquins, nous tournerons bride. Là, nous attendrons qu'ils soient de nous à une dizaine de toises, et surgissant tout soudain de la courbure du chemin, nous les chargerons au galop, les rênes entre les dents et les pistolets au poing...

— Mais, ce ne sont là peut-être que paisibles laboureurs, dit Samson.

— Monsieur mon frère, dis-je en sourcillant, vous jasez, je crois?

— Nenni, dit Samson, devenant cramoisi. Je me tais, et comme juré, vous obéis.

— Monsieur mon maître, dit Miroul, tourné vers lui, si ce sont là de paisibles laboureurs, et non pas d'atroces coquins, je veux bien, moi qui les ai vus, vendre ma part d'éternité au Diable.

— Miroul, dit Samson avec plus de tristesse que de sévérité, ne parle pas ainsi, surtout dans les dents de la mort.

— Ces dents seront pour eux, et non pour nous! dis-je d'un ton sans réplique. Et c'est assez parlé, le temps nous presse. Je galoperai dans le milieu du chemin. Miroul, à ma gauche, fera feu sur les deux gueux devant lui. Moi, sur les deux au centre. Et toi, Samson, il te faudra tuer raide le coquin devant toi.

— Je le ferai, dit Samson en baissant la tête.

Il ne le fit point. Soit hasard, soit volonté secrète,

alors que de nous trois il était le meilleur tireur, sa balle n'atteignit pas sa cible, et des cinq coupe-jarrets, le sien était le seul en selle, quand nos montures furent dessus leurs rosses, celles-ci fort affolées des détonations et des hurlades étranges que nous poussions. Ce survivant s'enfuit, mais je le poursuivis, et fus assez heureux pour lui donner de l'épée dans l'épaule et faire tomber sa pique. Il se rendit alors à notre merci, Miroul le lia sur son cheval, et d'y celui fouettant la croupe et le poussant devant moi, je revins vers Caudebec, la face en feu et la crête fort redressée.

CHAPITRE III

Avant de rejoindre Caudebec, je fis mettre au pas ma petite troupe, craignant que si nous arrivions sur lui au galop et dans un nuage de poussière, le Baron, se méprenant, ne nous tirât dessus. Et en effet, je trouvai les pèlerins, hommes et garces, fort alarmés de nos coups de feu, et qui l'arquebuse, qui la pistole au poing, et les mèches allumées. Quant à Caudebec, il avait la trogne fort rouge et le poil hérissé, mais ne savait quel parti prendre, étant plus expert au déduit qu'au combat.

Cependant, dès qu'il vit mon prisonnier, et avant que j'aie pu bouche ouvrir, il ordonna à deux de ses gens de le jeter à bas de son cheval et de le mettre à la question pour lui faire dire ce qu'il savait des caïmans des Corbières. Ce fut fait en un battement de cils, et autour du col du malheureux, agenouillé tout sanglant sur le caillou du chemin, les soldats du Baron passèrent une corde de chanvre que l'un d'eux se mit incontinent à tordre autour d'un bâton.

— Monsieur le Baron, dis-je, ce gueux est mon prisonnier, il perd son sang, il est fort effaré, vos gens n'entendent pas sa langue, et ils risquent de l'occire avant qu'il ait parlé. Commandez, je vous prie, qu'on lui ôte ce garrot et qu'on me le rende. Je l'interrogerai à loisir, mais point en ce moment, où le danger nous presse. A mon sens, il nous faut au plus vite quitter le chemin et tirer vers cette colline à senestre, d'où, à défaut de rempart, nous aurons des vues sur qui voudrait nous assaillir et le bénéfice d'une situation dominante.

Les pèlerins derrière lui s'énervant, clabaudant, remuant beaucoup, et jetés dans le plus grand désordre, Caudebec consentit à tout, tant il était irrésolu, et tant aussi il était persuadé que l'habileté à combattre de mon père était passée dans mon sang, croyance absurde mais non point rare chez nos gentilshommes.

Ce petit mont que j'avais désigné étant atteint, mais non sans grandes peines, ses pentes de tous côtés étant fort abruptes (mais elles le seraient aussi pour l'assaillant), on démonta, on rassembla les chevaux dans un creux et on disposa, en les cachant, quelques guetteurs. Tout cela commandé par le Baron, mais inspiré par mes avis. Cette colline était un lieu bien peu plaisant pour y finir ses jours ou même pour y vivre, étant pierreuse et dénudée, comme souvent en ce pays tant différent du mien, si vert et si riant, et le soleil ardait à n'y pas croire sur une herbe pauvre et jaune dont pas même un mouton n'aurait voulu.

Je tirai mon prisonnier à l'écart, et Miroul et Samson avec moi le gardant, je défis ses liens, lavai sa plaie à l'esprit-de-vin, le pansai et le fis boire. Il était fort étonné de ces bons traitements, s'attendant à la torture et à la mort, et les acceptant l'une et l'autre avec ce brutal courage que mon père avait noté à Sarlat chez les misérables qui, croc en main, enterraient les pesteux.

Ce gueux s'appelait Espoumel, parlait un catalan mâtiné de provençal, et quoique fort sale et velu, n'avait point mauvaise trogne, ses yeux étant plus niais que méchants.

— Espoumel, dis-je, combien sont-ils dans ta troupe?

— Je ne peux dire, Moussu, je ne sais point mes chiffres.

— Tu sais leurs noms ?

— Oui-da.

— Nomme-les, sauf ceux que j'ai occis.

Le gueux me les nomma un par un, et j'en comptai sur mes doigts dix-neuf. C'était peu. L'ouïe-dire, en cheminant de Narbonne à Thoulouse, avait augmenté leur nombre du double, et même du triple.

— Espoumel, qui de ceux-là ont des bâtons à feu ?

— Le capitaine et le lieutenant.

A ouïr cela, je me sentis infiniment soulagé, et laissant mon prisonnier à la garde de Samson, mais prenant Miroul avec moi, je m'en allai trouver le Baron qui, au pied d'un maigre petit chêne, s'essayait à trouver de l'ombre, le soleil étant haut, et la chaleur, torride.

— Monsieur le Baron, vous avez dans vos bagues un barriquet de Malvoisie dont vous prenez grand soin. Je vous prie de me le bailler, pour prix de mes bons services.

Je ris encore de la mine qu'il fit à entendre cette requête. Et ce n'est pas qu'il me donna son bien de bonne grâce, mais bien plutôt qu'il ne sut comment s'y prendre pour me le refuser. Miroul portant le tonnelet sur son épaule, je revins vers mon prisonnier.

— Espoumel, dis-je, combien as-tu vu de bâtons à feu depuis que tu es parmi nous ?

— Je ne peux dire combien, Moussu, mais j'en ai vu beaucoup, même aux mains des drolasses.

— Et nous, combien sommes-nous ?

— Nombreux.

— Plus nombreux que ta bande ?

— Oui-da !

— Tu as raison. Nous sommes plus de cent (Samson, ici, sourcilla, qui n'aimait pas me voir mentir). Eh bien, Espoumel, va dire à ton capitaine ce que tu sais de nous, et porte-lui ce tonnelet que mon valet attache à ta rosse. Dis-lui que le haut et puissant Baron de Caudebec le lui envoie pour le dédommager des quatre compagnons que nous avons occis.

A cela Espoumel ouvrit tout grands ses petits yeux niais et, pétrifié, ne savait plus que dire ni que faire. Miroul lui amena sa rosse et l'aida à s'y hisser, le malheureux étant encore faible du sang qu'il avait perdu.

— Va, Espoumel, dis-je comme il hésitait à mettre son bidet en route.

— Moussu, dit enfin le gueux, ayant répété tout ce que vous avez dit à mon capitaine, dois-je revenir céans pour y être pendu ?

Je fus un instant sans voix tant j'admirais ce consciencieux coquin.

— Nenni, dis-je, contenant un rire, tu demeureras avec les tiens, priant Dieu pour tes gros péchés.

A cela Espoumel se signa et, sans piper ni même oser me regarder tant il craignait que je me dédisse, il donna des talons dans le ventre de sa haridelle, et dévala la pente aussi vite qu'elle put le porter.

— Sanguienne, Monsieur de Siorac ! s'écria Caudebec en accourant vers moi, battant l'air de ses bras. Votre prisonnier s'en sauve ! Avec mon tonnelet !

— Non pas, Monsieur le Baron. Je le relâche. L'homme ne sait pas compter, et il va dire de ma part à son capitaine que nous sommes plus de cent, tous armés d'arquebuses. Quant à votre doux et délicieux nectar, dont point ne se méfiera le chef des caïmans, en moins d'une heure il l'aura endormi.

A dire le vrai, j'eusse pu me contenter, ayant devant moi un prisonnier si naïf, de doubler le nombre de pèlerins sans pour autant priver le Baron de sa Malvoisie. Mais quoi ! Ce Caudebec me donnait furieusement sur les nerfs depuis son inquisition, et je fus bien aise, moi qui avais hasardé nos trois vies en le couvrant en avant-garde, qu'il souffrît, pour sa part, cette petite incommodité.

Je raccompagnai Caudebec jusqu'au petit chêne tordu qui lui servait d'abri. Fort abattu par la perte de sa Malvoisie, et tenaillé aussi par cette avarice morale qui poussait en lui de si fortes racines, il me donna sans chaleur des mercis fort petits pour tout ce que j'avais fait, et je dois dire que, pour ma part, je n'aspirais qu'à le quitter, ce que, sans le danger, j'eusse fait incontinent. C'est un vice bien étrange que l'ingratitude, tant est pourtant qu'il est fort répandu, sans en être pour cela moins hideux, mais au contraire vous gâtant l'âme comme un bubon de peste gâte le plus beau corps.

Je me dis tout cela, mais je ne laissais pas pourtant d'être attristé par la mauvaise grâce que le Baron avait mise à me remercier. Mon père était accoutumé à remarquer que pour mes ans, malgré une fougue que j'apprendrais à contenir, j'étais fort avisé, et même subtil de nature, ayant un certain instinct des hommes (et des garces) qui me faisait les bien manier : qualités fort utiles à tout homme, mais davantage à un huguenot qui, appartenant à la partie la plus persécutée du royaume, devait vivre en perpétuelle appréhension de la méchanceté des hommes. A cela j'ajoute cependant qu'étant tout frais sorti de Mespech et de mon Périgord, je connaissais encore fort mal le monde, et la première connaissance qu'avec ces pèlerins je prenais de lui m'apportait, mêlés à de certains plaisirs, quelques sujets de tristesse. Car combien que j'eusse de ruse, j'étais encore fort sensible, étant si neuf.

Le Baron avait donné l'ordre de se préparer au départ, et en revenant vers Samson et Miroul, je vis que nos chevaux étaient là, Miroul les resanglant, et Samson le dos appuyé contre son Albière d'un air fort languissant, me sembla-t-il, et à ses côtés la belle Dame Gertrude du Luc le soignant avec beaucoup de compassion jusqu'à lui tamponner les tempes avec un fin mouchoir, ces soins l'obligeant à se tenir fort près de lui.

— Monsieur de Siorac, dit-elle en me faisant de la tête un petit salut, ses yeux clairs restant à demi cachés par son immense et gracieux couvre-chef, n'est-ce pas merveille que Monsieur votre frère, tant travaillé qu'il soit de sa fièvre lente, ait combattu si vaillamment contre les gueux ? Le voilà tout en sueur, tant sa fièvre est montée. Ne va-t-il pas à nouveau se pâmer ?

— Il se peut, dis-je gravement, que dans la condition où je le vois, il tombe d'un instant à l'autre. Bonne et gentille dame, voulez-vous pas le soutenir tandis que je resanglerai Accla ?

— Ah, certes, dit-elle, je le ferai. Car je l'aime, je l'ai dit, comme mon enfantelet, combien que je sois d'âge à n'être que sa sœur aînée.

Et ce disant, elle lui passa le bras autour de la taille, et l'accola très fort pour l'empêcher de choir, encore qu'il eût le dos appuyé contre sa jument Albière, une main en arrière de lui sur le troussequin de la selle et l'autre maintenant les rênes serrées sur le garrot, mais cependant, la paupière à demi close et la taille ployée. Ha Samson, mon bel ange, pensai-je, tu fais bien de fermer l'œil, ne serait-ce que sur ta vertu, car je la vois fort chancelante, étant si bien circonvenue.

Les deux chevaux arabes de Miroul, Albière et ma jument, cachaient cette scène touchante au reste des pèlerins, ce dont Dame Gertrude était bien aise, je gage, les plus chrétiennes charités se passant fort bien de témoins. A peine, du reste, étais-je présent moi-même, tant j'étais absorbé par mon Accla, et Miroul tout autant occupé, encore que son œil marron pétillait quand il croisait le mien.

— Mais il se pâme, ce me semble, dit Dame Gertrude.

— Madame, dis-je, baillez-lui, comme je fais, deux soufflets : il reviendra à lui.

— A Dieu ne plaise ! dit Dame Gertrude. Femme je suis ! et peu sied à la modestie de mon sexe de battre un gentilhomme !

— En ce cas, dis-je, faites comme notre nourrice Barberine qui, pour lui faire reprendre sens, lui donnait de petits baisers à notre mode périgordine.

— Ha ! dit-elle avec un soupir. Voilà qui s'accorde mieux à ma native gentillesse !

Et ce qu'elle en fit, je ne saurais dire, car son vaste couvre-chef, grand comme un bouclier, me cacha sa face et celle de mon gentil Samson tout le temps que dura cette résurrection. Elle n'était point toutefois

finie quand la colline tout entière retentit des hurlades répétées de Caudebec :

— En selle ! En selle ! criait-il, et d'autant plus
impérieux qu'il avait été moins assuré, dans le péril,
de son commandement.

— Monsieur de Siorac, dit Dame Gertrude en se
tournant vers moi, il me faut, hélas, abandonner mes
soins et quérir ma monture. Me permettez-vous de
venir prendre des nouvelles de mon malade pendant
la chevauchée ?

— Madame, dis-je en la saluant, je vous verrai en
tous temps vous occuper de mon Samson avec le
plaisir le plus vif.

Je parlais ici en toute sincérité de cœur, car s'il y
avait un point où j'osais trouver de l'imperfection à
mon bien-aimé Samson, c'était l'éloignement où il
s'était tenu, avant notre voyage, de ce gentil et suave
sexe sans qui les verts paradis de Dieu ne seraient
que mornes prisons. La thérapie à laquelle il venait
de consentir me rassurait tout à fait. A voir sur lui si
puissante la curation de Dame Gertrude, et mon
frère, à son souffle, se réchauffer si vite, je compris
qu'il n'avait été, jusque-là, non point insensible, mais
gourd, peut-être en raison de sa bâtardise, qui lui
avait donné contre les femmes quelque rancœur
secrète.

Sans trop ouvertement le regarder, je l'épiai du
coin de l'œil. Il se mit en selle dans un nuage, le teint
bien assez enflammé pour donner de l'apparence à la
maladie que je lui prêtais. Et fiévreux, certes, il
l'était, mais de cette fièvre qui ne guérit jamais, sauf
par les neiges des ans. Tout le temps de notre chevauchée jusqu'à Narbonne, je lui vis aux joues ce
beau sang vif. Il se tenait coi, les yeux baissés, l'air
merveilleusement chaste, en tout semblable, avec ses
larges épaules, ses cheveux de cuivre moutonnant
sur sa robuste encolure, à un archange de vitrail
dans une église papiste, et d'ailleurs n'était-ce pas à
saint Michel que Dame Gertrude l'avait comparé ? A
observer cette candide mine, je pensais qu'à peine
ouvert aux plaisirs des sens, Samson préférait n'en

prendre pas une conscience trop vive pour ne point se trouver en difficulté avec sa conscience huguenote. Et bien que l'envie me démangeât fort, je me défendis de troubler l'innocente hypocrisie où je le voyais, et rengainai les petites gausseries dont j'eusse voulu le picanier.

Et c'est ainsi que, Samson rêvant, et moi-même musant sur les surprises du chemin, et Dame Gertrude allant, venant, et inquiète de son malade, mais aussi de sa réputation (sur laquelle on jasait déjà), nous atteignîmes paisiblement Lézignan, la nuit tombée de longtemps, nos chevaux, pour une fois, fourbus. Et à l'auberge de la *Licorne*, où nous nous retirâmes, le Baron de Caudebec, gonflé comme un pois chiche qui a trempé huit jours, emplit l'oreille de l'hôtesse de récits épiques sur la défaite des caïmans. J'y figurais à peine, à ce que j'ouïs.

L'alberguière de la *Licorne* (et je ne sais pourquoi les femmes de cet état sont si souvent veuves, sinon peut-être que tant d'hommes leur passant par les mains, elles prennent moins soin du leur) m'assura le lendemain, en réponse aux questions dont je la pressais, que le chemin de Lézignan était des plus sûrs, qu'il y avait grand mouvement sur lui de charrois et de marchands, lesquels, s'en allant qui à Lyon, qui à Marseille, cheminaient ensemble jusqu'à Montpellier, tous bien armés et résolus, tant est qu'il y avait deux ans ou plus qu'on n'avait pas ouï dire qu'un de ces convois eût été attaqué. Elle ajouta en riant (car je la serrais d'un peu près, les mains sur ses rondes hanches) qu'elle m'eût, certes, gardé davantage en son auberge tant mes manières étaient aimables, mais qu'elle comprenait mon impatience à demeurer plus outre avec des pèlerins du Nord, qui chevauchaient si lentement, s'escambillant de longs jours dans les gîtes qui, comme le sien, offraient bonnes viandes, bon vin, et les autres commodités qui délassent le voyageur; que si, enfin, je voulais qu'elle me présentât à des marchands de sa connaissance qui prenaient route le lendemain, elle le ferait volontiers, d'une pierre faisant deux coups, et à eux rendant service tout autant qu'à moi. Car elle savait par mon valet Miroul quels vaillants gentilshommes nous étions, ayant occis ces caïmans. J'acceptai son offre avec mille mercis. J'y mêlai les cajoleries où me portait mon âge. L'alberguière les repoussa sans rudesse, et, me baillant une profonde révérence, elle me fit de ses jolies dents pointues un sourire si gracieux, et penchant le col, me regarda d'un air si entendu que je pris feu tout soudain. Ha! pensai-je en la regardant s'éloigner, pour peu qu'on sorte de son trou et qu'on voyage, que le monde est vaste et riant, et d'une variété infinie!

Tant j'étais joyeux, et de quitter Caudebec, et déjà dans le pensement d'une nuit qui ne serait pas désoccupée, j'avais les pieds fort bondissants et le cœur dilaté en allant dans notre chambre annoncer la nouvelle de notre département à Samson, pensant qu'il serait lui aussi fort aise de couper court à ces interminables étapes qui asséchaient nos pécunes, et gageant qu'il serait comme moi fort heureux de laisser derrière nous ces pèlerins du Nord, et de cheminer à brides avalées avec des gens de nos provinces. Mais mon bel ange, oubliant qu'il avait le ménage de notre bourse, ne se réjouit que du bout des lèvres, à peine ouvrit la bouche, et détournant la tête, prit un air languissant que je compris fort bien et qui me donna du remords en même temps que l'idée de remédier incontinent au chagrin où je le voyais.

Emmenant Miroul avec moi et lui commandant de se divertir avec les autres valets sans retourner de longtemps à notre chambre, j'allai trouver Dame Gertrude du Luc en la sienne et la tirai à part, car il y avait là deux autres dames qui pointaient l'oreille en me dévisageant. Je lui dis, la voix basse et grave, de me jurer par sa sainte patronymique de ne révéler à personne ce que j'allais lui dire. Haletante, elle consentit. Je lui dis alors que nous allions demain à l'aube départir sans prendre congé du Baron, de peur que, fort aigri de colère de perdre son truchement, il n'allât jusqu'à user de la force pour nous retenir, ce qui assurément nous amènerait, Samson et moi, à tirer l'épée. A ouïr cela, Dame Gertrude tourna le dos aux épieuses et pâlit excessivement. Puis elle me souffla de quitter la chambre et de l'attendre sur les marches qui menaient à la grande salle. Ce que je fis. L'endroit était fort sombre et me ramentevait l'escalier à vis des *Deux-Anges* où l'alberguière et moi avions chu.

Au bout de quelques minutes qui me parurent fort longues, j'entendis le bruit des mules de la dame sur le plancher du couloir.

— Monsieur de Siorac ?

— Je suis là.

— Ha Monsieur ! gémit-elle, le parpal haletant — ce que je ne vis point, mais sentis fort bien, en revanche, car en son subit pâtiment elle m'accola avec autant de force que si j'avais été mon frère, et combien qu'elle n'y mît pas malice, et moi pas davantage, cela ne laissa pas de me faire de l'effet, tant il est malaisé d'avoir une étreinte tout à fait chaste avec une personne du sexe.

— Ha Monsieur ! poursuivit-elle d'une voix étranglée en mouillant mes joues de ses larmes. Quelle fâcheuse nouvelle ! Et que je suis marrie ! Il part ! Il part demain !

— Nous quittons avant l'aube.

— Mais, Monsieur, combien brutal et soudain ce département ! Ne peut-on y surseoir ?

— Hélas, non, Madame ! Notre bourse d'écoliers ne nous permet pas tant d'auberges.

— Mais ne pourrais-je prêter ce qui vous fault ? N'ayez point vergogne à accepter, Monsieur. Dieu merci, je ne suis pas sans bien.

— Fi donc, Madame ! Emprunter ! Là où il n'y a pas besoin !

— Je vous demande mille pardons, Monsieur de Siorac ! dit-elle en m'accolant davantage, ses mains se crispant sur mon dos. Je suis hors de mes sens, je gage, tant j'ai de peine à perdre mon petit malade. Mais comment prend-il la chose ?

— Fort mal, mais sans dire mot.

— Je reconnais là sa vaillance! dit-elle avec tant de bonheur dans la voix que j'en fus fort ému et presque envieux de mon Samson pour avoir suscité tant d'amour.

— Madame, dis-je, nous logerons à Montpellier chez le maître Pierre Sanche, apothicaire, Place des Cévenols, et nous comptons bien qu'à votre passage en cette ville, allant à Rome et revenant de Rome, vous nous ferez l'amitié de nous visiter.

— Ha certes! Certes, Monsieur de Siorac! Mais peux-je voir ce jour d'hui votre frère et lui continuer mes soins?

— Madame, j'allais vous en prier. Mon valet Miroul et moi-même avons affaire ailleurs, nous serons absents une grande heure, et mon frère va rester seul en sa chambre, bien en peine de son gentil médecin.

A cela qu'elle attendait, qu'elle espérait peut-être, elle eut quelque recul et, cessant tout soudain de m'accoler, elle me dit d'une voix fort basse:

— Mais Monsieur, le peux-je? Seule avec votre frère? Dans une chambre?

— Votre charité vous répondra là-dessus mieux que moi, dis-je, un peu impatient de ces pudeurs de la dernière minute qui ne sont, à mon sens, que de cérémonie.

Et saisissant à tâtons dans le noir sa main frémissante, je la baisai, et sur-le-champ je m'en fus, sans vouloir disputer avec elle plus avant.

Je sais qu'en lisant ceci d'aucuns vont aller sourcillant, me voyant tout entier à Vénus, et non content de courir moi-même le cotillon, d'en jeter un, et des plus ardents, dans le lit de Samson. Mais c'est la grande affection que j'avais de lui qui me fit faire cela, et tout autant, mon souci quasi paternel que l'être de Samson répondît à son apparence, qui certes, n'avait rien d'escouillé ni d'efféminé, car outre sa grande beauté, il était plus fort, robuste et musculeux qu'aucun fils de bonne mère en France, et c'était grande pitié, à mon sens, de voir ce bel étalon vivre comme nonne desséchée en cellule.

Quant aux péchés que je commis alors et commettrai, j'en ai peur, jusqu'aux glaces de l'âge, combien que je ne sois pas de la confession d'Augsbourg [1], je voudrais rappeler ici la forte et belle parole de Luther : « *Esto peccator et pecca fortiter, sed fortius fide et gaude in Christo :* Pèche et pèche fortement, mais plus fortement encore crois en Christ et réjouis-toi en lui. » Recommandation qui n'est pas, je l'accorde, sans soulever quelque disputation, si vastes sont les facilités qu'elle paraît permettre. Ce n'est pas pour cela qu'elle me plaît, mais bien plutôt parce que je ne puis concevoir l'amour de Dieu sans l'amour de ses créatures. A mon sentiment, pas plus que le corps ne requiert d'être sacrifié au principe qui l'anime, la foi et la joie ne se doivent jamais diviser.

Pour couvrir les trente lieues qui séparaient Lézignan de Montpellier, il nous fallut à peine cinq jours, non que les chevaux de nos compagnons trottassent mieux que ceux de Caudebec, mais il fallait qu'ils fussent fourbus à ne plus pouvoir mettre un sabot devant l'autre pour qu'on demeurât plus d'une nuit à l'étape.

Ces marchands, au nombre de trois, et tous trois associés, étaient des barbons grisonnants, mais vigoureux, le geste large, le sourire prompt, la parole aimable, mais sous ces dehors bien faits pour piper la pratique, l'âme dure comme caillou, et n'ayant d'yeux, de pensée et d'entrailles que pour les ballots de peaux de mouton qu'ils charroyaient, et que chacun à tour de rôle comptait et recomptait de peur qu'un de leurs valets, en chemin, ne les larronnât. De l'un l'autre aussi, à ce que j'observai, ils se méfiaient, et ne laissaient pas, sous les sourires, de s'épier de l'aube au couchant, et même, je gage, la nuit, ne dormant que d'un œil. On pense bien que pour gens de cette sorte, tout logis, à l'étape, faisait l'affaire, pour

---

1. Le credo des luthériens. Siorac est calviniste.

peu qu'il leur donnât viandes assez pour se remplir et lit pour refaire leurs forces, les ballots couchant dans leur chambre, malgré la déplaisante odeur de toutes ces peaux mises ensemble. Quant au reste, qui fait le charme de nos auberges (et leur renommée hors du royaume), à savoir la qualité des mets, le bouquet des vins, et l'humeur douce et ployable de nos chambrières, ils n'en avaient cure, méditant sur leurs chiffres, leurs profits et leurs risques, au point de passer partout sans rien voir.

Nous étions si impatients de découvrir Montpellier, dont tant nous avait parlé notre père, que nous prîmes congé du convoi deux lieues avant d'atteindre la ville. Nos chevaux galopant à brides avalées, je vis les marchands, par-dessus mon épaule, diminuer peu à peu derrière nous, puis disparaître dans la courbe du chemin, eux, leurs chars, leurs valets et leurs peaux, dont la puanteur restait dans mes narines, si fort que je respirasse le bon air chaud, sec et parfumé de ce pays. Car combien qu'on y voie des terres ingrates, pierreuses et infertiles (au rebours de mon vert Périgord), celles-ci ne laissent pas de porter une quantité merveilleuse de plantes aromatiques dont le soleil active la senteur et qui de chaque inspiration font un plaisir infini.

A une lieue de Montpellier, pourtant, le sol parut changer de nature, et tout soudain nous vîmes un champ de blé moissonné, et au centre une gerbière que des laboureurs étaient en train de dépiquer. Dépiquage qui nous étonna au point d'arrêter nos chevaux, car en notre Périgord, quelque peu pluvieux, même en juin, c'est à l'abri dans nos remises, et à l'aide de fléaux, qu'on bat les gerbes pour séparer le grain de la paille. Mais ici, je gage, le sol étant, en juin, si sec et si dur, tout se faisait en plein champ.

M'approchant, je vis un homme debout sur la gerbière, lequel tenait au bout d'une longe six chevaux, les yeux bandés, et les faisait tourner sans fin autour de lui à l'aide d'un long fouet, tandis que ses compagnons, la fourche en main, jetaient les gerbes sous les sabots, et les chevaux passaient, retournant la paille, et ainsi de suite, de gerbe en gerbe, jusqu'à ce que tout fût bien foulé, et le grain séparé.

Comme ils arrêtaient la tâche pour faire souffler les chevaux et boire leur piquette, j'interrogeai un de ces laboureurs qui, à son air et sa voix, me parut très au-dessus des autres. Il était petit, brun, noir de peau, mais l'œil vif, et le parler élégant et facile. Il m'expliqua qu'ils attendaient la brise, qui toujours le soir en ce pays s'élève, pour passer paille et grain au crible contre le vent, le plus léger s'envolant, et le grain, net et pur, passant de l'autre côté. Je lui demandai s'il leur arrivait jamais de battre le blé en grange, mais il me dit ne l'avoir de sa vie jamais vu faire, ce pays, en été, ne connaissant pas la pluie.

Son œil vif fixé sur moi, il ne laissa pas de vouloir me questionner à son tour, me laissant entendre que puisqu'il avait satisfait ma curiosité, c'était bien le moins que je satisfasse la sienne. J'y consentis et lui dis qui nous étions, où nous allions, et à quelles fins.

Il parut infiniment flatté que nous fussions venus de si loin par des chemins si périlleux pour étudier en Montpellier, dont il nous dit incontinent qu'elle était la ville la plus belle et la plus grande du Languedoc ; qu'il avait entendu dire que Thoulouse était plus grosse, et qu'il lui laissait cette grosseur, qui n'était pas de conséquence. En réalité, pas une ville ne pouvait, en nos provinces, le disputer à Montpellier pour ses beautés, ses commodités, et la douceur de son climat. En Montpellier, poursuivit-il, il n'y avait quasiment pas de froide saison, alors qu'il avait ouï dire que le Roi de France, en son Louvre, voyait, en de certains hivers, sous ses fenêtres, la rivière Seine charrier des glaçons. Il ajouta qu'à entendre de tels récits, il ressentait un tel froid de mort dans le dos qu'il préférait rester sa vie durant laboureur dans le pays de Montpellier qu'être Roi dans la capitale.

Il dit tout cela non sans qu'un certain sourire des yeux ne donnât un demi-démenti à ses gasconnades. Je goûtais fort, quant à moi, cette gausserie des autres en même temps que de soi, tant légère et subtile, et quand je connus mieux les gens du Languedoc, je sus qu'elle avait partie liée à leur finesse et qu'elle leur était coutumière.

— Mille mercis, dis-je, bon laboureur, et d'être ainsi appelé, l'homme sourit, Dieu sait pourquoi.

Je piquai, Samson aussi, mais nous ne fûmes rattrapés qu'une demi-lieue plus loin par Miroul, qui s'était attardé à jaser avec les dépiqueurs.

— Monsieur mon maître, dit-il, les joues comme gonflées des nouvelles qu'il apportait, le bon homme que vous prîtes pour un laboureur ne l'est point, combien qu'il en porte aux champs la vêture pour la commodité. Il se nomme Pécoul, et c'est un coutelier fort étoffé qui vend dagues et épées et tient grande et belle boutique rue de l'Espazerie à Montpellier. Il est seigneur de cette terre, et aime mettre lui-même son blé en sacs, n'ayant fiance en personne.

— Ventre Saint-Antoine, Miroul! criai-je. Peu de choses échappent à tes yeux vairons! Et moins encore à tes oreilles pointues!

— Pour vous servir, Monsieur mon maître, dit Miroul avec une humilité assez bien imitée.

— Et que sais-tu encore?

— Que, poursuivant ce chemin où nous sommes, nous traverserons d'abord un champ planté d'oliviers où le bourreau de la cité exerce son office; que nous passerons ensuite une forte palissade de bois qui protège les faubourgs; et, ceux-ci traversés, que nous atteindrons enfin la commune clôture.

— La commune clôture?

— C'est ainsi que les Montpelliérains appellent la muraille qui ceinture la ville.

— C'est un nom fort joli. Miroul, c'est merveille! Que de vers tu tires, et de combien de nez! Samson, as-tu ouï ce discours de Miroul?

Hélas, mon bien-aimé frère n'avait d'oreilles ni pour ce discours ni pour ma question. Il chevauchait, les yeux sur les oreilles de son Albière, les rênes lâches, la couleur allant et venant sur sa face, tantôt pâle et tantôt cramoisie, se mordant parfois la lèvre et sourcillant, et parfois poussant des soupirs. A peine savait-il, je gage, qu'il était sur son cheval, et sur quel chemin il trottait. Lui jetant quelques regards de côté, je pouvais voir se succéder sur son visage si ouvert les remembrances, les rêves, les repentailles, tant le pauvret était tiraillé à hue et à dia dans son esprit, et les yeux tantôt très atendrézis, et tantôt très effrayés, comme si l'Enfer eût soudain bâillé sous les sabots de sa jument.

Combien que j'en eusse vu plus d'un sur le chemin, je n'eus pas à me demander quel était le champ d'oliviers où le bourreau de Montpellier faisait passer de vie à trépas tant de pauvres hères, car de loin bien visible, un gibet s'y dressait, fort droit parmi ces arbres si joliment tordus, et fort sinistre parmi ces feuillages si légers et si clairs, où l'on devinait, prenant forme déjà, les olives qu'on récolterait en septembre.

Hors le fer et l'arquebuse, occire un homme n'est pas une affaire à fatiguer l'imaginative. La plus simple machine y suffit : trois bouts de bois en équerre, le plus grand fiché en terre, le plus petit soutenant une corde, et au bout d'y celle voilà notre pendu qui danse, tandis que son juge se remplit le ventre en attendant de passer lui-même devant notre juge à tous, et d'aller pourrir dans la terre, au lieu de folâtrer dans les airs : chétive différence, et ne justifiant point tant d'honneurs à l'un ni tant de disgrâce à l'autre.

Ce gibet-là, Dieu merci, ne portait personne, mais je me rassurais trop vite, car mon Accla bronchant sous moi, je repris les rênes et l'arrêtai, ma narine tout incommodée d'une fade, douceâtre et insupportable odeur que je connaissais bien. Levant les yeux, et tout soudain béant de cet étrange spectacle, j'aperçus, suspendus au plus gros des oliviers, les morceaux d'un corps de femme, la tête attachée par ses propres cheveux à une branche, et sur d'autres, liés par des torons de chanvre, les jambes, les bras, le torse. A en juger par celui-ci, que le bourreau avait, pour plus de honte, dénudé, il s'agissait d'une jeune garce, et combien que la mort remontât à huit jours au moins, il n'était pas tant mangé des oiseaux qu'on ne vît, bien formés encore, les tétins et le ventre. La pauvre drolette, dont le tendre corps était ainsi donné en pâture à la vile curiosité des hommes et aux becs des corbeaux, avait été pendue, puis morte, dépendue, sa chemise ôtée, et le bourreau, de sa grande épée la découpant en quartiers comme le mazelier fait d'un animal de bouche, les avait exposés pour l'exemple sur ce bel arbre à qui leur sinistre présence ne pesait pas plus qu'un oiseau mort.

Mon Samson, tout soudain réveillé, regarda, la face fort triste, ces débris pourrissants, et à leur vue, Miroul perdit couleurs et bonne humeur, se ramentevant peut-être qu'il avait de peu échappé au gibet de Mespech. J'avisai un laboureur qui, maniant une mauvaise faux d'un bras lent et sans force, défaisait des orties sur le bord de ce champ sans jamais lever les yeux vers ces fragments humains, tant, je gage, leur présence lui était odieuse.

— Compagnon, dis-je, est-ce là ton champ ?

— Nenni, dit l'homme, qui était si long et si maigre qu'à peine il paraissait plus épais que sa faux, laquelle, ma question posée, il releva pour s'appuyer sur elle. Je ne possède rien sur cette belle terre du Languedoc que ma bouche pour manger et mes bras pour la nourrir. Ce champ est à mon maître, et selon moi, c'est grande pitié qu'il l'ait loué aux consuls de Montpellier pour y mettre un gibet, combien que les olives soient cependant fort bonnes, y compris celles de l'arbre que vous voyez (ceci dit sans du tout le regarder). Mais cela ne me plaît point de travailler dans cette puanteur que le vent apporte parfois jusque dans ma maison.

— L'ami, qui était cette pauvre garce, le sais-tu ? Et quel crime fut le sien pour mériter ce supplice ?

— J'ignore son nom, mais d'après les archers qui l'amenèrent céans, elle avait étouffé son enfantelet pour ce qu'elle n'avait plus de lait à lui bailler, le vaunéant qui le lui avait fait l'ayant laissée sans un sol vaillant.

— C'est lui qu'on eût dû pendre, dit Miroul entre ses dents.

— Je ne sais, dit l'homme, je ne suis pas savant assez pour juger. Mais bien je sais que si ce vaunéant avait été Comte ou Baron, l'enfantelet serait devenu un glorieux bâtard, et ni lui ni sa mère n'auraient manqué de viandes.

A ces mots de « glorieux bâtard », Samson, sans dire mot, détourna la tête, et les larmes lui coulèrent des yeux. Il avait trois ans quand sa mère, Jéhanne Masure, mourut de la peste à Taniès, et je doute qu'il pût se rappeler le visage de la pastourelle, mais du moins savait-il qu'il en était le fils, ma mère, de son vivant, n'ayant jamais daigné lui parler, ni jeter les yeux sur lui, ni même le nommer.

— Mais pourquoi l'a-t-on mise en quartiers ? dis-je enfin, attristé tout à la fois des pleurs de Samson et du spectacle de ces membres dispersés. La pendre ne suffisait pas ?

— Ha ! dit l'homme. C'est du même au pareil, une fois mort, d'être découpé comme bœuf à l'étal, ou de rester entier. En ce pays de Montpellier, c'est la coutume de mettre en pièces les pendus.

— Que de cruauté la coutume excuse ! dis-je en me tournant vers Miroul, car je voulais feindre de ne pas apercevoir les pleurs de Samson. Quand un homme a cessé d'être vif, à qui appartient sa dépouille, sinon à Dieu, qui la ressuscitera à sa volonté le jour du jugement dernier ?

— Ce jour n'est pas pour demain, dit le laboureur avec un profond soupir et, en l'attendant, nous sommes céans à peiner et à pâtir sans un moment de joie. A menus gens, menue monnaie. Et combien que le soleil soit beau en Languedoc, nous ne pouvons le manger.

— Compagnon, dis-je, tu es fort maigre. As-tu nourriture à ta suffisance ?

— Ma suffisance ! dit le laboureur avec un aigre petit rire. J'ignore ce que ce mot veut dire. Il y a grande misère, Moussu, sur les branches de cet olivier, et grande misère d'une autre sorte sur cette terre où j'ai les pieds, et je ne sais quelle est la pire.

— Miroul, dis-je, baille à ce laboureur une de nos galettes.

— Moussu, dit l'homme d'un air fier en se redressant, je n'ai de ma vie quémandé.

— Allons, compain ! dis-je. Ne boude pas ton ventre. Ce n'est point là charité de prêtre, mais présent d'un ami.

Miroul, fouillant dans ses fontes, lui tendit une galette de froment que l'homme, la narine palpitante, saisit avec avidité de ses doigts maigres, mais sans un merci ni un regard, comme s'il avait grande honte de recevoir une nourriture qu'il n'avait point gagnée.

— Piquons ! dis-je, le nœud de la gorge me serrant, et sachant bien que je n'avais rien fait, par ce don, que mettre un peu de baume sur ma conscience et sans porter remède à rien.

Nous fîmes un temps de galop, que nous ne soutînmes pas longtemps. Le chemin devenant malaisé et montant, et nos chevaux soufflant, je les fis mettre au pas. En même temps je tâchai de chasser de mon esprit l'image qui me hantait de ce pauvre corps féminin démembré pour l'exemple. Mais l'exemple de quoi ? De la barbarie dont il était la victime ? Et n'était-ce point, à y songer plus outre, grande pitié et coïncidence amère qu'on eût choisi pour ces exécutions un champ où croissaient des arbres si beaux, sans se ramentevoir que c'était aussi sous des oliviers que Christ avait passé dans la prière la nuit qui précéda son supplice.

La commune clôture — et je ne sais pourquoi cette expression plaît tant à mon ouïe et à mon cœur, mais tout le temps que je vécus en Montpellier je me régalais de la répéter — est une bonne muraille d'enceinte, mais non point tant forte et défendue que celle de Carcassonne. Venant de Narbonne, on y pénètre par la porte de la Saulnerie, ainsi appelée, je gage, parce que c'était la voie qu'empruntaient les charrois de sel pour entrer dans la ville.

Il fallut présenter patte blanche au guichet, j'entends montrer les sauf-conduits que le Sénéchal de Sarlat nous avait délivrés, dire ce que nous allions faire en Montpellier et chez qui nous comptions loger. Mes réponses ayant satisfait le capitaine des archers, il nous dit avec gravité :

— Messieurs les écoliers, vous devrez vous rementevoir que le port de l'épée et de la dague est interdit à l'intérieur de vos collèges royaux et dans les rues circonvoisines. En outre, les querelles, les injures, les coups et, a fortiori, les duels, sont rigoureusement proscrits par ordre du Lieutenant-criminel entre les écoliers, lesquels peuvent être, comme tout un chacun ici, pendus pour crime capital, ou s'ils sont, comme vous, gentilshommes, décapités, mais dans l'un ou l'autre cas, démembrés par le bourreau.

— Monsieur, dis-je, nous sommes gens studieux, et non point sanguinaires, combien que nous soyons armés en guerre contre les périls du chemin.

— Et point ne vous en blâme en ces temps troublés. Mais en Montpellier tout est pour l'instant fort paisible, les catholiques, comme ceux de la Religion, faisant figure de s'accommoder.

Il sourcilla là-dessus comme si cet accommodement ne lui plaisait guère, et nous assenant tout soudain un regard aigu, il demanda :

— Et vous, Messieurs les écoliers, de quel parti êtes-vous ?

Je fus fort étonné de cette question abrupte, et balançai à répondre. Mais à mieux regarder le capitaine des archers et à observer la gravité de sa face et la roideur de sa tournure, je me dis que je connaissais bien ce style d'homme et que je hasarderais peu à dire la vérité.

— Monsieur, dis-je, nous sommes tous deux, et mon valet aussi, de la religion réformée.

— Je le pensais aussi, dit le chef des archers en s'adoucissant au point de nous bailler un sourire et de nous souhaiter la bienvenue dans sa ville, ce qu'il n'avait point fait jusque-là. Messieurs les écoliers, reprit-il, avez-vous eu maille à partir, en chemin, avec les caïmans des Corbières ?

— Oui-da! Nous en avons occis quatre à quelques lieues de Lézignan.

— N'en dites pas davantage. Monsieur de Joyeuse, sur mon rapport, vous mandera demain pour lui faire ce récit.

Il nous salua avec une gravité qui n'excluait pas une chaleur cachée, et le guichet refermé, ordonna qu'on ouvrît grandes les portes à notre équipage. Et c'est ainsi que ma petite troupe pénétra en Montpellier le vingt-deuxième jour du mois de juin de l'année 1566.

Bien qu'assurément moins anciennne que Sarlat, puisqu'elle n'a que cinq siècles d'existence, Montpellier est une ville beaucoup plus grosse, et encore que ses rues soient étroites et tournoyantes, je la trouvai fort belle, pour ce que ses maisons, au moins les hôtels de la noblesse et de la bourgeoisie, sont construites en pierre de taille, sans addition de bois en aucune partie visible.

Notre chemin nous fit passer par la place de la Canourque, la plus belle (comme je sus plus tard) de toutes celles qui sont à Montpellier, et celle où la jeunesse des deux sexes, le soir, aime à se promener en rond, les unes et les autres se croisant et se jetant, au passage, qui des œillades, qui de galants propos. Je fus fort étonné, tandis que nous pénétrions au pas sur cette place, d'y voir nombre de beaux cavaliers s'avancer en cortège, précédés par des musiciens jouant du luth et de la viole. Ces jeunes gens, qui avaient un air de noblesse, et l'aisance que donne ce rang, étaient revêtus, par-dessus leurs chausses et pourpoints, de longues chemises d'un blanc immaculé qui leur tombaient jusqu'aux pieds. Et ce qui m'amusa fort et me parut très curieux, ils tenaient dans la main gauche des coquilles d'argent, et de la main droite des cuillers de même métal dont ils choquaient le fond de ces coquilles en tâchant d'épouser le rythme des musiciens : ce qui rendait un son fort agréable, mais non point continu, car dès qu'ils apercevaient, sur cette place de la Canourque, une jolie demoiselle — et il y en avait là une quantité merveilleuse et comme oncques n'en vis autant, ni de plus belles en aucune autre ville de France —, ils tiraient vivement vers elle, et l'entourant, chacun lui offrait dans le creux de la cuiller quelques-unes des dragées dont leurs coquilles étaient pleines. C'était un fort plaisant spectacle de voir la rieuse confusion où ces offres plongeaient les drolettes, les gracieuses mines qu'elles faisaient, et les vergognes, et les refus, et en retour, tous les compliments que les cavaliers leur baillaient, jusqu'à ce qu'enfin elles se décidassent à prendre une des cuillers qu'on leur tendait : choix qui n'était pas sans signification ni conséquence, me sembla-t-il, et qui tenait plus au cavalier qui tendait les dragées qu'aux dragées mêmes. Cependant, dès que la drolette avait versé dans le creux de sa petite main le contenu de la cuiller, le jeu voulait qu'on la quittât (non sans peut-être quelque rendez-vous murmuré à voix basse), et qu'on courût vers une autre, et celle-ci étant sucrée à son tour, à une autre encore, et ainsi de suite, les cavaliers blancs voletant en essaim de fleur en fleur tout autour de la place de la Canourque, précédés ou suivis de leurs musiciens.

Cette scène qui, pour le moment du moins, effaça de mon esprit l'odieux spectacle du champ des oliviers, se déroulait dans la lumière dorée d'une soirée de juin. Mon Accla immobile et chaude entre mes jambes, je m'emplissais les yeux avec ravissement de ce joli branle, et par-dessus tout, de celles qui en étaient le centre. Les mains quelque peu crispées sur le pommeau de ma selle, dressé pour mieux voir sur mes étriers, et tordant le cou à dextre et à senestre pour ne rien perdre, j'observais, la narine palpitante et le cœur dilaté, folâtrant, riant, battant du cil et si joyeuses de vivre dans la douceur de l'heure, ces créatures de Dieu dont le nombre et la grâce, me comblant, dépassaient en même temps ma capacité d'aimer. Car si transporté que je fusse, il ne m'échappait pas que l'infinité du choix en cette belle ville me le rendait fort difficile, et qu'en fait l'excès même de sa richesse en beautés si diverses ne laissait pas de m'appauvrir. Car prendre sur l'instant une de ces drolettes dans mes bras (à supposer qu'elle y eût consenti) ne pouvait, pensai-je, que me faire tort à moi-même, puisque cet embrassement eût exclu toutes les autres. Au rebours de ce cruel tyran qui souhaitait qu'hommes et garces n'eussent qu'un seul col afin qu'il pût, en le coupant, faire tomber les têtes de l'humanité entière, j'aurais, moi, désiré que toutes les filles de Montpellier n'eussent qu'une seule bouche afin de pouvoir, en une seule fois, les baiser toutes.

J'en étais là de ce délicieux pensamor quand Samson, tout soudain, me dit :

— Mon frère, pourquoi tant demeurer ? Je ne vois sous mon nez que niaiseries frivoles et coupable dissipation. Que faisons-nous céans ?

A quoi, quelque peu piqué, je répondis, mi-figue mi-raisin :

— Ce que nous faisons céans ? Je vais vous le dire : Oublieux de nos poutres, nous regardons avec complaisance les pailles dans les yeux des autres.

Mon pauvre Samson devint cramoisi à cette petite rebuffade qu'à peine lancée, je regrettai, ne désirant point ajouter de brindille aux fagots qui le consumaient.

Il fallut chevaucher quelque temps encore et traverser le quartier de la Juiverie, mais nous n'y vîmes pas un chat, l'heure étant si tardive, avant d'atteindre la rue de la Canebasserie. Entre ladite rue et la rue de la Barrelerie s'étendait la place des Cévenols, ainsi nommée parce que le dimanche les laboureurs désoccupés des Cévennes viennent y louer la force de leurs bras. Fort visible de loin, et fort vaste et fort belle, j'aperçus l'officine au nom de Maître Sanche et à mon grand étonnement, car je ne lui eusse pas supposé tant de simplicité de mœurs, je découvris le grand apothicaire benoîtement assis devant sa porte et prenant le frais du soir avec sa famille, et fort bien je le reconnus à la description que mon père m'en avait faite. Je démontai, jetai mes rênes à Miroul, et me découvrant, je lui fis un profond salut et lui dis en latin (car je savais qu'il aimait, surtout en public, s'exprimer dans la langue des doctes) :

— Magister illustrissime, sum Petrus Sioracus, filius tui amici, et hic est frater meus, Samsonus Sioracus [1].

Je n'eus pas plus tôt dit que, bondissant sur ses pieds avec une pétulance qu'on n'eût pas attendue de son âge, le Maître apothicaire, courant à moi, me donna une forte brassée, et à Samson aussi et à moi de nouveau, nous souhaitant la bienvenue en un flot de paroles où se mêlaient le latin, l'oc de Montpellier, le catalan et même le français.

Maître Sanche avait peu à se glorifier dans la chair, présentant une trogne assez laide, les yeux non pas horizontaux, mais tombant sur le bord extérieur, au surplus globuleux et quelque peu bigles, le nez long, bossué et tordu, le teint bistre, les dents mal plantées en la gueule. Le corps n'était pas davantage avenant : une épaule plus haute que l'autre, la poitrine rentrée, le dos courbé, les jambes torses, le croupion proéminent. Mais combien qu'il portât une longue barbe grise et eût passé cinquante ans, il était vif à n'y pas croire, en branle perpétuellement, sautillant d'un pied sur l'autre, l'œil pointu comme dague, la langue prompte, l'entendement délié. Deux fois veuf, et ses grands enfants, sauf les deux plus jeunes, établis, il s'était, m'expliqua-t-il dès les premiers mots, remarié au printemps de l'année dernière, et me présentant incontinent à sa femme Rachel assise à ses côtés et durement enceinte, il m'annonça en latin qu'elle allait ce soir même lui bailler un fils, les contractions ayant déjà commencé.

— Holà, Balsa ! cria-t-il en oc à un commis. Aide le valet de ces gentilshommes à débâter les chevaux et les mène à l'écurie. Mon neveu, reprit-il en me prenant par le bras, voici ma fille Typhème, qui est fort belle, mais dont vous devez garder de tomber amoureux, pour ce qu'elle est fiancée au Révérend Docteur Saporta, qui sera votre régent.

1. Très illustre Maître, je suis Pierre de Siorac, fils de ton ami, et celui-ci est mon frère, Samson de Siorac.

Je saluai Typhème, qui me parut superbe, en effet, ayant les yeux liquides, le teint chaud et les cheveux luxuriants d'une Sarrazine.

— Voici Luc mon fils, poursuivit Sanche. Il est majeur, et de son propre chef, il s'est converti à la religion réformée. Pour moi, je suis, hélas, comme le Baron a dû vous le dire, de la très corrompue religion romaine, dont j'accepte, bon gré mal gré, les infinis abus.

Il dit cela en latin à voix rapide et basse et en me laissant tout béant d'une profession de foi aussi étrange. Cependant, je saluai Luc, qui était aussi laid que sa sœur était belle, mais dont l'œil disait autant de choses que l'œil de son père, et qui, laissé seul, pouvait, je gage, parler autant, aussi vite et en autant de langues.

— Luc, poursuivit Maître Sanche, a quinze ans. Et voici son pédagogue, que je loge aussi en ma demeure, car il est aussi riche en science que pauvre en pécune. *Hic*, poursuivit-il en latin avec un air de pompe en le désignant, *est Johannus Fogacerus, in medicina bacalaureus et procurator studiosorum* [1].

Je saluai ce grand personnage, et grand, il l'était deux fois, et par la taille, et par les titres. Car à mes yeux ce n'était point rien que de se pouvoir dire Bachelier en médecine et, au surplus, procurateur des écoliers, et les représentant dans les assemblées des Professeurs Royaux et des Docteurs.

— Messieurs de Siorac, je suis votre serviteur! dit Jean Fogacer avec un large geste par lequel il parut se gausser de lui-même et de nous.

Sa vêture était noire et quelque peu passée, mais sa haute taille et sa minceur lui donnaient une grande élégance, à quoi concouraient encore la grâce de ses gestes, et une physionomie tout à fait hors du commun. Je notai qu'il avait de fort belles dents que découvraient des lèvres charnues et rouges, sur lesquelles tombait un long nez en bec d'aigle; l'œil était

1. Celui-ci est Jean Fogacer, Bachelier en médecine, et procurateur des étudiants.

noisette, et le sourcil noir, comme dessiné au pinceau et relevé vers les tempes, ce qui lui donnait quelque ressemblance avec l'image que nous nous faisons de Satan. Mais à vrai dire, si démon il y avait, c'était un assez bon diable, car il souriait souvent, et riait plus encore, ce qu'il fit à plusieurs reprises, tandis que Maître Sanche nous présentait sa famille, et en particulier quand l'apothicaire nous déclara que son épouse, le soir même, allait lui bailler un fils. Et je dois dire que j'avais trouvé, moi aussi, fort étonnant que Maître Sanche pût être aussi affirmatif sur le sexe de l'enfantelet avant même qu'il eût sailli du sein de sa mère.

— Mes neveux, dit Maître Sanche (qui ne nous appela jamais autrement), vous devez être lassés jusqu'au fond des bottes par votre grande chevauchée. Holà, Fontanette! Sotte caillette! Au lieu de béer devant ces gentilshommes, montre-leur donc leurs chambres!

La pensée d'abord me fit peine que le maître apothicaire eût prévu des pièces séparées pour Samson et moi-même, tant nous étions accoutumés à loger ensemble et dormir en même lit, mais tandis que je suivais l'accorte chambrière dans l'escalier, observant que mon œil ne se détachait pas volontiers de son joli dos, je m'avisai que cet arrangement des chambres ne serait peut-être pas des pires.

— Voici où vous logerez, Moussu, dit Fontanette à Samson avec un charmant sourire. Vous plaît-il que je vous aide à retirer vos bottes?

— Mon valet le fera, dit Samson du ton le plus bref, et sans même l'envisager. Et tant il avait hâte d'être seul, il ferma tout soudain la porte sur lui, et je l'entendis qui se jetait lourdement sur son lit pour y reprendre le cours interrompu de ses rêveries.

J'eusse été fort peiné de voir Samson si maloneste avec la pauvre mignote si je n'avais su ce qu'il en était. Ha! la puissance d'un petit calibrys sur l'homme! Dès que sur lui piège de chair se referme, le voilà, en si douce place, pipé et englué. Tout suit, et le cœur, et la tête. Du moins n'avais-je pas à craindre que Dame Gertrude mésusât de son pouvoir sur Samson, étant elle-même en semblable dépendance de lui.

— Voilà votre chambre, Moussu, dit Fontanette, assez marrie de la rebuffade de Samson, et n'osant proposer plus outre ses services.

— Entre, dis-je en m'asseyant sur le lit et en lui baillant un sourire. Pour moi, j'accepterais volontiers ton aide, si tu me l'offres aussi.

— De tout cœur, Moussu, dit la drolette en s'agenouillant à mes pieds de la façon la plus gracieuse.

En outre, sa posture me donnait des vues sur son corps de cotte lequel était lacé lâche pour non point opprimer son contenu. Elle ajouta :

— Plus me plaisez que Moussu votre frère, combien qu'il soit plus joli. Vous êtes moins fier.

— Mais Samson n'est pas fier, dis-je, l'œil fixé sur son parpal qui, dans l'effort qu'elle faisait pour me tirer mes bottes, allait, venait, ne restait jamais en repos. Samson est pour une dame dans un grand pensamor, et c'est ce qui le rend si rêveux et si roide.

— Et cette dame vilainement le rebèque ? dit Fontanette, son œil vif et brun fort intéressé.

— Non pas, mais elle est loin, chevauchant sur les chemins du monde.

— Ha ! dit Fontanette avec un soupir, c'est grande pitié d'aimer qui n'est pas là et de n'embrasser que le vent. Et vous-même, Moussu, êtes-vous pour quelque drola de votre pays dans un grand pensamor ?

Je la considérai, mi-riant, mi-atendrézi, tant je la trouvai jolie, proprette, et sous le regard fondante comme beurre.

— Je ne saurais dire encore, Fontanette, dis-je enfin. Je ne te connais pas assez.

— Ha Moussu ! dit-elle en rougissant. Vous vous gaussez ! Vous qui serez Baron un jour, vous enticher d'une chambrière !

— Je ne serai mie Baron, Fontanette. Je suis cadet. C'est pourquoi il me faut étudier.

— Et vous serez un jour un grand savant, Moussu, dit-elle en se relevant, tout comme Maître Sanche ou le Bachelier Fogacer. Et moi-même, plus ignorante que pauvre chèvre en étable.

— Je ne regarde pas à cela, dis-je et, m'approchant, je lui posai les deux mains sur les hanches et la baisai sur ses joues fraîches.

— Ha Moussu! dit-elle en se dégageant, c'est aller bien vite! Si vous me poutounez ce jour, que ferez-vous demain?

Je ris à gueule bec de cette naïve saillie, et riant aussi, elle me dit:

— Plaise à vous, Moussu, que je m'ensauve. Je dois servir en bas.

Las! Ce premier repas chez Maître Sanche! Maigre souper! Petite chère! Chétives viandes! Certes, en mon Mespech natal, l'économie huguenote était sévère, on n'y bâfrait pas à tas, comme dans les châteaux catholiques du Sarladais où se gaspillait tant de bonne et belle chair que le domestique, en ayant lui-même bien au-dessus du gargamel, jetait presque tout aux chiens. Sans tomber dans ces blâmables dépenses, mon père et Sauveterre n'étaient pas hommes à rogner sur la subsistance. Pot et rôt, pain et vin, lait et beurre, tout était chez nous en quantité bien suffisante, et pour tous, maîtres et gens. En outre, quiconque à Mespech était saisi, dans le courant du jour, entre dîner et souper, d'un grand vide d'estomac, pouvait aller quémander à la grosse Maligou, en sa souillarde, oignon, quignon de pain, bol de lait, poignée de noix qui, d'ordre d'en haut, ne lui étaient jamais refusés. Foin des ruineuses économies! disait mon père, ne lésinons pas sur la panse. Ventre creux n'a pas goût au travail. Même un cheval renâcle à tirer l'araire, quand il n'a pas eu ses avoines.

En ce premier souper chez Maître Sanche, affamés que nous étions par notre longue route, on servit en tout et pour tout une salade et un rôt tout petit, dont chacun des convives eut une tranche mince, et une seule; de dessert, aucun; de beurre, pas la moindre trace, ni sur la table, ni sur le rôt, toute la cuisine se faisant à l'huile; une piquette assez aigre, ingénieusement servie pour qu'on en bût peu, la Fontanette circulant autour de la table avec deux pichets, l'un d'eau — qu'elle vous baillait d'abord —, l'autre de vin, qui achevait le remplissage. Fort heureusement, le pain de froment était bon, et point limité, et j'en mangeai beaucoup, rattrapant comme je pus le creux que je sentais encore. Ha, Fontanette! me pensai-je tandis qu'elle servait, tu es, certes, jolie à croquer, mais comme disaient nos gens à Mespech, la beauté se lèche, elle ne se mange pas. Mon Samson, quant à lui, ne sait même pas où il est, ni ce qu'on lui dit, ni ce qu'il avale. Il dîne de ses rêves. Mais moi, hélas, à chaque minute je me ramentevois la *Licorne* de Lézignan, les *Deux-Anges* de Thoulouse, le *Lion d'Or* de Castelnau d'Ary et les gâteaux de la *patota*, ceux-là mêmes pour qui, assis ce soir à la chiche table de Maître Sanche, la salive me vient en bouche. Et de nouveau je pensais à Mespech, à la périgordine cuisine de la Maligou, tant savoureuse, moelleuse, friande et mijotée. Car si sotte que fût cette coquefredouille, clabaudante, idolâtre, superstitieuse et, qui plus est, paillarde, elle cuisait son rôt à merveille : raison pour laquelle mon père lui avait toujours tout pardonné, y compris de s'être frotté le lard avec le curé de Marcuays, et sous notre propre toit! dans notre repaire huguenot!

Ajoutait encore à ma détresse, tandis que je mâchais les maigres morceaux de cette triste chère, que l'épouse de notre hôte accouchait dans cette même salle où nous étions, séparée de nous par un simple rideau de cotonnade; les plaintes, les cris et les gémissements de la parturiente hachant, en fait, notre repas, mêlés aux encouragements bruyants des deux commères qui l'assistaient. Maître Sanche n'en paraissait pas autrement troublé, mais haussant le ton en son latin pour se faire entendre, il dissertait à loisir sur un nouveau remède qu'il avait composé et qu'il disait être curation sûre et certaine contre les flux de ventre. Toutefois, au bout d'un moment, oyant s'élever une hurlade plus forte que les autres, il tourna la tête du côté du rideau, et dit en oc :

— Ma pauvre Rachel a peine, ce me semble, à me faire ce fils. Balsa, va me chercher de l'aigremoine dans mon officine.

Balsa, la bouche pleine, y courut, et revint avec un pot qu'il tendit à son maître, lequel, appelant une des accoucheuses, lui dit sur un ton de grave autorité :

— Ma commère, frictionnez, je vous prie, les cuisses de la parturiente sur la face interne avec cet onguent que voilà, et récitez, ce faisant, l'oraison dominicale. La délivrance de mon épouse en sera grandement facilitée.

Après avoir fait une profonde révérence et s'être signée trois fois, la commère saisit le pot avec beaucoup de respect, et se retira incontinent derrière le rideau pour faire comme on lui avait dit.

— Maître Sanche, dis-je, je savais que l'aigremoine était souveraine pour la curation de l'ulcère de la cornée, mais j'ignorais qu'on pût l'employer aussi avec profit dans un accouchement.

— Si fait ! dit Maître Sanche. J'ai là-dessus grande et digne autorité, car l'usance de l'aigremoine est *in situ* [1] expressément recommandée par Bernard de Gordon, dans son savant *Lilium Medicinae*, et j'en ai fait l'épreuve à maintes reprises, non sans succès, dans les parturitions de mes défuntes épouses.

Fogacer, à côté de moi, riant alors à gueule bec, Maître Sanche, quelque peu piqué, s'écria :

— *Medice, visne castigare ridendo medicinam meam* [2]?

— *Non decet, magister illustrissime*, dit Fogacer, ses sourcils démoniaques remontant vers les tempes. *Felix est qui potuit rerum cognoscere causas* [3].

— Pourquoi ris-tu, alors ? poursuivit Maître Sanche, interrompu ici par un cri déchirant. Ma commère, cria-t-il en oc, tournant la tête vers le rideau, frictionnez ! Frictionnez ! Et n'épargnez pas vos Pater !

1. Dans le lieu dont il s'agit.
2. Médecin, veux-tu ridiculiser ma médecine ?
3. Cela ne serait pas convenable, très illustre Maître. Heureux qui, comme toi, a pu pénétrer les causes profondes des choses.

Les deux remèdes étant alors appliqués, j'imagine, avec plus d'énergie par les deux accoucheuses, une rémission ne tarda pas, en effet, à s'ensuivre, et dans le silence, qui n'était plus troublé que par quelques petits gémissements, Fogacer dit en latin :

— Très illustre Maître, premièrement je ne conteste pas l'efficacité de l'aigremoine. Secondement, je suis trop bon chrétien pour disputer la bienfaisance d'un Pater. Mais je conteste l'alliance du premier avec le second. En effet, de deux choses l'une. Ou bien, l'aigremoine soulage la parturiente. Ou bien, c'est le Pater. Dans le premier cas, le Pater est inutile. Et dans le second, l'aigremoine.

— *Medice*, dit Maître Sanche, *navita de ventis, de tauris narrat arator* [1]. Mais vents et bœufs ne sont pas même chose. Femme accouche dans la douleur, mais la douleur est de l'âme tout autant que du corps. *Ergo*, est bénéfique le mélange des deux remèdes : l'aigremoine est le baume du corps, et le Pater soulage l'âme...

Il allait poursuivre quand la pauvre Rachel se mit à hucher à oreilles étourdies.

— Mes commères ! cria Maître Sanche en oc d'une voix irritée. On ne s'oit plus parler céans tant on est tympanisé ! Frictionnez ! Frictionnez ! Et n'épargnez pas l'aigremoine ! Point ne veux lésiner quand il s'agit de mon épouse !

— Magister, dis-je en latin quand la hurlade se fut apaisée, je vous ai ouï déclarer deux fois comme chose absolument certaine que Madame votre épouse allait vous bailler un fils. Peux-je vous demander sur quel fondement vous asseyez cette certitude ?

Fogacer, profitant d'une nouvelle plainte, par quoi Maître Sanche était distrait, me glissa à l'oreille avec un sourire :

— *Bene ! Bene ! Haec est vexata questio* [2].

Mais à dire le vrai, elle embarrassa fort peu Maître Sanche, qui répondit tout de gob :

1. Médecin, le marin parle des vents, et le laboureur des bœufs.
2. Bien ! Bien ! Voilà une question très débattue !

— Cela ne souffre pas le moindre doute, et encore moins de discussion. Parturiente en pleine lune accouche d'un fils, et en nouvelle lune, d'une fille.

Cependant, en dépit de l'aigremoine et des Pater, les cris de la pauvre Rachel devenant de minute en minute plus stridents, Maître Sanche voulut bien se lever et passer derrière le rideau afin d'apporter à sa jeune épouse le bénéfice de son savoir.

Comme le souper était fini de longtemps, Luc, sa sœur Typhème, Balsa, Miroul et mon bien-aimé Samson s'étaient allés coucher, et ne restaient à table que Fogacer et moi, quand la Fontanette nous apporta dans un pichet une tisane de simples qu'elle nous versa.

— Ha Fontanette! dit Fogacer à voix basse. Le Maître va te gronder : une tisane! Et sucrée encore! Et de ton propre chef!

— Je dirai que je l'ai commandée, dis-je incontinent.

— Mille mercis, mon noble Moussu, dit Fontanette avec un tendre sourire et une petite révérence.

Puis pivotant dans son ample cotillon, qui fit une gracieuse corolle autour de ses chevilles, elle voleta d'un pas léger vers la cuisine. Je la suivis de l'œil.

Fogacer, levant alors un noir sourcil, et se penchant à me toucher le coude, dit à mi-voix avec un sourire :

— *Nec nimium vobis formosa ancilla ministret* [1].

— Amen, dis-je, ne sachant que dire d'autre, et le nez dans mon gobelet, mais fort heureux et de cette gentille féminine attention, et aussi de la tisane, que je bus lentement tout en mangeant une bonne tranche de pain, car à dire le vrai, j'avais un appétit à recommencer la maigre chère que j'avais faite!

— L'homme, dit Fogacer en pointant un long index du côté du rideau, et en baissant la voix (ce qui était bien inutile, les cris se poursuivant au même diapason), a quelques petits travers, mais il est bon. Cependant, dit-il, finissez promptement votre gobelet, de peur qu'il ne tance la pauvrette.

1. Ne vous laissez pas servir par une servante trop jolie.

Comme j'achevais de boire, le rideau s'ouvrit, et Maître Sanche apparut, une épaule plus haute que l'autre, le dos courbé, mais ses deux mains peignant joyeusement sa longue barbe grise. Il s'arrêta devant nous et dit d'un air triomphant :

— Cela touche à sa fin. J'ai vu les cheveux du petit drole !

Il avait à peine achevé que la parturiente poussa une série de cris à déboucher un sourd, et à ces cris succéda tout soudain un long silence qui nous laissa tous étonnés. Puis, soulevant le rideau, une commère entra, la tête basse et la face fort triste.

— Maître Sanche, dit-elle d'une voix morne, Madame votre épouse vous demande humblement pardon : C'est une fille.

— Quoi ! s'écria Fogacer, se levant et feignant surprise et scandale. Une fille ! En pleine lune !

— Il faut donc, dit Maître Sanche sans même battre un cil, que quelque autre planète, envoyée par Dieu, ait mêlé ses rayons à ceux de la pleine lune et contrarié ses effets.

Et levant gravement la main, il ajouta :

— *Astra regunt homines, sed regit astra Deus* [1].

CHAPITRE IV

Ha ! le joli réveil que j'eus le lendemain quand Fontanette, pénétrant dans ma chambre, ouvrit le volet de chêne qui, de l'intérieur, obturait ma fenêtre, laquelle, comme celle de l'auberge des *Deux-Anges* à Thoulouse, n'avait comme carreaux que du papier huilé, imperméable aux vues mais non point au chaud soleil du Languedoc, qui déjà le dorait.

— Ventre Saint-Antoine, Fontanette, dis-je en me testonnant le cheveu de mes doigts ; comment es-tu entrée céans ? J'avais mis le verrou à ma porte.

1. Les astres régissent les hommes, mais Dieu régit les astres.

— Par celle-ci, dit-elle, qui donne dans ma chambrette.

— Ha! Fontanette, m'écriai-je, tu vas me donner quelques petites idées.

Mais Fontanette, qui avait le sourire et le rire si faciles, se fit là-dessus sérieuse comme abbesse en carême et, son gracieux minois s'efforçant à la gravité, me fit tout un sermon.

— Moussu, si vos idées sont celles que je me pense, vous ne devriez pas les avoir. Point ne suis servante d'auberge qui s'escambille à tout venant, mais chambrière de bonne et chrétienne maison. La porte par où je suis entrée céans est verrouillée de mon côté. Et pour moi, ajouta-t-elle en baissant les yeux, je suis pucelle.

— Tu es donc verrouillée deux fois, bravette fille, dis-je en souriant. Mais trouves-tu point quelque incommodité à cet état? Et voudrais-tu, comme nonne, y persévérer?

— Je ne sais, Moussu, dit-elle avec un air naïf qui me toucha. Je n'ai pas encore décidé.

Et pour une fois, moi qui suis pourtant bien fendu de gueule, je n'eus rien à répondre, étant mû en tous sens par des sentiments tout contraires, mes méchants désirs et ma douce pitié se battant en moi comme harenguiers. Et à dire le vrai, je tenais et je tiens toujours pour fort inéquitable qu'on demande à ces pauvres drolettes, parce qu'elles sont filles, une vertu que personne n'exige des droles. Et que feraient pourtant ceux-ci, si celles-là étaient toujours si roides? Restant coi, je ne laissais pas pour autant de l'envisager, tant fraîche et légère, allant et venant dans la chambre, rangeant ma vêture partout éparpillée, et quand elle eut fini, s'attardant quelque peu à admirer mes armes.

— Moussu, comment nomme-t-on cette courte arquebuse?

— Une pistole.

— Et cette courte épée?

— Un braquemart.

Ce mot-là la fit bien rire et en même temps rougir.

Sur quoi, observant sa vergogne, je dis pour l'en tirer :

— Çà, Fontanette, que mange-t-on ici au réveil ?

— Une soupe.

— Fi donc ! dis-je en faisant la grimace. Une soupe ! Et point de lait ?

— Ha ! Moussu ! Du lait ! Vous n'êtes plus céans en votre Périgord ! Le plat pays autour de Montpellier est tout pierre, grouette et sablon. La vigne y pousse et l'olivier, mais vos vaches n'y trouveraient pas provende.

— Donc point de lait. Y a-t-il au moins en cette soupe quelques juteux morceaux de porc ?

— Ha ! Moussu, du cochon ? Dans cette maison vous n'en trouverez mie ! Mon maître n'en veut point !

— Quoi ? Point de lard, ni de jambon, ni de saucisse ? Pas de pâté non plus ?

— Pas une once ! Mais j'y songe, mon noble Moussu, dit-elle avec quelque confusion (et tant plus j'aimais ses petites mines qu'elles n'étaient point jouées ni contrefaites comme chez d'aucunes), je suis venue vous réveiller d'ordre de M. le bachelier Fogacer qui désire vous entretenir.

— Et maintenant tu le dis ! Fontanette, ensauve-toi !

— Ne peux-je demeurer, Moussu, pendant que vous mettez votre vestement ?

— Mais, Fontanette, tu me verras nu !

— Je vois Moussu Luc nu comme ver tous les jours, et vous êtes tant mieux fait, mieux membré et plus fort...

Elle poursuivit dans ce ton tout le temps que je me vêtis. C'est son innocence, je gage, qui la faisait babiller ainsi, et encore que je ne laissasse pas d'être embarrassé, ne voulant pas cependant la chasser, je souffris sa présence, fort troublé qu'elle béât ainsi devant moi et me baillât tant de louanges, toutes candides qu'elles fussent : car assurément la pauvrette, en sa naïveté, n'y voyait pas malice, et disait tout de gob sa pensée, comme une oiselette l'eût dit à son oiseau si elle eût pu parler.

Je trouvai le bachelier Fogacer en train de gloutir sa soupe. Elle n'était, hélas, que de légumes, sans un morceau de chair, mais j'avais tant faim depuis la veille que je m'y mis aussi. De Luc, de la belle Typhème, de Balsa, du maître apothicaire je ne vis point de trace, et Fogacer, s'étant dûment rempli, me dit :

— Siorac, point de cérémonies, je vous prie, entre nous. Ne me baillez point du bachelier et je ne vous baillerai pas du monsieur. Finissez votre brouet et je vous emmènerai sur le toit — nous y serons plus à l'aise pour parler.

Peu j'imaginais que ce toit — auquel on accédait par un escalier à vis — était en fait une large et belle terrasse d'où la vue s'étendait par-dessus un étagement de terrasses semblables sur toute la ville de Montpellier. Plus loin, je découvris, tranchant d'un bleu plus foncé sur le bleu azuréen de l'horizon, et scintillant de mille feux sous le radieux soleil, la mer Méditerrane. Moi qui de ma jeune vie n'avais vu pareille étendue d'eau que sur une mappemonde, je restai béant devant ce spectacle.

— Ha Fogacer ! m'écriai-je, fort ému, ne doit-on remercier le Seigneur d'avoir créé cette merveille que voilà entre autres grandes et excellentes beautés qu'il bailla à la Terre ?

— Je le veux bien, dit Fogacer en levant ses sourcils diaboliques, mais alors il ne faut pas s'arrêter si court, il faut le remercier aussi des tempêtes, des ouragans, des pluies diluviennes, des sécheresses, de la foudre, des volcans, des tremblements de terre ; lui sentir gré aussi, dans le règne végétal, de la ciguë, de la belladone, de l'aconit, de la jusquiane et autres innumérables plantes dont on prépare les poisons, et, dans le règne animal, de l'ours, du loup, du sanglier, du renard, des fauves de l'Afrique ; sans compter la vipère, l'aspic, la tarentule, le scorpion et cette milliasse de bestioles, vers et champignons qui gâtent les plantes les plus utiles. Est-ce tout ? Ha ! Que non pas ! Il faudrait aussi tenir comme grandes gratifications que le Seigneur ait baillé à l'homme la coqueluche, les oreillons, la variole, l'hydropisie, les fièvres des marais, la lèpre, la phtisie et ces joyaux de notre humaine condition : le mal de Naples et la peste.

J'envisageai Fogacer, fort étonné de ce discours quelque peu sacrilège et du ton de grave gausserie dont il l'avait prononcé.

— Assurément, dis-je au bout d'un moment, assurément, le mal existe. Mais Dieu ne faisant rien qui ne soit droit et bon, il faut bien que le mal lui-même fasse partie d'un plan.

— Un plan ? dit Fogacer en levant son sourcil davantage. Un plan ? Certes, un plan ? Mais lequel ?

— C'est ce que nous ne pouvons savoir, dis-je, les voies du Seigneur étant impénétrables.

— Ha ! s'écria Fogacer en riant, que voilà une bonne et orthodoxe réplique, et bien propre, comme dit votre Calvin, à contenter de sobres et dociles gens. Observez, cependant, non point la réplique elle-même, mais la fruste manière dont vous l'avez amenée : sans raisons bien déduites, sans argument lié, sans art aucun, clouant *ex abrupto* la disputation par ce rideau opaque de l'humaine ignorance. Par ma robe de bachelier, il faut bien plus de mots pour dire qu'on ne sait rien ! En bonne règle, il eût fallu disputer bien plus outre, articuler votre dire en syllogismes, arriver à conclure par la rigueur de la logique, vous couvrir de l'autorité des Anciens, redonder en belles citations ! Tudieu, ce n'est pas discourir doctement que de jaser si court !

Je rougis de me voir ainsi accommodé, et voyant ma face cramoisie, Fogacer se prit à rire de plus belle et me tournant le dos, il assit ou plutôt il vautra son grand corps maigre et élégant sur un banc en maçonnerie accoté à la petite guérite protégeant de la pluie l'escalier que nous avions gravi.

— Siorac, dit-il, me voyant tout rêveux et pantois, venez vous asseoir à côté de moi à l'ombre, tant chaud déjà est le soleil. Point n'ai voulu vous piquer mais vous pousser quelques bottes pour tâter votre science. Je ne peux, en qualité de procurator, vous inscrire sur le registre du collège royal de médecine que vous ne m'ayez contenté par de suffisantes connaissances en logique et en philosophie.

— Eh bien, dis-je en m'asseyant, la crête fort rabattue, comment opinez-vous, en ces matières, de ma capacité ?

— Assez mal, combien que vous soyez déjà fort bien nourri en médecine par Monsieur votre père. Mais la logique et la philosophie étant les deux mamelles par où le lait du savoir est censé couler en nous, vous ne serez jamais reçu au rang des doctes, ni même immatriculé en notre collège royal, si vous n'avez appris à mieux sucer ces ineptes tétins.

— Quoi ? dis-je. Ineptes ? Vous les déprisez donc ?

— *Medicus sum et in medicinam solam credo* [1]. Quant aux mamelles que je viens de dire, je les tiens pour vides, vaines, flasques, et scolastiques. Mais ce n'est pas à dire que je n'excelle point à les manipuler. Il n'est meilleur disputateur au collège royal *omnium consensu* [2] que votre dévoué, mais non point humble serviteur. Cependant, ajouta-t-il avec un sourire, par courtoisie autant que par prudence, je le cède là-dessus aux professeurs royaux.

Je restai coi à ouïr le bachelier Fogacer mordre à si belles dents le vénérable parpal où, devant qu'il étudiât la médecine, il s'était nourri. Est-ce donc là, pensai-je, cette philosophie, déprisée en secret de ceux qui s'en ornent en public, et suis-je déjà dans les coulisses de ce théâtre-là, avec les perruques et les fards ?

— Cependant, poursuivit Fogacer, il n'y a pas péril en la demeure, pour peu que vous suiviez mes avis. Ce jour d'hui est le 27e jour du mois de juin, et les cours de médecine commencent à la Saint-Luc, à savoir le 18 octobre : J'ai donc tout le temps, si cela vous agrée, de vous dégrossir, votre frère et vous, dans les matières que j'ai dites.

Je n'avais pas été élevé en vain dans la stricte

1. Je suis médecin et je ne crois qu'en la médecine.
2. De l'opinion de tous.

économie huguenote, puisqu'au bruit de pièces et de piécettes qui tintaient dans ce discours, je ne manquai pas de dresser l'oreille, le poil tout hérissé.

— Fogacer, dis-je avec froideur, Samson et moi, nous sommes fils cadets et notre pécule n'est pas gros. Parlons donc sans détours. Combien nous en coûtera-t-il, dans ces trois mois qui viennent, d'avoir le bénéfice de vos bonnes leçons en logique et en philosophie ?

— Ha ugonau ! cria Fogacer en riant et en levant son sourcil diabolique, seriez-vous chiche-face et pleure-pain ? Et me soupçonnez-vous d'éhontée gripperie ? Vous errez, Siorac, je suis très modéré en mes prix. Je vous baillerai à tous deux, tous les deux jours, deux heures de mon temps, et il vous en coûtera à chaque fois deux sols, plus, deux fois par semaine, un repas, avec votre frère et vous-même, à l'auberge des *Trois-Rois*, où vous paierez huit sols environ pour le rôt de chair de porc dont je me régalerai. Eh bien, que vous en pense ? Vous allez dépenser beaucoup davantage pour suivre les cours que le Docteur Saporta donne de soi aux nouveaux écoliers pendant l'été...

— Mais les dois-je suivre s'ils sont si coûteux ? En tirerai-je profit ?

— Naïf enfantelet, dit Fogacer avec un sourire, vous devez les suivre, même s'ils ne vous sont d'aucun profit. Saporta est avec Rondelet, Feynes et Salomon dit d'Assas, un des quatre professeurs royaux, et quand Rondelet qui est vieux et mal allant passera de ce monde dans l'autre, Saporta sera élu chancelier. Allez-vous dépriser les cours privés de votre chancelier ?

— Et ceux de mon procurator ? dis-je en riant. Tope, Fogacer ! Je suis de ce jour votre disciple en logique et en philosophie. Et sanguienne ! si creuse, à votre dire, que soit cette provende, je la gloutirai d'un coup de gueule.

— Voilà qui est parlé ! dit Fogacer fort content de lui et de moi. J'aime le grand appétit où je vous vois. Nous commencerons demain.

Là-dessus, sans mot piper, il m'envisagea un long temps en souriant et je l'envisageai aussi. Son cheveu noir et plat était fort dégarni sur le haut du crâne, par où il paraissait plus vieux que son âge (qui ne passait pas vingt ans à ce que j'appris plus tard). L'œil, sous le sourcil diabolique, était noisette, perçant, excessivement brillant, et le nez, comme j'ai dit, se courbait en bec d'aigle, mince, long, avec une arête osseuse quasi coupante. L'ensemble eût été sévère sans une grande bouche aux lèvres fort charnues et fort rouges qui se tordait, à l'occasion, dans un sourire sinueux, en particulier quand il se répandait en paradoxes, gausseries, paillardises et impiétés voilées, ce qui ne lui arrivait qu'en privé, hors des oreilles notables et chatouilleuses, car en public, il surveillait ses paroles comme berger ses brebis, cachant les galeuses et les embrennées, et ne montrant que les plus blanches.

— Ainsi, Monsieur, dit-il enfin avec un air de feinte gravité, vous courez le cotillon.

— Monsieur, dis-je dans le même ton, je le cours.

— Et si vite que court le cotillon, je ne doute pas que vous le rattrapiez. Car vous avez le cheveu blond, l'œil bleu, le teint frais, la taille fine, et la tournure vigoureuse.

— Je ne suis pourtant point tant joli que mon frère.

— C'est vrai, mais c'est un frère muet, et vous, vous jouez fort bien du plat de la langue. Et enfin, il y a en vous quelque chose de vif, de gaillard et d'expéditif qui doit plaire aux drolettes.

— Monsieur, dis-je, je ne me plains pas.

Fogacer, ici, fit une pause, et quittant son badinage, dit avec gravité :

— Siorac, ceci est un avis, et je vous prie d'y prendre garde. Il y a en cette maison deux bachelettes de conditions différentes mais auxquelles, pour des raisons différentes, vous ne devez point toucher. L'une, Typhème, est promise, comme on a pris soin de vous le dire, au Docteur Saporta, lequel est fort bon homme et a le double de son âge. Mais il est marrane, et Maître Sanche aussi.

— Marrane? dis-je.

— Quoi? dit Fogacer en levant un sourcil. Monsieur votre père, vous logeant chez Maître Sanche, ne vous aura pas instruit de cette particularité!

— Il ne l'a pas fait.

— Sachez que les marranes sont des juifs espagnols — mais d'aucuns sont aussi portugais — d'abord convertis de force par une cruelle persécution et ensuite chassés de leur pays par la puante intolérance des prêtres, et que notre Roi Louis XI accueillit dans le Languedoc. En quoi il fut fort sage, car ces marranes introduisirent céans la médecine juive et la médecine arabe sans lesquelles notre collège royal ne serait pas aujourd'hui ce qu'il est.

— Et pourtant, à ce qu'il a dit lui-même, Maître Sanche est catholique.

— Bien forcé. Il l'est comme je le suis moi-même; de prudente, extérieure et nominale appartenance.

Ceci me donna fort à penser mais je préférais ne pas poursuivre en terrain si périlleux et je dis:

— Est-ce parce que Saporta est marrane que la belle Typhème lui est destinée?

— C'est là une des deux raisons, dit Fogacer avec un sourire, l'autre étant que Maître Sanche est fort étoffé, et Saporta, plus encore, possédant terres et vignes dans le plat pays, maintes maisons en Montpellier et qui plus est, dans la rue du Bras-de-Fer — tant abrupte et pentue qu'on l'appelle *la devalada* — il détient en toute propriété et jouissance un jeu de paume fort beau, et pour lui fort profitable auquel il serait bien vu que vous apportiez votre pratique.

— Mais je n'ai de ma vie touché balle ni raquette.

— Ce n'est rien. Je vous apprendrai.

Ha corbeuf! pensais-je, voilà bien les gens des villes! On vous prend ici argent à toutes mains.

— Mais Fogacer, dis-je, éclairez-moi d'un doute. Le père, céans, est catholique. Et le fils, réformé. Maître Sanche et Luc sont donc l'un pour l'autre mutuellement hérétiques. Comment cela est-il possible?

— Simple question de vêture, dit Fogacer avec son

sourire sinueux. Le père porte le manteau papiste. Et le fils, le manteau de Calvin. Et ainsi chacun couvre l'autre. Ce qui est fort bien avisé dans les temps incertains où nous sommes. Siorac, prenez bonne graine de cette infinie prudence. Ne soyez pas par la ville réformé trop strident. Les vôtres sont nombreux, c'est vrai, en Montpellier mais ramentevez-vous que le Roi et sa Mère sont papistes et il faudra bien, à la fin, vouloir ce qu'ils veulent, ne serait-ce que par force forcée.

Ayant dit, il rit comme si tout cela — qui n'était pas la médecine — était une comédie sans grande conséquence, et se mettant debout sur ses longues et élégantes jambes avec la souplesse d'un lévrier, il dit :

— Je m'en sauve, Siorac. Le soleil est haut déjà. Rondelet qui part sous peu pour Thoulouse m'a laissé ses malades à voir.

— Mais vous ne m'avez point parlé de Fontanette.

— Ha ! Le sujet vous touche ! Nous en reparlerons, dit-il en riant, la tête tournée sur l'épaule, tandis qu'il dévalait allégrement l'escalier.

Au bas des marches, Fogacer déjà disparu, qui vis-je sinon Fontanette qui se trouvait là, je gage, tout exprès pour me rencontrer et me faire quelques petites mines.

— Fontanette, dis-je, mon frère est-il levé ?

— Non, Moussu. Il dort comme marmotte. Et combien que j'aie toqué fort à sa porte, il n'a pas répondu.

— Je n'aime pas cela, dis-je, fort rembruni, et lui tournant le dos, j'entrai tout de gob et sans heurter dans la chambre de mon Samson.

Il était étendu sur le côté et la chaleur lui ayant fait rejeter son drap, nu dans sa natureté, fort beau et musculeux, la peau blanche comme neige, la joue rose posée sur la main, les yeux clos, voilés en outre par le désordre de ses boucles de cuivre, lesquelles se tortillaient fort gentiment autour de son oreille. Cette vue m'ôta la colère dont je m'aigrissais et, posant les deux mains sur son épaule, je cornai son

nom à tue-tête tout en le mouvant d'ici de là, tant
fort et vite qu'il finit par recouvrer ses sens.

— Monsieur mon frère, dis-je avec une apparence
de roideur, mais déjà tout atendrézi, êtes-vous venu
en Montpellier pour vous acagnarder dans un lit et
croupir dans une chambre? Le soleil est proche du
midi et vous êtes céans à vous apparesser!

— Mon Pierre, me dit-il d'une voix fort piteuse et
ce disant il se leva et me fit cent baisers, ne me
gronde pas, je te prie, je n'ai pas fermé l'œil de ma
nuit, et à peine réveillé, je souffre les dix mille
flammes de l'enfer tant j'ai chagrin de la grande résolution que j'ai prise.

— Une résolution? dis-je en sourcillant, qu'est
cela? Et à quel sujet?

— De ne plus revoir Dame Gertrude du Luc à son
passage, en Montpellier, non plus qu'à son retour de
Rome.

— Et pourquoi donc?

— Pour ce que c'est péché fort damnable et mortel
que de paillarder hors mariage.

— Sanguienne! m'écriai-je en levant les bras au
ciel. Qui m'a baillé comme frère ce sot embéguiné!
Avez-vous prononcé des vœux? Etes-vous nonne?
Etes-vous moine? Etes-vous ermite? Etes-vous
eunuque escouillé en harem? Allez-vous demeurer
dans le fiel et le vinaigre de la chasteté jusqu'à ce que
vous convoliez? Et ventre Saint-Antoine, m'écriai-je
en haussant le ton, êtes-vous outrecuidant assez
pour vous croire plus vertueux que votre père?

— Moi? dit-il, tout cramoisi, la main sur le poitrail, plus vertueux que Monsieur mon père? Ai-je eu
cette pensée?

— Vous l'avez dû avoir, ne pouvant ignorer que
votre père vous engendra hors mariage, péché que je
bénis puisqu'il m'a donné un frère que je chéris bien
au-dessus de mon frère légitime.

— Ha mon Pierre! dit-il en se jetant derechef dans
mes bras, c'est que je t'aime aussi, et de tout cœur!

— Mais pour moi, je ne sais, dis-je en le repoussant (encore que doucement), si je ne veux point dis-

continuer mon amour : vous sentez par trop l'hérésie.

— Moi ? cria-t-il, béant, et si horrifié que j'eus presque scrupule à me jouer de sa simplicité de cœur, fût-ce dans son intérêt.

— N'allez-vous pas imaginer, Samson, dis-je en sourcillant et la voix grave, qu'en sacrifiant Dame Gertrude à vos idées de moine, vous allez *faire votre salut par les œuvres*, ce qui, comme vous savez, est tout contraire à la sainte doctrine de Calvin.

A cette creuse sophisterie il se trouva fort court et empêché, et, bouche bée, m'envisagea un long temps, ne sachant que dire ni surtout que penser.

— Mais, poursuivez, dis-je, sentant qu'il faiblissait, vous êtes en si bonne voie ! A l'hérésie, joignez la cruauté ! Ne voyez plus Dame Gertrude du Luc ! Infligez à cette douce et noble dame ce barbare pâtiment et à vous-même une profonde navrure, sans que navrure et pâtiment profitent à âme qui vive. Car enfin, qui trompez-vous en l'aimant ? Elle est veuve et d'elle-même maîtresse.

— Mais mon Pierre, le Seigneur, du haut du ciel, voit mon abomination.

— Qui n'est point si abominable que des péchés que je pourrais dire. Et croyez-moi, le Seigneur aurait fort à faire s'il voyait jusqu'aux grains de poussière qui dansent à la surface du monde. En ces temps de procès, de bûchers, de puantes traîtrises, et d'innumérables meurtres de frère à frère, croyez-vous qu'il ait l'œil à ces peccadilles ? Et s'il les voit, qu'il les pèse dans les mêmes balances ?

— Ce n'est point peccadille, reprit Samson en retrouvant quelque roideur. La loi est la loi.

— Et Christ n'a-t-il pas enfreint la loi en empêchant la populace de lapider la femme adultère ? Ha, Samson ! Vous ne voulez plus voir Dame Gertrude du Luc, ce bel ange du ciel, cette créature tant gentille et suave ! Aurez-vous jamais plus douce sœur ? Compagne plus aimante ? (Ici, s'attendrissant soudain, les larmes lui jaillirent des yeux.) Au moins sentez-lui gré de vous avoir soigné !

112

— Mais, dit-il dans sa naïveté, je feignais sur votre ordre. Je n'étais pas malade.

— Vous l'étiez, Samson, non point de fièvre. Mais d'un grand manque. Sans cela vous n'eussiez pas accueilli les soins de Dame Gertrude avec tant d'appétit.

Cela lui donna à penser, car il se mit à se vêtir, sans piper mot, et toujours versant des pleurs et moi-même m'accoisant à ses côtés, car je voulais laisser mes paroles faire leur trou, ne doutant pas qu'elles trouveraient en lui de puissants avocats pour prolonger leur écho.

Et n'était-ce pas merveille, à y songer plus outre, que je dusse me battre avec lui bec et ongles, et arguant du meilleur comme du pire, pour l'empêcher de déconfire de ses mains son propre bonheur ? Ha ! pensais-je. Que ne suis-je à sa place ? Si j'avais, moi, une Dame Gertrude du Luc, je vivrais à son genou, fidèle et l'adorant, au lieu, comme je fais, de m'enjuponner de l'une à l'autre — non certes sans soulas ni commodité — mais sans rien non plus qui m'élève l'âme et la nourrisse.

Je sortis de la chambre de Samson — celui-ci me suivant, ses larmes séchées, et à ce qui me parut, bien moins marri et rechigné que lorsqu'il s'était réveillé — et comme bien on pense, sur Fontanette je tombai qui se donnait des airs d'essuyer la rampe, mais que je soupçonnais d'avoir écouté à l'huis, car un grand pensement paraissait lui trotter dans la tête, donnant rougeur à ses joues et branle à son parpal. A Samson, elle jeta un regard de compassion et, m'envisageant de l'œil le plus tendre, elle me dit que son très illustre maître (c'est ainsi que tout un chacun appelait céans Maître Sanche) désirait me voir en son officine, ajoutant, comme si j'allais me tromper de chemin au plus épais d'un bois, qu'elle s'offrait à m'y conduire. Je n'eus garde de la rebiquer et, abandonnant son chiffon sur la rampe, la mignote me précéda dans l'escalier, le pas si alerte et la hanche tant mouvante et gracieuse que mes regards lui tinrent chaud, je gage, tout le temps que dura cette dévalade.

L'officine était une grande et belle pièce, éclairée de deux fenêtres à meneaux, lesquels étaient faits de petits carreaux et ornés de vrais verres et ceux-ci fort joliment teintés. Traversant ladite pièce dans toute sa longueur trônait un comptoir de chêne poli chargé d'une infinité de balances du cuivre le plus rouge, petites ou grandes, mais toutes brillantes comme des soleils tant elles étaient fourbies. Derrière ce comptoir, j'aperçus deux commis et le commis principal, Balsa, qui avait quelque ressemblance avec un cyclope, étant borgne, avec le menton, les épaules et les mains d'un géant, combien qu'il fût, en fait, assez petit, ses jambes étant fort courtes. Il me fit, à mon entrée, un profond salut auquel je répondis civilement en l'appelant par son nom et avec l'enjouement populaire et familier que j'avais observé chez mon père quand il parlait à ses soldats. Je ne sus si ce déportement lui plut ou lui déplut, car, son visage restant de marbre, il tapa de sa baguette sur le comptoir et les deux commis me saluèrent — à quoi je répondis par une inclinaison de tête, ne sachant que penser de ces rituelles civilités. Puis d'une voix fort douce que je fus étonné d'ouïr sortant de sa terrible trogne, Balsa me pria de m'asseoir, et Monsieur mon frère aussi, ajoutant que le très illustre maître ne tarderait pas davantage.

Je m'assis. Derrière le comptoir, sur toute la longueur du mur, et jusqu'au plafond qui était fort haut, dressés dans un ordre sévère sur des rayons de bois brun, s'étageaient une infinité de pots, les uns en faïence, les autres en verre transparent, tous portant en abrégé le nom latin des drogues, condiments, épices ou médecines qu'ils contenaient : vue qui parut, je ne sais comment, excessivement éveiller l'intérêt de Samson qui, pour la première fois depuis que sa rencontre avec Dame Gertrude du Luc l'avait rendu si rêveux, tout soudain ouvrit l'œil et parcourut avec application, un par un, cette multitude de bocaux avec la même ardente passion que s'il se fût agi d'un trésor. Et combien qu'aucune apothicairerie que nous ayons pu voir à Sarlat ne pût à dire le vrai rivaliser avec la richesse et la profusion qui se voyaient ici, néanmoins l'émerveillement de Samson et le lustre de sa prunelle tandis qu'il envisageait ces curiosités ne laissèrent pas de m'étonner.

Pour moi, je confesse que mon regard cessa d'errer ici et là, quand il rencontra une série de bocaux fort haut situés et remplis à ras bord de dragées de toutes couleurs, de nougats, de fruits confits et autres délices qui dans le brillement du verre qui les enfermait me parurent tant belles et friandes qu'en raison de la faim qui déjà renaissait, la salive, à les voir, me jaillit en bouche. Mais ce fut là, hélas, l'unique manière dont je les appréhendai, car de tout le temps que je fus chez Maître Sanche, rien du contenu de ces merveilles n'apparut jamais sur sa table.

— Voici le très illustre maître, dit Balsa, en tapant de sa baguette sur la table.

Et Maître Sanche apparut, en effet, sur le seuil. Il n'était pas comme la veille en simple pourpoint et tête nue, mais vêtu, comme je le vis chaque jour en son officine, d'une resplendissante robe de soie noire, ornée d'une ceinture d'argent, et le chef couvert d'un bonnet de drap surmonté d'une houppe amarante.

A la main, il tenait, comme Balsa, une fine baguette de roseau, mais comme il convenait à sa condition, bien plus longue, bien plus belle et bien plus ornée, étant vernissée et en outre cerclée aux deux bouts et en son milieu par des anneaux d'argent. De cet insigne de son pouvoir, Maître Sanche se servait soit pour souligner son dire, soit pour ponctuer un ordre en le toquant sur le comptoir, ou encore — ce qui était, je gage, sa primitive et primordiale usance — pour désigner sur une étagère élevée un bocal qu'un de ses commis monté sur une chanlatte devait à l'instant lui quérir. Mais combien qu'il agitât ce roseau dans son ire pour gourmander tel ou tel de ses aides, je ne l'ai jamais vu recourir, comme le licteur de Rome, à ses verges, pour en frapper quiconque et pas même le fétot et turbulent drolissou qui faisait ses courses. Car tout piaffard et gonflé de sa gloire que fût Maître Sanche, il n'avait pas le cœur dur ni l'humeur cruelle.

Le maître apothicaire parcourut pour tirer vers nous toute la longueur de son officine et, à dire le vrai, je ne le trouvai pas à la lumière du jour plus beau qu'à la chandelle tant ses yeux étaient bigles et son long nez bossu et tordu, pour ne point reparler ici de son corps qu'aucun sculpteur, fût-il ivre, n'eût voulu prendre pour modèle. Mais quoi! Socrate lui aussi était laid, et je ne laissais pas pour autant d'être étonné de la majesté de son appareil, comme il avançait vers nous en se paonnant dans sa longue robe noire, le chef coiffé de son bonnet houppé, et sa baguette baguée d'argent en sa dextre comme le sceptre d'un roi. Incontinent je me levai.

— *Te saluto, illustrissime magister* [1], dis-je en lui baillant un profond salut. Au bruit de ma voix, Samson s'arrachant au bonheur inouï de contempler la profusion des bocaux sur les murs, se dressa à son tour et sans piper salua l'apothicaire.

— Mes beaux neveux! dit Maître Sanche et, ouvrant les bras, il nous accola, frottant sa longue barbe grise contre nos joues.

Il y mit tant de chaleur et de bonne humeur occitane que j'en fus tout atendrézi, ne laissant pas cependant de regretter la gripperie du bonhomme quand il s'agissait du pot. Il est vrai que lui-même mangeait petit, et c'est merveille que faisant chère si chiche, il eût si ronde bedondaine et croupion si proéminent.

Après mille compliments en latin, en français et en oc, et en outre mille souhaits de bienvenue qu'il n'était pas homme à abréger, Maître Sanche nous dit :

— Mes neveux, je vous ai mandés céans pour vous montrer les lieux secrets où nous détenons, labourons et façonnons les médecines de mon officine.

---

1. Je te salue, très illustre Maître.

Cela vous instruira : *Adeo in teneris consuecere multum est* [1].

A cette offre, l'œil de Samson brilla prodigieusement et moi-même, je fus fort enflammé à la pensée de voir de si près les raretés et curiosités infinies qui entraient dans la composition des drogues dont mon père m'avait tant parlé. Je fis donc incontinent de grands mercis au maître apothicaire pour son offre, l'assurant que ce serait pour mon frère et pour moi un immense privilège que d'être initié si peu que ce fût aux arcanes de sa science.

— Vous n'en connaîtrez, dit Maître Sanche avec un sourire mystérieux, que l'apparence et la surface. Mais c'est déjà beaucoup. Hors le professeur royal du Collège de Médecine qui, une fois l'an, détient par nos règles le pouvoir de me visiter, *Pauci sunt quos dignos intrare puto* [2].

Ayant dit, passant sa baguette de dextre en senestre, il saisit sous sa robe une clef fort grande et fort brillante, et après nous avoir l'un et l'autre envisagés, la clef brandie, avec un certain air de pompe et de cérémonie, il l'introduisit dans la serrure d'une porte dont le chêne me parut si vieilli et durci qu'il eût été difficile, je gage, d'y planter un clou, et plus dur encore de le défoncer, fût-ce à la hache, aspé qu'il était, en outre, en sa largeur de trois bandes de fer. Maître Sanche, d'ailleurs, dut se donner peine pour tourner dans la serrure la puissante clef. Quoi fait, cependant, la lourde porte pivota sans un bruit sur ses énormes gonds tant ceux-ci étaient bien ajustés et huilés.

Il fallut alors descendre quelques marches pour atteindre une salle voûtée qui me parut d'abord obscure, au sortir de l'officine, mais la porte refermée et reverrouillée derrière nous, je vis que ladite pièce était en suffisance éclairée par un grand soupirail armé de forts barreaux.

---

1. Entraîner l'esprit est de tant d'importance en nos jeunes années.
2. Peu nombreux sont ceux que je juge dignes d'entrer.

— Céans sont mes trésors, dit Maître Sanche avec un brillement subit de l'œil et en gonflant son poitrail. La caverne d'Ali Baba n'en contint oncques de plus précieux. Aussi dois-je les défendre contre les larrons et autres gibiers de hart tant par l'irréfragable porte que vous avez passée que par le fer de ce soupirail, lequel donne à ras du sol dans une courette close qui m'appartient et que gardent nuit et jour deux dogues si féroces et si dévorants qu'à peine Balsa et moi les pouvons approcher pour les nourrir.

Et en effet, tandis qu'il parlait, les deux molosses, soufflant, grondant et le poil tout hérissé, poussaient par les barreaux des gueules et des crocs dignes d'interdire l'entrée des Enfers, si tant est que cette entrée ait si grand besoin d'être défendue.

— Cette salle, poursuivit Maître Sanche, renferme tous les corps et substances qui entrent dans la composition de mes médecines et qui tous, notez-le, mes beaux neveux, se trouvent dans la nature, tant il est vrai que le Seigneur a pris soin, en sa haute et profonde sagesse, de placer à côté du mal la curation d'y celui.

Je me trouvai fort content de cette remarque et je l'enfermai aussitôt dans la gibecière de ma mémoire afin de l'en ressortir à l'occasion contre Fogacer dont les propos quasi sacrilèges sur le mal m'avaient laissé sur la terrasse si court et si troublé.

— Les substances dont je façonne mes drogues sont de trois ordres, continua Maître Sanche en dressant trois doigts de la main gauche : l'animal, le végétal et le minéral.

Il fit une pause.

— Celles qui nous viennent de l'animal sont peu nombreuses, reprit-il en tirant une clef de dessous sa robe et en ouvrant une petite armoire, encore que parfois fort coûteuses, car il faut les faire venir de pays orientaux par chemin périlleux. Certes, il ne faut point chercher si loin pour trouver dans le plat pays de Montpellier le miel que les blondes avettes sucent dans la douceur des fleurs et dégorgent dans leurs petites logettes, lesquelles nous fournissent aussi la cire. *Miel* et *cire*, bien que de médicinale utilité, sont aussi d'usance domestique et vous sont bien connues. Mais voici qui vous étonnera davantage : ce sont là graines d'écarlate fort employées en teinturerie.

— Des graines, dis-je. Sont-elles végétales ?

— Nenni, mon neveu. Elles nous viennent d'une bestiole, la cochenille, qui prospère aux dépens du chêne kermès que vous irez découvrant en vos chevauchées dans toutes les garrigues du Languedoc. Ces cochenilles, il n'est que de les piper sur l'arbre.

Maître Sanche fit une pause derechef, aimant s'assurer que son discours nous avait bien pénétrés avant que de poursuivre.

— Mes neveux, ce pot que maintenant je débouche, et à peine, pour ne point vous entêter, contient une substance coûteuse, car elle nous vient d'un cerf d'Asie qui la porte entre ses jambes, accolée à ses *pudenda* [1]. C'est le musc ; sa senteur est merveilleusement violente et diffusante, mais à petites doses, on en use fort dans la composition des parfums et d'aucunes drogues que je tairai.

— Ces médecines, dis-je, excitent-elles aux plaisirs de Vénus ?

— Nenni, dit Maître Sanche, l'œil pétillant. Et ramentevez-vous, mon beau neveu, qu'à votre âge, le sang est à lui-même sa propre drogue. Voici maintenant en quantité petite une substance fort précieuse qu'on achète à prix d'or : *l'ambre gris*. On le trouve dans l'intestin du cachalot, mammifère marin fort féroce qui peut avaler un homme d'un coup de glotte.

— Est-ce celui-là qui, dans la Bible, avala Jonas ? dit Samson.

— Lui-même, et non point sa cousine, la baleine, qui en eût été fort empêchée, son gosier étant si étroit.

Ayant refermé le petit pot qui contenait l'ambre gris, et verrouillé le cabinet qui serrait les substances

_____

1. Parties génitales.

animales, Maître Sanche passa à une armoire bien plus grande et plus large qu'il ouvrit d'une deuxième clef.

— Voici, dit-il, les bénéfiques végétaux que j'emploie en mes remèdes, et ils sont, Dieu merci, en nombre incommensurable : et d'abord les simples qui ne donnent que la peine de se baisser pour les cueillir dans notre plat pays du royaume de France, et dans le Languedoc en particulier. Puis les plantes, graines, sucs, extraits et cristaux que nous faisons venir à grands frais de contrées éloignées : le sucre, de Candie ; le poivre, de la côte de Malabar ; l'eau de rose, de Damas ; l'indigo, de Bagdad ; le safran, d'Espagne ; le henné, du Levant ; la jusquiane, de Perse ; le pavot, de la Thébaïde ; le gingembre, des Indes ; la cannelle, de Ceylan. Quant au séné, mon beau neveu, poursuivit-il, en me plaçant la main sur l'épaule, dont vous n'ignorez pas les propriétés purgatives, sachez qu'il est à Paris et même en Montpellier d'aucuns apothicaires chiche-faces et grippe-sous qui le font venir à prix petit, de Seyde, mais pour moi (ici il haussa la voix), je tiens ce séné de Seyde pour vil, rude, chargé de boue et de graveau, indigne d'être administré même à un âne, et je lui préfère un milliasse de fois le séné d'Alexandrie, plus coûteux assurément, mais net, sain et pur.

Maître Sanche s'échauffa beaucoup en prononçant ces paroles, la baguette brandie, la trogne cramoisie, et se testonnant furieusement la barbe de ses doigts. Pour moi, je m'émerveillais que lésinant si fort sur son pot, au cruel dépens de son estomac, et des nôtres, il eût la main si large et la paume si ouverte quand il s'agissait des substances qui entraient dans la composition de ses drogues et, à la réflexion, je n'en admirais que davantage la haute idée que le maître apothicaire se faisait de son art et de son devoir envers les malades.

— Et enfin, dit Maître Sanche en nous amenant devant un petit cabinet en noyer, attaché en ses quatre coins au mur par de fortes bandes de fer, voici mon bien le plus précieux et passant à mes yeux tous les trésors d'Arabie : les *minéraux* — peu nombreux, certes, mais quelques-uns fort beaux et d'aucuns d'entre eux fort efficaces dans la curation des maladies.

Quoi dit, il prit sous sa robe deux clefs aux dentures fort compliquées et, les ayant introduites dans deux serrures qui se voyaient dans la porte l'une en haut, l'autre en bas, il me confia pour un temps sa baguette, et des deux mains tournant en même temps les deux clefs, la porte s'ouvrit mais ne découvrit rien qu'une série de tiroirs. Cependant, chacun de ceux-ci portait en son milieu une petite ouverture dans laquelle Maître Sanche, tandis qu'il parlait, introduisit un morceau de métal, carré du bout, qui, semble-t-il, faisait fonction de sésame, car à peine l'avait-il enfoncé que le tiroir, avec un déclic, incontinent venait à lui.

— Voici, dit le très illustre maître, le verdet ou vert-de-gris que les commères de Montpellier préparent à partir de plaques de cuivre qu'elles laissent tremper dans l'alcool. Voici encore l'alun, le bitume, le borax, le cinabre, l'orpiment, le vif-argent, le corail et dans ce tiroir-ci (il le retira de son logement et, le saisissant, le tenant fort serré contre lui, il montra son contenu), voici, dit-il, des perles, des gemmes, de l'or et de l'argent.

De quels feux, de quel brillement éblouissant, de quelles scintillantes couleurs drillaient sur le velours ces beautés mises à tas ! Quels somptueux joyaux de reine ou de favorite se pouvaient voir en ce négligent amas, non pas voués à la parure d'un royal tétin, mais hélas ! à l'intérieure usance, et destinés à perdre leur lustre et splendeur dans le bren d'un intestin. A peine, au reste, nos yeux eurent-ils le temps de se rassasier de ces merveilles que déjà Maître Sanche, avec une prestesse de magicien, avait remis le tiroir en son logement, reverrouillé le cabinet des deux clefs dentelées, et ycelles escamotées sous sa robe.

— Eh quoi ! dit Samson. Se peut-il qu'on use de pierres si précieuses dans la composition des médecines ?

— Assurément, dit le maître apothicaire en me reprenant des mains sa baguette. Sachez, mon beau neveu, que l'apothicairerie, parmi les innumérables drogues qu'elle façonne, compte quatre préparations magistrales et souveraines qui sont — retenez-bien leurs noms :

la thériaque,
le mithridate,
l'alkermès,
et l'hyacinthe.

Or, dans l'hyacinthe, qui est elle-même un gemme, entrent vingt-neuf ingrédients au nombre desquels on compte l'or, l'argent, le saphir, la topaze, la perle et l'émeraude.

— Mais seul un roi peut acheter médecine si coûteuse! s'écria Samson.

— Un roi, un prince, un évêque, Sa Sainteté le Pape, ou un grand financier, dit Maître Sanche avec un fin sourire. Jacques Cœur y était, dit-on, fort adonné [1].

— Très illustre Maître, dis-je, vous avez mentionné l'alun. Monsieur mon Père s'en servait à Mespech pour arrêter et resserrer les flux du ventre.

— *Bene! Bene!* L'alun est un astringent. Mais, ajouta-t-il en se testonnant la barbe d'un air quelque peu paillard, il est d'autres usances plus ésotériques. (Ici, il m'envisagea mi-sérieux, mi se gaussant.) Et celles-là, vous aurez peut-être un jour à les recommander à vos belles pratiques quand vous serez docteur en médecine, mon beau neveu. Car on dit que l'alun fait miracle en de secrètes parties de la femme et que Cléopâtre en usait pour raffermir et resserrer les parois intérieures de son calibrys, donnant ainsi chaque fois à César l'illusion d'une virginité renaissante.

A cela je ris à gueule-bec et envisageai Maître Sanche d'un œil nouveau, tant me plaisait que transparût sous sa superbe une humaine et gaillarde

---

1. Jacques Cœur (1395-1456). Stimula le commerce de Montpellier et amassa, ce faisant, une colossale fortune.

humeur. Mais à vrai dire, j'aurais dû m'en aviser plus tôt, à observer la verte beauté de son épouse. Cependant Samson, qui rougit à ouïr ce dru propos, dit incontinent :

— Très illustre Maître, pour revenir à l'hyacinthe, comment peut-on faire avaler au malade tant de pierres à la fois, fussent-elles précieuses ?

— *Haec est bona questio* [1] ! s'écria Maître Sanche à qui n'avait point échappé l'intérêt que Samson portait à sa profession. En outre, peut-être parce qu'il était lui-même si laid, il était fort atendrézi par l'insigne beauté de mon frère, lequel, dans les jours subséquents, il ne pouvait à table envisager sans murmurer dans sa barbe : *Ha! Que matador! Que matador!* Ce qui, Fogacer me l'apprit, voulait dire en son jargon marrane : Ha! Comme il est beau !

— Sachez, mon neveu, dit-il en le saisissant par le bras, que l'on pile en un mortier tout ou partie de ces pierres selon la dose prescrite en un droguier. Et les ayant ainsi réduites en poudre fort fine, on les mélange à une quantité égale de miel, façonnant le tout en une sorte de pâte que nous nommons *électuaire* et qu'en raison de son précieux contenu, nous présentons au malade dans une petite boîte d'ébène.

— Que de richesses sont ainsi avalées! s'écria naïvement Samson.

— Certes! Certes! dit Maître Sanche, en lui lâchant le bras et en levant haut la baguette. Coûteuse est la santé des grands !

— Mais, dis-je, de quels maux l'hyacinthe est-elle la curation ?

— C'est ce que vous diront vos professeurs du collège royal de médecine, dit Maître Sanche. *Non medicus sum* [2], et selon les règles de ma profession je ne façonne point de drogue sans une ordonnance signée par un médecin, à tout le moins par un bachelier. A vrai dire, ajouta-t-il avec un sourire où la piaffe le disputait à une feinte humilité, j'ai quelques

---

1. Voilà une bonne question.
2. Je ne suis pas médecin.

petites idées sur les maux auxquels l'hyacinthe peut apporter bonne et durable curation, mais point ne vous les dirai, mon beau neveu, ne voulant point empiéter sur les terres et territoires des professeurs royaux.

Mais, empiéter sur ces dits territoires, c'est ce qu'il fit cependant, en les doctes discours qu'il tint par la suite, comme j'eus tout le loisir de m'en apercevoir.

— Voici maintenant le lieu secret où nous labourons et façonnons nos drogues, poursuivit Maître Sanche en se dirigeant vers une petite porte fort basse en plein cintre et tant bien aspée et bardée de fer que celle par où nous avions pénétré dans sa resserre. Il la déverrouilla à son tour, et à sa suite nous entrâmes dans une seconde pièce voûtée, de dimensions plus vastes que la première et mieux éclairée par deux soupiraux à ras de terre, entre les barreaux desquels les deux molosses de la courette vinrent incontinent pousser leurs mufles en grommelant. Mais cette pièce-ci, au rebours de la précédente, n'était pas vide de présence humaine, deux aides y labourant en grande diligence, vêtus tous deux de leurs chausses et chemises, mais sans pourpoint et le cou nu, la chaleur s'échappant des divers foyers allumés çà et là étant intolérable.

Ces deux drôles avaient peut-être vingt ans d'âge et ils étaient fort maigres, ce qui n'était point pour m'étonner tant ils étaient moites et sueux, et perdaient ainsi de l'aube au couchant leurs substance et poids, sans compter que pour y celui, ils ne pouvaient espérer le regagner s'ils n'avaient à se mettre sous la dent que le pot de Maître Sanche. En outre, ils étaient fort pâles, la peau molle et sans couleur, le poil tombant, l'œil sans lustre, peut-être en conséquence de vivre ainsi sous clé, continûment en cave comme prisonniers en leur geôle ; peut-être aussi de respirer tous les jours les fumées, vapeurs et entêtantes odeurs qui s'échappaient de leurs préparations.

— Céans, dit Maître Sanche, après avoir adressé à ses aides un signe auquel ils répondirent par un profond salut, sont diverses machines fort coûteuses qui toutes ou presque furent inventées par les Maures, lesquels furent nos maîtres, comme vous savez, mes beaux neveux, pour tout ce qui touche à l'alchimie, le mot lui-même étant sarrazin — comme le sont tous ceux qui désignent les appareils que vous voyez ici. Ce fourneau à combustion lente est l'*athanor*, qui se dit *al tannur* en langue arabesque. Cette suite de tuyaux en poterie emboîtés l'un dans l'autre et que nous utilisons pour sublimer les corps solides se nomme l'*aludel* — en arabesque *al udal*. Voici l'*alambique* — en arabesque *al inbiq* — dont vous n'ignorez pas qu'il sert à la distillation. Mais à dire le vrai, tout céans est sarrazin, depuis le creuset et la cassolette jusqu'à la cornue à long col.

— Mais très illustre Maître, dit Samson, l'œil brillant d'un enthousiasme que je ne lui avais jamais vu, qu'en est-il de la sublimation et quelle est son usance ?

— Par la sublimation, dit Maître Sanche, et c'est là qu'on emploie l'*aludel*, on fait passer un corps solide à l'état de vapeur, laquelle vapeur en se refroidissant se solidifie à nouveau en cristaux qui sont plus purs et plus nets que les corps primitifs. Ainsi, du mercure on tire le sublimé corrosif dont on use fort pour la curation du mal italien.

Ayant dit, Maître Sanche se tournant vers moi et se testonnant la barbe de ses doigts, m'envisagea d'un air grave.

— Mon neveu, dit-il, vous devrez y prendre garde. Le mal de Naples est quasi déconnu au plat pays dont vous venez, mais non point hélas, en une grande ville comme Montpellier. Le bachelier Fogacer vous le dira. Dans la rue des Etuves où Messieurs les écoliers ont coutume d'aller prendre les bains, s'ébattent comme mouches au soleil une nuée de loudières qui ont des chambrettes proches et s'escambillent pour quelques sols. D'aucunes de ces gouges sont fort jeunes et accortes, la charnure ferme, la trogne belle, le tétin pommelant. Or, les droles qui, comme vous, mon beau neveu, ne rêvent que de s'emmistoyer, et vont goûter à ces fruits, si beaux au-dehors, si pourris au-dedans, se réveillent un beau matin, le *nephliseth* navré et gangrené, et combien même que le sublimé corrosif leur apporte la curation de leur mal, les cheveux leur tombent et les dents aussi.

Tudieu! pensais-je tout en branlant du chef avec componction, que de défenses me sont faites en cette officine! Typhème, pour ce qu'on la colloque par mariage au Docteur Saporta! Fontanette, pour une raison que je ne sais encore! Et maintenant jusqu'aux ribaudes de la rue des Etuves! N'est-il donc point de bachelette en cette belle ville à qui un honnête drole peut confier son *nephliseth* désoccupé, sans perdre pour autant son poil et sa denture? Vais-je vivre ici affamé à table comme chien, escouillé au lit comme ermite et sublimant moi aussi mon solide corps dans les aigres vapeurs de la chasteté? Mais quoi, comment y tenir? C'est clore trop durement l'*aludel* et tant il est opprimé de fumée sans issue qu'à la fin il éclate!

Cependant, Maître Sanche continuant à m'envisager d'un œil sévère, et Samson m'envisageant aussi, béant de me voir ainsi accommodé, je voulus celer ma confusion et, leur tournant le dos, je m'approchai d'un des aides labourant dont le front dégouttait de sueur.

— L'ami, lui dis-je, que piles-tu ainsi à grand'peine dans ce mortier?

— Il ne saurait vous répondre, dit Maître Sanche s'approchant à son tour. Il est, comme son frère jumeau, dans un grand empêchement de langue. Et à vrai dire, ils émettent des sons, mais je suis seul à les entendre, ce dont je suis fort aise, car ainsi, ils ne peuvent révéler à âme qui vive le secret de mes préparations.

Ceci fut prononcé à mi-voix, avec un sourire des plus fins. Mais ayant dit, Maître Sanche se remit incontinent la face droite (pour autant qu'il le pouvait, ses yeux restant bigles et son nez tordu) et nous envisagea l'un après l'autre fort gravement.

— Mes beaux neveux, reprit-il, ce qui diffère et varie d'un apothicaire à l'autre, ce n'est point tant la composition des drogues, laquelle est de tous *grosso modo* connue, que la proportion exacte des ingrédients l'un par rapport à l'autre et le tour de main pour les lier ensemble, soit par sublimation, soit par décoction, soit encore par réduction. Il y a en ces opérations, *credi mihi experto Roberto* [1], une somme immense de recettes occultes que d'aucuns de ma confrérie m'envient et me voudraient ravir. Mais j'aurais garde de me laisser ainsi larronner de secrets qui me sont plus chers que le trésor du roi, pour ce que je les tiens de mon père, et mon père de son père, et ycelui de mon aïeul, pour ce que j'y ai considérablement ajouté par l'inouïe diligence et labeur de ma vie, et pour ce que, grâce aux dits secrets, je suis estimé et tenu, *omnium consensu*, en cette ville, en pays de Languedoc, à Paris, et dans le royaume entier, pour le premier de mon art...

Quoi disant, qui fut dit d'une voix éclatante, Maître Sanche élevait haut sa baguette, et tout hautain en soi, se mirait en sa gloire, bombait le poitrail, redressait la crête, se paonnait à l'infini, Samson s'émerveillant en sa colombine simplicité, mais moi-même en mon for quelque peu rétif et rebiqué, combien que ma contenance parût douce et ployable.

En mon rebiquement cependant, j'errais, car si piaffard et vainglorieux que fût Maître Sanche, il est bien vrai que sa réputation s'étendait jusqu'au Roi en son Louvre, comme Fogacer le jour même me l'apprit. En 1564, deux ans auparavant, Catherine de Médicis et Charles IX, s'arrêtant en Montpellier dans leur tour du royaume, n'avaient pas manqué, en effet, d'aller visiter la fameuse apothicairerie et ses curiosités, tant sont grandes la fiance et la vénération des hommes pour les médecines grâce auxquelles ils cuident guérir leurs maux, et peut-être la mort.

1. Fiez-vous à moi qui en ai l'expérience.

— Ha certes ! reprit le très illustre maître, l'apothicairerie n'avait point atteint du temps de mon grand-
père, l'efficace et le sérieux qu'on lui voit ce jour
d'hui. Il y avait alors maints remèdes qui étaient de
superstition et de cérémonie bien plus que de docte
savoir. Ainsi pour arrêter le sang, coulant d'une
plaie, on recommandait de serrer le petit doigt du
patient à l'aide d'une aiguillette rouge fermant la
braguette d'un nouveau marié. Une femme, dès lors
que son enfantelet était sevré, devait pour tarir son
lait sauter trois fois, trois matins de suite, par-dessus
la sauge d'un jardin de prêtre. Pour guérir de la jau-
nisse, il n'était que de trouver du plantain poussant
sur une maison, et sur ce plantain pisser matin et
soir jusqu'à ce que ce plantain dépérissant, la jau-
nisse se mourût aussi.

Les deux mains sur sa bedondaine, Maître Sanche
rit à gueule bec de ces remèdes rituels et grossiers
que la crédulité, fille de l'ignorance, avait implantés
dans le populaire. Nous rîmes aussi, et il n'est pas
jusqu'aux deux aides étiques et sueux qui ne se permirent un souris, car ils comprenaient fort bien tout
ce qui se disait, tout muets qu'ils fussent.

Maître Sanche, se tournant alors vers moi, me dit
avec enjouement :

— Quant à la question que vous avez posée à mes
aides, mon beau neveu, je vais y répondre. Ce qui se
prépare céans en ce mortier, c'est l'*arthanita*. Sa
composition, à base d'une sève tirée du pain-porcin,
comporte vingt et une substances végétales, tant
sucs que sèves, pulpes, résines, écorces et semence.
C'est un onguent efficace destiné à de multiples
usances.

Oubliant alors que, n'étant point médecin, il avait
résolu de ne point nous révéler pour quelles curations ses drogues étaient ordonnancées, Maître
Sanche ajouta :

— L'*arthanita* s'emploie en friction, et selon le site
où on l'applique, le résultat diffère. Appliqué sur
l'ombilic, il détruit les vers de l'intestin ; sur le ventre,
il purge ; sur l'estomac, il fait vomir ; sur la vessie, il
provoque un grand dégagement d'urine.

A ouïr les miracles de cet universel remède, je confesse que la doutance me vint que l'*arthanita* n'était peut-être pas beaucoup plus efficace que l'aiguillette d'un nouveau marié, mais écrasé que j'étais par la piaffe du grand apothicaire et, au surplus, ne voulant pas affronter un hôte si aimable, je lui dis comme naïvement :

— Mais n'est-ce pas merveille, très illustre Maître, qu'un même onguent puisse avoir tant d'effets différents ?

— Telles, dit gravement Maître Sanche, sont les vertus des sucs employés tous ensemble. Utilisés séparément, ils n'auraient point ces conséquences si heureusement diverses.

A ce moment, la cloche qui appelait au repas tintina à deux reprises et Maître Sanche dit :

— Allons manger, mes beaux neveux. Il le faut, ne serait-ce que pour remplir les veines et artères du corps et les défendre, en les bouchant, contre la contagion de l'air. Sans toutefois gloutonner au point de les obstruer. Car alors le cerveau encombré devient lent et sans force. *Impletus venter non vult studere libenter* [1].

Saisissant mon gentil Samson par le bras, tant il était pris pour lui d'une soudaine et touchante affection, il l'entraîna vers la porte tandis que je le suivais sur ses talons et lui disais :

— Et quand mangent vos aides, très illustre Maître ?

— Quand je suis moi-même rempli, je les remplace, *Ego ipse magister Gabrielus Sanchus Dominus Montoliveti* [2], afin de tenir l'œil sur les décoctions et les sublimations en cours, et pendant ce temps, s'étant essuyés de la profusion de leur sueur, car ils s'escument fort à labourer par si forte chaleur, et ayant au surplus changé la chemise et mis un casaquin, mes muets mangent leur soupe dans la courette où Balsa a lié les dogues. Et là, pendant une

1. L'estomac trop rempli n'étudie pas volontiers.
2. Moi-même, Maître Gabriel Sanche, Seigneur de Montolivet.

bonne heure, ils purifient au soleil leurs poumons infectés de médicinales vapeurs. Ainsi l'ai-je ordonné dans mon humain et paternel souci de les garder sains et gaillards à mon service.

Et assurément, si l'on comparait ce déportement de Maître Sanche à la façon dont les maîtres à Sarlat traitaient leurs ouvriers, et autres gens mécaniques, bien pouvait-il se dire « humain et paternel ». Mais la soupe de midi, sanguienne ! Ha ! Il n'y avait point de danger en la goinfrant de s'obstruer les veines et artères du corps ! Une soupe pour tout potage ! Comme au lever ! Sans rien avant ni rien après. Une soupe toute nue, où ail et oignon remplaçaient lard ! Où ne se voyaient çà et là que quelques piètres morceaux de bœuf bouilli, et encore si petits qu'un coup de glotte les gloutissait, brouet qu'il fallait rallonger de croûtons détrempés pour se remplir. (Faible défense contre la contagion de l'air !) Et pour boire, l'aigre piquette fort allongée d'eau et servie comme j'ai dit. Ha ! Fontanette ! Fontanette ! Que ne suis-je un cannibale des pays de Barbarie, quels succulents morceaux je me taillerais dans ta charnure, seul profit que j'en pourrais tirer, puisque la commune et civile usance m'en est, par ailleurs, interdite. Ha certes ! On s'instruit céans ! Il y a bonne moelle, haute graisse, et savoureux savoir à puiser dans les discours de Maître Sanche, mais pour le vivre, la sustentation, et la commodité de l'humaine carcasse, que les viandes sont chiches !

Mais j'anticipe. La cloche tintina une troisième fois. Typhème et Luc, celui-ci suivi de Fogacer, apparurent dans la salle commune en même temps que nous. De part et d'autre on se salua et Typhème, plus resplendissante en sa mauresque beauté qu'une houri amenée à son cheik, nous dit d'une voix basse et voilée qui ne laissa pas de me faire battre le cœur, que Dame Rachel nous faisait mille excuses de devoir rester en sa chambre, et de reste, nous comprenions bien pourquoi. Dame Rachel avait donc une chambre (et des plus belles, m'apprit Fontanette dans la suite), ce qui rendait encore plus étonnant qu'elle ait dû accoucher dans la salle et quasi en public.

Non sans un certain air de pompe qui ne le quittait jamais, Maître Sanche, défaisant sa ceinture argentée, ôta sa robe de soie, et la pendit à l'andouiller d'une tête de cerf qui derrière lui décorait le mur. Sur le bois le plus haut, il encorna son bonnet houppé d'amarante, et saisissant une petite calotte noire brodée de soie d'or qui surmontait une autre corne, il en coiffa le haut de son épaisse crinière frisée, entièrement grise, hors une mèche blanche vers le milieu du front. Pendant ce temps, debout, immobiles et muets, nous envisagions ce dévestement.

Tant est que la chère était maigre en cette maison, ce n'était point, en tout cas, faute de cérémonie, dont ce royal et public déshabillé n'était que le premier acte.

Deuxièmement, et alors que la veille au soir nous nous étions assis à la chaude et n'importe comment, Maître Sanche, dès qu'il fut en pourpoint, nous désigna à chacun notre escabelle du bout de sa baguette en nous priant de nous ramentevoir de notre place et désormais de n'en point changer. Lui-même, immutablement au centre du plus grand côté de la table, il mit Luc à sa droite et — insigne honneur qu'il lui fit là — mon bien-aimé Samson à sa gauche; de l'autre côté de la table, au centre, face à lui, et comme de puissance à puissance, moi-même; à ma droite Fogacer; à ma gauche Typhème, qui, après tout, n'était que fille, et non mariée. Au haut bout de la table, la place de Dame Rachel restait vide, combien que son couvert fût mis pour observer le décorum. Au bas bout de la table, Balsa et Miroul, y celui n'ayant été admis à ce rang que sur mon instante prière, et au grand déplaisir et crève-cœur du cyclopéen Balsa dont l'orgueil se rebiquait à voir un simple valet assis à son côté. Il est vrai que c'était du côté de son œil perdu, et à condition de ne point tourner la tête vers lui — ce qu'il ne fit pas une seule fois —, sa vue n'en était pas affligée.

Troisièmement, ces places distribuées, nous restâmes debout tout le temps qu'il fallut pour que Fontanette, faisant le tour de la table, une aiguière en main, nous baillât, avec de gentilles mines, de l'eau pour nous laver les doigts. Ce que chacun fit en silence et avec gravité, car Maître Sanche, pendant ce rite, sourcillait à la moindre parole.

Quatrièmement, nos mains lavées d'eau claire, Maître Sanche, ayant posé sa baguette contre le mur, prononça sans joindre les mains une sorte de *benedicite*, duquel je ne compris pas un mot, pour ce qu'il était prononcé en une langue qui n'était ni le français, ni le latin, ni l'oc de Montpellier, ni l'espagnol, ni même le grec (dont j'ai quelque teinture). Et chose émerveillable, tandis qu'il le prononçait, le très illustre maître, pivotant sur lui-même, tourna la face du côté du mur (imité en ceci par Typhème et Balsa mais non pas par Luc) et commença à balancer la tête d'avant en arrière, et chantant la prière plus qu'il ne la récitait.

Quoi fait, il se retourna du côté de la table et dit en français :

— Au nom du Seigneur Adonaï, amen.

A quoi Luc ajouta à voix basse et cependant distincte :

— Et du fils et du Saint-Esprit, amen.

Paroles que le maître n'eut pas l'air d'ouïr, pas plus qu'il ne parut voir le signe de croix quasi furtif dont son fils les fit suivre. Avec un temps de retard, j'imitai Luc, imité à mon tour par Samson et Miroul, mais non par Fogacer qui, tout ce temps, resta coi, l'œil clos, le sourcil sardonique.

— Asseyons-nous, dit Maître Sanche en frappant dans ses mains. Et nous fîmes comme il avait dit, moi-même fort étonné de cet étrange *benedicite* en cette langue déconnue, et prononcée de la manière bizarre que j'ai dite, la face contre le mur, en appelant le Seigneur, Adonaï, d'un de ses noms bibliques. Mais sans invocation du fils ni du Saint-Esprit et sans l'ébauche d'un signe de croix.

Au milieu de ces étonnements, la Fontanette servit à chacun la soupe, dans laquelle j'enfonçai ma cuiller, cuidant que ce n'était là qu'un insignifiant casse-gueule.

— Très illustre maître, dit Samson qui regardait l'apothicaire avec un émerveillement dont j'eusse été jaloux si ma nature m'avait porté à un sentiment si petit. Qu'est-ce Montolivet dont vous êtes seigneur ?

— Une terre que j'ai acquise, dit Maître Sanche avec un air d'immense modestie. Grande et belle assez pour que j'en puisse porter le nom et m'appeler Monsieur de Montolivet comme mon ami le docteur Salomon se donne du Monsieur d'Assas, du nom de sa petite seigneurie. Point ne l'en blâme, mais pour moi, je m'enorgueillis trop de mon nom et de ma nation pour les déguiser plus qu'il n'est nécessaire pour vivre en paix dans ce royaume. C'est bien assez d'être *anusim* [1], ajouta-t-il à mi-voix, me laissant étonné de ce mot. Ma terre et ma maison des champs, mon gentil neveu, reprit-il aussitôt, se tournant vers Samson, sont sises à l'ouest de ce triste gibet que vous vîtes avant d'entrer en Montpellier par la porte de la Saulnerie, et jouxtent la seigneurie du sieur Pécoul qui prospère fort rue de l'Espazerie à vendre les épées, dagues et couteaux dont les bons sujets du Roi s'entrecoupent la gorge lors de nos guerres civiles.

— J'ai vu le sieur Pécoul, dis-je, sur le chemin. Il allait son blé dépiquant et je lui ai parlé.

— Je le savais, dit Maître Sanche avec l'air d'avoir eu connaissance de cette rencontre avant même qu'elle se fût produite. Ma terre de Montolivet, reprit-il, me donne du blé assez pour cuire mon pain moi-même, des olives pour mon huile et la piquette que nous buvons. Cependant, s'y trouve aussi une savoureuse vigne dont je tire mon raisin de table et le moment venu, votre gentil frère et vous-même, je vous emmènerai avec nous cueillir les olives et faire les vendanges.

Je fus ravi de cette promesse tant me manquait déjà le plat pays, peu accoutumé que j'étais à vivre

1. Converti (héb.).

enfermé en des murs, dans la fade odeur des villes, et privé de la riante vue des combes et des pechs où s'étaient passées mes enfances. Mais Fogacer, me poussant du coude tandis que Maître Sanche parlait à son fils, me dit à voix basse :

— Mangez beaucoup de pain. Cette soupe est l'unique pot.

— Quoi ! dis-je, *sotto voce*. Point de chair ?

— Hors celle qui nage ici, pas la moindre.

Sanguienne ! J'allais me dessécher céans, n'embrassant que savoir !

— Monsieur le bachelier Fogacer, dit Maître Sanche, parlez-moi, je vous prie, des malades que vous visitâtes ce matin en lieu et place du Docteur Rondelet.

Que surtout le lecteur n'aille pas croire que la conversation à table en cette maison allait à l'abandon, poussée de-ci et de-là, au gré de chacun, se morcelant en *a parte*, se perdant en billevesées, sornettes ou gausseries, ou propos de néant. Que non point ! Il y avait en Maître Sanche un si grand appétit à connaître comme à enseigner qu'il ne pouvait concevoir qu'on n'usât point du temps passé à la mangeaille pour étendre ou pour impartir quelques bribes de savoir. Et dans sa gourmande et insatiable soif, jetant de-ci de-là ses yeux bigles, mais perçants, et ouvrant ses grandes oreilles au moindre fait nouveau qu'on lui pouvait bailler, incontinent il le jetait tout chaud dans la gibecière de sa mémoire, dont il le ressortirait plus tard pour l'accommoder à sa sauce. Et cependant qu'il était ainsi passionnément occupé, peu lui importaient les viandes que sa cuiller enfournait dans son gargamel, sans qu'il sût même ce qu'il mangeât, à ce que je crois.

Il posa à Fogacer sur chacun des malades et de leur mal des questions innumérables, descendant à des détails fort dégoûtants, lesquels, si je n'eusse été moi-même écolier en médecine, m'eussent soulevé le cœur sur ma soupe.

— Et le bren, Fogacer ? Le bren ? Comment était le bren ?

— De couleur, verdâtre. De consistance, liquide. Et d'odeur, nauséabonde.

— Ha! Ha! Je l'eusse juré! s'écria Maître Sanche avec satisfaction en se frottant les mains. Et qu'avez-vous prescrit?

— La diète.

— *Bene! Bene!*

Tout en prêtant à ces propos, comme il convenait à mon futur état, une oreille diligente, je ne laissais pas pour autant de glisser, de côté, quelques regards à Typhème dont je ne voyais que le profil à demi dérobé par l'abondance de ses luxuriants cheveux tant noirs et bleutés que plumes de corbeau. Mais, ce que j'entr'apercevais de ces traits était du plus beau dessin, du plus mignard, du plus racé. L'œil, immense et liquide; la lèvre si charnue et de proportions si exactes que j'eusse rêvé de la mienne en prendre les mesures; les dents, petites, pointues et blanches comme écume de mer; le teint chaud et ardent, tirant sur le sombre, et dans ce sombre il n'eût été fils de bonne mère qui n'eût aimé se perdre.

J'observais qu'elle mangeait fort proprement, prenant peu de soupe à la fois dans sa cuiller de bois manchée de cuivre, et la portant si bien à son bec qu'aucune goutte n'en tombait sur la table ou sur son corps de cotte que cependant son tétin poussait fort en avant. A chaque fois qu'elle allait boire, elle s'essuyait mignonnement les lèvres, d'une petite serviette brodée, et ne laissait aucune trace de graisse sur son verre — car elle avait un verre, décoré de dessins de couleur, et non comme nous, un gobelet, et son écuelle aussi était fort belle, en étain ouvragé avec ses initiales. Sa soupe finie, elle en torchait fort délicatement le fond avec une bouchée de pain, non point tant, je gage, pour n'en rien perdre que pour rendre au métal sa propreté et brillance. Elle était sans fraise, vêtue d'une robe du matin unie et simple mais d'un bleu pâle fort plaisant, très droite sur son escabelle, la taille, à ce que j'observais, fort mince, mais la charnure, à partir de là, s'évasant en contours délicieux.

Ainsi l'envisageais-je en tapinois tout en écoutant son père et Fogacer, preuve que l'œil peut vaquer à son office, et l'ouïe au sien, et le cerveau se diviser en deux pensements divergents, cheminant de conserve, l'un de l'inouïe beauté de la demoiselle marrane, et l'autre, d'apostume, de flux de ventre, de fluxions, de fièvres ardentes, d'urines rares et de grand appétit à vomir.

Ayant sur les malades qu'il avait le matin visités pressé Fogacer comme meule à huile exprime le suc des olives, le très illustre maître se tourna vers ses « beaux neveux » et entreprit de jauger la connaissance que nous avions ou devions avoir, étant de la religion réformée, de la Sainte Bible. Et à Samson et à moi, alternativement, il posa des questions curieuses et difficiles auxquelles nous eûmes peine parfois à répondre.

C'est ainsi que se tournant vers mon bien-aimé Samson, il dit :

— Samson, de quelle couleur étaient les cheveux de David ?

A quoi Samson resta court, et après un moment répondit non sans rougir en sa vergogne :

— Je ne saurais dire, très illustre Maître.

— Et vous, Monsieur l'écolier en médecine, le savez-vous ?

— A vrai dire, je l'ignore.

Maître Sanche nous regarda l'un et l'autre et après une pause où il nous laissa tout le loisir de mesurer sa sapience et toute notre indignité, il reprit :

— Ils étaient roux. On dit de David, dans le livre de *Samuel*, livre XVI, verset 12 : « Celui-ci était roux. Il avait de beaux yeux et bonne apparence. »

Ce disant, il regarda Samson fort gravement et dit :

— Description qui s'applique à vous, mon beau neveu. Car vous avez bonne apparence, en effet, face fort belle, yeux azuréens, et votre chevelure absalonienne est aussi rouge que les cuivres de mes balances. C'est pourquoi on eût dû vous appeler David, et non Samson, pour ce que Samson se laissa déconfire par une perfide femme et mauvaise truande.

A cela, soit qu'il fût quelque peu dépit qu'on pût douter du bon jugement du Baron de Mespech, soit plutôt qu'il pensât tout soudain que Dame Gertrude du Luc serait un jour sa Dalila (rôle pour lequel cette bonne et douce femme paraissait mal taillée), Samson devint cramoisi et, les larmes au bord des cils, envisagea Maître Sanche avec un regard tout filial où se lisaient respect, admiration, amour, et en même temps une demi-interrogation, comme s'il balançait à lui demander s'il était en son pouvoir de le rebaptiser, afin d'éloigner de lui les malices des femmes. Pour moi, contemplant Samson et derechef atendrézi par sa colombine innocence, je ne laissais pas pour autant de guetter Typhème du coin de mon œil senestre, et je la vis alors sous les cils qu'elle tenait baissés — mais que de choses peut voir bachelette en gardant la paupière close! — jeter à mon Samson un regard, un seul et si vif et si prompt et si aigu que je doutais presque l'avoir surpris. Ha Docteur Saporta! Docteur Saporta! Pensez-y tant qu'il est temps : *cave tibi a cane muto et aqua silenti* [1].

Cependant, le très illustre maître poursuivait ses questions, et à l'une d'elles Samson et moi de nouveau restant cois, ce fut Miroul qui répondit :

— Hé quoi, Miroul! s'écria Maître Sanche, prodigieusement étonné, tu sais cela?

— Très illustre Maître, dit Miroul, je lis la Sainte Bible chaque jour que Dieu fait.

— En outre, tu sais lire?

— Quand il m'a recueilli, Moussu lou Baron de Mespech m'a fait instruire.

— J'en fis autant pour Balsa en ses jeunes années, dit Maître Sanche en hochant la tête, afin qu'il eût accès aux Saintes Ecritures et combien qu'il ne possède qu'un seul œil, il lit fort bien.

A cela, l'œil dont il s'agissait brilla de gratitude, ce qui me toucha fort, ce sentiment étant de l'homme si peu connu.

1. Prends garde au chien qui se tait et à l'eau qui dort.

Cependant, me ramentevant que l'apothicaire n'avait accepté qu'à rebrousse-poil que mon valet s'assît à table aux côtés de son cyclopéen commis, je voulus le rehausser davantage dans l'estime du maître, et je dis :

— Mais Miroul a d'autres talents. Il est bon et brave soldat et chante fort joliment les psaumes de David en s'accompagnant de sa viole.

— Mais c'est merveille ! C'est le Dieu de David qui l'envoie, s'écria Maître Sanche dont l'œil incontinent étincela de bonheur et qui s'agita fort sur son escabelle, testonnant furieusement sa barbe grise de ses doigts. Vous plaît-il, mon beau neveu, de commander votre valet de quérir sa viole ?

Mais déjà l'alerte Miroul était debout, m'interrogeant de ses yeux vairons.

— Va, Miroul, dis-je.

Fluet, vif, il fila comme carreau d'arbalète, et dans le silence qui suivit, Luc qui de tout ce repas n'avait pas pipé mot sauf pour amender, comme je l'ai dit, le *benedicite* de son père, leva la tête et regarda l'apothicaire comme pour le mettre en garde contre un danger qu'il ne voulait pas à voix haute formuler. A cette muette prière Maître Sanche inclina le chef et dit :

— Balsa, quand Miroul commencera à chanter, tu te planteras devant notre porte pour tâcher d'entendre si le passant de la rue peut ouïr les paroles du chant et s'il le peut, tu reviendras céans m'avertir.

A peine Balsa fut-il sorti, roulant son torse de géant sur ses petites jambes torses que l'agile Miroul, volant à travers la salle, vint poser son pied ailé sur son escabelle, la viole sur ses genoux.

— Très illustre Maître, dis-je, quel psaume Miroul doit-il chanter ?

— Celui que l'inspiration du Seigneur lui dictera, dit Maître Sanche d'une voix sourde.

Miroul inclina la tête et le visage tout soudain sérieux, il pinça quelques accords tant suaves et légers qu'ils me parurent, je ne sais comment, faire entrer tous les anges du ciel dans la petite salle. Mais

Maître Sanche, à ce moment, leva la main pour l'interrompre :

— Fontanette, dit-il, va dans la cuisine. Ferme bien l'huis sur toi et y demeure jusqu'à ce que je t'appelle.

— Oui, très illustre Maître, dit la pauvre chambrière, en lui faisant une petite révérence rebelute et chagrine, tant marrie elle était qu'on lui commandât de quitter la pièce alors que chant et musique allaient l'emplir.

Et plus dépit que chatte borgne, le dos fort rechigné, elle s'éloigna, claquant la porte derrière soi. Et le pourquoi de ce méchant exil, la peur qu'étant bonne catholique, elle n'allât jasant, je ne le compris que plus tard. Maître Sanche, qui paraissait fort ému, fit un petit signe et Miroul reprit ses accords, puis tout d'un coup levant son visage jeune, dont plus alors me frappa la gravité qu'il était à l'accoutumée plus rieur, il commença à chanter d'une voix si claire et si limpide qu'on eût dit d'un ruisseau de montagne roulant sur de blancs galets.

> *O Berger d'Israël, écoute !*
> *Ton peuple avance sur la route*
> *Tel un troupeau que tu conduis.*
> *Relève-le de ses ennuis...*

Je ne vais point tout citer. Mais ceux des lecteurs qui ne tiennent pas à péché de lire la Bible (comme hélas, les prêtres papistes tâchent de le faire accroire, nous faisant même un crime de l'avoir traduite en langue vulgaire) savent que dans ce psaume, David compare le peuple d'Israël à une vigne que le seigneur a plantée, mais que les méchants vont détruisant :

> *D'où vient ta clôture brisée ?*
> *Pourquoi la voit-on exposée,*
> *Proie offerte à chaque passant ?*
> *Et d'où vient que l'envahissant*

De noirs sangliers dévastent
Ce que Dieu lui-même a planté ?

A ouïr cette plainte qui leur ramentevait les inouïes persécutions subies par Israël, Typhème d'abord, Luc, et enfin Maître Sanche se mirent à verser des pleurs silencieux, combien qu'aucun d'eux n'eût connu les tortures, les autodafés d'Espagne et du Portugal où tant des leurs avaient péri avant que d'en être chassés. Les récits affreux et les contes sanglants de leurs ancêtres — ceux-là mêmes que Louis XI avait recueillis dans le Languedoc — restaient d'autant plus vifs dans leur remembrance que leur fidélité secrète aux rites judaïques les exposait, ce jour d'hui encore, aux dénonciations des voisins, aux inquisitions des prêtres, aux procès des juges, voire aux fureurs aveugles du populaire.

Et certes, je n'ignorais pas que la fiance des réformés en la divinité du Christ nous séparait de ces marranes. Rome, cependant, avait infligé aux nôtres, depuis François Ier, tant de geôles et de bûchers que cette commune persécution, tout autant que notre quotidienne pratique de la Bible, nous rapprochait d'eux, sinon tout à fait dans nos créances, à tout le moins dans nos émeuvements. Car le peuple d'Israël, pour lequel ce psaume inspiré avait été écrit, désignait aussi, au clos de notre cœur, ceux de notre parti. Il n'était que de se rappeler combien mon père et mon oncle étaient eux aussi excessivement troublés quand Miroul chantait ces vers, se souvenant qu'en 1562, les huguenots avaient été mis hors la loi par le Parlement et dans les villes et dans le plat pays, les catholiques par là même autorisés à les piller et impunément les occire : prélude affreux de la première de nos guerres civiles. Cependant, le psaume finissait sur une note de foi qui, après tant de larmes et de gorges serrées, nous faisait la crête relever et dilater nos poitrines.

O Seigneur, pitié pour ta vigne !
S'il fut de toi par trop indigne,

Le peuple que tu t'es donné,
Daigne encore lui pardonner.
Que ton bras soutienne aujourd'hui
Les enfants dont tu fus l'appui.
Ranime-nous, rends-nous ta grâce;
Nous marcherons devant ta face.

Sur le dernier mot, sur le dernier accord, Miroul qui avait chanté, debout, le pied sur l'escabelle, sa viole sur le genou, se rassit, et personne pendant de longues minutes ne put ouvrir la bouche pour émettre le moindre son tandis que nous nous entre-regardions, les yeux rouges et les lèvres tremblantes, communiant ensemble, que nous fussions marranes ou réformés, dans le souvenir d'un passé cruel et l'espérance d'un avenir triomphant.

CHAPITRE V

Nous étions en Montpellier depuis cinq jours à peine, et j'achevais un matin de me vêtir, quand la Fontanette, fort alarmée, monta m'avertir, le feu aux joues et le parpal houleux, qu'un officier du guet me demandait en bas. Je dévalai incontinent l'escalier et dans l'entrée reconnus le Capitaine des archers qui, le jour de notre arrivée, nous avait ouvert les portes de la Saulnerie, non sans s'être enquis de nos croyances, comme peut-être vous vous ramentevez. C'était un homme fort trapu, la membrature sèche et sans graisse, le dos droit, la tête haut dressée, et très noir d'œil, de poil et de peau. Il portait épée et dague, mais sans morion ni corselet, tout uniment vêtu d'un pourpoint rouge et de chausses de même couleur, mais les manches noires et la toque aussi, l'air fort grave, mais point si rude ni rebours qu'il paraissait d'abord, ayant dans le regard, tandis qu'il m'envisageait, une aimable lueur. Il me salua fort civilement, me dit s'appeler Cossolat et avoir mandat de m'amener auprès de M. de Joyeuse qui désirait m'entretenir.

— Eh quoi! dis-je, mi-alarmé et mi-feignant de l'être, va-t-on m'arrêter, me serrer en prison et me juger pour le crime d'être huguenot?

— Rien de tout cela, dit Cossolat avec un sourire. Je suis moi-même de la Religion. M. de Joyeuse est catholique, mais à vrai dire, peu zélé, et pour moi, je sers fidèlement un gouverneur papiste. Et plût à Dieu que tous les papistes et huguenots en cette ville s'accordassent aussi bien que lui et moi. Mais il s'en faut. Depuis que l'Edit d'Amboise a céans rétabli les papistes en leur ancienne domination, ce ne sont que remuements, intrigues et sapes. Les papistes entendent se revancher de nous. Ils sont inquiets de notre force. Ils organisent en ville des processions de laboureurs ignares qui lancent des pierres contre nos maisons. A quoi les plus excités des nôtres répondent fort sottement en envoyant leurs enfants chanter les psaumes de David à tue-tête et oreilles étourdies sur le parvis de la cathédrale de Saint-Pierre dans le même temps que les papistes y célèbrent la messe.

— Mais qu'ai-je à faire de ces piques entre Montpelliérains? dis-je, fort étonné. J'arrive à peine. Je suis en ville pour étudier la médecine et non point certes pour me mêler à des émotions.

— C'est ce que M. de Joyeuse voudra savoir. Car d'aucuns catholiques de Montpellier, sur le bruit de votre valeur dans les Corbières, vous soupçonnent d'avoir été dépêché céans par le Prince de Condé pour prendre la tête des réformés et se saisir de la ville.

— Moi? dis-je, étonné. Et quel conte est-ce là? Moi, Capitaine des réformés? A quinze ans? Qui le croira?

— Ah, monsieur l'Ecolier! dit Cossolat avec un brillement de son œil noir. Vous ferez merveille avec M. de Joyeuse : vous jouez fort bien du plat de la langue! Mais votre joli frère est-il aussi habile?

— Hélas, non, il est quasi muet, et quand il parle, il a une certaine désolante franchise qui, jointe à beaucoup de roideur dans sa foi, l'expose aux pires périls.

— Alors, nous dirons que nous l'avons laissé céans pour soigner la fièvre lente dont, en chemin, vous avez dit qu'il était travaillé.

A ouïr cela, j'envisageai béant Cossolat et me trouvai tout d'un coup fort empêché d'ouvrir le bec.

— Comme vous voyez, je sais beaucoup de choses, dit le Capitaine des archers avec un sourire. Mais n'est-ce pas mon état qui le requiert? Venez, monsieur l'Ecolier, reprit-il en me prenant le bras, ne musons pas céans. Mon archer vous laissera son cheval. M. de Joyeuse, comme tous les grands, ne souffre pas d'attendre.

On ne chevaucha pas aussi vite que Cossolat l'eût voulu, les rues étroites et tournoyantes de Montpellier étant obstruées d'un grand concours de peuple, dont nombre de fillettes et ménagères qui, à la pique du matin, sous le soleil déjà clair, s'en allaient, pimpantes, aux emplettes. Nous mîmes donc au pas et nous cheminâmes au botte à botte, ce dont je ne fus pas marri, ayant tant à voir dans ces rues.

— Monsieur l'Ecolier, dit Cossolat avec un sourire, vous avez l'œil, ce me semble, sur le cotillon.

— Nenni, dis-je, je ne vise point si bas. Mais j'observe que ma position à cheval me donne de plaisantes et plongeantes vues sur les corps de cotte qui, Dieu merci, ne comportent céans ni mouchoirs ni fichus.

— Eh, c'est qu'il fait chaud en notre Languedoc! En outre, pourquoi cacher les beautés que l'on tient de nature? Les mignotes de Montpellier passent pour les plus jolies du Royaume, et d'aucuns prétendent même qu'elles ont donné leur nom à la ville : *Mons puellarum* [1], tel serait le nom premier, primitif et latin de notre cité. Pour moi, la plus belle de France. Car je ne voudrais la quitter pour tous les trésors de la terre, même si le Roi me donnait Paris et son Louvre.

Voilà qui me ramentevait le coutelier Pécoul et ses languedoquades.

1. Le mont des jeunes filles.

— Cependant, dis-je pour picanier quelque peu mon guide, on dit que Thoulouse et Marseille sont plus grosses.

A quoi Cossolat, comme Pécoul avait fait, sourcilla fort.

— La grosseur est de nulle conséquence. A quoi jugez-vous de l'agrément d'une garce ? A la grosseur ou à la beauté ?

— A sa beauté, monsieur, sans contredit, et je vous accorde bien volontiers que Montpellier est ce que j'ai vu à ce jour de plus magnifique. Cependant, je ne connais pas Paris.

— Vous ne laisserez pas d'être déçu en voyant la capitale ! dit Cossolat. Nous avons céans de petits canaux souterrains qui conduisent au loin nos eaux sales. Mais Paris ne connaît point ces commodités. C'est une villasse, monsieur l'Ecolier, une villasse ! Et fort puante. Eau de cuisine, pisse et bren, tout va à la rue. En outre, on n'y peut avancer d'un pouce, tant l'embarras des charrois est grand. Il y a partout un vacarme à vous tympaniser ! Et l'insolence des Parisiens — jusqu'aux pages, laquais et autres faquins — vous ferait cent fois jaillir l'épée du fourreau, si l'on n'était chrétien !

Quant à ces propos-ci et autres de même farine, déprisant Paris et les autres villes du Royaume, et plaçant Montpellier au pinacle, j'eus l'occasion d'ouïr les mêmes mille et mille fois sur les lèvres de Montpelliérains, ces bonnes gens étant entichés et comme ensorcelés de leur belle cité. Et combien que j'eusse trouvé plaisantes sur mon chemin Cahors, Thoulouse, Carcassonne et Narbonne, tant sont grands, en effet, l'inexprimable charme et le bonheur de vivre qu'on trouve à Montpellier, qu'au bout de quelques mois je commençais à répéter moi-même ces effrénées louanges et à mettre Paris plus bas que Seine — moi qui pourtant n'avais jamais mis le pied plus haut que Périgueux.

— Nous sommes ici dans la rue de l'Aiguillerie, reprit Cossolat, et nous allons maintenant prendre à dextre dans la rue Bocador ou Bouques d'Or comme

144

d'aucuns l'appellent aussi. M. de Joyeuse loge dans l'ancien hôtel du financier Jacques Cœur, et encore que ce soit une demeure fort belle et digne d'un roi — à telle enseigne qu'en 1564 on y logea notre souverain Charles IX, que Dieu protège! — vous en trouverez une douzaine d'autres, tout aussi royales, en Montpellier, tant nous avons ici de noblesse riche et de bourgeois étoffés.

Il est de fait que je fus étonné par le monumental escalier de pierre qui menait aux appartements de M. de Joyeuse, et dans ceux-ci par les tapis, tentures et meubles de grand prix dont je n'avais nulle part avant ce jour vu une telle profusion. Je traversai, dans le sillage de Cossolat, deux salles fort bien ornées, et m'arrêtai derrière lui sur le seuil de la troisième, plus magnifique que les précédentes et éclairée par trois grandes fenêtres par lesquelles le soleil entrait.

Le Vicomte de Joyeuse y prenait une collation matinale, et comme nous nous trouvions debout, non point en face de lui mais sur le côté, il ne nous vit pas, ou peut-être ne voulut pas nous voir, tant absorbé qu'il était ou feignait d'être par les viandes qu'il avait devant lui. Cossolat me faisant signe de ne piper ni broncher, j'eus tout le loisir, pendant cette attente, d'observer le représentant du Roi.

C'était, à la vérité, un gentilhomme de fort bonne et haute mine, vêtu d'un pourpoint de brocart et le cou enserré d'une large fraise à godrons, j'entends à gros plis ronds empesés, et non pas comme ma petite fraise huguenote, fort chichement plissée. Il était assis dans un fauteuil à haut dossier, au haut bout d'une grande table de noyer poli, un tout jeune drole debout à sa droite, fort joli lui aussi, et son fils, à n'en pas douter, tant était grande la ressemblance entre père et enfant, ayant tous deux mêmes yeux azuréens, même cheveu blond frisé, et un long nez courbe qui, cependant, ne déparait pas leurs belles faces.

Il venait de cette table et des mets qui l'encombraient un fumet tant plus délectable pour moi que plus la faim me tenaillait, ayant quitté l'apothicaire-rie sans même gloutir l'humble soupasse dont à matines je me remplissais. Sur ce noyer poli comme miroir, je ne comptais pas moins de onze plats d'argent, clos de leurs couvercles, lesquels M. de Joyeuse soulevait à sa fantaisie, découvrant tantôt l'un tantôt l'autre, picorant ci, picorant là, et buvant entre chaque bouchée une rasade de vin dans une coupe.

Il faisait tout cela avec une grâce extrême et qui ne laissait pas de me ravir, combien que ma bouche salivât à cette vue et à ces odeurs. J'observais qu'il avait à côté de son couvert de vermeil une petite fourche manchée d'or, raffinement tout nouveau que le frère de Charles IX avait, disait-on, introduit à la Cour. Toutefois, M. de Joyeuse n'en usait pas comme le Duc d'Orléans [1] pour prendre les morceaux dans les plats. Il préférait les saisir à l'ancienne guise, mais fort suavement, entre le pouce et l'index, comme Barberine m'avait appris que la civilité commandait de faire, les déposant ensuite sur son assiette, et si tant est qu'il les trouvait trop gros, il recourait alors à sa petite fourche, et les piquait pour les empêcher de branler tandis qu'il les découpait de son couteau en fragments plus petits. Après quoi, il les prenait derechef un à un dans ses doigts (mais fort délicatement, comme j'ai dit), n'omettant pas de s'essuyer tantôt les mains, tantôt la bouche, à deux serviettes richement brodées qu'un grand faquin de laquais, superbement vêtu, lui présentait sur sa gauche.

Quant au jeune drole debout à sa dextre, qui devait bien avoir dans les cinq ans d'âge et qui paraissait fétot, espiègle et rieur, il était vêtu de pied en cap de soie bleu pâle, sans toutefois porter de fraise, mais un grand col rabattu qui montrait une gorge douce et mollette. Il regardait tantôt son père avec une amour des plus touchantes et tantôt le cou-

1. D'abord duc d'Orléans, puis duc d'Anjou, et à la mort de Charles IX, Henri III.

vert sur lequel M. de Joyeuse déposait ses viandes, et quand il y découvrait un morcel qui lui agréait, il le désignait de son petit doigt rose et disait d'une charmante voix, tant claire et musicale que le pépiement d'un oiseau :

— Peux-je, monsieur mon père ?

A quoi M. de Joyeuse, après avoir souri, répondait fort civilement :

— Vous pouvez, Anne.

Anne de Joyeuse, tout aussi joliment et proprement que son père, saisissait alors la bouchée convoitée et la portait à sa bouche. Ah certes, nous étions bien loin ici des manières rufes et grossières de Caudebec qui, tout baron qu'il fût, se déportait à table comme cochon en sa bauge.

— Mais que fait Cossolat ? dit M. de Joyeuse en levant la tête et s'adressant en oc à son laquais d'un ton vif et impatient. N'est-il point encore de retour ?

— Je suis là, monsieur le Baron, dit Cossolat sans bouger du seuil. M. de Siorac est avec moi et nous attendions votre bon plaisir.

— Entrez, entrez, mon cher Cossolat ! Foin de ces cérémonies ! dit Joyeuse, qui toutefois ne paraissait pas homme à les omettre ni à les abréger. Monsieur de Siorac, veuillez m'excuser, je vous prie, de ne me point lever, poursuivit-il avec un petit signe de tête mesuré fort exactement à l'aune de mon rang.

A quoi m'avançant, je répondis par le profond salut que je devais au représentant du Roi. Puis me redressant, je saluai, non sans quelque tendresse des yeux, le petit Anne de Joyeuse qui si fort me plaisait, salut auquel il répondit avec une gravité qui tout soudain se rompit dans le plus joli sourire de la terre, deux aimables fossettes se creusant dans sa joue.

— Ha, monsieur de Siorac ! dit M. de Joyeuse, si mon fils vous aime, je vais vous aimer aussi, car malgré ses cinq ans, il a un jugement fort sûr, combien qu'il ne commande pas encore aux mots qui pourraient l'exprimer. Mais, de grâce, monsieur de Siorac, prenez place.

— Monsieur le Vicomte, dis-je en français (M. de Joyeuse s'étant exprimé dans la langue du Nord, et à ce que j'observais, sans la moindre trace de notre accent occitan, encore qu'il eût parlé d'oc à son laquais), je peux fort bien rester debout.

Quoi dit, je m'inclinai derechef.

— Point du tout, monsieur de Siorac ! Prenez place, je vous prie. Couiza, dit-il en oc à son laquais, avance un siège à M. de Siorac.

Et comme il n'avait point dit cela en premier à Couiza, je compris combien l'instinct m'avait bien conseillé de refuser d'abord, que ce refus était attendu et relevait des préséances que M. de Joyeuse aimait qu'on observât.

Je m'assis donc, et le Capitaine des archers, faisant à son tour un roide salut qui sentait bien un peu son soldat, dit en un français assez baragouiné :

— Monsieur le Vicomte, dois-je me retirer ?

— Nenni, mon cher Cossolat, restez. Je peux avoir besoin de vos lumières. Prenez place.

— Monsieur le Baron, dit Cossolat avec un autre de ses roides saluts, je connais trop mon devoir pour m'asseoir en votre présence.

— Foin de ces cérémonies, mon cher Cossolat ! dit M. de Joyeuse en découvrant un des plats dont s'échappa incontinent un délicieux fumet. Cependant, il n'ordonna nullement à Couiza d'avancer un siège et Cossolat resta debout.

Ha ! pensai-je, quelle captieuse étiquette est-ce là et que de pièges vous tend cette politesse ! On vous prie de vous asseoir et on s'offenserait si vous obéissiez !

— Monsieur de Siorac, poursuivit M. de Joyeuse, je vous fais toutes mes excuses pour avoir pris la liberté de vous déranger ce matin. Ma charge me commande de tout savoir ce qui se passe en ce pays et si cela vous agrée, j'aimerais ouïr de votre bouche le récit de vos engagements dans les Corbières. Mais, j'y pense, ajouta-t-il d'un ton léger et comme en passant, monsieur de Siorac, me ferez-vous la grâce de partager ma petite collation ?

Par les septante-sept diables de l'enfer, je fus tenté! Ces viandes! Ces vins! Ces friandes odeurs! Sous mon nez! A portée de bec! Mais comme j'allais succomber, j'observai juste à temps que mon cruel tentateur ne commandait point à Couiza de placer un couvert devant moi et, baissant les yeux, avec mille mercis, je refusai.

— Eh bien, donc, je vous ois, dit M. de Joyeuse, enfournant fort délicatement dans sa bouche une aile de pigeon croustillante et rôtie que je ne pus empêcher mes yeux de suivre jusqu'à ce que ses belles dents blanches se refermassent sur elle.

Me ramentevant alors comment, à son retour de guerre, mon père avait raconté devant sa famille et ses gens la prise de Calais par les nôtres, faisant ce conte à la chaude et comme au débotté, sur un ton de légère et gaillarde gausserie, je résolus d'imiter sa manière. Je tiens, en effet, qu'il y a peut-être quelque incommodité pour votre auditeur à vous ouïr vous rincer trop gravement la bouche de votre propre vaillance et qu'au rebours il vous sait gré de lui donner à penser qu'à votre place il en eût fait autant.

M. de Joyeuse parut prodigieusement chatouillé par mon récit et quand je décrivis la façon dont je dépouillai le Baron de Caudebec de son tonnelet de Malvoisie pour le donner à Espoumel, et comment y celui, que je libérais, demanda s'il devait, après son ambassade, revenir à moi pour se faire pendre, M. de Joyeuse, renversant la tête en arrière sur le dossier de son fauteuil, en rit à gueule bec à se mouiller les yeux, non sans toutefois par décence placer gracieusement un mouchoir brodé devant sa bouche.

Anne de Joyeuse, qui, l'œil en fleur, béait en m'écoutant, demanda alors à son père la permission de parler, et incontinent l'obtenant, me posa de sa petite voix douce et chantante d'infinies questions sur d'aucuns détails de mon conte, soit qu'il ne les eût pas entendus, soit qu'il voulût en savoir davantage. A toutes je répondis avec une patience extrême, choisissant les mots les plus simples et m'aidant de gestes et de mimiques.

— Ha, monsieur de Siorac! dit M. de Joyeuse quand j'eus fini, si vous n'étiez écolier en médecine, quel excellent pédagogue vous eussiez fait en place de ce pédant crotté qui apprend à mon fils l'histoire de nos Rois. Mais, monsieur, poursuivit-il, changeant tout soudain de ton et de visage, peux-je vous demander si monsieur votre père, le Baron de Mespech, a pris part à la guerre fratricide qui travailla si fort les sujets du Roi?

Cette question m'étonna, car il me parut, au ton même dont elle était posée, que M. de Joyeuse connaissait déjà la réponse.

— Non point, monsieur le Vicomte, dis-je promptement. Combien que mon père fût déchiré par la mise hors la loi des Réformés, il n'a pas voulu prendre les armes contre notre souverain, ayant si bien servi son père sous Calais et son grand-père à Cérisoles, et leur devant à l'un et à l'autre son anoblissement.

— Monsieur votre père a fort bien agi, dit M. de Joyeuse. Monsieur de Siorac, poursuivit-il, je suis Baron d'Arques, ma baronnie s'étend sur pechs et combes dans les Corbières entre Mouthoumet et Couiza, dont ce valet que vous voyez est originaire. Je vous sais un gré infini d'avoir déconfit quelques-uns des caïmans qui ravagent ce pays. C'est grande pitié que je ne puisse aller moi-même châtier ces coquins. Mais hélas, je ne le peux, ayant tant à faire à Montpellier, à tâcher d'accommoder les catholiques et les huguenots, lesquels, emportés par leur zèle, se font des chicanes à l'infini, s'entr'égratignent comme matous, et iraient même à se massacrer si je laissais faire. Monsieur de Siorac, croyez-moi, ne vous mêlez point à ces émotions.

Ha, pensai-je, voilà qui devient clair. Cossolat m'avait bien prévenu : On me sonde, et on m'avertit.

— Monsieur le Vicomte, dis-je avec gravité mais en lui donnant dans l'œil une œillade franche et droite, je suis venu céans pour étudier la médecine et non pour remuer. Ce n'est ni mon humeur ni mon inclination. Je suis cadet, et combien que d'aucuns tiennent la médecine comme un état indigne d'un gentilhomme, j'ai ma fortune à faire, et mon ferme et constant propos est de la faire par l'étude et non par la rébellion.

— J'entends bien, dit M. de Joyeuse qui fixait sur moi tandis que je parlais le regard le plus pénétrant. Il vous reste toutefois à expliquer une circonstance qui ne laisse pas de m'intriguer. Ce Caudebec dont vous parlez est arrivé hier en Montpellier. Il loge en l'auberge des *Trois-Rois*. Et il vous fait grand et public grief de l'avoir vilainement trompé, vous étant fait passer à ses yeux pour catholique, allant, dit-il, pour le duper, jusqu'à vous confesser.

A ceci, je sourcillai fort et je dis non sans passion :

— Je n'ai pas dupé ce gentilhomme. Je l'ai servi en qualité de truchement et sans rétribution aucune pendant quinze jours. A mon propre péril, je lui ai épargné, comme je l'ai dit, dans les monts des Corbières un combat, où plus d'un de sa troupe et peut-être lui-même eût subi mal de mort ou navrure. Si je me suis confessé à un de ses moines, ce fut ruse de guerre pour protéger ma vie, car M. de Caudebec, dans son zèle fanatique, m'avait menacé de me passer son épée à travers le foie s'il apprenait que j'étais hérétique.

— Peux-je parler, monsieur le Vicomte ? dit alors Cossolat.

— Vous le pouvez, mon cher Cossolat, dit M. de Joyeuse qui toujours lui donnait du « cher », mais sans jamais le faire asseoir.

— M. le Vicomte, sur le bruit que M. de Caudebec, apprenant, à son arrivée ici, la religion de M. de Siorac, se répandait contre lui en menaces de sang et en paroles sales et fâcheuses, je m'en fus hier à l'auberge des *Trois-Rois*, et j'ai vu un à un ces pèlerins normands ; ils confirment le récit que nous venons d'ouïr.

— Les avez-vous interrogés tous ?

— Tous, hors les garces et les moines.

— Et pourquoi les excepter ? dit M. de Joyeuse en levant le sourcil.

— Celles-là parce qu'elles aimaient trop notre héros, et ceux-ci, parce qu'ils ne l'aimaient pas assez.

— Ha, mon cher Cossolat, dit M. de Joyeuse, il ne vous suffit pas d'être bon capitaine ! Vous avez aussi de l'esprit ! Et il vous en faudra, poursuivit-il, pour arranger cette affaire-ci et proprement l'étouffer dans l'œuf avant que poules n'en sortent et caquettent et se becquettent, faisant voler plumes et sang. Car si ce Caudebec, qui me paraît fort excité, me tue ou me navre M. de Siorac, les huguenots voudront se revancher sur les pèlerins, les catholiques voleront au secours de ceux-ci, et sur cette querelle de néant naîtra un tumulte dont on ne sait où il s'arrêtera. M. de Siorac, ajouta-t-il en se tournant vers moi d'un air fort civil, s'il vous agrée de suivre mes avis, j'oserais vous conseiller de vous rendre incontinent aux *Trois-Rois* et d'abaisser les cornes à ce taureau normand.

— Mais c'est que je ne suis pas armé !

— Aussi ne devez-vous pas l'être, étant haut à la main et sourcilleux comme il sied à votre vaillance et vos vertes années. Mais Cossolat sera là, il ne vous lâchera pas d'un pouce, et j'ai bon espoir qu'il saura vous accommoder au baron. Car c'est ce que je veux : un accommodement, et public, et complet.

Le Vicomte de Joyeuse dit ceci d'une voix haute, la crête redressée, le sourcil levé et œil à œil m'envisageant, comme s'il me donnait à entendre qu'il parlait au nom du Roi. Sur quoi, je lui fis un profond salut et l'assurai que pour paix garder en Montpellier, je me ferais en cette affaire aussi facile et ployable qu'il le souhaitait.

M. de Joyeuse me donna alors mon congé d'une façon fort honnête mais sans toutefois se lever, et si tant est qu'on peut mettre des degrés dans un salut de tête, celui qu'il me bailla me parut de quelques pouces plus incliné que celui qu'il concéda à mon compagnon.

— Eh bien, me dit Cossolat sur le chemin des *Trois-Rois*. Que vous en semble ?

— Qu'on se juche très haut céans sur la cérémonie.

— Laquelle, dit Cossolat, n'est toutefois pas de pure vanité, mais moyen de gouvernement. Ramentevez-vous aussi que la tripe n'est pas cruelle comme chez Montluc. Bien à rebours.

Cossolat n'errait point en son jugement, comme bien il apparut six ans plus tard quand, au lendemain de la nuit funeste de la Saint-Barthélemy, qui vit à Paris un si grand massacre de réformés, le gouverneur de Montpellier reçut de Charles IX l'ordre de faire périr les nôtres en cette ville. Tout grand courtisan qu'il fût et fort soucieux de sa fortune, M. de Joyeuse tint cet infâme commandement pour contraire à l'honneur, et refusa de s'y plier, disant publiquement qu'il était « *un soldat, non un bourreau* ».

Et en effet, s'il eut auparavant comme dans la suite, d'ordre du Roi, à combattre les nôtres en bataille rangée — et son fils, Anne de Joyeuse aussi, qui y perdit la vie en la fleur de son âge — ce fut en soldat loyal, sans fiel ni haine, portant dans toutes ses entreprises la modération et l'élégance qui étaient dans son caractère.

L'auberge des *Trois-Rois* était un fort grand et beau logis, où Samson et moi avions, l'avant-veille, régalé Fogacer d'un succulent rôti de porc pour prix de ses bonnes leçons. Bien je savais donc ce qu'en valait la chère et qu'elle allait retenir Caudebec fort longtemps. Or, pensant déjà que mon accommodement avec le baron se ferait sans dam ni dommage, je me réjouissais de ce long séjour des pèlerins en Montpellier pour mon bien-aimé Samson, qui pourrait dès lors mignarder sa dame à loisir, au lieu que non pas « embrasser le vent », comme la Fontanette avait dit.

Dès que nous démontâmes, l'alberguière sortit sur son seuil et salua, tout souris, Cossolat, qu'elle paraissait tenir en fort bonne amitié, et lui dit que les Roumieux (c'est ainsi qu'en Montpellier on appelle les pèlerins qui se rendent à Rome) étaient à cette heure matinale attablés déjà en la grande salle, gloutissant quantité de viandes et de vins. J'entrai donc le premier dedans le logis, l'alberguière et Cossolat à ma suite, et pensant que celui-ci était toujours sur mes talons, je pénétrai dans la salle et me dirigeai droit vers le baron pour faire ma paix avec lui. Mais à peine m'eut-il aperçu que, jetant derrière lui le pilon de poulet qu'il était en train de manger, Caudebec se dressa, la face cramoisie, ses yeux bleus lui sortant de la tête et tremblant de tous ses membres en son insensé courroux, — Ha! Hérétique! hurla-t-il. Ha, vilain! Ha, monstre! Oses-tu bien montrer céans ta traîtreuse face de traître? Pâques Dieu, je vais bien payer ton audace!

Et dégainant sa dague, il me courut sus. Je me retournai. Cossolat n'était point derrière moi, et fort effrayé de son absence et de me trouver sans arme devant ce furieux, je reculai, et plus vif certes que le baron, lui aurais échappé, si un des moines, allongeant le pied derrière moi, ne m'avait fait choir. Caudebec, sa dague brandie et hurlant « tue! tue! », m'aurait alors infailliblement rejoint et occis si le page Rouen, contrefaisant l'étourdi, ne s'était jeté dans ses jambes, ce dont il fut récompensé par un grand coup de botte qui l'envoya rouler à dix pas. Mais cela me donna quelque répit et, me relevant, j'empoignai par son pied l'escabelle du méchant moine et la tirai de dessous son cul avec tant de force qu'il chut à son tour, et Caudebec aussi, qui tâchait de m'atteindre par-dessus lui. Plût à Dieu que dans leur chute l'un eût embroché l'autre par bonne chance! Mais hélas, cela ne se fit pas, la Providence étant distraite.

Caudebec, se remettant sur ses pieds et grognant comme sanglier, se remit incontinent, la dague au poing, à me poursuivre autour de la table, tandis que d'aucuns pèlerins criaient « Tue! Tue! », mais cependant sans lui prêter main forte, d'autres « Fi! Fi donc! un homme désarmé! »; d'aucunes de ces bonnes garces normandes allant même dans leur indignation jusqu'à bombarder le baron de leurs gobelets et couverts pour retarder sa course. Mais m'avisant que je me trouvais, sinon avec une épée, du moins avec un bouclier, je fis face tout soudain et saisissant l'escabelle par les pieds, et la tenant brandie devant moi, j'attendis le baron de pied ferme et la mine haute. Voilà qui décontenança fort Caudebec et refroidit quelque peu son ire, et d'autant que sa superstition, comme j'ai dit, m'attribuait l'invincibilité de mon père au combat. Il me porta toutefois deux ou trois pointes que promptement je parai. Cependant, peu content de cette défensive qui n'était pas dans ma complexion, je balançai à lui jeter tout soudain mon escabelle à la tête quand la forte voix de Cossolat retentit à travers la pièce, couvrant le vacarme.

— Monsieur le Baron de Caudebec! cria le Capitaine, je vous arrête au nom du Roi!

A cela, qui fit même effet que la foudre, les pèlerins, pétrifiés, s'accoisèrent.

— Monsieur, dit Caudebec en se tournant comme si aspic l'avait piqué au talon, et sa trogne, de cramoisie qu'elle était, devenant blanchâtre comme chandelle, Monsieur, que dites-vous là?

— Monsieur le Baron de Caudebec, reprit Cossolat dans le silence revenu, je vous arrête pour essai et attentement de meurtrerie sur la personne de noble homme Pierre de Siorac ici présent.

— Mais ce n'est qu'un huguenot! cria Caudebec, et d'aucuns moines et zélés papistes parmi ces pèlerins hurlèrent alors : « Sus! Sus! », pour soutenir leur maître.

A ceux-là, Cossolat répliqua en sautant sur l'escabelle vacante du baron, et tirant tout soudain son épée dans un grand froissement de fer, il cria d'une voix forte :

— Bonnes gens, qui osera en Montpellier affronter le Capitaine des archers? Dois-je quérir mes hommes et vous arrêter tous? Ou vous faire jeter tous, vous et vos chevaux, dans les fossés de la ville?

L'épée de Cossolat, sa vigoureuse membrature, le brillement de son œil noir, et jusqu'à son français, prononcé avec un terrible accent d'oc, firent merveille sur les pèlerins, qui baissèrent la tête, fort déconfits à l'idée de perdre incontinent les délices des *Trois-Rois* dont tant ils se promettaient.

— Capitaine, dit à la fin Caudebec, bien marri de se voir abandonné des siens et cependant tâchant encore de se raidir, vous ne pouvez me saisir : je suis baron.

— Il est possible qu'en Normandie je ne le puisse, dit Cossolat, la voix froide comme bise de novembre, mais céans je le peux. Et le ferai, si M. de Siorac ne s'accommode à vous, et vous à lui.

— Moi! M'accommoder au baron! m'écriai-je alors, voulant rajouter quelques boucles à ce nœud pour que le baron peinât quelque peu à le dénouer. Moi qui lui ai sauvé la vie en lui tirant du gargamel l'arête de poisson qui allait l'étouffant! moi qui ai sauvé sa troupe en bravant et défaisant les caïmans des Corbières! et moi que, pour tout salaire, il a tâché d'occire, nu et désarmé, navrant en outre mon honneur par les paroles sales et fâcheuses que nous avons hélas, ouïes! Nenni! Nenni! Ou bien vous arrêtez le baron, capitaine, ou bien je lui ferai rentrer dans la gorge ses damnables insultes!

A cela, le baron pâlit plus outre, se voyant déjà couché en terre, sanglant et trépassé en ses péchés mortels, ou même déjà rôtissant en purgatoire plus longtemps que les jours d'indulgence qu'il avait acheté par milliers à ses moines, sa grande carcasse tournée et retournée sur la broche du diable jusqu'à ce qu'elle fût dorée assez pour payer au Seigneur sa gourmandise et sa luxure. Ayant en tête ce triste pensement, blanc comme linge et la tête basse, le baron se tint coi. Mais Dame Gertrude du Luc, ayant aperçu dans sa féminine finesse qu'il y avait dans mon discours un élément de comédie, et désirant fort, au service de ses propres desseins, me voir m'accommoder au baron, et elle-même s'accommoder à lui, lui ayant lancé à la tête Dieu sait combien de gobelets, couteaux et couverts tandis qu'il me pourchassait, s'élança de sa place vers moi, et de ses blanches et douces mains me saisissant la dextre (dans laquelle elle glissa un petit billet que je mis dans mon pourpoint) se mit gracieusement à genoux et me dit d'une voix fort piteuse :

— Ha ! Monsieur de Siorac ! Etes-vous turc ? Etes-vous chrétien ? Mais que si vous êtes chrétien, comme je crois, tout réformé que vous soyez, je vous prie à deux genoux, au nom du Christ, d'épargner la vie du Baron de Caudebec, qui est pour tous et toutes notre père tant aimé sans lequel nul d'entre nous, s'il périssait, ne pourrait poursuivre ses jours !

A cela, ces garces normandes qui étaient fort grandes, comme j'ai dit, et fort belles, l'œil bleu et le cheveu brillant comme paille de blé mûr, et encore que pour leur taille et vigueur il y eût de l'homme en elles, n'en avaient pas moins toute leur part de chatterie et cajolement, ne purent mieux répliquer qu'en se pressant à mon entour avec des gémissements, des soupirs et des larmes, vraies ou feintes, coulant sur leurs belles faces, me suppliant de ne pas occire le baron, leur père tant chéri. A quoi le baron dit, le pleur au bord de l'œil :

— La peste soit de ces friponnes ! Suis-je si faible ? Ne dirait-on pas que je suis mort déjà ?

A peine achevait-il qu'apparut dans la salle un fort beau et majestueux gentilhomme, suivi d'un laquais qui portait devant lui avec respect comme une châsse un tonnelet que je cuidai être rempli de vin précieux. Cossolat aussitôt sauta de son escabelle, remit son épée au fourreau et fit au nouveau venu un profond salut.

— Qu'est cela ? dit le gentilhomme en sourcillant quelque peu. Mon cher Cossolat, je vous ai vu dégainé. Y a-t-il eu céans quelque tumulte ?

— Il s'apaise, Monsieur de Lattes, dit Cossolat.

Et déjà, en effet, Caudebec avait remis, comme furtivement, sa lame en son logement et envisageait M. de Lattes sans piper ni broncher tant il était étonné de sa superbe et de son apparence.

— Etes-vous, dit ce haut seigneur, le Baron de Caudebec ?

— C'est moi, dit le baron.

— Monsieur le Baron de Caudebec, reprit M. de Lattes, pour vous remercier de la bonne grâce que vous avez mise à vous accommoder à M. de Siorac, M. de Joyeuse désire vous faire don de ce tonnelet de muscat afin de remplacer celui que, par une ruse de guerre des plus fines, vous remîtes aux caïmans des Corbières. Cet accommodement est-il fait ?

— Il se fait, dis-je en saluant profondément M. de Lattes. Il y manque encore les excuses que M. le Baron de Caudebec est dans l'intention de me faire pour quelques petits mots un peu vifs qui lui ont échappé dans son ire.

Caudebec envisagea en succession M. de Lattes, Cossolat, le tonnelet de muscat et moi-même, et la face toujours fort pâle, il dit :

— Monsieur de Siorac, je vous fais mes excuses.

— Monsieur le Baron, dis-je, je suis votre serviteur.

Et tirant à lui, le visage riant, je lui donnai une forte brassée et le baisai sur les deux joues, baisers auxquels il répondit avec plus de bonne grâce que je n'aurais attendu, étant en son for soulagé d'en être quitte à si bon compte.

— Monsieur le Baron, lui glissai-je à l'oreille au milieu de nos embrassements, ne fouettez pas ce soir votre page. Sans lui, je serais mort et vous-même serré en une geôle fétide en attendant d'être décapité.

Il le promit. Et je vous passe ici les compliments qui s'échangèrent alors et redondèrent de part et d'autre en belles phrases et périodes nombreuses, M. de Lattes parlant fort bien le français de Paris et aimant s'écouter le parler. Dès que ce beau gentilhomme eut quitté la grande salle, et tandis que Cossolat acceptait du baron un gobelet de muscat, je les saluai et quittai, et sortant des *Trois-Rois*, mais sans m'éloigner trop et me plaçant dans une encoignure, je tirai de mon pourpoint le billet que Dame Gertrude du Luc m'avait glissé dans la main, et je lus :

Mon gentilh frère,

Trouvé moi de grasse un discrai logi, lequel je peillerai, pour y rencontré mon petit mallade, ne le pouvant céant, étan depuiz Lézignan for surveillé. Je vous aten présentement en l'Eglize Saint-Firmin. De grasse, mon gentilh frère, fète ce que je di ou je me meure.

G.

Ha ! pensai-je avec un sourire, ne vaut-il pas mieux que ces deux-là vivent en étant côte à côte, plutôt que de mourir chacun de son côté ? Mais relisant le billet et m'amusant de son orthographe, j'allais tout soudain me ramentevant le billet de la petite Hélix quand j'étais avec Samson serré dans la tour nord-est de Mespech au retour de notre expédition dans Sarlat infecté par la peste. Je tombai alors dans un soudain pensement de la pauvrette, morte hélas en la fleur de son âge et dont j'étais comme veuf depuis, et cruellement sevré, l'ayant si bien et de si près connue en mes maillots et enfances. Ce pensement me fit grand mal mais par bonheur dura peu, Cossolat apparaissant sur le seuil des *Trois-Rois* et moi incontinent l'abordant pour le tirer par le bras et lui dire à l'oreille que je cherchais pour quelques jours quelque « discrai logi ».

— Ha ! Monsieur l'Ecolier ! dit Cossolat en riant à gueule bec. Quel homme vous faites ! A peine sorti des griffes de ce Roumieux, vous voilà vous refourrant dans les pattes d'une louve !

— Nenni, la louve est pour mon frère et non pour moi.

— Qu'ois-je ? Ne peut-il lui-même chercher sa tanière ?

— Ha, c'est qu'il ne le pourrait, bel ange de Dieu qu'il est, mais sur terre fort rêveux, étant de surcroît travaillé de repentailles dès le premier poutoune.

— Certes, vous êtes un bon frère ! dit Cossolat en riant de plus belle, vu que vous pensez à lui faire exercer sa mentulle qui, sans vous, tomberait en quenouille et perdrait son lait. Venez !

Et me prenant par le bras, tout rieur et se gaussant (lui, qui, de prime abord, avait un air si grave et si sévère), il m'amena à pied et me tenant le bras, rue du Bayle, petite rue donnant sur le côté de l'église Saint-Firmin, et là, me montrant une échoppe surmontée d'un étage, il me dit :

— Céans loge la Thomassine. Elle tient boutique d'aiguilles ; mais à l'étage, loue des chambres à d'aucuns bourgeois étoffés qui, pas plus que le chameau de l'Evangile, ne rêvent de passer par le chas de l'aiguille (il rit à cette gausserie qu'il avait faite plus d'une fois, je gage). La Thomassine, reprit-il, est apparue dans cette ville il y a bientôt dix ans, chassée de ses monts des Cévennes par une épouvantable disette qui fit périr tous les siens ; la pauvre garce, à son arrivée en Montpellier, était elle-même si défaite et si démunie qu'elle dut vendre son devant pour s'acheter un cache-cul.

— Un cache-cul ? dis-je. Qu'est cela ?

— Un jupon, dans le parler de Paris. Mais depuis ce jour, plaçant ses amitiés au denier 20 parmi ce qu'il y a de mieux céans (et jusqu'à des chanoines de Notre-Dame-des-Tables), la Thomassine a prospéré, possède petit pignon sur rue et logis fort commode, à quatre toises de la porte latérale de Saint-Firmin. Il y a là une jolie chatonie : Le chaland entre dans sa boutique comme pour acheter aiguilles et fil, et se retrouve à l'étage où l'attend sa ribaude. Pour s'en aller, il peut user d'une seconde issue qui débouche sur une étroite ruelle où pas une souris ne passe.

— Mais n'est-ce pas un bordeau ? La dame est délicate...

— Nenni ! On ne tient pas céans boutique et marchandise de garces ! Comme dans les auberges espagnoles, chacun n'y mange que ce qu'il y apporte. Monsieur l'Ecolier, je vous quitte. Le petit rideau rouge à l'étage a bougé, signe que la Thomassine nous observe. Adieu. Vous lui plairez. C'est une belle et forte nature. D'avoir connu tant d'hommes ne l'a pas dégoûtée de les aimer.

Et tournant les talons, Cossolat me quitta, à sa

façon abrupte et militaire, me laissant tout surpris de sa gaillarde humeur. Je regardai s'éloigner son dos carré. Mais quoi! pensai-je, tout huguenot qu'il est, un Capitaine des archers n'est pas un enfantelet dont on coupe le pain en tartines. Sans doute connaît-il tous les pavés de sa ville, de jour comme de nuit, et tout ce qui se fait et défait derrière le moindre mur.

A peine avais-je mis le pied dans l'aiguillerie de la Thomassine qu'une pimpante chambrière surgit devant moi, me disant avec un frais souris : « Ma maîtresse vous attend », et me précéda d'un pas alerte dans l'escalier, mon œil au niveau de ses belles hanches qui roulaient d'une marche à l'autre dans un balancement de son cotillon bleu, lequel balancement était si ample et si beau que tout le temps que dura cette montée, je fus comme bercé dans ses vastes plis. Ha! pensai-je, n'est-ce pas trop brider à la fin la pauvre bête! Moi qui, depuis l'auberge de Lézignan, m'aigris dans une chasteté de nonne, et chez Maître Sanche maigris de sa triste chère, suis-je donc en Montpellier pour me dessécher à étudier la logique et la philosophie, labourant tout le jour de la tête, le ventre creux et les bras vides ?

Ha, je l'eusse gagé! La Thomassine était à table, et sa table garnie de riches viandes! M. de Joyeuse en son hôtel! Les Roumieux aux *Trois-Rois!* la Thomassine en sa chambre! Ventre Saint-Antoine! Tous se goinfraient en cette ville, tous sauf moi qui, depuis la veille, n'avais pas mangé un morcel! Je dis ici mon sentiment, sans vouloir piquer personne : que le Seigneur protège la Thomassine jusqu'à la fin de ses jours terrestres et lui pardonne ensuite en ses jours éternels pour avoir deviné du premier coup d'œil que j'avais faim à défaillir, et avec sa large gentillesse et cévenole hospitalité, m'avoir dit dès le seuil :

— Mon noble moussu, point de compliment, asseyez-vous, et de grâce, mangez. Vous êtes mon hôte, il ne vous en coûtera pas un sol. Nenni! De refus je ne veux. Holà, Azaïs! Un couvert pour ce gentilhomme, et vite! Là, devant moi! Mangez, mon noble moussu, mangez! Sans viande pour se remplir, point de vie! Sans vie, point d'amour! Sans amour, point de vie! Azaïs! Le gobelet de ce gentilhomme! A ras bord! Foin de la chicheté! Redonne-lui de cette bonne saucisse de Bigorre! Ha! Ha! C'est plaisir de le voir dévorer de ses belles dents blanches! Azaïs, redonne-lui de ce jambon! Il vous avale une tranche d'un coup! C'est merveille! Mon noble moussu, reprenez un peu de ce vin des Corbières! Diluons cette mangeaille! Azaïs, quitte sa fraise à ce gentilhomme. Ote-lui aussi son pourpoint! Il fait fort chaud, débotte-le, qu'il soit à l'aise! Mon noble moussu, prenez de cette tarte aux cerises! Finissez votre vin des Corbières, qu'Azaïs vous puisse verser de ce muscat. Il est de Frontignan, fort suave et sucré, et vous coule dans le gargamel comme velours de Lyon.

Ha, certes! Il n'y avait point ici de plats à couvercle d'argent, ni de couvert de vermeil, ni de petite fourche manchée d'or, ni de grand laquais en superbe livrée, mais ventre Saint-Antoine, qu'on y était bien! A gloutir ces saines et simples viandes, à boire ces bons vins de nos pays, dans la fraîche pénombre de la pièce, les volets demi-clos contre le soleil et contre les mouches! Et la belle Thomassine m'envisageant de son œil généreux, elle qui avait la croupière si facile, mais l'âme si bonne, que Dieu la garde! Et l'accorte chambrière me déshabillant de ma fraise, de mon pourpoint et de mes bottes, les doigts légers et caressants, et la mine rieuse!

Tandis que je me goinfrais, et déjà plein aux quatre quarts (mais ce gouffre se creusait encore), je jetai un coup d'œil à l'entour et ce qui me frappa, outre les tentures et tapis à profusion, ce fut un lit si grand que cinq personnes de ma taille eussent pu y dormir à l'aise, le couvre-lit étant de velours rouge et les rideaux qui fermaient l'alcôve de même étoffe et couleur. D'autres meubles, pas le moindre, sauf un coffre où la Thomassine devait serrer sa vêture, et cette table où je mangeais. Quant à la Thomassine, elle n'avait pas trente ans, je gage, et fort belle, le cheveu noir et luxuriant, le visage rond, la bouche large et vermeille, le cou robuste et surtout, pressant son corps de cotte à demi délacé, et à demi s'en échappant, le parpal le plus gros, le plus ferme, le plus laiteux et le plus pommelant qu'oncques ne vis à aucune garce, sauf à ma bien-aimée Barberine à qui, de reste, n'était la gaie effronterie de son œil, elle ressemblait fort.

— Monsieur de Siorac, dit la Thomassine, êtes-vous bien rempli?

— Ha, Madame! A merveille! Que de grâces et de mercis vous dois-je! Mais comment savez-vous mon nom?

— Mon lit, dit la Thomassine, est plus bavard et clabaudeur que dix confessionnaux, et combien que ma petite oreille reçoive de secrets céans, ma langue ne les répète pas. Que vous faut-il?

— Une chambre, Madame, pendant cinq ou six jours.

— Mon noble moussu, vous êtes cadet du Périgord, écolier en médecine, et point trop pécunieux: ce sera pour vous six sols le jour.

— Madame, dis-je, grand merci. Mais je ne voudrais point mésuser de vos bontés. Ce n'est pas moi qui paye, c'est la dame, laquelle est étoffée.

A cette naïve remarque, la Thomassine renversa en arrière son beau cou blanc, et les tétons houleux, rit à gueule bec à se mouiller les yeux.

— Pardi, moussu! Vous me plaisez! Vous êtes franc comme écu non rogné! Et fort joli! Et piaffant comme étalon au vert! Ce sera donc dix sols! Allez chercher votre dame sans tant languir! Où l'avez-vous laissée?

— En l'église Saint-Firmin, à faire ses dévotions. Hélas, elle n'est pas mienne, mais à mon frère. Plût à Dieu qu'elle fût ma dame, car en ces derniers dix jours je n'ai embrassé que le vent.

— Si je vous entends bien, dit la Thomassine en riant, à ce bout-là aussi vous êtes affamé! Mais dites-moi, la dame de votre frère est donc si belle que vous la convoitiez?

— Ha, Madame, elle n'est point la moitié aussi belle que vous, étant d'un blond de paille qui paraît fade au regard de votre noir de jais !

A cela, la Thomassine rit encore et quelle gaie et grisante musique faisait ce rire-là !

— Azaïs, as-tu ouï ce galant ? Comme il est adroit, en son jeune âge, à jouer du plat de la langue ! Et de l'œil ! Vierge Marie ! Il en sort des flammes ! Azaïs, qu'allons-nous faire de ce pauvre et de sa stridente faim ?

— Le contenter, Madame. La charité le veut. Après la panse, vient la danse.

— Eh bien, c'est parler, cela ! dit la Thomassine. Monsieur, on vous dit vaillant. Voilà votre citadelle, reprit-elle en se levant, le feu aux joues et déjà tout escambillée. Sus ! Sus ! A l'assaut ! Point de quartier !

— Quoi, Madame ! Un assaut à cette heure ! Et cette dame qui attend !

— Qu'elle prie ! Qu'elle prie Dieu, puisqu'elle va l'offenser ! Et tant plus elle priera, tant plus aura l'âme légère quand viendra le plaisir. Allons, moussu, de refus point ne veux. Azaïs, ferme l'huis sur nous. Et ne va pas coller l'oreille ou l'œil à la serrure, ou je te fouette ce soir comme seigle vert.

Je ne sais qui de la Thomassine ou de moi porta l'autre dessus le lit, mais nous y fûmes en un battement de cils, notre vêture ôtée et jetée à la diable et les rouges rideaux refermés sur nous comme sur l'enfantelet futur le ventre de sa mère. La face entre les beaux et gros tétins de cette bonne garce, je prenais ma racine et tout soudain m'envolai si haut, si haut qu'à peine j'en crus mes sens ravis. Ha ! pensai-je au comble de l'émerveillement. Est-ce bien moi qui suis céans, tant bien logé et reçu ?

Ces plaisirs finis, qui toujours finissent trop tôt, il me fallut beaucoup courir, et d'abord sauter jusqu'à l'église Saint-Firmin, où j'aperçus Dame Gertrude du Luc à genoux, gracieusement abîmée en ses prières devant une statue de la Vierge, un voile noir fort épais sur ses beaux cheveux de paille dont j'avais osé médire. Elle avait élu la mère de Jésus pour son intercession, cuidant peut-être que Marie étant femme, elle comprendrait mieux les scrupules et les désirs qui la partageaient. Je la vins par-derrière toquer tout doux à l'épaule et quand elle se retourna, je vis que des larmelettes mouillaient sa belle face, soit de sa conscience venues, soit de mon retardement, car elle me dit à voix basse, avec un soupir fort piteux, qu'elle désespérait de me voir. Je ne voulus pas perdre plus de temps en excuses et civilités et lui dis de me suivre à dix pas chez une dame de mes amies — ce qu'elle fit incontinent, cachant ses traits sous un masque dont elle s'était munie. Son visage ainsi dérobé, elle traversa la rue qui séparait l'église papiste de l'aiguillerie où quotidiennement se célébrait un culte tout autrement idolâtre, j'entends celui de nos corps périssables. Hélas, j'en tombe bien d'accord : l'homme ne devrait aimer que Dieu. Mais le pouvons-nous, bâtis comme nous sommes et comme il nous a faits ? Ce n'est pas moi qui pèche, disait saint Paul, c'est le péché qui se trouve en moi.

Dès que la Thomassine vit devant elle Dame Gertrude du Luc toute rougissante et vergognée, elle vit à quelle novice elle avait affaire, et prise de compassion au clos de son cœur généreux, elle la caressa beaucoup, lui fit boire un gobelet de frontignan, commanda à Azaïs de peigner ses blonds cheveux, la parfuma aux essences musquées, lesquelles comme on sait prédisposent à l'amour, et désirant fixer son esprit sur un objet plus aimable que les flammes de l'Enfer, lui demanda tout de gob quelle sorte d'homme était son amant. A quoi, Dame Gertrude qui, jusque-là, s'était tenue sur son escabelle muette et coite, et comme paralysée par la peur et la honte, s'anima tout soudain, et avec un grand brillement de son œil bleu, s'écria : « Ha ! Bonne hôtesse ! Il est si beau et si radieux, et si suave qu'il n'y a pas, je gage, dans le ciel un seul ange qui le vaille ! »

Content de la voir si rebiscoulée, elle qui défaillait presque, je m'en fus aussitôt, tout courant, quérir à l'apothicairerie ce bel ange dont pourtant on n'attendait rien d'angélique. Je me gardai bien de lui dire où je le menais et ce qu'il allait voir, ne voulant pas disputer comme nous l'avions fait déjà, et comptant sur la vue de la dame pour dissiper ses résolutions héroïques. Et à vrai dire, l'effet en dépassa mon attente, car à peine eut-il envisagé Dame Gertrude debout en cette chambre de l'aiguillerie qu'aussitôt il perdit ses couleurs et bel et bien se pâma. Je lui baillai sur les joues quelques petits soufflets, et Gertrude du Luc, après moi, quelques petits baisers, et les uns et les autres faisant merveille, sa face pâle se colora derechef et les yeux, se rouvrant, se fixèrent sur sa dame avec un tel air d'adoration que je fus tout saisi de respect pour un sentiment si noble et si fort. Je me retirai. Et les laissant célébrer les rites de leur grand amour, je m'en fus tout pensif, quelque jalousie aussi me pinçant, non pour la dame, mais pour l'inouï bonheur où je les voyais l'un et l'autre se fondre.

Je retournai tout courant à l'apothicairerie car il était près de midi et je ne voulais point offenser Maître Sanche par mon retardement. Il faisait en ce juin une si excessive chaleur que les Montpelliérains avaient, d'une maison à l'autre, à la hauteur du premier étage, tendu des cordelettes qui supportaient des rameaux et des roseaux, afin que dessous on pût cheminer à meilleure guise sur le pavé; chacun, en outre, avait arrosé devant sa porte, tirant l'eau de son puits ou de sa citerne, car il n'y a qu'une seule fontaine en Montpellier, celle de Saint-Gély. Le soleil, même à travers les branchages, pesait lourd sur la tête et les épaules des passants, qui cependant paraissaient n'en avoir cure, mais se trantolaient dans les ruelles ombreuses, riant et clabaudant, et les droles et mignotes s'entreregardant beaucoup. Quant à moi, courant comme j'ai dit, c'est tout moite et tout sueux que j'arrivai au logis de Maître Sanche. La cloche sonnait, et dans la grande salle tous étaient debout autour de la table, attendant l'illustre maître que quelque pratique avait dû retenir en son officine.

— Mais où donc est votre joli frère? dit Fogacer.

— Je l'ai laissé aux *Trois-Rois* avec un Roumieux qui le voulait régaler.

— Et ce Roumieux ne vous a point convié? dit Fogacer en arquant son sourcil diabolique.

— Nenni, dis-je d'un ton bref, désirant discontinuer ce propos auquel la belle Typhème à ma senestre prêtait une oreille avide.

Majestueusement apparut enfin, se paonnant en sa docte vêture, le très illustre maître, et incontinent s'enquit lui aussi de Samson, sans cependant broncher à ma boiteuse excuse, comme Fogacer avait fait, mais se dévêtant en silence de sa robe de soie noire et remplaçant son bonnet houppé par sa petite calotte. Sur quoi, il entama son étrange *benedicite*.

— Mon beau neveu, dit Maître Sanche dès que Fontanette eut servi la soupe méridienne, est-ce parce que vous eûtes une matinée si aventureuse que, tout à jeun que vous soyez, vous chipotez votre pot sans aucun appétit?

En même temps, combien que ses yeux fussent bigles, son regard ne laissait pas de me pénétrer.

— Nenni, nenni, très illustre Maître, dis-je, le rouge me couvrant les joues, et Typhème sur ma senestre m'envisageant curieusement de côté mais sans tourner la tête. Rougissant je le fus davantage quand, à mon infini étonnement, Maître Sanche se mit à raconter, comme s'il avait été présent, mon entrevue avec M. de Joyeuse et mon combat avec Caudebec aux *Trois-Rois*. Il s'arrêta là, mais ne doutant pas qu'il connût aussi la suite, je me tins fort coi sur mon escabelle, comprenant tout soudain, ce qui me fut confirmé par Fogacer, qu'entre les marranes de Montpellier, les nouvelles courent comme l'éclair, ces bonnes gens vivant dans la crainte que quelque remuement du populaire ou des prêtres pût mettre en danger, comme autrefois en Espagne, leur sécurité et leurs biens.

— Où que soit Samson, dit Maître Sanche après un silence, je lui souhaite d'être heureux, son mérite étant insigne. Outre qu'il a beaucoup à se glorifier dans la chair — bénédiction du ciel non seulement pour lui-même mais pour ceux qui l'approchent — Samson a un grand appétit du bien, son cœur est aussi pur que le ciel le plus azuréen, et il éprouve pour le genre humain une tendresse infinie. Quant à moi, je suis excessivement touché et de sa beauté ravissante et de sa rare vertu. *Gratior et pulchro veniens in corpore virtus* [1].

Je dois confesser que cet éloge, auquel fort peu je m'attendais, de mon bien-aimé Samson, m'émut tant qu'il me mit les larmes au bord des cils.

— Cependant, continua le très illustre maître, en m'envisageant d'un air tout à la fois de gravité et de gausserie, Samson n'a point le cerveau ni la langue si déliés que d'aucuns que je pourrais dire. Ayant sa demeure dans le ciel, il est embarrassé à vivre dans le monde bourbeux où nous avons la nôtre et il a fort besoin à ses côtés d'un frère plus terrestre pour lui démêler ses chemins, *frater qui arranti comiter monstrat viam* [2].

A cela, je baissai les yeux et me tins coi devant ma soupe, ne sachant si cet éloge du frère plus terrestre était seulement de l'or, ou moquerie de plomb, ou destiné à me faire entendre que le très illustre maître savait tout. Mais peut-être eût-on pu trouver un peu de tout cela en ce discours de Maître Sanche, lequel, en dépit de sa piaffe et de sa pompe latine, était plus subtil que je n'aurais pensé. Ce qui ajoutait à mon embarras, c'est que les sibyllines paroles de l'apothicaire avaient fait de moi la cible de tous les yeux, tant est que je ne laissais pas d'être marri à être ainsi tenu sur la sellette, sentant sur moi à dextre et à senestre peser le regard de Fogacer, sous l'arc de son noir sourcil, et celui, plus furtif, de Typhème, celui-là étant jeté de côté, et entre deux battements de ses longs cils.

1. La vertu n'est que plus agréable quand elle se présente à vous dans un beau corps (Virgile).
2. Un frère qui civilement montre le chemin à celui qui s'est trompé (Eunius).

— Mon beau neveu, poursuivit Maître Sanche en lapant et happant sa soupe avec des sifflements que M. de Joyeuse n'aurait pas trouvés trop civils, M. le Bachelier Fogacer vous dira, comme il me l'a dit à moi-même, que votre gentil frère Samson mord assez mal à la logique et à la philosophie (où notre Fogacer pense, en revanche, que vous brillerez un jour, les esprits vitaux passant plus subtilement en vous du sang aux nerfs, du nerf à l'idée, et de l'idée au mot). Hélas, Samson est lent, ayant la tête peu conceptive, la parole rare, l'argument entravé, et peu de goût, au demeurant, pour ces viandes creuses, préférant les choses qu'il peut voir, palper, humer. Mais si Samson a peu d'appétit pour les arguties des logiciens, comment se fera-t-il jamais aux chicaneries des avocats, et lui qui est si pur, à la chicheté des juges ? Maître François Rabelais disait bien, qui tenait que « *le Droit n'était qu'une belle robe d'or brodée de merde* ». D'autant que le collège Saint-Benoît, où il est enseigné en Montpellier, brille de fort peu d'éclat, n'y étant là que trois teigneux et un pelé de légistes, tous papistes zélés, hargneux et rassottés qui n'aiment point les écoliers huguenots et le feront bien voir à Samson en refusant son inscription. C'est pourquoi, considérant l'extraordinaire amour que porte votre gentil frère à l'apothicairerie, mon avis et conseil est qu'il soit dirigé en cette voie qui, si ma remembrance est bonne, fut aussi celle de votre grand-père Charles à Rouen. Et plaise à Dieu que votre père y consente et qu'on puisse dire un jour de Samson ce qu'on dira de moi : *Scire potestates herbarum usumque medendi maluit, et mutas agitare inglorius artes* [1].

Que le très illustre maître fût sans souci de gloire (*inglorius*) en l'exercice de son paisible métier (*mutas artes*), c'est ce dont je ne voudrais jurer. Néanmoins, j'éprouvai la plus vive gratitude pour son paternel intérêt et d'autant que les compagnons

1. Il préféra connaître les vertus des plantes et leur usage médicinal et s'adonner sans souci de gloire à cet art paisible (Virgile).

apothicaires, s'ils n'avaient droit au titre d'Ecoliers, étaient cependant admis à suivre les cours du collège royal de médecine, sans pour autant qu'on eût à les inscrire ni à exiger d'eux d'être aussi bien nourris ès arts que les futurs médecins. Si donc la chose se faisait, j'aurais plus souvent mon Samson près de moi, jouissant de sa radieuse présence et à l'occasion, comme avait dit Maître Sanche, « démêlant ses chemins ».

J'acquiesçai donc d'un cœur joyeux à cette proposition, et avec mille mercis pour sa sollicitude, je dis à l'apothicaire que j'allais en écrire à mon père. Sur quoi se testonnant de ses doigts sa longue barbe grise, où pour dire le vrai, se voyaient quelques reliques et reliefs de sa soupe, le très illustre maître se tourna fort content vers Fogacer et commença à s'enquérir des malades de Rondelet que le Bachelier avait le matin visités, descendant là derechef à ces détails qui, si la médecine n'avait été mon art, m'eussent fort dégoûté.

— Et le pus, Fogacer ? Comment était le pus ? Liquide ? Onctueux ? Jaunâtre ? Sanguinolent ?

Mais avant que Fogacer eût pu répondre, il se tourna vers moi et me dit :

— Mon beau neveu, je vous vois tordre le nez à ces propos. Reprenez cœur. La pisse, le bren, le pus, les humeurs sont le lot de notre profession. Et quand les légistes de Montpellier affectent là-dessus de nous dépriser et ont le front de dire : *Stercus et urina Medici sunt prandia prima* [1], nous ne manquons pas de répondre, comme autrefois Maître François Rabelais : *Nobis sunt signa. Vobis sunt prandia digna* [2]...

On rit à ventre déboutonné de cette bonne gausserie. Et là-dessus, Fogacer répondit d'abondance et dans les termes les plus crus aux questions du très

1. Les excréments et l'urine sont les premiers mets du médecin.
2. Pour nous, ce sont des symptômes. Pour vous, des mets dignes de vous.

illustre maître. J'observai que Typhème elle-même, sa soupe prise à la becquée avec la délicatesse que j'ai dite, ne battait pas un cil à ces peu ragoûtants propos, y étant, je gage, accoutumée, mais restait sagement assise sur son escabelle en sa mauresque beauté, la tête droite, les mains croisées en son giron, et envisageant son père avec autant d'infini respect que s'il avait été Moïse descendant du Sinaï. Quant à Luc, ayant, comme tous en cette tablée, l'habitude d'ouïr et non pas d'être ouï, il restait coi lui aussi, mais écoutait d'une oreille avide, faisant son butin et picorée de tout ce qui se disait. Aussi laid que sa sœur Typhème était belle, et ayant le nez long et tordu et la face quelque peu de travers, il ressemblait étrangement à son père, sauf qu'il n'était pas bigle et n'avait point une épaule plus haute que l'autre. Cependant, à l'intérieur de cette charnelle enveloppe, c'était le même feu brûlant et la même inextinguible soif, sa jeune vie ne se donnant pas d'autre but que le docte savoir.

Ce jour-là était un vendredi et restant dans ma chambre à lire l'*Organon* d'Aristote, lequel traité expose sa logique, et cette lecture, je gage, me desséchant et aussi la grande chaleur et touffeur de cet après-midi, je descendis plus d'une fois à la souillarde quémander un gobelet d'eau fraîche que Concepcion, la cuisinière marrane, une grosse mamelue fort rechignée, me baillait comme s'il lui en eût coûté. Et je ne laissais pas, à chaque dévalade, d'observer avec surprise le remue-ménage qui se faisait au logis ce jour-là, les aides de l'officine allant, venant en un grand tintamarre de seaux entrechoqués, jetant de l'eau sur les carrelages et les brossant avec de grands balais. Quant à Fontanette, je la vis en passant dans la salle, le rouge aux joues et le corps de cotte fort délacé (ce qui me tira l'œil), labourant, à perdre haleine, à repasser des chemises pour toutes et tous en cette maison, et plus tard, les portant d'étage en étage et de chambre en chambre, à ce que je compris.

Me remettant à l'*Organon* et pensant avec mélancolie que mon Samson était pour lors mieux occupé que moi, j'errai dans les terres arides et craquelées du syllogisme, des prémisses majeures et mineures, des grands et des moyens termes, quand on toqua à mon huis, et entra ma Fontanette, toute rouge encore de son grand repassage, et qui me fit même effet qu'une oasis dans le désert.

— Ha, Fontanette! dis-je. Que je suis donc aise de te voir, fraîche et accorte, les joues comme cerises et l'œil un peu fripon.

— Ha, moussu! Il n'est point tant fripon que le vôtre, tout bleu qu'il soit. Je me sens dévêtue quand vous m'envisagez.

— Sanguienne, si mon regard avait ce pouvoir-là, je t'envisagerais tout le jour. Mais approche, Fontanette, que je te salue.

— Nenni, mon noble moussu, point ne vous approcherai. (Et cependant, ce disant, elle fit deux pas en ma direction.) Il n'y a que vous céans qui me baisotte, et au plaisir que cela me donne, je pense que ce n'est pas bien. Moussu, poursuivit-elle, peux-je vous aider à porter votre table en la chambre de votre frère pour y travailler plus à l'aise demain?

A cela, j'ouvris les yeux tout grands.

— Mais Fontanette, ne pourrai-je demain labourer céans?

— Ha, moussu! Cela ne se peut! Vous y cuiriez comme écrevisse en eau bouillante! Chaque samedi, je nourris un grand feu dans votre chambre.

— Ventre Saint-Antoine! Un feu dans ma chambre! En juin! Par cette touffeur! Fontanette, que se passe-t-il? A-t-on céans perdu le sens?

— Je ne sais, mon noble moussu, dit Fontanette naïvement. Mais d'ordre du très illustre maître, ce feu se fait tous les samedis en votre chambre, été comme hiver. Et c'est moi qui l'allume et l'entretiens, et personne d'autre.

— Quoi? Tout le jour?

— Le matin, le midi et le soir.

— Voilà qui est étrange, bravette fille, dis-je, et dis-moi quelle est aussi la raison de ce grand remuement que je vois ce jour en la maison?

172

— C'est ainsi tous les vendredis, dit-elle, et ce disant, elle tira deux ou trois pas en ma direction. Observant alors qu'elle était fort proche de moi — quoi qu'elle eût dit à ce sujet — la hanche collée à la table où j'étais assis, et un rouge aux joues qui n'était pas que du repassage, et l'haleine, me sembla-t-il, courte et haletante, et le corps de cotte point du tout relacé, comme elle aurait pu s'en aviser avant de frapper à mon huis, je lui mis les deux mains autour de la taille, et appuyant ma bouche sur ses jolis tétins, dans la grande soif que j'avais d'eux depuis que je les avais vus, je les baisai. Et tant plus m'avait semblé maigre et sèche la logique d'Aristote, tant plus la mignote me parut ronde et veloutée tandis qu'elle riait et s'amollissait dans mes bras, fondant comme beurre au soleil. Mais hélas, ce bonheur ne dura point, car tout soudain se raidissant et me repoussant, Fontanette se désenlaça.

— Ha, mon noble moussu! dit-elle fort effrayée et par un scrupule tardif relaçant son corps de cotte. Doux Jésus, si j'étais surprise à ces mignardises et qu'on en fît le conte à Dame Rachel, elle me chasserait sur l'heure!

— Est-ce pour cela que tu ne dois point me toucher? Tu perdrais ta place? Pour quelques poutounes? Fontanette, dois-je croire cela?

— Certes, moussu, croyez-le, c'est la vérité vraie. Dame Rachel ne m'aime point. Je suis, dit-elle, rebelle et rebiquée et aussi, point marrane ne suis, comme le reste de la maisonnée, sauf un.

— Pourquoi te garde-t-elle, alors?

— Le très illustre maître a un faible pour moi.

Je ris et demandai:

— Un faible qui va jusqu'où?

— Pas jusqu'où vous aimeriez aller, mon noble moussu, dit-elle en me faisant la révérence, et cela dit, qu'elle dit avec un petit rire fort taquinant, elle s'en fut avec la légèreté d'un oiseau, laissant la pièce toute triste de son absence et toute grise aussi malgré le chaud soleil. Et que bien rebelute alors je me remis à la logique tant sa vacuité me frappait!

Ventre Saint-Antoine! pensai-je en cheminant de « prémisse majeure » en « prémisse mineure » jusqu'à la conclusion, qu'est-il besoin d'un syllogisme pour découvrir que « Socrate est mortel » ? Ne le savait-on pas avant que d'en raisonner ?

La cloche du dîner me délivra de l'*Organon* et peu nourri de cette « creuse viande », je dévalai l'escalier, insoucieux de Samson qui n'avait pas encore réapparu et sachant combien il est facile d'oublier le temps dans les délices où il était. Quel ne fut pas mon étonnement, au terme de ma dévalade, de trouver la maison partout illuminée, et des chandelles neuves remplaçant partout les anciennes qui, cependant, n'étaient point consumées à fond dans les bobèches, comme je l'avais observé la veille. Je ne voulus point cependant demander à mon hôte les raisons de cette soudaine et prodigale illumination, pas plus que des autres étrangetés qui, à ce jour, m'avaient frappé dans le ménage de sa maison, sans même compter ce feu, que Fontanette, le lendemain, devait, en ce juin étouffant, allumer dans ma chambre. Cependant, après le chiche repas, retiré avec Fogacer sur la terrasse du logis et y prenant le frais, et regardant la ville dans le jour finissant, je m'ouvris au Bachelier de mes étonnements.

— Ha, Siorac! dit-il, il est temps que vous le sachiez, vivant comme moi en ce logis! Les marranes sont des tortues.

— Des tortues? dis-je. Qu'est-ce donc à dire?

— Des tortues, dont la carapace est la Sainte Eglise catholique, apostolique et romaine, laquelle fut autrefois au Portugal et en Espagne leur grande et cruelle persécutrice. Ayant donc de force forcée adopté la religion des tyrans qui les opprimaient, ils en ont fait un bouclier pour se défendre contre le renouveau de cette oppression. Cependant, sous cette carapace qui leur pèse au dos mais aussi les protège, bat leur cœur de tortue. Et celui-là est resté hébraïque et pieusement fidèle à leur ancienne religion. Et c'est là l'explication de toutes ces bizarreries qui vous ont ce jour étonné. Demain, samedi, est pour Maître Sanche le vrai sabbath, et la raison aussi de ce grand remuement que vous avez vu ce jour : le lavage de la maison, le changement du linge, le logis illuminé.

— Mais le feu, demain, dans ma chambre ?

— Ha, cela est plus subtil ! dit Fogacer en riant. Et Ulysse n'aurait pas trouvé mieux ! Comme vous savez, pas un Hébreu, le jour du sabbath, ne doit toucher le feu, et celui de Concepcion restant éteint demain tout le jour, nous ne mangerons que viandes froides. Mais il y a là pour nos marranes un grand péril. Car il se pourrait que d'aucuns voisins qu'aigrit la fortune de Maître Sanche, prennent quelque soupçon à ne point voir le samedi la fumée monter aux heures des repas de notre terrasse, et pourraient confier ces soupçons aux prêtres. Lesquels aussitôt iraient remuant. Et, Siorac, c'est là l'astuce : le conduit de votre cheminée et celui de la cuisine ont même issue, et Fontanette, qui n'est point marrane et peut au feu toucher, va l'entretenir aux bonnes heures dans votre chambre, produisant ainsi assez de fumée sur notre toit pour non pas alerter nos évangéliques voisins.

— Ha ! dis-je, la ruse me plaît, tant je déteste, quant à moi, l'oppression papiste !

— Plaise à Dieu, dit Fogacer en arquant son noir sourcil, que vous détestiez du même cœur l'oppression huguenote là où vous êtes les plus forts.

— Je la déteste aussi. Je ne suis point tant zélé.

— Je l'ai observé, dit Fogacer.

— Mais, dis-je après un moment de silence, cette chair de porc qui est chair abhorrée des Hébreux en dépit de sa succulence, n'y a-t-il pas péril à ne jamais en acheter ? Que vont penser nos bons voisins ?

— Raison pour laquelle le commis Jean, qui, pas plus que la Fontanette, n'est marrane, va en quérir un morceau chaque jeudi chez le mazelier.

— Quoi ! Du porc céans, en ce logis ? Est-ce possible ?

— Il n'arrive point sur notre table. Concepcion n'y voulant pas toucher, Jean le cuit dans la pâtée de nos molosses et le leur donne.

— C'est pitié.

— Grande et horrible. Vous savez comme j'en suis friand.

— Mais, dis-je, pour Maître Sanche, comment faire pour rester tout le samedi désoccupé, l'officine, par force, restant ouverte aux chalands?

— Le samedi à l'aube, avec ses commis marranes et le cyclopéen Balsa, Maître Sanche à cheval gagne sa seigneurie de Montolivet sous le prétexte d'y travailler à sa vigne. Il ne revient qu'à la nuit.

— Et l'officine, pendant ce temps? Qui sert la pratique?

— Le commis Jean et moi-même. Cela fait deux. Et, ajouta-t-il en riant, cela fera trois, quand Samson sera notre apprenti!

Je ris aussi, mais sans faire plus que rire, et sans m'aigrir, persuadé que j'étais que l'intérêt de mon Samson allait de pair avec celui de Maître Sanche, lequel jusque-là je n'avais pas aperçu.

— Mais, dis-je, le dimanche?

— Ha! dit Fogacer. Triste et pénible jour que celui où les marranes doivent tant sacrifier à leur carapace! A l'exception de Luc, qui va au temple où vous l'allez rencontrer, Maître Sanche, accompagné des siens, se rend en grande pompe à Notre-Dame des Tables, où tout un banc lui est acquis. Et là, tenant en main un missel romain dont les abominations lui doivent brûler les doigts, et la paupière close pour ne point voir les statues, les crucifix, les peintures, les vitraux et autres damnables idoles, il prie en son for le Dieu de Moïse de lui pardonner d'être là.

Comme je restai silencieux, tout saisi de ce tableau, Fogacer dit :

— Eh bien, qu'en pensez-vous? Blâmez-vous les marranes de ces dissimulations?

— Nenni, dis-je, elles sont filles de contrainte et de tyrannie.

Car bien je me ramentevais le culte clandestin de Marie auquel Barberine et la Maligou se livraient dans le grenier de notre repaire huguenot : tant il est vrai que conversion par peur et menace n'est que forcement de conscience et de nul profit pour personne. J'ajoutai :

— Si j'étais menacé du bûcher, j'en ferais tout autant.

Fogacer sourit.

— Pour moi, dit-il en levant son sourcil diabolique, ce conditionnel est de trop : j'en fais autant. Et cela me coûte fort peu. Oyez, Siorac, à quoi se borne ma praxis : je me confesse et je communie une fois l'an. Je vais à messe le dimanche. Je me signe, aux carrefours, devant les croix. Je me découvre quand passent les processions. Si l'on veut, je m'agenouille. Bref, j'ai, moi aussi, ma carapace. Là où je diffère des marranes...

Et comme, souriant de son sinueux sourire, il laissait sa phrase en suspens, je dis :

— Eh bien ?

— C'est que dessous ma carapace, il n'y a rien.

Et c'est ainsi que je sus que le Bachelier Fogacer était sceptique en théologie comme en philosophie, et ne croyait qu'à la médecine, et encore, comme je m'en aperçus, avec fort peu de fiance en certaines de ses parties.

Me souvenant alors que je devais aller quérir Samson, je pris congé de lui et il me dit :

— Emmenez Miroul, armez-vous l'un et l'autre, et marchez, l'épée nue, au milieu de la rue, un pistolet à la ceinture.

Puis me prenant par le bras et le serrant, il me dit à l'oreille :

— *Thomassina bona mulier est, et formosa et sana. Bene, bene* [1].

Hé, quoi ! pensai-je. Toute la ville le sait ! Mais sanguienne ! Peu me chaut ! Et essoufflant Miroul, je courais par les rues et ruelles comme étalon au pré, tant j'avais hâte de retrouver ma bonne hôtesse. Et combien que je sois encore à l'heure où à Paris j'écris ceci, tant vert et vigoureux que l'était mon père à

---

1. La Thomassine est une bonne garce, et belle et saine. Bien, bien.

l'âge que me voilà, je doute que je pourrais bondir sur ce pavé si longtemps et si vite comme je le fis cette nuit-là en la fleur de mes quinze ans, l'épée au poing, dans la suavité du soir, et me sentant impérissable. Ha! Languedoc bien-aimé, qui tant me manque en mon exil doré! Ha! Douceur de vivre en Montpellier! Ha! Thomassine!

CHAPITRE VI

La Fontanette l'avait bien dit : je ne pus, tout le samedi, labourer sur l'*Organon*, tant la chaleur du feu m'étouffait les esprits, combien que ma fenêtre fût ouverte. Par bonheur, Samson fut retenu tout le jour par le tendre licol des bras que vous savez, et j'eus la disposition de sa chambrette, visité là à tout le moins une fois l'heure par Fontanette qui voletait autour de moi comme papillon autour d'un caléou, car céans on dit « *caléou* » et non « *calel* », comme dans notre Périgord. Son œil noir, vif et luisant, elle s'inquiétait « si j'étais bien et de quoi j'avais besoin ». « Mais, de toi, Fontanette! » disais-je. « Fi donc, mon noble moussu! C'est mal parler, cela! » disait la bravette fille qui, cependant, eût été bien marrie si j'avais parlé autrement. Et tantôt, tirant vers moi, me permettait quelques poutounes, et tantôt, s'éloignant, me les refusait, selon que son penchant l'emportait, ou son vouloir, mais celui-là fort chancelant à ce qu'il m'apparut.

Samson ne revint que le soir, rêveux et ébloui, et en sa démarche incertain, comme si, au sortir de son paradis, il avait peine à reprendre pied sur notre triste sol. Il mangea du bout du bec nos viandes, lesquelles étaient froides, ce jour étant le vrai sabbath de nos marranes. Mais la Thomassine, je gage, en son grand cœur, avait pourvu à son appétit chaque fois que les deux amants reprenaient souffle.

Mon candide Samson était fort épié et guigné à

table par Typhème, laquelle battait plus librement de ses beaux cils en l'absence de son père, retenu en sa seigneurie de Montolivet par l'oisiveté que la loi de Moïse lui imposait. Regardant mon bien-aimé Samson, et par moi contreregardée, la belle avait la joue d'une couleur plus chaude, le tétin plus mouvant, le souffle court à la limite du soupir. Mais combien que son émoi fût visible, Samson n'en put rien voir, étant tout entier retiré en ses félicités comme escargot en sa coquille. A peine le repas glouti sans qu'il sût bien ce qu'il mangeait, incontinent il gagna en titubant sa chambre où c'est à peine s'il parvint, étant si las et le pensement si loin du corps, à se dévêtir pour se fourrer dans ses draps.

Je l'en tirai de force forcée le lendemain dimanche pour le traîner jusqu'à l'ancienne maison du Bayle où les nôtres à Montpellier célébraient leur culte. Luc et Miroul étaient de la compagnie, et en dépit des branchages qui ombraient les rues et celles-ci arrosées, le soleil ardait au point qu'on eût pu cuire un œuf sur une pierre à ses seuls rayons. Tandis que de concert nous cheminions, la belle face, d'ordinaire si lisse, de mon gentil Samson, était toute froncée de souci. Son livre de psaumes à la main, il allait au temple comme pour s'entendre condamner aux peines éternelles pour sa fornication, car il prenait, comme j'ai dit, les saints commandements très au pied de la lettre. Mais comme à sa rigueur huguenote je ne pouvais remédier, je me tournai vers Luc et l'engageai à m'expliquer, chemin faisant, comment de papiste qu'il était, il avait embrassé la Réforme. Havre de grâce! Qu'avais-je dit là! Pâlissant et jetant autour de lui des regards fort effrayés, Luc me pria en latin d'une voix tremblante de ne point lui poser des questions de cette farine *coram populo* [1]. Comme on voit, l'héritier de Maître Sanche était fort prudent en dépit de ses vertes années.

Je fus fort content de trouver au temple un tel concours de peuple, et de conditions si diverses,

1. En présence du peuple.

allant du tisserand, cordonnier, boutiquier, jusqu'aux médecins, maîtres d'école, bourgeois étoffés et aux nobles, lesquels je reconnaissais pour ce qu'ils portaient l'épée, comme Samson et moi-même. Quelle différence avec Sarlat, où, après l'échec du siège de Duras, que j'ai conté ailleurs, les huguenots n'osaient montrer nulle part le bout de leur nez, et moins encore s'assembler pour célébrer leur culte, même en rasant les murs ! Ici, les nôtres tenaient quasiment le haut du pavé, et donnaient fort de la gueule, proférant sur les papistes des propos fracassants. Mon frère et moi, avant même que d'apparaître, étions déjà fort connus pour notre combat des Corbières, et saluant après le culte, les diacres, les anciens et le ministre, celui-ci, qui s'appelait Abraham de Gasc, et qui tenait boutique et marchandise de chandelles qu'il faisait venir de Lyon, nous présenta, de proche en proche, à cette pieuse assemblée. Nous fûmes d'elle fort caressés, et à tous les compliments, pour être compris de tous, je répondis en oc et selon ma périgordine amabilité, tant pour moi-même que pour mon frère qui, debout en son insigne et illuminante beauté, se tenait coi mais ne manquait pas, en son silence, de troubler tous les cœurs féminins. Et à vrai dire, il y avait là quelques mignotes qui, nées en Montpellier, ne pouvaient être que fort belles, mais qu'en raison de la gravité du lieu et de la circonstance, je me gardai de trop envisager, sinon en tapinois, à l'hypocrite, dans un rapide tournement de tête.

Luc qui, tout ce temps, nous regardait avec beaucoup d'amitié et non sans un certain air de piaffe et de possession comme s'il était heureux, à voir notre gloire, que nous fussions ses hôtes, me prit le bras au sortir du temple, et me pria, le repas de midi fini — car même en ce dimanche il se réduisait à une humble soupasse —, de venir le rejoindre sur la terrasse de l'apothicairerie, seul lieu en ce logis où il était loisible de jaser à l'aise et sans être ouï, l'œil pouvant inspecter à loisir et fort loin les terrasses des maisons voisines. Celles-ci, en raison du soleil brûlant, étaient vides et aussitôt Luc et moi, nous gagnâmes le banc de pierre auquel la guérite surplombant l'escalier donnait de l'ombre. Quoi fait, nous nous entrevisageâmes un moment en silence. N'ayant eu jusque-là de regards que pour Typhème, laquelle en sa merveilleuse et mauresque beauté m'avait pris dans ses rets, encore que je ne conçusse aucun espoir de la marier un jour, n'étant ni riche ni marrane, je fus fort étonné de découvrir en Luc, en dépit de son long nez tordu, des yeux fort beaux et lumineux, dont les cils noirs et recourbés n'étaient pas sans me ramentevoir ceux de son ensorcelante sœur, ce qui m'émut.

Lui-même paraissait fort troublé. Et se trouvant de sa constitution estéquit et fragile pour ne s'être jamais nourri, comme Samson et moi-même, aux armes, son émotion faisait trembler ses frêles membres, et c'est d'une voix fort basse et mal assurée, mais aussi dans une langue belle et nombreuse qui mêlait le français et le latin, qu'il s'exprima.

— Monsieur de Siorac, commença-t-il, mais incontinent je le coupai, non sans chaleur.

— Nenni, nenni! Si votre très illustre père m'appelle son neveu, c'est que je suis votre cousin. Et pour vous je suis Pierre, et rien d'autre.

A quoi il rougit comme bachelette, étant de sa complexion fort sensible et timide.

— Pierre, dit-il, je vous fais mille mercis de votre gracieuse bénignité. Pour moi, il n'est personne de mon âge que j'admire plus que vous et pour ne rien vous celer, je voudrais être ce que vous êtes.

— Ha, Luc! dis-je, votre humilité vous aveugle! Vous parlez l'espagnol et le portugais. Vous connaissez le grec, dont je n'ai qu'une teinture, et vous savez l'hébreu, dont je ne sais un traître mot.

— Je ne l'entends pas ainsi, dit Luc. Non seulement vous avez tous les dons de l'esprit, mais vous avez beaucoup à vous glorifier dans la chair, étant agile, fort, excellent aux armes, montant à merveille et, selon Fogacer, fort adroit déjà à la paume. En outre, ajouta-t-il en abaissant ses longs cils noirs sur ses joues pâles, on dit que les garces sont raffolées de vous.

Ces caresses ne laissèrent pas de me toucher et en même temps de m'embarrasser, craignant que Luc, qui était fort percevant, n'eût deviné mes petits jeux avec la Fontanette.

— Ha, Luc! dis-je, affectant un ton expéditif et gaillard, je vous prie, laissons cela. La vertu de l'homme est dans sa tête et non dans le centre de son corps, qu'il a de commun avec les autres mammifères. Venons-en au fait, de grâce.

— J'y viens, dit Luc avec un soupir comme si de cesser mon éloge lui eût coûté. Je sais par Fogacer qu'avant-hier vous vous étonnâtes des étrangetés de cette maison.

— Je m'en étonnai sans m'en offusquer. Nous aussi, nous devons parfois dissimuler.

— Si vous savez cela, vous savez que le secret des mystères que vous avez observés céans tient en une phrase unique : *Marrani nuevi Christiani appelantur, sed in facto judii occulti sunt* [1].

— Je ne l'entends pas autrement.

— Mais Pierre, dit Luc en m'envisageant d'un air d'extrême inquiétude, trouvez-vous justifiée devant le Seigneur Dieu cette duplicité?

— A parler franc, je ne sais. Mais si elle l'est, d'où vient que nous vénérons les martyrs de la loi?

— Pierre! Pierre! s'écria Luc sur le ton le plus véhément, il est dit dans les Ecritures qu'il est licite, à la dernière extrémité, de céder à la tyrannie et de sauver sa vie *par tous les moyens*, à l'exception du meurtre, de l'inceste ou de l'idolâtrie.

Quoi écoutant, je me pris à penser qu'embrasser, même d'apparence, le catholicisme revenait à accepter une sorte d'idolâtrie, mais je me bridai et restai coi, ne désirant point ajouter au trouble infini où je voyais mon compagnon. En outre, Luc étant de la religion réformée et selon les apparences (car je l'avais bien observé au temple) en toute sincérité de

1. Les marranes sont appelés les nouveaux chrétiens, mais sont, en réalité, des juifs occultes.

cœur, il n'avait plus, quant à lui, à tant dissimuler et je voyais bien que c'était son père et ses frères marranes qu'il tâchait d'exculper.

— Pierre, reprit-il avec beaucoup d'émotion, nous avons reçu hier d'un de nos amis restés en Espagne une lettre où il nous conte ce qu'il advint à une dame marrane de Tolède, Doña Elvira del Campo. Cette dame, bourgeoise fort étoffée et fort belle, fut arrêtée le mois dernier par l'Inquisition, ses voisins et les mazeliers de sa ville l'ayant accusée de ne jamais acheter ni manger de porc. Pour ce crime, elle fut amenée devant le grand Inquisiteur. Et là, elle fut entièrement dévêtue, et tandis que ses juges, derrière leur hypocrite cagoule, se repaissaient de sa nudité, deux bourreaux, liant ses mains par-derrière, lui passèrent un garrot autour des bras, auquel sur un signe de l'Inquisiteur, ils donnèrent un tour, et un tour encore, et cela jusqu'à ce que se rompît la corde... J'ai cette lettre, Pierre, poursuivit-il en la tirant de son pourpoint, elle est en espagnol, je vais vous la traduire. Voici l'interrogatoire auquel Doña Elvira fut soumise :

— Pourquoi ne mangez-vous pas de porc ?

— Señor, le porc me fait mal... Grâce, señor, grâce ! Ha ! Ces gens-là me tuent !

— Pourquoi ne mangez-vous pas de porc ?

— Parce que je ne l'aime pas... Ha, Señor ! Arrêtez ces gens ! Je dirai tout ce que vous voudrez !

— Pourquoi ne mangez-vous pas de porc ?

— Je ne sais... Ha ! Vous me tuez ! Vous me tuez !

— Pourquoi ne mangez-vous pas de porc ?

— Parce que je ne désire pas en manger... Ha ! Señor, ha ! Je vais mourir ! Dites qu'on relâche la corde ! Señor, j'ai déjà dit que je ne mangeais pas de porc.

— Pourquoi ne désirez-vous pas en manger ?

— Pour la raison que j'ai dite. Ha, Señor ! Que faut-il que je dise ? Dites-le-moi et je le dirai... Ha, Señor ! Je meurs ! Je meurs ! N'avez-vous pas pitié de moi [1] ?

_____

1. Doña Elvira del Campo n'avoua pas et fut relâchée après trois jours de tortures (note de l'auteur).

Comme Luc s'arrêtait, les larmes débordant ses paupières, je lui passai les bras autour du cou et, lui donnant une forte brassée, je lui baisai la joue, qu'il avait aussi douce que celle d'une fille, étant sans barbe. Il se laissa aller dans mes bras, et y resta blotti et ococoulé, pleurant toujours, mais comme heureux de ma protection et les sanglots qu'il faisait lui interdisant la parole.

— Ha, Pierre! reprit-il enfin en se désenlaçant et de ses yeux si semblables à ceux de Typhème me jetant un regard de gratitude, même dans les instants où l'Inquisition sommeille, vous ne pourriez croire toutes les injures dont nos frères d'Espagne sont quotidiennement abreuvés... Savez-vous que le mot même de *marrane* dont, en Languedoc, nous avons fait un titre de noblesse, est à l'origine une insulte, venant d'un vieux mot ibérique qui désigne le porc? Et savez-vous que parfois aussi nos bourreaux nous surnomment en se gaussant *Los Alboraycos*, du nom du célèbre coursier de Mahomet, El Burak, lequel n'était ni mâle ni femelle, insinuant par là que nous ne sommes ni chair ni poisson, ni chrétiens ni juifs... Pierre, ceux de nos frères hébreux qui ont réussi dans leurs ghettos de France à foi garder nous appellent en notre langue les *anusim* : les forcés. Et certes, forcés nous fûmes et par quels atroces moyens! Pierre, Pierre! N'est-il pas pire iniquité que d'être obligés sous le couteau à vivre dans le mensonge et de se le voir reprocher ensuite par ceux-là mêmes qui vous y ont contraints?

— Certes, dis-je, c'est là une abomination qui crie vengeance et je crois fermement que les méchants qui ainsi vous traitent seront punis, sinon hélas! dans ce monde-ci, du moins dans l'autre. Mais Luc, vous ne m'avez point conté le comment ni le pourquoi de votre conversion.

A cela, me jetant un long regard, il resta coi. Et comme je le pressais derechef, il dit :

— Si je balance à vous le conter, c'est que j'ai grand'peur de vous offenser.

— Nenni, Luc. Vous ne le sauriez. Point d'offense sans intention maligne. Et de cette intention-là vous êtes pur. De grâce, poursuivez.

— Eh bien, dit Luc avec un soupir et la face fort triste, je vous demande grand pardon à l'avance, si je vous navre. Mais sans tant languir, voici : certains de nos marranes, déprisant en secret la religion qu'ils professent en public, non seulement n'admettent point la divinité du Christ, mais vont même jusqu'à se gausser de lui dans le secret de leur maison, l'appelant par dérision *le petit pendu*, ou bien ils dessinent une croix sur leur escabelle afin de pouvoir dire qu'ils s'assoient dessus : pratiques sales et fâcheuses, que mon père condamne. Mais lui-même ne se signe point et, à la fin du *benedicite*, omet le nom du fils.

— Oui, j'ai noté cet oubli.

— Ce n'est pas un oubli. Pierre, si je vous dis ceci, c'est pour que vous compreniez bien que j'ai été élevé dans ce refus tacite, tenace et parfois injurieux du Christ. En cette maison, vous ne verrez de crucifix dans la grande salle que lorsque nous y recevons des papistes. En temps ordinaire, il dort au fond d'un coffre, sous le prétexte, que seule la Fontanette gobe, qu'étant en précieux ivoire, il jaunirait à l'air. Or, Pierre, voici ce qui arriva : quand je quittai mes maillots et enfances, et entendis les évangiles, mais les entendis vraiment, dans leur moelle et substance, ne laissant pas d'être frappé, tandis que je les lisais, par leur merveilleuse noblesse, la morale m'en parut très belle et très neuve, plus accordée à l'humaine tendresse que celle que j'avais vue dépeinte dans l'Ancien Testament, sous de plus rudes et primitives couleurs. Je ne pus douter alors que celle-ci avait été par celle-là corrigée selon un décret exprès de la volonté du Seigneur, et qu'en conséquence non seulement l'enseignement du Christ, mais le Christ lui-même devaient être tenus pour divins.

— Mais, dis-je, comment se fait-il alors, que croyant au Christ, vous ne devîntes pas catholique de cœur, comme vous l'étiez déjà d'apparence ?

— Je ne le pus! dit Luc, lèvres et dents serrées avec un subit brillement de l'œil. Car je ne pouvais accepter l'ignorance de la Sainte Bible où les prêtres papistes maintiennent leurs fidèles, ni les idolâtries dont ils ont surchargé la parole du Christ. Et moins encore pouvais-je pardonner les atroces persécutions dont ils ont foulé mes ancêtres. Mais étudiant la religion réformée, et ne trouvant en elle aucune de ces grièves fautes, je décidai de l'embrasser.

Ayant dit, il se tint coi et tranquille, essuyant les larmes sur ses joues et quelque peu vergogné, je pense, de les avoir versées. Et moi, silencieux aussi à ses côtés et lui tenant la dextre entre mes mains pour le conforter de mon mieux, je me ramentevais qu'élevé par ma mère en la religion catholique, j'avais été converti à la chaude, sur l'ordre impérieux de mon père, lequel, quelques années plus tard, fut si dépit et courroucé de découvrir autour de mon col la médaille de Marie léguée par sa défunte épouse, que peu s'en était fallu qu'il ne me jetât dehors. Et quoi pensant, qui ne m'égayait point (car j'aimais mon père de grande amour, et il était en tout mon modèle), j'envisageais Luc et Luc m'envisageait de ses yeux tant beaux et lumineux et, en mon for, je ne laissais pas d'admirer qu'il eût reçu la liberté de choix qui m'avait été refusée.

— Mais, Luc, dis-je, qu'a dit le très illustre maître de votre conversion?

— Ha! s'écria Luc. Mon père est le meilleur des pères! Et quelles louanges pourrais-je jamais donner à sa bonté, à sa bénignité, à son infinie tolérance? Il ne consulta pas en la matière sa commodité, mais la mienne, inclinant généreusement son autorité devant mon libre arbitre :

— Mon fils, me dit-il, je respecte le Christ, mais je ne le tiens pas pour divin. Si cependant vous le tenez pour tel et inclinez à la Réforme, allez votre chemin. Il aura sur le mien l'incommensurable avantage d'accorder votre apparence à votre être. Car je vous le dis, bien étrange est la foi qui ne croit ce qu'elle croit que pour n'avoir point le courage de le décroire. Cependant, je vous prie, soyez en votre conduite d'une prudence extrême. Les papistes, quand ils sont zélés, sont des gens redoutables. Mon fils, songez-y deux fois : brûlé comme juif ou brûlé comme réformé, c'est même brûlure et même mort.

Me ramentevant alors que je désirais voir mon bien-aimé Samson avant qu'il partît rejoindre Dame Gertrude à la première heure de l'après-midi, je pris congé de Luc plus vite que je ne l'aurais voulu, mais non sans l'accoler et le baiser encore sur les deux joues, tout atendrézi que j'étais par le mélange de morale vigueur et de charnelle fragilité qui se conjuguaient en lui. Je lui jurai, en le quittant, mon amitié. Car aux caresses qu'il m'avait faites, je ne pouvais douter qu'il recherchât, en sa faiblesse, ma protection au moment que d'entrer avec moi au collège de médecine dont les Ecoliers, en leur brutale turbulence, le prenaient de très haut avec les nouveaux venus.

Quant à la conversion de Luc à la religion réformée, et bien au rebours de la gausserie de Fogacer qui n'y voyait qu'« un manteau calviniste » adhérant aussi peu à la peau que le « manteau papiste » de Maître Sanche, j'avais maintenant une complète fiance en sa solidité. Et à vrai dire, plus je vécus à Montpellier, plus je découvris qu'en cette matière, l'âge y faisait beaucoup, les pères restant ancrés tant par la peur et la routinière habitude dans les traditions papistes, alors que les fils, attirés par l'audace de la Réforme, la trouvaient davantage accordée à l'esprit du merveilleux renouveau des arts que le siècle avait apporté.

Je trouvai mon Samson sans son pourpoint, ses belles boucles de cuivre tout emmêlées, son œil azuréen tout brumeux et rêveux. Il était assis sur une escabelle, tant beau et vigoureux en sa virile symétrie, mais l'air morne et chagrin, et sa face plus plissée de soucis que pomme en hiver.

— Eh bien, dis-je, monsieur mon frère, que faites-vous là, dévêtu ? Avez-vous oublié votre rendez-vous avec Dame Gertrude du Luc ?

— Nenni, dit-il. Je n'y vais point. Toute femme est piperie et perdition de l'âme. Je serais mauvais marchand si je troquais mon salut éternel contre des joies si brèves.

Je fus, comme bien vous pensez, fort dépit et fâché de ces sottes paroles, mais m'avisant que pendant notre culte au temple, Samson s'était fortifié dans sa résolution et contre mes assauts, je me gardai de laisser éclater mon courroux, et l'envisageant d'un air tranquille, je dis tout uniment :

— Fort bien. N'y allez pas, puisque vous l'avez ainsi décidé.

Et le quittant, je me retirai dans ma chambre, dans laquelle, comme j'y comptais bien, il ne tarda pas à me venir rejoindre. A son entrée, je me testonnai le cheveu devant un bout de miroir, et je ne me retournai point.

— Eh quoi ! dit-il après un assez long silence, vous ne me querellez point ?

Je l'aurais embrassé, je gage, tant me toucha une fois encore sa colombine simplicité.

— Vous quereller ? dis-je par-dessus mon épaule. Et pourquoi ?

— Tombez-vous d'accord avec moi ?

— Oui-da ! Et de tout cœur ! Dame Gertrude du Luc offre à l'œil une angélique face, tant belle et claire que Satan même n'oserait la navrer. Sa voix, ses yeux, ses cheveux, sa charnure, tout est suave. Et il y a plus de bonté dans son petit doigt que dans le plus long sermon d'un papiste. Bref, c'est une fleur de femme. Je vous approuve donc de lui arracher les pétales une à une, de la jeter à terre et de la piétiner.

— Vous raillez ! dit-il d'une voix étranglée par le nœud de sa gorge. Vous raillez ! Et cependant que vous raillez, il y va de mon salut !

— Ha ! dis-je en l'observant dans le miroir, pâle et défait, votre salut ! Il s'agit donc de vous ! La grande amour que vous avez de vos intérêts passe avant le pâtiment de votre dame !

Il perdit à cela toute contenance et se mit à tourner sans but dans la chambre, en poussant des soupirs.

— Ha! dit-il, je vois bien que vous ne m'approuvez point.

— Sanguienne! Vous errez! Je suis de cœur avec vous dans cette grande meurtrerie! Vous avez usé d'elle à loisir, et maintenant, vous l'étranglez! Tuez, Tudieu! Tuez!

— Que feriez-vous à ma place?

— Suis-je un bourreau, pour me mettre à votre place?

— Raisonnez-moi.

— Raisonnerais-je un mulet?

— Ha, mon frère! dit-il en se rebiquant à la fin avec une impatience où je ne l'avais jamais vu, ne gaussez point! Je ne suis ni un bourreau ni un mulet, mais un chrétien qui pense à son salut...

— J'y pense aussi. Mais je n'aurais pas, quant à moi, la sotte outrecuidance d'anticiper sur la condamnation de mon souverain juge.

A cela, l'observant dans le miroir, je le vis comme cloué sur place par la doutance et la perplexité.

— Mais, dit-il faiblement, la loi le dit: l'enfer est promis à la fornication.

— Le Seigneur est au-dessus de la loi, puisqu'il l'a faite.

— Mais, mon Pierre, peut-on écarter la pensée du pire?

— Pour moi, s'il plaît au Seigneur de me jeter dans les flammes pour l'amour de ma belle, j'envisage l'enfer sans frémir. On ne brûle qu'une fois!

— Nenni! cria-t-il, sa belle face travaillée d'une grande détresse. Eternelle est la torture des damnés!

— En ce cas, je renaîtrai de mes cendres et je rôtirai derechef. Couard ne suis.

A ce mot de « couard », il cilla fort et se remochina, mais ne sachant que dire, il resta coi, m'envisageant de ses yeux d'un bleu si tendre et si pur que le cœur me serra tandis que je reboutonnais mon pourpoint.

— Mais où allez-vous? dit-il, fort étonné.

— Me jeter aux pieds de Dame Gertrude du Luc, lui demander pardon de votre infâme cruauté (il frémit à ouïr ceci), et lui dire que je l'aime comme un frère, mais serais disposé à l'aimer autrement, si elle y consentait.

— Quoi! s'écria-t-il, tout à fait hors de sens. Vous feriez cela!

— Assurément. Si l'ignare sauvage des îles, trouvant une perle dans une huître, la déprise assez pour la jeter dans la poussière du chemin, qui m'empêche de l'aller ramasser?

— Mon frère! dit-il dans un cri, vous me briseriez le cœur!

— Ce cœur que vous n'avez pas! dis-je en haussant le ton. Ha, mon frère! Comment pouvez-vous souffrir la pensée qu'à l'heure où je parle, cette noble et douce dame, ses beaux cheveux épars sur ses épaules, pleure des larmes de sang à la pensée de vous avoir perdu!

Les « beaux cheveux épars » emportèrent la partie, je gage. Car je le vis comme un fol se ruer dans sa chambre, en revenir avec son pourpoint qu'il enfila à la diable, et dévaler l'escalier, sa fraise à la main.

— Sanguienne! m'écriai-je. Où courez-vous si vite? Attendez-moi! Je vous suis!

— Nenni, dit Fogacer en ouvrant la porte de sa chambre et surgissant devant moi en sa vêture noire quelque peu passée, et comme pour me barrer le passage, déployant ses deux bras plus longs que pattes d'araignée. Nenni, mon cher Siorac! Vous n'allez pas suivre votre joli Samson sur le chemin où vous mîtes tant de fraternelle astuce à le pousser. (Il avait donc tout ouï de sa chambre...) Vous avez en ce moment même bien d'autres viandes à vous mettre sous la dent que celles après quoi vous courez. Mon fils, point de fil, cet après-midi, dans le chas de l'aiguille. Et quant à l'aiguille elle-même, dont vous avez, ce me semble, appétit si strident, un ministre de votre culte souhaiterait qu'elle soit *aut formosa minus aut improba minus* [1].

— *Improba*! dis-je en me rebéquant.

1. Ou moins belle, ou moins impure (Ovide).

— C'est votre ministre qui dirait cela, et non point moi, qui n'étant pas si austère — il rit à ces mots à gueule bec en arquant son sourcil diabolique — vous absous de tout péché en la matière et *in situ*[1]. Souffrez cependant, Siorac, que je vous arrache incontinent à ces belles aiguillées où cependant vous risquez de vous piquer le doigt! (Il rit encore), afin de vous mener vers une personne de sexe mâle, barbue, velue, le nez camus, le front bossué, la stature courte, le ventre gros, les membres brefs, point beau certes, mais qui de lui-même pourrait dire avec raison : *Ingenio formae damna rependo meae*[2]. En bref, un des plus illustres médecins du royaume, et qui plus est, un des meilleurs.

— Rondelet! m'écriai-je, au comble de la joie, et croyant à peine mes oreilles de l'honneur qui m'était fait. Rondelet me demande!

— *Ipse*[3], dit Fogacer, la senestre posée élégamment sur la hanche et, de son interminable bras droit, faisant un ample geste. *Gulielmus Rondeletius, venerandus doctor medicus et medecinae professor regis et cancellarius in schola Monspeliensi*[4].

— Mais n'est-il pas huguenot? D'où vient que je ne l'ai pas vu au culte ce matin?

— Il est fort travaillé, depuis trois jours, d'un flux de ventre continuel et fétide symptômé d'un grand mal de tête. Néanmoins, s'étant en ce midi quelque peu rebiscoulé, il voudrait jeter les yeux sur vous avant son département pour Bordeaux.

— Quoi! m'écriai-je. Il part! A peine remis? Pour ce long, harassant et périlleux voyage?

— Certes, c'est folie! Mais Rondelet est un homme d'une bonté infinie et ses deux beaux-frères le requérant depuis trois mois de venir à Bordeaux arranger leurs affaires, il est décidé à partir.

1. Dans le lieu que vous savez.
2. Je compense mon manque de beauté par les dons de l'esprit (Ovide).
3. Lui-même.
4. Guillaume Rondelet, vénérable docteur médecin, chancelier et professeur royal de médecine en l'école de Montpellier.

Ce disant, Fogacer me prit par le bras et m'entraîna sur le pavé de la ville, lequel ardait encore à travers nos semelles, combien que le soleil ne fût plus à son zénith.

— Siorac, dit le Bachelier, vous marchez à la campagnarde, votre pas est trop prompt. En ville, il faut se trantoler, un œil ci, un œil là, musant et s'amusant au spectacle de la rue, sans perdre goutte ni miette des boutiques, des équipages et des passants. N'est-ce pas très plaisant spectacle, que tous ces gens allant et venant, d'âges et conditions différents, et chacun la tête toute à son projet. Ha, que belle et diverse dans le monde est l'humanité, et comme, étant homme, on devrait la chérir, et aussi diligemment l'étudier, à commencer par notre corps périssable, lequel corps est lui-même un monde que nous commençons à peine d'explorer. Et pourtant, Siorac, si nous voulons soulager l'homme des maux innumérables dont il est assiégé, ne devons-nous point débuter par là ? Avez-vous lu de Rondelet le mémorable *Methodus ad curandorum omnium morborum corporis humani* [1], dont je vous ai baillé les notes ?

— J'ai lu et appris le livre *De morbo italico* [2].

A quoi Fogacer rit à gueule déployée et observant que cet éclat faisait les passants se retourner sur nous, il poursuivit; toujours riant, mais en latin :

— Jeune et brillant Siorac ! Tu es tout à Vénus, même en tes études ! Et tu commences là où le bât risque de te blesser ! Mais c'est fort bien. Rondelet désirera peut-être que devant lui je te sonde.

— Me sonder !

A quoi il rit encore et reprit en français :

— Ne vous effrayez point. A peine quelques petites questions. Ce ne sera point un examen, ni une disputation.

Et tout le reste du chemin, je m'accoisai, fort ému de rencontrer un homme que je plaçais bien au-dessus de M. de Joyeuse, pour ce qu'il connaissait

1. Méthode pour guérir toutes les maladies du corps humain.
2. Sur le mal italien.

l'art de guérir ses semblables et non de les tuer. Mais me mettant martel en tête de ces questions que Fogacer allait peut-être me poser devant un si grand médecin, j'étais en moi-même si retiré que j'omettais même en mon chemin d'espincher les fillettes, marchant l'œil sur le pavé et tâchant de me remémorer ce que j'avais appris du *mal de Naples*, ou comme disait Rondelet, du *mal italien*, ce qui n'était guère plus gracieux pour nos voisins d'au-delà des Alpes. Et combien je me sus gré alors d'avoir recopié le *De morbo italico* ligne à ligne, d'après les notes de Fogacer, n'ignorant pas que ce savant traité, tout célèbre qu'il fût parmi les doctes du royaume, n'avait pu trouver encore d'imprimeur, l'impression étant si coûteuse, et la vente à venir si lente et si peu sûre.

La demeure de Rondelet était sise en la rue du Bout-du-Monde, étrange nom pour une rue en plein mitan de la ville. S'y dressait aussi, en fort commode proximité, le Collège Royal où le Chancelier enseignait. Et ma foi, décorée de fenêtres à meneaux, la maison du célèbre médecin me parut belle. Elle était flanquée d'une tourelle où, je gage, un escalier tournoyant menait aux étages.

Fogacer s'arrêtant pour toquer à l'huis, je lui dis :

— A en juger par sa demeure, notre Chancelier est assez étoffé...

— Il l'est, dit Fogacer en souriant. Et le serait davantage s'il n'avait la manie de démolir pour construire derechef, changeant les choses carrées en choses rondes, *quadrata rotundis*. Ainsi, cette petite tour que vous voyez était carrée autrefois, mais notre chancelier l'a mise à bas et à grand prix l'a faite ronde, pour son particulier plaisir. Car il affecte de grande amour tout ce qui est courbe, y compris les tétins des drolettes.

A ce trait, qui me plut fort, je sus que j'allais aimer cet homme, et quand je l'envisageai en effet, combien qu'il fût encore assez défait par l'intempérie qui l'avait travaillé, je ne fus pas déçu. Fogacer l'avait fort bien portraituré, disant de lui qu'il avait « la stature courte, le ventre gros, les membres brefs ». A le voir, je compris incontinent que le Maître François Rabelais, en son *Tiers Livre*, l'eût peint sous les traits du médecin Rondibilis. Car à vrai dire, non seulement son corps, mais ses traits eux-mêmes étaient ronds, pour autant qu'on les pouvait voir, une longue barbe grise en mangeant la moitié. Cependant, le front ample et bossué me parut fort beau, et l'œil noisette, fort vif, la lèvre lippue et friande, le cou robuste, la voix chaleureuse.

— Fogacer, dit-il familièrement, laissons là les compliments. Prenez cette escabelle, et vous aussi, Siorac. Asseyez-vous, je vous prie, et parlons. Siorac, je n'ai pas eu l'heur de connaître monsieur votre père, étant hors de Montpellier quand il vint étudier au Collège Royal de médecine ; et je n'y suis revenu qu'après qu'il en fut parti, dans les fâcheuses conditions que vous savez, étant poursuivi pour meurtre alors même qu'il n'avait fait que se défendre en duel loyal contre un nobliau qui l'avait provoqué. Cependant, par tout ce que j'ai ouï de Maître Sanche sur la personne de monsieur votre père, il fut céans ardent à vivre et ardent à apprendre, comme on dit que vous êtes aussi, raison pour laquelle j'ai désiré vous voir, et sonder vos connaissances.

Je fis alors mille mercis, que le Chancelier écourta d'un geste de la main, puis s'acagnardant dans le grand fauteuil où il était à demi couché, il m'envisagea d'un air d'extrême bénignité, mais qui ne laissait pas, en même temps, d'être pénétrant.

— Siorac, dit-il, vous avez l'œil mobile et fureteur de l'écureuil qui, happant çà et là mille choses, fait sa provende et les ramasse en son grenier. Ainsi, je ne doute pas que vous ne deveniez un jour, comme le recommande François Rabelais, un « abîme de science ». (Il rit en disant cela.) Mais je vous vois la bouche pleine de questions, que la civilité vous interdit de poser. Passez outre, Siorac, passez outre ! Satisfaites, de grâce, votre scuriolique [1] curiosité.

---

1. De *scuriolus* (latin vulgaire), écureuil, adjectif forgé par Rondelet.

Mais cependant, faites un choix, pour moi fort illuminant : de toutes les questions qui se pressent derrière l'enclos de vos dents, n'en posez qu'une, une seule, et à celle-là je répondrai.

A quoi, incontinent, je dis :

— Monsieur le Chancelier Rondelet, voici ma question : Fûtes-vous, comme on dit, le modèle dont s'inspira François Rabelais pour son Rondibilis ?

— Siorac, dit le Chancelier, êtes-vous bon escrimeur ?

— Je ne suis pas mauvais, et je serais fort bon, si ma défense valait mon attaque.

— C'est bien ce que j'opine à vous ouïr, dit Rondelet avec un sourire. Pour me découvrir, vous vous êtes beaucoup découvert.

A quoi Fogacer fit un petit rire, arquant son noir sourcil.

— Voici donc ma consultation sur vos humeurs, dit Rondelet. Primo, vous êtes homme de prime saut et de sang généreux. Secundo, vous avancez dans la vie poitrine en avant, recevant et baillant des coups. Tertio, vous avez grande fiance en vous-même, ce qui est bien, et grande fiance aussi aux autres, ce qui n'est point prudent. Quarto, votre curiosité des personnes l'emporte sur votre curiosité des choses.

— Ha ! Ha ! dit Fogacer en riant à gueule bec. C'est tout craché cela !

— Monsieur le Chancelier, dis-je, je ne suis pas sûr d'entendre votre quarto.

— Eh bien, voici : n'ayant à me poser, par mon commandement, qu'une unique question, vous eussiez pu m'interroger sur un point délicat de la médecine. Vous avez préféré me connaître.

A quoi je rougis et me tins coi, ne sachant si j'étais là-dessus approuvé ou blâmé.

— Fogacer, reprit le Chancelier, montez, de grâce, sur cette escabelle, et prenez sur le rayon à votre dextre le *Tiers Livre* de Maître François Rabelais, lequel, gentil Siorac, je connus en effet fort bien, car je fus, en mes vertes années, avec lui dans la même relation que Fogacer avec vous. Car j'étais bachelier et procurateur des étudiants quand Rabelais, dans la quarante-deuxième année de son âge, vint s'inscrire en notre Collège Royal. Et combien que je fusse son cadet de quatre lustres, nous fûmes intimes compagnons de ripailles, de beuveries, de savantes disputations et de divertissements en la taverne de la *Croix-d'Or* en Montpellier. Plus grande gaieté d'esprit oncques ne vis qu'en cet homme que bien peux-je appeler divin pour l'amour de l'humanité qu'il portait en lui.

— Monsieur notre maître, voici Rabelais, dit Fogacer à Rondelet, lequel le prenant sur ses genoux, le livre s'ouvrit comme de soi au passage qu'en ces vingt dernières années son possesseur avait tant souvent relu.

— Siorac, poursuivit le Chancelier, vous vous ramentevez sans doute que Panurge s'enquiert à la ronde de savoir si, se mariant, il sera cocu. Sur quoi, après une docte dissertation à son usage, le médecin que Rabelais nomme Rondibilis — nous y voilà ! — opine que oui, et que c'est là la commune fortune de qui prend femme. Voici la fin de ce chapitre, je vous la lis : *Panurge s'approcha alors de Rondibilis et lui mit en main sans mot dire quatre nobles à la rose* [1]. *Celui-ci les prit très bien, puis lui dit en effroi, comme indigné : hé, hé, hé ! Monsieur, il ne fallait rien. Grand merci, toutefois. De méchantes gens jamais je ne prends rien. Mais rien jamais de gens de bien je ne refuse. Je suis toujours à votre commandement.*

— *En payant*, dit Panurge.

— *Cela s'entend*, dit Rondibilis.

Sur quoi, Rondelet referma le *Tiers Livre*, et des deux mains l'appuyant sur sa bedondaine, m'envisagea avec un petit brillement de l'œil et me dit sur un ton de gausserie :

— Eh bien, Siorac, qu'opinez-vous ? Ce Rondibilis, est-ce moi ?

A cela, je fus, sur le moment, fort court, comme bien on pense, et plongé dans le plus mortel embar-

1. Quatre pièces d'or.

ras, ne pouvant dire non, ne voulant dire oui, et me souhaitant à mille lieues de là. Par bonheur, étant homme de prime saut, comme l'avait observé mon illustre vis-à-vis, je n'eus pas tant à réfléchir, et avant d'avoir compté jusqu'à cinq, j'avais l'épée hors du fourreau.

— Ha, monsieur! m'écriai-je, quelle traîtrise est-ce là! Vous pipez les dés! Vous répondez à ma question par une question!

— Touché! s'écria Rondelet en riant.

Fogacer rit aussi.

— Par Dieu, Fogacer, ce béjaune ferraille bien! Avez-vous vu comme il a paré ma lame et m'a donné de la sienne?

Et là-dessus, riant encore, il reprit :

— Mais puisque cette manche vous avez gagné, vif et gentil Siorac, je vais bailler à votre question réponse bonne et franche : ce Rondibilis des quatre nobles à la rose n'est pas moi, mais tel cagot hypocrite chiche-face médecin, comme il en est, qui n'affectant que l'or, se donnent les gants de le dépriser. Mais pour moi, il en est autrement, et pour mieux me portraiturer il faudrait changer les paroles que Rabelais met dans la bouche de Rondibilis et dire :

« De pauvres gens jamais je ne prends rien.

Mais rien jamais de gens étoffés ne refuse. »
Est-ce vrai, Fogacer?

— C'est vrai, monsieur notre maître, dit Fogacer non sans émeuvement. Vous soignez gratis le pauvre et le populaire : modèle en cela de tous ceux de notre art.

A ouïr cela, je rougis d'avoir pu penser le rebours sur la foi de Maître Rabelais, et à celui-ci en voulus quelque peu d'avoir noirci si légèrement son compagnon d'études.

— Mais, dit le Chancelier en ouvrant derechef le *Tiers Livre*, voici un autre passage du divin Rabelais.

Ha, pensai-je, divin! Il l'appelle divin! Au clos de son noble cœur, il lui a donc pardonné...

— Passage où le Maître met dans la bouche de

Rondibilis ce que maintenant je m'en vais lire. Il s'agit des femmes et de leur nature physique :

La nature leur a posé dans le corps et dans un lieu secret et intérieur un animal, qui n'est point chez les hommes, et duquel sont quelquefois engendrées certaines humeurs, salées, nitreuses, âcres, mordantes, lancinantes, amèrement chatouillantes, par la piqûre et le frétillement desquelles (car ce membre est très nerveux et de sensibilité vive) leur corps est tout ébranlé, les sens ravis, tous sentiments égarés, toutes pensées confondues. De manière que la nature ne leur eût arrosé le front d'un peu de honte, vous les verriez, comme des forcenées, courir l'aiguillette...

— Ha ! Monsieur notre maître ! m'écriai-je en riant, je vous entends ! Là, Rondelet et Rondibilis ne font qu'un, et c'est par sa bouche que Rabelais vous fait exprimer vos pensées !

— Voilà qui est bien entendu, dit le Chancelier. Cependant, quant au fond, que vous en semble, de ce que dit le personnage ?

— Que les deux sexes sont là-dessus bien égaux : que l'homme possède aussi en son milieu un animal, et que cet animal, en son humeur pareillement âcre et chatouillante, recherche fort celui que vous avez dit.

Oyant quoi, le Chancelier, levant les bras au plafond, s'écria :

— *Crede illi experto Roberto* [1] !

Et là-dessus, le Chancelier, Fogacer et moi-même, nous entrevisageant avec la plus franche gaieté, nous rîmes à gorge chaude et ventre déboutonné.

— Ha, Siorac ! dit Rondelet. Bien me plaisez, et bien vous aime, étant tout juste la sorte de fils, gaillard et laborieux, que j'eusse voulu avoir pour conforter et illuminer mon vieil âge. Hélas, ma première épouse est morte. Morte aussi la fille qu'elle me donna, et que j'avais si bien mariée au bon Doc-

---

1. Croyez-en ce Robert-là qui en a l'expérience.

teur Salomon d'Assas. Quant aux quatre fils que j'eus de mes deux mariages, le Seigneur les a, l'un après l'autre, rappelés.

Ayant dit, il laissa tomber sa ronde et bonne tête sur sa poitrine, la paupière baissée, la lippe amère, la face triste. Fort étonné de voir le Chancelier Rondelet passer si promptement du rire à la douleur, je m'accoisai et jetai un œil à Fogacer qui, arquant son sourcil, me lança un petit regard comme pour me signifier que cette humeur chagrine ne durerait point. Et en effet, se redressant sur son grand fauteuil avec un han! comme s'il reprenait sur ses rondes épaules le lourd fardeau de sa vie, le Chancelier tout soudain ouvrit l'œil, qu'il avait vif, brillant et combatif.

— Siorac, dit-il, puisque vous passez ici devant moi une sorte de petit examen, sans pompe ni formes, devant que vous soyez inscrit en notre illustre collège, je m'en vais vous poser une question difficile : Il y a vingt ans, Siorac, le second de mes fils étant mort du même mal étrange et déconnu qui avait emporté son aîné, j'envoyai ma femme, mes filles et mon domestique à ma maison des champs et, resté seul avec le pauvre petit mort, je le disséquai.

— Ha, monsieur! m'écriai-je, fort ému et troublé, et pensant à mon père qui, après la mort de la petite Hélix, lui avait scié le crâne pour connaître l'intempérie qui l'avait emportée. Ha, monsieur, quel grand courage il vous fallut!

— Grandissime, dit Rondelet, les larmes au bord des yeux. Et d'autant que, pour l'éducation de médecins plus timides, je publiai ce que j'avais fait. Ha, Siorac! Il s'éleva alors contre moi, *urbi et orbi* [1], une merveilleuse clameur, et m'assaillit, dru comme grêle, du côté que vous devinez, une foule de libelles et de pasquils haineux qui à ce jour se poursuivent encore, et dans lesquels je suis traité communément de païen, de Turc, de sacrilège... Eh bien, Siorac,

---

1. Dans la ville et dans le monde.

vous-même, qu'opinez-vous ? Ai-je mal fait, ai-je bien fait ? Parlez sans crainte de m'offenser et en toute sincérité de cœur. Mais d'un oui ou d'un non ne vous contentez. Argumentez vos raisons et les exposez dans l'ordre.

— Ha, monsieur le Chancelier ! m'écriai-je. C'est tout pesé. Vous fîtes bien, et je vois à cela deux raisons. Primo : votre second fils étant mort du même mal étrange et déconnu que le premier, vous tâchâtes de connaître par votre dissection la cause de l'infection, afin d'en préserver, s'il se pouvait, votre troisième fils.

— Hélas, dit Rondelet. Je ne le pus. Il mourut aussi.

— Mais vous avez du moins tenté de le sauver en essayant de connaître la cause de son mal. Secundo : en rendant publique la dissection que vous fîtes dans le secret de votre logis, vous avez voulu montrer que, si pénible qu'elle fût à vos sentiments, elle était nécessaire. Ainsi, vous avez lutté, dans les dents d'un considérable risque et au prix de votre humaine réputation, contre les déraisonnables interdits des papistes.

— Excellent ! s'écria Rondelet. Excellemment pensé, pesé, argumenté ! Fogacer, nous ferons un beau médecin de ce cadet du Périgord.

— Je le crois, dit Fogacer gravement.

— Mais poursuivons, dit Rondelet en se frottant les mains. Siorac, quelques questions encore : à quelle date et par qui fut fondé l'amphithéâtre anatomique de Montpellier ?

— En 1556, monsieur le Chancelier, par vous-même et les docteurs Schyron, Saporta et Bocaud.

— Qui, de ces docteurs médecins, appartenait à la religion réformée ?

— Tous, vous-même compris.

— Et pouvez-vous distinguer un lien entre la fondation de ce *theatrum anatomicum* et notre appartenance à la nouvelle opinion ?

— Certes ! dis-je non sans chaleur. De l'usage habituel du libre examen, les docteurs dont il s'agit

200

étaient placés bien au-dessus des préjugés des prêtres et de la temporelle commune opinion.

— *Bene. Bene.*

Et ce disant, il se frotta de nouveau les mains, aussi heureux de mes bonnes réponses que si j'avais été son fils, tant déjà, en effet, il m'aimait. À quoi mes sentiments n'étaient pas sans répondre, si grandes étaient en lui la bonhomie, la sagesse et l'amour des hommes.

— Fogacer, poursuivit-il, je ne puis boire moi-même, vu le grand dérèglement de mes boyaux, mais baillez, je vous prie, avant que de poursuivre, un verre de muscat à ce jeune lévite. Et vous-même, buvez.

— Grand merci ! dit Fogacer. Il fait fort chaud, et j'ai grand soif.

Tel un long et noir insecte, il sautilla sur ses longues pattes jusqu'à une table que, sans doute il connaissait bien, remplit deux gobelets d'un flacon qui se trouvait là et, m'apportant le mien, il vida le sien lentement, mais d'affilée.

— Ce vin n'est des pires, dit-il en le goûtant sur sa langue après qu'il eut dans son gargamel disparu.

Rondelet dit en souriant, et comme heureux du plaisir que nous prenions et dont il était privé :

— Mon gendre le Docteur d'Assas, qui a une fort jolie vigne du côté de Frontignan, m'en baille deux muids par an. Mais remplissez, Fogacer, de grâce, remplissez. Ne restez pas, le palais sec, à dorloter le souvenir de ce muscat...

— Mille mercis, dit Fogacer sans se faire prier plus outre. Et il voulut derechef me régaler, mais je refusai, voulant garder la tête froide pour le reste de mon examen.

Le gobelet en main, Fogacer l'éleva haut dans l'air et dit avec pompe :

— *Ad maximam gloriam domini d'Assasii et venerandi cancellarii nostrae collegiae regis* [1].

---

1. A la plus grande gloire de M. d'Assas et du vénérable chancelier de notre collège royal.

— Amen, dit Rondelet.

Et debout, campé sur ses interminables jambes, Fogacer fit couler lentement le précieux velours au long de son gosier.

— Monsieur le Chancelier, dit-il avec un brillement de l'œil où peut-être le vin entrait pour une part non petite, comme je me trouve être en ce logis l'unique représentant — quoique indigne et de peu de foi — de l'Eglise catholique et romaine, je voudrais ramentevoir aux deux huguenots présents que notre Saint Père Boniface VIII a permis, dès l'année 1300, l'usage de la dissection à d'aucuns médecins de Rome et de Boulogne.

— *Ab uno non disce omnes* [1], dit Rondelet, faisant un petit geste de la main comme pour écarter un essaim de mouches. Peu importe la bénignité d'un Pape, si deux siècles et demi plus tard, une nuée de prêtres continuent à nous harceler... Siorac, êtes-vous bien rafraîchi ? Voulez-vous que nous poursuivions ?

— Je suis à votre commandement, Monsieur le Chancelier.

— Fogacer, dit Rondelet, avez-vous baillé à notre gentil Siorac vos notes sur mon *Methodus* [2] ?

— Oui-da, et déjà, combien qu'il soit ici depuis peu, il a très diligemment étudié votre *De morbo italico*.

— Havre de grâce ! dit Rondelet en riant, le joli drole est prudent et pense aux dangers qu'il court en semant à tout vent ! Allons, Siorac, de grâce, ne sourcillez point ! Point ne vous prêche. Ceci est dit par petite paternelle gausserie.

— Je l'entends bien ainsi, monsieur notre maître.

— Donc, poursuivons, et voyons de quel profit vous fut l'étude de mon *De morbo italico*. Siorac, le mal italien est-il intempérie froide et sèche ?

— Nenni, monsieur le Chancelier. C'est là l'erreur

1. A partir d'un seul n'apprends pas à les connaître tous.
2. Le *Methodus ad curandorum omnium morborum*, dont il a été question plus haut.

gravissime du docte Montan. Le mal italien est, au contraire, intempérie chaude et humide.

— *Bene, bene*. Et prend-il son origine comme d'aucuns docteurs médecins le prétendent, de la conjonction de Saturne avec Mars et Vénus ?

— Nenni. C'est là fantaisie astrale, absurde et sans fondement.

— Le mal se prend-il par expiration d'haleine ?

— Nenni. Mais par attouchement vénérien. Un infecté n'infectera l'autre que par quelque liqueur découlant de soi en quelque partie du corps de l'autre. Cependant, le mal se prend aussi par linge infect.

— Comment le mal est-il connu ?

— Quand, après le coït, sortent à la mentulle, au front et à la tête, ulcère, pustules et boutons.

— Comment se prémunir contre le mal italien quand on a quelque soupçon d'avoir paillardé avec personne infecte ?

— En prenant purgation et en se faisant tirer le sang.

— Quel est le principe de la curation du mal ?

— Le mal venant de réplétion, primo sera guéri par évacuation : clystère, purgation et saignée.

Et ici, du coin de l'œil, j'observais que Fogacer arquait le sourcil, et faisait la moue, comme en grande doutance de ces remèdes.

— Secundo ?

— Il sied d'appliquer à l'ulcère du sublimé et du vif-argent, et faire prendre aussi pilules d'aloès pour ce que l'aloès guérit le mal en le desséchant.

— Faut-il user des onguents ?

— Oui, vénéré maître. Car ainsi, le mal s'évacue par les pores du cuir, j'entends de notre humaine peau. Aussi faut-il faire lesdits onguents relaxants, raréfiants et attractifs.

— Comment se feront ces onguents ?

— A base de graisse de pourceau et de vif-argent.

— Cependant, dit Fogacer, Maître Sanche en sa préparation remplace la graisse de pourceau par la graisse de poule.

— Elle n'est pas moins bonne ni appropriée, dit Rondelet avec un sourire, et assurément plus agréable à notre illustre apothicaire. Poursuivons. S'il se fait grande douleur de tête par le mal italien, quel remède y faut-il ?

— Donner à boire de l'eau de thériaque.

— Que fait-on si les ulcères sont grands et putrides ?

— Il sied d'user du sublimé, pour ce qu'il fait grande corrosion de tout ce qui est pourri.

— Quelle curation faut-il donner aux malades qui ne peuvent demeurer en maison, mais sont contraints par leurs affaires d'aller à cheval ?

— Leur bailler les pilules mercuriales dites de Barbe-rousse.

— C'est merveille ! dit Rondelet en écartant ses bras courts du tonneau de son corps. Tout est su, et bien su, et en si peu de jours ! Monsieur le Bachelier Fogacer, pour peu qu'à la Saint-Luc M. de Siorac vous ait satisfait quant à sa connaissance de la logique et de la philosophie, il vous faudra l'inscrire à notre collège royal. *Dignus est intrare* [1].

— Ha ! Monsieur le Chancelier ! m'écriai-je en rougissant jusqu'aux cheveux en ma félicité, que de mercis je vous dois !

— Vous ne m'en devez aucun. Votre mérite seul a parlé. Monsieur notre Ecolier, poursuivit-il, me donnant pour la première fois ce titre qui me fit bondir le cœur, avez-vous pensé à faire le choix d'un *père*, parmi les quatre professeurs royaux ?

— Mais, Monsieur le Chancelier, dis-je, oubliant dans le chaud du moment les avis de Fogacer, ne peux-je vous demander d'être celui-là pour la durée de mes études ?

— Vous ne le devez, Siorac, dit Rondelet, la face tout soudain fort triste et m'envisageant avec gravité. Je suis vieux et mal allant, le ventre fort délabré, travaillé par intermittence de fièvre lente, perdant mes forces et quasiment au bout du fil que me tissent les Parques.

1. Il est digne d'entrer.

— Et cependant, s'écria Fogacer non sans marquer quelque courroux, vous départez demain pour Bordeaux! Monsieur notre maître, c'est folie! Je vous l'ai dit cent fois!

— Allons, ne grondez pas, Fogacer, dit Rondelet. Mes beaux-frères ont grandement besoin de moi.

— Et de vous-même, n'avez-vous pas grand besoin?

— Ha, Fogacer! Mourir là ou ailleurs... Si j'étais le maître de ma destinée, je ne lèverais pas le petit doigt pour prolonger ma vie d'une année. J'ai abominablement pâti en ma vie particulière, navré de plus de deuils que face de pendu n'est de coups de bec criblée. La mort m'a ravi trop des miens, me démembrant tout vif de mes tant beaux enfants. Et je ne rêve plus ce jour d'hui que de les retrouver au ciel, pour autant que le Seigneur, en sa pitié, m'y admette. Sur cette terre, j'ai vécu assez.

Fogacer, là-dessus, se tut, ayant, je gage, comme moi, le nœud de la gorge serré à ouïr ces mélancoliques paroles. Mais Rondelet, observant notre trouble, incontinent nous sourit, et redonnant lustre et gaieté à son œil, il me dit :

— Siorac, prenez pour père le Docteur Saporta. Saporta n'est point facile en ses humeurs à supporter (il rit à cette petite gausserie), mais c'est un bon médecin, exact et attentif en la décharge de ses devoirs.

— Monsieur le Chancelier, dis-je, je ferai comme vous avez dit.

Sur quoi, étant quelque peu fatigué peut-être de cet entretien qu'au milieu des soucis de son département pour Bordeaux il avait exigé de lui-même, Rondelet se leva non sans effort et nous permit de nous retirer, après nous avoir tour à tour, et non sans tendresse, accolés.

— Siorac, dit-il, les deux mains sur mes épaules, oyez bien ceci : la pratique de la médecine ne doit point faire oublier l'étude. Toute votre vie, étudiez. Gravez ce mot : « *étudier* », dans votre cervelle avec un stylet d'or! C'est au prix d'un perpétuel et infatigable effort que nous vaincrons, l'une après l'autre, les maladies qui nous tuent et nous ravissent si cruellement les nôtres. Cependant, en ces exceptions mêmes, point d'excès. Ne travaillez pas au point d'en devenir rêveux et rassotté. Homme vous êtes, et homme vous resterez, si vous exercez équitablement toutes vos facultés, j'entends toutes : les mentales, les corporelles et les érotiques. Mais de celles-ci, ajouta-t-il avec un délectable sourire, ai-je besoin de vous recommander l'usage ? *Vale, mi fili* [1].

Et m'accolant derechef, il me laissa aller.

— Siorac, me dit Fogacer, la face fort sombre et le sourcil arqué, tandis que nous cheminions derechef dans la rue du Bout-du-Monde, par une touffeur écrasante, Siorac, méditez cet exemple : si vous chérissez une garce, ne la mariez pas ! Elle mourra, de votre fait, en couches, et vos enfants, en bas âge. Maître Sanche, tout grand apothicaire qu'il soit, a perdu, en dépit de son aigremoine, deux épouses, et des dix enfants qu'elles lui donnèrent, quatre seulement ont survécu. Quant à Rondelet, de ses sept enfants, cinq ne sont plus. C'est là, hélas, sur cette terre, la commune fortune de notre misérable espèce : quiconque épouse donne des otages à la mort. Siorac, adieu. Je vois bien qu'il est inutile que je vous sermonne. Vous aimez trop les mignotes, et d'une trop tendre amour. Vous pâtirez beaucoup.

Quoi dit, abruptement, il tourna les talons et s'en fut, sautillant de ses longues jambes sur le pavé disjoint, me laissant fort étonné de son humeur. Car enfin, faut-il vivre comme moine parce que femme est fragile, et ne point avoir fils ou filles, pour ce qu'ils meurent si souvent en la fleur de leur âge ? Nous mourons tous et, à la mort, sommes dès nos maillots et enfances, tant voués et promis, que d'aucuns ne font aucun cas de ces deuils. J'ai entendu, mais bien longtemps après mes jours d'écolier, Michel de Montaigne, me dire en sa librairie : « *J'ai perdu deux ou trois enfants en nourrice, non*

1. Porte-toi bien, mon fils.

206

sans regret, mais sans fâcherie. » Que le Seigneur de Montaigne ne sût même pas le nombre exact de ses enfants défunts, voilà qui me surprit. Et qu'il ait appris « sans fâcherie » leur département pour le ciel me ramenteva par contraste les pleurs amers du Chancelier Rondelet sur ses trois fils, si vite et si tôt disparus. Je n'entends point faire ici de parallèle. Montaigne était philosophe, et par là, peu ou prou, détaché des choses humaines. S'il l'eût été, Rondelet n'eût pas choisi ce combat perpétuel et malheureux contre la mort qui est l'état du médecin et, je crois, son honneur.

Revenant à l'objurgation de Fogacer, je ne laissais pas derechef de la trouver fort bizarre, et j'eusse poussé plus loin cette pensée si Miroul n'avait surgi à mes côtés, comme sorti tout soudain du sol.

— Eh quoi, Miroul ! dis-je. Est-ce bien toi ? Que fais-tu donc à cette heure à te trantoler rue de l'Espazerie ?

— Moussu, dit-il sans tourner la tête, mettez-vous en la plus proche boutique : j'ai à vous parler, sans être vu ni ouï.

Je fis comme il avait dit, et je me retrouvai dans une vaste échoppe où se vendaient des couteaux, des épées, et des dagues. Derrière un comptoir, deux commis servaient la pratique et tous deux occupés par des chalands, derrière lesquels d'autres chalands attendaient, tant ce commerce, hélas, était prospère dans le trouble des temps. Je pris la suite, et Miroul derrière moi se mit.

— Moussu, dit-il à voix basse, vous avez été suivi de l'apothicairerie à la rue du Bout-du-Monde par un gueux de mine basse et sanguinaire. Là, tout le temps que vous étiez en visite, il vous a attendu, caché dans une encoignure. Quand vous êtes sorti, il vous a suivi jusqu'ici. Moussu, voici, enveloppée de votre mantelet, votre courte épée. Prenez-la sans la montrer.

— A merveille, dis-je en la saisissant à travers l'étoffe. Je me sens moins nu. Miroul, un conseil, poursuivis-je en l'envisageant par-dessus mon épaule : dois-je découvrir mon homme incontinent ?

— Non point, Moussu. Il y a trop grand concours de peuple en cette rue. Il pourrait profiter de la presse pour s'enfuir.

Et m'envisageant à son tour, son œil marron s'égayant tandis que son œil bleu restait froid, il dit :

— Moussu, vous vous rendez, je gage, à l'Aiguillerie ?

— Pour ne te rien celer.

— Découvrez le gueux dans la ruelle. Elle est déserte. Je serai derrière lui, la dague à la main. Ainsi, quand vous lui ferez face, il ne pourra s'en sauver et mort ou vif, nous le prendrons.

— Vif, Miroul, vif ! Je veux savoir qui l'emploie !

Miroul parti, je sortis à mon tour, serrant sous mon bras gauche l'épée enveloppée et me donnant l'air de muser, le nez en l'air et comme étourdi et badaud. Mais je ne laissais pas, en même temps, de jeter les yeux de-ci, de-là dans la presse, et crus bien y voir mon suiveur et, chose étrange, le reconnaître, encore que je ne susse dire où et quand je l'avais vu.

Je tirai vers l'Aiguillerie, que je comptais aborder, non point par la rue du Bayle et le côté de l'église Saint-Firmin, mais, comme l'avait recommandé Miroul, par la ruelle où donnait la deuxième issue de la boutique, ruelle tournoyante et fort étroite qu'on nommait rue du Bombe-Cul, pour la raison, disait la Thomassine, qu'une chaise à porteurs n'y pouvait faire demi-tour sans que l'un des valets ne toquât de la fesse contre un des murs.

Plus je me rapprochais de mon but, plus les passants se faisaient rares, jusqu'à ce que enfin je me trouvasse seul, mon mantelet sous le bras et ma dextre sur la poignée de mon épée, dressant l'oreille et pointant l'ouïe vers mes arrières, mais sans entendre plus qu'un frôlement, mon gueux devant être chaussé d'alpargates.

J'étais si fort tendu que, le soleil aidant, je suais d'abondance quand j'atteignis la rue du Bombe-Cul, et là, suivant la courbe de la ruelle, je tournai la tête du même côté et juste assez pour apercevoir du coin de l'œil mon homme, lequel n'était plus qu'à quelques toises de moi. Je ne sais alors si mon imaginative, ici, m'égara, mais je sentis, ou crus sentir, qu'il allait me bondir sus, et tout soudain lui faisant face, je m'écriai d'une voix éclatante et l'air fort sourcilleux :

— Halte, coquin ! Qu'as-tu donc à me suivre de mon logis jusqu'ici ?

Le gueux se brida court et, s'arrêtant à dix pas de moi, m'envisagea de ses petits yeux noirs, plus niais que méchants. Quoi fait, il ôta fort civilement la coiffe sale qui couvrait ses cheveux poussiéreux, et dit :

— Moussu, avec votre permission, j'ai reçu commandement de vous occire.

— Sanguienne ! dis-je, fort étonné d'être confronté à un assassin si poli, et avec quoi ?

— Avec ceci, Moussu, dit le gueux en sortant tout soudain un fort coutelas de ses haillons.

— Et que penses-tu de ceci ? dis-je en tirant mon épée du fourreau. N'ai-je pas plus d'allonge que toi ?

— Nenni, dit l'homme, sauf votre excuse, votre épée ne vous servira point. Je n'use point de mon couteau au corps à corps. Je le lance. Avant que de faire un pas, vous l'aurez reçu dans les tripes.

Ce disant, il prit son couteau par la pointe, comme pour le balancer. Et je ne cèle point qu'ici la sueur me coula de la tête aux pieds, mais sans cependant que mon trouble paralysât ma langue.

— Maraud, dis-je, si tu lances ton couteau, tu ne l'auras plus dans la main. Et mon valet Miroul, qui est derrière toi, te plantera sa dague dans le dos.

En quoi, je mentais, car de Miroul, si désespérément que je le cherchasse de l'œil, je ne voyais pas trace. Cependant, au nom de mon valet, mon assassin dressa l'oreille, leva le sourcil, et sans même tourner le col pour s'assurer que je disais vrai, dit :

— Miroul, n'est-ce pas ce galapian dont un œil est bleu, l'autre marron ?

— C'est bien lui.

— Ha, Moussu ! s'écria l'homme. Je me disais bien aussi ! Je le connais ! Et vous aussi ! Vous êtes ce gen-

209

tilhomme qui, dans les Corbières, me navra, me captura et pour finir, me sauva de la hart.

— Espoumel! m'écriai-je, infiniment soulagé. Est-ce toi? Et que fais-tu céans?

— Moussu, dit Espoumel, remettant son couteau dans ses haillons et parlant, me sembla-t-il, avec une certaine piaffe, je ne vous tue plus : l'honneur me le défend.

Là-dessus, galopant dans son dos, arriva Miroul, tout suant et soufflant, la dague à la main.

— Ha, Moussu! cria-t-il, Dieu merci! Vous êtes sauf! J'ai dû mettre à la raison un grand coquin de laquais, lequel me cherchait noise pour l'avoir heurté dans ma hâte.

— Rengaine, Miroul, rengaine! dis-je avec bonne humeur en remettant moi-même mon épée au fourreau. L'assassin que voilà est un ami. Il se nomme Espoumel.

A quoi Miroul écarquilla ses yeux vairons. Mais je ne lui laissai pas le temps de s'étonner plus outre. Prenant par le bras mon caïman des Corbières, je le fis entrer pour le rafraîchir dans la cuisine de l'Aiguillerie où Azaïs lui bailla, ainsi qu'à Miroul et moi-même, un grand gobelet de vin, avant que d'aller, sur ma demande, quérir la Thomassine, que je voulais présente à notre entretien. Et bien m'en prit : car sans elle, je n'eusse pu rien éclaircir.

Espoumel, qui était fort barbu, et long et maigre comme un vendredi saint, n'avait de bouche et d'attention que pour son vin, qu'il buvait à petits coups, sans autrement s'étonner que sa victime le régalât. Mais pour moi, tout soucieux que je fusse de cette étrange aventure, quand Azaïs quitta la cuisine, je la suivis de l'œil, aimant fort la guise dont elle se tortillait, mince comme serpent, brune, vive et frisquette, sans de très gros appas, mais ceux-là toujours dans le branle, et par là promettant beaucoup. Toutefois, me ramentevant l'auberge des *Deux-Anges* à Thoulouse et mes difficultés à propos de Franchou avec l'alberguière, je ne doutais pas que j'aurais les mêmes avec la Thomassine, si mes mains sur sa chambrière prenaient le relais de mes yeux. Observant aussi que le regard bleu-marron de Miroul avait suivi la même direction que le mien, et se fixait non sans un certain air de friandise et d'appétit sur la porte par où Azaïs devait revenir, je décidai qu'il serait mal séant au maître de disputer la portion du valet. Et que mieux valait la poule d'aujourd'hui que l'œuf de demain, et qu'à vouloir les deux on risquait de tout perdre. Sur quoi, je décidai incontinent de tordre le cou à ce gentil petit poussin du désir avant que le petit coquefredouille ait eu le temps de mettre ses plumes.

Azaïs revint, éclipsée tout soudain, quand sa belle maîtresse apparut, ses cheveux luxuriants épars sur ses épaules, rose encore de sa sieste, et son corps de cotte délacé laissant voir plus qu'à demi son beau tétin. Je lui contai ce qui s'était passé, récit qui la rembrunit fort à ce que j'observai, et me tournant vers Espoumel, je lui dis :

— Espoumel, puisque te voilà maintenant rafraîchi, veux-tu me dire qui t'a commandé de m'occire et pourquoi ?

— Le pourquoi, dit Espoumel, se torchant la bouche du revers de sa main, je ne le sais. Mais le gojat qui me l'a commandé, bien le connais. Car le lendemain du jour où vous m'avez pris, Moussu, je m'enfuis avec lui des Corbières, craignant tous deux l'ire de notre capitaine que nous avions quelque peu larronné.

— Tiens donc ! Les loups entre eux ! Et que faites-vous en Montpellier, bons enfants que vous êtes !

— Mon compain y connaît une certaine bagasse dont il cuidait avoir quelques subsides. Mais la bagasse le repoussa de sa porte et sans un seul sol vaillant, mon compain, vendredi passé, occit un colporteur qui sortait des portes et le détroussa.

— C'est vilainie.

— Grande et peccamineuse, dit Espoumel en hochant la tête sur son vin. Et d'autant, ajouta-t-il, que bien petite et bien vite bue fut sa bourse. C'est pitié de tuer pour si peu.

— Mon escarcelle d'écolier n'était pas grasse non plus! Pourquoi moi à mon tour, Espoumel?

— Moussu, je ne sais, sauf que mon compain me jura que de votre suppression sortirait pour nous deux un grand bien.

— Quel bien?

— Sur mon salut, je l'ignore, dit Espoumel en mettant ses deux mains à plat sur la table et en espinchant le flacon de vin de ses petits yeux noirs.

Et de lui, je n'eusse plus rien tiré, si la Thomassine n'était entrée en lice, le heaume baissé et la lance droite.

— Espoumel, le nom de ton compain?

— Dòna, le dire ne peux.

— Mais que si, Espoumel, tu le peux. Désires-tu encore de ce vin?

— Dòna, pour vous servir.

— Pour te servir, toi, Espoumel.

Et ce disant, elle emplit de son vin un grand gobelet, mais le garda par-devers elle.

— Le nom, Espoumel?

— Dòna, le dire ne peux.

— Espoumel, as-tu faim?

— Faim, Dòna? Je le crois que j'ai faim! Je mangerais le gobelet après y avoir bu, si du moins vous me le baillez.

— Je te le baillerai, comptes-y, et aussi un beau chapon, rôti d'hier, que j'ai dans mon charnier. Le veux-tu?

— Si je le veux! dit Espoumel, la salive lui coulant des lèvres, et l'œil fiché sur le gobelet.

— Le nom, Espoumel?

— Le Dentu.

— Ha! dit la Thomassine. Le Dentu! C'est donc bien ce que j'avais pensé. Azaïs, quiers ce chapon, et donne-le à notre homme. Ainsi, c'est Le Dentu...

— Le Dentu, dis-je, est-ce là son nom?

— Son nom véritable, nul ne le connaît, et pas même lui. Mais le gueux a, en effet, dents fort bonnes et fort belles pour croquer tout ce qui se croque. Je le connais, mon Pierre. Quand je m'en

212

vins céans de mes monts des Cévennes, presque tuée de pauvreté, et tant maigre que fil d'aiguille, Le Dentu me servit de maquereau pour me soutenir dans mon péché. Il fut deux ans avec moi, et certes, je l'aimais. Mais il était querelleur, buveux, brutal et n'en avait qu'à mon bien. Aussi le mis-je dehors dès que je connus Cossolat, duquel il avait très peur, ayant commis céans larcins et meurtreries. Le Dentu se retira alors, ces huit ans passés, dans les monts des Corbières, et jeudi tout soudain réapparut céans. Espoumel, je suis la bagasse dont le gojat voulait tirer subsides et qui le repoussa de sa porte.

— Dòna, dit Espoumel la bouche pleine. Poli et honnête je suis. Je ne vous ai point appelée bagasse.

— Peu me chaut, dit la Thomassine en secouant ses épaules charnues. Je suis ce que je suis. Et peu vergognée de l'être. En outre, ayant maintenant de quoi, je ne vends plus mon devant. Je le donne. Et mon amour avec, ajouta-t-elle, en me baillant l'œillade la plus tendre.

— Grand merci, ma bonne Thomassine, dis-je en me levant de mon escabelle et en allant la baiser sur ses lèvres vermeilles. Je te sais un gré infini de ta belle amour. Je t'aime aussi.

— Ha, gentil menteur! dit-elle, en me rendant dix poutounes pour un et en même temps me testonnant le cheveu de ses doigts potelés. Aimable et courtois tu es comme en ton Périgord! Point ne te crois! Mais du moins, n'es-tu pas de ces malonestes qui pissent dans le puits après qu'ils y ont bu!

Sur quoi l'œil marron de Miroul s'égaya tandis que son œil bleu restait froid.

— Madame, dit Azaïs qui était avec sa maîtresse sur un pied de familiarité où je n'avais vu jusque-là aucune chambrière, tout cela est bel et bon, mais n'explique point que Le Dentu ait voulu expédier notre gentilhomme.

— Oh! que si! dit la Thomassine. Je connais le gojat! Il aura vu en M. de Siorac un rival, et le rival occis, il a pensé mettre la main sur moi et mes pécunes.

Là-dessus, tout étant clair enfin, on s'accoisa et Azaïs, s'asseyant sur la table d'un air fripon, balança ses gambettes, ce qui me tira l'œil, mais incontinent je le remis dans le droit chemin, ayant tué, comme je l'ai dit, cet oisillon-là à peine sorti de l'œuf. Cependant, Miroul, je l'observai, allait donnant de la tête dans ce joli piège. Et je m'en réjouis, voyant quelque commodité à ce que le valet trouvât pâture là où ses maîtres avaient leurs avoines. Si du moins j'ose parler d'avoine pour Dame Gertrude du Luc qui, à cet instant même, au-dessus de nos têtes, nourrissait d'une céleste ambroisie mon bien-aimé Samson. Ha, frère ! pensai-je, abandonne-toi à tes délices, sans cure ni souci ! Comment peux-tu penser que le divin maître, qui prodigue si libéralement dans sa nature graines et fleurs, veuille nous rogner chichement des joies si courtes dans notre vie si brève.

Cependant, la Thomassine, me désignant de l'œil mon caïman des Corbières, m'arracha à ma rêverie.

— Espoumel, dis-je en l'envisageant tandis qu'il finissait de gloutir le chapon rôti, la graisse lui coulant des coins de la bouche, tu m'as voulu occire aux champs et occire encore en la ville... C'est trop de deux ! Que vais-je faire de toi ?

— Me pendre, dit Espoumel en lapant son vin à petits coups pensifs. Faudra bien en passer par là. Tel qui se gausse de la hart un jour s'en chausse. Et Dieu ait pitié de lui. C'est pauvreté qui, en mes monts des Corbières, m'a mené à larcins et meurtreries. Fille, j'aurais vendu mon devant. Garçon, j'ai usé du cotel. Que le Seigneur Jésus me pardonne, et je mourrai content.

— Espoumel, plus content encore tu vivrais. Si tu me dis où trouver Le Dentu, je demanderai pour toi la grâce du Roi.

— Feriez-vous cela, Moussu ? dit-il, soulevé à demi de son escabelle et ses petits yeux noirs tout écarquillés.

— Assurément.

— C'est donc à réfléchir, dit-il en se rasseyant.

CHAPITRE VII

— Ha, moussu, me dit une semaine plus tard
Espoumel en sa geôle, mon honneur ne m'eût jamais
pardonné d'avoir baillé au Capitaine Cossolat le gîte
de Le Dentu, si ce dernier, trois jours avant, n'avait
tenté de m'occire.

— T'occire, toi? Et pourquoi?

— Pour me larronner.

Et Espoumel de m'expliquer qu'il tenait alors serrée en sa ceinture une petite fortune de quarante sols
qu'il avait mal, mais non sans mal, acquise en volant
et revendant une *flassada* — nom qu'on donne en
Montpellier à une bonne couverture de laine.

— Le Dentu, poursuivit-il, ne lance pas, comme
moi, le cotel. Il le baille à bout de bras. Et un matin,
à la pique du jour, alors que je dormais accoté à un
arc-boutant de l'église Saint-Firmin, je le vis, dans le
trouble de l'aube, tirer vers moi à croupetons, sa
lame à la main.

— Compain! criai-je, où vas-tu?

— Rien que pisser, dit-il en se redressant.

— Compain qui se lève tôt pisse où il veut. Tire,
compain, tire! La place est large et je suis chatouil-
leux en mon sommeil.

Après m'avoir fait ce récit, Espoumel m'envisagea
de ses petits yeux noirs, tant naïfs que niais, et me
dit en hochant la tête, donnant ainsi grand poids à
ses paroles :

— Mon noble moussu, oyez bien ceci que je vais
dire : Le Dentu, c'était un homme sans beaucoup de
conscience.

— Eh, je le crois! dis-je.

Mais, pour reprendre ce récit : Le Dentu attendait
à la Taverne de la *Croix-d'Or* la bonne nouvelle de
mon assassinat et devant un pot souriait de ses grandes dents aux délices qu'il s'en promettait quand, au
lieu d'Espoumel, ce fut Cossolat qui surgit.

La bête, surprise au gîte, voulut se défendre bec et
ongles, et mal lui en prit, car Cossolat, fort dépit

qu'on lui tînt tête, d'un coup d'épée lui ouvrit la tête jusqu'à la mâchoire.

Cet exploit de bouche à oreille grossi, on en vint à dire à Montpellier que Cossolat avait fendu le gueux jusqu'aux génitales. La légende est belle, mais j'atteste toutefois qu'elle est fausse. Fogacer s'étant fait remettre le corps pour le théâtre anatomique avant qu'il fût par le bourreau démembré, j'eus tout le loisir de l'examiner et j'affirme que le crâne seul fut coupé en deux.

Je ne fus point marri, en tout cas, de ce dénouement, n'ayant pas avantage à paraître au procès de ce gueux, et Cossolat désirant moins encore qu'Espoumel y figurât, le voulant garder à l'ombre, j'entends serré au secret dans la prison de la ville, au moins tout le temps qu'il faudrait pour tirer de lui le nom des lieux où les caïmans des Corbières avaient leurs caches et leurs repaires.

Ce qui se fit, non pas par la question, mais par la persuasion, Cossolat promettant à notre homme, au nom de M. de Joyeuse, la grâce du Roi. Et moi, m'étant pris d'une sorte d'affection pour cet honnête coquin à qui je devais la vie comme il me devait la sienne, je le visitais deux fois par semaine en sa geôle, lui apportant viandes et vin : visites dont il sortit pour moi, par ailleurs, un avantage assez considérable, comme je dirai plus loin.

M. de Joyeuse eut tout lieu d'être satisfait de nos services, car cousant ensemble ce qu'Espoumel avait dit au Capitaine des archers et ce qu'à moi-même il avait confié, il en sut suffisamment sur les refuges et les itinéraires des caïmans dans les Corbières pour monter contre eux une expédition qui les anéantit, assurant ainsi, au moins pour un temps, la sécurité sur le chemin de Carcassonne à Narbonne, et redonnant paix et prospérité à sa baronnie d'Arques.

On n'était pas parvenu encore à ce beau résultat quand Caudebec et ses Roumieux, bien refaits et remplis après six jours de franche ripaille, se résignèrent à quitter les *Trois-Rois* pour la Cité du Pape, non sans que Cossolat n'eût à arbitrer, entre l'alberguière et le baron, lequel, comme je l'avais observé à chaque étape, n'ouvrait pas volontiers son escarcelle, étant plus chiche et pleure-pain qu'aucun Normand de Normandie.

Je consentis à servir de truchement dans cette âpre dispute, et elle fut longue et difficile, les balances de l'équité étant quelque peu faussées, Cossolat aimant peu le baron, qui avait osé l'affronter en sa ville, et en revanche aimant fort l'alberguière qui, en son quotidien, se soumettait si volontiers à son autorité.

Quand enfin tout fut résolu, j'allai trouver Samson et Dame Gertrude du Luc qui, retirés dans leur petite chambre de l'Aiguillerie, n'en pouvaient plus de douleur à l'idée de quitter ces quelques pieds carrés qui avaient enfermé pendant six jours et pendant six nuits leur inouï bonheur.

Je les trouvai, au-delà même des larmes qu'ils avaient répandues, mais pâles, chancelants, hébétés, plongés dans un profond silence, ne sachant que se tenir les mains et s'entrevisager avec amour et stupeur, attendant le couteau d'un instant à l'autre, qui allait couper à vif leur chair et leur âme. Hélas, je fus celui qui dut trancher, l'heure du département des Roumieux ayant déjà sonné, et si navré que je fusse moi-même de l'excès de leur pâtiment et de leurs embrassements désespérés et enfin de la fuite de mon pauvre bien-aimé Samson qui, après avoir baisé sa dame de la tête aux pieds dans une fureur d'idolâtrie, se jeta comme fol hors de la chambre, et (d'après Miroul) bousculant sans les voir la Thomassine et Azaïs, courut d'une traite, le visage hagard, jusqu'à l'apothicairerie.

Miroul, sur mon commandement, le suivit, mais sans avoir accès à son gîte où mon pauvre frère se verrouilla incontinent, gémissant à cœur fendre sur son lit. Ce que voyant Miroul, il passa dans ma chambre, dont Samson n'était séparé que par une cloison de bois et de torchis et, accoté contre elle et pinçant sa viole, chanta une berceuse de notre Barberine pour conforter son maître.

217

Pour moi, j'eusse bien voulu fuir aussi le désespoir de cette pauvre dame, mais je ne pus, car après le départ de Samson, poussant un grand cri, elle se jeta dans mes bras, et sa tant claire et belle face appuyée sur mon épaule, elle me dit d'une voix si piteuse que la gorge aussitôt me serra :

— Ha, Monsieur ! Ha, mon frère ! Ha, de grâce, ne me quittez sur l'heure, que je ne perde pas tout de lui à la fois ! Que je vous garde une minute encore, vous qui êtes à lui, comme je suis sienne, puisque je n'ignore pas de quelle grande amour vous veillez sur mon bel ange pour démêler ses terrestres chemins ! Car mon Samson ne manque pas de tout me dire en sa céleste simplicité, et je sais ses tourments à l'idée de son gros péché et la façon aussi dont vous les dissipez. Que le ciel, si j'ose ici le nommer, vous remercie de vos soins ! S'il ne le fait je le ferai, moi, pauvre pécheresse, mais peut-on pécher quand tant on aime et voudrait tout donner de son cœur, et de son corps, et de ses biens ?

— Ha, Madame ! dis-je, de grâce, n'en disputons pas plus outre. Remettons-nous dans la main de Dieu. Il est bon. Et comment sa bonté pourrait-elle s'accommoder aux cruels châtiments dont nous sommes ici-bas menacés en nos brefs instants de bonheur ?

— Pierre, dit-elle d'un ton plus calme, comme j'aimerais que vous m'en persuadiez, comme vous en persuadez Samson ! Mais Monsieur, après mon département de Montpellier, vous qui avez tant de pouvoir sur Samson, n'allez-vous pas le convaincre dans l'intérêt de sa santé d'aller porter ses soupirs aux pieds d'une quelconque garce qui, pour être plus jeune que moi (encore que je ne sois certes pas d'âge à être la mère de mon Samson), ne me vaudrait assurément pas. N'ai-je pas observé céans les tendres regards que lui coule cette petite vipère d'Azaïs chaque fois qu'elle l'envisage ?

— Azaïs, Madame ! Il s'agit bien d'Azaïs ! Toutes les femmes que Dieu créa seraient aux pieds de mon Samson s'il le voulait ! Mais il n'aime et n'aimera jamais que vous, je vous en fais le serment solennel. Et pour moi, je veillerai sur sa fidélité comme j'eusse veillé sur la mienne si j'avais eu la félicité d'être aimé de vous.

— Ha, Monsieur! s'écria-t-elle en me donnant derechef une étroite brassée et en me couvrant la face de baisers qui, en l'extrême désordre où elle se trouvait, n'étaient peut-être pas tout à fait innocents. Monsieur, vous m'ôtez du cœur un poids immense! Pour moi, ajouta-t-elle avec un regard qui me perça le cœur, je vous aime comme un frère et beaucoup davantage. Veillez bien, je vous en supplie, sur mon bien-aimé Samson, et s'il ne le fait lui-même, car il me dit être assez embarrassé de la plume, écrivez-moi à Rome ce qu'il en est de lui et de son déportement, je vous en saurai un gré infini!

Là-dessus, sur la promesse que je lui fis, elle me baisa encore, avec tant de tendresse et tant d'élan que lorsqu'elle départit enfin, je m'assis sur une escabelle, et versai d'abondantes larmes.

— Quoi? dit la Thomassine en entrant, te voilà de même en pleurs? Cette grande garce normande m'a mué en fontaines mes beaux cadets du Périgord! Mon Pierre, es-tu pris, toi aussi, dans les rets?

— Je ne sais...

— Ou alors, dit la Thomassine, elle dans les tiens... La vague qui recouvre un rocher peut bien, poussée par la brise, recouvrir le suivant. Pierre, il en est des femmes comme des vents et tempêtes : nul ne peut les prédire.

Mais comme je restais coi, la face triste et l'œil fiché à terre, la Thomassine me dit avec un sourire :

— Te voilà bien navré. Mais toi qui es médecin, Pierre de Siorac, ne sais-tu pas que l'âme peut se guérir par le moyen du corps? Allons, mon Pierre, laisse que je te soigne! poursuivit-elle en délaçant son corps de cotte, geste qui me rappela Barberine. J'ai là curation souveraine pour traiter la mélancolie.

Et certes, de tous les remèdes négligés par notre maître Rondelet dans son *Methodus ad curandorum omnium morborum*, celui-là est le moins coûteux, le plus sûr et le plus délicieux, car des bras de la Thomassine, je sortis en effet tout rebiscoulé, comme le géant Antée après qu'il eut repris contact avec la déesse Terre, dont il était le fils. Aussi, me faut-il bien croire que je suis fils de la Terre et de femmes terrestres, comme Barberine et Thomassine, dont le lait de divine bonté n'a cessé de me nourrir, ma vie durant.

Mais un mois se passa avant que je pusse consoler quelque peu mon Samson, à qui mon remède particulier, comme bien vous pensez, eût été de nul effet. Chaque semaine, j'écrivais, non sans quelque secret plaisir, à Dame Gertrude du Luc, une missive fort longue, à laquelle mon Samson ajoutait quelques mots d'une simplicité à vous tordre le cœur.

Comme il ne se passait de semaine sans que des Roumieux en France ne fissent étape en Montpellier, soit revenant de Rome, soit y allant, les lettres que dans les deux sens on leur confiait parvenaient à destination avec une merveilleuse promptitude. Il arrivait même qu'elles se croisassent, car Dame Gertrude, encore qu'elle fût à Rome pour ses dévotions, ne cessait, elle aussi, de couvrir, à l'adresse de Samson et de moi-même, des pages entières, dans une orthographe qui me ramentevait celle de la petite Hélix, mais chargées cependant de sentiments si tendres, si mignards, si caressants, qu'en fermant les yeux on pouvait presque voir son cœur généreux palpiter entre les lignes. Du moins, c'est ainsi que je l'imaginais, n'étant pas exclu, me semblait-il, de ses effusions.

Fin août, l'apothicairerie reçut deux autres missives qui avaient mis, en revanche, un temps infini à nous parvenir, étant passées de marchand à marchand et de ville en ville, l'une faste, de mon père, l'autre néfaste, du jurisconsulte Coras vivant à Réamont en Albigeois, adressée au très illustre Maître Sanche et qui nous plongea tous dans la désolation, comme je dirai.

Ha! Que de bien, et que de mal aussi, nous fit, à Samson et à moi, la lettre de mon père, à proportion de ce qu'il nous peignait de notre bien-aimé Mespech, si loin de nous, sous de si brillantes couleurs, tous, maîtres et gens s'étant gardés sains et gaillards dans ses murs, les moissons bonnes, les foins rentrés, la vendange s'annonçant belle, le fruit abondant, et bonne vente aussi des pierres appareillées du carrier Jonas, des tonneaux de Faujanet, des hottes de la Sarrazine, des moutons de Cabusse, des porcs de notre moulin, celui-ci par ailleurs prospérant grandement, sous l'adroit ménagement de Coulondre Bras-de-fer : Les gens de nos villages nous apportant leur grain, non par obligation — ce droit-là ayant été aboli — mais par choix, ayant fiance en l'honnêteté du seigneur huguenot, ce qui n'empêchait point son honnête profit. Et point seulement le grain, mais à l'automne, la noix à presser sur une autre meule, pour en tirer l'huile dont on éclairait les veillées. Il n'était jusqu'au roux Pétromol qui, après avoir refait nos harnais, s'était mis à ouvrager des selles si belles que la frérèche n'avait point de peine à les vendre à haut prix à la noblesse catholique du Sarladais, toujours soucieuse d'ostentation.

Tout ceci conté dans le ton vif et expéditif qu'affectait mon père, et qui nous le rendait si présent, avec ses yeux clairs, son torse droit, son rire sonore, ses verts propos, et la chaleureuse amour qu'il portait à tous, gens compris, dont il citait les noms, sans en omettre un seul.

« Pour ce qui est de Samson, poursuivait mon père, fort loin d'être dépit de l'extraordinaire appétit qu'il montre pour l'apothicairerie, j'en suis fort satisfait et l'autorise bien volontiers à en apprendre l'état. D'autant que sans doute il se ramentevoit que mon père Charles Siorac voulait faire de son aîné un apothicaire et de moi, son cadet, un médecin, afin que d'exercer tous deux à Rouen et cernant le patient en amont comme en aval, prospérer grandement si Dieu voulait. Et qui sait si ce que mon père n'a pu réaliser en ses fils, je ne pourrais pas l'accomplir en les miens ?

« Messieurs mes fils, vous serez sans doute fort

aise d'apprendre que votre aîné François et votre gracieuse sœur Catherine se portent fort bien, et que mon gentil bâtard David [1] grandit en exceptionnelle beauté, y ayant, semble-t-il, une mystérieuse grâce du ciel réservée aux enfants conçus hors mariage. (Ceci était écrit, je gage, tant pour se conforter lui-même que pour conforter Samson.) Aïnsi en est-il de la Gavachette, aussi bravette et mignonne qu'aucune garce dans le Sarladais, encore qu'elle ne soit pas fille de Roume, comme la Maligou le prétend.

« Mon Pierre, je te loue tout autant de débroussailler la logique et la philosophie que de ta valeur dans les Corbières. L'art est si long, et la vie, si courte. Et comme tu sais, rien ne s'achève sans sueur ni labeur : *absque sudore et labore nullum opus perfectum est* [2]. Pour le cotillon, si tu en trouves un bon, à savoir d'une bonne garce, tiens-toi à celui-là, et à celui-là seul. Mais je fais fond là-dessus sur ta sagesse, laquelle passe de beaucoup ton âge. »

Oui-da pour les fleurs, que mon père se réservait toujours, n'ayant point trop le cœur à gronder, le rôle du censeur dans la frérèche étant dévolu à Sauveterre, mais la censure, toutefois, venant bel et bien des deux, et personne pour s'y tromper. Après les roses donc, les épines. Car il y avait, hélas, un post-scriptum à cette lettre tant aimable, et celui-ci — *in cauda venenum* [3] —, excessivement âcre et piquant, signé de notre oncle Sauveterre, lequel d'une plume acérée nous faisait grief de trop dépenser en repas et boissons à l'auberge des *Trois-Rois*, et repoussait par ailleurs comme « futile et frivole » le projet que j'avais osé dans ma lettre suggérer, de commander en Montpellier pour Samson et moi, comme la mode en était alors, un pourpoint de satin bleu avec des chausses de même couleur, et des crevés rouges, et une toque de velours ornée d'une plume.

1. Le fils que mon père avait eu de Franchou, l'ex-chambrière de ma mère.
2. Aucun ouvrage n'est parfait sans sueur ni labeur.
3. Dans la queue le venin.

« Mes neveux, écrivait Sauveterre, habillez-vous de noir, comme il convient à votre docte état, et non comme des mignons de couchette qui se paonnent dans les ruelles et vivent en vilité. »

Voilà bien nos huguenots, pensai-je, déprisant la vêture et l'apparat, et jusqu'à la commodité et rognant sur tout, à seule fin de remplir leurs coffres. « Samson, dis-je, après avoir lu la lettre, te souviens-tu comment l'oncle Sauveterre, ramassant un jour une épingle dans la cour de Mespech, monta, tout claudicant, jusqu'à la chambre de ma mère et lui dit : "Voilà qui est à vous, je crois. Ma cousine, n'égarez pas vos épingles : elles sont si chères." » « Mais il avait raison, dit roidement Samson. Gaspiller est impie, et quant à l'ostentation, elle est mère de luxure. » A quoi je ne répliquai rien, mais ne pensai pas moins. Car j'eusse pu citer à ce frère naïf de certaines luxures qui, loin d'être filles de dépense et d'ostentation, n'avaient pas coûté un sol vaillant à ceux qui s'y étaient ventrouillés. Mais je préférai me taire, de peur de troubler beaucoup ce frère tant chéri, car mon Samson, en sa colombine innocence, ne s'était jamais demandé qui avait payé la chambre de l'Aiguillerie, non plus que les bonnes et saines viandes dont, six jours durant, on avait réparé ses forces.

Dame Rachel qu'en arrivant à Montpellier nous n'avions fait qu'entrevisager, assise sur une chaise au frais devant sa porte et durement enceinte — et comme on s'en souvient, le soir même, derrière un rideau, elle accoucha d'une fille, en violation des règles de notre médecine, qui voulaient qu'en pleine lune, elle baillât à son époux un fils —, était revenue parmi nous après ses relevailles, royale et brillante en sa grâce orientale, Maître Sanche ayant montré, disait Fogacer, beaucoup de goût dans le choix de ses successives épouses, et la dernière en date plus belle et plus jeune encore que la précédente, ayant quelque quarante ans de moins que lui, et d'une beauté à faire pâlir Typhème, laquelle, d'ailleurs, n'était pas sa fille, non plus que Luc, enfants d'un premier lit, à qui elle témoignait peu d'amitié, et pas davantage à Fogacer, ni à moi-même, ni à Samson, étant aussi froide que le diamant dont elle avait l'éclat. Redoutée, au surplus, comme peste en carême par tout le domestique, par la cuisinière Concepcion, par ma pauvre Fontanette, par les commis, et même par le cyclopéen Balsa. Au très illustre maître, témoignant le respect qui lui était dû, et rien de plus, et l'envisageant de sa prunelle froide, que pas un pleur ne ternit jamais, du moins tout le temps que je fus dans cette maison.

La lettre du jurisconsulte Coras, qui arriva deux jours après celle du Baron de Mespech, était, hélas, d'une bien autre encre que celle de mon père, laquelle respirait la force et la mâle gaieté qui étaient les siennes en son quotidien.

Ce midi-là, en la salle à manger de l'apothicairerie, chacun debout devant son escabelle attendait le très illustre maître — Dame Rachel, vu son état, ou peut-être en raison d'un décret permanent de son époux, l'attendait aussi, mais assise, le dos accoté à un fauteuil, les deux mains sur les genoux, sa belle face haut dressée, et ne regardant rien ni personne de ses beaux yeux si froids, sinon peut-être à l'intérieur de sa jolie tête le spectacle de sa propre beauté.

Et cette attente se prolongeant plus qu'à l'accoutumée, nous en étions fort étonnés, quand le maître apparut enfin, la tête basse, plus courbé et déjeté qu'à l'ordinaire, portant en sa dextre un papier plié en quatre, et testonnant d'un air chagrin de sa senestre sa longue barbe grise. Posant ledit papier à côté de son écuelle avec un profond soupir, il défit sa ceinture argentée et ôta sa robe de soie, mais comme distrait et retiré en lui-même, et sans la pompe et la piaffe qu'il mettait d'ordinaire à ce dévestement. Puis, suspendant sa robe à l'andouiller d'une tête de cerf qui décorait le mur, la face triste, l'œil terne et la lèvre affaissée, il s'assit.

— Mais, Monsieur mon mari, dit Rachel, vous avez omis d'ôter votre bonnet houppé d'amarante...

— C'est, ma foi, vrai, dit Maître Sanche qui, se

relevant sans l'ombre d'un sourire, mais la face toujours fort contrainte, retira son couvre-chef et l'encorna à côté de sa robe. Ayant fait, il posa sur ses cheveux frisés et grisonnants sa petite calotte noire brodée de soie d'or, et après un second soupir, se rassit, la main tremblante posée sur le papier qu'il avait apporté.

— Mais, Monsieur mon mari, dit Rachel, vous vous asseyez?

— Eh bien, Madame? dit Maître Sanche, non sans humeur et comme dérangé de sa rêverie. Pourquoi pas?

— Monsieur, dit Rachel, qui parut fort piquée de ce ton — et ce disant, elle portait encore plus haut la crête — vous oubliez le *benedicite*... Allons-nous manger nos viandes comme payens en Turquie?

— C'est vrai, dit Maître Sanche et, se relevant, il attendit que la Fontanette, portant son aiguière, lui eût baillé de l'eau.

Puis il resta, l'œil fiché à terre, tandis que la bravette fille faisait le tour de la table pour donner à laver à chacun, ce qu'elle fit sans les jolies petites mines qu'elle affectait, la prunelle de Dame Rachel restant tout ce temps attachée sur elle comme œil de chatte sur souris.

La Fontanette retirée en la souillarde, Maître Sanche prononça en son hébreu son particulier *benedicite*, la face tournée du côté du mur, balançant la tête d'arrière en avant, comme c'était son usage, et ne se retournant vers nous que pour nous dire:

— Au nom du Seigneur Adonaï, amen.

A quoi, Luc ajouta, la gorge serrée et la voix éteinte, car le grand trouble où était son père ne lui avait pas échappé:

— Et du fils et du Saint-Esprit, amen.

Cependant, au lieu de nous commander de nous asseoir, et de prendre place à son tour, Maître Sanche resta debout et, avançant la main comme à regret vers le papier qu'il avait posé sur la table, il le déplia avec un tremblement des doigts et dit d'une voix fort basse:

— Ha, Monsieur le Bachelier Fogacer! Mes beaux neveux! Mes beaux enfants, et vous, madame mon épouse! Triste de moi, qui vous dois lire cette funèbre lettre, et tristes de vous qui la devez ouïr! Mais à vrai dire, je ne vous la lirai pas. Le cœur me fault. Je vous en dirai la substance, et c'est assez.

Le papier tremblant toujours entre ses doigts, et les larmes roulant de ses yeux, Maître Sanche poursuivit, encore que d'une voix plus ferme, comme s'il avait honte de la faiblesse qu'il faisait paraître :

— Cette lettre est de mon grand et docte ami, le jurisconsulte Coras de Réalmont en Albigeois, lequel étudia les lois en Montpellier, durant le même temps où j'y étudiai l'apothicairerie, et le chancelier Rondelet, la médecine.

— Rondelet! s'écria Fogacer comme saisi d'effroi. Il s'agit de lui?

— Mais lisez, Fogacer, lisez! dit Maître Sanche, tout soudain défaillant. Je ne saurais parler plus outre!

Et lui tendant la lettre par-dessus la table, il se laissa tomber sur son escabelle, se testonnant sauvagement la barbe de ses deux mains tremblantes.

Fogacer, son nez d'aigle pâle et pincé, et ses sourcils arqués, lut la lettre en silence, laquelle était en latin comme je m'en aperçus en jetant un coup d'œil par-dessus son épaule. Pendant ce temps, voyant le grand pâtiment qui travaillait Maître Sanche, mon bien-aimé Samson, ange de Dieu qu'il était, s'approcha de l'apothicaire et posa la main sur son épaule, audace qui fut bien reçue, car Maître Sanche incontinent sur cette main plaça la sienne et cessa de tourmenter sa barbe. Luc, lui aussi, vint au plus près de son père, mais si grand était le respect qu'il éprouvait pour lui qu'il n'osa le toucher. Typhème, en son coin, pleurait, non tant de l'appréhension de ce qu'elle allait ouïr, que du grand émeuvement où elle voyait Maître Sanche, tandis que Dame Rachel, se suffisant à soi, pimplochée à ravir en sa royale grâce, pas un poil ne passant l'autre en sa coiffure, était assise, sereine et coite, l'œil aussi sec que la splendide agate dont il était taillé.

— Voici ce que Maître Coras nous mande, dit enfin Fogacer, la voix basse et la contenance fort triste. Je ne le lis point : je le résume. Comme il était, hélas, à prévoir, comme je l'avais moi-même prévu à son département, M. le Chancelier Rondelet fut fort travaillé de son intempérie, tant au cours de sa chevauchée par combes et pechs, jusqu'à Thoulouse, que pendant son séjour en cette ville, où il trouva en outre une chaleur accablante et souffrit une excessive fatigue à consulter les légistes pour démêler les affaires de ses beaux-frères. Il achevait à peine ces consultations et pensait enfin à se reposer quand il reçut de Coras — lequel ne savait rien de la maladie de son ami — une lettre où le jurisconsulte le suppliait de venir à Réalmont soigner sa femme subitement tombée en un mal grave et déconnu. Rondelet, encore que son intempérie depuis son arrivée à Thoulouse eût beaucoup empiré, se résolut incontinent, malgré les représentations de ses beaux-frères, et accablé comme il était d'une fièvre ardente, à départir pour l'Albigeois. Ce qu'il fit le matin même où il reçut la lettre de Coras, quasiment à bout de forces, et grelottant. Il faut un jour de cheval de Thoulouse à Réalmont. Rondelet en mit deux, se traînant de gîte en gîte, tenaillé de douleurs d'entrailles et d'un flux de ventre continuel. Arrivé à Réalmont, il eut encore la force d'examiner l'épouse de Coras, de discerner la racine de son mal, et de prescrire une curation qui, d'ailleurs, la guérit. Mais à peine fut-elle sur pied que l'illustre médecin se coucha, pour ne plus se relever. Jugeant lui-même son état désespéré, il refusa tout remède, dicta à un notaire un arrangement de ses affaires terrestres, et consacra ses dernières heures à faire sa paix avec Dieu. Il expira le vingtième jour de juillet.

Ce récit ayant donné à Maître Sanche le temps de se reprendre, il nous fit signe de nous asseoir dès que Fogacer eut fini, et dit, sans se lever, d'une voix encore basse, voilée, mal assurée, et qui avait grand'peine à passer le nœud de sa gorge :

— Ainsi, c'est en raison de son émerveillable

dévouement aux malades que ce grand médecin a rendu sa belle âme à Dieu, aussi exemplaire en sa mort qu'il l'avait été en sa vie. Laquelle fut brève, mais n'est pas achevée, puisque le pensement de cet homme d'une humanité plus qu'humaine vivra avec nous. *Brevis a natura nobis vita data est, at memoria bene redditae vitae est sempiterna* [1].

En citant cet adage, la voix de Maître Sanche se raffermit et sa face reprit quelque couleur, comme si les vocables de la langue latine avaient sur lui un effet roboratif, et par la seule magie de leurs doctes sonorités, lui redonnaient fiance et foi en son destin sur terre. Ainsi fortifié, le maître saisit sa cuillère, moins par l'effet de la volonté que par celui de l'habitude, et la planta dans l'humble brouet que la Fontanette nous servait, la mine contrite à nous voir tous dans la désolation, mais toutefois s'arrangeant, en remplissant mon écuelle, pour me toucher la main — laquelle je retirai incontinent, observant que Dame Rachel, de ses yeux d'agate, n'avait pas perdu miette du manège de la pauvrette. Mais peux-je dire ici sans trop de vergogne et sans vouloir fâcher le lecteur que, en dépit de l'affliction du moment et de la part sincère que j'y prenais, cet attouchement me donna un plaisir extrême, tant il m'était difficile, en mes vertes années, de m'attarder à l'idée de la mort, ou même, tout gonflé de sève que j'étais, de croire qu'un jour elle pourrait m'atteindre.

Cependant, cette désolante nouvelle, venant après la lettre de mon père, me rendit encore plus amer l'éloignement de mon nid de Mespech, des beaux bras de Barberine, de l'amitié de tous. Plût à Dieu que j'eusse eu la sagesse au-delà de mon âge dont m'avait loué mon père dans sa missive. Mais hélas, comme la suite le montre bien, le sang bouillonnait trop vif en mes jeunes veines et ni l'esseulement ni la tristesse ne me pouvaient longtemps convenir.

Ce soir-là, agité encore par la mort de cet homme

1. Brève est la vie que nous a donnée la nature, mais éternelle, la mémoire d'une vie vouée au bien.

si bon, et par l'effet qu'elle avait produit sur Maître Sanche et sur Fogacer — dont Rondelet, en ses études, avait été le père — je ne pus, quoi que je fisse, trouver le sommeil dans ma chambre et j'allais toquer à l'huis de Samson, mais en vain. Sans doute dormait-il déjà, nu sur sa flassada, la chaleur étant étouffante, et rêvant au frais licol des bras que vous savez. Sans mon bien-aimé frère, la solitude me navrant davantage, je poussai alors jusqu'à la chambre de Fogacer, et sans toquer, car il ne fermait jamais le verrou. Mais le bachelier n'était pas au gîte, ayant été, je gage, se faire conforter dans sa détresse, je ne savais où et par qui, car Fogacer était fort secret et cousu sur le chapitre de ses amours. Quant à moi, si fort que ce soir-là j'eusse eu besoin d'une tendre brassée, je n'avais pas ce recours, le vendredi — jour de Vénus — étant celui où la Thomassine recevait son chanoine, lequel, étant homme de beaucoup de sens, savait employer au mieux d'une charité bien ordonnée les espèces sonnantes qu'il tirait des fidèles en échange des jours d'indulgence qu'il leur distribuait. Ainsi, les pécunes salvatrices passaient de l'escarcelle du pécheur à l'oreiller de la pécheresse, sans que personne, ni dans ce monde-ci ni dans l'autre, ne fût lésé, le pécheur gagnant son purgatoire, le chanoine atteignant à la sérénité, et la pécheresse tant tenue tant payée, et qui plus est, absoute. Car encore que la Thomassine eût dit devant Espoumel qu'ayant maintenant de quoi elle ne vendait plus son devant, à vrai dire elle le prêtait encore à bons intérêts, à trois ou quatre personnages étoffés de notre ville, ce qui, sans me rendre jaloux, n'était pas sans m'incommoder, puisque je n'avais pas accès à ma consolatrice aussi souvent que je l'eusse voulu.

Ainsi, privé de mon Samson, de Fogacer, et de la Thomassine, je regagnai, tout esseulé, ma chambre, où malgré la nuit, la touffeur me parut insupportable, les murs ayant beaucoup chauffé durant le jour. M'avisant toutefois par l'éclat de la lune qu'elle au moins me pourrait tenir compagnie — comme elle fit autrefois, de si caressante guise, à Endymion en sa grotte —, nu comme j'étais, je chargeai ma paillasse sur mes épaules et la montai jusque sur la terrasse, où les dalles étaient tièdes encore, mais l'air plus vif et plus frais. Cependant, cet effort m'ayant couvert de sueur, je retournai dans la chambre, me jeter de l'eau sur tout le corps et, que me pardonne l'oncle Sauveterre! me pulvériser d'un parfum que la Thomassine m'avait baillé. Ainsi rafraîchi, je remontai à la terrasse non sans avoir fait du bruit davantage en mes allées et venues que je n'aurais désiré.

Ha, que belle et blanche me parut Montpellier sous la lune, et superbes ses terrasses étagées, et amical, son silence, car plus rien ne s'entendait, à cette heure, de la rumeur du jour. Ni appels stridents de vendeurs à la criée, ni bruits de bottes sur les pavés disjoints, ni bourdonnement de jaseries, ni cahotant charroi, ni sabot de cheval, chacun étant retiré en sa chacunière, derrière des portes bien closes. Cependant, si atendrézi que je fusse par la beauté de cette ville unique, ce plaisir se gâta vite par le fait que je n'avais personne pour le partager. Et au bout de peu de temps, je me retrouvai d'autant plus seul, avec mon triste moi, que je venais d'apercevoir, brillant sous la lune, le clocher de Saint-Firmin, lequel me fit penser à l'Aiguillerie, et l'Aiguillerie, à la Thomassine, occupée, comme bien vous l'imaginez, derrière les rouges rideaux de son lit. Ce qui ne me plut guère, à la réflexion; et moins encore que ce fût avec un papiste.

Je gagnai ma paillasse et m'y laissant choir, je croisai mes mains sous ma nuque, et la mort du pauvre Rondelet aidant et ma solitude aussi, je tombai dans un grand pensement de ma petite Hélix, laquelle j'avais aimée de si tendre amitié. Or, contaminé à la longue par le sentiment si vif et si naïf qu'elle avait eu pour moi de son vivant, je nourrissais pour elle depuis peu, au rebours du temps, une vaine et âcre amour qui me faisait grand mal, puisque son absence en ce monde ne la pourrait jamais satisfaire.

— Mais ventre Saint-Antoine! m'écriai-je à voix

haute en me dressant sur mon séant, de cette mélancolie, point ne veux! Car elle est la mère de toutes les intempéries du corps, et tout bon médecin doit commencer à se guérir lui-même!

Ayant dit, je me levai, et nu que j'étais, marchai de long en large sur la terrasse et, quoique j'eusse la gorge nouée, je levai la tête et, serrant les poings, les campai sur mes hanches, dans l'attitude que j'avais prise à mon père. Ce qui me fit quelque bien, je gage, mais davantage, tandis que je faisais demi-tour, l'apparition, par la porte de la guérite qui protégeait l'escalier, de la Fontanette, pieds nus, en chemise, le cheveu dénoué sur ses épaules nues.

— Ha, mon noble moussu! dit-elle fort effarée, mais non pas tant de l'appareil où j'étais qui ne lui était pas déconnu : Que bizarre, votre déportement! Quel remue-ménage est-ce là en votre chambre et au-dessus de ma tête? Etes-vous lunatique, que vous voilà nu comme la main, couchant comme sauvage en Arabie à l'enseigne de la lune, sans un toit pour vous protéger, exposé à la contagion de l'air et la pestilence de la nuit! Vous allez la mort attraper!

— Ha, Fontanette! dis-je, fort aise de l'envisager en son charmant désordre, la contagion de l'air n'est que superstition vulgaire, la nuit est bonne à respirer tout autant que le jour, et bien plus fraîche et rebiscoulante, si le jour est torride.

— Certes, dit-elle, je ne suis que sotte embéguinée, ne sachant point lire ni écrire, et vous moussu, êtes déjà fort savant médecin, parlant latin et lisant de gros livres. Toutefois, je tiens de ma mère, et de ma grand'mère, que la lune est le soleil des lièvres, lesquels sont fous, comme chacun sait, à voir les grands sauts qu'ils font dans les herbes. Et chez nous, on dit aussi que la lune est folle en mars, et si hors de ses sens elle est, ne peut-elle vous rendre lunatique au point de l'aller adorer tout nu et tout seul sur un toit, au lieu de dormir dans votre chambre comme un chrétien?

— Fontanette, dis-je en me gaussant, mais la face sérieuse, nous sommes en août! Et en août, la lune n'est point folle comme en mars; mais amoureuse à la folie, et ne rêvant que de courir l'aiguillette et de débragueter les droles qui lui agréent. Et c'est pourquoi, me trouvant ce soir dans une grande mélancolie, je suis venu sur ce toit dans l'espoir de l'accommoder.

Ce disant, j'allai me coucher sur le bord dextre de ma paillasse, laissant libre le bord senestre, comme si j'attendais, en effet, une compagne de nuit.

— Doux Jésus! s'écria la Fontanette. Est-ce vrai, que vous êtes plongé en la *malenconie*? (C'est ainsi que l'on prononce le mot dans le parler de Montpellier.) Et est-il Dieu possible que la lune va venir céans vous mignonner et être mignonnée de vous?

Et ce disant, s'asseyant sur le bord senestre de la paillasse, elle plaça sa main potelée sur la toile qui la recouvrait et la tâta.

— Mais je ne sens rien!

— C'est que la lune n'envoie encore que ses rayons pour me caresser, mais bientôt elle sera là en personne, fraîche et dorée, et ayant pris la forme de la plus belle mignote qu'on vit oncques à Montpellier.

A quoi, ma Fontanette arrondit fort les yeux.

— Mais c'est là, s'écria-t-elle en se signant, impiété vilaine et magie diabolique! Et avec tout mon respect et mon amitié, moussu, je m'ensauve!

Je la retins incontinent par le bras.

— Coquefredouille! dis-je. Fi de tes sottes terreurs! La lune est chrétienne, comme toi et moi! Sans cela, Dieu l'aurait-il accrochée à son firmament, quand il a créé le monde? Se serait-il accommodé si longtemps d'une lune impie ou payenne, lui qui peut tout?

— Quand même, dit-elle, rassurée mais à demi, je me pense que ce n'est pas bien quand la lune, se décrochant, va remplaçant les pauvres drolettes de ce monde en leurs fonctions et plaisirs... Et si vous êtes, moussu, dans votre malenconie, n'avez-vous point une femme terrestre pour vous conforter? On dit que vous êtes fort avant dans les grâces de la Thomassine.

A cela, que je n'attendais pas, et pris sans vert, je restai le bec cloué. Cependant, je la tenais toujours par le bras, qui était ferme et frais, et ne sachant à la fin que répliquer, je poussai un profond soupir.

— Vous soupirez, dit-elle, émue. Qu'ai-je dit de mal ? Vous aurais-je embufé ?

— Nenni, Fontanette, dis-je en levant les yeux. J'envisage la lune et je sais maintenant qu'elle ne viendra pas, ayant trouvé provende ailleurs, et que je vais rester céans, seul et nu, et désaimé de tous.

— Ha, moussu ! Ne dites point cela ! Vous êtes choyé céans. Non certes que vous soyez aussi joli drole que votre frère Samson, mais il est si rêveux qu'il sait à peine s'il est là. Et là vous êtes, et bien là, vif, gaillard, et jouant à ravir du plat de la langue pour leurrer les pauvrettes avec des contes de lune...

— Ha, Fontanette ! dis-je, parlant du clos du cœur, sans plus babiller ni me gausser. Je ne te leurre point. Je t'aime de grande amitié et j'ai de toi un appétit que tu ne peux imaginer.

— Ha que si ! s'écria-t-elle, ses yeux vifs luisant sous la clarté douce de la lune. Ha, que si, je l'imagine, puisque j'ai le même ! Et bien strident ! Depuis que vous êtes céans, moussu, et par le pensement que j'ai de vous, chaque nuit que le diable fait, je me tourne et me retourne mille et mille fois dans mon sommeil, et quelle bordailla est mon lit à force d'entortiller mes draps ! Sainte mère du ciel, que de fièvres, que de soupirs, et que de remuements !

Ceci fut dit avec tant de simplicité que je fus tout atendrézi de la voir si naïve, et démantelant de soi ses bastions et défenses. Et combien que je fusse alors tenté de la prendre dans mes bras et de la coucher à la place que, sur ma paillasse, j'avais réservée à la lune, je ne le fis pas, du moins je ne le fis pas encore, tant le cœur me serrait de la voir si désarmée, et regrettant tous les contes que je lui avais faits et auxquels elle avait cru sans y croire, bravette fille qu'elle était, et si jolie, et si proprette, le cheveu noir dénoué sur ses épaules rondes que découvrait jusqu'aux tétins pommelants le col de sa chemise.

— Moussu, dit-elle avec son accent de Montpellier plus chantant que notre périgordin, et que j'aimais comme musique, moussu, vous ne dites rien?

— Fontanette, dis-je à voix basse en lui prenant les mains, que te dire sinon que la curation est simple de la maladie dont nous sommes tous deux travaillés.

— Ha, dit-elle avec un soupir, vous en parlez simplement, étant homme, et homme noble. Mais moi, qui suis fille, et chambrière, guettée que je suis par Dame Rachel comme mulot des champs par le faucon, je risque mon congédiement — et qui plus est, d'être grosse.

— Oh, pour ça, lui dis-je à voix basse à l'oreille, je connais les herbes et où les mettre. Remède que je tiens de mon père, et qui est sûr.

Et ce disant, me trouvant si près de sa petite oreille, je baillai à son lobe si mignon un petit poutoune, puis un autre, et enfin un petit mordillement qui la fit rire. Et riant, elle s'ococoula dans mes bras, et penchant sa jolie tête à droite, à gauche, elle me donnait tout son cou à baiser.

— Ha, moussu! dit-elle quand à la suite de ce mignonnement, je l'allongeai à mon côté, qu'est cela? Je partage votre lit! C'est gros péché!

— Tu le confesseras à ton curé.

— Oh, que nenni! Il le répéterait tout chaud à Dame Rachel!

— Dis-le à un autre prêtre...

— Mais je n'en connais point d'autre. Ha, moussu, si ce n'était péché, comme j'aimerais tout cela! Mais c'est grande abomination, et je ne veux! Je ne veux!

Et les cheveux noirs épars en auréole autour de sa face tant mignonne et naïve, plus faiblement et à chaque baiser murmurant : « Je ne veux », m'en eût voulu pourtant de les cesser, tant qu'à la fin, la lune aidant, et son silence, et la tiédeur de l'air, elle fut à moi, et moi à elle.

Ha, certes, Cicéron se trompe quand il affirme : « *ignoratio rerum futurorum malorum utilior est quam scientia* [1] ». Car si j'avais pu connaître alors l'enchaînement funeste des effets qui devaient découler pour ma pauvre Fontanette de ces embrassements, je l'eusse, à force forcée, repoussée de mes bras où je voyais bien qu'elle était attirée en la fleur et la flamme de son âge, je ne dirais point comme la limaille par l'aimant, car ce dernier était en elle autant qu'en moi, et fort irrésistible l'attraction qui en résultait en nos vertes années.

Mais comment n'eussé-je pas trouvé, en outre, émerveillable, de l'avoir le premier prise en son bourgeon et, qui plus est, de l'avoir toute à moi, dans le même temps où je devais partager la Thomassine avec trois ou quatre bourgeois pansus, sans compter ce luxurieux chanoine qui tenait boutique d'indulgences. Mais hélas, de tous les bonheurs qui m'échurent en cette terre, celui-là fut le plus bref, et finit en une guise à me tordre le cœur. Car nous ne fûmes que trois mois en notre commerce délicieux et secret — et que le lecteur me pardonne de n'en pas parler plus outre, car je ne puis, ce jour d'hui encore, en dire mot ni miette sans que la gorge m'en serre excessivement au souvenir de la suite affreuse que le sort réservera à nos amours de lune.

Comme Fogacer l'avait prévu, Rondelet mort, le Docteur Saporta fut élu Chancelier de l'Ecole de Médecine et, Fogacer m'accompagnant, je l'allai voir fin septembre pour la raison que j'ai dite.

Bien qu'il fût fort étoffé, Saporta, qui était marrane, et huguenot, vivait plus chichement qu'aucun médecin de la ville, et logeait en maison mesquine rue du Bras-de-fer, dont la pente était si raide qu'on l'appelait en Montpellier *la devalada* : ni cheval ni charroi n'eussent osé s'y engager, et pour cette raison, la rue eût pu être calme, sans une nuée de drolissous clabaudeurs qui y batifolaient quasiment tout

1. L'ignorance des maux futurs est plus utile que ne serait leur connaissance.

le jour avec des planchettes garnies de petites roues de bois sur lesquelles, à plat ventre, ils se laissaient glisser du haut de la rue jusqu'au bas, à leurs considérables risques, car ils se retrouvaient souvent toquant contre un mur, ramassant plaies et bosses, et leurs carrosses en miettes.

Tout ce remuement faisait dans la rue du Bras-de-Fer un tintamarre à vous étourdir les oreilles. Et celui-là apaisé quand les galapians étaient retirés en leurs lits, un autre s'ensuivait, bien pire que le précédent, étant fait des jurons, querelles, rixes et chansons sales et payennes qui sortaient d'une taverne dite — que le Christ lui pardonne! — de la *Croix-d'Or* et où, la nuit durant, s'agrégeaient, braillaient, buvaient, jouaient aux dés et forniquaient tout ce que la ville comptait de gueux et de ribaudes.

Ainsi vivait nuit et jour en cet enfer du bruit et en rue mal famée — et plus mal même que la rue des Etuves, où officiait une nuée de gouges — le Chancelier de notre école, lequel supportait d'un cœur patient ces incroyables incommodités, pour ce qu'il possédait en toute propriété, en cette même rue, au Nº 32, un fort beau Jeu de Paume, sur le ménagement duquel il voulait, à tout instant, l'œil garder et de fort près, pour le profit qu'il en tirait.

Ayant suivi les cours d'été du Docteur Saporta, j'avais vu le terrible régent, mais de loin, l'assistance étant fort nombreuse et je l'avais aussi entr'aperçu plus d'une fois alors que je jouais de la raquette contre Fogacer, le bachelier m'ayant donné à entendre que je ne saurais être dans les bonnes grâces de Saporta si je ne lui apportais ma pratique. Et à chacune de ces visites, après un fort bref regard de son œil noir et méfiant sur les joueurs, et pas l'ombre d'un sourire ni d'un signe de tête à Fogacer, qui profondément le saluait, le Docteur Saporta, la mine farouche, conciliabulait à l'écart avec le Paumier, lequel, plié en deux, lui rendait compte à voix basse et tremblante des pécunes qu'il avait reçues.

Quand Fogacer eut toqué à la porte basse du logis, il s'écoula un long moment avant qu'un bruit de pas ne se fît entendre, puis un judas s'ouvrit, découvrant un fort grillage de fer, derrière lequel nous épia un œil dur et ridé.

— Et que voulez-vous céans? dit une voix fort rufe, de femme ou d'homme, je ne saurais dire.

— Je suis le Bachelier Fogacer, et celui-ci est M. de Siorac. Le Chancelier nous attend.

Après quoi, le judas se referma, les pas s'éloignèrent et de nouveau un temps fort long se passa.

— Fogacer, dis-je en faisant la moue, est-ce là le logis d'un homme qu'on dit si pécunieux?

— Hé, mais il l'est! Il est à soi seul plus pourvu d'argent que le Doyen Bazin, le Docteur Feynes et le Docteur d'Assas (Fogacer nommait ces médecins, pour ce qu'ils étaient, avec le Chancelier, les quatre professeurs royaux de notre école). Car notre Saporta possède des vignes, des prés, des moulins, des terres à blé, le Jeu de Paume que vous savez, des parts dans des négoces maritimes, et outre cela, plusieurs maisons fort belles en Montpellier, qu'il loue à des personnages de la noblesse, se contentant de cette humble bâtisse.

— Ha, dis-je, n'est-ce pas grande pitié qu'un homme si bien garni vive si mal?

— Vit-il si mal? dit Fogacer. C'est compter sans les plaisirs de l'avarice qui, chez l'avaricieux, passent tous les autres en volupté, y compris ceux qui tant vous plaisent.

— Oh, pour ceux-là, dis-je, Saporta n'y est pas insensible, puisqu'il épouse Typhème.

— Sensible? dit Fogacer. Que nenni! Il ne veut d'elle que des enfants à qui léguer ses biens, et rien d'autre!

— Comment croire cela? dis-je. Elle est fort belle.

— Vous la voyez ainsi, Siorac, dit Fogacer en arquant son sourcil et m'envisageant de côté, parce que vous avez fait du cotillon votre dieu, tout huguenot que vous soyez. Mais pour Saporta, dont la pécune est le dieu, Typhème n'est qu'une fille de bonne maison qui lui apportera du bien et assurera sa descendance. Ainsi va le monde, où chacun pense à sa chacune idole : vous, à la garce; et lui, à l'or.

— Ha, dis-je à voix basse, s'il en est ainsi, je plains la pauvrette de venir vivre en ce bas logis avec cette chiche face.

— Plaignez-la, dit Fogacer, mais sans pour autant la consoler. Il vous en cuirait, Siorac. Mais, poursuivit-il en haussant les épaules, peu vous chaut : vous n'avez cure de mes sermons.

Et qu'il fît ici allusion à mon commerce secret avec la Fontanette — contre lequel il m'avait mis en garde —, je ne sus le dire ni à sa mine ni à son ton, et n'eus même pas le temps d'y penser beaucoup, car les pas revinrent et il se fit un grand bruit derrière l'huis, de cadenas décadenassés, de serrures déverrouillées et de barres ôtées, comme si cette porte-là eût clos une citadelle.

Mais si, comme le cuidait mon père, il n'est bons murs que de bons hommes, fort faible et fragile s'avérait en réalité la défense de cette place, car dedans nous n'y trouvâmes, à part le maître du logis, que la vieille qui nous avait ouvert, et celle-ci fort sèche, maigre, menue, et ridée fabuleusement. Ha, point ici de Fontanette pour vous ouvrir l'huis, l'œil vif, le museau frais, et monter devant vous à l'étage, le pas léger, la taille mince et la croupe dansante... Rien, hélas, que ce pauvre squelette de vieille, du parpal comme sur ma main, toute bonne et belle charnure à jamais évanouie, le cheveu rare, l'œil soupçonneux, la lèvre moustachue et la voix rauque et râpeuse d'un homme.

Cette Parque nous introduisit dans une petite salle sans tenture ni tapis, et à part table et escabelles, sans meuble d'aucune sorte; pavée, cette salle, de tommettes point trop neuves, d'aucunes même cassées, et éclairée pauvrement d'une seule fenêtre, obscurcie encore d'un rideau, les maisons, de l'autre côté de la rue du Bras-de-Fer étant si proches qu'on eût pu d'une ouverture à l'autre se toucher la main.

Nous ayant non point prié, mais commandé, de sa voix de basse, de nous asseoir, la vieille se retira, non sans darder sur nous un méchant regard, comme si elle nous soupçonnait, en son absence, de vouloir emporter la table, laquelle, à vrai dire, ne valait même pas le larcin.

La décrépite s'en étant ainsi allée, les murs mêmes de cette salle nous parurent si méfiants que nous nous tînmes cois et immobiles jusqu'à ce que le Chancelier apparût. Ce qu'il fit sans la pompe ni la piaffe que mettait en son logis le très illustre Sanche, mais pour ainsi dire en tapinois, se glissant doucement, et de côté, dans la pièce, comme s'il eût peur d'user l'air par un déplacement trop brutal. Puis, mettant entre lui et nous la largeur de sa table, il resta debout, les bras croisés, silencieux, fort occupé, non point à m'envisager mais à me dévisager, comme s'il eût voulu de son scalpel découper ma face en fragments pour les étudier sous la loupe. A vrai dire, je le regardais aussi, ne l'ayant vu d'aussi près, ni à ses cours d'été ni en son Jeu de Paume et le trouvant, en sa terrestre apparence, assez terrifiant.

Le Chancelier Saporta avait le chef coiffé de son bonnet carré de Docteur — que toutefois, je gage, il devait quitter pour dormir —, la face maigre, dure et osseuse, le poil aile de corbeau, l'œil noir enfoncé dans l'orbite, et pointu, vrilleur, insoutenable, le nez long et menaçant, deux profondes, amères et méprisantes rides de chaque côté de la bouche, lesquelles se perdaient dans son épaisse barbe noire. Et pour moi, je fus d'autant plus troublé de lui trouver la mine atrabilaire et tyrannique, que j'allais lui demander, comme l'avait commandé le bon Rondelet avant son département, de me parrainer pour la durée de mes études. Havre de Grâce! Quel père j'allais me donner, en guise et place de mon père naturel, lequel, sauf en ses colères, était si aimable et si tendre !

Nous nous étions levés quand le Chancelier s'était glissé en sa salle, et Fogacer et moi l'avions, l'un après l'autre, salué en latin — salutations auxquelles il ne répondit pas un traître mot, mais nous laissant debout après la longue et minutieuse inspection qu'il fit de mon visage, il s'assit sans nous prier d'en faire autant. Puis, sans cesser de me tenir dans les pinces de son regard, il me dit en latin sur le ton le plus bref :

— Apprends-moi qui tu es et ce que tu désires. Parle en très peu de mots. J'ai peu de temps.

— Monsieur le Chancelier, je suis Pierre de Siorac, dis-je, sachant bien qu'en me nommant je ne lui apprenais rien et fort étonné qu'il mît des formes si rudes à notre entretien. Je désire que vous consentiez à être mon père pour la durée de mes études.

— As-tu reçu ton inscription ?

— Non, Monsieur le Chancelier.

— Je ne peux donc être ton père, dit-il d'un ton bref et sans réplique.

Un silence suivit, fort insupportable pour moi et que, voyant mon trouble, Fogacer rompit.

— Peux-je parler, Monsieur le Chancelier ? dit-il d'un ton humble qui, chez lui, ne laissa pas de m'étonner.

— Tu le peux.

— J'ai instruit Pierre de Siorac en logique et en philosophie, et en ces matières, il est digne d'entrer.

— Je ne peux le déclarer tel sans de ta main un écrit.

— Je ferai cet écrit.

— Ni sans que Siorac ait été sur ses connaissances médicales examiné par un des quatre professeurs royaux.

— Le Docteur Rondelet l'a sondé avant son département pour Thoulouse et l'a trouvé capable.

— Le Docteur Rondelet est mort, dit Saporta sans que bougeât un muscle de sa face. Ergo, le Docteur Rondelet ne peut opiner par écrit.

Bien qu'on ne pût disputer la logique de cette proposition, son insensibilité nous laissa pantois. D'autant que le Chancelier Saporta, s'accoisant, avait l'air d'enterrer mon inscription avec le pauvre Rondelet.

— Alors, que faisons-nous ? dit enfin Fogacer du même ton modeste et doux dont je compris, au bout d'un temps fort bref, qu'il était le seul dont on pouvait user avec le Chancelier.

— Je vais te le dire, dit Saporta. Tu conduiras Siorac chez le Docteur d'Assas, lequel, l'examinant, me dira, *par écrit* (haussant la voix sur ces mots) son opinion. Si Siorac est digne d'entrer, il recevra de ma main *un écrit* (haussant la voix derechef) lui commandant de verser incontinent dans mes mains trois livres tournois pour prix de son inscription. Quoi fait, Siorac recevra du Docteur d'Assas un *écrit* lui faisant connaître qu'il est écolier en notre Ecole. En possession de ce billet, Siorac m'adressera un *écrit* me demandant d'être son père. Et que ma réponse soit oui ou non, je la lui *écrirai*.

Ayant quasiment rugi ce dernier mot, le Docteur Saporta s'accoisa, envisageant non point mon pauvre petit moi qui, à ses yeux, n'existait pas, puisque je n'étais pas encore immatriculé *par écrit* en son Ecole, mais le bachelier Fogacer dans les yeux duquel son regard noir semblait vriller.

— Si j'entends bien, dit Fogacer du même ton soumis, vous désirez porter remède aux choses, et faire désormais par écrit ce qui, du temps de feu notre maître Rondelet, se faisait par parole de bouche.

— Tout justement. *Vox audita perit, litera scripta manet* [1].

Puis passant du latin en français, la voix vibrante, Saporta poursuivit :

— Fogacer, le bon ménagement d'une Ecole suppose que le Chancelier garde une trace écrite de tout. Mais, dit-il — et tout soudain, il y eut dans son œil un brillement farouche —, ce n'est là qu'un des innumérables abus que je veux céans rhabiller. Quand j'aurai mis de l'ordre dans l'anarchie des inscriptions, je porterai le fer et le feu dans les diplômes forgés, faux et délictueux. Je changerai tous les ans le sceau de ma chancellerie, pour qu'il ne soit point par les faussaires imité. Je n'accepterai que ne pratique médecine en Montpellier aucun docteur étranger à notre Ecole qu'il n'ait auparavant justifié ses connaissances devant moi-même et les professeurs

---

1. La voix qu'on entend périt, mais le mot écrit reste.

royaux, n'exceptant pas même, Fogacer, un docteur de Paris — Paris, dont l'Ecole de Médecine est, comme bien nous savons, creuse, scolastique, bavarde et d'une médiocrité infinie.

Ceci, qui m'étonna et qui fut fort approuvé par Fogacer, me parut relever du déprisement plus passionné que raisonnable dont les Montpelliérains accablent la capitale. Mais il va sans dire que je tus mon sentiment, sachant bien qu'une paille n'arrête pas un torrent. Et d'ailleurs, comment eussé-je pu opiner, puisque indigne encore d'entrer, je n'existais pas à ses yeux?

— Je punirai, poursuivit Saporta, ceux qui osent pratiquer notre art sans diplôme, et ranimant une saine coutume qui, sous Rondelet, était tombée en quenouille, chaque fois que nous saisirons au collet un de ces charlatans, je le ferai promener à travers la ville par nos écoliers, attaché sur un âne, la face tournée du côté de la queue, et en cet équipage, je le jetterai hors des murs!

— *Bene! Benissime!* dit Fogacer, et fort sincèrement à ce qu'il m'apparut.

— Mais par-dessus tout, poursuivit le Docteur Saporta, je remettrai à leur place, qui est seconde et subalterne (il dit ceci en grinçant des dents), les apothicaires qui ont profité de l'insigne faiblesse du Chancelier Rondelet pour se livrer en cachette à d'infinis abus!

Reprenant souffle, le Docteur Saporta redressa son torse maigre et avec le même brillement farouche de son œil noir, il reprit, ne s'adressant qu'à Fogacer, que seul ici il envisageait:

— Je respecte Maître Sanche, pour sa science et sapience. Je m'honore d'être sous peu son gendre. Mais je ne tolérerai pas plus outre que dans le secret et silence de son apothicairerie, il se livre au mirage des urines! C'est là un empiétement hérétique et damnable sur les prérogatives des médecins! Fogacer, avez-vous ouï ce débordement? Maître Sanche mire les urines!

— Mais cela se fait dans toutes les officines, Monsieur le Chancelier.

— Cela ne se fera plus! s'écria Saporta d'une voix forte, avec un grand geste coupant de la main. Les urines appartiennent au médecin! Fogacer, ramentevez-vous bien cet intangible principe! Tout ce qui sort d'un malade nous appartient, à nous et à nous seuls : urines, excréments, sang, pus, humeurs, toutes ces substances, de par leur origine et leur nature propre, relèvent du domaine inaliénable du médecin. Et qu'aucun apothicaire n'ose y porter la main! Certes, je ne déprise point les façonneurs de remèdes, encore qu'ils soient maîtres, et non docteurs, et que leur état tienne davantage d'un métier mécanique que d'un art véritable. Mais si l'apothicairerie, comme cela fut de tout temps admis, est la servante de la médecine, la servante ne doit pas s'arroger les droits du maître! Je le ferai bien assavoir à ces ânes enjuponnés!

— Monsieur le Chancelier, peux-je parler? dit Fogacer de sa voix la plus douce.

— Tu le peux.

— Monsieur le Chancelier, me ferez-vous la grâce de me laisser plaider pour Maître Sanche?

— Tu le peux.

— Monsieur le Chancelier, quel médecin vous donnerait tort? C'est assurément un insigne abus, chez un apothicaire, de mirer les urines. Mais Maître Sanche est, en réalité, plus qu'aucun autre apothicaire de cette ville, respectueux de nos droits. Il se refuse, quand sa pratique l'en prie, à poser des ventouses et à faire des saignées, comme certains de ses confrères le font en catimini...

— Ha! Ce sont là de diaboliques abominations, et je les connais bien! s'écria Saporta. J'y porterai le fer!

— Maître Sanche, reprit Fogacer, ne fait pas davantage de diagnostic ni de pronostic, répète modestement en toute occasion : *Non sum medicus*, et ne délivre pas de remède sans ordonnance.

— Cela est vrai, dit le Docteur Saporta. Maître Sanche n'est pas des pires. Cependant, il mire les urines! C'est crime capital et un empiétement si horrible que je ne saurais le tolérer de Maître Sanche lui-même, eût-il dix mille filles à me donner en mariage.

Ceci m'eût fait rire si j'avais eu le cœur à rire en voyant l'effrayante face que présentait le Chancelier en son courroux. Car sourcillant, ses yeux noirs jetant des feux, tous ses traits contractés et grimaçants, son nez blanc et pincé, sa respiration haletante, il paraissait vouer au bûcher, non point seulement les abus qui soulevaient son ire, mais aussi ceux qui les commettaient. Ha, pensai-je, voilà un homme d'humeur chagrine et colérique! Et que me préserve le ciel, s'il veut de moi pour fils, d'encourir jamais son déplaisir!

Fogacer, qui avait cette émerveillable qualité de toujours clore son bec quand il le fallait, ne poussa pas plus avant sa défense de Maître Sanche et, se bridant, s'accoisa. Et quant à moi, je n'avais ni à piper ni à broncher, puisque j'étais encore dans les limbes, n'ayant pas encore d'existence écrite sur les registres de l'Ecole.

Ces deux silences se conjuguant finirent par peser assez pour parvenir jusqu'à Saporta, malgré les éclairs et le tonnerre dont il s'était entouré. Son œil fulgurant se posant sur nous, il parut étonné de nous voir là et dit en latin sur un ton fort abrupt et fort peu civil :

— Notre entretien est terminé.

Et sans répondre d'un mot, d'un signe ou d'un regard à nos salutations, il s'en fut.

Ce n'était point mince affaire, au sortir du chiche logis de Saporta, de dévaler la *devalada*, tant la presse était grande, sur le pavé, de ces galapians morveux qui jouaient aux billes et toupies avec des cris à déboucher un sourd, battant leurs tambourins de toute sorte de batteries, conchiant la chaussée de leur bren, compissant les passants, ou branlant effrontément à leur nez leur guilleri, chantant des chansons sales, ou leur jetant des cerceaux ou bâtons dans les jambes pour les faire choir, sans compter que, sautant ci et sautant là, il fallait se garer aussi de leurs petits chariots lancés à grand bruit sur la pente, lesquels, s'ils vous eussent choqué, vous eussent cassé bras et jambes.

— Ha! dis-je. Mais c'est l'enfer, ici!

— Pire est la nuit, dit Fogacer. Car le jour, vous ne voyez céans que bren et pisse. Mais la nuit, le sang coule. Nulle garce ne passe là sans se faire forcer, et nul homme sans être traîtreusement occis d'un coup de cotel dans le dos, et dépouillé, et laissé nu en son dernier jour comme au premier jour de sa vie.

— Et le guet?

— Ces truands le rossent, s'il s'aventure ici. Ils ne craignent que Cossolat et ses archers, et aussi d'aucuns gentilshommes de la ville qui, si on leur a molesté servante ou dépêché un domestique, jurent vengeance, s'arment en guerre, fondent sur la *devalada*, saisissent deux ou trois de ces gueux, et les envoient tous bottés au gibet. Mais ce n'est là qu'amusette de noble : la fourmilière n'est pas détruite.

— C'est donc véritablement l'enfer. Et comment Saporta peut-il y vivre, à moins qu'il n'en soit le Pluton? Ha, Fogacer, c'est un homme terrible! Et pourquoi faut-il qu'il soit mon père? N'eût-il pas mieux valu choisir le Docteur d'Assas, dont on dit qu'il est si aimable?

— Ha d'Assas! dit Fogacer. Vous savez que sa défunte femme, Catherine, était la fille de Rondelet (tous ces médecins et apothicaires se marient entre eux, comme vous l'avez noté). D'Assas vous eût invité en sa riante seigneurie de Frontignan, servi aimablement de son vin et de ses tartelettes, en vous parlant de sa vigne. Mais il n'eût rien fait d'autre. Saporta est un homme de fer, Siorac, mais sur ce fer vous pourrez prendre appui. En outre, il sera meilleur ménager de l'Ecole de Médecine que Rondelet, lequel fut grand médecin, mais a laissé croître d'incroyables abus sans y porter la faux. Ne jugez pas Saporta à sa mine, ni à son avarice, ni à son humeur, mais aux services qu'il peut rendre à l'Ecole et à vous-même.

Disant cela, qui me conforta quelque peu, Fogacer s'arrêta devant le N° 32 de la rue du Bras-de-Fer :

— Jouerons-nous à la Paume? Cela vous plairait-il?

— Pas ce jour d'hui. Je suis appelé ailleurs.

— Ha! dit Fogacer en arquant son fin et noir sourcil. Vous allez sans doute porter vos dévotions en l'église Saint-Firmin?

— Nenni! dis-je en riant. Pour une fois, vous errez! Je m'en vais visiter Espoumel en sa geôle.

— N'est-ce pas étrange que vous vous soyez pris d'affection pour ce gueux, et si fidèlement l'alliez voir?

— Je lui dois la vie.

— Il vous devait la sienne : vous êtes quittes.

— Oh, que non pas! Ma vie est tant plus belle que la sienne : je suis donc encore en ses dettes.

— Ha, Siorac! Siorac! dit Fogacer. Malgré mœurs débridées, on ne peut que vous aimer.

Et là-dessus, me faisant un petit sourire, il s'en alla en sautillant, me laissant tout songeux, car en toute apparence, il savait tout de mes mœurs, et moi, je ne savais rien des siennes. Et ne le supposais point pour autant escouillé, bien loin de là.

J'avais mes entrées en la prison de ville grâce à Cossolat, lequel m'avait recommandé au prévôt, lequel m'avait mis dans les bonnes grâces du geôlier, et celui-ci me les continuant parce que je lui graissais le poignet. Ainsi j'avais obtenu qu'on serrât mon Espoumel non pas en cellule obscure et fétide, comme il était d'abord, mais dans la cellule où dormaient à l'accoutumée les condamnés à la hart; laquelle avait une fenêtre grande assez, quoique munie de forts barreaux, pour laisser entrer le soleil, comme si on eût voulu accorder à ces misérables l'ultime privilège de voir la beauté du jour avant de les en priver à jamais.

Quand le geôlier m'eut ouvert la porte de la cellule, et m'y eut enfermé avec Espoumel, celui-ci se leva, me dominant d'une bonne tête, étant long et maigre, encore que sa maigreur cachât beaucoup de force, étant tout en muscle et en nerf, et point si laid de visage si on l'avait débroussaillé de sa barbe et de ses

246

cheveux, lesquels étaient fort longs, hirsutes et sales. Il me salua, son petit œil noir niais mais point méchant m'envisageant avec la gratitude d'un chien, tandis que je posais sur la table les viandes qu'en quittant la rue du Bras-de-Fer, j'avais achetées pour lui.

— Ha, moussu! dit-il. Que ferais-je sans votre braveté! Moi qui, depuis un mois déjà, tiens prison à pain de douleur et eau d'angoisse, et plongé dans les repentailles de mes vilains péchés! Encore avais-je jusqu'à ce jour un gentil compagnon, mais les archers me l'ont pris ce matin, et mené pendre au Champ des Oliviers, pour avoir larronné son maître de dix écus! Et je me pense que c'est bien inégale justice que d'ôter pour si peu à un honnête garçon l'agrément de la vie... tandis que moi, qui ai commis tant de larcins et meurtreries, j'attends la grâce du Roi.

— Espoumel, dis-je. La justice de l'homme tient à l'infirmité de sa nature. Mais au ciel, tout est rétabli par la grâce de Dieu.

— Et qui en est revenu pour le dire? dit Espoumel, me gelant le bec par cette question naïve, mais cependant impie. Ha, moussu, poursuivit-il, si vous aviez pu voir ce gentil compagnon dans les affres de sa proche mort, tendre de cœur que vous êtes, vous eussiez donné un écu au bourreau, et celui-ci l'eût étranglé avant que de le pendre.

— Mais n'est-ce pas même mort?

— Ha, que nenni, moussu! Quand le bourreau, en vous passant la corde au col, s'arrange, sans qu'on le voie, pour vous écraser du pouce l'os de la gorge, vous mourrez sur l'instant. Mais s'il vous pend tout vif, c'est votre propre poids qui, à petits coups, vous étouffe et il y faut un long moment, et c'est là un mourir affreux.

— Et où as-tu appris tout cela? dis-je, fort étonné qu'Espoumel en sût davantage là-dessus qu'un écolier en médecine.

— Parce que je suis né vilain, dit Espoumel, et que c'est là une sorte d'hommes qu'on pend.

Là-dessus, m'accoisant, je m'assis sur son escabelle, mais à quelque distance de lui, comme mon père m'eût recommandé de le faire, pour non pas attraper ses poux, et à vrai dire, il puait aussi comme putois en cage, n'ayant de l'eau en cette geôle que juste assez pour boire.

— Espoumel, dis-je, que tiens-tu dans tes mains ?

— Oh, ce n'est rien ! dit-il. Seulement une image de mon geôlier, que j'ai taillée dans un morceau de bois pour ne pas tant languir, les jours étant si longs.

— Voyons, dis-je. Et au bout de son long bras, il me tendit ladite image, laquelle était une petite statue de quatre pouces de haut, fort bien labourée et proportionnée, et tenant même assez de son modèle.

— Espoumel, dis-je, c'est là une belle et bonne ouvrage.

— Elle n'est point si mal faite, dit Espoumel, son petit œil noir brillant du plaisir que ma louange lui donnait, mais je ferais mieux si, en plus du petit couteau qu'on m'a laissé, j'avais un ciseau, une gouge, une râpe, et des morceaux de bois plus tendre.

— Tu les auras.

— Ha, moussu, dit Espoumel, si tant vous aimez ma *peteta*, je vous l'eusse donnée, si je ne l'avais promise au geôlier. Mais j'en taillerai une autre pour vous, si vous voulez.

— Pourrais-tu la tailler d'après un modèle que je te dessinerai ?

— Oui, moussu. Si votre modèle est à la dimension.

— Et combien de temps te faudrait-il pour tailler ta *peteta* ?

— Un jour, du moins si vous me baillez un morceau de bois tendre, scié à la dimension, ainsi que les trois outils que j'ai dits.

Je fus un moment dans mon pensement, car déjà je concevais à ce propos un dessein dont j'attendais beaucoup.

— Espoumel, dis-je, tu me donneras la première *peteta* que tu vas tailler, mais je te paierai les suivantes, car j'en veux une par jour, et cela pendant tous les jours que Dieu fait et tant que tu attendras céans la grâce du Roi. Ainsi, tu ne seras pas dans ta geôle désoccupé, et quand tu sortiras, tu auras quelque pécune pour le manger et pour le boire.

— Ha! mon noble moussu! dit Espoumel, votre braveté est infinie, mais si je suis pour rester céans plus d'un mois, et deux peut-être, que ferez-vous de toutes ces *petetas*?

— Des soldats, Espoumel! dis-je en riant. D'aucuns français, le reste, anglais. Et avec les deux armées, l'une contre l'autre dressée, je referai le siège de Calais, où s'est illustré mon père.

Là-dessus, lui promettant ma visite pour le lendemain, ainsi que les trois outils et les morceaux de bois tendre sciés, je m'en fus, fort content de lui et de moi, ayant dans l'esprit de tirer quelque profit de ces *petetas*. Je sais bien que sourcilleront, à lire ceci, d'aucuns de mes lecteurs qui, trouvant déjà mauvais qu'un gentilhomme étudie la médecine, tordront le nez davantage à le voir s'employer à tirer argent des choses. Pour eux, la seule façon noble de vivre est, pour un aîné, de pressurer les laboureurs de sa châtellenie, et pour un cadet, d'embrasser l'Eglise, ou le métier des armes. Mais, outre que ma foi me ferme l'Eglise et ses gras bénéfices, dois-je mettre mon épée au service d'un prince dont on ne sait si demain il ne va pas mettre derechef les huguenots hors la loi?

Mon père et Sauveterre tiennent de Calvin que toute pécune est propre qui est honnêtement gagnée, et que c'est un sûr signe de la faveur du ciel, quand il nous met dans l'esprit d'élire ce qui nous sera profitable. A cette maxime, si fidèle à l'esprit de la Bible, ils doivent l'inouïe prospérité de Mespech.

Quant à moi, animé des mêmes dispositions, il me déplaît de coûter à la frérèche tant d'écus, comme me déplaît aussi la dépendance où je suis d'elle, car j'opine qu'un homme qui reçoit d'un autre — fût-ce de son père — sa subsistance n'est encore qu'un enfant. Etant cadet et ne pouvant attendre que de moi-même l'avancement de ma fortune, je trouve très déplorable de ne me vêtir que de noir, alors que je suis déjà dans la faveur de M. de Joyeuse, et pourrais l'être davantage si je pouvais apparaître devant lui dans un équipage qui ne me ferait pas mépriser. Faut-il le dire ? Je ne vois dans le pourpoint de satin bleu dont l'envie me travaille rien de « futile » ni de « frivole », comme l'écrit Sauveterre, mais un moyen en vue d'une utile fin, comme le sont pour moi ces *petetas*, dont je ne tiendrai pas boutique ni marchandise sur la place publique, mais tirerai avantage en une plus subtile et honorable guise, comme je dirai.

Cheminant tout en méditant, je m'aperçus que j'allais du côté de Saint-Firmin, et l'on pense bien que ce n'était pas en l'église papiste, mais en face, que me portait ma particulière idolâtrie. Etrange est le déportement de la cervelle de l'homme ! Et combien il lui est facile, quoi qu'on dise, d'avoir deux pensées à la fois ! Car, tout à mes plans d'avenir, néanmoins, depuis qu'Espoumel m'avait parlé de ses *petetas*, je ne laissai pas de me ramentevoir l'alberguière de Castelnau d'Ary, laquelle on appelait la *patota*, qui est même mot en différent dialecte, et veut dire poupée en notre parler d'oc. Et resongeant aux délectables gâteaux que la bonne hôtesse m'avait baillés à mon département de son auberge, je m'en vins, en pensée, à remâcher ceux que j'avais gloutis la veille à l'Aiguillerie, et passant par pente insensible de la pâte à la pâtissière, et celle-ci non moins succulente, je me sentis tout soudain si friand de la Thomassine et pris pour elle d'un tel appétit qu'il me le fallut sur l'heure apaiser.

Je ne le pus. La Thomassine n'était pas au logis, et n'y serait de tout le jour, m'apprit Azaïs, laquelle, se tortillant comme un petit serpent, me fit quelques agaceries, chattemitesse qu'elle était. J'y coupai court, disant — chattemite que j'étais aussi ! — que je ne voulais point être la cause de son congédiement : scrupule, pourtant, qui ne m'avait pas arrêté quand il s'était agi de Fontanette.

Là-dessus, je la quittai, fort satisfait de ma retenue, qui n'était pourtant que calcul, et pour une fois, prudence. Et que prudence ne soit pas ma vertu cardinale, c'est ce que je ne peux celer. Car un mois plus tard, et dans un domaine qui ne touchait pas aux garces mais aux études, je commis, avec d'aucuns écoliers de mon école, une action que mon père, à qui par lettre je la confessai, hautement blâma, l'appelant impie et insensée, et pour le citer (car sa conclusion, pour plus de poids, était rédigée en latin) *atrocissima*.

CHAPITRE VIII

Le dixième jour du mois d'octobre, j'allai sur ma jument Accla visiter le Docteur d'Assas à Frontignan, Fogacer m'accompagnant monté sur l'Albière de Samson tant pour m'aider à démêler les routes que par friandise pour le muscat du régent.

Celui-ci, m'expliqua Fogacer en chevauchant par les chemins pierreux, était marrane et s'appelait, en réalité, Salomon, mais trouvant son nom par trop voyant et hébraïque, il avait adopté celui de sa terre de Frontignan et se donnait du M. d'Assas, ce qui, dans les commencements, avait fait sourciller les marranes, ses frères, d'autant que, se faisant huguenot, le bon docteur avait abandonné les rites secrets auxquels nombre d'entre eux restaient fidèlement attachés. De ce M. d'Assas et de sa neuve particule (mais mon grand-père de Rouen n'avait-il pas fait de même en son temps ?) les papistes en la ville s'étaient gaussés beaucoup avant que de s'y accoutumer, le temps aidant. Quant aux huguenots, trop austères certes, pour rire d'un nom, ils se désolaient de ce que M. d'Assas fût si tiède réformé, car il se rendait fort peu au culte, arguant que chevaucher lui fatiguait la fesse, le temple étant si loin.

Ha ! Quand je mis pied à terre et que je le vis en son riant jardin par ce clair et beau soleil, venant à moi les mains tendues, me donnant une forte brassée, et respirant par tout son être la bénignité et la tolérance, comme je l'aimai, M. d'Assas! Tout en lui était rond : la tête, la face, les épaules, la bedondaine, l'âme et le cœur aussi. Et sur ces rondeurs, bien différentes de celles de feu le Chancelier Rondelet, les épines de la vie avaient glissé sans les meurtrir, d'Assas ayant souffert mêmes deuils répétés que son beau-père, perdant deux épouses et quatre enfants sur six, mais à chaque fois, après tant de larmes versées, renaissant de ses cendres, serein, et empli d'une joie à vivre qu'il tirait perpétuellement de soi comme le muscat de ses tonneaux.

Et qu'en effet, à le mieux connaître, le buveur était, en quelque guise, en grande affinité avec sa boisson. Car le Docteur d'Assas était, en sa personne, doux, suave et fruité; un vrai nectar d'homme, indulgent à soi, indulgent aux autres, tendre à tous, pardonnant un chacun, ne se voulant pas d'ennemis, cherchant avec tous des accommodements; et aussi, s'il faut le dire, puisque à toute médaille tout revers — fort peu enclin à se donner peine, même en son art, ayant peu fiance en la médecine, comme il m'apparut vite, et n'aimant rien tant que le ménagement de sa bonne vigne de Frontignan — qu'à vrai dire, il prisait plus haut que le Roi son royaume.

Nous ayant fait asseoir à l'ombre en son aimable jardin, M. d'Assas nous fit mille compliments, commanda à son valet de rafraîchir nos montures, et à sa jeune chambrière de nous apporter des gâteaux et de son vin. Ce qu'elle fit, tout sourires, œillades, et joliesse en ses moindres mouvements, brune mignote qu'elle était, longue et souple comme une liane, avec de grands yeux verts pointillés d'or et une grâce languide et comme italienne : bref aussi bonne à voir que ses gâteaux à gloutir, y étant sur une petite table entre nos jambes quantité de petites tartelettes à vous lécher les doigts, et dont je fis incontinent une fière bâfrée, et Fogacer aussi, le Docteur d'Assas souriant bénignement de nous voir si friands et si dévorants après notre longue chevauchée. Il était assis à l'aise en son fauteuil, dodelinant gaiement du chef —

et plaise le lecteur ne pas se fâcher ni le prendre à mal — de-ci de-là baritonant du cul. Car, à dire la vérité, et bien que ses manières fussent si honnêtes, il pétait fort et souvent, encore que d'une façon non puante, ayant bonnes et fraîches entrailles, et rejetant par l'anus l'air qu'il aspirait en trop par la bouche, étant accoutumé, Dieu sait pourquoi, à bâiller entre chaque phrase comme poisson hors de l'eau.

Quand je fus à demi plein (car en mes vertes années, il n'y avait point de fond à ce gouffre-là) M. d'Assas me dit, mangeant et buvant lui aussi :

— Monsieur — mais quittons le monsieur, je vous appellerai Pierre, tant vous me plaisez déjà, ayant mine si franche —, vous me pardonnerez (ici il bâilla avec une bien étrange aspiration d'air et un son fort curieux comme s'il disait « Haamm ») mais je vous prie, mangez, cependant que je parle, mangez et buvez, seuls les vifs mangent et boivent, les morts n'ont plus d'appétit que pour Dieu, et Dieu étant éternel, pourquoi serions-nous si pressés de le rejoindre ? — Pierre, vous me pardonnerez de vous poser sur la médecine quelques petites questions (ici, soulevant la fesse senestre, il péta) mais il le faut, puisque je dois opiner là-dessus par écrit sur commandement de notre aimable chancelier (Haamm) et je m'en vais, Pierre, incontinent vous sonder (Haamm) sur le mal italien, puisque le mal italien est, paraît-il, votre point fort (il rit). Pierre, le mal italien est-il intempérie froide et sèche ? (Ici derechef... mais plaise au lecteur que je laisse désormais à son imagination ces répétés bâillements et péteries, d'autant qu'il serait maloneste de trop insister là-dessus, le Docteur d'Assas étant, par ailleurs, d'un usage si poli.)

— Nenni, Monsieur notre maître, dis-je, le mal italien est intempérie chaude et humide.

— Fogacer, dit d'Assas dont l'œil noisette était doux, mais futé, Fogacer, vous croyez cela ? « Une intempérie froide et sèche ? » « Une intempérie chaude et humide ? » Que diable veut dire ce jargon ?

— Je ne sais trop, dit Fogacer que ce scepticisme réjouissait. Mais la distinction est classique.

— Fort bien donc. Distinguons. Zara, dit-il à la belle chambrière, viens ici, ma mignote, et tiens-toi là debout, à ma dextre, tout près de moi. *Bene, bene,* Pierre, comment le mal italien se prend-il?

A quoi, je répondis, petit perroquet que j'étais:

— Une personne infecte n'infectera l'autre que par quelque liqueur coulant de soi en quelque partie du corps de l'autre.

— Voilà qui tombe sous le sens, encore que je n'aime guère le mot liqueur, dit d'Assas, et de la main senestre, il porta son gobelet à sa bouche, tandis que de la dextre, il mignonnait le dos de sa chambrière, du moins tout ce qui était à portée de son bras, lequel était court pour une fille aussi longue.

— Pierre, dit-il avec un délectable sourire, nous avons cet après-midi assez labouré, le soleil étant si clair et le ciel si bleu. Une question encore et nous aurons fini: Comment se prémunir contre le mal italien quand on a soupçon d'avoir paillardé avec personne infecte?

— En prenant purgation et en se faisant tirer le sang.

— Fogacer, dit d'Assas avec un brillement ironique de l'œil, mais la dextre toujours occupée comme j'ai dit, Fogacer, vous croyez cela?

— Je ne sais. Mais on l'enseigne ainsi.

— Fort bien donc. Enseignons-le. Pierre, reprit-il, vous en avez dit assez pour me persuader que vous savez par cœur le *De morbo italico* de Rondelet. *Dignus es intrare, mi fili*[1]. J'en écrirai sous peu à Saporta.

— Révérend Docteur, dit Fogacer qui se méfiait de la paresse de d'Assas et de son accoutumée procrastination, pourquoi ne pas écrire ce mot incontinent? Je le porterai moi-même au Chancelier, devant le voir ce soir.

— A votre gré, dit d'Assas avec un soupir. Zara,

1. Tu es digne d'entrer, mon fils.

quiers-moi mon écritoire, et ce disant, comme la chambrière se mettait en branle pour lui obéir, il accompagna sa croupe de la dextre aussi longtemps qu'il le put.

Ayant bâclé en deux questions mon examination, et bâclé en deux lignes un billet au Chancelier Saporta, d'Assas finit son vin et se levant, vif et guilleret, nous convia à visiter avec lui sa vigne dont il nous parla avec des précisions infinies pendant une heure d'horloge, ponctuant son discours comme vous savez, tandis que Zara, sur son commandement, cheminait à sa dextre pour sa tactuelle commodité. Elle lui paraissait si nécessaire que je ne laissais pas de m'étonner que, faisant devant nous ses lectures à l'école de médecine, il ne l'emmenât pas avec lui pour la même continuelle usance. Du moins respectait-il, même en ses cours, la ponctuation que j'ai dite, laquelle était par ses écoliers en grande gausserie reprise incontinent par la bouche, ou même autrement, s'ils se trouvaient eux aussi avoir du souffle de ce côté. Cependant, malgré cet ébaudissement, ses cours étaient assez bien écoutés. Ils étaient bons, et l'eussent été davantage, s'il les avait un peu plus labourés.

— Ne vous y trompez pas, Monsieur d'Assas a infiniment d'esprit, me dit Fogacer, tandis que nous cheminions au botte à botte sur le chemin de Montpellier, et fort lentement, ayant la tête quelque peu troublée par tout le muscat que nous avions bu — En fait, reprit-il, Monsieur d'Assas eût été de tous le plus grand médecin s'il avait consenti à se donner peine. Mais c'est un voluptueux. Il n'a de dessein en cette vie que de cueillir le moment qui passe et qu'on ne verra pas deux fois.

— Et que faisons-nous d'autre ? dis-je, chacun à notre manière, les uns dans l'avarice, les autres dans le déduit, et d'autres dans l'austérité.

— Il y a une réponse à cela, dit Fogacer, mais la tête me tourne tant que je ne saurais la trouver.

Et là-dessus, bridant Albière et l'arrêtant, il se tint des deux mains au pommeau de sa selle, et penché

en avant, rit sans cause aucune, à ventre déboutonné. Ce que voyant, et trouvant le spectacle fort
plaisant de mon sage mentor en état si peu sage, je
ris à mon tour sans mesure et sans fin.

Le 11 octobre, le Chancelier Saporta me fit mander par le bedeau Figairasse d'avoir à verser les trois
livres tournois de mon inscription, ajoutant toutefois
que je ne devrais me tenir pour inscrit avant que
d'avoir reçu le billet *ad hoc* du Docteur d'Assas. Et
donc que je ne pourrais, avant d'avoir en main ce billet, le prier *par écrit* d'être mon père.

Mais le 16 — deux jours avant la Saint-Luc qui
devait voir la rentrée de l'Ecole — n'ayant rien ouï
encore du Docteur d'Assas, et attribuant comme
cause à ce silence ses remises et procrastinations, je
décidai de seller Accla et de l'aller voir derechef à
Frontignan, n'étant point, par ailleurs, sans appétit
pour la bénignité et l'esprit du professeur royal, pour
son vin et ses tartelettes, et pourquoi ne pas le dire
aussi, pour les belles prunelles vertes de Zara, prunelles dont elle usait à l'entour pour la grande perdition des droles. Et même si *non licet tocare* [1] était
écrit en lettres d'or sur son joli front, et que ce ne fût
là qu'un rêve, qui n'aimerait se perdre dans ce beau
rêve-là? Comme disait à Mespech notre carrier
Jonas, quand, chaste en sa grotte, il se plaignait
d'être privé de la vue de la Sarrazine : « Un renard
prend du plaisir à voir passer une poule, même s'il
ne peut pas l'attraper. »

Bref, j'eus tout le plaisir de la vue en revoyant
l'accorte chambrière, et aussi de la langue et du
palais, et écoutant le Docteur d'Assas en ses fines
disquisitions, ceux de l'ouïe et de l'esprit — et pour
finir, j'eus enfin mon billet d'inscription
qu'incontinent il écrivit et qui était fort curieusement rédigé en ces termes :

*Descriptus fuit in albo studiosorum medicinae
Petrus Sioracus, per manus, anno Domini 1566 die*

1. Il n'est pas permis de toucher.

256

vero 16 octobris; cujus pater est Venerandus Doctor Saporta, nostrae scholae Cancellarius, qui ejusdem jura persolvit.

Datum Monspessuli ut supra. Doctor Dassassius [1].

Je dis que ces termes me parurent curieux car il était dit dans le billet que le Docteur Saporta était mon père, alors que ledit billet m'était nécessaire pour lui demander de l'être. J'osai en faire la remarque au Docteur d'Assas, mais il répondit avec un vif brillement de son œil futé qu'une contradiction ou une absurdité ne gênait en aucune guise le Docteur Saporta, pour peu qu'elle fût couchée par *écrit*. Et en prononçant ces derniers mots il fit une imitation de la voix et du ton du Chancelier qui nous fit rire tous deux à gueule bec.

L'Ecole de médecine en Montpellier était sise rue du Bout-du-Monde (appellation qui n'a cessé de m'émerveiller) et mis à part le théâtre anatomique que Rondelet avait fondé, elle tenait tout entière en deux salles, l'une des cours et l'autre dite de promotion, dans laquelle se soutenaient les examinations et se tenaient les assemblées, mais où d'aucuns enseignements, faute de place, se faisaient aussi. Accolée à ces deux salles se dressait une grosse tour dont la grave cloche, que bringuebalait le bedeau Figairasse, annonçait le début et la fin des *lectures* — J'emploie ici le mot propre, car nos régents, qu'ils fussent professeurs royaux ou docteurs ordinaires, ne faisaient autre chose que de lire les auteurs anciens, en accompagnant cette lecture de leurs commentaires, ceux-ci variant fort de l'un à l'autre, et en quantité, et en qualité.

Attenant à ces deux salles s'étendait un jardin clos, petit assez, mais très précieux, car depuis Rondelet — grand observateur et amant des choses de la nature et à qui nous devons sur *les Poissons* un fort

---

1. Pierre de Siorac a été inscrit dans le livre des écoliers en médecine l'an 1566, le 16 octobre. Son père est le révérend Dr Saporta, chancelier de notre école, lequel acquitta ses droits. Donné à Montpellier comme ci-dessus. Docteur d'Assas.

émerveillable livre — on y ménageait une grande variété de plantes médicinales. Nous y avons tous labouré à tour de rôle, et plus qu'aucun autre, mon bien-aimé Samson, encore qu'il ne fût pas écolier en notre école, mais compagnon apothicaire admis à suivre certains de nos cours.

Mais j'anticipe : grand jour pour Luc, Samson et moi que ce matin de la Saint-Luc où, au tintinement répété de la cloche, s'ouvrit l'Ecole de médecine par une assemblée plénière des régents et des écoliers dans la salle de promotion.

Sur l'estrade trônaient, derrière une longue table de chêne, les quatre professeurs royaux, égaux en grade, mais non en fonctions et dignités, car ni le Docteur Feynes ni le Docteur d'Assas ne pouvaient se vanter de jouir des mêmes pouvoirs et privilèges que le Chancelier Saporta et le Doyen Bazin, le premier ayant le ménagement de l'Ecole, le second ayant la main haute sur les études, et peu disposé à céder le pas au premier, comme bien il apparut. Cependant, étant un petit homme fort avancé en âge, maigre, chenu, courbé, le Docteur Bazin, à ce que j'opinais, avait peu de chance de l'emporter sur mon terrible père — puisque père il y avait, comme me l'assurait en termes laconiques l'*écrit* reçu la veille et signé de sa main abrupte.

Quant au Docteur Feynes, bon homme et bon docteur à ce que je sus plus tard, et le seul des professeurs royaux qui fût papiste (le seul aussi que l'Evêque Pélicier eût réussi à imposer à l'Ecole) il avait le cheveu rare, l'œil délavé, les traits de la face indécis, et si pâlot et falot qu'il avait peu de peine à s'effacer davantage, telle étant son humeur, car il vivait en perpétuelle frayeur en ce repaire de huguenots.

Le Chancelier Saporta et le Doyen Bazin occupant le milieu de la table, le Docteur Feynes était à un bout, et mon gentil Docteur d'Assas à l'autre, bien rond et bien vif, faisant le chattemite, mais ne perdant miette ni goutte de ce qui se passait et à ce que j'opinais, se gaussant prodigieusement de tout, mais en son for, car chaque fois que le Chancelier ou le Doyen s'adressait à lui, d'Assas était fort civil et modeste en ses réponses.

Faisant face à cette estrade auguste, et étagés en gradins selon leur importance, au premier rang les docteurs ordinaires avaient pris place, au second rang les licenciés, au troisième, les bacheliers, tous en robe, et les docteurs portant au surplus un bonnet carré de drap noir surmonté d'une houppe de soie cramoisie, une grosse bague en or au doigt majeur de la dextre, et autour de leurs reins une ceinture dorée. Peut-être le lecteur se ramentevoit-il que Maître Sanche n'avait sur son bonnet qu'une houppe amarante et que sa ceinture était d'argent. Ainsi sautait à l'œil, dès l'abord, la différence entre un docteur en médecine et un maître apothicaire, ce dernier fût-il aussi illustre que Maître Sanche.

Derrière les bacheliers, les écoliers de deuxième année étaient assis, et ceux-là fort bruyants et clabaudeurs, en contraste avec les novices qui, en arrière de ces anciens, siégeaient en toute humilité, étant l'objet de la part de ces seigneurs de regards hautains, et Luc fort effrayé, se serrant contre moi et recherchant ma protection. Et enfin, debout, je dis bien debout, bien que tout un banc fût encore vide, les compagnons apothicaires et les apprentis chirurgiens qui n'avaient aucun droit à se trouver là puisqu'ils n'étaient pas écoliers mais que le Chancelier avait admis par dérogation, opinant qu'il était bon qu'ils pussent ouïr les statuts de l'Ecole puisqu'on leur permettait d'en suivre les cours.

Mais à ce que je vois, à peu que je n'oublie le bras séculier de notre Institution, le bedeau Figairasse dont j'ai pourtant bonne raison de me souvenir. Entre l'estrade des Professeurs royaux et les gradins, il se tenait debout en sa puissance et sa gloire, et paré de ses atours de la Saint-Luc et des Assemblées plénières, le chef surmonté d'un morion (souvenir de ses jours de soldat) et vêtu d'un casaquin noir orné de boutons dorés, de chausses rouges fort bouffantes avec des crevés noirs et de courtes bottes fauves à hauts talons, par lesquels il se grandissait encore, étant de par sa nature de taille élevée, l'épaule large et le poitrail bombé. Il avait forte trogne, l'œil marron, vif et paillard, le nez rond, boursouflé et cramoisi (car il ne buvait pas peu en son ordinaire), le bras senestre remplacé comme notre pauvre Coulondre de Mespech par un crochet de fer, mais le bras dextre tenant devant lui une longue et flexible verge qui était à la fois l'insigne et l'instrument de sa fonction. Et peu je me doutais, tandis que je l'admirais dans sa main, que j'allais si tôt en tâter et si durement.

Bien que les professeurs royaux fussent sur l'estrade depuis un moment déjà, fort occupés à conciliabuler entre eux, l'Assemblée, j'entends en sa partie la plus jeune, était excessivement bruyante. Les écoliers tabustaient sans gêne ni vergogne aucune, s'ébaudissant à l'aise, mangeant pain et oignons, buvant au goulot de leurs gourdes, jouant à la main chaude, aux dés, aux cartes, d'aucuns à pile et croix avec un écu rogné, d'aucuns même en un coin chantant en chœur à mi-voix des chansons sales, et d'autres échangeant des gausseries antipapistes dont l'une (qui me parut inspirée de Rabelais) courait ainsi. Vaut-il mieux dire :

C'est femme folle qui va-t-à messe ?
ou
C'est femme molle de la fesse ?

D'autres encore de ces turbulents (et parmi ceux-ci un nommé Merdanson qui paraissait en autorité parmi eux, grand diable roux assis devant moi) se retournaient et affectaient d'espincher les novices avec un air de déprisement qui me déplaisait fort. Sur quoi Merdanson disait, comme étonné :

— Holà ! Mais que sont ces marauds ? Et que font-ils céans ? A peine ont-ils face humaine ! Sont-ce des ânes ? Sont-ce des singes ? ou des apprentis mécaniques ? Ils ont vilaine trogne et leurs pieds leur puent à raquer (*raquer* voulant dire vomir dans le parler de Montpellier).

Là-dessus, pinçant le nez, Merdanson et ses acolytes affectaient de nous tourner le dos.

Le Chancelier qui s'entretenait sur l'estrade avec le Doyen Bazin parut tout soudain s'apercevoir de ces tintamarres et tapages et, fixant sur l'Assemblée son œil noir, et sourcillant d'un air terrible, il frappa trois coups d'un petit maillet sur la table, et le vacarme s'apaisant quelque peu, il dit d'une voix forte :

— Le premier écolier, fût-il même bachelier, qui se permet d'ouvrir le bec sans mon commandement, je le fais jeter hors de nos murs par M. le Bedeau Figairasse et de sa vie il ne remettra les pieds céans. Je suis le Chancelier de cette Ecole pour y faire régner l'ordre, ET JE LE FERAI REGNER !

Ceci fut non point crié, mais hurlé avec une telle violence, accompagné d'un si fort coup de maillet et ponctué par le bedeau Figairasse par un sifflement si menaçant de sa verge que les écoliers incontinent s'accoisèrent. Dés, cartes, oignons et gourdes disparurent. Chansons et gausseries rentrèrent dans les gueules. Et les diables se muèrent en chattemites.

— Hoho ! dit Merdanson à voix basse à ses séides, voilà qui nous change fort de Rondelet. Ventre Saint-Vit, mes bons enfants, nous allons beaucoup pâtir !

Cependant, Saporta continuait à dévisager l'Assemblée œil à œil, donnant à tout un chacun l'impression que son regard noir le perçait jusqu'à l'os et peu à peu le silence devint si profond que vous eussiez entendu un ver à soie se retourner dans son cocon.

— Messieurs les Ecoliers, reprit Saporta avec un brillement insoutenable de sa pupille, je vous ferai assavoir que les abus abominables qui avaient cours en cette école sous le Docteur Rondelet vont être promptement rhabillés. Et pour cela je vous ramentevois les statuts que vous avez juré l'an dernier d'observer et qui sont restés si vilainement lettre morte. Je dis donc, je rappelle et répète que selon lesdits statuts : primo, vous devez assister assidument aux lectures, aux Assemblées, aux triomphes des docteurs promus, ainsi qu'aux cavalcades qui dans la ville les célèbrent. Secundo, que vous ne devez porter — sous peine d'exclusion — ni dans l'Ecole, ni dans la rue du Bout-du-Monde, ni dans les rues circonvoisines, dague, poinçon, poignard, cotel, épieu, épée, braquemart — « Ho! Ho! dit Merdanson à voix fort basse, voilà qui va trop loin, et lèse nos mignotes. » Mais de cette saillie, personne autour de lui n'osa même sourire.

— Et à plus forte raison, poursuivit Saporta, pistolet, pistole, arquebuse, poitrinaire et autre bâton à feu. Tertio, que tout écolier qui aura en cette ville bu et mangé en taverne sans pouvoir payer son écot sera exclu de l'Ecole. Quarto, que sera de même exclu tout écolier vivant en vilité avec ribaude au bordeau, la soutenant dans son péché et recevant d'elle des pécunes. Sera a fortiori exclu tout écolier coupable de larcin, fût-ce d'une saucisse ou d'un oignon. Seront punis des verges les écoliers qui pendant les lectures iront déambuler dans la salle, parlant à voix haute, mangeant, buvant, tapant des pieds, jouant aux dés, ou pissant dans les encoignures des fenêtres. Seront de même punis des verges ceux qui en viennent aux mains dans l'enceinte de l'Ecole et se navrent l'un l'autre par battements, soufflets, nasardes, et coups de pied de par le cul. Enfin seront mêmement punis de verges les écoliers qui auront osé affronter par paroles sales, fâcheuses ou outrageantes les professeurs royaux, les docteurs ordinaires, les licenciés et les bacheliers, ainsi que le bedeau qu'ils devront appeler Monsieur le Bedeau en tout convenable respect.

Ici, Figairasse, se paonnant à l'idée de se voir donner du « Monsieur » par les écoliers qui sous Rondelet (à ce qu'on me raconta) l'appelaient — à prudente distance — « Figue mon cul », redressa haut la crête et coupa l'air d'un fort sifflement de sa verge.

— Monsieur le Bedeau Figairasse, dit Saporta, désormais vous ne ferez siffler votre verge que je n'aie toqué du marteau.

— A votre commandement, Monsieur le Chancelier, dit Figairasse en s'inclinant jusqu'à terre, la trogne cramoisie (et pas seulement le nez) et bien qu'il eût, en se relevant, l'air des plus quinauds, personne parmi les écoliers n'osa sourire, tant les fesses commençaient à nourrir de l'appréhension de cette terrible verge qui, sous Rondelet, était presque tombée en quenouille.

— Je vous ramentevois enfin, reprit Saporta, qu'en l'honneur de notre maître Hippocrate, il n'y a point de lectures en l'école le mercredi, sauf quand un autre jour de la semaine est déjà désoccupé de par la fête d'un saint... (Je crus qu'il allait dire « d'un saint papiste », mais envisageant le Docteur Feynes siégeant à son côté, il dit tout uniment d'un « saint catholique ») auquel cas, reprit-il, il va sans dire que nous labourerons le mercredi, ne désirant pas avoir deux jours chômés par semaine.

Ici, le Docteur Feynes, qui avait fort bien senti la nuance polie de ce discours, fit au chancelier un signe de tête amical, lequel me donna à penser que le Docteur Saporta n'était pas qu'un furieux, mais qu'il mettait aussi de la finesse dans son commandement.

— Les anciens, reprit Saporta, ont déjà juré de respecter nos statuts, mais les novices nous doivent ce jurement, qu'ils vont prononcer un par un, M. le Bachelier Fogacer faisant l'appel sur le registre.

Là-dessus Fogacer se leva de son banc, et long, noir, élégant, sautillant sur ses grandes jambes et se balançant sur ses hanches, gagna l'estrade où le chancelier Saporta lui tendit le livre de l'Ecole.

— Luc Sanche! cria Fogacer qui commença par les derniers inscrits, Luc ayant après moi fermé la marche.

— Que dois-je dire? dit Luc en se levant, et la face fort pâle.

— *Juro* [1].

— *Juro!* dit Luc.

Là-dessus, Merdanson se tourna vers Luc et l'envisageant, dit d'une voix haute et grave :

— Il a belle couille...

— Mais molle, reprit d'une voix frêle et plaintive le chœur de ses acolytes.

1. Je jure.

J'eusse gagé que le Chancelier allait ici lancer la foudre et les éclairs et réduire ces fols à quia, mais merveille! il resta coi comme souche en forêt, l'œil paisible et le sourcil serein. Et je sus plus tard que la tradition (à laquelle il ne voulait point toucher en cette Ecole) voulait que les anciens accueillissent les novices, lors du jurement, par cette gausserie empruntée à l'auteur de *Gargantua*.

— Pierre de Siorac! appela Fogacer.

Je me dressai à mon banc et Merdanson se tourna vers moi.

— *Juro!* dis-je en levant la main.

— Il a belle couille, dit Merdanson.

— Mais molle, reprit le chœur.

Nous étions treize novices, et les treize appelés tour à tour, dirent *juro!* et furent de la même guise salués. Après le treizième, les anciens, qui s'étaient enhardis, voulurent essayer, à notre adresse, huées et quolibets, mais incontinent, Saporta toqua la table de son maillet, Figairasse fit siffler sa verge, et un silence profond se fit.

— Messieurs les Ecoliers, reprit Saporta. Monsieur le Doyen Bazin entend maintenant vous parler des études.

Le Doyen Bazin, comme j'ai dit, était petit, maigre et chenu, et parlait d'une voix sans force, mais son œil était si froid et vipérin qu'il compensait l'absence de vigueur qui était en sa personne par la venimeuse expression de sa prunelle. Il s'exprima en peu de mots comme un homme qui économise son souffle.

— Je parlerai, dit-il, en premier de la bibliothèque de l'Ecole. En 1534 elle était riche de 52 volumes. Elle en compte à ce jour 86. Elle s'est donc accrue de 32 volumes en 36 ans. Cet accroissement ne laisse pas d'être conséquent, les livres étant si coûteux, mais j'aimerais que nous puissions acheter désormais deux volumes par an. Nous allons donc dispenser l'écolier, qui est nouvellement promu bachelier, du banquet qu'il doit à l'école pour peu qu'il fasse don d'un écu à la bibliothèque.

Ici, bien que contenue et comme étouffée, l'indignation fut si vive et si unanime sur les bancs des écoliers que Saporta tapa de son maillet sur la table et sans attendre que Figairasse fît siffler sa verge, demanda d'un ton menaçant :

— Qui veut parler ?

— Moi, avec votre permission, Monsieur le Chancelier, dit non sans courage Merdanson en se levant.

— Merdanson, dit Saporta, parlez-vous en votre nom seul ou êtes-vous mandaté par vos pairs ?

Comme je le compris vite, c'était là un piège insidieux, et Merdanson y vint donner du nez comme un étourneau.

— J'ai reçu mandat de mes pairs, dit-il. Ils m'ont élu Abbé des Ecoliers.

— Vous n'êtes rien de ce genre ! s'écria le Chancelier d'une voix tonnante qui fit trembler les vitres dans leur sertissage de plomb ; le titre et la charge d'Abbé des Ecoliers ont été supprimés par un arrêt des Grands Jours de Béziers, d'aucuns de ces soi-disant abbés ayant vilainement abusé de leurs pouvoirs pour mener les novices aux étuves, les accointer avec les gouges qui grouillent en ces lieux et, par leur entremise, les dépouiller de leurs pécunes, voire même, de leur vêture. Les beaux abbés que voilà !

— Mais je n'ai rien fait de ces abominations, dit Merdanson, fort honteux et vergogné, et le front devenant aussi rouge que son flamboyant cheveu.

— En effet, mais vous avez été élu fort illégalement Abbé des Ecoliers, et vous osez maintenant affronter vos régents en excipant d'un titre que vous n'avez pas.

— Mais, dit Merdanson, la coutume de l'élection de l'Abbé s'était rétablie céans sous le Chancelier Rondelet.

— Je suis le Chancelier de cette Ecole, dit Saporta en se redressant avec un brillement farouche de l'œil, et sous ma chancellerie, jamais coutume ne prévaudra contre loi. Merdanson, vous n'êtes rien que vous-même, et si vous voulez parler, parlez en votre nom.

— Monsieur le Chancelier, dit Merdanson en faisant un visible effort pour regrouper ses forces, ayant été taillé en pièces à la première escarmouche.

— Je vous ois, dit Saporta d'un ton qui montrait bien que son ouïe n'était ouverte qu'à demi.

— Monsieur le Chancelier, reprit l'écolier, voici ce que nous opinons...

— Merdanson, coupa Saporta, êtes-vous le Roi de France pour opiner au pluriel?...

— Monsieur le Chancelier, dit Merdanson, rejeté une deuxième fois dans ses lignes, j'opine qu'il est contraire à la tradition de supprimer le banquet que le bachelier promu doit à l'école.

— Débouchez vos grandes oreilles, Merdanson, dit le Chancelier. Vous avez mal entendu le Doyen Bazin. Le banquet n'est point supprimé. Le bachelier promu a le choix de le bailler à l'école *ou*, en place du banquet, de bailler un écu à la bibliothèque.

Par cette renarde réponse — car enfin qui allait dépenser cinq livres tournois pour un banquet quand la bibliothèque, elle, n'exigeait qu'un écu? — Merdanson eut le bec cloué, et défait, se rassit. Et combien que la victoire de Saporta n'eût pas été acquise par d'irréprochables moyens, néanmoins j'admirais sa chattemitesse ruse et aussi le bon sens des professeurs royaux, car, à ce que j'ai souvent ouï dire à mon père, les écoles des médecins comme des légistes abusent par tout le royaume de ces festins ruineux qui pourtant ne laissent rien le lendemain qu'un tas de bren aux latrines, alors que les pécunes qu'ils coûtent seraient mieux employées à fournir les studieux en livres.

— Monsieur le Doyen, poursuivez, dit Saporta avec un geste royal de la main qui irrita fort Bazin, à ce qu'il m'apparut.

— Secundo, dit le Docteur Bazin, les dissections coûtent fort cher, et à l'école, et aux écoliers. Sous le Chancelier Rondelet, on a poussé l'abus jusqu'à en pratiquer six par an, alors que l'arrêt des Grands Jours de Béziers a fixé le nombre à quatre. Par souci d'épargner nos pécunes, nous reviendrons à ce chiffre.

Il y eut alors, de nouveau, un fort vif remuement parmi les écoliers et tant est pourtant qu'il était plus justifié que le précédent, personne n'osa s'élever contre cette funeste économie, et pas même Merdanson, encore tout navré et saignant de sa défaite. Je ne sais quel démon alors me poussa, mais j'entrepris bien follement de relever son courage.

— Monsieur, dis-je à voix basse en lui touchant légèrement l'épaule, c'est maintenant qu'il faudrait vous battre !

Merdanson se retourna comme si aspic l'avait piqué et, sourcillant, m'envisagea de ses yeux verts avec un déprisement infini.

— Petit étron, dit-il, as-tu bien osé toquer l'épaule de ton ancien ?

— Monsieur, dis-je fort dépit de ce ton, à petit étron, étron et demi : vous êtes plus gros que moi.

Merdanson n'en crut pas ses oreilles.

— Compains, dit-il à ses acolytes, avez-vous ouï ce novice ? Ce fol ? Cet outrecuidant ? L'Assemblée finie, nous le fouetterons comme seigle vert pour lui faire sortir sa folie du corps.

— Monsieur, dis-je la voix tremblante de rage mais cependant parlant bas, j'ai cassé les caïmans des Corbières. Je vous casserai bien aussi.

— Fi de ce gentilhâtre ! dit Merdanson. S'il parle de casser, c'est le cul que nous lui casserons. Et bren ! Et bren !

— Silence ! s'écria Saporta en jouant au maillet, sur quoi la verge de Figairasse siffla, et le tumulte mourut.

— Qui désire parler ? dit le Chancelier, et personne n'osant l'affronter derechef, il reprit, du même ton de princière condescendance :

— Monsieur le Doyen, poursuivez.

— Je poursuis, dit le Doyen Bazin qui grinçait des dents à se voir adressé de si haut. En dernier lieu, Messieurs les Ecoliers, je vais vous lire l'*ordo lecturarum* [1] de cette année.

— Mais avant que d'aller plus outre, dit Saporta en coupant le Doyen sans vergogne aucune et sur un

1. La liste de lectures (le programme des cours).

ton de hauteur ineffable, mon fils Siorac, qui a une belle écriture, va venir sur l'estrade écrire sous votre dictée l'*ordo lecturarum* dans le livre de l'Ecole.

Je me levai.

— Son fils! Ventre Saint-Vit! dit Merdanson à mi-voix. Mes bons enfants! Nous n'aurons que plus de plaisir, en pensant au père, à fesser le fils.

— Monsieur, dis-je sur le même ton avant que de quitter ma place, si longues que soient vos oreilles, votre langue est plus longue encore, et longue assez pour tondre un pré.

Quoi dit, je gagnai l'estrade où de la main le Chancelier me désigna une escabelle en bout de table où je m'assis. Le Docteur d'Assas, avec un délectable sourire, me fit passer le livre de l'Ecole et m'accommoda de son écritoire. On peut bien imaginer qu'en dépit de ma querelle avec Merdanson et de l'appréhension qu'elle me donnait (car ses épaules et son cou annonçaient beaucoup de force) je me paonnais assez en ce haut lieu et en cette savante compagnie.

— Voici l'*ordo lecturarum*, dit le Doyen Bazin et, à l'œil venimeux qu'il me jeta, quoiqu'il me vît ce jour pour la première fois, je compris qu'étant le fils de Saporta, je n'aurais point à attendre de lui au bout de l'année une excessive tendresse en mes examinations.

— A tout seigneur tout honneur, dit le Doyen Bazin et, ôtant son bonnet carré, houppé de soie cramoisie, il dit non sans un certain air de pompe :

— Premièrement, Hippocrate : *les Aphorismes*...

Au nom du maître vénéré de la médecine grecque, les professeurs royaux et les docteurs ordinaires se découvrirent à leur tour, et ne remirent leurs bonnets carrés que lorsque le Doyen, poursuivant son énumération, passa au livre suivant :

— Deuxièmement, Galien : *Libri Morborum et symptomatum* [1].

Etrange, pensais-je en écrivant ce nom (« Galien »

1. Les livres des maladies et des symptômes.

avec un seul l, me souffla d'Assas. Gallien avec deux l, c'est un empereur romain), étrange qu'on tire céans son bonnet à Hippocrate et non pas à Galien. Serait-ce que tous deux étant grecs, le premier a vécu vers l'an 400 avant Jésus-Christ et le second deux siècles plus tard, et donc trop récent pour mériter égal respect?

— Troisièmement et quatrièmement, poursuivit Bazin, nous passons à la médecine arabe, fidèles en cela à la tradition vénérée de notre école :

Avicenne : *Le canon de la nature.*

Razès : *Traité de la petite vérole et de la rougeole.*

Le Doyen Bazin fit ici une petite pause, comme conscient du scandale qu'il allait provoquer.

— Cinquièmement :

Vésale : *De Corporis humani fabrica* [1].

— Sixièmement :

Ambroisé Paré : *La méthode de traiter les plaies faites par les arquebuses et autres bâtons à feu.*

Il y eut ici une telle commotion sur le banc des docteurs ordinaires que je ne pus manquer de l'appréhender, étant sur l'estrade occupé comme j'ai dit.

Non qu'il y eût, cette fois, tapage et tintamarre, mais en une guise plus feutrée, une suite de conciliabules et chuchotements irrités et sur tout le banc un grand moutonnement, çà et là, de dos, d'épaules, de têtes, de houppes de soie cramoisie et de doigts bagués d'or, les docteurs paraissant fort courroux, hérissés et crachant comme des matous.

— Qu'est cela ? dit Saporta, le sourcil levé.

— Monsieur le Doyen, s'écria alors un des docteurs ordinaires, je ne saurais taire plus outre mon indignation : Vésale et Paré sont des modernes et c'est une abomination que de les placer dans notre *ordo lecturarum* aux côtés des maîtres vénérés de l'ancienne médecine.

Ce docteur avait des yeux noirs et fanatiques dans un visage long, étroit, ridé et jaunâtre, et sa bilieuse

1. De la composition du corps humain.

véhémence surprit à ce point le Doyen Bazin qu'il resta le bec cloué. Mais, comme bien on pense, il en fallait davantage pour accoiser le Chancelier Saporta.

— Docteur Pennedepié, dit-il avec un de ses airs royaux, si vous désirez opiner en cette assemblée, voulez-vous être bon assez pour me demander la parole ?

— Je vous la requiers, dit Pennedepié, portant haut sa houppe de soie cramoisie.

— Et je vous la baille, dit Saporta, et en vous la baillant, je la souhaite modérée en sa forme et avisée en son fond.

— Fort bien donc ! s'écria Pennedepié, la houppe tremblante au-dessus de son bonnet carré, je répète donc céans mon opinion sur le choix des cinquième et sixième livres de notre *ordo lecturarum*. Je le tiens à grand scandale et ne suis point le seul céans à le tenir ainsi. Vésale et Ambroise Paré sont des modernes. Je dirai pis : des contemporains ! Vésale est mort en 1564 et Ambroise Paré est encore en vie.

— Dieu longtemps l'y garde ! dit d'Assas, le regard bénin, la voix suave, et le geste aussi caressant que si sa chambrière Zara eût été debout à sa dextre.

— Docteur Pennedepié, dit sur un tout autre ton le Doyen Bazin qui reprenait quelque aplomb, je voudrais que vous appreniez du fond de votre abyssale ignorance que rien, absolument rien dans l'arrêt des Grands Jours de Béziers n'interdit d'inscrire des modernes dans l'*ordo lecturarum*.

— Mais cela ne s'est jamais fait sous Rondelet ! dit Pennedepié.

— Le Docteur Rondelet est mort ! s'écria Saporta d'une voix tonnante. Et il est étrange que m'envisageant à la place où je suis, vous ne vous en soyez pas encore aperçu !

Le Docteur Pennedepié, taxé d'ignorance par le Doyen et rabroué de si brutale guise par le Chancelier, fut tant navré en sa superbe que l'œil lui sortant de l'orbite, et la lèvre tremblante, il se leva comme pour quitter la place. Le Docteur Saporta s'aperçut de ce mouvement et craignant sans doute que Pennedepié, suivi en exode par d'autres docteurs, eût assez de force pour dresser contre lui des cabales, il se résolut incontinent à verser de l'huile dans son vinaigre :

— On peut ne pas connaître l'arrêt des Grands Jours de Béziers sans être pour cela ignorant, dit-il de son ton le plus accommodant. Et quand bien même le Docteur Pennedepié n'aimerait point les modernes, il n'empêche qu'il est lui-même un médecin des plus savants et qu'il aura sa place, un jour, parmi les professeurs royaux.

Bien que cette creuse promesse ne fût qu'eau bénite de cour, elle fit merveille sur le Docteur Pennedepié qui, envisageant d'un autre œil le Chancelier, se rassit, et, tout rêveux, s'accoisa.

Mais incontinent un autre David surgit, la fronde en main.

— Monsieur le Chancelier, peux-je parler ?

— Vous le pouvez, Docteur Pinarelle, dit Saporta.

Ce Pinarelle était petit, maigre, le nez pointu, les lèvres minces, les oreilles décollées et, si j'ose ainsi parler d'un docteur ordinaire, l'air fort rassotté.

— Monsieur le Chancelier, dit Pinarelle, il ne me paraît pas convenable d'admettre Vésale dans notre *ordo lecturarum* pour ce qu'il a osé insulter Galien.

— Il ne l'a pas insulté, dit d'Assas, la voix douce et le geste caressant. Il l'a respectueusement critiqué.

— C'est tout un ! s'écria Pinarelle. Critiquer Galien ! Galien, un des maîtres de la médecine grecque ! Et Vésale a osé !

— Si Galien était infaillible, il serait Dieu lui-même, dit alors d'Assas avec son plus désarmant sourire. Et il faut bien avouer que la méthode de Galien était fort étrange : il disséquait des animaux et appliquait aux hommes, sans les vérifier, les observations qu'il avait faites. C'est ainsi qu'il affirma que l'utérus de la femme était bifide parce que celui de la lapine l'était. Vésale a corrigé cette erreur.

— Il m'importe fort peu ! s'écria Pinarelle d'un ton

furieux. Je préfère me tromper avec Galien qu'avoir raison avec Vésale !

Là-dessus, l'assemblée qui jusque-là remuait beaucoup se figea dans une profonde stupeur à laquelle succédèrent des rires qui, s'étendant de proche en proche, gagnèrent la moitié des bancs. Un sourcillement du Chancelier Saporta mit fin à ce désordre et dans le silence revenu le Doyen Bazin dit de son ton le plus venimeux :

— Docteur Pinarelle, si par malheur vous soignez l'utérus d'une malade il ne serait pas de petite conséquence pour elle que vous vous trompiez avec Galien.

A cette saillie un rire énorme secoua l'Assemblée. Même les compagnons apothicaires et les apprentis chirurgiens s'ébaudirent, lesquels pourtant, indignes de s'asseoir, ouïssaient debout cette chamaillerie. Pinarelle sentit à la fois, traversant son cuir, le croc de la vipère et son cuisant venin. Il sut que de cette piqûre de Bazin il serait long à se relever, et qu'elle allait, pendant de longs mois, bailler à la ville de Montpellier un immense sujet de gausserie. Il blêmit de ressentiment d'avoir été pris par le bec par le Doyen et s'accoisant, lui lança un regard si haineux que le Chancelier Saporta comprit que Pinarelle, comme Pennedepié, et à moins de frais encore, pouvait être gagné à sa dévotion. Je voyais bien, tandis que je suivais tout ceci bouche bée et la plume en l'air, que si Saporta défendait l'*ordo lecturarum* du Doyen, il ne défendait en aucune façon sa personne. Bien à rebours.

Le rire dévergogné de l'Assemblée se fût prolongé encore si Saporta, qui s'était bien gardé d'y prendre part, n'avait tout soudain sourcillé, toqué son maillet sur la table, le bedeau Figairasse coupant l'air aussitôt de sa verge.

— Personne, dit le Chancelier d'une voix grave et avec une feinte affectation d'équité, personne céans ne peut mettre en cause la science et la conscience du Docteur Pinarelle. Monsieur de Joyeuse qui lui doit la curation d'un méchant catarrhe ne me contredira pas là-dessus, n'ayant que sa louange à la bouche. Et je voulais que cela soit dit. Cependant, pour accommoder les scrupules du Docteur Pinarelle touchant feu l'illustre Vésale, je dois lui apprendre ici, ce que peu de gens savent en cette ville, que Vésale, en ses vertes années, fut écolier de notre école de médecine de Montpellier.

— Ha! Mais je ne savais pas! s'écria Pinarelle. C'est que cela change tout!

Et combien que cette saillie fût peut-être plus sotte et plus naïve encore que celle qui avait valu à Pinarelle tant de rires méchants, telle était pourtant la grande amour que tous, même les novices, nous nourrissions pour notre école qu'elle fut sur tous les bancs unanimement applaudie. Et Pinarelle, souriant avec gratitude au Chancelier et jetant les yeux de tous côtés d'un air satisfait, redressa haut sa houppe cramoisie et se tut.

Je croyais qu'après les tempêtes et les tumultes qui avaient agité nos docteurs ordinaires viendrait enfin la bonace mais à peine Pinarelle était-il rentré dans le rang qu'un troisième champion jeta son gant dans l'arène.

— Peux-je parler, Monsieur le Chancelier? dit-il d'une voix forte.

— Vous le pouvez, Docteur de la Vérune, dit Saporta.

Ce quidam, comme me l'apprit plus tard Fogacer, s'appelait, en fait, la Verrue, mais n'aimant point son nom, il l'avait changé en la Vérune. Cependant, cette transformation ne lui apportant pas tout le plaisir qu'il en attendait, il avait ajouté plus tard un « de » duquel comme pour d'Assas, on avait souri avant que de s'y accoutumer. Je notais en l'envisageant que le Docteur de la Vérune était volumineux en toutes les parties du corps, que ce fussent les joues, le cou, le poitrail et la bedondaine, mais à la différence de Figairasse, plutôt que fort il paraissait enflé.

— Passe encore pour Vésale, s'écria-t-il sur le ton le plus dépit, il est docteur et il a étudié en notre école. Mais Ambroise Paré! A peu que les mots ne me manquent pour dire le scandale où je suis à voir un livre de ce chi-rur-gien (il prononça le mot avec un déprisement infini) admis dans notre *ordo lecturarum*! Pouvons-nous, Monsieur le Chancelier, supporter le pensement odieux que des docteurs en médecine — je dis bien des docteurs — ouvrent le livre d'Ambroise Paré, lequel d'ailleurs, ajouta-t-il avec dédain, est écrit en français, et le lisent et le commentent. De vergogne et de confusion j'en ai déjà le rouge aux joues! Est-ce là, je le demande, une lecture digne de notre école? Un docteur, je dis bien, un docteur lire en français le livre d'un chirurgien qui est maître, et non point docteur! Allons-nous ravaler notre titre au niveau de cette boue?

Dans le silence qui suivit cette mercuriale et qui embarrassa fort le Doyen et même le Chancelier, car elle touchait aux privilèges de leur grade, ces privilèges étant tenus par quasi tous comme presque plus sacrés que le savoir, le Docteur d'Assas, suavement souriant, dit d'une voix infiniment douce :

— Si boue il y a, je demande à y être plongé. Je suis docteur, mais j'accepterais d'un cœur égal d'être rétrogradé au rang de maître, si j'avais le génie d'Ambroise Paré. Car je le tiens, et pour un très grand médecin et pour un chirurgien hors pair. Il a sur les champs de bataille sauvé la vie d'innombrables amputés, en substituant la ligature des artères à la cruelle cautérisation par le feu. Et quant à son traité sur les plaies faites par les arquebuses, il est à ce jour inégalé tant par l'exactitude de ses descriptions que par les curations qu'il propose.

— Il n'empêche! s'écria le Docteur de la Vérune balayant de la main comme fétu de paille les arguments du Professeur Royal, Ambroise Paré n'est pas docteur! Il n'est que maître! Nous pouvons à la rigueur le lire dans le secret de notre cabinet encore qu'il n'écrive pas en latin. Mais le lire *ex cathedra* [1], et en français, serait déchoir!

— Docteur de la Vérune, dit alors le Chancelier

1. Du haut de la chaire.

Saporta, lequel, je l'observais une fois de plus, pouvait de loup dévorant qu'il était se changer en agneau, je vous loue fort du zèle que vous mettez à défendre la gloire de notre titre contre les empiétements des grades subalternes : il est vrai, Ambroise Paré n'est que maître. Il n'est point docteur. Pis même : il est chirurgien. Et là-dessus en votre sens j'opine et suis avec vous de tout cœur. Cependant, l'autorité de ce chirurgien regardant les plaies faites par les arquebuses est, comme l'a dit le Docteur d'Assas, inégalée, et se trouvant que ces plaies sont, hélas, si fréquentes en les temps troublés que nous vivons, nous avons cru bon d'en instruire nos écoliers. Avons-nous eu tort ? Devons-nous rayer le livre d'Ambroise Paré de notre *ordo lecturarum* ?

— Si j'étais vous, je le ferais ! s'écria le Docteur de la Vérune qui, gros fol qu'il était, croyait déjà la partie· gagnée.

— Voire ! dit le Chancelier avec un subit brillement de l'œil. Voire ! Cela mérite réflexion. Ambroise Paré a soigné Henri II en sa longue agonie. Il est attaché de par la volonté de notre roi Charles IX à sa personne. Je vous le demande à tous et un chacun, ajouta-t-il, en gonflant la voix : pouvons-nous d'un cœur léger offenser notre souverain en son choix et rayer de notre *ordo lecturarum* le livre de son médecin ? Que celui qui opine en ce sens lève la dextre !

Cette question, en son ton comme en sa forme captieuse, fut posée sur un ton si menaçant qu'elle glaça l'Assemblée et lui rentra à ce point sa fronde dans la gorge, que personne n'osa plus bouger. Et fort de ce lâche et tacite acquiescement, le Chancelier, toujours sourcillant, leva son maillet, et même alors l'Assemblée ne remuant pas plus que souris épouvantée en son trou, il toqua avec force la table et dit d'une voix éclatante :

— L'*ordo lecturarum* pour l'année du Seigneur 1566 est adopté.

On eût pu croire que c'était là la fin des traverses

et péripéties qui avaient marqué la Saint-Luc. Mais ce ne fut vrai ni pour le Chancelier Saporta, ni pour moi-même, si chétif que je fusse au regard des grands intérêts qui s'étaient ici débattus. Plus troublé encore qu'étonné par le spectacle que m'avaient donné les docteurs en leur ire (car si j'étais examiné en fin d'année par le Docteur Pinarelle, devrais-je, pour lui complaire, lâchement avancer avec Galien que l'utérus de la femme est bifide ou oser affirmer avec Vésale son unicité ?). Et rêveux rêvassant à cela, j'avais quelque peu musé en mes écritures et n'avais pas achevé d'écrire le titre du livre d'Ambroise Paré (lequel d'ailleurs je connaissais bien pour l'avoir vu dans la bibliothèque de mon père en mes enfances) quand Saporta, toujours brusque et impérieux, me dit, debout déjà et courbé sur moi comme un grand corbeau, le bec en avant, le dos voûté :

— Eh bien où en sommes-nous ?

— Monsieur mon père, dis-je, je finis.

Et à peine avais-je écrit le dernier mot que le Chancelier me prit, ou plutôt m'arracha la plume des doigts et de sa grande écriture dont toutes les lettres se hérissaient de piques et de hallebardes, en bas et à droite de l'*ordo lecturarum*, signa son nom en cette guise :

Dr Saporta
Chancelier.

Puis tendant la plume non sans un air de supériorité et de piaffe au Doyen Bazin (lequel grinçait des dents à se voir ainsi traité), il s'éloigna, la houppe haute, pour conciliabuler avec le Docteur d'Assas, lequel, en dépit de ses humaines faiblesses et pour sa vigne et pour sa chambrière, il tenait en grande estime. J'étais resté assis sur mon escabelle devant le livre de l'Ecole, et vis le Docteur Bazin, son corps menu tremblant en son dépit, s'approcher la plume en main du livre et le fixant comme vipère sa proie, réfléchir un instant sur ce qui lui convenait de faire. Puis un brillement rusé illuminant son petit œil jaunâtre, il signa son nom de son écriture menue et tremblée, mais le signa dans l'espace laissé vide entre l'*ordo lecturarum* et le nom de Saporta, le disposant de la guise qu'ici je reproduis :

Dr Bazin
Doyen
Dr Saporta
Chancelier.

Il montrait ainsi, de façon éclatante que, bien que contraint de signer en second, il venait le premier dans la hiérarchie des fonctions, les études à ses yeux ayant le pas sur le ménagement de l'Ecole.

Ventre Saint-Antoine! pensai-je, voilà qui était bien chié chanté! Quelle invention! Quelle chatte-mitesse trouvaille! Et quel affreux carnage allions-nous voir en ce marigot entre nos deux crocodiles!

Pour moi, combien que j'inclinasse dans le clos de mon cœur à raison donner au Doyen Bazin (puisqu'enfin il s'agissait de l'*ordo lecturarum* qu'il avait lu, et en grande part, lui-même composé) la fort petite amour qu'il nourrissait pour moi et la loyauté que je devais à mon père Saporta me firent m'esquiver comme chat en maraude et, me glissant entre ces robes noires, tirer le Chancelier par sa longue manche pour l'avertir *sotto voce* du sacrilège.

— J'y vais porter remède, dit Saporta, la houppe redressée et ses narines blanchissant en la contention de son ire.

Et revenant à grands pas à la table des Professeurs Royaux tandis que le Doyen Bazin, se pourléchant, l'œil baissé, les babines, tendait la plume au Docteur Feynes pour qu'il signât à son tour, Saporta saisit le livre de l'Ecole en ses fortes mains et l'approchant de son œil, relut avec le dernier soin l'*ordo lecturarum*.

— Mon fils Siorac, dit-il enfin, vous avez, en effet, belle et bonne écriture. Mais par malheur, en écrivant Rhazès, vous avez omis l'h qui se trouve entre l'r et l'a. Et comme nous ne pouvons admettre céans que le nom d'un grand maître de la médecine arabe soit de la sorte défiguré, vous allez, dit-il, déchirant tout soudain du livre la page que j'avais écrite, recommencer votre labour.

A cela Merdanson et ses acolytes s'ébaudirent à ventre déboutonné et à si grands cris et huées (m'appelant « Pierre Rhazès de Siorac ») que Saporta dut toquer trois fois son maillet et Figairasse faire siffler deux fois sa verge avant que ces coquins s'accoisassent.

Bien vergogné, comme bien on pense, de faire les frais publics de cette sournoise disputation entre nos régents, je recopiai l'*ordo lecturarum* d'un bout à l'autre sur le feuillet vierge du livre. Quoi fait, Saporta, saisissant la plume, signa son nom en bas et à droite sous la dernière ligne de mon texte, le collant à cette ligne sans ménager aucun vide ni espace où Bazin eût pu se glisser et comme s'il craignait encore que le Doyen imaginât de signer à gauche sur le même plan que lui, il remplit ladite partie de hautes et rageuses hachures qui en interdisaient l'accès. Ainsi fut le Doyen Bazin contraint de signer, non seulement en second mais *sous* le Chancelier Saporta qui en cette Saint-Luc l'emporta à jamais sur lui et établit sur l'Ecole sa complète domination.

Qu'elle fût bénéfique, c'est ce qu'en mes mûres années j'opine encore, combien qu'alors il m'en cuisît, à moi, et à d'autres, comme on va voir.

Le Chancelier, renvoyant l'Assemblée, s'en fut majestueusement le premier, suivi du Doyen Bazin, des deux autres Professeurs Royaux puis des docteurs ordinaires dans l'ordre de l'ancienneté de leur grade, puis des licenciés, et enfin des bacheliers. Et comme nonobstant cet exode, les écoliers de deuxième année, les novices, les compagnons apothicaires et les apprentis chirurgiens restaient dans la salle à clabauder chacun en son groupe et clan — Fogacer revint nous dire, par le commandement de Saporta, d'avoir à vider les lieux tout soudain, et de rentrer paisiblement chacun en sa chacunière, le

Chancelier, ajouta-t-il, interdisant l'initiation à laquelle, à la Saint-Luc, les anciens avaient accoutumé de soumettre les novices. Sur quoi s'éleva chez Merdanson et ses séides clameurs et bramements.

— Messieurs les Ecoliers, dit Fogacer en levant ses longs bras d'araignée pour apaiser le tumulte. Vous avez ouï le commandement du Chancelier. Pour moi, j'ai peu de chose à dire, n'étant ni votre abbé, ni votre procurateur, tout au plus votre conseiller. Cependant si conseil il y faut, le voici : que si j'étais en votre place, je craindrais de contrevenir aux ordres du Chancelier, tant désireux il me paraît de frapper dès le premier jour un grand coup et de faire un exemple.

— Mais ventre Saint-Vit! La coutume est irréfragablement violée! s'écria Merdanson, la peau de la face rougissant à l'égal de sa flamboyante chevelure.

— Ha! dit Fogacer, en levant un sourcil, il en est de la coutume comme de femme forcée. Elle crie mais se soumet.

Sur quoi il tourna les talons et s'en fut, les hurlements reprenant dans son dos.

Dans le remuement, la rumeur et la confusion qui suivirent ces déclarations, Luc se glissa auprès de moi et, me prenant par le bras, me dit d'une voix douce et tremblante :

— Mon Pierre! Obéissons au Chancelier! Quittons tout soudain les lieux! Rentrons chez nous!

— Moi, dis-je, quitter les lieux! Fuir devant ce Merdanson! Que non pas! Il me faut l'affronter ce jour, quoi qu'il m'en coûte, et vider l'aposthume.

Ce n'était pas pourtant que j'en eusse tant le désir, car le gojat était haut, large et bien membré, et c'est à mains nues et sans épée que je le devais combattre. Pour tout dire, la peur, à l'instant même que je faisais le fier, m'en tenaillait quelque peu le ventre : tenaillement que je n'eus garde toutefois d'écouter, opinant que ce n'est point la tripe qui doit avoir chez l'homme seigneurie, mais la tête.

Cependant, malgré l'ordre que leur avait mandé le bachelier Fogacer (et comme je le compris plus tard, c'était à dessein et par machiavélienne ruse que le Chancelier avait affaibli son propre commandement en le faisant porter par un autre) les écoliers ne quittaient point les lieux, Merdanson et ses suppôts parce que sans oser encore s'y mettre, ils voulaient abaisser les novices et tirer vengeance de moi ; et les novices, parce qu'ils me regardaient comme leur champion et se cachaient derrière moi, effrayés qu'ils étaient par la tyrannie des anciens. Les uns et les autres à voix basse conciliabulaient entre eux et, à les bien considérer, on eût pu plus facilement tirer un pet d'un âne mort que d'eux une résolution, tant ils hésitaient à passer outre aux volontés du Chancelier.

Cependant, deux des lieutenants que Merdanson avait dépêchés aux nouvelles, écoliers qui se nommaient Gast et Rancurel, le premier rond comme un tonneau, le second, plat comme une planche, revinrent tout courant annoncer qu'ils avaient vu Saporta monter dans le chariot du Docteur d'Assas, que tous deux faisaient route vers Frontignan, en toute apparence pour y festoyer la Saint-Luc et y boire *sicut terra sine aqua* [1].

— Ventre Saint-Vit ! s'écria Merdanson en bondissant sur l'estrade, mes bons enfants, l'Ecole est à nous ! Quand le chat s'absente, les souris forniquent au grenier ! Ventre Saint-Vit ! Messieurs les novices, apothicaires et chirurgiens, nous allons faire de vous sur l'heure les plus harassées bourriques de la création.

— Quoi ! s'écria alors un apprenti chirurgien qui s'appelait Carajac et bien nommé, car il était, en effet, carré des épaules à ne craindre ni Dieu ni Diable, Monsieur, allez-vous initier à votre guise les chirurgiens et les apothicaires alors qu'ils ne sont même pas écoliers en votre école ?

— Compains ! s'écria Merdanson, avez-vous ouï cet étron ? Depuis que le fœtus Bazin a entrepris de recevoir ce gueux d'Ambroise Paré dans l'*ordo lectu-*

1. Comme une terre privée d'eau.

rarum, les méchants barbiers que voilà ne se sentent plus pisser. Etrons qu'ils sont, ils ouvrent leur petite gueule merdeuse et osent poser des questions aux anciens !

Un fort murmure s'éleva alors parmi les chirurgiens, fort dépits et d'être appelés barbiers, et d'ouïr insulter leur Maître vénéré. Carajac, sans courber le front, dit alors d'une voix forte :

— Monsieur, vous ne m'avez pas répondu.

— Et je vous réponds ! hurla Merdanson derrière qui, sur l'estrade, les anciens, fort échauffés, s'étaient regroupés. Et la réponse est oui ! Moi Abbé des Ecoliers, fort légitimement élu par mes pairs selon la coutume et ayant en ces matières pouvoir décisoire, je n'excepterai de l'initiation ni les barbiers ni les épiciers ès remèdes. Et à toi, misérable petite bouse, je réponds : et bren ! et bren !

Je jugeai le moment d'entrer en lice et m'avançant je dis d'une voix haute et claire :

— Merdanson, encore que vous soyez écolier de deuxième année, je tiens que votre science anatomique est faible et à contrepoil. Car à ouïr si souvent tomber de vos lèvres l'étron, la bouse et bren, j'opine que vous confondez votre bouche avec votre anus.

Cette saillie merveilleusement ébaudit les novices, les chirurgiens et les apothicaires, tandis que les anciens, sur l'estrade, rugissaient de rage à voir leur abbé ainsi accommodé. Cependant, Merdanson restant le bec cloué sous le coup de son ire, Gast (celui des lieutenants qui était rond comme tonneau) s'écria :

— Compains ! Allez-vous souffrir l'insolence de ce ver de terre à l'endroit de notre abbé ? Tudieu ! Cela exige châtiment mémorable. Je propose de débraguetter ce Rhazès de Siorac et de lui peindre le vit en rouge.

— Et quant à la couille, hurla Rancurel, qu'il a belle, mais molle (rires des Anciens) je la couperai de mes dents, et frite aux oignons, ou toute crue à la vinaigrette, je la mangerai.

— Voilà qui est chié chanté ! dit Gast. J'en mangerai aussi.

Cette grossière gausserie redonna quelque cœur aux Anciens, et entre eux, à voix basse, ils conciliabulaient pour savoir comment me courir sus quand soudain, mon bien-aimé Samson s'avança en sa force et inégalable beauté et, bel ange de Dieu qu'il était, dit d'une voix douce, avec son charmant zézaiement :

— Qu'est cela, Monsieur ? Parlez-vous d'escouiller mon gentil frère ? Si ce n'est là que parole, elle est sale et fâcheuse. Si c'est acte, je vous combattrai.

— Mais d'où sort ce sot embéguiné ? s'écria Merdanson. Et qui est-il ?

— Monsieur, dit Samson en sa colombine simplicité, je suis Samson de Siorac, je suis apprenti apothicaire et point si sot qu'il apparaît pour ce que je récuse l'initiation, étant patent que le Chancelier Saporta l'a interdite.

Cette déclaration en sa droiture naïve ne fut pas sans effet.

— Voilà qui est parlé ! m'écriai-je voulant saisir la balle à la volée. Apothicaires, Merdanson a réduit outrageusement votre art à la vente des épices. Chirurgiens, il vous a ravalés au niveau des barbiers. Et vous, novices, vous êtes menacés d'être harassés comme bourriques en étable. Allez-vous lâchement souffrir l'arrogance de ces tyranneaux dont tout le mérite est d'être entré à l'Ecole une année avant nous ? Ou allons-nous, tous unis, résister aux indignités dont nous sommes menacés ?

Mais tant neuve était l'idée que les novices qui, après tout, étaient écoliers pussent s'allier aux apothicaires et aux chirurgiens, qui ne l'étaient point, contre les anciens du collège, et si fort aussi le respect que ceux-ci et la coutume inspiraient que ce discours n'eut pas le succès que j'en escomptais auprès de ceux-là mêmes qu'il entendait protéger. Et au silence des uns et aux huées des autres je mesurais l'isolement où je me trouvais réduit.

— Courage, Moussu, dit une voix derrière moi, nous en vîmes bien d'autres au combat de la Lendrevie.

— Mais que fais-tu là, Miroul ? dis-je à voix basse en me retournant. Veux-tu bien t'en sauver !

— Nenni, dit-il, Monsieur votre père m'a commandé d'être à vos côtés dans les jours de péril et, connaissant votre humeur, j'ai pensé que la Saint-Luc pourrait bien être une de ces occasions.

— Et c'était bien pensé, Miroul. Reste. Contre cette quinzaine de droles bien membrés, nous ne serons pas trop de trois.

— De quatre, dit alors Carajac, l'apprenti chirurgien qui avait osé braver Merdanson. Je ne puis souffrir, sous couvert de coutume, cette tyrannie que voilà.

— Merci, Carajac, dis-je, l'œil sur sa carrure et fort conforté de la trouver si large. Nous allons en découdre, je crois.

A ces mots, comme si j'avais donné moi-même le signal de l'assaut, Merdanson et les anciens, descendant de l'estrade, se ruèrent dans l'allée centrale des gradins en hurlant « Tue ! Tue ! Tue ! » et ces fols nous auraient bel et bien occis, je gage, s'ils avaient eu des épées ou des piques, tant était grand le degré de leur échauffement.

Du nombre, les assaillants avaient l'avantage mais nous, de la situation, car ils devaient monter par un passage entre les bancs qui n'avait pas plus d'une toise de large et qui resserrait leurs rangs :

— Vos pieds, Moussu ! me souffla Miroul. Usez de vos pieds, comme vous avez fait avec moi le jour où je larronnais en la souillarde de Mespech.

C'était là bel et bon conseil, car dès que Merdanson fut à ma portée, rouge, le cheveu flamboyant, la bouche crachant injures truandes, je lui décochai un coup de botte dans la poitrine qui le rejeta tout hurlant, dans les bras de ses séides. Et bien que je fusse, dans les minutes qui suivirent, fort occupé à me défendre comme étalon en rut (et bien marri de n'avoir que deux sabots au lieu de quatre) je ne fus pas sans m'apercevoir que Carajac faisait de la bonne ouvrage par le terrible moulinet de ses bras, et Miroul, de la meilleure encore, par ses crocs-enjambe et autres coups sournois dont il avait le secret. Quant à mon bien-aimé Samson, toujours un peu lent à concevoir comme à exécuter, et d'ailleurs bien peu enclin en son angélique nature à navrer son semblable, il fallut que Gast et Rancurel, en leur folie, tâchassent de le faire prisonnier pour qu'il se réveillât.

— Messieurs, qu'est cela? dit-il, zézayant et poli. Et soulevant Gast de sa main senestre, il souleva Rancurel de sa dextre, et les choquant l'un contre l'autre les catapulta contre le gros des assaillants. Et quelle belle chute ce fut là, bonnes gens! A dire le vrai, je ne la vis pas, mais un an plus tard on en faisait encore des contes dans la rue du Bout-du-Monde.

Cependant, Luc qui, de par la faiblesse de sa constitution, répugnait à se battre, mais ne manquait pas de la meilleure sorte de courage, ni d'éloquence, excitait les novices, apothicaires et chirurgiens à nous secourir, les appelant lâches, pleutres, couards, veaux à l'engrais, moutons à l'abattoir.

— N'êtes-vous pas beaux à voir, arguait-il, à rester à trembloter comme gelée dans votre coin sans main forte prêter à vos champions? Siorac n'est-il pas novice? Que font les novices? Samson apothicaire? Que font ceux-ci? Carajac est chirurgien. Que font ses frères? Rien. Tous trois se battent pour vous éviter les humiliations d'une initiation que Saporta a interdite. Et vous, misérables escouillés, vous les laissez écraser!

Sa véhémence produisait à la fin quelque effet, et l'exploit épique de Samson, en frappant les novices d'étonnement, emporta le morceau. Et comme les anciens essayaient à tourner notre petit groupe en enjambant les bancs, les nouveaux marchèrent à leur encontre par la même voie, et bien qu'ils luttassent encore assez mollement (par un reste de crainte religieuse que les anciens leur inspiraient) leur masse était telle qu'elle empêcha les assaillants de nous encercler. Ceux-ci d'ailleurs devinrent tout soudain bien moins ardents à nous accabler quand ils virent contre eux le branle de nos bons moutons.

On en était là de cette bataille et elle devait tourner infailliblement à notre avantage quand dominant les cris étranges des combattants, retentirent, toqués sur la table de l'estrade, trois forts coups de maillet. Et levant le nez, nous vîmes, étonnés et cois, derrière ladite table, debout et terrible en son ire, le Chancelier Saporta. Il était flanqué à dextre du Docteur d'Assas et à senestre du bachelier Fogacer, tandis que le bedeau Figairasse, au pied de l'estrade, fouettait l'air de sa verge avec un air de ravissement à vous faire rentrer le cœur dans les tripes.

— Ha misérable gueux! dit Merdanson à voix basse à Rancurel, bosselé et boitillant, tu les as vus de tes yeux merdeux partir pour Frontignan!

— Tudieu! nous les avons vus! dit Gast à peine moins défait. Ils sont partis et revenus : c'était ruse de guerre!

— Silence! tonna Saporta.

Et le silence se fit que je ne veux décrire derechef, ayant usé de la métaphore (que je crois neuve) du ver à soie se retournant dans son cocon. Et pourtant, gens de bien, que muets nous étions! et moulus! et navrés! et saignants! Et au surplus, plus penauds et quinauds que larrons pris en foire!

Après nous avoir tenus un long moment sous la fascination de son œil noir, le Docteur Saporta s'écria d'un ton courroucé, mais qui n'allait pas sans quelque rhétorique :

— Messieurs les Ecoliers, à peine avez-vous juré de respecter nos statuts et de ne point en venir aux mains céans que, déjà, vous vous parjurez! Où suis-je ici? poursuivit-il avec un majestueux envol de ses larges manches. En l'Ecole de médecine dont je suis chancelier? Ou chez les palefreniers de M. de Joyeuse? Voire les truands de la rue des Etuves? Ai-je lu, ou n'ai-je pas lu *coram populo* [1] cet article de nos statuts qui prévoit que seront punis de verge ceux qui, en cette école, se navrent l'un l'autre par battements, soufflets, nasardes, et coups de pied de

1. Devant le peuple.

par le cul ? A ce compte, si j'en crois ce que j'ai vu en pénétrant céans, vous seriez *tous* fouettés !

Il hurla ce *tous* comme en notre entrevue, il avait hurlé *par écrit* ! ces soudaines hurlades étant sa coutumière méthode pour frapper de terreur les esprits. Et bien il y réussit, ce me semble, à en juger par les chagrines faces que faisaient nos combattants, lesquelles (je parle des faces) prenaient déjà ce rouge dont les culs étaient menacés.

— Cependant, poursuivit Saporta, outre que je ne voudrais pas donner trop grand labour à Monsieur le Bedeau Figairasse...

— A bonne besogne point ne rechigne ! dit Figairasse en faisant siffler sa verge.

— Monsieur le Bedeau, dit Saporta d'un ton sec, ramentevez-vous, je vous prie, de n'ouvrir la bouche que je ne vous adresse la parole.

— Avec mes excuses, Monsieur le Chancelier, dit Figairasse et à votre commandement. Et disant cela d'un ton humble, il nous regarda d'un air fier comme pour nous faire entendre sur qui, et sur quoi, il allait se revancher de cette rebuffade.

— Cependant, reprit Saporta, en ce premier jour de ma chancellerie, il est de mon plaisir de faire preuve à votre endroit de mansuétude (ici le Docteur d'Assas esquissa un sourire, comme s'il savait ce que valait l'aune de cette bénignité) et en place de châtier tous les soldats, je ne punirai que les chefs. Qu'ils se nomment donc, encore que je les connaisse déjà.

C'était me laisser peu de choix.

— Monsieur le Chancelier, dis-je incontinent, je commandai un des deux partis.

— Monsieur le Chancelier, dit Merdanson, je commandai l'autre.

— Les beaux capitaines que voilà ! dit Saporta, et lequel des deux a suscité ce tumulte ?

— Moi, dis-je : j'ai affronté les anciens.

— Moi, dit Merdanson : j'ai humilié les novices.

— Vous avez fait pis, Merdanson ! s'écria le Chancelier d'une voix terrible : vous avez tâché de rétablir l'Initiation que j'avais interdite.

Ici Merdanson, frappé d'une pâleur extrême, fit « oui » de la tête sans pouvoir un mot articuler, tant il craignait, comme il me le dit plus tard, d'être exclu de l'Ecole, aimant la médecine de grande et passionnée amour, tout rustre qu'il fût ou parût.

— Monsieur le Chancelier, peux-je parler? dis-je, sentant que l'affaire se gâtait fort pour Merdanson et désirant avec lui recoudre et faire ma paix.

— Vous le pouvez, Siorac.

— Je confesse en vos mains que j'ai beaucoup envenimé la disputation par des paroles dures et piquantes : j'ai accusé Merdanson de confondre sa bouche avec son anus.

Ici il se passa une chose fort étrange : le Chancelier Saporta sourit. Et que le sourire fût sincère ou calculé, je ne sais. En tout cas, comme pour encourager la bonace que l'égaiement du Chancelier paraissait annoncer, d'Assas et Fogacer se hâtèrent, à leur tour, de sourire, sans pour autant que les écoliers, tout confortés qu'ils fussent, osassent encore les imiter.

— Siorac, dit le Chancelier, avec une sorte de gronderie bonhomme que je ne lui avais jamais vue, c'était là, en effet, gausserie fort damnable et je la retiens comme atténuante, dans les charges qui pèsent sur Merdanson. Je retiens également comme atténuant ces charges le fait que Merdanson ait eu l'intention de rétablir l'Initiation sans, cependant, l'avoir rétablie dans les faits.

A ouïr ces paroles, aussi captieuses et scolastiques en leur forme qu'habiles et clémentes en leur fond, Merdanson poussa un profond soupir tant il se sentit plus léger d'avoir évité le pire.

— Cependant, dit Saporta avec un brusque et apparent retour d'implacable sévérité, Merdanson ne peut nier avoir provoqué ce tumulte.

— Monsieur le Chancelier, dit Merdanson avec ce qui ressemblait fort à un élan de gratitude, je ne le nie pas.

— Voici donc mon verdict, dit le Chancelier Saporta en ôtant son bonnet de docteur, en quoi incontinent d'Assas et Fogacer l'imitèrent. Je condamne Merdanson à recevoir de la main de M. le Bedeau Figairasse dix coups de verge. A quoi pour ce qu'il a suscité ce tumulte, j'en ajoute dix autres. Je condamne Siorac à recevoir mêmement dix coups de verge. A quoi j'en ajoute dix autres pour ce qu'il est mon fils.

Ha ! pensai-je, ces dix-là, pour être paternels, ne m'en feront pas moins mal !

— Merdanson, poursuivit le Chancelier, acceptez-vous mon verdict ?

— Oui, Monsieur le Chancelier, dit Merdanson.

— Siorac, acceptez-vous mon verdict ?

— Oui, Monsieur mon père, dis-je, trouvant cependant, à part moi, que le fils faisait un peu trop les frais de la balance que le père entendait maintenir, dans le châtiment, entre novices et anciens.

— La punition, poursuivit Saporta, sera purgée céans et sur l'heure sous l'œil des écoliers et en présence du Docteur d'Assas et du bachelier Fogacer.

Un silence suivit que Saporta, je gage, savoura fort, mais que beaucoup moins je goûtai, et qui fut rompu, au prodigieux étonnement de tous, par mon gentil Samson.

— Monsieur le Chancelier, peux-je parler ? dit-il de sa voix douce et zézayante, et sa belle face empourprée et comme surprise de son émerveillable audace.

— Qui êtes-vous ? dit Saporta qui le savait fort bien, mais qui paraissait comme étonné de la radieuse apparence de mon frère bien-aimé.

— Monsieur le Chancelier, je me nomme Samson de Siorac et je suis compagnon apothicaire.

— Quoi ? dit Saporta. Vous êtes compagnon apothicaire et vous demandez la parole en cette assemblée ?

— En toute humilité, dit Samson, et tel était l'ascendant de son éclatante beauté que Saporta ne parvint pas à se courroucer bien que l'envie l'en démangeât.

— Eh bien, parlez, dit-il.

— Monsieur le Chancelier, dit Samson. J'ai

commandé dans la bataille le parti des apothicaires. Je dois donc être châtié en même guise que mon frère.

— Monsieur, dit Saporta avec un demi-sourire, étant constant que vous n'êtes point écolier en cette école, je ne peux à mon très grand regret vous en appliquer les statuts que, d'ailleurs, vous n'avez pas juré de respecter. Vous ne serez donc pas fouetté, quelque désir que vous en ayez.

Là-dessus, il remit son bonnet carré et sourit tout à fait, ce qui eut pour effet de produire chez les écoliers les rires et même les applaudissements, lesquels grandirent et grossirent jusqu'à faire au Chancelier un véritable triomphe, tant anciens et novices étaient, en leur for, infiniment soulagés que tout s'arrangeât si bien, et sur des fesses qui n'étaient pas les leurs.

Après son verdict, le Chancelier Saporta put une deuxième fois quitter les lieux, et cette fois sans projet d'y revenir : son esprit ne nous quittait point, planant sur l'école que maintenant il dominait et habitait en toutes ses parties.

— Monsieur l'Écolier Merdanson et vous aussi Monsieur de Siorac, dit Figairasse, qui, sa trogne rouge fort réjouie, se paonnait de long en large tout en faisant sonner sa verge d'un air friand sur le crochet de fer qui remplaçait sa main senestre, avant que de vous dénuder et de vous agenouiller contre le banc que voilà, je vous ramentevois que vous devez me bailler quelques sols pour prix de votre exécution.

— Quoi ? dis-je, dois-je payer pour être fouetté, et être atteint dans ma bourse autant que dans ma chair ?

— La coutume, dit le Docteur d'Assas qui se trouvait à l'évidence bien marri d'avoir à présider cette exécution, la coutume veut que le patient dédommage le bedeau du labour qu'il lui donne.

— Eh bien donc, Monsieur le Bedeau, dis-je,

affectant un ton gaillard, puisque payer il faut, je paierai. Quel est votre prix?

— Il n'y en a pas qu'un, dit Figairasse, il y en a deux, selon le degré de fouettement que vous choisirez.

— Révérend Docteur d'Assas, est-ce là aussi la coutume?

— Je le crains, dit d'Assas qui paraissait fort chagrin de me voir subir ces indignités. Sentiment dont je lui sus gré, car bien à rebours, l'œil de Fogacer brillait excessivement, mais que ce fût de compassion, j'en doutais fort, car je retrouvais ce même brillement dans les yeux des écoliers qui se pressaient autour de Merdanson et de moi, et sans vergogne se disputaient le premier rang tant ils étaient avides d'observer le spectacle de notre châtiment.

— Fort bien donc, dis-je, Monsieur le Bedeau, quels sont vos prix?

— Les prix, dit Figairasse qui prenait tout son temps et qui, parlant bien, aimait s'ouïr parler, les prix marchent, comme j'ai dit, avec les degrés que je mets dans le fouettement, et ces degrés sont au nombre de deux : le premier va jusqu'au sang et c'est là que je suis censé aller selon la tradition de l'école.

— Jusqu'au sang? dis-je, étonné que j'étais de soutenir seul ce dialogue, Merdanson restant coi, et la mine fort sombre.

— Vous m'avez bien ouï.

— Mais n'est-ce pas cruel?

— Ce l'est, dit Figairasse. Aussi seuls les écoliers que j'appellerais chiche-faces et pleure-pain choisissent ce premier degré pour ce qu'il ne coûte que cinq misérables sols. Mais pour moi, je le tiens en grand déprisement, tant il est brute et sans finesse.

— Et le deuxième degré? dis-je.

— Ha! dit Figairasse, en levant sa verge au ciel, celui-là demande un doigté infini...

— Abrégez, Monsieur le Bedeau, dit le Docteur d'Assas.

— J'abrège, Révérend Docteur, dit Figairasse. Encore faut-il expliquer le pourquoi. A ne considérer que l'intérêt du patient, le deuxième degré n'a que des avantages. Le patient en est quitte pour quelques zébrures et meurtrissures qui lui donnent pendant deux jours à peine une petite incommodité à s'asseoir. Cependant, cette méthode ne laisse pas de me fatiguer tant elle exige de retenue dans la fermeté. Et elle vous coûtera dix sols, et pas un denier de moins.

— Samson, dis-je, donne dix sols pour moi à M. le Bedeau Figairasse.

— Monsieur l'Ecolier, dit Figairasse, tandis que Samson, les larmes roulant sur sa belle face, lui comptait l'argent dans le creux de la main — voilà qui est payé comme fils de bonne maison, rubis sur ongle et sans barguigner. Je vous soignerai de mon mieux. A vous, Monsieur.

— Monsieur le Bedeau, dit Merdanson sortant enfin de son silence, je suis au regret de vous décevoir. Mais je fus hier avec mes compains chez les gouges de la rue des Etuves, et les friponnes m'ont tout glouti : mon lait et mes pécunes. Je n'ai plus un seul sou vaillant.

— En ce cas, dit Figairasse, la mine rembrunie et l'œil courroucé, la coutume veut que pour l'insolvable la punition soit doublée. Ce sera donc quarante coups au lieu de vingt, et tous du premier degré.

— Mais, dit Merdanson dont la face pâlit à cette affreuse menace, ne peux-je vous payer à la fin de ce mois quand je recevrai ma pension?

— Nenni, dit le bedeau. Je ne mange pas de rôt à la fumée. Au surplus, j'ai mon honneur : point ne fouette à crédit.

— Samson, dis-je alors, baille dix sols pour Merdanson à M. le Bedeau. Il doit être puni en même guise que moi. Sans cela l'équité du verdict ne serait point respectée.

— Ventre Saint-Vit! dit Merdanson, m'envisageant comme s'il ne m'avait jamais vu, Siorac, vous êtes un honnête drole, tout novice que vous soyez. Je vous rendrai ces pécunes.

— Non point. Je vous les donne pour l'amour que je voudrais qui règne entre novices et anciens.

— C'est parlé, cela, Pierre ! s'écria avec feu le Docteur d'Assas.

Et nos bons écoliers d'applaudir comme s'ils étaient au théâtre combien que le plus beau de la comédie, certes, fût encore à venir, et fort attendu d'eux à ce qu'il me sembla.

— Messieurs, dénudez-vous, je vous prie, et placez-vous côte à côte pour ma plus grande commodité.

Nous fîmes tous deux comme il avait dit, et fort vergognés, comme bien on pense, d'exposer nos parties cachées à la curiosité de tous.

— Ha ! les jolis culs que voilà ! s'écria Fogacer d'un ton riant et friand et quittant son estrade, il tira vers nous. C'est, reprit-il, merveille, l'un et l'autre ! A peu que l'eau ne m'en vienne à la bouche !

Et bien que cette saillie fît rire les écoliers à gueule bec, je la trouvai, à part moi, vilaine et peu congrue, et cela me donna peine que Fogacer l'eût faite.

— Siorac, dit Merdanson à voix basse en s'agenouillant à mes côtés, avez-vous déjà été fouetté ?

— Oui-da, par mon père.

— Ha, cela n'est rien ! Tenez, prenez ma main, et quand le bedeau frappera, serrez-la avec force. Serrez aussi les dents et bandez tous vos muscles. Le dol sera moins vif.

— Messieurs, êtes-vous prêts ? dit Figairasse en faisant siffler sa verge au-dessus de nos têtes.

— Abrégez, Monsieur le Bedeau, dit le Docteur d'Assas.

— J'abrège, Révérend Docteur, dit Figairasse. Cependant, il y faut quelque cérémonie. Messieurs, je frapperai deux coups l'un, et deux coups l'autre, alternativement. Etes-vous prêts ?

— Oui-da ! dis-je. Et finissez !

— Ha, Monsieur l'Ecolier, dit Figairasse, je ne fais que commencer, et bien long vous paraîtra le temps avant que j'en aie fini.

— Commencez, je vous prie, Monsieur le Bedeau, dit le Docteur d'Assas.

Et je reçus deux fouettements si stridents et cuisants qu'ils me coupèrent le souffle. Cependant, je n'ouvris pas la bouche et n'émis aucun son.

— Ventre Saint-Vit, Siorac! dit Merdanson, ne restez pas bec cousu! Hurlez! Cela soulage!

Et là-dessus, recevant à son tour sa ration, il hurla.

— A la bonne heure! dit Figairasse, en voilà un qui connaît la musique! J'aime qu'on crie! Cela me soulage aussi!

Je reçus alors sans broncher davantage deux coups qui me parurent plus forts que les précédents et quand revint mon tour, je compris que je n'arriverais pas sans me pâmer au bout de cette épreuve si je ne laissais pas crier la bête. Et serrant avec force la main de Merdanson qui jamais ne m'avait paru si amicale, je hurlai à déboucher un sourd.

— Voilà notre gentilhomme qui s'y met aussi! dit Figairasse. Allons, j'aime mieux ça! Je tiens pour la réaction naturelle!

Et certes, il avait raison, et mêmement quant à la longueur du temps qu'occupa ce supplice, et qui me paraissait durer depuis une heure alors que le bedeau ne m'avait encore baillé que dix coups.

— Monsieur le Bedeau, dit d'Assas tout soudain, arrêtez. Il me semble que vous perdez la main. Ces deux derniers fouettements me paraissent relever du premier degré davantage que du second.

— Ha Révérend Docteur, cela ne se peut! dit Figairasse d'un ton piqué. J'en donne au patient pour le prix qu'il a payé, ni plus ni moins. Et quand j'aurai fini, vous verrez le sang très près de la peau, mais non pas couler au-dehors. J'ai la main fine.

— Je l'espère pour vous, Monsieur le Bedeau, dit le Docteur d'Assas d'un ton dur et menaçant qui ne laissa pas de m'étonner, le bon régent étant de son naturel si bénin.

— Révérend Docteur, dit Figairasse, j'y prendrai garde.

Cette disputation (comme le voulait sans doute d'Assas) me donna un répit dont je tirai avantage pour reprendre mon souffle, car du fait de mon châtiment, il me semblait parfois que mon poumon allait s'arrêter et le fiel me tomber sur le cœur. Cependant, quand Figairasse recommença, ses coups, malgré l'avertissement du Docteur d'Assas, ne me parurent pas moins lourds. Bien à rebours.

— Monsieur le Bedeau, arrêtez! dit le Docteur d'Assas. Combien de fouettements avez-vous à l'un comme à l'autre baillés?

— Quatorze, Révérend Docteur.

— Non point, Monsieur le Bedeau, seize.

— Révérend Docteur, je suis sûr de mon compte.

— Monsieur le Bedeau, je suis sûr du mien.

Là-dessus, Figairasse n'osant passer outre, quoi qu'il en eût, à l'affirmation du Docteur d'Assas et, celui-ci ne voulant pousser plus loin un chiffre qu'il savait être faux, il y eut un moment de silence.

— Eh bien, que faisons-nous? dit Figairasse d'un ton fort dépit en faisant siffler sa verge au-dessus de nos fesses.

— Gageons, dit d'Assas.

— Ha! dit Figairasse sur un tout autre ton, et bien que je lui tournasse la fesse, je crus déceler à son ton un certain brillement de l'œil. Gageons! Mais gageons quoi? Et à qui?

— A qui perd gagne. Si j'ai raison, je vous baille un flacon de mon Frontignan.

— Deux, dit Figairasse. Les fouettés sont deux.

— Deux donc, dit d'Assas. Cependant, il y faut de la bonne foi. Fouillez donc, Monsieur le Bedeau, fouillez les coins et les recoins de votre remembrance. Vous en êtes à seize.

— Révérend Docteur, maintenant qu'à loisir je me ramentevois, il n'y a plus à douter. Vous avez raison et j'ai gagné: j'en suis à seize.

— Tope donc! dit d'Assas, vous avez gagné! Et que votre main soit légère pour les quatre derniers coups.

Elle ne le fut pas, le bedeau ne donnant rien pour rien. Mais tout soudain ce fut la fin. Etourdi et meurtri, je me relevai et me rhabillai, fort coi, mais non pas déconfit et les premières faces que je reconnus, ce furent, les larmes leur coulant des yeux, Luc, Samson et Fogacer. Je dis bien Fogacer! Et que Satan en personne me fouette en son infernal royaume, si j'entends jamais goutte ni miette à ce diable d'homme!

— Merdanson, dis-je, puisque nous avons pâti côte à côte, réparons nos forces ensemble. Je vous convie à croûte casser avec moi à l'auberge des *Trois-Rois*. A cul navré ne sied pas panse vide.

— Quoi? dit Merdanson, ai-je bien ouï? Novice, tu m'invites à viandes gloutir et flacons vider?

— Compain, tu m'as bien entendu.

— Ventre Saint-Vit, Siorac, tu es le plus décrotté novice que j'aie jamais rencontré. Il ne t'a point suffi de payer dix sols pour mon fouettement de premier degré! Tu me nourris! Moi que les gouges ont asséché! Siorac, c'est noble, cela! A peu que je ne fasse comme Bazin dans mes chausses tant je suis émerveillé! Ta main, Siorac! Tout novice que tu sois, je suis ton homme! Et bren, et bren pour ce bedeau de merde! Que son bren lui rentre d'où il sort et lui remonte jusqu'au gargamel, et qu'il crève enfin, la crotte au bec, et à l'anus, le rictus de l'agonie.

Sur le chemin Samson pleurant de peine au souvenir de mon supplice, et en même temps de joie à me voir entier et point trop boitillant en ma démarche (bien que la fesse me tirât) ne fit que m'accoler, me prendre le bras, me saisir par le cou, et me baisoter la face.

— Haïe! criai-je en m'asseyant à ma table des *Trois-Rois*.

— Haïe! dit Merdanson en prenant place à son tour, mon pauvre cul! Bedeau de merde, plaise au Seigneur tout-puissant de te faire cocu autant de fois que j'ai de zébrures aux fesses!

— Merdanson, dit l'hôtesse, en attendant, quitte tes mains de mon cul, ou incontinent je te baille un soufflet à te défriser ton rouge cheveu. Bois plutôt de ce vin. Il est bon.

— Il n'est des pires. Et tout courbatu, rompu et froissé que je sois, je bois au très Haut et très pétant

Seigneur d'Assas pour nous avoir, par ruse et frontignan, dégrevé de deux coups. Cependant bonne hôtesse poigner verre plutôt que fesse, c'est pitié! Où va le monde sans le vit?

— Merdanson, dit l'hôtesse, bien je t'aime, mais outre que tu es plus mal embouché que palefrenier de Thoulouse, tes manières sont rufes et rustiques. Prends Monsieur de Siorac pour modèle. Il ne caresse que de l'œil. Il attend des encouragements pour passer de l'œil à la main.

— Siorac, dit Merdanson, est le plus chié gentilhomme de la création. Je l'aime comme un frère. Grâce à lui je vais, en dépit des gouges, manger mon saoul et *bibere papaliter*[1]. En outre son frère est beau, tout crotté apothicaire qu'il soit.

Sur quoi, l'hôtesse, Merdanson et moi, regardâmes Samson en silence pour ce qu'il était beau, en effet, à vous donner, rien qu'à l'envisager, un bonheur infini.

— Hôtesse, dis-je, baille-nous un de ces rôts de porc croustillants que je vis à la broche en passant par ta cuisine. Et rajoute un flacon. Non, deux, nous sommes trois. Mais hôtesse, tu te joues de moi. Quant à tes encouragements, je les attends en vain.

— Patience, dit l'hôtesse en riant, voici un petit acompte. Et en passant derrière moi elle me promena ses doigts légers dans le cou. Point ne bougeai pourtant — car bien savait-elle que je n'entendais pas marcher sur les brisées de Cossolat. Et bien savais-je aussi que je ne lui déplaisais point. Ainsi, elle n'avait de moi que des œillades et je n'avais d'elle que des agaceries, mais les unes et les autres tissaient entre nous une petite entente qui ajoutait à son rôt succulent un fumet de plus.

Or, oyez bien, à peine ce délectable rôt fut-il sur notre table, par mes soins découpé et à chacun servi, et à peine Samson eut-il porté la première bouchée à sa bouche qu'il la laissa choir sur son pourpoint. Béant d'abord, il changea de visage, perdit ses couleurs et à peu qu'il ne se pâmât : Dame Gertrude du

1. Boire comme un pape.

Luc, l'œil plus bleu que dans ma remembrance, se dressait devant nous comme sortie tout soudain du sol, pimplochée à ravir et le plumage, de la tête aux talons, éblouissant.

Que Samson à cette vue restât coi, je ne m'en étonne, mais moi qui suis pourtant bien fendu de gueule, je ne sus non plus que dire tant je fus comme ensorcelé à la voir si belle en ses beaux affiquets. De sorte que Merdanson s'accoisant aussi, il n'y eut entre nous que silence, et ce silence eût pu durer encore si Dame Gertrude n'avait parlé la première, et fort à propos comme on verra, et en dépit de son joli détour, droit au but comme carreau d'arbalète.

— Messieurs, dit-elle avec un brillement de l'œil mais d'un ton fort gourmé, j'arrive ce matin de Rome où j'ai achevé mon saint pèlerinage et de vous trouver céans, la coïncidence est rare. Mais combien que je sois bien aise de vous voir, je suis fort marrie de ne pouvoir vous entretenir plus avant : je me rends de ce pas en l'église Saint-Firmin remercier Dieu du succès de mon entreprise.

Et envisageant mon Samson œil à œil d'une guise à ne tromper personne (car elle le savait long à concevoir) elle rabattit son voile noir sur ses cheveux d'or, ajusta son masque, et s'en fut dans un mouvement majestueux de sa jupe dévote.

CHAPITRE IX

Le navrement dont je pâtis à la Saint-Luc ne me donna pas seulement « une petite incommodité à m'asseoir » mais une incommodité de plus grande conséquence et que le lecteur devine, tant la fesse au moindre mouvement me tirait. Ce dont Fontanette qui, chaque nuit que le diable faisait, ouvrait le verrou de sa chambre et me venait retrouver en la mienne fut bien marrie.

— Ha mon Pierre! me dit-elle, ses yeux vifs luisant dans la pénombre, vous n'eussiez pas dû m'ôter de mon état de pucelle. J'ai trop de friandise maintenant à faire avec vous la bête à deux dos, tout gros péché que cela soit et ne peux plus m'en passer davantage que de pain. J'y vais rêvant tout le jour, lequel n'est plus rien pour moi que d'attendre la nuit et vos bras à peine quittés, j'y rêve encore dans le mitan de mon lit.

— Mais Fontanette, dis-je, n'est-ce pas doux de rêver et d'attendre ?

— Ce le serait, Moussu, si la besogne de maison pendant ce temps se faisait. Mais hélas, elle m'attend, elle aussi, et comme je n'y mets plus autant de cœur qu'avant, Dame Rachel ne cesse de me picanier et de tabuster le très illustre maître pour qu'il me donne mon congé.

— Raison de plus, Fontanette, dis-je, pour écouter un peu la raison : tu vois l'état de mon dos, et qu'au moindre branle je pâtis. Va donc incontinent dormir : tu seras plus fraîche demain.

— Ha non, mon Pierre ! Ha non ! dit-elle, ses bras potelés passés autour de mon col et se serrant contre moi avec une émerveillable vigueur. Qu'au moins j'aie un peu de toi avant de m'aller coucher !

Et là-dessus, ne pouvant résister longtemps à tant gracieuse et tendre fille (car ses armes, bien que douces, étaient bien plus fortes que pistoles ou arquebuses), je me mis à la mignonner, et de caresse en caresse glissant par pente insensible, elle eut ce qu'elle voulait (et que je voulais aussi) quelque grimace que cela me tirât à la fin quand, à nouveau, je sentis les meurtrissures de mon dos.

Lecteur, je ne sais si je ne vais pas, en me relisant, déchirer cette page. Car Dieu sait pourquoi je l'ai écrite en termes si légers et profanes, moi qui avais juré pourtant de ne plus rien dire de ma pauvre Fontanette tant je pensement que j'ai d'elle et de sa funeste et piteuse fortune me navre le cœur : épine que je ne pourrai m'ôter, même à ce jour, sans me déchirer.

Mon Samson était dans les délices, et en même

temps fort traversé, car les cours de l'Ecole de médecine avaient commencé, il les devait suivre en partie au moins, et jusqu'à cinq heures — heure qui le voyait courir à folles enjambées jusqu'à l'Aiguillerie, portant encore ses livres, son écritoire et sa chandelle — celle-ci pour ce que nous commencions à ouïr les lectures avant la pique du jour. A dix heures j'allais rechercher mon bien-aimé Samson, Miroul à ma dextre, parcourant les rues désertes de Montpellier, l'épée à la main et les pistolets à la ceinture. Et bien nous en prit, car un soir — c'était un jeudi si bien je me ramentevois — on trouva l'Aiguillerie assiégée par cinq ou six gueux, lesquels, grimpés sur des chanlattes, tâchaient de forcer les contrevents du premier étage, sans que le tapage qu'ils faisaient ni les cris de la Thomassine n'amenassent les voisins à ouvrir leurs fenêtres, tant couards ils étaient. La lune était claire, je tirai un de ces gueux comme pigeon et Miroul en tira deux et le reste s'en sauva. Au bruit de ces détonations, Cossolat, suivi de ses archers, accourut l'épée au poing, fort courroucé qu'on eût osé en sa ville s'en prendre à la Thomassine pour qui il avait un faible, tout austère huguenot qu'il fût. Mais il en avait un aussi pour l'alberguière des *Trois-Rois*, et je ne sais si le compte s'en arrêtait là, cette sorte d'homme n'étant pas aisée à rassasier.

On apporta des chandelles dans la salle de l'Aiguillerie. La Thomassine, en ses émois, et dans son négligé était fort belle à envisager, le tétin haletant et à demi dehors, et plus belle encore, à ce qui me sembla (sot que j'étais peut-être), Dame Gertrude du Luc qui, en sa confusion et vergogne, avait pris le temps de se boutonner jusqu'au col. Cossolat, assis en face d'elle, l'espinchait d'une guise à me rendre jaloux, si j'avais eu le droit de l'être. Quant à Samson, buvant le vin qu'en la salle de sa maîtresse l'Azaïs nous versait pour nous remettre, il répétait : « Qu'est cela ? Qu'est cela ? », fort dépit qu'on eût effrayé sa dame. Et certes, il eût été de taille à défaire à lui seul ces truands, s'il avait eu des armes, mais il n'en pouvait détenir, étant venu tout droit de l'Ecole de médecine, où leur port était interdit.

— Capitaine, dit la Thomassine, le tétin haletant, à quoi servent vos archers, s'ils ne savent protéger les honnêtes gens de Montpellier? Sans Pierre de Siorac, nous y passions tous!

— Ha, ma bonne Thomassine! dit Cossolat, grande est la ville et mes archers n'y sauraient être partout à la fois. En outre, le mauvais garçon y grouille comme rat en cave, et pires que les écuries d'Augias sont les bouges et tavernes : un fleuve y passerait sans nettoyer la vermine qui les habite. Je te l'ai dit déjà cent fois. Une garce qui vit seule et que l'on croit riche attire le coupe-bourse comme l'aimant la limaille. Prends un gardien et arme-le.

— Mais qui? dit la Thomassine, combien que je connais qui ont été larronnés et, au surplus, occis par leur propre gardien!

— Thomassine, dis-je, si tu veux de mon conseil, prends Espoumel quand il aura la grâce du Roi et sera sorti de sa geôle.

— Doux Jésus! dit Azaïs. Un caïman des Corbières! Céans! Avec deux garces! Il nous forcera!

Et disant cela, elle envisagea Miroul d'un air effronté, désirant peut-être le rendre jaloux ou le picanier quelque peu. Mais Miroul, qui connaissait la mignote à fond, resta coi et serein.

— Espoumel, dis-je, en a fini avec ses jours de caïman. Il n'a pas la tripe sanguinaire. Bien au rebours. Et pour peu qu'on le traite bien et ménage sa fierté qui est grande — il sera plus fidèle qu'un dogue.

— J'y réfléchirai, dit la Thomassine qui, bien que généreuse, était toutefois assez ménagère de ses deniers, ayant été si pauvre en sa Cévenne et craignant de le redevenir en son vieil âge, quand elle aurait cessé de plaire.

La Thomassine s'accoisant, tous se turent, mais que les regards, en ce silence, étaient actifs! Samson dévorait des yeux sa belle qui, par vergogne, gardait les siens baissés, mais savait bien néanmoins qu'elle était fort espinchée par Cossolat. La Thomassine m'envisageait à la dérobée et n'osait trop répondre à mes œillades de peur de donner de l'humeur au capitaine des archers, encore que celui-ci sût fort bien à quoi s'en tenir. Quant à l'Azaïs et Miroul, c'est à qui ferait le plus mine de fuir l'œil de l'autre et je trouvais bien plaisant quant à moi le spectacle de ces chasses et dérobades.

— Siorac, dit Cossolat, s'arrachant enfin à la contemplation de la belle Normande, satisfaites ma curiosité ! Que faites-vous de toutes ces poupées de bois qu'Espoumel en sa geôle sculpte pour vous ?

— Ha ! Capitaine, dis-je, c'est un secret, mais que je vais néanmoins vous confier, car je vous tiens pour mon ami. D'aucunes de ces *petetas* je fais, par la peinture, des Anglais. Des autres, par la même magie, des Français et Miroul me construisant avec des cartons découpés les remparts et la citadelle de Calais, je compte aller montrer un jour au petit Anne de Joyeuse comment Guise, Dandelot, Sénarpon, mon père et quelques autres reprirent la ville aux Anglais, après qu'elle eut été leur pendant deux cent dix ans.

— Ha ! C'est une émerveillable idée, dit Cossolat, Monsieur de Joyeuse en sera ravi et le petit Anne plus encore, qui ne rêve qu'exploits et batailles. Quand dois-je demander audience pour vous ?

— J'aurai terminé le jeudi de la proche semaine, dis-je, voyant son zèle, et combien il était heureux de s'entremettre dans une entreprise dont quelque crédit pouvait rejaillir sur lui.

Cossolat parti avec ses archers (qu'Azaïs dans la rue était allée rafraîchir), Dame Gertrude du Luc, l'œil ferme mais la voix suave, demanda à m'entretenir en particulier. Sur quoi, comme j'acquiesçais, l'Azaïs, sur un signe de sa maîtresse, qui n'aimait guère cet aparté, nous amena dans une petite salle qu'elle appelait son parloir, Samson, sans cependant ouvrir le bec, suivant notre départ d'un œil fort étonné. L'huis à peine refermé, Dame Gertrude se jeta à mon cou :

— Ha ! mon frère, dit-elle en me donnant une forte brassée et sur la face mille petits baisers, que je suis aise de vous voir et de vous témoigner dans le privé la tendresse extraordinaire que je me sens pour vous, vous qui m'avez écrit tant de belles lettres quand j'étais à Rome plongée en mes dévotions.

— Madame, dis-je fort ému qu'elle eût fiance assez en ses privilèges de sœur et en ma propre vertu pour me faire tant de mignonneries, lesquelles, à dire le vrai, ne laissaient pas que de me remuer, Madame, dis-je, la voix un peu étouffée et ma salive avalant deux fois, je ne fus dans ces lettres que l'interprète de la grande amour que mon bien-aimé Samson nourrit pour vous.

— Ha! certes, je le sais! dit-elle en m'éblouissant de son œil bleu azur et les mains (qu'elle avait fort douces) refermées sur mes joues, mais ajouta-t-elle, les mots étaient de vous, et si suaves, si délectables! Assurément pour trouver des formules aussi touchantes, il faut que vous aimiez aussi.

— Non, Madame, je n'aime point, dis-je, trouvant du péril à ce langage et n'osant ni ne voulant toutefois dégager ma face de ses mains, ni mes yeux des siens.

— Quoi? dit-elle avec une petite moue, cela serait-il possible? N'y aurait-il pas quelque part quelque chambrière dont vous vous seriez amouraché, tenant pour rien l'infériorité du sang et du rang?

Ceci pour le coup me déplut et les écailles me tombant des yeux, je déliai enfin ses mains et les tenant au bout de mes bras, je dis :

— Madame, vous vouliez me parler, je crois.

— Oh pour cela! dit-elle sur un tout autre ton, rapide et expéditif, c'est fort simple. J'ai dit à Caudebec que je logeais ici chez ma cousine et je pense qu'il serait bon, et pour éviter les allées et venues et pour notre protection à toutes, que vous demandiez à Maître Sanche permission pour Samson de demeurer la nuit céans tant que durera mon séjour.

— Ha Madame! la chose est moins simple que vous la cuidez. Maître Sanche est un homme austère qui souffre mal certain péché que vous savez, même commis dans la houle de jeunesse. Au surplus, Monsieur mon père lui a confié la garde de Samson, et je

302

ne sais s'il s'en défera, même pour si peu de jours, au bénéfice d'une dame inconnue.

— Mais mon frère, dit-elle, dégageant ses mains des miennes mais pour me les passer incontinent autour du col, considérez, je vous prie, le péril où je suis en cette maison ! Les hasards auxquels s'expose mon bien-aimé Samson en ses courses dans la nuit, le danger qu'enfin vous-même vous courez, ajouta-t-elle en approchant sa face de la mienne et en m'envisageant, la tête de côté, ses belles lèvres roses entr'ouvertes, et son œil bleu tout atendrézi.

Ventre Saint-Antoine ! pensai-je en mon for, que voilà une fière veuve, tout dévote qu'elle soit ! Et qui vous mène les hommes où elle veut par tous les bouts où elle peut les prendre ! Il est heureux qu'elle reparte sous peu pour sa Normandie. Un jour ou l'autre, elle eût fait pâtir mon Samson.

— Madame, dis-je en lui défaisant les mains de mon col, sous le prétexte de les baiser avec respect (encore que même ces baisers-là me donnaient un peu trop d'agrément). Je suis votre féal, et je ferai de mon mieux pour vous obéir, mais je ne puis vous donner l'assurance que Maître Sanche agréera ma supplique.

— Devrais-je alors, dit Dame Gertrude en ployant le col et me considérant l'œil mi-clos, demander à Monsieur Cossolat de monter la garde céans afin que de me protéger ?

Ha, diablesse ! pensai-je, tu n'as pas été sans voir, encore que tu eusses les yeux baissés, que les regards de Cossolat me donnaient de l'humeur.

— Madame, dis-je avec assez de froideur, si j'étais vous, et Maître Sanche refusant, c'est le parti où je m'arrêterais.

Et lui baisant les mains derechef, j'appelai Miroul et m'en allai, fort dépit et au surplus fort méfiant de cette belle Circé, ne sachant du tout ce qu'elle voulait faire de tous ces hommes auxquels elle tâchait de passer un licol et doutant fort qu'elle le sût elle-même. Ha ! me dis-je, la vois-je enfin sous son jour véritable ? N'était-elle innocente en rien ? Pas même en son affection pour moi ? La coquette s'est-elle jusque-là si bien cachée sous la prude ? Ou est-ce Rome et les Romains qui nous la renvoient comme elle est, si avide et friande, non plus d'un seul, mais de tous.

Je la quittai, assez mal à l'aise dans le pensement que mon bien-aimé Samson était peut-être par ma faute tombé dans des mains moins douces que je n'avais cru. De retour à l'apothicairerie, je mis beaucoup de feu à persuader Maître Sanche du danger qui nous guettait en effet en nos courses nocturnes, et je fis si bien qu'il m'accorda que Samson logeât avec ses armes à l'Aiguillerie. Ainsi, pensai-je, Dame Gertrude n'aurait point à rencontrer quotidiennement Cossolat et quant à moi, je n'aurais plus d'occasions de la voir, ce qui assurément valait mieux, car selon mes humeurs, ou je l'aimais trop, ou pas assez.

Cossolat n'eut garde d'oublier la mission dont il s'était chargé et le jeudi suivant, vers trois heures de l'après-midi, M. de Joyeuse m'envoya son carrosse (qui fit grand bruit dans la rue de la Barrelerie) pour apporter en sa maison mes soldats de bois, les remparts de Calais, la citadelle, le bras de mer qui l'entourait— celui-ci peint en bleu sur carton et assurément moins glacé que ne l'était son modèle quand, en plein mois de janvier, le Duc de Guise, ses frères, Senarpon, mon père et tant d'autres y pénétrèrent jusqu'au cou pour se lancer à l'assaut.

Je pensais faire mon récit en la grande salle de l'hôtel devant le seul Anne de Joyeuse, mais à mon prodigieux étonnement, table et tapis avaient été retirés, et tout autour de ce vide on avait disposé des fauteuils et des escabelles, où siégeaient, m'attendant, Anne, ses frères, ses sœurs, M. de Joyeuse entouré de ses principaux officiers (Cossolat restant debout derrière lui) et, à mon considérable émoi, la belle Mme de Joyeuse qui, si haute et si noble qu'elle fût, avait daigné assister à ce guerrier spectacle, parée comme une reine et d'ailleurs se prenant quelque peu pour telle, appelant ses compagnes ses dames d'atour, lesquelles, presque aussi ornées que leur maîtresse, étaient bruissantes de soie, semées de perles et pulvérisées de parfums.

Je présentai mes respects à M. de Joyeuse point trop gauchement à ce qu'il m'apparut. Je baisai la main ornée de bagues de Mme de Joyeuse, n'empêchant pas mes regards de lui dire, ce faisant, les sentiments que sa beauté m'inspirait.

Je ne laissai pas pour autant, dans les premiers temps, d'être assez vergogné de parler devant une aussi magnifique assemblée, mais dès que je fus un peu échauffé par mon sujet, j'en oubliai où j'étais et ne pensai plus qu'à raconter le mieux du monde cet exploit qui valut au royaume d'être délivré des derniers Anglais accrochés à son sol, et à mon père, sa Baronnie.

J'avais demandé au cyclopéen Balsa de me prêter pour l'occasion l'insigne de son pouvoir (ce à quoi il répugna beaucoup, mais finit par consentir, ne sachant comment s'y prendre pour me le refuser) et c'est armé de sa longue baguette que je dirigeai Miroul, assis, fluet et souple, sur le parquet, et lui indiquai, en les touchant, les soldats, anglais ou français, qu'il fallait déplacer, selon les péripéties de la bataille et du récit que j'en faisais — lequel je menais tambour battant, imitant le ton vif, gaillard et expéditif qu'avait pris mon père pour en faire le conte à Mespech.

Espoumel m'avait fabriqué des petits canons que j'avais peints de la couleur du bronze, et ceux-ci, au commandement de ma baguette, tirèrent des amorces qui firent sourire M. de Joyeuse et ses officiers, mais émerveillèrent d'autant plus Anne et ses frères qu'au moment où mes couleuvrines tournèrent, Miroul avec beaucoup d'adresse détacha à l'aide d'un long fil tout un pan de mur à la base de la citadelle. Si bien que pour peu qu'on s'en tînt à la crédulité de l'enfance, mes canons avaient tout soudain ouvert une brèche dans la pierre du château. « Ha, dit le petit Anne, rouge de bonheur et frappant dans ses mains, ha, Monsieur de Siorac, c'est merveille ! Et maintenant sus, sus à ces maudits Anglais ! »

— Tenez, Monsieur, dis-je en lui tendant ma baguette, faites-moi l'honneur de commander vous-même l'assaut! Sur quoi, bondissant sur ses pieds et criant « Sus! Sus! », il toucha du bout de sa baguette quantité de soldats français que Miroul engouffra dans le trou du rempart.

— Eh tout doux, Monsieur mon fils! s'écria M. de Joyeuse, ne vous dégarnissez pas tant! Il vous faut des réserves pour secourir les troupes que vous avez engagées. La ville n'est pas prise encore. La citadelle seule est à vous. Et il n'est pas dit que vous allez vous y maintenir.

Ceci donnant à penser au petit Anne, il se tourna vers moi d'un air naïf, joli et sérieux que je ne laissai pas d'admirer. Mais il est vrai que son éclatante beauté, déjà insigne en son jeune âge, donnait un grand prix à sa moindre mine.

— Monsieur de Siorac, dit-il de sa voix douce et musicale, combien d'hommes Monsieur le Duc de Guise engagea-t-il dans l'assaut de la citadelle?

— Cinq cents et bon nombre de gentilshommes.

— Dont Monsieur votre père était, si bien je me ramentevois, dit M. de Joyeuse, avec beaucoup de courtoisie.

A quoi fort touché, je répondis sans mot dire, par un profond salut.

— Et Monsieur de Guise? dit Anne.

— Monsieur de Guise, dis-je, conduisit l'assaut, mais, la citadelle prise, il repassa le bras de mer avec de l'eau jusqu'au cou pour se retrouver avec le gros de ses troupes.

— Ha! si j'avais été de lui, dit Anne avec pétulance, je serais resté dans la citadelle afin de pénétrer le premier dans la ville!

A quoi ne sachant que répondre, je regardai M. de Joyeuse, lequel dit avec gravité :

— Non, Anne, cela ne se pouvait. Les cinq cents Français qui avaient pris la citadelle étaient dans une position très aventurée, la ville étant tenue partout par la garnison anglaise, qui avait elle-même des canons. Monsieur de Guise fut sage de rejoindre le gros de son armée sur la terre ferme pour pouvoir, en cas de nécessité, retirer sa mise de la citadelle ou, le cas échéant, la doubler.

A quoi Anne ne répondit pas autrement que par une de ses charmantes petites moues qui avaient tant d'empire sur son père et qui, plus tard, en eurent davantage sur Henri III, et lui valurent tant de faveurs royales : l'une, au moins, lui fut fatale, car s'il eût mieux écouté en ses enfances les leçons de prudence que lui prodiguait M. de Joyeuse, il n'eût pas trouvé la mort à vingt-six ans à la tête de l'armée qu'Henri III lui avait confiée et qu'il commandait avec tant de vaillance et de folle impétuosité.

— Ha ! dit Anne quand j'eus fini, que n'ai-je à moi ces petits soldats ! Je les exercerais tous les jours !

— Mais Monsieur, dis-je, ils sont à vous, et les canons et les remparts. Je les ai apportés céans pour vous les bailler !

— Monsieur mon père, s'écria le petit Anne, son œil bleu émerveillé, avez-vous ouï cela ?

Et sans attendre de réponse, prenant avantage de ce que j'étais à genoux pour relever un soldat que sa baguette avait fait choir, Anne se jeta à mon col et me fit tant de baisers qu'ils me laissèrent tout atendrézi et presque la larme au bord de l'œil.

Quand je me relevais, M. de Joyeuse me fit mille civilités et en termes voilés et assez vagues, quelques promesses aussi de me compenser tous les frais où j'avais été pour constituer ma petite armée. Là-dessus, il voulut bien me saluer et Mme de Joyeuse me donna à baiser le bout de ses doigts, et tous se retirant, je restai seul avec Cossolat qui, me prenant par l'épaule, me glissa à l'oreille :

— Ventre Saint-Antoine, Siorac, vous avez ce jour fort avancé vos fortunes auprès de M. de Joyeuse, mais si j'étais vous, je ne ferais pas trop fond sur la compensation dont il a parlé, l'homme étant fort ménager de ses pécunes, tant de son naturel que par nécessité.

A quoi je fis bon visage quoique j'en eusse, la déception m'étant amère, ayant tablé sur la générosité de M. de Joyeuse pour me renflouer des argents que j'avais tirés à grand'peine de Samson afin de payer les cartons, les peintures, les bois et le sculpteur. Ha, voilà bien les Grands! pensai-je, tout leur est dû! Demain Joyeuse aura oublié sa promesse et j'aurais dépensé vingt-cinq écus pour rien.

— Ha bah! Capitaine, dis-je, n'en parlons plus, cela n'est rien!

— Mais, dit Cossolat, changeant de ton et l'œil tout soudain fort vif, je vois venir à vous en son cotillon gonflé comme voilier sous brise une des dames d'atour. Voici peut-être, à bien s'y prendre, une autre sorte de compensation...

— Monsieur de Siorac, dit la belle en s'approchant de moi, mais sans même paraître voir Cossolat, et en me baillant une petite révérence fort justement mesurée à l'aune de mon importance, Mme de Joyeuse vous fait l'honneur de désirer votre présence en ses appartements.

— Madame, dis-je en la saluant, je suis tout dévoué aux ordres de Mme de Joyeuse. Et je la suivis dans un dédale de pièces splendides, l'œil sur son dos, ce qui ne laissa pas de m'enchanter, car c'était une grande mignote brune fort bien tournée dans toutes ses parties et qui marchait avec une grâce extrême.

— Monsieur, dit-elle en se retournant au bout d'un moment d'un air mi-hautain mi-rieur, marchez, je vous prie, à mes côtés. Je n'aime pas être dévorée, surtout de dos.

— Mais de côté, dis-je en lui obéissant, ne vais-je pas être tout aussi dévorant?

— Non point, dit-elle, je vous tiendrai à l'œil.

— Madame, dis-je, puisque j'ai l'honneur d'être escorté par vous, ne peux-je au moins savoir votre nom, puisque, aussi bien, vous connaissez le mien?

— Monsieur, dit-elle l'air fier mais la lèvre tirée d'un demi-sourire, je suis Aglaé de Mérol. Mon père est l'homme le plus riche du Languedoc, je suis fille, et mon dessein n'est pas d'épouser un cadet du Périgord, sans un seul sol vaillant, eût-il l'œil aussi friand que vous.

— Ha Madame! dis-je en riant, qui de nous deux a le premier parlé mariage? Vous ou moi? Pour moi, le plaisir de la vue suffit. Je ne vois pas plus loin.

A cela, prise sans vert et le bec quelque peu cloué, Aglaé prit le parti de rire.

— Et vous osez continuer! dit-elle en observant mes regards.

— Madame, c'est qu'il y a autre chose à voir de côté que de dos.

— Alors, marchez devant moi! dit-elle d'un ton de commandement.

— Quoi! dis-je, comme un condamné! Cependant, trouvant le jeu plaisant, j'obéis et au bout d'un moment, je lui dis sans tourner la tête :

— Je vous vois encore en mon pensement. Je suis donc bien votre captif, mais de votre beauté seule.

— Le beau prisonnier que j'ai là! dit Aglaé. Un cadet! Un gentilhomme sans le sou et qui pis est un médecin! Fi donc!

— Ha Madame! dis-je, ne déprisez pas un médecin! Je ferais sur vous de si belles curations!

A quoi, elle rit, et frappant à une porte et la porte s'ouvrant, elle entra, fit une profonde révérence et dit :

— Madame, c'est un monstre, mais il vous divertira.

— Qu'il entre! dit Mme de Joyeuse, et, quand je la vis, elle et ses dames d'atour assises en rond, l'œil allumé et malicieux et montrant en de périlleux sourires leurs petites dents pointues, je me fis l'effet d'un de ces pauvres chrétiens jetés tout vifs aux lionnes. Cependant, la scène ne laissait pas de me plaire aussi, tant j'étais loin de me sentir inférieur aux pièges qu'on allait me tendre.

— Monsieur, dit Mme de Joyeuse en me dévisageant d'un air sévère, mais qui fut bien loin de me décontenancer, car j'y sentais un élément de comédie, pouvez-vous me dire pourquoi vous tenez tant à vous introduire dans les bonnes grâces de M. de Joyeuse?

— Ha Madame, dis-je en souriant, pourquoi

s'introduit-on quelque part, sinon pour le plaisir qu'on y pense trouver?

A cela qui était prononcé sur un certain ton, et avec un certain regard, Mme de Joyeuse, oubliant la grande dame qu'elle était, rit à gueule bec, et ses dames d'atour aussi, mêlant aux rires des « Ha! » et des « Ho! » fort vergognés, et Aglaé s'écriant comme si de moi elle était fière : « Madame, n'est-ce pas le monstre que j'ai dit? »

— Il est de fait, Monsieur, dit Mme de Joyeuse en cachant ses derniers rires derrière son éventail, que vous êtes fort impertinent! Aucun gentilhomme céans n'aurait eu l'audace de me lorgner comme vous fîtes quand vous me baisâtes le bout des doigts. En outre, vous les baisâtes comme un goulu, alors que l'usance veut qu'on effleure.

— Ha Madame, s'il ne faut ni envisager ni baisoter, où donc est le plaisir de la salutation?

A quoi les dames d'atour rirent à grands éclats de dents et grande houle de tétins.

— Le plaisir! Monsieur. Le plaisir! s'écria Mme de Joyeuse, vous ne pensez donc qu'à cela?

— A quoi puis-je penser d'autre, Madame, m'écriai-je, quand je suis à vos pieds, et quoi disant, je m'y jetai.

— Monsieur, dit Mme de Joyeuse en prenant un air hautain qui me parut quelque peu contrefait, tant elle était à son affaire voyant un homme à ses genoux, sachez d'abord que je me targue d'une vertu éprouvée, encore que j'aime à rire un peu, mais en toute innocence. Et combien que je sois courtisée par tout ce que compte le Languedoc de beaux gentilshommes, je fais de ces soupirants des martyrs et non point des heureux.

— Madame, dis-je toujours à genoux, mais sans rien éteindre de l'effronterie de mes regards, je l'entends bien ainsi, mais je vois en vous tant de beautés diverses que j'aspire de tout cœur à ce martyre-là, si vous y consentez.

— Quoi, Monsieur, dit-elle avec la dernière coquetterie et en jouant avec son éventail, suis-je si belle? On dit pourtant que j'ai le front un peu étroit.

— Madame, les fronts étroits annoncent beaucoup d'esprit. Hippocrate l'affirme en ses aphorismes. Et qui aimerait à envisager votre front, quand vos yeux sont là, grands comme des lacs, profonds, mordorés et feuillus.

Ici les dames d'atour, encore qu'elles entre-échangeassent en catimini quelques sourires, firent entendre un petit murmure d'adulation qui était une sorte d'« amen », mais dans les tons profanes.

— Cela va assez pour les yeux, dit Mme de Joyeuse, mais de méchantes langues disent que j'ai le nez un peu long.

— Long, Madame ? Il est racé. Et quel regard s'y attacherait, quand il pourrait se poser sur ces lèvres si douces et si charnues s'ouvrant sur des petites perles d'un orient si pur.

— Cela va bien, dit-elle avec un battement de son éventail, je ne suis pas mécontente de ma bouche, mais les vilaines gens dont je parle se plaignent de mon cou, le trouvant un peu gros.

— Gros, Madame ? Quelle sottise ! Les gens mériteraient la hart pour être aussi estropiés du jugement. Madame, oserais-je être franc ?

— Osez, Monsieur.

— Si la nature vous a fait un col si mollet et si douillet, c'était pour y loger tout un nid de baisers.

— Ha Monsieur ! dit-elle d'un air effarouché, pour le coup cela passe les bornes ! Un nid de baisers ! Mesdames, oyez-vous cela ?

— Madame, dit Aglaé, c'est un monstre, mais il dit vrai.

— Va pour le nid, dit Mme de Joyeuse. Mais les épaules, Monsieur, qu'opinez-vous ?

Lecteur, des épaules aux pieds — tout, hormis les parties qu'on est accoutumé ni de nommer ni de montrer — tout y passa, tant Mme de Joyeuse était friande de louanges, ayant atteint un âge où la beauté d'une femme, par de petites marques cruelles et insensibles, commence à se défaire. Quant à moi, combien que j'y misse d'abord de gausserie cachée, tout soudain que je sentis les peurs qui remuaient derrière ce ridicule jeu, je n'eus plus le cœur à moquer, mais à rassurer. Et je jouai à la perfection mon rôle de martyr, bien persuadé au reste que le martyr n'était point celui qui se prosternait, mais celle qui exigeait, en sa terreur de vieillir, tant d'effrénés éloges.

— Madame, dit Aglaé, quand enfin on eut atteint les pieds (et qu'il ne fut pas possible d'aller plus loin), ce monstre ferait, je crois, un assez convenable martyr, du moins s'il est de bonne noblesse.

— Bonne, Madame! dis-je à Aglaé en me relevant et en contrefaisant le piqué, mon père doit à Cérisoles d'être Chevalier et à Calais d'être Baron. Je ne sache point qu'il est au monde meilleure façon d'être noble.

— Cela est vrai pour les hommes, dit Mme de Joyeuse avec gravité, mais Monsieur, sans vouloir vous offenser, peux-je vous demander, avant que vous soyez reçu par moi, qui est Madame votre mère?

— Ma défunte mère, Madame, est née Castelnau et Caumont.

— Caumont? dit Mme de Joyeuse. Sont-ce les Caumont de Castelnau et des Milandes?

— Ceux-là mêmes.

— Mais c'est là, dit Mme de Joyeuse, une bonne et vieille souche de noblesse périgordine et, en outre, tout hérétiques qu'ils soient, les Caumont sont mes cousins.

— Vos cousins, Madame? dis-je promptement, aurais-je donc l'honneur d'être quelque peu votre parent?

Mme de Joyeuse, baissant alors son bel œil mordoré, eut l'air d'évaluer dans de fines balances et avec une méticulosité infinie le degré exact de notre alliance, et l'ayant bien et dûment pesé, elle dit:

— Assez, Monsieur, pour que je vous appelle mon petit cousin, mais pas assez pour que vous m'appeliez ma cousine.

— Ha Madame, s'écria Aglaé. Le mot est fort joli! Je le répéterai partout! Et les dames d'atour de rire, d'applaudir et de caqueter comme poules picorantes. Ce dont je fus d'abord assez marri, prévoyant quel sort la noblesse de Montpellier ferait de la boutade. Chose admirable pourtant, je n'eus pas à m'en plaindre, car les rires éteints, on tint pour tout à fait assuré que j'étais bien « le petit cousin » de Mme de Joyeuse — titre auquel, comme je le sus plus tard, je n'avais aucun droit, mais dont la bonne dame m'avait décoré afin de pouvoir recevoir chez elle sans déchoir, ni froisser l'étiquette, un aussi petit personnage qu'un cadet du Périgord qui, de surcroît, était médecin.

— Mais hélas, mon petit cousin, reprit Mme de Joyeuse, en me lorgnant à travers son face-à-main. Maintenant que j'y pense, comme vous voilà fait ! Noir de la tête aux pieds ! La fraise petite ! les chausses étriquées ! Vous ne pouvez paraître devant moi en si plat équipage !

— Ha Madame ! m'écriai-je, fort vergogné de ces reproches, vous touchez là un point sensible !

Et tout de gob je lui contai l'histoire du pourpoint de satin bleu que j'avais demandé à mon père et que Sauveterre, au nom de la frérèche, avait refusé dans les termes que vous savez et que je répétai mot pour mot. A quoi Mme de Joyeuse rit beaucoup, et ses perruches plus encore.

Je crus, à la vérité, qu'elles n'en finiraient jamais en leur ébaudissement, de s'ébrouer, de glousser, de lisser leurs plumes et de danser d'une patte sur l'autre.

— Ha mon petit cousin ! dit Mme de Joyeuse, qui n'était pas, me sembla-t-il, sans quelque bonté de cœur, ne vous piquez pas, je vous prie, de notre gaieté. Mais il faut bien avouer que nos huguenots ont de bien étranges façons !

— Mais Madame, j'y pense, dit Aglaé, M. de Joyeuse n'a-t-il pas promis à M. de Siorac une compensation pour la petite armée qu'Anne a reçue de lui ? Cela pourrait servir à sa vêture.

— Aglaé, dit Mme de Joyeuse, ramentevez-vous bien ceci : mon mari a deux mémoires. Une fort bonne pour son dû. Et une autre, fort mauvaise, pour ses dettes.

Ceci, comme bien on pense, fut derechef fort applaudi, encore que ce ne fût pas la première fois que les dames d'atour eussent ouï ce mot, à ce qu'Aglaé me dit dans la suite.

— Mon petit cousin, dit Mme de Joyeuse, quand elle eut respiré cet encens, combien de pécunes avez-vous dépensées pour construire votre petite armée ?

— Ho, Madame, dis-je en faisant le seigneur et le négligent, à la vérité, je ne sais. Je n'en ai pas fait le compte.

— Mais encore ?

— Cinquante écus.

— Voilà qui est bien, dit Mme de Joyeuse, qui ne manquait ni d'esprit ni de finesse, dès qu'il ne s'agissait plus de sa beauté. En bon gentilhomme, vous ne comptez pas. Mais en bon huguenot, vous savez à un écu près ce que vous avez dépensé.

A quoi on rit beaucoup. Et pour moi, sachant ce que je savais, je pris mon air le plus doux et je les laissai de bonne grâce se divertir à mes dépens, attendant la suite. Et la suite vint, qui me combla.

— Aglaé, dit Mme de Joyeuse, en raccompagnant mon petit cousin, tu lui compteras sur ma cassette deux cents écus.

Et ce disant, elle me tendit sa main, laquelle, dans ma gratitude, ne pouvant articuler un mot, je criblai de baisers, des doigts au poignet et du poignet à la paume.

— Mon petit cousin, dit-elle sourcillant, mais bien plus riant que fâchée, revenez me voir mercredi en décent appareil, et avant que de la manger tout à fait, rendez-moi, je vous prie, ma main.

Et là-dessus, au milieu des rires, fort transporté de ses bontés, je la quittai, mes pieds touchant à peine le sol, Aglaé de Mérol marchant à mes côtés, la mine assez chagrine à ce qu'il m'apparut.

— Monsieur, me dit Aglaé, dès que nous fûmes hors d'ouïe, il faut bien avouer que vous êtes un monstre d'ambition, d'adresse et de fourberie.

— De fourberie, Madame? dis-je en sourcillant fort et, m'arrêtant, je l'envisageai d'œil à œil d'un air sévère. En quoi, Madame, ai-je été fourbe?

— « Fourbe » vous pique, je le retire, dit-elle alarmée de me voir si dépit. Mais Monsieur, adroit vous l'êtes, à preuve tous les compliments que vous nous fîtes.

— Eh bien, ai-je mal fait? dis-je en tenant la crête fort haute. Suis-je ou ne suis-je pas le martyr de Mme de Joyeuse? N'est-ce pas mon rôle?

— Ha, dit-elle en appuyant sa main sur mon bras, vous avez raison, pardonnez-moi. C'est que j'aime Mme de Joyeuse en dépit de ses petits ridicules. Et que tout cela, bien qu'apparemment fort plaisant, m'a fait une peine immense. Savez-vous, Monsieur, qu'il fut un temps où nous avions autour de Mme de Joyeuse tant de martyrs, et si empressés, que nous n'avions pas besoin de nous donner peine pour recruter un béjaune.

— Un béjaune, Madame, m'écriai-je, moi qui ai combattu à la Lendrevie et qui ai cassé les caïmans des Corbières!

— De grâce, dit-elle, ne faites pas sonner si haut votre vaillance, nous la connaissons. Mais Monsieur, voyez, je vous prie, la vérité sans fard : vous êtes un cadet sans un seul sol vaillant et vous apprenez la médecine.

— Comment, dis-je en riant, sans un seul sol vaillant? Et ces pécunes que vous comptez? (Et vous ne sauriez croire, bonnes gens, le doux bruit que faisaient ces écus d'or en tombant dans mon escarcelle!)

— Bah, ceci n'est rien, dit Mlle de Mérol, avec une moue fort triste. Mon père a un revenu de cent mille livres par an. Ce qui fait que je ne peux décemment épouser un gentilhomme qui n'ait pas au moins la moitié. Or il ne s'en trouve pas plus de quatre de cet acabit en nos provinces et ils sont si laids et si peu ragoûtants que je les ai tous refusés. Si bien que ma fortune est scellée : je mourrai fille.

Après cela, je la regardai d'un autre œil, fort

étonné qu'une femme si belle et si riche pût attendre un sort semblable. Et je me dis tout soudain que c'était grande pitié, à y songer d'un peu près, que l'or commandât au destin de l'homme au lieu de lui obéir.

— Madame, dis-je d'un air mi-sérieux mi-badin, si j'ai un jour cinquante mille livres de rente, et si je vous agrée, j'oserais demander votre main, pour peu que vous cessiez de dépriser la médecine, cet art divin.

— Divin, Monsieur? dit-elle en levant le sourcil.

— Si c'est Dieu qui nous donna la vie, n'est-ce pas quelque chose d'approchant de la retenir quand elle nous fuit?

— La retenir, dit-elle, le pouvez-vous?

Je lui dis que oui, elle me dit que non. On disputa sur ce ton quelques minutes encore et comme fille trouve toujours plaisir à ce qu'on lui demande sa main, même en badinage, Aglaé retrouva peu à peu sa gaieté et pour finir me dit:

— Allez, monstre, vous n'êtes pas un monstre sans cœur. Vous vous attacherez à Mme de Joyeuse et vous lui serez un très honnête martyr. Et combien que vous soyez cadet, médecin et sans un sol, je vous aime déjà d'assez bonne amitié.

Et ce disant, elle me bailla sur la joue un petit baiser. Et bien qu'il fût donné du haut des cent mille livres de son père, je le trouvai assez doux pour le lui rendre incontinent sur une petite fossette fort aguichante qu'elle avait au coin de la lèvre sur laquelle, par aventure, je mordis un peu. Sur ce, elle rougit, les yeux béants et le bec cloué, n'étant pas accoutumée, je gage, à une mignonnerie dont la nouveauté la surprit et peut-être lui plut. Observant sa vergogne et ne voulant point attendre que son étonnement se muât en courroux, je lui fis un profond salut et m'en allai.

Je courus droit jusqu'à la juiverie où vivait dans une échoppe fort sombre un Martinez dont on disait qu'il taillait les pourpoints de M. de Joyeuse. C'était un homme de teint olivâtre, fort courbé par son métier, mais de constitution robuste, l'œil noir et pénétrant et je ne sais quel air de secrète et continuelle gausserie répandue sur le visage.

Je lui dis non sans une certaine piaffe (tant mes deux cents écus me donnaient fiance en moi-même) qui j'étais, et chez qui je logeais. A mon sentiment, il le savait déjà, étant marrane et tenant boutique non loin de la place des Cévenols où Maître Sanche avait son apothicairerie, mais il ne dit mot, m'envisageant de son œil fin en mignonnant sa barbe. Il me montra avec des gestes enveloppants ses étoffes qui étaient fort belles et qui, dans la pénombre et sous ses mains, le paraissaient davantage mais ne voulut pas citer leur prix, disant : « Fi donc! cela n'importe! nous en reparlerons! » Et comme enfin sur mes instances, il le nomma, il était si élevé que, me rebéquant et levant les deux mains, je tirai vers la porte. Il me rattrapa par le coude et, me submergeant sous des cajoleries infinies, me supplia de ne point lui enlever ma pratique.

— Vous l'aurez, dis-je, à condition d'en rabattre la moitié.

— La moitié, fi donc! un gentilhomme barguigner avec un tailleur!

— Monsieur, dis-je, à la différence de d'aucuns gentilshommes dont je tairai les noms, tant ils sont hauts, je vous paierai, moi, rubis sur ongle. C'est rien du tout, ou la moitié. Une bonne et saine moitié payable en écus d'or tout ronds.

— Ha Monsieur, cria Martinez, vous me mettez le cotel sur le gargamel! C'est la mort que cela!

Et ses cris ameutant sa tribu, envahirent alors l'étroite et sombre échoppe sa femme, ses trois fils et ses quatre filles, m'étouffant sous les civilités et me suppliant quasiment à genoux de ne pas réduire leur pauvre père à la pauvreté. Je tins bon, trouvant autant de divertissement à cette scène que Martinez lui-même, qui avait l'air d'un maestro qui, par d'imperceptibles signes et clins d'œil, dirige sa troupe, et à vrai dire, je ne sais pourquoi il me donna cette comédie; sinon pour que je ne descendisse pas plus bas dans mes exigences. A vrai dire, je n'y pensai pas. Je me tins à la moitié, et Martinez l'accepta, me laissant fort content, contentement qui s'évanouit le lendemain quand j'appris par Cossolat que cette moitié, justement, c'était son prix habituel, et qu'il ne demandait pas davantage à M. de Joyeuse, lequel, d'ailleurs, ne le payait jamais.

Ce qui fit que je ne fus pas tenté d'abréger la scène des lamentations, c'était que les quatre filles de Martinez étaient fort belles, à ne pas savoir, à la vérité, où bailler de l'œil. J'y parvins pourtant et envisageai tour à tour ces ensorcelantes houris dont les yeux de gazelle luisaient dans la pénombre, et je me disais — Aglaé ayant mis mon pensement sur le sujet du mariage — que je ne pouvais, étant gentilhomme, marier la fille d'un tailleur; et pas davantage une demoiselle marrane, épouser un chrétien; et moins encore un cadet sans pécunes s'allier à Aglaé. Ha pensai-je, où qu'on se tourne, ce ne sont partout que barrières! Si Dieu a fait le monde et l'a bien fait, j'aimerais savoir qui depuis l'a si mal ficelé.

Agitant ce pensement, je revins à pas fort lents à l'apothicairerie et là, ce jour, si bien commencé pour ma gloire et mon profit, se tourna tout soudain en navrement et ineffaçable chagrin. Luc m'attendait dans ma chambre, l'œil triste et la mine fort longue.

— Mon Pierre, dit-il d'une voix morne, j'ai pour toi une nouvelle qui ne laissera pas de t'affliger. Dame Rachel vient de chasser Fontanette.

— Quand? m'écriai-je, ma gorge se nouant.

— A l'instant.

— A l'instant?

— Il n'y a pas une heure.

Ha! pensai-je avec un remords affreux: l'heure que j'ai perdue à barguigner sur mon pourpoint! Je l'eusse revue sans cela!

— Et où est-elle partie? dis-je d'une voix éteinte.

— C'est là le point, dit Luc. Nul ne le sait. Personne céans ne connaît son village, ni ses parents, sinon peut-être Dame Rachel qui l'a elle-même engagée.

— Je verrai Dame Rachel sur l'heure, dis-je en serrant les dents.

— Ha Pierre, dit Luc en se levant, n'y va point! Dame Rachel est fort dépit. Elle crache contre toi feu et flamme et demande à mon père, qui ne le veut, de te bouter dehors.

— Elle crachera, dis-je, je l'affronterai.

Et descendant d'un étage, j'allai toquer à l'huis de la dame laquelle, cuidant peut-être que c'était son mari, me dit d'entrer.

J'entrai fort résolu. Elle était assise à sa coiffeuse en train de se pimplocher et quand elle me vit en son miroir, elle se redressa, se retourna, se dressa sur sa queue comme un serpent (me laissant fort étonné qu'une femme si belle puisse avoir l'œil si méchant et une complexion si tyrannique) et elle me pria de sortir.

— Madame, dis-je, vous avez chassé Fontanette...

— Et vous savez bien pourquoi, s'écria-t-elle d'une voix sifflante.

— Madame, je le saurai quand vous me l'aurez dit.

— Et je ne vous le dirai point, s'écria-t-elle, ne voulant point salir mes lèvres, qui sont pures, du récit de vos impuretés.

— Madame, a-t-elle avoué?

— Monsieur, dit-elle, sa voix s'entrecoupant sous l'effet de la violence, elle s'est confessée, je l'ai su, je n'ai rien d'autre à dire. S'il ne dépendait que de moi, vous n'outrageriez pas plus avant mon toit par votre présence.

— Je vous sais gré, Madame, dis-je avec assez de calme, de ces sentiments si chrétiens, mais me trouvant dans cette affaire plus coupable que ne l'est la pauvre Fontanette, j'aimerais que vous me disiez où elle s'est retirée et quel est son village, afin que je puisse lui apporter, en sa détresse, aide et secours.

— Elle a ses gages, cela suffit.

— Avec votre permission, Madame, je crois que ses gages ne la mèneront pas loin et que, de toutes guises, elle a grand besoin du soutien d'une main amicale.

Cependant, comme si elle n'eût rien ouï, Dame Rachel restait coite, majestueuse et inflexible, dardant sur moi son œil d'agate. Et je repris :

— Assurément, Madame, puisque c'est vous qui l'avez engagée, vous savez le nom de son village.

— Je l'ai su, dit-elle, une lueur de cruel triomphe brillant dans son œil. Je l'ai su, répéta-t-elle, mais ma remembrance est ainsi faite qu'à l'instant où j'ai chassé de mon logis cette pestiférée ribaude, je l'ai aussi chassée de mon pensement, et j'ai incontinent tout oublié d'elle, et son nom, et sa famille, et son village.

Je sus alors que je ne tirerais rien de ce silex et, ivre de fureur comme j'étais, je lui eusse volontiers serré le col pour faire jaillir de son corps une étincelle d'humanité, et de sa bouche, le nom qu'elle me cachait. Mais combien que mes regards fussent meurtriers, elle était de marbre, elle ne sentait rien, pas même la peur. Cependant, tout mon corps tremblait de la tête aux talons de l'effort que je faisais pour maîtriser ma rage homicide et je ne pouvais que la regarder œil à œil, le sien glacé, et le mien disant la haine et le déprisement où je la tiendrai jusqu'à la fin des temps pour l'extrême bassesse de son procédé.

Sans un mot, sans un salut, je la plantai là. Je descendis en courant l'escalier et, criant à Miroul de seller Albière, je sellai mon Accla, et tout en passant le mors à ma jument, je dis à Miroul que nous allions à la recherche de Fontanette, que le mieux était de demander aux gardiens des portes de Montpellier s'ils avaient vu une garce de sa description; qu'il devait galoper à la porte de la Saulnerie, à celle de Lattes et de la Blanquerie, et que pour moi, j'irais enquêtant à celle du Pila Saint-Gély et du Peyrou.

Pour mon malheur, pour le sien plus encore, personne n'avait vu Fontanette. Il se trouva, en effet, que par la plus ingrate des chances, ce jour-là, à Montpellier, était jour de marché, et qu'en cette fin d'après-midi, les laboureurs et leurs femmes, ayant vendu leurs viandes, se pressaient en foule à toutes les portes pour regagner leur mas. Cela faisait dans les rues un si grand embarras et un tel concours de peuple, de charrois, de mulets, d'ânes et de paniers, qu'à peine si mon Accla pouvait avancer un sabot. Et qui eût pu voir en cette immense foule une petite garce vêtue comme tant d'autres et portant, en pleurant peut-être, son petit balluchon? Les gardiens des portes ne firent que rire quand je les interrogeai.

— Ha Moussu! me dit l'un d'eux, même pour vous obliger, comment aurais-je l'œil assez aiguisé pour distinguer une aiguille dans un champ de blé?

J'attendis que la presse fût moins grande et je parcourus, Miroul faisant de même de son côté, deux ou trois lieues sur tous les chemins qui sortaient de la ville, m'arrêtant aux plus proches villages, décrivant ma pauvre Fontanette, interrogeant les ménines qui prenaient le frais du soir sur les bancs de pierre devant les mas. Je n'obtins rien, hormis quelques fausses pistes, dont la déception fut cruelle.

Je revins au logis à la nuit, fourbu, empoussiéré, la gorge me serrant. Miroul était là déjà, ayant failli mêmement en ses enquêtes, et me le disant d'un seul triste regard de ses yeux vairons. Je lui jetai la bride de mon Accla, et ne voulant manger morcel tant me répugnait l'idée de m'asseoir à la même table que cette gorgone, je montai jusqu'à ma chambre et, sans me dévêtir ni me débotter, me laissai choir sur ma couche, où je restai, hors de moi-même, sans pleur ni prière, trop rompu pour penser. Et tant l'évidence de la perte m'aveuglait que je n'y voulais pas croire. De sommeil point. Et je me surpris dans le silence de la nuit à épier de l'ouïe le bruit que faisait le verrou de ma pauvre Fontanette quand elle le tirait pour me joindre, si ronde et fraîche et ses beaux yeux brillant dans l'ombre avec une tendresse infinie.

Le lendemain soir, j'appris par ma bonne Thomassine, fort dépit et troublée que Cossolat était venu voir Dame Gertrude du Luc pendant que Samson assistait aux lectures de l'école et qu'il était resté trois heures enfermé avec la belle dévote dans sa chambre. La Thomassine me demanda d'aller incontinent trouver cette femme sans vergogne pour lui reprocher l'inconvenance de son déportement. Mais je ne voulus y consentir, craignant que cette Circé ne me transformât à mon tour en pourceau, rien qu'en nouant ses beaux bras ronds autour de mon col. Je ne voulus pas non plus en toucher mot à Cossolat, dont je savais bien qu'il ne ferait que se gausser, aimant à dire qu'à chaque fois qu'un pèlerinage faisait étape à Montpellier, il se trouvait une Roumieuse pour oublier ses saints sur son sein. Et à cette gasconnade que répondre? Rire avec lui ou se fâcher? Et se fâcher jusqu'où?

Cependant la pensée me poignait que mon pauvre Samson apprenant par aventure l'infidélité de sa maîtresse fût navré de ce coup, cruel certes pour tout homme et davantage pour lui en sa colombine innocence. Et ainsi fort tracassé pour lui et ne sachant que résoudre pour lui éviter ce chagrin, à peu que je n'oubliasse le souci que je me faisais pour ma pauvre Fontanette.

Tout le jour et la nuit suivante je retournai sans fruit cette traverse dans ma tête et au matin je n'avais rien trouvé qui pût me permettre d'éloigner cette Circé, et de Samson, et de Cossolat, et de moi, car à dire vrai, la pensée qu'elle aimait tant les vifs n'était pas sans me donner des tentations, quelque horreur que je ressentisse à l'idée de tromper mon pauvre frère, et pis encore sous le toit de la Thomassine.

Même en écoutant, à l'école, Saporta commenter Avicenne, ce tracassin ne me quittait point, et quand Saporta m'appela à sa chaire après sa lecture, je crus que c'était pour me tancer de mon inattention. Mais il requit après moi Merdanson et l'apprenti-chirurgien Carajac. Et après nous avoir regardés un moment du haut de sa chaire de son œil noir et menaçant (car il aimait nous donner le sentiment que notre innocence présente n'était que la forme et substance de notre culpabilité future), il nous dit que

322

le garde de l'hôpital serait disposé à céder à l'école le corps d'un gueux qui venait d'y rendre l'âme, et nous commanda d'aller envisager avec soin ce quidam et de reconnaître s'il était propre à être disséqué.

Nous y fûmes, non sans un certain air de piaffe et le sentiment que notre mission était de conséquence. Le garde de l'hôpital était chauve, fort laid, d'haleine puante, et d'une maigreur que Merdanson trouva à voix basse « intéressante », ajoutant en me donnant un coup de coude : « Tu m'entends, compain ? » Le garde nous dit s'appeler Russec et incontinent nous amena à une petite pièce fort sombre (car les rideaux étaient tirés) et où régnait une odeur si affreusement douceâtre et pestilentielle que nous restâmes sur le seuil, lui préférant encore la puanteur de gueule de Russec. Au centre de cette petite salle se dressait un lit de bois et une paillasse et sur cette paillasse était étendu un corps couvert d'un drap sale.

— Messieurs les Ecoliers, dit Russec en nous soufflant à la face un souffle si nauséabond que je me couvris le nez et la bouche de la main, je gage que vous n'avez jamais rien vu d'aussi beau que le drole que voilà. Il est si vigoureux, si bien membré et si jeune que rien ne lui fault, hors la vie. C'est un émerveillable spécimen et, qui plus est, il vient ce matin même de perdre vent : vous ne sauriez donc trouver plus frais. Eh bien, Messieurs les Ecoliers, pour l'amour de la médecine, je le cède bénévolement à votre Ecole contre cinq sols seulement, et pas un denier de plus.

— Cinq sols, dit Merdanson. C'est à considérer. Nous n'achetons pas chat en poche. Il faut le voir. Garde, tire le rideau et quitte-lui son drap.

Russec fit comme Merdanson lui commandait, et la clarté du soleil entrant dans la salle, du bout des doigts à ce que j'observai et se retirant fort du lit, Russec saisit le drap et l'enleva. Sans nous avancer, nous envisageâmes le cadavre et c'est à peine si nous en pûmes croire nos yeux ; le mort portait à l'aine un bubon de peste et un charbon au pied droit.

— Siorac ! Carajac ! dit Merdanson quand enfin la

peur lui décloua le bec, vous voyez ce que je vois !
Ventre Saint-Vit, fuyons !

Et de courir tous trois comme fols dans le couloir
de l'hôpital, poursuivis par le Russec qui criait tout
soufflant :

— Qu'est-ce cela ? Il ne vous plaît point ? A-t-il
donc un défaut ?

— Je pense bien qu'il a un défaut ! hurla Carajac
sans se retourner, et capital !

— En ce cas, cria Russec, je vous rabats mon prix
du quart.

— Ni du quart ni du tiers, hurla Merdanson, en
franchissant le premier la porte.

Ha ! que l'air de Montpellier était doux et pur à respirer au sortir de ce lieu infect, loin de ce garde
puant, et de ce lit pestilentiel !

— Compains, dis-je, remettons-nous. Les *Trois-
Rois* sont proches. L'alberguière est belle. Je vous
offre un flacon et des viandes pour emplir
incontinent de beau sang rouge nos canaux et
artères et les boucher contre la contagion.

— C'est bonne curation et préventive, dit Merdanson. Ambroise Paré la recommande dans son traité
de la peste.

— J'y souscris, dit Carajac (il parlait peu, quoique
toujours à propos), mais que vient faire ici l'alberguière ?

— La beauté, dis-je, guérit l'œil de spectacles
infâmes.

A peine avais-je dit que l'alberguière baillait un
soufflet à Merdanson qui, en passant dans sa cuisine
et malgré ses défenses, lui avait mignonné la croupière.

— Haïe ! dit Merdanson, la friponne frappe fort.
N'importe, la charnure m'apparaît drue et délectable. J'y vais cette nuit rêver.

— Dévergogné ! dit l'alberguière, en veux-tu un
autre ?

— Quoi ? Sans toucher ? dit Merdanson indigné.

— Compains, dis-je quand elle se fut retirée, nos
viandes sur la table, je me soucie de ce mort. Allons-
nous vers une épidémie ?

324

— Nenni, dit Merdanson. Je tiens de Saporta que nous avons en l'hôpital quelques cas d'un bout de l'année à l'autre, mais sans que la contagion s'étende. N'empêche, reprit-il, sans ce flacon que je bois, je serais fort chagrin. Dans cette ville de merde, tout se ligue et conspire contre la médecine. Le savez-vous, compains ? Il n'y a pas huit jours le prévôt des maréchaux a refusé à Saporta le corps d'un supplicié, préférant en faire pourrir les quartiers sans profit pour personne sur les branches d'un olivier. Et ce jour d'hui ce puant Russec nous ose proposer le corps d'un pesteux. Tudieu ! c'en est fait de la médecine si nous ne pouvons plus disséquer. Plus m'apprend en un quart d'heure le scalpel du prosecteur qu'en trois heures d'horloge une lecture sur Hippocrate. Et ce fœtus de Bazin nous a réduits à quatre dissections par an. Quatre ! Compains ! Quatre ! Il en faudrait huit ! Alberguière ! Puisque te toucher je ne peux, lègue au moins ta belle charnure à l'Ecole pour que j'aie la joie de te disséquer après ta mort.

— Fi donc ! dit l'alberguière qui apportait un flacon, je veux être enterrée entière, chrétiennement.

— Il est de fait, dit Carajac, que nous sommes fort pauvres. L'Ecole ne possède même pas un squelette. N'est-ce pas un scandale ? Comment montrer sans squelette la conjonction des os ?

— Un pensement me vient, dit Merdanson, qui doit être bon, car je l'ai tiré de ce flacon : tuons Russec. Nous le guérirons ainsi à jamais de sa puante haleine. Profit pour lui, profit pour tous. Et Russec tué, faisons-en un squelette. Il est fort maigre, le labour est à demi fait déjà, la peau lui collant aux os. Et d'un garde fort laid nous faisons un fort beau squelette.

— Compains, dis-je, concevant tout soudain un plan qui n'avait point de lien avec ce qui venait de se dire, videz sans moi ce flacon que voilà. Je vois céans un gentilhomme que j'ai dessein d'entretenir.

Quand il me vit tirer vers lui, le Baron de Caudebec qui, la main refermée sur une grosse saucisse de Bigorre, l'avait déjà à demi enfournée, s'étouffa presque en son avalement, et sourcillant fort, porta la main à sa dague. Mais se ramentevant et de son vain combat deux mois plus tôt contre mon escabelle et des terribles menaces de Cossolat, et me voyant, en outre, l'accoster le visage riant, il me salua assez civilement de la tête mais sans se lever ni me donner une brassée, et sans me prier non plus de m'asseoir, ses moines, à ma vue, baissant tout soudain les yeux comme s'ils étaient affrontés par le spectre de l'hérésie.

Je n'eus garde de me piquer de cet accueil, mais commandant à une chambrière de me quérir une escabelle, je m'assis à une bonne toise de Caudebec et lui dis d'une voix fort enjouée :

— Ha Monsieur le Baron ! que je suis aise de vous revoir, sain et gaillard, après les périls de votre chevauchée, vos moines aussi, et vos dames plus ensorcelantes que jamais (à quoi nos Normandes ployèrent la taille, battirent du cil et me sourirent). On dit que Rome est la plus belle des villes. Qu'opinez-vous ?

Caudebec poussa ici un grognement, et n'eût pu faire davantage ayant une saucisse à moitié enfoncée dans la bouche, et avalant le reste comme boa fait d'un lapin, par un mouvement de succion de ses grosses lèvres.

— Ha ! dis-je, je me pensais bien que vous aviez aimé la ville éternelle. Et qu'en fut-il de l'objet du vœu de votre pèlerinage : le ciel agréa-t-il vos prières ? Avez-vous de bonnes nouvelles de la santé de Madame de Caudebec ?

— Non, Monsieur, dit Caudebec en vidant d'un coup son gobelet pour délayer la saucisse. J'ai reçu ce matin une lettre. L'ingrate est morte, il y a un mois, alors que j'arrivais à peine à Rome. Ha Monsieur ! J'en suis tout courroux. Quel vilain tour elle m'a joué ! N'eût-elle pas dû attendre au moins que je formule mon vœu en la basilique de Saint-Pierre avant que de si hâtivement décéder ?

— Monsieur, dis-je, pardonnez-lui. Aucun vif ne choisit le moment de sa mort. Tenez, dis-je en baissant la voix, ce matin même, j'ai vu en l'hôpital de Montpellier un jeune drole fort beau et vigoureux étendu raide sur la paillasse, un bubon à l'aine, et un charbon au pied.

— Quoi? dit Caudebec, recrachant son vin. Un bubon! Un charbon! C'était donc un pesteux!

— Eh oui, dis-je, la mine fort innocente, nous en avons quelques-uns à Montpellier, mais il n'empêche, la ville est saine.

— Saine, Monsieur! Saine! Moines! dit-il en se levant, rassemblez notre monde! Nous partons incontinent! Sanguienne! Je ne resterai pas un instant de plus dans cette ville pestiférée.

— Monsieur! dis-je, puisque vous partez, quittons-nous bons amis, et serrons-nous la main.

Et m'avançant, je lui tendis la dextre. A quoi, faisant un bond en arrière qui renversa son escabelle, Caudebec hurla :

— Ha! Monsieur! cria-t-il, ne me touchez pas! Peut-être êtes-vous déjà infect!

— Nenni, dis-je, je n'ai que très peu palpé le mort. Allons, Baron, touchons là!

Et avançant toujours vers lui, la dextre tendue, et lui reculant toujours devant ma main en sa terreur, je le fis courir tout autour de la table, comme il m'avait contraint de faire, la dague au poing, deux mois plus tôt. Mais le tour accompli, et se trouvant fort près de l'escalier, Caudebec y courut, le monta quatre à quatre, et je l'entendis qui s'enfermait à double tour en sa chambre.

Là-dessus, saluant les Roumieux, transis et cois devant leurs viandes, je m'en fus me rasseoir à ma table, le visage tranquille.

— Ha, Monsieur de Siorac! me dit l'alberguière à voix basse, quelle friponnerie est-ce là! Vous me ruinez! Tout ces beaux écus normands qui s'en sauvent!

— Mamie, lui dis-je, baissant la tête et contrefaisant le contrit, je vous demande mille fois pardon : ma langue m'a emporté. J'ai clabaudé à tort et à travers.

— Oh, pour cela, je ne cuide! dit l'alberguière en m'envisageant œil à œil. Vous n'agissez pas sans raison, Monsieur de Siorac, je vous connais, et la raison pour laquelle vous m'avez fait déguerpir ma pratique, je la saurai.

Et elle la sut, en effet, par Cossolat qui, loin de m'en vouloir, quand il apprit le soudain département des Roumieux, en rit avec moi à ventre déboutonné.

— Ha Pierre! me dit-il, il y a deux faces à cette petite chatonie : que vouliez-vous au juste? M'empêcher de bailler des cornes à votre frère? Ou vous-même vous en empêcher?

A quoi je ne sus rien répondre, étant là-dessus moi-même dans le doute : tant il est difficile parfois de démêler clairement ce qu'on sent, et plus encore ce qu'on désire.

Quand cette affaire fut finie, qui m'avait beaucoup remué, j'allai trouver Maître Sanche, et après m'être civilement excusé du trouble que j'avais introduit dans le ménage de sa maison, je le suppliai de me dire dans quel village de nos provinces s'était retirée Fontanette, car je lui devais, à coup sûr, aide et compensation.

— Hélas, mon Pierre, je ne sais, dit Maître Sanche avec un soupir. Dame Rachel l'a su, et ne parvient plus, à ce qu'elle dit, à s'en ramentevoir. Et que peux-je faire sinon la croire? Ha, mon Pierre, la volonté d'une femme! C'est un aposthume qu'aucun barbier n'a jamais pu crever!

Là-dessus, il me pressa d'une voix fort émue de revenir prendre mes repas au logis, mon absence attristant la tablée.

— Hormis, dis-je, Dame Rachel qui vous a demandé de me bouter dehors.

— Je suis maître en mon logis, dit Maître Sanche en redressant la crête. Et je sais qui je reçois. Certes, nos morales lois en demeures de bourg sont plus strictes que celles des châteaux où il est de nulle conséquence qu'un cadet ait des faiblesses pour une chambrière. Mais puisque vous avez été élevé en cette tolérance, je ne vois pas de raison de vous appliquer notre étroite sévérité.

— Par malheur, dis-je, la pauvre Fontanette a payé pour les deux.

— Hélas, mon Pierre, dit Maître Sanche, la mine tout soudain fort triste, je l'aimais bien aussi d'amitié. Elle éclairait la maison par sa joliesse et sa gentillesse. Et j'ai grand regret qu'elle n'y soit plus.

Cela m'émut fort et, me jetant dans ses bras, je le baisai sur les deux joues, et lui promis de revenir à sa table le proche mercredi.

J'avais choisi le mercredi pour ce que c'était ce jour-là que Martinez me devait livrer mon pourpoint de satin bleu pâle, mes chausses de même couleur, avec des crevés rouges, et une petite toque avec une plume bleue, le bleu étant la couleur de Mme de Joyeuse, comme le tailleur me l'avait appris. Je fus si transporté d'aise de me mirer en la grande glace du tailleur et de me voir si beau en cette vêture que je payai le façonnier sur l'heure et même ajoutai quatre écus à la somme convenue.

— Ha, Monsieur de Siorac, dit Martinez, son teint olivâtre rougissant de bonheur, un gentilhomme qui paye rubis sur l'ongle est chose rare, mais plus rare encore, celui qui donne en plus. N'était l'humilité de mon état, je vous embrasserais! Mais je sais qui va le faire à ma place.

Et frappant d'une certaine guise en ses mains, ses quatre filles apparurent tout soudain, et à chacune d'elles donnant un de mes quatre écus, il dit :

— Mes filles, voilà de quoi ajouter à vos cassettes. Remerciez-en Monsieur de Siorac et baisez-le sur les deux joues, je vous y autorise.

Ce qu'elles firent l'une après l'autre, de la façon la plus tendre, me laissant ébloui et presque ensorcelé par les œillades de leurs yeux de gazelle.

— Ha, Martinez, dis-je en riant, après ce coup, ma pratique vous est à jamais acquise!

Et je sortis dans la rue de la Barrelerie, me paonnant à l'infini, et à défaut de passants (l'horloge sonnant midi), me regardant en tapinois marcher dans ma gloire, la mine cependant négligente, et mon esprit comme absent de lui-même. Ha, certes! Ce ne fut pas dans le logis de Maître Sanche un retour abject et repentant, le coupable revêtu d'un sac, le chef couvert de cendres et se roulant dans la poussière. Je m'arrangeai, en outre, pour pénétrer dans la salle en même temps que Maître Sanche qui, à me voir, resta béant, Dame Rachel, figée, et tout le reste de la tablée, coi d'étonnement.

— Mon neveu! s'écria enfin Maître Sanche, comment vous voilà vêtu! Quels atours! Quel splendide pourpoint! Et où allez-vous en si galant appareil?

— Très illustre Maître, dis-je, ce n'est pas vanité, ni ostentation, mais simple obligation. Je suis invité cet après-midi par Mme de Joyeuse, dont je suis, comme vous le savez, le petit cousin.

— *Ha que matador! Que matador!* s'écria Maître Sanche. Ce qui, en son jargon marrane, voulait dire : qu'il est beau! Qu'il est beau! Mon neveu, reprit-il, saluez je vous prie mon épouse à qui j'ai commandé un petit festin pour célébrer votre retour.

Ce que je fis de la meilleure grâce du monde, et presque jusqu'à terre, mais sans l'ombre d'un sourire, et je ne sus à la vérité comment elle le prit car ce faisant, je me gardai bien de l'envisager. Sur quoi, fort chatoyant, et la cible de tous les regards, je m'assis au petit festin que Maître Sanche avait annoncé et qui, certes, ne méritait guère ce nom, encore que chacun mangeât ce jour-là à peu près à sa suffisance, mais si j'ose dire, un œil sur son écuelle et un œil sur moi qui brillais d'un éclat si vif — Fogacer, le sourcil diabolique, souriant en son for, et Sanche répétant dans sa barbe, mi-atendrézi, mi se gaussant :

— *Que matador! Que matador!*

L'hiver se passa sans que mes affaires s'arrangeassent avec Dame Rachel, ses yeux d'agate ne se fixant jamais sur moi, et pour moi je ne tâchai nullement de m'accommoder à elle, étant saisi, bien à rebours, d'une rage extrême chaque fois que je me ramentevais la bassesse avec laquelle elle avait agi en me celant le lieu où s'était retirée ma pauvre Fontanette. Et à dire tout le fond de la chose, ce qui en cette affaire me fâchait le plus et, à y penser, me faisait les dents grincer, c'est qu'elle pût couvrir son dépit et sa cruauté du manteau de la religion.

Tant mon Samson était rêveux et hors du monde que ni la Thomassine ni même Azaïs ne voulurent lui dire quoi que ce fût qui pût troubler son innocence, et il n'apprit jamais le long entretien que Cossolat avait eu avec sa dame à l'Aiguillerie. Il ne sut pas davantage la raison du soudain département des Roumieux, et combien qu'il en souffrît beaucoup, étant dans toute la fleur et naïveté de son premier amour, je me consolai en pensant qu'il eût été bien davantage navré s'il avait su la vérité. De retour en sa Normandie, la friponne eut le front de lui écrire une lettre fort caressante, à laquelle mon bien-aimé frère me demanda de répondre : je refusai tout net, arguant qu'il était d'âge maintenant à composer lui-même ses missives : ce qu'il fit, mais de façon si brève et si gauche que ce fut pitié. Elle lui répondit néanmoins, et un petit courant de correspondance continua pendant quatre ans encore sans que pourtant ils se revissent, preuve que la dame n'était pas sans un penchant pour lui. Mais ce penchant ne l'empêchait pas de pencher ailleurs, et de tremper ses tendres feuillages dans d'autres eaux. Hélas, que peut-on y faire ? Peut-on changer le nez d'un chien qui court toutes les pistes à la fois ? Loin de faire ici le censeur, j'opine qu'il n'est pas de grande conséquence qu'une femme soit ainsi, pourvu qu'on n'en tombe point amoureux.

Je continuai tout l'hiver à visiter Mme de Joyeuse, et je progressai en ses faveurs jusqu'à être enfin le premier de ses martyrs, les autres, à dire vrai, étant quelque peu usés sous le harnais, tandis que la dame trouvait en moi fraîcheur, effronterie, gaieté et surtout une grande imagination à tourner de nouveaux compliments, quand les vertus sédatives des anciens s'étaient épuisées. Mais ce qui l'attacha le plus à moi, ce fut à la vérité que, lui sachant un gré infini de ses bontés, je l'aimais vraiment, et je dois dire qu'elle m'accordait en particulier des privautés dont un martyr n'eût pas dû recevoir le privilège — comme par exemple en son cabinet lui masser le dos et les tétins avec des onguents — sans parler d'une grande variété de baisers que nous échangions dans sa ruelle et enfin de part et d'autre des mignonneries à ne jamais finir mais qui n'allaient pas, cependant, jusqu'au seuil où Mme de Joyeuse eût cru, si elle l'avait dépassé, tromper son mari.

Ce seuil, cependant, finit par se déplacer dans le sens que vous devinez de l'automne à l'hiver, et quand j'étais seul avec Mme de Joyeuse derrière les rideaux bleus de son baldaquin (le bleu étant, je l'ai dit, sa couleur) et que mes baisers et brassées l'avaient peu à peu échauffée, elle ne se privait pas de me dire, guidant ma main : « Mon petit cousin tant joli et mignon, faites-moi cela que je veux ». Et moi cédant de bon cœur à ses exigences, elle poussait des soupirs si vifs, si pressés et enfin si violents que vous eussiez cru qu'elle rendait l'âme. Et certes, je n'étais pas si béjaune que je ne susse ce que cela voulait dire. Mais j'admirais, à part moi, que tâtant avec moi de ces délices, Mme de Joyeuse pût encore se targuer, ce qu'elle faisait souvent, de foi garder à son mari. Et le pensement m'est souvent venu que le petit Abbé qui dirigeait sa conscience — si du moins elle lui disait bien tout — devait être un directeur d'une bénignité exemplaire ou d'un tact infini. Car, à la vérité, la pauvre dame voyait fort peu son mari, toujours chevauchant çà et là, et dans ses voyages à travers nos provinces où l'appelait le service du Roi, chevauchant aussi d'autres montures qu'on lui amenait à l'étape et dont il n'était jamais rassasié.

De mes intimités avec Mme de Joyeuse, Aglaé n'était pas sans prendre du dépit, et seule avec moi me le laissait bien voir.

— Eh bien, monstre, me disait-elle, qu'avez-vous

encore fait à Madame que vous l'ayez fait tant gémir?

— Rien, dis-je, que je ne vous ferais volontiers à vous-même si vous me le demandiez.

— Fi donc, Monsieur! dit-elle avec hauteur, fille je suis! Et plaise à la benoîte, sainte et sacrée Vierge que je demeure en cet état jusqu'au mariage! Il me semble pourtant, reprit-elle avec un petit silence, que si le diable devait me tenter assez pour gémir de par vous, mon âge serait davantage en accord avec le vôtre.

A ceci que je trouvai quelque peu perfide pour sa maîtresse, je ne répondis rien.

— Eh bien, dit-elle d'un ton piqué, vous restez coi.

— Aglaé, dis-je, Mme de Joyeuse est une femme si bonne, si charmante et que tant j'aime, que quoi qu'elle puisse me demander je suis prêt à le faire, et jusqu'à décrocher la lune avec mes dents. Quant à son âge, il ne fait rien à l'affaire.

— Ha, je le vois assez! dit-elle non sans aigreur et une larme au bord des cils, vous êtes une nouvelle guise de martyr : le martyr heureux.

Et moi, l'envisageant et sentant le navrement sous la picanerie, j'entrepris de verser quelque baume sur cette plaie.

— Je suis, dis-je, avec Mme de Joyeuse un martyr heureux, et avec vous, Aglaé, un martyr malheureux, puisque faute de cinquante mille livres, je ne puis prétendre vous épouser.

Ha! le mot « épouser », quel mot magique sur les filles! A peine l'eussé-je prononcé que tout soudain la joie revint étinceler dans les yeux d'Aglaé.

— Y pensez-vous vraiment? dit-elle, ses délectables fossettes se creusant dans un sourire.

— Oui-da! dis-je, par ces fossettes que voilà! (ne voulant faire d'autre serment) et ce disant coupant court, je les baisotai l'une après l'autre, mais quand j'en vins à la senestre, Aglaé faisant par aventure mouvement en sens inverse, je me trouvai lui baiser les lèvres, baiser dont elle ne se déprit pas aussitôt.

— Ho, l'impertinent! dit-elle enfin, en faisant la

honteuse (mais en l'étant aussi, je gage, car en son for elle était fort naïve). Monstre, ensauvez-vous.

Sur le perron qui descendait dans la cour de l'hôtel, je croisai M. de Joyeuse, qui dès qu'il me vit, devançant ses officiers, vint à moi, me donna une forte brassée et me dit à l'oreille :

— Ha, Monsieur de Siorac ! ou plutôt, mon petit cousin ! (ceci avec un sourire) comme je vous sais gré de divertir Mme de Joyeuse ! Il faut que vous ayez un charme pour apaiser les épouses querelleuses. Depuis que vous venez céans, je ne trouve plus rebèquement ni picanerie mais sourire et plïante humeur.

Je rendis à M. de Joyeuse ses civilités, mais ne sachant trop que dire, et ma conscience me poignant quelque peu quant au « charme » dont il avait parlé. Cependant, il me vint à l'entendement que je n'avais pas à faire tant le scrupuleux, puisque tout le monde était content. Ha, pensai-je, en quittant l'hôtel — fort chatoyant en mon pourpoint bleu — Ventre Saint-Antoine ! je suis fort bien vu céans ! Et ce disant, aveugles que nous sommes toujours quant à l'avenir qui nous attend, je ne pouvais savoir à quel point, bientôt, par ma faute, et en périlleuse posture, j'allais avoir besoin de ces appuis.

Cependant, heureux avec la Thomassine, heureux d'une certaine guise avec Mme de Joyeuse, je ne laissais pas de penser encore à ma pauvre Fontanette bien que des mois se fussent écoulés déjà depuis que je l'avais perdue. Et encore que je labourasse fort à l'Ecole de médecine, à ouïr les lectures, à prendre des notes, à les colliger ensuite, et le soir, à relire dans le texte les auteurs qu'on nous avait le jour commentés, et que je fusse en mes loisirs fort occupé, Mme de Joyeuse exigeant ma présence en ses mercredis, je ne laissais pas chaque dimanche de seller mon Accla et de recommencer ma quête, village après village, sur tous les chemins qui rayonnaient de Montpellier vers les campagnes circonvoisines. Mais tout fut vain, je ne trouvai pas trace de la pauvrette et, les mois passant, je cessai mes recherches et presque de penser à elle.

CHAPITRE X

Moi qui connaissais les rigueurs de l'hiver sarladais où la neige n'est pas sur les pechs par les mois les plus froids, je fus dans le ravissement de la douceur du climat de Montpellier ; le soleil y brillait en janvier — qui est aussi le mois des fêtes — presque chaque jour que Dieu faisait et à peine si les soirées étaient fraîches assez pour qu'on allumât un feu dans les cheminées. On y brûlait des rondins de chêne de garrigue, des branches de buis, des vieux ceps de vigne, du romarin, et des racines de bruyère, ce qui faisait de très jolies flammes, lesquelles ne montaient pas fort haut, mais étaient ravissantes à voir, et embaumaient l'air de leurs essences. A celles-ci, et à leurs vertus curatives, j'attribue le fait que de tout le temps de mon séjour en cette belle ville, je n'attrapai pas un seul catarrhe, encore qu'ailleurs j'y sois sujet...

La gaieté des Montpelliérains qui éclate quotidiennement dans le déportement de tous, quel que soit l'âge ou le sexe, se donne sans frein carrière pendant les fêtes du carnaval et du Mardi gras, fêtes à la vérité fort païennes, encore que la tradition les lie au carême chrétien. Il faut bien avouer que dans mon Sarladais on ne possède point cette émerveillable exubérance ni une si grande amour de danses, des chants, de la musique et des travestis. Le lecteur pense bien que sans délaisser pour autant ma médecine, à laquelle je labourais comme tisserand à son métier (j'entends que je tissais chaque jour la toile de mon savoir futur), je ne laissais pas de profiter de toutes les occasions de me mêler aux cortèges joyeux qui parcouraient la ville.

En Montpellier, c'est en janvier que les galants donnent des aubades aux mignotes : ils louent pour cela trois musiciens (qui pendant ce mois-là ne sont guère désoccupés), deux de ceux-ci jouent du hautbois, ou de la guitare, le troisième jouant tout ensemble des cymbales, du tambourin et du fifre avec une dextérité que je ne me laissais jamais d'admirer. De retour à l'apothicairerie, le soir, dès que je voyais une petite troupe précédée de serviteurs portant des flambeaux, je la suivais. Parvenus au logis de la belle, les musiciens entamaient le premier morceau. Le père ouvrait alors une des fenêtres donnant sur la rue et demandait au galant qui il était. Et si le galant se démasquait et se nommait, et pour peu que le nom agréât au père, la fenêtre restait ouverte. Dans le cas contraire, elle se refermait, et la maison restait close et sourde tout le temps de l'aubade, mais sans paroles fâcheuses ni navrantes, et sans qu'on jetât non plus sur les musiciens des pots d'eau, de bren et de pisse, comme cela, hélas, se faisait ailleurs. Ces brutalités sont ignorées chez les Montpelliérains dont les mœurs sont aussi bénignes et courtoises que leur climat est doux.

Cette grande liesse du début de l'an laisserait supposer que toute année commençante ne peut apporter que le bonheur, ce qui assurément n'est pas toujours vrai, et ne le fut point, hélas, pour l'année 1567 dans laquelle nous entrions et qui devait voir, avant sa terminaison, le renouveau de nos guerres fratricides, les huguenots et les papistes se déchirant de plus belle en notre malheureux royaume.

Mais l'avenir est comme une toile roulée sur soi qui ne se découvre que par le déroulement des jours, et en ce janvier-là, c'est le cœur léger et ignorant encore des horreurs dont j'allais être le témoin que je m'abandonnais avec la ville entière aux jeux qui tant plaisaient à son aimable peuple.

J'étais fort à mon affaire comme bien on pense. Car les yeux grands ouverts et les oreilles aussi, et animé de l'insatiable curiosité de mon âge, j'observais céans des jeux qui n'avaient pas cours dans notre Périgord.

Le jour du Mardi gras, le plus beau de ce qui se pratique ici est la danse des cerceaux, laquelle se joue sur la place de la Canourque, la plus belle de Montpellier, comme j'ai dit déjà, et celle où le jour de mon arrivée en cette ville j'avais vu le gracieux ballet des dragées.

Il ne s'agit point, en ce Mardi gras, de dragées, mais de cerceaux, lesquels sont blanc et or, et maniés par des mignotes qui appartiennent à la noblesse et sont vêtues de longues robes blanches, portent masque et resplendissent de bijoux. Leurs partenaires ont même vêture, et le jeu, pour ceux-ci, consiste à passer et repasser, au son des fifres, des cymbales et des tambourins, à travers les cerceaux que leur tendent les drolettes, selon leur fantaisie et caprice. Car si le galant qui veut pénétrer en leur cerceau ne leur agrée pas, elles le relèvent incontinent et le font trébucher. S'il leur agrée, mais qu'elles veuillent faire les difficiles, elles le lui tendent un temps très court et le retirent tout soudain, si bien que le soupirant, s'il veut passer, doit se jeter la tête et les mains les premières, les jambes après et choir de l'autre côté sur le pavé au grand péril de ses membres. Cependant, s'il réussit cette prouesse, elle est fort applaudie, et la fille, par des mines confites et vergognées, témoigne que son cerceau est « pris ». Et encore que le quoi et le qu'est-ce de cette danse ne puisse échapper à personne, l'admirable c'est qu'elle s'exécute pourtant sans grossièreté aucune, ni gausserie paillarde, ni rire malsonnant mais avec une élégance et une grâce qui ne laissèrent pas de m'émerveiller.

C'est aussi en cette période de l'année que commencent les bals donnés le soir aux flambeaux par la noblesse ou par les bourgeois étoffés de la ville. Mais à ce que je pus voir, ce sont mêmes gens qui les hantent, car je ne manquais pas, étant gentilhomme, et de surcroît « le petit cousin » de Mme de Joyeuse, d'être invité partout. Samson le fut aussi, étant mon frère et d'une si insigne beauté, mais il déclina cet honneur, déclarant que c'était « là billes vezées, vaines, frivoles et luxurieuses ». Dès le départ de sa Roumieuse, mon bien-aimé frère avait en effet revêtu son austérité huguenote, comme un manteau qu'il n'eût quitté que pour s'ébattre quelques instants sur une prairie semée de fleurs.

Combien que je n'eusse encore jamais dansé de

ma vie, ayant été élevé comme on sait, je ne manquais pas un de ces bals, et j'appris fort vite le *branle*, la *gaillarde*, et la *volte*, où je trouvais un double et délicieux plaisir; et le mouvement que je me donnais, et celui que j'envisageais chez les mignotes, lequel est si gracieux et ensorcelant en ces tendres corps féminins. Pendant un mois, et jusqu'au dernier jour du carnaval — date à laquelle les bals, selon la coutume, prennent fin, je ne rentrais en mon logis que bien après minuit, la chemise mouillée et les jambes fourbues, mais le lendemain, sur pied déjà à cinq heures, frais comme l'aurore (laquelle n'était pas encore levée) et l'esprit clair et friand de savoir, je prenais le chemin de l'Ecole, portant mes livres, et Miroul, à mes côtés, mon écritoire et ma chandelle. Nous avions à la ceinture épée et pistolet, la nuit étant encore noire bien que s'éclaircissant, mais arrivés à la rue du Bout-du-Monde, je déchargeais Miroul de mon écritoire et de ma chandelle, et lui confiais mes armes. Je ne dirais point que je n'avais pas les membres un peu las, et dans mon esprit, flottant au-dessus des plaies, fièvres quartes et aposthumes que notre régent nous décrivait, la vision des tendres minois de la veille, mais j'arrivais au bout du labour du jour plutôt bien que mal. Et le soir, invité encore, je recommençais.

La veille du Mardi gras, le frère d'Aglaé, Justin de Mérol, fort joli brun de seize ans, qui m'avait pris en amitié, vint m'apporter, tout riant, une grande robe blanche, un masque de même couleur, un sac, et une corbeille en osier.

— Et que dois-je faire de cet harnachement? dis-je, étonné.

— Eh bien, dit Justin, qui avait le rire large et facile, et ne parlait point comme sa sœur le français de Paris, étant fort peu instruit, vous mettez la robe, vous attachez le masque, et en sautoir devant vous, fixé par deux cordelettes, vous portez le sac.

— Et que dois-je mettre dans le sac?

— C'est un secret, dit Justin en riant.

— Et à quoi sert la corbeille?

— C'est un secret.

— Je gage, dis-je en la retournant dans tous les sens, que cette poignée que je vois là, en son centre, est pour la tenir devant soi comme un bouclier.

— C'est bien gagé, dit Justin. Pierre, ramentevez-vous, je vous prie, que demain douze février est le Carnaval de la noblesse et que nous comptons bien nous divertir comme lièvres en mars. Je viendrai vous quérir céans sur le coup de midi, et je vous dirai alors ce qu'il en est. Et riant et étourdi, il s'en fut en courant, le plus gentil drole du monde, mais n'ayant que fort peu de plomb en cervelle, non que cela fût pour lui de grande conséquence, car il n'aurait pas à se donner peine pour avancer dans le monde, étant fils aîné d'un père qui avait cent mille livres de rente.

Toujours riant et courant, et le pied fort léger (mais nous savons pourquoi), Justin revint le lendemain sur le coup de onze heures, suivi d'un valet qui portait un grand sac.

— Allons, dit-il en riant, Pierre, harnachez-vous. Et sa gaieté, à la fin, me gagnant, heureux que j'étais du plaisir particulier qu'il y a à se déguiser, et que ressent même le serpent, je gage, quand il se revêt d'une autre peau, je passai la robe, mis le masque, et au surplus cachai mes cheveux d'une toque, car étant blonds, ils m'auraient fait trop facilement connaître. Justin fixa lui-même mon sac en sautoir autour du cou, et riant à gueule bec, il dit :

— Et maintenant, voici vos munitions.

Oyant quoi, le valet lui passa une à une les oranges qu'il avait apportées.

— Quoi, dis-je fort étonné, des oranges ? Dois-je jeter des oranges à la tête des gens ? N'est-ce pas pitié ? A Sarlat, quand du moins on en trouve, elles coûtent fort cher !

— Mais ici, dit Justin, toujours riant, elles ne valent que 4 deniers les deux douzaines. Autant dire qu'on les a pour rien. Et voyez, Pierre, j'ai pris soin de les choisir un peu mollettes pour qu'elles ne navrent point trop les assaillis.

— Et qui dois-je assaillir ?

— Tous ceux qui sont harnachés comme nous, et portent au surplus un ruban rouge sur l'épaule, et non, comme nous, un ruban bleu. Allons, Pierre, c'est l'heure, ne languissons pas davantage. Notre parti a résolu d'être devant Notre-Dame-des-Tables avant midi afin de tenir s'il se peut le haut du pavé. Mon valet nous suivra pour nous ravitailler.

— Nenni, dis-je. Il est trop chargé. Il nous retardera, Miroul va venir avec lui et dans un second sac, portera la moitié des munitions.

Ha! certes, ce fut un beau combat et qui nous divertit comme fols, et point que nous, attirant un grand concours de gens de conditions diverses, lesquels, riant, applaudissant et s'approchant pour mieux voir les péripéties de la bataille (le peuple de Montpellier étant au moins aussi badaud qu'est réputé l'être celui de Paris), finirent par se coller quasiment dans notre dos et parfois recevaient sur le chef, ou la face, les boulets qui nous étaient destinés.

Le parti bleu et le parti rouge étaient convenus qu'une fois une orange à terre, dans la poussière du sol, on ne devrait point la ramasser pour la relancer, la seule relance admise étant celle du fruit qu'on avait été assez adroit pour capter au vol : exploit que je réussis deux fois, au grand ébaudissement de la foule. Cependant dans cette dite foule, il se trouvait des marauds qui, se saisissant des oranges éclatées et sales sur le pavé, se mirent à bombarder, qui là, qui çà, à l'aveuglette et à la fureur, sans épargner personne, et pas même les paisibles curieux. Quoi voyant, les chefs de nos deux partis se concertèrent, et tout soudain, nous fîmes front contre ces malonestes, et nous avançant, les fîmes fuir sous notre bombardement, et achevâmes leur déroute en venant au corps à corps et en leur baillant soufflets et coups de pied de par le cul. Ces vaillants, les jambes au cou, criaient bien haut qu'on les assassinait, et ces cris, repris par la foule, ne furent pas sans créer un tumulte qui fit accourir Cossolat et ses archers.

Quand Cossolat vit la place devant Notre-Dame-des-Tables toute jonchée de débris — spectacle qui, à vrai dire, serrait mon cœur de huguenot si respectueux des fruits de la terre et si ménager des biens qu'elle donne pour la nourriture de l'homme — il sourcilla fort, et étant noir d'œil, de poil et de peau, son sourcillement fit beaucoup d'effet, d'autant qu'étant lui-même de la religion réformée, et sans indulgence pour les folles dépenses de la noblesse catholique, la vue de ce beau gâchis ne fut pas sans l'incommoder. Toutefois, en homme soucieux de son avancement, et sachant qui nous étions à notre vêture, il ne voulut pas courir le risque de se fâcher avec les familles de ces béjaunes dorés et, sourcillant toujours, il dit d'un ton mi-figue, mi-raisin :

— Messieurs, si vous n'étiez pas ce que vous êtes, je vous ferais épouser quelques jours la geôle de ville pour le tumulte que vous avez causé. Laissez-moi néanmoins vous ramentevoir que ce divertissement, bien que coutumier, demeure interdit. Je veux bien fermer l'œil pour cette fois (à ce que j'appris ensuite, il le fermait tous les ans), mais à deux conditions : la première, c'est que vous donniez chacun un sol à mon sergent pour qu'il pourvoie au nettoiement de la place. La seconde, c'est que vous portiez les oranges qui vous restent à l'hôpital où assurément tant de gueux affamés gisant sur la paille seront heureux de les gloutir.

On obtempéra sans tant barguigner, Cossolat n'étant pas homme à souffrir qu'on lui répliquât. Je donnai comme tous mon sol au sergent, fort vergogné en ma conscience de me trouver mêlé à ce gaspillage, et heureux que mon masque me permît de ne point être connu de Cossolat. Il dut deviner cependant que j'étais là, quand il vit Miroul parmi les valets qui allaient porter les sacs d'oranges à l'hôpital.

Cossolat se retirait, ayant rétabli l'ordre, quand un quidam passa, criant qu'il y avait un beau cortège qui défilait rue de l'Espazerie et, la foule moutonnière y courant, j'y courus aussi avec mes pairs. Et là, en effet, on vit une belle mascarade, et des travestis dansant au son des tambourins, des guitares et des fifres. Tous et toutes étaient masqués, les cheveux cachés, portant perruques, les uns costumés en mariniers, brandissant des cordages et portant des paniers de poissons (lesquels, Dieu merci, étaient en carton peint), les autres en Roumieux avec des indulgences épinglées sur le dos, le ventre et les fesses, d'aucuns en laboureurs, arborant les outils de leur état, et d'autres, enfin, qui étaient des hommes, en femmes. Et encore que tous les travestis branlassent fort du chef et de la tête en leurs habits bariolés, dansant, chantant, sautant, poussant des cris étranges, les plus délirants de ce cortège étaient ceux qui portaient perruques, talons et robes de demoiselles. Car ces « quidam » se démenaient comme ribaudes en étuves, caquetaient, gloussaient, se déhanchaient, battaient des cils, faisaient des moues paillardes et s'approchaient des passants, avec des gestes et des mines lubriques comme s'ils allaient les débraguetter. Cela faisait rire le populaire à ventre déboutonné, et encore que je n'aime pas qu'on donne de ce joli sexe des portraits si ridicules, le spectacle nous aurait peut-être divertis, si, apercevant notre troupe, ces fouilleuses ne s'étaient incontinent jetées sur nous comme la misère sur le pauvre monde, criant bien haut que nous étions, à coup sûr, les plus jolis drôles de Montpellier, et qu'elles voulaient sur l'heure que nous les épousions. Ce disant, elles se mirent avec des cris aigus à nous palper par toutes les parties du corps sans en excepter celles qu'en effet, on réserve aux femmes, tâchant de nous enlever nos masques, et de glisser leurs mains sous nos robes. Le plus salace, le plus fol, le plus enragé de ces paillards était une « femme » fort grande et fort mince qui portait une perruque rousse et qui me serrait de si près que pour l'empêcher de me mignonner la croupière, je dus lui envoyer du coude dans l'estomac, et là-dessus, comme elle se rebéquait, je lui mis sur la joue mon poing, lequel, la manquant de peu, arracha, néanmoins, son masque. Un temps très bref, le temps qu'elle mit à le rajuster, j'aperçus sa face. Je n'en crus pas mes yeux et je restai béant : j'avais reconnu Fogacer.

Après cette découverte dont je ne sus trop que penser — ce qui est, je gage, une autre façon de dire qu'elle me donnait trop à penser — je faussai compagnie aux travestis dont la danse frénétique, au son des tambourins, ébranlait le pavé, et ayant ouï dire autour de moi qu'il y avait sous la tour de la Barbote un grand rassemblement de mannequins ridiculisant les notables, lesquels (je parle des mannequins), portés à bout de bras, allaient faire le tour de la ville, précédés d'une fanfare, je voulus les voir et, avançant non sans peine dans une presse immense, Miroul en mon chemin me rejoignit je ne sais comment. Au pied de la Barbote, dont on ne pouvait approcher tant la presse était grande à cause desdits mannequins dont la malignité publique avait grand appétit à s'ébaudir, je vis Samson qui, encore que je fusse masqué, me reconnut incontinent, et se jeta dans mes bras sans mot piper, tant la rage le secouait. Fort étonné de le voir en ce courroux tant était grande, et même excessive, la douceur de sa complexion, je le pressai de questions, et enfin recouvrant sa voix, il me dit :

— Ha, mon Pierre ! Il y a ici une infamie que je ne peux souffrir. Merdanson, Carajac, Gast et Rancurel sont là. Ils enragent, eux aussi, à voir l'Ecole ainsi défigurée, et notre très illustre maître si cruellement ravalé.

— Maître Sanche ! m'écriai-je. Qu'est cela et que lui fait-on ?

— Siorac, dit Merdanson, fendant la foule de ses larges épaules, suivi de ses lieutenants, Gast et Rancurel, et de Carajac. Siorac, poursuivit-il en collant sa bouche à mon oreille, c'est vilainie ! Ces merdeux de merde — plaise à Dieu que le Diable en son enfer les embroche de par le cul, et que la diablesse embobine leurs tripes sur ses fuseaux ! Ces bouseux, dis-je, ces foireux, ces conchiés en un mot ces embrennés

343

de bren je ne sais au reste qui ils sont —, ont fait de Maître Sanche... Siorac, c'est vilainie! Nous ne pouvons laisser pareil mannequin être promené de par la ville. C'est déshonorer l'Ecole que de laisser vilipender notre régent.

— D'autant que je l'aime de grand amour, dit Samson dont l'œil tantôt pleurait, tantôt jetait des éclairs.

— Sait-on d'où vient le coup? dis-je.

— On ne sait, dit Carajac en serrant ses larges poings, ils sont masqués mais ce que je sais bien, c'est que je désire fort le leur rendre.

A quoi Gast et Rancurel branlèrent le chef, l'air résolu.

— Eh bien, dis-je, dans ce cas il faut tâter.

— Qu'est cela? dit Merdanson.

— Savoir qui ils sont et combien ils sont. Tenez-vous tous en même place. J'y vais incontinent et je reviens.

Me haussant alors sur les pointes, et disant « Place, là! Place! Place! Je dis! », je m'avançai hardiment dans la presse et tant est grande sur une foule l'autorité d'un homme résolu et d'une voix forte, qu'elle s'ouvrit devant moi comme la mer Rouge devant Moïse et que je parvins sans peine au premier rang.

Je n'eus pas à chercher longtemps pour reconnaître dans la vingtaine de mannequins que les plaisantins avaient rassemblés celui de Maître Sanche, car un gros balourd, la trogne rouge et les yeux porcins, le brandissait et le tournait de-ci, de-là au-dessus de sa tête au grand ébaudissement de ses compères.

A vrai dire, l'image était grossièrement faite, un peu à la façon d'un épouvantail à l'aide de deux bâtons entrecroisés, mais le chef étant surmonté d'un bonnet d'apothicaire, la face ornée d'un long nez tombant sur une longue barbe, Maître Sanche eût été de tous en la ville reconnaissable, même s'il n'eût pas porté son nom en sautoir. Cependant le méchant de l'affaire n'était pas la caricature, ni le ridicule qu'elle donnait, mais les damnables inscriptions rimées qui étaient épinglées à sa robe noire.

L'une sur les fesses disait :

> Nous donnerons de par le cul
> A qui nous tue par ses pilules.

Une deuxième, placée sur les parties viriles, affirmait ceci qui n'était pas sans atteindre aussi Samson et moi :

> A vieux bouc escouillé
> Chèvre jeune préfère écolier.

Et la troisième, attachée sur l'estomac, proclamait :

> Bon chrétien de cochon use.
> Douteux chrétien le refuse.

Pis même : comme pour rendre plus parlante cette sournoise accusation, on avait piqué çà et là sur la robe de Maître Sanche, par dérision, des bouts de lard et de couenne.

Je restai béant devant tant de malice, et si cruelle et si inane, car Maître Sanche était ici diffamé de toutes les guises possibles — et dans son art, et dans son domestique et dans la pratique de sa religion — cette dernière insinuation à la fois la plus odieuse et la plus périlleuse, car elle le désignait, comme hérétique, à la vindicte des prêtres.

Mon sang bouillonna tant à ce honteux spectacle qu'à peu que je ne me jetasse sur ce gros malotru pour lui arracher son mannequin des mains. Mais c'eût été folie. J'aurais été submergé par le nombre de ses compères, lequel nombre, d'ailleurs, je ne connaissais point. Et aussi bien venais-je pour tâter, et non pour engager. Me calmant par degrés, je commandai à mon visage, et m'avançant vers ce gros maloneste en souriant, du moins des lèvres (que seules mon masque laissait voir) et m'avisant que ma robe blanche me donnait sur lui quelque ascendant, je lui dis sur le ton de la protection courtoise :

— Monsieur, vous avez composé là, à la vérité, un émerveillable mannequin et, à mon sentiment, le plus achevé de tous ceux qu'on présente céans. Sans doute vos amis et vous-même êtes-vous des écoliers en médecine qui avez eu à souffrir de la férule de Maître Sanche ?

— Nous, des médecins ! dit le balourd ! Fi donc ! Le médecin se nourrit de bren, de crachat et de pisse. Nous avons d'autres nourritures : nous sommes légistes.

— Ha, Messieurs les légistes ! dis-je, contrefaisant le doux et le chatemitte, pour moi, vous êtes l'alpha et l'omega du savoir et je vous prise au-dessus de tout. Et en l'honneur de votre mannequin, je vous eusse, après le défilé, régalés tous, si vous n'étiez pas si nombreux.

— Mais ! dit le légiste, c'est que nous ne sommes céans que dix, et si ce chiffre ne vous effraie pas, nous sommes vos hommes à la *Taverne d'Or*, sur les cinq heures.

— Nous nous reverrons donc, dis-je en les saluant, sur les cinq heures.

Quand nos médecins ouïrent la nouvelle que les légistes étaient derrière ce vilain coup, ils grincèrent des dents et se voulaient ruer incontinent sur eux. Mais je leur remontrai qu'il y fallait plus de manœuvre et de méthode, d'abord mettre nos masques et puis aborder ces marauds d'un air riant et amical pour leur proposer de porter avec eux le mannequin, et celui-ci, dès qu'il serait en ses mains, mon Samson le mettrait en pièces, notre rôle à nous se bornant tout soudain à concasser les légistes tandis que Samson ferait son œuvre pie avec la rage qu'on devine. Tout se passa comme on l'avait prévu. On eut à plein le bénéfice de la surprise. Avant que les légistes fussent revenus de leur étonnement, on les choqua si roidement, pochant leurs yeux, fendant leurs mandibules, enfonçant leurs dents en gueule, leur donnant du genou dans le nephliseh et du pied de par le cul qu'ils furent tous les dix, sous nos assauts furieux, renversés comme porcs et geignant à terre, tandis que mon Samson, beau en sa colère comme l'Archange saint Michel, dégondait le mannequin, désossait les bras, brisait les membres, déchirait la robe en charpie, piétinait le faux nez et la bouche et, battant le briquet, mettait le feu aux débris. Et tout, en une minute, brûla, de l'œuvre qui avait demandé aux légistes tant d'heures de venimeux labour.

Mais certes, du Capitole la roche tarpéienne est proche, car à l'heure même de notre triomphe, nous tombâmes en grand péril. La foule, irritée que nous ayons détruit un si beau mannequin, et pensant peut-être que nous en voulions aux autres, se mit à gronder autour de nous de façon si menaçante que nous crûmes bien qu'elle allait nous réduire nous aussi en poussière, et encore que j'essayasse de la haranguer, disant que nous avions voulu simplement venger notre maître, et que celui-ci, loin de mériter ces brocards, était si illustre que Catherine de Médicis et le Roi l'avaient visité à leur passage à Montpellier, rien n'y fit. Le courroux du peuple redoublait à chacune de mes paroles, et ce n'était partout que regards furieux, poings tendus et cris de mort. Ah! les bonnes gens ne sont point accommodants quand ils sont enragés! « Sus! hurlaient-ils. Sus à ces méchants! Ils veulent nous gâter nos jeux! Sus! Et choque et toque! Frères, sans tant languir, escouillons ces coquarts! »

Et déjà, serrant les coudes et fort pâles, nous nous préparions pour un combat peut-être mortel, quand quelqu'un — je sus plus tard que c'était Miroul, qui était si vif et si fluet, s'était glissé au plus épais de nos ennemis — hurla : « Gare! Gare! Le Capitaine Cossolat arrive! » Cette hurlade étant reprise à l'aveuglette par les uns et les autres, on n'entendit plus d'un bout à l'autre de la place que le nom du Capitaine — lequel, à vrai dire, était pour lors fort occupé rue de l'Espazerie à briser les travestis en leur folie —, cependant ayant ouï de proche en proche qu'on l'appelait à grands cris à la tour de la Barbote où il y avait tumulte, il s'y porta avec ses archers, si bien qu'à notre immense soulagement, à force de crier au loup, le loup survint.

La foule, dès qu'elle vit Cossolat, l'acclama et incontinent nous dénonça et nous désigna à son ire, criant que nous étions les méchants qui avions brûlé un mannequin et rossé ceux qui le portaient.

— Quoi, dit Cossolat sourcillant, mais m'adressant en même temps un clin d'œil qui prouvait bien qu'il m'avait bien reconnu quelques instants plus tôt malgré mon masque. Quoi! Détruire un mannequin! Le jour de Carnaval! C'est crime odieux! Messieurs, nous dit-il, sans tant barguigner, suivez-moi à la geôle de ville où je vais vous serrer sur l'heure. Archers, entourez-les.

Merdanson ouvrit la bouche mais je lui donnai fort du coude, ce qui lui cloua le bec et lui fit comprendre que l'important était de sortir de cette foule homicide, et non d'aller en geôle.

Dès que nous eûmes émergé de la presse, Cossolat se penchant de son cheval me dit, mi-sévère, mi se gaussant :

— Monsieur de Siorac, si j'en crois mes yeux, partout où l'on cogne, vous êtes là !

— Capitaine, il le faut bien. Avez-vous vu cet infâme mannequin ?

— Je l'ai vu, dit Cossolat, en baissant la voix et la mine fort sombre, je l'ai vu avant que vous le détruisiez et j'en augure fort mal, car derrière ces coquefredouilles de légistes qui ne sont que béjaunes, et font tout ce qu'on leur dit sans voir plus loin que le bout de leur nez, il y a de redoutables gens qui cheminent sous terre et, bien qu'aveugles comme taupes, savent fort bien mener leur sape. Pierre, ramentevez-vous bien ceci : quand on s'en prend aux marranes, c'est que l'Inquisition n'est pas loin, et fourbit ses armes contre les huguenots. Des bruits courent qui ne courent pas pour rien. La Médicis, dit-on, incline de nouveau à flatter l'Espagnol, et vous savez le prix des alliances qu'elle cherche avec lui. Nous allons vers un retour de nos persécutions.

Il avait parlé fort bas et n'ouvrit plus la bouche jusqu'à la geôle où, nous ayant serrés dans une salle grande assez, et qui comportait table et escabelles, il nous fit prêter serment de ne point gasconner au sujet de notre exploit et de n'en piper mot à personne.

A cela qui nous frappa d'étonnement, car nous n'avions pas vu plus loin dans l'affaire qu'une chamaillerie entre légistes et médecins, il ajouta :

— Les gens qui ont fait ceci ne vous sauraient pas gré de l'avoir défait et leur mémoire est longue.

— Capitaine, dit Merdanson, quand serons-nous relâchés ?

— A la nuit. Un par un et par une porte dérobée. Sauf Siorac pour qui j'ai un autre plan.

Et en effet, une heure plus tard, un carrosse, tous rideaux tirés, m'attendait devant la porte dont Cossolat avait parlé.

— Pierre, dit Cossolat en me tirant à part, laissez ici votre harnachement. Mme de Joyeuse vous envoie chercher. Apparaissez devant elle en votre pourpoint bleu. Et Pierre, poursuivit-il en me mettant l'index sur l'épigastre, pas un mot sur ce mannequin. Vous n'y étiez pas. Vous ne l'avez vu. Par contre, parlez autant que vous voudrez du tumulte des oranges. Bref, divertissez Mme de Joyeuse, qu'elle soit ravie de vous. Et qu'elle ait des raisons de se ramentevoir que l'après-midi de ce carnaval, vous l'avez passé avec elle.

On peut croire si je m'épatais d'aise dans le faste de ce carrosse doré au souvenir des périls que nous avions courus. Cossolat, cependant, m'étonnait. Ha, pensai-je, me souvenant de ses dernières paroles, même en l'hôtel de Mme de Joyeuse, le Capitaine a donc de fines oreilles à son service et qui le tiennent informé de tout.

— Monstre ! s'écria Mme de Joyeuse tandis que je me jetais à ses pieds en baisotant ses mains potelées, Monstre ! reprit-elle les yeux brillants, quel tyranniseur vous êtes en vos ébats ! Vous choquez tout ! Vous mettez tout à terre ! Vous éventrez ! Point de quartier ! Il faut vous céder en tout !

— Ho Madame ! dis-je, que de reproches pour un petit tumulte !

— Petit, Monsieur ! Quand on parle de vous en des petits vers épinglés au mannequin de Maître Sanche.

— Point n'ai vu ce mannequin, dis-je promptement. J'étais en geôle pour l'affaire des oranges.

349

— Mais Justin l'a vu, et Aglaé va vous répéter le pasquil.

— Oh Madame, je n'ose! dit Aglaé, faisant sa farouche et sa virginale.

— Eh bien, j'oserai, moi! Ecoutez, Monsieur :

A vieux bouc escouillé
Jeune chèvre préfère écolier.

— Madame! dis-je, c'est une infamie! En outre, le vers est mauvais : il y manque des pieds!

— Peu importe les pieds, dit Mme de Joyeuse. Monstre, répondez-moi sans tant de quoi ni qu'est-ce. Qu'en est-il de cette chèvre marrane à cet écolier que voici?

— Madame, dis-je avec gravité, si c'était vrai, l'honneur d'une dame me scellerait les lèvres. Mais la chose est aussi fausse que modestie de capucin. La vérité est que je hais cette chèvre-là de la corne au sabot.

Et Mme de Joyeuse ouvrant de grands yeux, je lui contai l'histoire de ma pauvre Fontanette.

— Eh mon Dieu! dit Mme de Joyeuse qui, quoiqu'elle eût bon cœur, n'en avait pas pour une simple chambrière, faut-il donc tant d'affaire? La garce sera retournée dans son village, c'est tout simple. Ainsi, Monsieur, poursuivit-elle d'un air sévère, il vous fallait aussi cette drolette. La Thomassine ne suffit pas à votre friandise.

— La Thomassine, Madame?

— Ne niez point, Cossolat m'a tout dit. Mon petit cousin, n'allez point bouder en cette encoignure de fenêtre. Revenez. Et n'allez point mettre en avant l'honneur de la Thomassine. Racontez-moi tout. Je le veux.

— Ho Madame! dis-je. Tout! Devant vos dames d'atour! dont d'aucunes sont filles.

A quoi Mme de Joyeuse fut ravie, et se tournant vers ses dames d'atour, le cou penché sur l'épaule et les yeux fort brillants, elle dit d'une voix alanguie :

— M. de Siorac a raison, Mesdames, retirez-vous. Il est de certaines choses que fille ne doit pas entendre avant son mariage.

A quoi Aglaé répondit entre ses dents (mais je l'ouïs fort bien) « Des gémissements, je pense. » Cependant, les dames d'atour se retiraient, avec des mines fâchées, des airs entendus, des sourires figue et raisin, des murmures, et de gracieux balancements de leurs larges cotillons.

— Pierre, me dit Mme de Joyeuse, votre bras, je vous prie, mettez-moi en ma ruelle ; je ne sais quelles vapeurs me gagnent, j'étouffe, dégrafez-moi, je vous prie. Quelle gentille chambrière vous faites, mon mignon, si doux en vos gestes, si caressant en vos regards (et en effet, c'était là un labour qui m'agradait plus que je ne saurais dire, la charnure étant ferme et suave et pulvérisée de parfums). Mais, Pierre, je ne sais si je dois me confier à vous sans défense, grand tyranniseur que vous êtes et brutal à tuer.

A quoi, je ne répondis point, n'ignorant point vers quoi tendait l'esprit de cette dame, et ne voulant ni la presser ni la brider.

— Ha ! soupira-t-elle, dégrafez-moi encore ceci ! Eh mon Dieu, je suis nue quasiment. Pierre, ma pudeur s'effraie, tirez les rideaux du baldaquin.

Mais les rideaux tirés, qui étaient de la couleur que l'on sait, et peu opaques, je la voyais tout aussi bien, baignant en sa blondeur dans cette lumière bleue. Je lui en tournai un joli compliment qui fit luire ses yeux mordorés.

— Ha Pierre ! dit-elle d'une voix languissante, vous parlez de miel. Votre langue est divine.

— Eh Madame ! lui dis-je à l'oreille, qui le sait mieux que vous ?

— Ha l'effronté ! dit-elle mi-riant mi-fâchée, vous êtes le diable de me tenter ainsi. Et quelle pitié que je sois fidèle à mon mari, bonne catholique, priant Dieu tous les jours, assidue à me confesser. Ha ! si j'étais la Thomassine ! Répondez-moi. A-t-elle beaucoup d'amants ?

— Beaucoup.

— Ha ! dit Mme de Joyeuse, tout va aux unes et rien aux autres. Mais que faites-vous, monstre ?

— Madame, je vous dégrafe encore, vous êtes fort rouge. Vous étouffez. Vous serez mieux ainsi.

— Monstre, dit-elle, vous **abusez**. Tant faible je suis et vous si vigoureux, et si **tyranniseur**. Ha monstre! me dit-elle en me tendant ses **lèvres** (qui étaient si fort chaudes sous les miennes). N'allez-vous pas, hélas, passer outre à mes réitérées défenses? N'y serez-vous pas tenté? N'allez-vous pas user de force avec moi?

— Hé, Madame, que si! J'y suis mille fois tenté. Et si c'est là vous offenser, incontinent, je me retire.

Et je fis mine de la désenlacer. Mais vous pensez comme ce scrupule arrangeait peu la dame en un tel moment et avec quelle force je fus retenu par de si faibles bras!

— Ha Pierre, dit-elle, tout est ma faute, je vous ai trop tantalisé, j'excuse la fougue et le sang de votre âge, comment n'userait-on pas de force quand on a votre complexion? Mais que dis-je? Je suis folle! Monstre, que faites-vous? Iriez-vous jusqu'à me battre? Quoi? Vais-je être forcée, moi, comme soudard force fillette au revers d'un talus. Ha monstre! Ha Pierre! Ha mon mignon...

Comme, sortant de l'hôtel de Joyeuse, je m'en revenais le cœur chaud et le pied léger chez Maître Sanche, je tombai rue de la Barrelerie sur le tailleur Martinez qui prenait le frais sur le seuil de sa porte comme cela se fait en Montpellier quasiment en toutes saisons. A ma vue, il se leva et, me saisissant le coude, voulut à toute force que j'entrasse chez lui prendre un gobelet de frontignan. J'y consentis, craignant de le désobliger, et fort friand aussi de revoir ses quatre filles, en quoi je ne fus pas déçu, car elles étaient en son échoppe, sagement assises, tirant l'aiguille, et à ma vue, levant ensemble leurs belles faces, elles m'envisagèrent de leurs yeux de gazelle illuminant d'un éclat doux leurs joues couleur abricot, pour ne point parler ici de leurs bouches dont le rouge ne devait rien au pimplochement de nos dames de Cour. Après quoi, échangeant, à la dérobée, de petits regards et de petits sourires, elles se remirent à tirer l'aiguille d'un geste rond, dont la grâce m'ensorcelait. Martinez, me voyant si occupé de l'œil, me dit qu'il allait chercher un flacon de muscat et deux gobelets. Et je restai donc seul avec les drolettes et, au bout d'un moment poussant un soupir, je dis d'un ton mi-sérieux, mi-plaisant :

— Ha Mesdames ! si j'avais le bonheur que vous fussiez musulmanes, incontinent je me convertirais et je vous épouserais toutes quatre.

A quoi elles rirent fort, quoique de façon contenue, cachant leurs jolies bouches de leurs mains, et se trémoussant des pieds à la tête, tant ce propos d'épouser, même en gausserie, crée chez les filles je ne sais quel tumulte. Et pourtant, que leur apporte le mariage tant désiré : un mari ingrat ou tyrannique, le lourd ménage d'une maison, un enfant par an, et tôt ou tard, la mort en couches.

— Eh quoi Monsieur ? dit l'une d'elles qui était l'aînée, et qui s'appelait Iñez, toutes les quatre ? et il n'y aurait donc pas de préférée ?

— Si fait ! dis-je en riant, mais cela ne se pourrait décider qu'à l'usance.

A quoi elles rougirent et se remuèrent fort, mais sans pépier au-dessus d'un murmure, les vrais pépiements étant réservés, je gage, pour le soir dans leur lit, où elles nichaient par deux en même chambre. Là-dessus, entendant le pas de leur père, elles s'accoisèrent comme chattes à l'affût et de plus belle tirèrent l'aiguille, avec cette rondeur de bras que j'ai dite, et qui, je ne sais pourquoi, me mettait des baisers aux lèvres. Mais, je le vois bien, c'est là le piège que nous tend l'exquise beauté, en toutes ses parties, du corps de la femme. On cuide se contenter de la rondeur d'un bras. Mais le bras qu'on vous abandonne, baisé et mignonné, l'appétit croît de sa nourriture même : il y faut tout.

— Monsieur de Siorac, dit Martinez, passant sa tête et sa barbe noire par l'entrebâillement de la porte, venez en mon cabinet. Nous y serons mieux pour parler. Monsieur, poursuivit-il, tirant la porte dès que je fus entré et me remplissant un gobelet de frontignan, tout en m'envisageant de son œil fin, si vous désirez derechef un pourpoint et des chausses de la couleur que vous savez, je vous les ferai gratis.

A quoi me voyant ouvrir de grands yeux, et étonné lui-même de son effrénée générosité, il ajouta :

— J'entends : pour la moitié du prix que je vous ai en premier demandé, ce qui ne me paye même pas l'étoffe et le labour, comme bien vous pensez.

Je pensais justement que même à ce prix, il y trouvait encore son profit, mais me taisant là-dessus je lui fis mille mercis et lui demandai la raison de son obligeance.

— Monsieur de Siorac, dit-il d'un air grave, combien que tout Montpellier sache que lorsque l'affaire du mannequin s'est produite, vous étiez en geôle pour le tumulte des oranges, geôle dont vous n'êtes sorti que pour passer le reste de l'après-midi chez Mme de Joyeuse, cependant il n'est pas un marrane en cette ville qui ignore *à qui* nous devons la destruction de cette odieuse image qui, attaquant Maître Sanche en la pratique de sa religion, nous attaquait tous.

Là-dessus, posant son verre, sa face passant du courroux à l'attendrissement, il me dit :

— Une brassée, je vous prie, Monsieur de Siorac, si, à vous gentilhomme, j'ose la requérir.

— Mais de tout cœur, m'écriai-je, et en toute amitié !

Là-dessus il me serra dans ses bras à m'étouffer, me donnant force tapes dans le dos à me meurtrir les omoplates, et frottant sa forte barbe contre ma joue.

Maître Sanche, à l'apothicairerie, le moment qu'il me vit, m'embrassa avec autant d'emportement, mais le nœud de la gorge lui serrant, et lui ôtant l'usance de la parole, il ne sut que dire d'une voix entrecoupée :

— Ha mon neveu ! Mon neveu ! Mon neveu ! Et là-dessus fort troublé et pleurant, à ce que je crois, il s'en fut.

Je gagnai ma chambre à l'étage, on toqua à ma porte, c'était Fogacer. Sans m'embrasser ni me toucher en aucune guise, mais la face contrainte, il me tendit sa main au bout de son long bras, et s'asseyant à une bonne toise de moi sur une escabelle, il me dit tout à trac :

— Dame Rachel a demandé votre congédiement au très illustre maître.

J'en demeurai béant.

— Et, dis-je, quand j'eus recouvré ma voix, de quelle raison a-t-elle coloré cette requête ?

— Le bout rimé sur la jeune chèvre et l'écolier. La femme de César, a-t-elle dit, ne doit pas être soupçonnée.

— Ventre Saint-Antoine ! Et Maître Sanche ?

— Maître Sanche lui parla avec les grosses dents, crachant feu et flamme, et la jeune chèvre, jouant des sabots, s'est enfermée dans sa chambre. Voilà une couche qui ne s'ouvrira de longtemps au pauvre maître. C'est pourquoi vous l'avez vu si troublé.

— Mais, dis-je, d'où vient que vous connaissez ce bout rimé ?

Fogacer m'envisagea, levant son noir sourcil.

— J'étais là. Peut-être, Pierre, n'avez-vous pas observé que parmi ces infâmes mannequins par quoi se nourrit la malignité publique, il s'en trouvait un qui caricaturait un juge du Présidial et dont la robe portait, elle aussi, un bout rimé qui s'en prenait à ses mœurs, celles-ci étant celles que vous devinez.

— Il est de vos amis ?

— Il est de ceux que j'oserais appeler ma confrérie, dit Fogacer non sans un air de fermeté qui me frappa, encore qu'il fût fort pâle et mal à l'aise, avalant sa salive et la lèvre fort sèche. Un autre de ces odieux mannequins, ajouta-t-il, figurait l'abbé Cabassus dont on incriminait l'athéisme. Parmi les athées et les marranes, *nous* étions donc en bonne compagnie. Il dit ce « nous » avec une inflexion particulière de la voix, la face fort contrainte comme j'ai dit, mais l'air fier et comme s'il envoyait défiance au monde entier.

— Fogacer, dis-je, vous étiez là quand j'ai attaqué le mannequin de Maître Sanche ?

— Oui, je vous ai reconnu en dépit de votre masque, et mettant à profit le tumulte, j'ai arraché le bout rimé qui incriminait le juge.

— Vous m'avez reconnu malgré mon masque ! m'écriai-je, béant, et l'air sévère, je l'envisageai œil à œil.

— Entendez-moi bien, Pierre, dit Fogacer en cillant et la mine fort longue, rue de l'Espazerie, quand j'étais en mes folies, je ne vous avais point reconnu, mais quand, m'arrachant mon masque de votre coup de poing, vous avez vu ma face, j'ai vu, moi, l'expression de vos yeux, j'ai su qui vous étiez, et bien marri et vergogné je me trouvai de vous avoir entrepris. Pour cela, dit-il en levant son sourcil diabolique, et d'un ton qui n'était pas la moitié aussi modeste qu'il eût voulu, je vous prie d'agréer mes plus humbles excuses.

— Ha Fogacer ! dis-je, et me levant et allant vers lui, je me penchai et, les mains sur ses épaules, je le baisai sur les deux joues, ce qui, à mon considérable étonnement, le fit rougir comme vierge. Fogacer, poursuivis-je, en lui tournant le dos pour ne point le gêner plus outre, et marchant dans la chambre, vous êtes mon ami, point d'excuses entre nous. Je vous en dois aussi pour vous avoir toqué. Peu importent vos folies, comme vous les appelez. *Medicus sum* [1]. Notre différence est affaire de complexion ou d'humeur. Je suis tout au cotillon. Vous ne l'êtes point. Et c'est tout.

— Sauf, dit Fogacer en grimaçant quelque peu, que tout le cotillon du monde ne vous met pas en danger d'être brûlé, comme moi, en place publique pour sodomie.

— Ainsi, dis-je (et m'arrêtant et lui faisant face, je l'envisageai d'un œil nouveau), vous vivez en ce perpétuel péril !

— D'autant que par surcroît, je suis athée, dit

1. Je suis médecin.

Fogacer. Mais ce crime-là est plus facile à celer : quelques momeries y suffisent.

Combien que je n'aimasse pas ce mot momerie appliqué aux rites papistes (car je gage, Fogacer en eût usé tout aussi bien pour notre culte réformé) je tremblai à l'idée des dangers que le bachelier courait. Encore que nous n'ayons qu'un corps pour nos bourreaux, quoi qu'ils en aient, et que Fogacer ne pût brûler deux fois, et comme athée et comme sodomiste, c'était déjà trop d'une. Le pensement m'en était affreux, connaissant l'homme et le prisant très haut.

— Fogacer, dis-je enfin pour chasser de nos esprits l'image odieuse de ce bûcher, Cossolat opine que de puissantes, souterraines et méchantes gens sont derrière ces mannequins.

— *Nous* l'opinons aussi, dit Fogacer. Comme vous savez, la révolte des réformés dans les Pays-Bas contre le joug espagnol a déterminé Philippe II à envoyer le long des frontières françaises une forte armée pour mettre à raison ces « gueux » des Flandres, comme il les nomme. Or ces gens-là que vous dites forment des vœux ardents pour que, ayant exterminé les gueux, ces Espagnols alliés à notre souverain exterminent à leur tour les réformés de France. Nous voilà bien loin des mannequins, pensez-vous ? Point du tout. Car ces mêmes gens, pour qui aucun moyen n'est vil ni petit au regard de la fin qu'ils poursuivent, espèrent qu'en s'en prenant en cette ville aux marranes, aux athées et aux sodomistes, ils prépareront la voie aux bûchers où, le moment venu, brûleront les huguenots.

— Ah ! dis-je, j'ai donc bien fait de détruire cet odieux mannequin.

— Et vous feriez mieux encore à l'avenir de bien garder votre vie, car, si fort protégé que vous soyez par Cossolat, par M. de Joyeuse et par les marranes, ces gens-là que je dis sont puissants et la patience ne leur fault.

J'eusse dû mieux écouter ces conseils, ils étaient sages, si peu que le fût celui qui les baillait, du moins en ses travestis. La prudence, hélas, n'est pas dans ma complexion. Mais aussi m'emportèrent en l'entreprise que je vais dire (et que mon père, dans une lettre latine courroucée, appela « *atrocissima* ») ma grande amour de la médecine — et assurément, le feu du moment, la circonstance, la facilité. Si, dans ces mémoires, j'ai plus d'une fois requis l'indulgence du lecteur et fait fond sur sa bénignité, il ne faudrait point ici qu'elle se dérobât : le besoin en est grand.

A Pâques prirent fin, à l'Ecole de médecine, les lectures de nos régents, et encore que Saporta et Bazin continuassent jusque dans le juillet et l'août un enseignement privé qu'on ne pouvait suivre sans débours, nous regrettions fort l'absence du Docteur Feynes et surtout du Docteur d'Assas, lesquels se retiraient en leur maison des champs, le premier pour y poursuivre en élégant latin son livre sur la variole, et le second pour y vivre dans l'indolence et les délices, partageant son temps entre les soins donnés à sa précieuse vigne et ceux qu'il baillait à sa chambrière Zara. Mais surtout, avec la clôture des cours, c'en était fini des dissections dont cette année, au rebours de ses promesses, le Doyen Bazin, par sordide économie des pécunes de l'Ecole, ne nous avait donné que trois. Le troisième, à notre considérable ire et subséquent tabustage et tapage — étant un singe ! De six du temps de Rondelet, tomber à trois (dont un singe), c'était pitié et nos plaintes assaillaient Saporta, lequel malignement nous renvoyait à Bazin, qui nous claquait la porte au bec, étant de complexion hargneuse et venimeuse.

— Siorac, me dit un soir Merdanson tandis que nous étions attablés avec Carajac à l'auberge des *Trois-Rois*, je ne peux accepter ce manque. Est-ce la peine que Rondelet ait fondé à Montpellier ce théâtre anatomique de merde pour qu'on y pratique trois dissections par an ? Trois ! Ce fœtus de Bazin en avait promis quatre ! Trois, c'est dérision ! Comment avancer dans l'histoire du corps humain si nous répétons comme perroquets en 1567 ce que Galien et Hippocrate ont écrit plusieurs siècles avant Jésus-Christ.

— Je vois un moyen de pourvoir à ce manque, dit Carajac en baissant la voix.

Le chirurgien Carajac aux côtés de qui Merdanson, en dépit de ses larges épaules, paraissait grêle, était si brun de peau et de cheveu qu'il avait l'air d'un Turc, ce qui n'était point si étonnant, étant donné toutes les incursions et séjours que ces payens avaient faits dans les cinquante dernières années à Aigues-Mortes, ville qui était sa patrie et qu'il prisait au-dessus de tout, quand du moins il ouvrait le bec; car il se tenait fort coi en son ordinaire, haut et large comme une armoire, sans branler du chef ni de la main, la paupière bistre retombant à demi sur sa prunelle de jais.

— Lequel ? dit Merdanson.

— Compain, dit Carajac, connais-tu Cabassus ?

— L'abbé, dis-je, dont on a fait un mannequin au carnaval, lui donnant de l'athée.

— Lui-même. Il est abbé de la paroisse Saint-Denis en Montpellieret, laquelle paroisse possède en ses murs un cimetière, dont les prêtres papistes profitent grandement, tirant pécunes, à chaque inhumation, de l'ouverture de la terre.

Carajac reprit souffle, comme étonné lui-même d'avoir parlé si longtemps.

— J'opine, dit-il, que nous vidions nos pots et allions, de ce pas, le voir.

— A quelle fin ? dit Merdanson.

Mais Carajac, ayant épuisé pour la journée sa provision de paroles, fit signe du chef qu'il en avait dit assez et s'accoisa. Telle était cependant la force de persuasion que lui donnait sa taciturnité que, sans le questionner plus outre, j'appelai l'alberguière et la payai. Elle ne me bailla pas un sourire, me battant froid depuis l'histoire de Caudebec et du pesteux.

La nuit tombait quand on arriva au logis de Cabassus, lequel était situé à l'écart de ceux où vivaient les prêtres de la paroisse. Ceux-ci logeaient en une sorte de communauté, quasiment comme des moines.

Carajac toqua petit à l'huis et à voix basse se nomma. La porte s'ouvrit à demi, puis tout grand, et dans une mesquine pièce dont le plafond était si bas que Carajac le touchait du chef, apparut un petit être fort hirsute et fort maigre dont les yeux, à la lueur de l'unique chandelle posée sur une misérable table, me parurent un peu fols, tant ils étaient brillants et tournant dans l'orbite, en cela imitant les membres qui dansaient, branlaient, et sautaient sans répit et sans nécessité aucune, car Cabassus était occupé à cuire, dans un pot ébréché, à la chiche flamme de son âtre, ce qui, à l'odeur, me parut être une poule au chou.

— Mes frères, dit-il d'une voix de fausset, mes frères non pas en Dieu, lequel n'existe point, mais de par notre commune espèce, j'entends l'humanité, soyez les bienvenus en mon logis et à mon pot. Tirez par là, mes frères, penchez-vous. Il n'y a point de mystère de la sainte Trinité. C'est une poule. Je l'ai larronnée hier dans le poulailler d'un bourgeois étoffé, vu qu'il me faut bien nourrir ma pauvre guenille, dans la persuasion que je suis que mon âme ne lui survivra point, au rebours de ce que la Sainte Eglise enseigne. Le chou, en revanche, est mon bien, venant tout droit de mon potager, lequel jouxtant le séjour des morts, est gras et bien nourri. Chou et poule vont ensemble nous amuser la gueule en compagnie d'un flacon de bon vin, si tant est que Carajac ait tenu sa promesse.

— Il la tient, dit Carajac et, sortant un flacon de dessous son manteau, il le tendit à Cabassus qui s'en saisit avec un grand branlement de tout le corps et son œil roulant dans l'orbite. Puis avec une extraordinaire dextérité, il le déboucha et en remplit quatre gobelets.

— Trinquons, dit Cabassus, à l'inexistence de Dieu.

— Je trinque, dis-je, à l'existence de Dieu. A Dieu je crois.

— Moi aussi, dit Merdanson.

— Moi aussi, dit Carajac.

— Mes frères, dit Cabassus après qu'il eut avalé d'un trait son gobelet, je vous aime pour l'amour de l'humanité, mais vous êtes plongés dans une mortelle erreur. Quel fond peut-on faire, en effet, sur les récits confus, oraux, contradictoires de quatre Hébreux crédules et populaires, artisans mécaniques qui, ne sachant rien, croyaient tout, comme le laboureur de nos villages croit aux miracles de son saint ? Et à cela que répond mon Eglise ? Par le bûcher. La brutale faiblesse de la réplique démontre à elle seule la force irréfragable de l'interrogation. Mes frères, poursuivit-il en mettant la main sur un épais rouleau de feuilles manuscrites, j'ai écrit là un petit traité latin sur l'inexistence de Dieu et la non-immortalité de l'âme que j'ai intitulé *Nego* [1], traité dont j'attendrais qu'il illumine les esprits enténébrés de notre temps, si imprimeur se trouvait, qui voulût bien l'imprimer ! Mais aucun n'a ce courage. Mon *Nego* périra avec moi.

— Prêtre, dit Carajac, tu nies donc aussi l'immortalité de l'âme ?

— Oui-da ! Je la nie, dit Cabassus en roulant des yeux. Je n'ai jamais rencontré une âme qui fût distincte du corps où elle vivait. Et toi, chirurgien Carajac qui as vu des dissections et qui n'as d'appétit que d'en faire, est-ce que le chirurgien, en découpant un mort, a déjà mis à nu l'âme sous son scalpel ?

— Cela ne se peut, dis-je. Elle est impalpable.

— Si elle est impalpable, dit Cabassus, tressautant sur son escabelle, et retirant de sa bouche l'aile de poule qu'il était en train de gloutir, d'où vient qu'on sache qu'elle est là ?

— Parce que la tradition l'enseigne, dit Merdanson.

— Ha ! dit Cabassus, vous autres huguenots vous avez rejeté, au nom du libre examen, bon nombre d'articles de foi que la tradition enseignait. Mais libre, votre examen ne le fut pas assez. Vous vous

1. Je nie.

êtes arrêtés en route, comme terrifiés de votre propre audace. En progressant plus outre, vous auriez, comme moi, tout nié!

Là-dessus, il remit l'aile de poule en gueule, et la mâcha, os compris, avec un bruit de broiement qui nous laissa béants.

Le feu ayant baissé dans l'âtre, la petite salle voûtée et enfumée paraissait aussi noire que l'entrée de l'Enfer, n'étant éclairée que par la chandelle que Cabassus avait posée sur le cul d'un chaudron au milieu de la table vermoulue. Je ne savais que penser de Cabassus. Et certes, sa mine, ses trémoussements, ses roulements d'yeux et ses bizarreries lui donnaient l'air d'un fol. Mais quand ce fol raisonnait, encore que tout ce qu'il disait me parût horrible à ouïr, cependant, on ne se sentait plus si sage, ni si sûr de soi.

Autant que la faible lueur de la chandelle me le permettait, j'envisageai tour à tour Carajac et Merdanson. Aucun n'avait envie de disputer, le premier par taciturnité et le second, comme moi, par peur d'avoir le dessous dans la disputation. En outre, combien que nous commencions à entendre ce pourquoi nous étions là, ni Carajac ni Cabassus n'avaient encore là-dessus pipé un traître mot.

— Je ne crois pas non plus, dit Cabassus, au jugement dernier ni à la résurrection des morts. Pour moi les morts restent à jamais où nous les enfouissons, leur charnure mangée ne laissant qu'un squelette et le squelette rongé à son tour, se changeant en poussière, dont rien ne sort, et pas même *ces corps glorieux* dont parle l'Eglise en son jargon. Mais ce langage n'est qu'illusion, tromperie et fallace. La poussière n'est que poussière. J'opine donc qu'il est licite pour l'avancement du vrai savoir d'ouvrir les corps pour apprendre leur géographie, comme vous autres médecins vous en avez appétit.

— Monsieur, dit Merdanson, cela coûtera?

— Autant, dit Cabassus d'un air fier, que la poule que nous avons glouti : Pas un denier. Mes frères en humanité, reprit-il en se levant, demain après-midi,

362

la paroisse ouvre la terre à très petits frais pour une ribaude et un orphelin : autant dire que les tombes ne seront pas creusées profond. Revenez à la nuit avec de longs et solides bâtons, des cordes, deux flassadas, des chandelles, une lanterne sourde, vos scalpels et ce qu'il faut de vinaigre pour désinfecter. J'aurai les pelles. Sachez enfin qu'au cas où vous seriez surpris, votre crime s'appelle une profanation de sépulture, laquelle est passible de la hart ou des galères.

— Ventre Saint-Vit ! s'écria Merdanson, vos frères en Jésus-Christ sont-ils armés ?

— Ils ont une arbalète.

— Une arbalète ! m'écriai-je, vieille arme, mais léthale !

— Il fera nuit, dit Cabassus, et le cimetière n'est plus gardé. Le bruit court que les sorcières, à la nuitée, y mènent leur sabbat. Cela a suffi pour en écarter les larrons.

Sans plus de cérémonie, étant homme de peu de mots quand il ne niait pas Dieu, Cabassus nous poussa dehors, et nous voilà cheminant dans les ruelles tournoyantes du faubourg du Montpellieret sans mot piper, ayant grande matière en le pensement.

Avant que de repasser la porte de la ville qui ne s'ouvrait qu'après avoir parlé au gardien, Carajac s'arrêta et dit d'une voix sourde où perçaient le doute et le scrupule :

— Compains, le faisons-nous ? Il y a grand péril en l'aventure.

— Grand et évident, dit Merdanson. Toutefois, je le ferai si Siorac en est. Par le bren du fœtus Bazin, je me cuide aussi vaillant que Siorac, mais il a plus de ruse pour se tirer des mauvais pas.

Et là-dessus, Carajac et Merdanson m'envisagèrent et pour autant que je pouvais voir leurs faces, y ayant peu de lune, et de surcroît voilée, je compris qu'ils attendaient de moi la décision. Et à vrai dire, lecteur, je n'étais point si chaud. Gratter la terre, exhumer un mort, l'ouvrir et tout ceci en éhontée profanation des lois divines, s'exposer à un carreau d'arbalète, voire au déshonneur sur échafaud public, voilà qui donnait à cogiter. Sans compter que le séjour des morts est lieu à nos sens répugnant, frontières indécises entre l'Enfer et le Ciel, et plus proche du premier, étant parcouru par les âmes errantes, les succubes qui les pourchassent, les feux follets, les mortelles vapeurs et exhalaisons de soufre, les mandragores nées de la semence des pendus, les poisons et les venins des corps pourrissants et en outre, hanté, si l'on croyait la réputation du cimetière Saint-Denis, par les sorcières et leurs suppôts lesquels, sur les tombes, dansaient à la lune et paillardaient avec le Diable.

Et combien peu, pour être franc, m'agradait aussi la complicité de cet abbé fol aux yeux révulsés, au corps secoué par je ne sais quel démon et dont la démente négation de Dieu paraissait appeler à grands cris le bûcher.

— Ha, dis-je à voix basse, mais ma voix monta tandis que peu à peu je m'exaltais, quelle dure défiance nous envoie ici la fortune ! Compains, cette défiance, relevons-la ! Et ce gant ramassons ! Rarissime est l'occasion : il faut la saisir par ses beaux cheveux. Assis que nous sommes dans le théâtre anatomique derrière les docteurs, les licenciés et les bacheliers, que voyons-nous des dissections ? Les gestes du prosecteur commentés du haut de la chaire par le professeur royal ! Des gestes et rien de plus. Mais distinguons-nous le petit et le délié dans la géographie du corps humain ? Distinguons-nous les veines, les nerfs, les ligaments ? Palpons-nous les organes ? En connaissons-nous le volume, le poids, la consistance, les ramifications ? Compains, si nous osons demain, nous aurons à nous, à les toucher, deux corps pour ouvrir et pour explorer, l'un mâle, l'autre femelle. C'est merveille ! Deux corps, là, toute une nuit sans régent, sans prosecteur et sans docteur, mais bien à nous, sous notre œil, sous notre main, sous notre scalpel ! Ha ! Compains, nous allons davantage avancer en cette seule nuit dans le médical savoir qu'en toute une année d'études !

A quoi Carajac et Merdanson acquiescèrent et topèrent : je les avais persuadés, et d'un commun et tacite accord, devenant le chef de l'entreprise, j'en organisai les détails.

Ha ! Lecteur, qui nous eût vus le lendemain soir, à la nuitée, tous trois vêtus et masqués de noir, le cheveu caché et sans fraise (laquelle aurait trop brillé dans l'ombre), le pistolet à la ceinture, le braquemart au flanc, et chargés des chandelles, des cordes, des bâtons et des flassadas, Merdanson portant la lanterne sourde, mais celle-ci non allumée, tous trois au surplus marchant à quelques toises l'un de l'autre et à pas feutrés — n'eût pas pensé assurément que nous allions faire œuvre pie.

Long fut le chemin de Montpellier à la paroisse Saint-Denis en Montpellieret. Mais à la porte de la ville, le gardien, qui paraissait pris de vin, nous regarda à peine et sans mot dire. Au toquement de Carajac et au murmure de son nom, Cabassus ouvrit, sur nous referma l'huis, et dit de sa voix de fausset, l'œil roulant dans l'orbite :

— Mes frères, prenez place et mangez de ce lapin : il n'est des pires. Le clapier d'un voisin en a fait les frais. Il vous faut l'estomac remplir pour le dur labour qui vous espère. Carajac, ton flacon que je l'ouvre ! Mes frères, mangez et buvez. Ceci n'est point ma chair — et ce bon vin des Corbières, pas davantage mon sang. Tout cela est matière, Dieu merci — si du moins je peux remercier l'inexistant. Car la matière est la matière. Elle est. C'est tout ce que l'homme en peut dire. Comme l'enseigne mon Maître Héraclite, le monde est un, et nul Dieu ne l'a créé.

Mais personne ne voulant disputer, personne ne répondit. Le lapin, combien qu'il fût savoureux, nous dégondait l'estomac. Nous avions le cœur entre nos dents, même le vin ne nous remuait pas. Dans cette salle si mesquine, si basse et si obscure qu'elle ressemblait déjà à une tombe, nous mangions du bout du bec ce morne repas mortuaire, et les criards et continuels blasphèmes de notre hôte ne le rendaient pas plus digeste.

— Vos huguenots, disait Cabassus de sa voix tant aiguë et perçante qu'à elle seule, elle torturait l'ouïe, ont supprimé la Vierge et effacé les saints! C'est bien œuvré. Mais que n'ont-ils aussi réduit Jésus à sa stature humaine; Jésus était un Hébreu. Comme tous ceux de son peuple, il aimait vaticiner et comme il vivait dans le célibat, la compression habituelle des esprits animaux le rendait éloquent. Ses disciples le convainquirent qu'il pouvait faire des miracles; il en fit, mais les miracles abondaient en ces temps crédules! Ils sont attestés partout! Jésus, de surcroît, tenait des propos odieux aux Princes des Prêtres, lesquels, étant gens de courte patience, le firent crucifier. S'ils ne l'eussent fait, personne ne le tiendrait aujourd'hui pour divin. Et moi, Cabassus, comme je l'écris dans mon *Nego*, je ris que quatre clous et deux planches aient fait de Jésus-Christ un Dieu! *Et si faret in terris Heraclitus, tanquam rideret* [1].

— Ha! dis-je, la gorge me serrant, Cabassus, de grâce, par respect pour vos hôtes, cessez ces atroces discours. A peu que je ne raque votre lapin, tant je suis incommodé!

— Aussi bien, dit Merdanson, faudrait-il expliquer comment s'est fait prêtre un athée de merde?

— Croyant de merde, dit Cabassus, vous mettez la charrue avant les bœufs : je me suis fait prêtre pour le grand appétit où j'étais de m'instruire, et m'étant instruit, j'ai ma belle foi perdu.

— Et au diable elle s'en est allée! dit Carajac qui paraissait tout pâle d'avoir entendu de tels propos.

Mais ici Cabassus haussa les épaules, se trémoussa sur son escabelle, et roulant des yeux dans l'orbite, il leva les deux mains en l'air et cria d'une voix stridente :

— Erreur! Erreur! Au Diable, je ne crois pas plus qu'à Dieu!

— Ni Dieu ni Diable! m'écriai-je : le monde n'a plus de sens!

— Eh si! Il en a un! dit Cabassus. Il est.

1. Et s'il était sur terre, Héraclite rirait aussi.

Mais ceci me parut tant obscur que je ne voulus pas disputer plus outre et, me levant de mon escabelle, je dis :

— Compains, il fait nuit noire. Remettons nos masques sans tant languir et allons !

Merdanson alluma la lanterne sourde, et Cabassus nous précédant, nous sortîmes par une porte cintrée qui donnait sur son potager, lequel, comme il avait dit, jouxtait le cimetière. J'entends qu'il n'en était séparé que par une petite haie de romarin que nous franchîmes d'une enjambée. C'était là pour nous une fort heureuse disposition car partout où le cimetière n'était pas fermé par les maisons des prêtres, il était clos par un solide mur de deux toises de haut en deçà duquel, comme nous expliqua Cabassus, on avait disposé des pièges pour prévenir les incursions des gueux qui ouvraient les tombes pour les larronner.

— Voici une craie, me souffla Cabassus, marquez les tombes chaque fois que tourne votre chemin. Ainsi vous le retrouverez pour revenir à mon logis.

— Vous n'êtes donc point pour nous aider ? dis-je à voix basse.

— Non point, je hais les cimetières, ils puent la vanité humaine. Les riches s'y paonnent en leurs tombes de marbre. Quand on me brûlera vif, mes cendres seront dispersées. Voilà qui est bien : le rien retournera au néant. C'est ici, mon frère. Sous ce monticule de terre gît une belle courtisane qui donna du plaisir à plus d'un. Et sous celui-là, un orphelin de huit ans qui, sa vie durant, ne fit que pleurer. Labourez. Je vous attends au logis.

— Ha ! dit Merdanson à voix basse dès que Cabassus eut disparu, Dieu merci, il s'en sauve ! Cet athée de merde me change le sang en eau. Dieu me pardonne d'avoir ouï ses abominations. Par le Christ et ses saintes plaies, je crois au Père, au Fils et au Saint-Esprit ! Et s'il y a péché, comme je cuide, à ouvrir ces tombes, je requiers humblement pardon à mon créateur.

— Amen, dis-je.

— Amen, dit Carajac. Cependant Cabassus, quoique fol à lier, n'est point malicieux. Il donne aux pauvres tout ce qu'il a.

— Compains, dis-je, assez clabaudé! Labourons!

Merdanson posa la lanterne sourde sur une tombe voisine et, chacun pelle en main, nous commençâmes à dégarnir le monticule de la ribaude. Me trouvant les mains tendres pour n'avoir point depuis longtemps travaillé aux champs, je mis des gants pour non point me navrer la paume contre le manche rugueux de l'outil. Le quartier de lune était fort mince et par les nuages voilé, et encore que l'œil s'accoutumât au noir, il ne voyait guère plus à l'alentour que le blanc des croix et des pierres tombales. J'eusse frissonné de la peur et de la tristesse dont m'infectait ce lieu sinistre, si le branle que je me donnais ne m'avait mis sueur au front. Cabassus avait dit que l'ouverture de la terre s'était faite à peu de frais, le fossoyeur de la paroisse n'était point allé profond. Mais pour nous qui devions recreuser son creusement, lourdes et longues étaient les pelletées.

Nous labourions depuis une demi-heure quand Merdanson, s'approchant de moi, me glissa à l'oreille :

— On nous épie.

— D'où?

— Derrière l'if, devant toi. A senestre. J'ai vu une face blanche comme linge. Et ce disant, sa main qu'il avait posée sur mon bras tremblait. Eh oui! Merdanson tremblait! Je n'en crus pas mes sens!

— Compains, dis-je dans un souffle, labourez, je vais reconnaître.

Et m'appuyant le dos, comme fatigué, contre la tombe voisine qui était une sorte de pompeux monument de deux toises au moins, j'accotai contre lui ma pelle, tirai mon braquemart de son fourreau, et contournant le monument à pas feutrés, je me courbai et sur les genoux, mon arme à la main, je rampai vers l'if. Cependant mon cœur toquait contre ma poitrine à la rompre, et je n'avais plus de salive en bouche, ne sachant pas si l'épieur était homme ou esprit. Lecteur, ni le Baron-Boucher de la Lendrevie ni les caïmans des Corbières, ni Espoumel et son cotel, ni Caudebec et sa dague ne me firent tant recroqueviller les bourses en braguette que cette face blanche entr'aperçue entre les branches noires de l'if, laquelle face paraissait flotter à une demi-toise du sol.

Cependant, quand je fus à deux pas, j'aperçus une forme légère et petite appuyée contre l'arbre et, me ramassant, je bondis sur elle, et en un clin d'œil la terrassai sans qu'elle luttât en aucune façon. Je restai ainsi, étendu sur elle, tout soufflant, et par degrés fort rassuré, car c'était la chaleur d'un corps véritable, et de surcroît féminin, que je sentais sous moi.

A ce moment, la lune se dévoilant, je vis qu'il s'agissait d'une mignote d'une quinzaine d'années, fort pâle, en effet, de face. Cependant, autant du moins qu'elle me pouvait voir, car j'étais masqué jusqu'à la bouche, elle m'envisageait de ses grands yeux noirs d'un air d'adoration qui me plongea dans l'étonnement.

— Ha! Maître Léonard! dit-elle. Ho grand bouc! Ho Monseigneur bien-aimé, je touche enfin au but! Je vous rencontre selon la prédiction de mon aïeule en ce cimetière où, depuis un an, je viens toutes les nuits dans l'espoir de me livrer à votre rut.

— Mon rut? dis-je, mais qui es-tu?

— Vous le savez, dit-elle. Pour vous avoir fidèlement servi en vos ordres infernaux, toute ma famille, hors mon aïeule et moi-même, a péri dans les flammes du bûcher il y a un an.

— Mangane! dis-je. Ermandine Mangane! Ils ne t'ont pas brûlée?

— Si Monseigneur se ramentevoit, c'est sur l'ordre de Monseigneur que je contrefis la sourde, la muette, et la rassottée, et qu'ainsi j'en réchappai.

— Tu es donc la dernière des Mangane.

— Je ne serai pas la dernière, Monseigneur le grand Bouc, dit-elle, quand vous m'aurez besognée, et mis en moi votre fruit. Les Mangane renaîtront alors pour être les ministres de votre culte, et vous servir à jamais.

Elle rit.

— Pensez, Monseigneur, que je vous avais d'abord pris, vous et vos aides, pour des larrons de sépulture, mais quand vous m'avez sauté dessus, j'ai senti vos griffes sous vos gants.

Mes griffes! pensai-je, ô puissance de l'imagination!

— Garce, dis-je, ce soir, ce que tu requiers ne se peut. Reviens demain à la minuit.

— Ha! dit-elle, je ne doute plus. C'est bien vous Maître Léonard, la prédiction a dit que vous tâcheriez de m'écarter deux fois.

— Pars! dis-je. Je le veux.

Et me levant, je la lâchai. Mais elle s'accrocha à moi avec une force que je n'aurais pas attendue de ses frêles bras.

— La prédiction est accomplie, dit-elle en se serrant contre moi, vous m'avez renvoyé deux fois.

— Garce, dis-je, par où es-tu venue?

— Par le mur, et par une corde sur le mur.

— Et les pièges?

— Je les connais.

— Garce, si j'accède à ta requête, partiras-tu sans te retourner une seule fois afin de ne rien voir de nos mystères infernaux?

— J'obéirai, Monsieur le grand Bouc.

— Attends-moi donc céans, j'ai un mot à dire à mes aides.

Je la quittai et, retournant à la tombe de la ribaude et appelant Merdanson et Carajac à mes côtés, je leur glissai à l'oreille:

— C'est la dernière des Mangane. Elle me prend pour je ne sais quel diable qu'elle appelle Grand Bouc ou Maître Léonard et me requiert de l'engrosser.

— Engrosse, dit Carajac.

— J'y ai quelque vergogne, la garce étant baillée au démon.

— Engrosse, dit Merdanson. Tant vaut une femme qu'une autre! Sorcière ou pas, la vulve court de bas en haut, et de dextre à senestre jamais.

— Engrosse, dit Carajac, nous n'allons pas garder cette folle dans nos jambes. Il y aurait péril. Engrosse et chasse-la.

— Mais c'est une créature du diable, dis-je, encore fort troublé.

— Engrosse et prie, dit Merdanson, ta prière arrachera son fruit à Satan.

Je me décidai enfin et, revenant à la mignote, je la pris dans mes bras et, quoique j'y répugnasse fort, je voulus la coucher à terre, observant que la lune au même instant, combien qu'elle fût à son dernier quartier, se mettait à luire d'un éclat insolite.

— Non, non, dit la Mangane, ses yeux brillant, il y a place meilleure que céans, et me prenant par la main (laquelle était gantée) elle me conduisit vers une sorte de mausolée fermé par une grille de fer qui ne l'arrêta point car, sortant une clé de son cotillon, elle ouvrit la porte et s'enferma avec moi dans une minuscule chapelle.

— Là, sous cette dalle, dit-elle en toquant le sol du pied, un feu sauvage brûlant dans ses yeux noirs, gît le grand Inquisiteur qui fit brûler les Mangane. Quelques mois plus tard, pâtissant d'un ulcère, il acheta des pilules à un charlatan itinérant qui était de vos suppôts, Monseigneur, et l'Inquisiteur, deux mois après, mourut dans des souffrances bien plus atroces que les flammes. Et c'est ici, sur la tombe de notre ennemi, que je veux être fécondée.

Je ne pus dire un mot tant mon sang était glacé et par ses propos, et par la clarté surnaturelle de la lune. Cependant, sans lâcher ma main, la Mangane s'étendit sur la dalle et me tirant à elle avec une force qui m'étonna, je me retrouvai couché de tout mon long à son côté tandis qu'en un clin d'œil elle se dévestait. Sa peau était brune et sa charnure d'une rondeur et d'une douceur à vous damner. Hélas, je ne prends pas ce mot à la légère, car tout occupé que j'étais non pas à la mignonner mais à prier Dieu en mon for (car déjà le Seigneur me semblait-il, me châtiait d'avoir profané les tombes de la courtisane et de l'orphelin), je restai allongé le long d'elle comme souche, sans un geste et sans piper, à demi mort de terreur et prêtant l'ouïe à des gémissements qui paraissaient sortir de dessous la dalle sur laquelle nous étions étendus.

— Ha, dit la Mangane en me regardant de ses yeux noirs, dont le brillant sous la clarté lunaire était quasi insoutenable, Monseigneur est dédaigneux des mortelles, il préfère ses jeux avec les succubes en son infernal empire. Cependant, sorcière je suis, avant de devenir Lilith en votre royaume après ma mort et je ne suis pas sans pouvoir sur le corps d'homme que vous avez revêtu. Monseigneur, poursuivit-elle en un souffle à mon oreille, me permet-il l'usance de mon art sur sa personne adorée ?

— Certes, dis-je sans que ma volonté fût pour rien en cette réplique, car priant toujours, j'avais l'ouïe toute pleine des plaintes qui venaient de la dalle où j'étais étendu, et dont le froid me glaçait les os de la nuque aux talons.

Mais dès que j'eus prononcé, malgré moi, cet acquiescement, je sentis que la Mangane me dégrafait et que j'étais entouré incontinent d'un souffle chaud. Et perdant irréparablement les mots de ma prière, et jusqu'à l'ouïe et au pensement des gémissements atroces que j'entendais sous moi, je me sentis flotter à reculons dans un air tiède, le corps flatté par la langueur de mille petites brises. Si peu de conscience claire que me laissaient alors ces délices, je gage que la Mangane me baillait certaines mignonneries étranges et démoniaques qui eussent ranimé le plus déficient ; et qu'à supposer que j'ose me les ramentevoir (comme parfois j'en suis tenté) je n'oserais décrire, sans que le rouge, après tant d'années, ne me couvre le front ; caresses qu'aucune femme, née de femme, ne me fit depuis. Même alors, et redevenu homme par ses magiques entreprises, et vibrant de désir du chef à l'orteil, je ne voulus point bouger. Quoi voyant, la Mangane m'enfourchant en une danse frénétique, l'œil fol et la bouche ouverte, tira de moi, avec des cris sauvages, la semence qu'elle voulait. Ha, pensais-je quand avec la fin de la volupté la conscience me revint, puisse le Seigneur tout puissant empêcher qu'un enfant soit conçu en ce ventre infernal !

Je me levai tandis que la Mangane se prosternait à mes pieds, et les baisant, puis baisant mes genoux, adorait son maître.

— Garce, dis-je, tu as eu ce que tu as requis. Pars et ne te retourne point.

— Je ferai ta volonté, Monseigneur le Grand Bouc, dit-elle et ses yeux, tandis qu'elle ouvrait la grille, étaient ivres de bonheur dans le pensement de perpétuer son espèce.

Elle agit, cependant, selon mon commandement comme je m'en assurai en la suivant entre les tombes. Je joignis mes compagnons. En mon absence, ils avaient avancé leur tâche, ayant mis en entier à découvert le corps de la ribaude, lequel était cousu dans un linceul.

— Compain, me dit Merdanson à voix basse, où est la justice, ventre Saint-Vit ? D'aucuns forniquent, tandis que d'autres labourent.

— Ha Merdanson ! dis-je en frissonnant, ne te gausse pas. Je m'eusse souhaité à mille lieues de là.

— On ne l'eût pas cru à ouïr ta hurlade.

— Ai-je hurlé ?

— Comme un démon.

A quoi je frissonnai derechef, ne m'étant pas ouï moi-même et observant que la lune à ma senestre n'avait plus la même surnaturelle brillance qui avait éclairé la face de la sorcière quand elle m'avait frénétiquement chevauché.

— Compain, poursuivit Merdanson, tandis que Carajac, sans piper mais l'air assez chagrin, se reposait, appuyé des deux mains sur le manche de sa pelle, vu que tu adores le petit calibrys des garces au point de paillarder avec sorcière ou succube sur les tombes des morts, descends donc dans la fosse passer une corde sous les épaules de la loudière et une autre sous les jambes, afin que nous la tirions de là. Il est temps que tu laboures un peu.

Et avec un nouveau jurement, il ajouta une gausserie que je ne voudrais pas céans répéter tant elle était sale et fâcheuse. Mais assurément Merdanson n'y voyait pas malice, étant grossier de gueule, mais non de cœur. Et moi, bien marri de voir mes compagnons se rebrousser si fort le poil d'un rut que pourtant ils avaient conseillé, pour une fois je me clouai le bec et descendis dans la fosse, mais mon pied glissant dans la glaise, je tombai de tout mon long sur cette pauvre ribaude dont la charnure, à travers le linceul, était roide et froide comme glace. Ha! pensai-je (car à peu que je ne raquasse sous les quolibets de Merdanson, le cœur me soulevant), tout vaut mieux que la mort! Christ me pardonne, j'aimais encore mieux la sorcière et sa chaleur d'enfer! Mais me relevant, le cœur au bord des lèvres, et plaçant mes deux pieds de part et d'autre de la pauvrette, j'arrivai à placer mes cordes comme Merdanson avait dit, ce qui fut fort peu facile, la courtisane étant une grande et forte femme, et déjà raide de l'irréfragable rigidité de la mort.

Il eût fallu être quatre pour tirer de part et d'autre de la fosse sur les deux cordes à la fois. Nous étions trois, et bien empêchés nous eussions été si Carajac n'avait pensé à attacher le bout libre d'une des cordes à la grille de fer du monument voisin. Et ainsi tous trois, suant et ahanant, nous achevâmes de la hisser sur la glaise. Quoi fait, à l'aide d'une des flassadas et des deux longs bâtons, Carajac fit une sorte de brancard sur lequel nous déposâmes le corps.

Le déterrement de l'orphelin se fit sans tant d'embarras, l'enfant étant petit, sous peu de glaise enseveli, et si léger que Carajac, l'enveloppant dans une flassada, le jeta sur son épaule, tandis que Merdanson et moi, empoignant les manches du brancard, nous portions la ribaude, nos bras et nos jambes tremblant, jusqu'au logis de Cabassus.

Cabassus, voyant la lumière de notre lanterne sourde, avait illuminé son logis des chandelles que nous avions apportées, les fixant sur des morceaux de bois plantés dans les fissures des pierres déjointoyées de sa masure, et en fichant cinq d'entre elles

sur les branches d'un chandelier d'église qu'il avait
dû larronner à la Vierge dans quelque chapelle et
que l'un de nous devait tenir au surplomb de la table
— laquelle il avait débarrassée et même lavée. Nous
y étendîmes le corps de la ribaude, Carajac déposant
dans un coin, debout contre un mur, contre quoi il
tenait par sa cadavérique roideur, celui de l'orphelin.
Je tins le chandelier au-dessus de la morte, tandis
que Merdanson, le scalpel en main, coupait le fil par
quoi le linceul qui l'enveloppait de la tête aux pieds
était clos. Mais il eut la patience de ne le point couper ailleurs qu'en son nœud, notre propos étant de
recoudre la pauvre garce et d'inhumer derechef,
après notre dissection, ses mortels restes.

— Ha! dit Merdanson quand le linceul découvrit
le corps blanc et glacé de la ribaude, ventre Saint-
Vit, quelle belle grande mignote c'était là! Compains,
envisagez ces épaules, ces gros tétins, ce gracieux
ombilic, ces hanches larges, ces longues jambes gal-
bées lesquelles, quotidiennement, elle devait dis-
joindre pour bailler à sa pratique la jouissance loca-
tive de son petit oignon! Ventre Saint-Vit, que
n'est-elle chaude encore et en son vif, ce n'est point
de mon scalpel que j'userais pour l'ouvrir! Une tant
jeune et belle femme! C'est pitié! En outre, tant
saine, gaillarde, et en sa membrature, vigoureuse!
Cabassus, sais-tu par quel mal elle perdit vent et
haleine?

— Elle mourut en couches hier, dit Cabassus de
sa voix de fausset, par un long saignement qui la
vida.

— Et l'enfant? dis-je.

— Il était mort-né, Dieu merci — ajoutant aussitôt : (ce qu'il faisait toujours quand le mot Dieu passait l'enclos de ses lèvres) lequel n'existe pas.

— Çà, dit Merdanson, nous l'ouvrons par où?

— Par la poitrine, dit Carajac : j'ai grand appétit
d'explorer un cœur et les canaux qui l'irriguent et en
départent.

— Nenni, dis-je; ouvrons par les *genitalia*. Les
trois corps qu'on nous a disséqués à l'Ecole étaient

375

mâles, le singe compris. Et puisque, par bonheur, garce nous avons céans, commençons par ce qui la fait garce.

— Siorac a raison, dit Merdanson, et quant au cœur, avant de la remettre en terre, nous pourrons l'extraire et à Carajac le bailler, pour labourer dessus à loisir en son logis.

A quoi Carajac parut content.

— Siorac, dit Merdanson, éclaire-moi que mon scalpel tranche droit dans la charnure. Je vais ouvrir le siège du plaisir de l'homme, et de là tout explorer jusqu'à la matrice et aux ovaires.

Merdanson venait d'être reçu au baccalauréat en médecine avec de grands éloges de Saporta et de d'Assas qui avaient présidé son examination (par grand bonheur pour lui, car le Docteur Bazin l'avait en grande détestation, n'ignorant pas qu'il l'appelait le fœtus). C'était justice que ce triomphe de Merdanson, car hors les gouges de la rue des Etuves dont il faisait grande usance, étant hâtif et grossier en son appétit, et sans patience aucune pour conter fleurette à fillette (ce qui perd du temps et n'aboutit pas à tout coup), hormis aussi le boire et le manger qu'il gloutissait à grande gueule et claquement de langue, sa grande, farouche et unique amour était la médecine, pour l'avancement de laquelle il eût donné, sinon son âme, du moins sa vie. Au reste, bon huguenot, mais davantage comme moi-même appartenant à un parti qu'à une Eglise, et prêt, s'il le fallait, à manquer le culte plutôt qu'une dissection.

Je venais, comme le lecteur sait, de finir ma première année, et le chirurgien Carajac mêmement, ce qui fait que nous laissâmes le couteau à notre ancien, lequel, ayant déjà disséqué tous les petits animaux qui lui tombaient sous la patte, le maniait avec adresse, commentant, non sans art, ce qu'il découvrait, et me laissant désolé de ne pouvoir prendre de notes, tenant dressé au-dessus de sa tête le chandelier qui l'éclairait et Carajac, les manches retroussées pour aider à écarter les chairs, tandis que Cabassus pour une fois coi, quiet et dans l'admiration plongé — s'agissant non point de Dieu mais de la matière — monté sur une chaise, envisageait par-dessus nos épaules le découpement de la ribaude avec un religieux respect.

— J'observe, dit Merdanson sans aucune des grossièretés qui scandaient d'ordinaire ses propos, que la matrice est encore toute gonflée, vu que la délivrance n'a eu lieu qu'hier. J'observe aussi que la naissance dut être difficile, le vagin portant de profondes navrures faites par une malhabile et criminelle sage-femme, qui, employant les pinces, tua l'enfant et, perforant la matrice et le péritoine, provoqua le saignement qui vida la pauvrette. Enfin, j'observe que la matrice est une, comme l'a démontré Vésale, et non pas bifide, comme le prétendait Galien.

— Galien se trompait donc ! s'écria Cabassus en se frottant les mains tant il avait de haine pour les Anciens et pour l'autorité.

— Mais, dis-je, il est encore des docteurs en notre Ecole, le Docteur Pinarelle entre autres, qui préfèrent se tromper avec Galien qu'avoir raison avec Vésale.

— Voilà qui est abominable, dit Cabassus, avoir des yeux et ne pas voir !

Mais il se tut car Merdanson, mettant à jour une trompe et un ovaire, en expliquait l'usance. J'opinais en mon for en l'écoutant que c'était une délicate merveille que la fécondation de la femme, et prouvant à elle seule l'existence d'un créateur qui seul avait pu en son entendement d'vin imaginer cette simple et toutefois subtile mécan que. Mais je tus là-dessus mes pensées, ne voulant pas relancer Cabassus en ses criardes négations.

Quand il en eut fini avec les *genitalia*, Merdanson ouvrit la poitrine de la courtisane pour en extraire le cœur, et ce faisant, il dit :

— Sais-tu, Carajac, qu'Aristote tenait le cœur pour un organe chaud à trois cavités ?

— Ha ! Ha ! dit Cabassus, plongé dans le ravissement de ce que le maître que vénérait son Eglise fût tombé si bas dans l'erreur.

— Je l'ignorais, dit Carajac.

— Aristote tenait aussi que c'était dans le cœur que se formait le sang.

— Ha! Ha! ricana Cabassus.

— Aristote opinait enfin — compains, oyez bien ceci — que le cœur ayant tendance, étant chaud, à chauffer outre mesure, les poumons étaient des soufflets destinés à lui envoyer de l'air froid pour le rafraîchir.

Ici, Cabassus rit à gueule bec et se trémoussa si fort qu'à peu qu'il ne chût de la chaise où il s'était juché.

— Quant à Galien, poursuivit Merdanson, retroussant ses manches pour retirer de la cavité thoracique le cœur dont il venait de sectionner les canaux; quant à Galien, il affirmait que les cavités cardiaques communiquaient entre elles par des pores.

— Et c'était faux? demanda Cabassus qui, derechef, se frottait les mains de voir tant d'autorités anciennes ouvertement défaites et déconfites.

— Compains, c'était faux. Vésale a démontré dans son *De corporis humani fabrica* que les cavités cardiaques n'ont pas entre elles de communication. Carajac, poursuivit-il, voici le cœur de cette pauvre femme. En son vif, il a battu pour plus d'un au rythme de son petit calibrys (mais il dit cela en pitié plutôt qu'en grossière gausserie). Prends-en grand soin.

Sans piper, mais l'air fort grave, Carajac tira de ses chausses un large mouchoir, et recevant le cœur que Merdanson lui tendait, rabattit dessus les pans de l'étoffe et, les nouant, en fit un paquet qui par sa forme rappelait ces petites mottes de beurre que le laboureur apporte au marché en la ville.

La courtisane recousue dans son linceul — et à vrai dire, elle puait peu, sauf de l'odeur fade, écœurante et douceâtre qui accompagne le premier stade de la décomposition, on la plaça sur un bahut, et Carajac qui avait mis le paquet que l'on sait à côté de la lanterne sourde, saisit l'orphelin et le porta sur la table en disant:

— Il est fort léger.

— Pour ce que l'orphelin mange petit, dit Merdanson, le couteau en main.

Mais à peine eut-il ouvert le linceul dans lequel l'enfant était cousu qu'une odeur insupportable envahit nos narines. Bien pis ce fut, quand, avisé par Cabassus que l'enfant était mort des poumons, Merdanson les ouvrit, ceux-ci laissant incontinent échapper une puanteur à faire raquer l'estomac le plus solide. On les arrosa de vinaigre pour combattre et la nauséeuse vapeur et l'infection qu'elle convoyait peut-être. Mais outre que le vinaigre n'y fit rien, les poumons étaient si décomposés qu'on n'y put rien voir ni trouver, hormis de petits calculs, s'il faut du moins appeler ainsi des granulations bien plus menues qu'un pois et dont nous ne sûmes que penser, car à l'accoutumée c'est dans les voies urinaires qu'on les observe.

La dissection de l'orphelin menée à son terme, on le recousit dans son linceul mais avant que d'en disposer, on porta d'abord la courtisane à sa tombe pour l'y remettre. Cependant, la terre sur elle repelletée, Merdanson nous déclara tout à trac qu'il ne voulait point réinhumer l'enfant, mais l'emporter chez lui, dans une remise qu'il avait dans son jardin, et là, en faire un squelette, dont il ferait don anonymement à l'Ecole de Médecine pour servir à nos régents pour l'enseignement de tous. De reste, l'entreprise serait aisée et demanderait peu de labour et de soin, le pauvret n'ayant que la peau sur les os, étant mort de consomption à ce qu'il apparaissait.

Nous ouvrîmes de grands yeux et lui représentâmes qu'il y avait à cela grande incommodité et péril, et que c'était risquer gros que de s'aller promener portant un cadavre dans les rues de Montpellier alors que Cossolat venait de doubler les rondes du guet, craignant qu'avec l'affaire des Flandres qui aigrissait les esprits, les plus excités des papistes et des huguenots n'en vinssent aux mains sous le couvert de la nuit. Rien n'y fit. Têtu comme un âne rouge (dont il avait d'ailleurs le pelage, non seulement sur le chef, mais en d'autres parties du corps), Merdanson n'en voulut pas démordre, et Cabassus, lequel comme Carajac et moi-même était contraire à ce projet, à la fin mit les pouces, et il fut convenu qu'il donnerait une grande bûche pour être enterrée à la place de l'enfant : ce qui fut fait. Et nous voilà tous trois, masqués, et reprenant le chemin de la ville, avec nos bâtons, nos cordes et la lanterne sourde, moi marchant en tête, Carajac en second tenant à bout de bras, avec un soin extrême, le petit balluchon que vous savez et, à quelques toises de lui, Merdanson portant sur son épaule l'orphelin recousu dans son linceul, et enveloppé dans une flassada, fardeau dont la seule puanteur eût suffi à attirer l'attention du guet.

Cependant quittant Montpellieret, il fallut rentrer à Montpellier, et par une poterne dont la porte était close. Il est vrai que le gardien était vieux et ivrogne, mais possédé de la curiosité de son état, il n'eût pas manqué de s'enquérir du contenu de la flassada. Je priai donc Merdanson de déposer à quelques toises son fardeau, et Carajac son balluchon, ainsi que les cordes, les armes et le reste de notre attirail, et quand nous eûmes tous trois les mains nues, mais cependant sans retirer nos masques, je toquai à l'huis jusqu'à ce que la tête ébouriffée du vieil homme apparût par un fenestrou.

— Portier, criai-je, ouvre-nous !

— Voire, dit-il, qui êtes-vous ?

— D'honnêtes drôles de Montpellier. Nous nous en revenons de Montpellieret où nous avons troussé nos belles, ce qui nous a les bourses asséchées et le gosier aussi. Ouvre-nous et va nous quérir un flacon de ton meilleur vin. Nous le paierons bien et, qui plus est, nous le boirons avec toi.

Cela le décida. Il descendit. La poterne s'ouvrit un petit, retenue par une chaîne, le gardien ne nous laissa entrer qu'un par un, et posant sa lanterne il nous tâtait le corps pour s'assurer que nous n'avions pas d'arme.

— D'où vient, dit-il, que vous êtes masqués ?

— Je suis fils de noble, dis-je, et ceux-là sont des rejetons de bourgeois étoffés. Nous ne voulons pas être reconnus quand nous semons nos avoines folles.

— Et cette glaise qui tache vos chausses, d'où vient-elle?

— De la bonne terre de Dieu sur laquelle nous forniquâmes faute d'un toit.

À quoi il rit à gueule bec et le voyant si bien disposé, je lui graissai le poignet et je dis :

— Ton vin, bonhomme! Ton vin, par la grâce de Dieu, ou nos gargamels vont se fendre de la sécheresse!

— Moussu, dit-il en envisageant mes piécettes à la lueur de la lanterne, si vous voulez du vin de Frontignan, ce sera cinq sols de plus.

Je les lui baillai et il s'en alla, clopinant. Incontinent, Merdanson et Carajac, franchissant à nouveau la poterne, allèrent quérir nos bagages et les introduisirent à l'intérieur des murs, les déposèrent dans une encoignure, et à bonne distance de la porte pour que l'odeur de la flassada ne donnât pas l'éveil au gardien. Après quoi, il fut plus que de trinquer quand il revint avec le bonhomme et de vider avec lui le flacon, ce que nous fîmes de bon cœur, ayant la gorge, en effet, fort sèche après cette macabre nuit.

Par bonheur le logis de Merdanson était sis à une jetée de pierre seulement de la poterne et quand, ouvrant son huis, il mit sous clé dans sa remise l'orphelin, les bâtons, les cordes et la deuxième flassada, je poussai un demi-soupir. Je dis bien un demi, car Merdanson quitté, il restait toujours au bout du bras de Carajac, enveloppé dans un mouchoir, le cœur de la courtisane, preuve mêmement accablante, si nous rencontrions le guet, du crime que nous avions commis. Je tâchai à persuader Carajac que, les archers surgissant au détour d'une ruelle, il aurait à jeter le damnable paquet dans une encoignure ou par-dessus un mur, mais il ne voulut pas y consentir, craignant d'endommager par une chute un si délicat organe. A quoi je répliquai qu'il aurait lui-même beaucoup davantage à pâtir, si on l'envoyait avec nous aux galères. Mais si grande était son amour du savoir qu'il n'en voulut pas démordre et le bec cloué, je me jurai bien en mon for de ne jamais recommencer pareille aventure avec des drôles si acaprissats.

Enfin, Carajac (qui, en son commerce quotidien, était froid et fort éloigné du cotillon) arriva en son logis avec le cœur ; le quittant et me sentant d'autant plus léger que je n'avais plus de compagnon, et rien sur moi qui pût révéler d'où je venais et ce que j'avais fait, je crus que je n'avais plus rien à redouter, sinon peut-être des larrons de nuit, mais dégainant, et marchant au milieu de la rue, fort leste au demeurant, je me sentais l'égal de toute mauvaise fortune qui pourrait m'échoir.

La marche m'ayant échauffé, je retirai pour la commodité mes gants et mon masque, les mis dans mon pourpoint, et d'une main tenant mon braquemart et de l'autre, ma lanterne sourde, je cheminais à l'aise, fier et fendant, et à grands poumons respirant la fraîcheur nocturne, et me cuidant tiré des épines et serpents de cette périlleuse affaire. Ne savais-je pas, pourtant, que c'est au sein d'une bonace qu'éclate le plus souvent la tempête ?

J'avais à peine tourné l'angle de la rue de la Barrelerie et je touchais au but, n'étant plus qu'à quelques toises de l'apothicairerie, quand j'eus l'impression d'être suivi par une ombre, laquelle pourtant ne faisait sur le pavé aucun bruit, mais que je voyais, néanmoins, danser derrière moi dans le halo de la lanterne sourde. Ha ! j'eusse mieux fait alors, éteignant celle-ci, de prendre mes jambes à mon cou et de rejoindre mon logis, mais assuré que j'étais de ma valeur, et voulant en avoir le cœur net, tout soudain je fis volte-face et courant sus à l'ombre, je lui braquai dessus, et ma lumière et mon arme ; Ha ! Seigneur ! Ha ! Divin Christ ! A peu que le sang ne se glaçât en mes veines ! C'était la Mangane, laquelle, les yeux lançant des flammes, et la bouche vomissant plus de haine que n'en contient l'Enfer, me saisit la main — contact qui me paralysa — et dit d'une voix sifflante :

— Où sont tes griffes, Sieur Bouc? Où sont tes yeux d'un noir d'encre? Où est ta boiterie? Ha traître! Ha méchant chien! Tu m'as vilainement abusée! J'eusse dû l'entendre le moment que tu m'as besognée, ne sentant ni tes griffes ni tes morsures, ni le feu de l'Enfer dans mes entrailles! Misérable chrétien, ne sais-tu que Monseigneur le Grand Bouc embourre sept fois de suite les sorcières avant de les laisser aller, pantelantes, griffées, mordues, et le ventre dévoré de sa flamme. Car sa semence flambe! Et la tienne est inerte!

— Mangane! dis-je enfin d'une voix mal assurée tant l'Enfer me paraissait parler dans cette voix sifflante, il n'y a eu ni tromperie ni fallace. C'est toi qui t'es trompée sur moi.

— Tu ne m'as pas détrompée, chien de chrétien!

— Je ne le pouvais, voulant te voir départir au plus tôt, ayant besogne à faire.

— Besogne de vilain! hurla-t-elle si du moins on peut parler de hurlade pour décrire le sifflement terrifiant d'un serpent, j'ai tout vu par la vitre de Cabassus! Et demain je dirai tout!

— Ha Mangane, dis-je, si tu parles, tu te condamnes toi-même au bûcher!

— Sache, dit-elle, que j'aspire de tout mon cœur au bûcher, ton étreinte sacrilège m'ayant à tout jamais dérobé celle de mon maître bien-aimé. Après ma mort, renaissant de ma cendre, je serai succube aux enfers et vivrai sous ses pieds adorés, soumise à sa luxure. Mais sache aussi que pour le dommage que tu m'as fait, je tirerai en cette vie de toi vengeance éclatante, nouant ton aiguillette et te laissant à jamais sans force dans les bras d'une garce.

— Nouer mon aiguillette! dis-je, la sueur me ruisselant sur les joues tant cette menace me terrifiait. Il ne se peut, je ne vais pas convoler!

— Je noue l'aiguillette, dit-elle en grinçant des dents, de qui je veux et quand je veux, dans la noce et hors la noce. Il me suffit d'un fil dont je fais un nœud et que je jette à terre, ainsi qu'une piécette d'argent. Si la piécette disparaît, c'est que Satan l'a prise et le drole est à jamais saisi de froidure!

— Mangane! m'écriai-je, défailli presque de terreur et les genoux tremblant sous moi, tout mon or si tu ne le fais!

— Ton or! cria-t-elle avec dérision.

Fol de rage et de peur, je lui portai alors de ma courte épée un coup terrible, mais qui ne rencontra que le vide. La Mangane disparut, comme absorbée dans les ténèbres dont elle était la fille et j'eusse douté même l'avoir vue, si je n'avais entendu le bruit d'une piécette tintant sur le pavé.

— Elle l'a nouée! criai-je d'une voix étouffée, l'angoisse me serrant la gorge et portant partout alentour la lumière de ma lanterne, je cherchai le fil — que je trouvai noué en huit — et la piécette que je ne trouvai pas, si longtemps que je fusse à deux genoux la cherchant. La puissance infernale avait donc agréé et consommé le maléfice. C'en était fait à jamais, en mes années si vertes, de mon ardeur à aimer et à vivre.

CHAPITRE XI

Je sais qu'il est en ce siècle d'aucuns esprits forts qui, ne croyant ni à Dieu ni à Diable, iront se gausser de mon effroi, n'attachant point de créance aux pratiques de sorcellerie, lesquelles pourtant, et par les Eglises et par les plus doctes du royaume, sont tenues pour excessivement maléfiques. Et sans doute, à Mespech, riait-on des simagrées de la Maligou mais la Maligou n'était point sorcière ni tenue comme telle par Marcuays et dans nos villages. Sans cela on n'eût pas ri d'elle, on eût tremblé. Car le sorcier dispose d'un terrifiant pouvoir pour faire dépérir les troupeaux, assécher les puits, flétrir les fruitiers en une nuit, envoûter les personnes par le percement d'une poupée, composer des philtres d'amour ou de mort ou pis encore peut-être, nouer l'aiguillette d'un nouveau marié.

On n'avait point tort de trembler : ces pratiques n'étaient, et ne sont pas rares dans le Périgord et sévissent plus encore dans le Languedoc où la peur qu'on a des noueurs d'aiguillette est si répandue qu'on ne voit pas dix époux sur cent oser célébrer leurs noces publiquement en l'église de leur paroisse.

Il est constant, en effet, que dans le moment où le prêtre prononce la phrase sacramentelle : *Ce qui est uni par Dieu ne doit pas être désuni par l'homme*, il suffit qu'un sorcier dans l'assistance, murmure *mais par le Diable*, et jette à terre derrière son épaule un lacet noué en huit et une pièce de monnaie, pour que l'époux perde à jamais la faculté de consommer son mariage. C'est pourquoi dans le Languedoc on voit tant de droles et de drolettes s'aller épouser en catimini à l'église d'un village voisin, ayant celé à tous, même aux plus proches (parmi lesquels se pourrait cacher un jaloux), l'heure, le jour et le lieu, afin d'échapper par le secret de la cérémonie à la malédiction qui pèserait sur le couple, non point seulement sa vie durant, mais jusqu'au jour du jugement dernier, si l'un des assistants, inspiré par les puissances d'en bas, se livrait à l'infernale pratique.

Le reste de la nuit, qui fut fort court, je le passais sans l'œil fermer, et tant effrayé de mon avenir sans joie que par moments, malgré la fraîcheur de ce printemps, la sueur me coulait à profusion par tous les pores de la peau. Mais il me fallut lever le matin, fourbu et moulu que j'étais, pour m'aller ouïr les lectures privées de Saporta et de Bazin, ce que je fis d'une seule oreille et d'un demi-entendement, l'autre moitié étant fort occupée à rouler les sombres pensées qu'on devine. Non que je craignisse que la Mangane dénonçât notre dissection secrète : qui croirait une garce qui, depuis le procès qui avait voué sa famille au bûcher, passait pour sourde, muette et rassottée ? Mais le nouement de l'aiguillette et son horrible efficacité n'étaient point un pensement que pût oublier facilement un homme qui comme moi tirait tant d'orgueil et de si suaves délices de sa virilité.

Ce jour-là se traîna plus long qu'une année, mais au bout de ces heures où je fus sans répit travaillé par mes appréhensions, ce supplice à la fin s'achevant, je courus chez la Thomassine, et réfugié dans ses bras et contre ses tétins (qui tant me ramentevaient ma bonne Barberine) je la mignonnai, je la couvris de baisers, et à la fin, fort enflammé, cuidai que j'allais triompher du sortilège de la Mangane. Mais ce feu, tout soudain, s'éteignit et ce fut comme si un mur se dressait entre son corps et moi. Je défaillis et retombai sur son sein, inerte et sans honneur. Etonnée assez, mais maternelle et douce comme à l'accoutumée, la Thomassine me berça sans piper contre elle, m'appelant des noms mignons qu'elle me donnait et moi, atendrézi de tant d'amour et éclatant en sanglots, je lui dis — non certes le déterrement où j'avais mis la main — mais la mutilation dont j'étais la victime.

La Thomassine ne prit pas la chose à la légère, et la mine sombre et les yeux fort chagrins, elle me conta plus de dix occasions où dans ses monts des Cévennes d'aucun malheureux dont le sorcier avait noué l'aiguillette lors de ses noces vécut sa vie durant auprès de son épouse sans la pouvoir toucher, alors qu'avec d'autres gardes il était vaillant.

— Ha Thomassine, dis-je, plût au ciel que le sortilège fût à ce point électif qu'il ne visât que ma seule épouse — que je n'ai point!

— Puisque convolé tu n'as point, dit la Thomassine, alors, c'est que de toutes les garces le sortilège t'empêche l'usance, et c'est bien pis pour toi, mon pauvre Pierre.

Parole qui ne fut point pour me conforter, non plus que tous les récits qu'elle me fit et que je dus interrompre, tant ils m'enfonçaient plus outre dans la désespérance.

— Mais Thomassine, dis-je enfin, n'y a-t-il point de remède? Dieu ne peut-il dénouer ce que le Diable a noué? A ce compte le Diable serait plus puissant que Dieu!

A quoi la Thomassine resta le bec cloué, sa foi

étant des plus simples. Elle allait à la messe tous les dimanches à Saint-Firmin, suivie d'Azaïs qui portait son missel, lequel missel la Thomassine tenait gravement devant ses yeux, sans jamais page tourner, car sachant bien compter, elle ne savait pas lire.

— Je n'ai point ouï, dit-elle au bout d'un moment et, se soulevant sur son coude, elle mit, pour m'aiser, un coussin sous ma tête, je n'ai point ouï que le sortilège ait jamais été défait, sauf dans le cas d'un laboureur de mon village qui s'en confessa le lendemain à son curé.

— Ha Thomassine! dis-je, tu oublies que je suis huguenot et que je récuse la confession. De reste, s'il suffisait de se confesser pour guérir, verrait-on tant de pauvres droles empêchés par le nouement de l'aiguillette?

— Il est vrai, dit-elle avec un soupir. Il est vrai aussi que le curé du laboureur que j'ai dit, était lui-même quelque peu sorcier — mais un sorcier pour le bien, non pour le mal — et avait plus de pouvoir qu'un autre.

— Et ce bon sorcier est-il toujours en tes monts des Cévennes? Ventre Saint-Antoine, dis-moi seulement son nom, et où il gîte, et je selle incontinent mon cheval pour courir me confesser à lui, tout papiste qu'il soit.

— Il est mort, dit la Thomassine.

Et comme elle disait ceci, mourut aussi l'espoir qu'elle avait suscité. Je la quittai, plus sombre infiniment que je n'étais avant notre entretien, et me voyant condamné au plus morne avenir, vivant par force les aigreurs et les tourments de la chasteté, — vertu tant prônée par nos églises, mais que j'ai en profonde horreur, la tenant pour contraire à l'état de nature, et faisant d'un homme moins qu'un homme, et d'une femme moins qu'une femme : dommageable et dangereuse diminution de leur être, et non point, certes, ascension à un état ineffablement supérieur, comme parfois on le prétend.

Le lecteur se demandera peut-être pourquoi mon

premier mouvement, après le maléfice, ne fut pas de consulter un ministre de mon culte, quoique non pas en confession. Ha, certes j'y songeai! Et si je ne le fis pas, c'est qu'ils étaient gens austères, incommodes, prompts à soupçonner que la victime d'un sortilège n'était point elle-même en quelque guise tout à fait innocente. En quoi, ils erraient peu. En outre, j'avais pour mes pasteurs trop de respect pour les tromper, ou tronquer mon dire, comme j'eusse fait sans scrupule aucun avec un confesseur papiste avide de son denier. Il eût fallu, ou tout dire, ou ne rien dire. Effrayé par le « tout » — qui incluait la profanation d'une sépulture et la fornication avec une sorcière — je choisis d'emblée le « rien », et de souffrir seul et sans aide la male fortune dont j'étais frappé.

C'est fort déconfit et déconforté que je quittai l'Aiguillerie. Persuadé après mon humiliant échec avec la Thomassine qu'avec Mme de Joyeuse j'échouerais aussi, j'attendis avec une appréhension si poignante le mercredi où elle me recevait que je n'en dormis point de trois nuits, et c'est fort pâle, les yeux battus et la mine défaite que j'apparus devant elle, la priant incontinent, et d'une voix éteinte, de m'accorder un entretien en son particulier. Alarmée de mon ton et de mon apparence, elle renvoya ses dames d'atour et me reçut dans sa ruelle, étendue sur la couche et moi assis à son chevet, sur une escabelle, fort coi et vergogné, et balançant jusqu'où je devrais aller dans ma confession. Car Mme de Joyeuse était trop fine pour se contenter de la version écourtée que j'avais donnée à la Thomassine. Elle voudrait savoir le quoi et le qu'est-ce de cette grande ire que j'avais allumée chez la Mangane, et si je lui révélais, ne devrais-je pas aussi lui dire le reste?

— Ha mon mignon! dit-elle au bout d'un moment de sa voix douce en m'envisageant de ses yeux mordorés, est-ce donc si grave que vous vous accoisiez, même avec moi? Ne savez-vous pas que je suis votre amie, et que ni mon appui ni mon amitié ne vous feront défaut, quoi que vous ayez fait?

A cela qui excessivement me toucha, je versai des larmes, mais sans pouvoir parler, tant le nœud de ma gorge me serrait.

— Mon Pierre, dit Mme de Joyeuse, ne restez pas posé comme souche sur cette escabelle. Venez céans, en mes bras, comme ceci, posez votre tête là, et dites-moi tout — je le veux, ajouta-t-elle avec un ton d'autorité.

Ce ton me décida. Je lui obéis comme je faisais toujours, un peu parce qu'elle était de quinze ans mon aînée et une fort haute dame dont j'admirais la grandeur et beaucoup parce que je lui avais une gratitude infinie pour sa constante et émerveillable bonté. Ainsi tout blotti et ococoulé contre son corps suave, la joue sur son tétin, le bras autour de sa taille, sans rien omettre et sans rien déguiser, je lui contai tout, confiant que tout elle me pardonnerait. Ha ! Papistes ! Papistes ! Répondez-moi ! Peut-on jamais trouver meilleur confesseur que l'être dont on est aimé ?

Non que Mme de Joyeuse ne coupât mon récit par ses indignations, mécontentements et murmures, s'écriant : « Ha Pierre ! comment avez-vous pu ? » « Ha mon mignon, que ceci est déshonnête !... » « Jésus, l'atroce chose ! » « Fi donc ! Vous rompez toutes lois ! » « Ouït-on jamais semblable infamie ? » « Quoi ! Besogner sorcière ! Et sur une tombe ! » Mais à chaque fois, son geste démentant sa parole, elle me caressait d'une main le cheveu, et par une douce pression de son autre main sur mon épaule, me donnait à entendre que j'étais toujours son ami.

Il fallut enfin en venir au pire. Pendant le récit de ce qui s'était passé rue de la Barrelerie, elle resta coite et interdite et sans un doigt bouger. Puis après quelques soupirs qui étaient, je gage, mi de compassion pour moi, mi de regret pour elle-même, elle me dit, d'un ton léger et rassurant :

— Sachez-le, Pierre, M. de Joyeuse, qui connaît bien le monde, prend ces simagrées à grande gausserie. Il opine que le nouement de l'aiguillette n'est ni infernal ni véritable. Que le nœud est dans le noué, et pas ailleurs. Que c'est sa propre imagination qui produit l'empêchement. Il dit aussi que Michel de Montaigne le lui a démontré à Bordeaux par maints probants exemples et raisons sûres et péremptoires.

Cela me conforta quelque peu sans toutefois me persuader tout à fait tant je sentais en mon corps une paralysie de mon essence vitale que je ne croyais pas pouvoir vaincre. Et le sentant, je restais contre elle sans bouger, et comme plongé dans une abjecte terreur, craignant par-dessus tout de me déshonorer en n'achevant pas ce que j'aurais commencé.

— Ha Pierre! dit-elle comme si elle entendait tout ce que je pensais sans que j'ouvrisse la bouche, vous êtes trop jeune et trop vaillant pour que ce sortilège, comme vous dites, pèse sur vous plus d'une semaine! Fi donc! Un nouement d'aiguillette! Mon mari a raison. C'est tromperie de charlatan! Fallace grossière! Piège pour le populaire! Pierre, êtes-vous un ignare laboureur terrorisé à vie par un sorcier de village, ou un médecin qui cherche sous son scalpel les lois de la nature? Allez-vous avoir plus de fiance dans les simagrées de la Mangane que dans les raisons de Michel de Montaigne?

— Ha Madame! dis-je, j'oserais vous croire si je n'étais tant moulu, rompu et roué que je me sens l'ombre d'un homme.

— C'est là l'effet de votre remords, mon petit cousin, pour avoir commis cette nuit-là de si gros et scandaleux péchés. Et tant l'imagination a grande seigneurie chez vous, que ce nouement n'est que le châtiment que vous pensez avoir mérité. Dans une semaine, vous serez de nouveau vaillant dans mes bras, je le veux!

— Ha Madame! Vous obéirai-je?

— Il faudrait beau voir que non! Mes sortilèges sont-ils moins puissants que ceux de la Mangane? Mes philtres opèrent-ils moins? Suis-je moins belle?

— Ha Madame! m'écriai-je avec feu, vous êtes mille fois plus belle que cette créature des ténèbres. Votre face resplendit de lumière, et votre corps est divin en toutes ses parties.

Cela l'émut fort et elle rougit jusqu'aux tétins, étant accoutumée que ces hyperboliques compliments précédassent le début de mes mignonneries. Cependant, se plaignant de la chaleur et de ses vapeurs, elle se dégrafait et remuait beaucoup, et d'autant que je ne commençais rien pour la raison que j'ai dite. Nous restâmes ainsi quelques moments, elle fort rouge du branle qu'elle se donnait, et moi plus coi, quiet et anxieux que lièvre tapi dans un buisson. A la fin, prenant quelque dépit et impatience de mon immobilité, elle dit avec un petit rire pour cacher sa vergogne :

— Mon mignon, est-ce une raison parce que vous ne pouvez prendre ce jour d'hui votre plaisir, que ce plaisir, vous me le refusiez ?

— Ha Madame! dis-je. Je vous en supplie, ordonnez! Il n'est chose au monde que je ne ferais pour vous tant je vous aime!

Elle me commanda alors d'être sa chambrière et d'achever de la dérober : ce que j'accomplis, non sans de grands soupirs de n'avoir plus l'usance de tant de beautés que je voyais là. Puis de me dévêtir. Et enfin, prenant et guidant ma main comme la première fois où elle m'avait admis en ces familiarités, elle me dit : « Mon mignon, faites-moi cela que je veux. » J'obéis et elle n'en remua que plus outre, poussant ces plaintes et gémissements qui donnaient tant d'humeur à Mlle de Mérol. Mais avant que de parvenir à ses fins, elle m'interrompit et me dit de m'étendre sur elle. Ce que je fis, non sans quelque honte, comme bien on pense, de mon inertie, mais elle, appuyant ses deux mains sur mes épaules, me poussa insensiblement vers le bas, me faisant entendre plus par le geste que par la parole, d'avoir à mettre la bouche où j'avais mis le doigt. Et combien que cette mignonnerie, dont je n'avais jusque-là jamais ouï parler, me parut à l'abord très bizarre, et peut-être peccamineuse, je n'eus garde de désobéir à Mme de Joyeuse, pensant lui devoir cette compensation pour l'insuffisance où le sort me jetait. Cependant, l'étonnement passé, observant que son gémir devenait plus aigu, le branle qu'elle se donnait plus vif, je me sentis en mon for très heureux de bailler un plaisir si exquis à une femme si bonne. Cette pensée me donnant plus d'appétit à cette étrange caresse que je n'avais d'abord, je m'y livrai sans réticence, et non sans tendresse, ce qu'elle sentit peut-être, car elle parvint à son terme avec des halètements, des plaintes, des cris et un tumulte où je ne l'avais jamais vue.

Quand, à cette tempête, eut succédé la bonace, elle me dit, les membres épars et soufflant quelque peu :

— Ha mon petit cousin, si j'osais parler ainsi sans blasphémer — ce que je ne veux, car je crains le Seigneur et me confesse, et suis fort assidue aux offices —, je dirais que c'est divin que cela, et que je vais y penser beaucoup avant que de vous revoir sain et entier, le mercredi de la semaine qui vient, dans l'attente que vous me baillerez, outre ces délices, l'autre plaisir que vous savez.

Elle ajouta à cela tant de mignonneries, tant de baisers, et de si grands compliments sur la façon dont je m'étais déporté (non sans glisser toutefois dans ses louanges quelques conseils pour mieux faire encore à l'avenir) que sans l'avoir pu posséder, je me sentis à nouveau son amant : ce qui me rasséréna quelque peu et me fit le pied plus léger et plus bondissant tandis que je retournais à l'apothicairerie. Là, ayant avalé sans piper mot mon brouet spartiate, je courus à ma chambre me jeter sur mon lit. Hélas ! Je ne dormis pas davantage, combien que je fusse moins travaillé de mon tourment.

Dans la soirée du jour suivant, un valet portant la livrée de M. de Joyeuse m'apporta de ma Dame une lettre et un petit paquet. Voici la lettre :

Mon petit cousin,

Dans ce paquet est un sachet de plantes curatives que Michel de Montaigne a remis à M. de Joyeuse en un embarras fort semblable à celui où vous êtes. Portez-le sans désemparer, nuit et jour, autour de votre col, à côté de cette médaille de la Vierge que vous bailla Madame votre mère à sa mort, et que pourtant vous n'adorez point, méchant huguenot que vous êtes. Le sachet fera merveille. Vous le verrez mercredi — jour que j'attends entre tous ceux de la semaine, puisque je vous reçois chez moi.

Mon petit cousin et martyr, je vous abandonne le bout de mes doigts.

Eléonore de Joyeuse.

Ha! pensai-je, le bout de ses doigts! C'est façon de parler! Et quelle élégance ont les Grands pour tout dire — et tout faire — en se cachant derrière les mots! Néanmoins, je fus fort ému qu'elle eût pensé à moi au point de me dépêcher son valet — elle qui tout le jour était fort occupée à ne rien faire. Et courant à ma chambre, j'ouvris le paquet et me passant le sachet autour du col, le portais ainsi sans discontinuer, même la nuit, ayant grande fiance en un remède recommandé par Michel de Montaigne que je n'avais à ce jour jamais vu, mais dont je savais que notre défunt ami, Etienne de la Boétie, avait prisé fort haut la sagesse.

Cependant, relisant la lettre de Mme de Joyeuse, je découvris dans un coin un post-scriptum que je n'y avais pas vu d'abord :

Cossolat vous verra demain sur le midi aux Trois-Rois.

Ha, Cornebœuf! pensai-je, lui aurait-elle tout dit? Car je soupçonnais depuis longtemps des liaisons serrées et continues entre Mme de Joyeuse et Cossolat, non certes pour ce que vous savez, la Dame se jugeant trop haute pour un officier de son mari, mais pour quelques intrigues qu'elle nouait ou dénouait dans le Languedoc pour servir M. de

393

Joyeuse. Ce qui me ramentevoit que je viens de médire d'elle plus qu'un petit en disant qu'elle n'était occupée à rien.

A midi, l'alberguière des *Trois-Rois*, toujours rechignée à mon endroit, me fit revêche face, quelque souris que je lui adressasse, et me poussant à l'épaule roidement, me mena à un petit cabinet où Cossolat, noir de peau, d'œil et de sourcil, était assis, la mine sévère, devant un rôt et un flacon.

— Monsieur, dis-je, mi-sérieux mi me gaussant, m'avez-vous mandé céans pour me serrer en geôle?

— Pas encore, Monsieur de Siorac, dit-il avec une extrême froideur, encore que vous le méritiez.

Il sait donc tout, pensai-je, et mes jambes tremblant quelque peu sous moi, je m'assis. Cossolat, mangeant et buvant sans du tout m'envisager, fut un long temps sans ouvrir le bec, sauf pour gloutir, ce qui ne laissa pas de me déplaire, n'étant pas accoutumé à être traité si mal, surtout par Cossolat, si respectueux de la noblesse.

— Monsieur, dit-il enfin, vous reste-t-il encore quelque chose de cette manne de deux cents écus que Mme de Joyeuse vous bailla?

— Certes, dis-je, étonné de cette peu discrète question. Je n'en ai dépensé qu'un quart.

— Alors, commandez à l'alberguière un rôt et un flacon et payez-les-lui dix écus.

— Dix écus! m'écriai-je, pour un rôt et un flacon qui ne coûtent que dix sols!

— Non point, dit Cossolat, dix écus pour la perte que vous lui fîtes subir en faisant fuir les Roumieux de Caudebec avec votre histoire de pesteux.

Je suis bon huguenot et ménager assez de mes pécunes, quoique point aussi chiche-face que Samson ou Sauveterre. Cependant, je compris vite que sans ces dix écus (où peut-être Cossolat aurait sa part en quelque guise que ce fût) je ne pourrais me remettre en ses bonnes grâces, desquelles il me faisait dans le même temps sentir que j'avais grand besoin. Je me résignai donc à me laisser étrangler un petit, puisque je n'étais pas en position de porter la crête aussi haute que je l'eusse voulu.

— Voilà les dix écus, dis-je en les sortant un à un de mon escarcelle et en les posant sur la table.

Cossolat frappa dans ses mains, et aussitôt l'huis s'ouvrit et l'alberguière entra, l'œil fort brillant à la vue de mon or.

— Mamie, dit Cossolat, M. de Siorac veut un rôt et un flacon, et voici le paiement qu'il en fait. Baisez-le donc à la joue et soyez son amie.

Tout miel et tout souris, l'alberguière, ayant prestement empoché mes argents, obéit et jamais en mes vertes années, j'en atteste Hippocrate et Galien, jamais baiser de garce ne me coûta si cher. Mais Cossolat, son œil noir suivant l'hôtesse tandis qu'elle se retirait en balançant ses rondes hanches, parut fort content de l'affaire, et changeant tout soudain de ton et de face, il s'écria :

— Ha! Pierre! Pierre! Pierre! Que n'avez-vous parlé à Mme de Joyeuse dès le lendemain de vos forfaits au lieu d'attendre trois jours : j'aurais tout étouffé. Et maintenant, cela ne se peut. Le Présidial a eu vent de la chose. On a saisi la Mangane. On l'a mise à la question. Elle a livré le nom de Cabassus. Par bonheur, elle ne sait pas les vôtres, ni celui de vos acolytes, mais elle vous a décrit.

Et là-dessus, comme on toquait à l'huis, il s'accoisa. Précédée d'une chambrière qui m'accommoda d'un gobelet et d'un couteau (la fourchette aux *Trois-Rois* étant encore tout à fait déconnue), l'alberguière me servit mon rôt et mon flacon. Quoi fait, elle laissa traîner ses doigts légers dans mon cou, ce qui fit Cossolat sourciller :

— Mamie, c'est assez montré de gratitude. Point trop n'en faut.

A quoi elle rougit et s'en sauva.

— Mais, dis-je alarmé, que va-t-il arriver à Cabassus ?

— Quoi ? dit Cossolat. Vous vous inquiétez de Cabassus et point de vous-même qui, en cette affaire, risquez la décollation ? Votre tête est-elle si légère que peu vous chaut de la perdre ?

A cette gausserie qui me déplut assez, il rit lui-même à gueule bec, étant homme de fibre grossière, combien qu'il fût fort dévoué à ceux de son parti.

— Cabassus, reprit-il, est protégé par le curé de Saint-Denis, lequel, préférant le tenir pour fol que pour athée, l'a, depuis dix ans, pour le sauver du bûcher, relégué dans la masure que vous savez et déchargé de toute sacerdotale fonction. Et Cabassus, étant prêtre, risque peu, s'il est sage et s'il se tait.

— Hélas! Il est fol et jase comme un moulin.

— Alors, dit Cossolat, il lui faut fuir et se cacher.

— Il ne fera ni l'un ni l'autre. Cabassus croit en sa mécréance et veut confesser *urbi et orbi* cette étrange foi, qu'il a révélée en un traité intitulé *Nego*.

— Quoi! s'écria Cossolat, il a couché ses billevesées par écrit? Ventre Saint-Pierre, mais c'est damnable! Et que peux-je faire à présent qui ne soit vain? Si Cabassus est arrêté, on le mettra à la question, il baillera vos noms, et vous tomberez aussi.

Cette parole me donna dans le dos un frisson qui me glaça et arrêta au bord des lèvres le morceau qu'à la pointe de mon couteau je portais à ma bouche.

— Allons! Allons! dit Cossolat qui n'avait pas le cœur méchant, mangez! mangez! Ventre Saint-Pierre! Vous n'êtes pas encore à deux genoux sur l'échafaud public à tendre le col au bourreau! Vous avez des amis puissants! Sachez, Pierre, que ce qui peut vous arriver de plus mauvais, c'est d'avoir à fuir cette ville au débotté, comme le fit Monsieur votre père, en ses jeunes années, quand il tua son homme en duel.

— Ha! dis-je, après la mort, il n'y aurait pas pour moi pire infortune. Je serais au désespoir. J'aime la médecine de grande amour.

— Vous l'aimez trop, ce me semble, dit Cossolat.

Et comment je finis mon rôt après cela, je ne sais.

— Cossolat, dis-je, qu'opinez-vous? La Mangane est-elle vraiment sorcière? Ou son discours n'est-il que tromperie et fallace?

Cossolat haussa les épaules.

— La Mangane est une folle élevée par des fols qui se croyaient sorciers et qu'on a brûlés pour tels sur la foi de leurs propres confessions. Mais que ces confessions fussent sincères, et non d'affreuses et sottes vanteries, je n'en mettrais pas ma main au feu.

— D'où vous vient donc ce doute? dis-je, étonné assez.

— De la Mangane que voilà. Mise à la question, elle a confessé avoir forniqué avec Belzébuth sur la tombe du grand Inquisiteur.

— Mais, m'écriai-je, c'était moi! Et bien le sait-elle aussi, puisqu'elle m'a reproché de m'être fait passer pour le Grand Bouc!

— Eh bien, elle ment! C'est clair! dit Cossolat. Et si elle ment là-dessus, ne peut-elle mentir sur tout? S'attribuer par fol orgueil, au risque même du bûcher, un pouvoir qu'elle ne détient pas?

Ceci me laissa fort songeur, comme bien on pense, et m'aurait en quelque guise rasséréné quant à la froidure où j'étais, si une menace de bien plus grande conséquence n'avait pesé sur moi.

Ha! pensai-je, le nœud de la gorge me serrant, si fuir je dois, de quel front oserai-je jamais me présenter à Mespech devant mon père?

— Cossolat, dis-je, comme s'il avait pu ouïr ma pensée, que peux-je faire pour ne pas tomber en cette extrémité?

— Attendre et ouvrir vos oreilles.

— Quoi? Les vôtres ne suffisent pas?

A quoi, comprenant bien ce que parler veut dire, Cossolat sourit un petit.

— Les miennes, hélas, ne sont point partout. Celles de Fogacer, en l'occurrence, vous seraient plus utiles.

— Fogacer? dis-je en ouvrant de grands yeux.

— Fogacer, dit Cossolat, est l'ami d'un juge du Présidial dont on a fait un mannequin lors du dernier Carnaval.

— Et ce juge, dis-je en baissant la voix, pourrait révéler à un ami le détail d'une instruction secrète?

— Ho, vous savez! dit Cossolat, il en est de ces étranges Messieurs entre eux, comme de nous avec nos garces. L'appétit qu'on a d'un autre, c'est le défaut de la cuirasse. Toutes les faiblesses s'engouffrent par là. Moi-même qui suis honnête assez, je viens de vous extorquer dix écus pour plaire à notre hôtesse. Encore que là, ce fut justice, ajouta-t-il en se levant.

J'eusse voulu voir Fogacer le soir même, mais ne le pus de deux jours, le très illustre maître m'apprenant qu'il était dans la maison des champs d'un bourgeois étoffé, lequel depuis la mort de Rondelet, ne jurait que par lui. Enfin, le troisième soir, comme j'allais coucher, ayant déjà quitté mon pourpoint, j'entendis remuer dans sa chambre. Et en chemise et chausses, comme j'étais, j'allai toquer à son huis.

Il parut heureux de me voir entrer si familièrement chez lui, car depuis ce qui s'était passé lors du Carnaval, rue de l'Espazerie, il avait mis, par vergogne, quelque distance entre nous, laquelle, par vergogne aussi, je n'avais pas comblée.

— Ha, Siorac! dit-il en levant le sourcil et cachant son émotion derrière un ton de gausserie, que vois-je, pendant à votre col à côté de votre médaille de la Vierge? Un sachet? Qu'est-ce à dire? Etes-vous donc deux fois idolâtre, vous, un huguenot?

— Non point, dis-je, c'est la médecine contre un mal de nerfs dont je suis parfois travaillé.

— En effet, dit-il. Vous n'avez point si fière mine qu'à l'accoutumée. Mais, Pierre, prenez place, là, sur cette escabelle, et dites-moi le quoi et le qu'est-ce sans tant languir. Si vos joues n'étaient si creuses (car vous avez maigri), je dirais qu'elles sont gonflées de questions. Fils, débridez cet aposthume et faites jaillir le pus! De qui s'agit?

— De la Mangane.

— Peste! Courez-vous aussi le cotillon diabolique? Tudieu, il y a flamme et flamme et celle-ci pourrait bien vous brûler!

Mais je ne ris point, n'ayant point le cœur à m'égayer.

— J'ai ouï dire, dis-je avec gravité, en l'envisageant œil à œil, qu'on lui fait un procès. Et comme ce procès me touche en quelque guise, et pensant peut-être que son instruction pourrait ne pas être si secrète pour vous que pour moi, je suis venu requérir vos lumières, s'il vous plaît de me les départir.

— Ha! dit Fogacer, et dans la chambre que ses longues jambes et ses longs bras eurent l'air de remplir toute, il se mit à marcher sans piper, et me jetant un œil de temps à autre, l'air songeur et circonspect.

— Pierre, dit-il enfin, qui vous fait penser que l'instruction de ce procès pourrait être moins secrète pour moi que pour vous?

Mais à cela j'avais une réponse prête qui n'était point tout à fait la vraie, ne voulant pas effaroucher Fogacer en faisant état des dires de Cossolat.

— Vous avez, le jour du Carnaval, arraché l'inscription rimée qu'on avait épinglée sur le mannequin d'un juge.

— Ha! dit-il en s'asseyant, la face fort soulagée. C'est donc cela! Que voulez-vous, poursuivit-il avec un geste nonchalant de son long bras. Je n'aime pas qu'on diffame! Quant au juge, ajouta-t-il d'un air négligent, il est vrai : je le connais un peu.

J'admirai cet « un peu » et n'en pensai pas moins, mais restai coi.

— Eh bien, ajouta-t-il, que voulez-vous savoir?

— Si je suis nommé en cette affaire.

— Ha! dit Fogacer, nous y voilà enfin! Siorac, à ce jour, je dis bien, à ce jour, vous êtes décrit, mais point nommé.

— Et m'a-t-on reconnu à la description?

— Le Présidial, non. Et moi, incontinent, car bien vous connais-je, et bien sais-je aussi que vous êtes vaillant, haut à la main et fort impétueux. Et bien ai-je reconnu Merdanson et Carajac à leurs terribles carrures.

— Fogacer, dis-je, le nœud de la gorge serré, l'avez-vous dit à mon père Saporta?

— Je le devais. Mais il m'a déclaré qu'il n'exclura personne de l'Ecole à moins que vous ne soyez condamnés. Il est aussi fort embarrassé, ayant accepté le don anonyme d'un petit squelette dont il ignorait la provenance.

Là-dessus, il se mit à rire à ventre déboutonné, tant il lui paraissait plaisant que le Chancelier Saporta pût être poursuivi pour recel de cadavre. Mais comme cette gaîté je ne pouvais partager, ayant trop à perdre dans l'affaire, je ramenai Fogacer à nos moutons, si peu blancs qu'ils fussent.

— Fogacer, qu'opinez-vous de la Mangane ?

— C'est le procès qui fait la sorcière et non l'inverse. Si vous mettez à la question une pauvre garce pour lui faire dire qu'elle a forniqué avec le Diable, tenez pour certain qu'elle le dira.

— Vous opinez donc que la Mangane ne détient pas de surnaturel pouvoir ?

— A mes yeux, non. Et pas davantage la Mangane que toute sa famille et toute la sorcellerie de France et de Navarre.

— Pourtant, dis-je, la salive séchant dans ma bouche, quand une sorcière noue l'aiguillette et jette une piécette à terre, la piécette disparaît. C'est donc que le Diable l'a prise.

— Naïf Siorac ! C'est là jeu de farce et tour de batellerie : la sorcière fait sonner la pièce sur le pavé et prestement la ramasse. Après quoi, cherchez toujours. Pourquoi pensez-vous que la piécette intervient dans l'affaire, sinon pour vous frapper de la terreur de sa disparition, l'ayant ouïe tinter ?

— Mais d'où tenez-vous cela, Fogacer ? dis-je, béant.

— Le Présidial est accoutumé, quand on arrête une sorcière, de placer dans sa geôle une fausse sorcière à sa solde pour la faire jaser.

— C'est donc tout tromperie.

— Certes.

— Et nos juges le savent et ils les brûlent ?

— Pour ce que les juges, du moins les nôtres, tiennent que cette tromperie est elle-même diabolique. Pour eux, jouer à la sorcière est aussi damnable que de l'être. Car la sorcière trouble l'ordre du monde, adorant Satan et non pas Dieu.

Ceci donna pâture à ma réflexion et je commençais à penser — comme disait M. de Joyeuse — que je m'étais moi-même noué. Mais ce penser ne me fit que passer en tête, ayant de présent d'autres chats à fouetter, et beaucoup plus griffus, dentés et terrifiants.

— Et Cabassus ? dis-je.

— Ha Cabassus ! dit Fogacer. La Mangane l'ayant nommé, le Présidial l'a cité à comparaître, mais il s'est récusé, arguant qu'il était prêtre et qu'il relevait de la juridiction de son évêque.

— C'est fort bien.

— C'est fort mal. Car le Présidial a sommé l'Evêque d'instrumenter contre Cabassus, et l'Evêque qui n'est pourtant pas chaud pour faire brûler un de ses prêtres, fût-il aussi mauvais que Cabassus, a chargé ses chanoines d'instruire.

— Et si on serre Cabassus dans une geôle ecclésiastique, le mettra-t-on à la question ?

— Je ne sais, Siorac, dit Fogacer en m'envisageant œil à œil, mais si on l'y met, il vous nommera et alors, il faudra fuir.

Ha ! pensai-je, si j'en ai le temps ! Et après que Fogacer, voyant mon trouble, eut entrepris de me conforter, je le quittai, plus content de son amitié que confiant en mon avenir. Et me retirant en ma chambre, je dormis fort peu cette nuit, encore que ce fût pour une tout autre raison que les précédentes, ma tête me paraissant fort peu solide sur les épaules.

Tout le mardi se passa dans la plus grande détresse, effrayé et angoissé que j'étais à l'idée de déshonorer mon père en me faisant décoller sur un échafaud public pour avoir profané une sépulture, mes deux pauvres compagnons, n'ayant pas l'heur d'être gentilshommes, étant pendus haut en l'air au gibet — ce qui est malemort, comme m'avait appris Espoumel. Ha lecteur! En mes seize ans quel tourment et deuil c'étaient là! Alors que de la vie, je n'attendais que roses, sur quel lit d'orties j'étais couché, l'esprit morne et chagrin, en horreur à moi-même, accablé de ma misère, et dès que j'étais retiré en ma chambre, pleurant et remâchant mes larmes, et tâchant de prier Dieu. Moi qui tant chérissais mon malheureux corps, et en avais fait mon idole pour toutes les joies qu'il me baillait, étant orgueilleux follement de sa vigueur, de sa vaillance et de son amoureux appétit, aimant que les mignotes tant m'aimassent pour lui, que je les aimais pour le leur! Ha Seigneur! Perdre cette belle et bonne chair et si vite, et si tôt, en la verdeur de mes jeunes années, et presque sans avoir vécu! C'était là pâtiment à peine supportable et pire peut-être en mon imagination que la mort même que j'attendais.

Je me forçai beaucoup ce mardi pour aller suivre, rue du Bout-du-Monde, les cours privés du Chancelier Saporta, lequel, en ses lectures, aimait à m'envisager de temps à autre pour l'ardeur que je mettais à l'ouïr, mais ce matin-là, j'observai avec désespoir que pas une fois il ne jeta l'œil sur moi, assis que j'étais pourtant au premier rang, et l'écoutant comme à l'accoutumée. Je dis bien, pas une fois Saporta ne consentit à s'apercevoir que je me trouvais là. Procédé très atroce et qui me fit même sinistre impression que si le Chancelier me retranchait déjà, et de l'Ecole, et du nombre des vivants. Ha, certes! Je comprenais qu'il fût contre moi courroucé et dépit, moi qui allais ternir par un procès public le renom de l'Ecole. Mais ne même pas me voir, moi son fils, c'était presque plus de souffrance que je ne pouvais pâtir. Je cessai de l'écouter, et mon écritoire devenue inutile, la plume inerte au bout des doigts, j'envisageais devant moi le sol auquel j'allais appartenir, demeurant à jamais sous la terre, pourrissant dans la froidure et les ténèbres du tombeau, loin du beau soleil doré du Languedoc, et la tête séparée du corps pour la plus grande honte des miens.

La lecture finie, j'aperçus Merdanson et Carajac, l'un et l'autre fort pâles et abattus, et leurs puissantes épaules comme affaissées. Saisi à cette vue d'un grand remords de les avoir entraînés en cette calamiteuse aventure, je m'approchai d'eux et leur dis que je les attendrais à midi à l'auberge des *Trois-Rois*. A la morne façon dont ils acquiescèrent, je compris que le gibet les hantait tout autant que le billot où je pensais aller porter ma tête.

L'alberguière, tout souris, me fit fête, ce qui me donna d'abord quelque réconfort et, en deuxième pensée, quelque dépit de ne devoir son amitié qu'à mes écus, mais néanmoins, elle se laissa persuader d'assez bonne grâce de me mettre en son petit cabinet — lequel elle réservait d'ordinaire à de plus étoffés que moi. Et comme j'y pénétrais, presque sur mes talons apparurent Merdanson et Carajac. Je commandai le rôt et trois flacons, un pour chacun, les voulant ragaillardir, et moi-même aussi et de déjetés que nous étions, recouvrer un peu de notre flamme à vivre. Ils avaient appris que la Mangane avait été serrée en geôle, mais non point qu'on menaçait Cabassus d'un sort semblable, et quand je le leur appris, ils furent si épouvantés que Merdanson parla de fuir la ville, le jour même, sans tant barguigner.

On en disputa âprement, Carajac opinant pour, et moi contre, et bien marri de les voir prendre mon opposition fort à rebrousse-poil, non qu'ils me reprochassent de les avoir fourrés dans un bourbier sans les en pouvoir tirer, mais si ce grief n'était pas dans leur bouche, je le sentais frémir au bout de leurs langues et j'eusse presque préféré qu'il passât leurs lèvres.

Nous en étions là, et je voyais à leurs yeux que leur humeur contre moi s'aigrissait chaque minute davantage par la terreur qui les poignait. On frappa à l'huis. C'était Cossolat.

Merdanson à sa vue pâlit et à demi se leva, Carajac jetant les yeux autour de lui comme s'il cherchait à fuir.

— Monsieur, dit Merdanson d'une voix étranglée, venez-vous m'arrêter ?

— Je ne sais, Monsieur, qui êtes-vous ? dit Cossolat, mi-figue mi-raisin, son œil noir pétillant. Et vous, Monsieur, dit-il à Carajac, comment vous nomme-t-on ? A vos carrures si bien décrites par la Mangane, je pense que je l'ai deviné.

Et comme mes deux compagnons restaient béants et stupides, il poursuivit :

— Je l'eusse deviné, même si votre question, qui était fort sotte, n'eût pas suffi à vous incriminer. Rasseyez-vous.

Ceci fut dit sur un ton de commandement et mes deux compagnons s'assirent, marris d'être traités de sots, et cependant soulagés, car l'attitude de Cossolat était plus moqueuse que menaçante.

— Monsieur de Siorac, dit Cossolat, si j'entends bien, je peux parler de votre affaire devant vos amis. Ils ont même intérêt que vous à être instruits de ses suites.

— Monsieur, dit Merdanson sans me laisser le temps de répondre, faut-il fuir ?

— Autre question qui vous accuse ! dit Cossolat avec un petit rire. Croyez-moi, Monsieur, vous êtes trop béjaune pour comparaître devant des juges.

— Monsieur, dit Carajac en laissant percer quelque irritation, ne vous gaussez pas. Vous êtes huguenot. Nous le sommes aussi. Répondez-nous : faut-il fuir ?

— Monsieur, dit Cossolat en sourcillant fort et en haussant le ton, je me gausse quand je veux. Bien que bon huguenot, je n'aime pas les huguenots qui profanent les tombes. Et quant à fuir maintenant, ce serait folie. Je vous ai répondu.

Après quoi, il y eut un grand silence, Merdanson et Carajac ayant le bec cloué, et fort quinauds et penauds de cette rebuffade.

— Monsieur de Siorac, reprit Cossolat, l'air fort satisfait d'avoir rebéqué mes compains, qu'avez-vous appris de l'ami de qui vous savez ?

— Que Cabassus a été cité à comparaître devant le Présidial, qu'il s'est récusé, arguant qu'il était prêtre, et que le Présidial a demandé à son Evêque d'instruire contre lui.

— Est-ce tout ?

— Oui.

— Ma visite n'est donc pas inutile, dit Cossolat. Oyez la suite. L'Evêque a commis trois chanoines pour aller interroger Cabassus en sa masure. Il était au lit, fort travaillé d'un catarrhe qui le rendait providentiellement aphone. Ils n'ont donc pu tirer de lui que des sons, et le jugeant fol et rassotté, ils allaient le quitter quand l'un des trois, en fouinant, a mis la main sur son *Nego*. Cornebœuf ! D'après ce qu'on m'a dit, c'est poudre et feu que ce traité ! Il n'a pas plus de cent pages, mais chaque page vaut un fagot, et il n'en faut pas cent pour brûler un athée.

— Ha ! dis-je avec chagrin, Cabassus est perdu et par ma faute !

— Par la sienne, dit Cossolat. Quand on est de ces opinions, c'est démence que de les coucher par écrit. Les chanoines l'ont serré dans une geôle ecclésiastique.

— Le mettra-t-on à la question ?

— On ne le peut de présent, puisqu'il est prêtre. Mais les chanoines vont ordonner sa dégradation. Et une fois dégradé et réduit à l'état laïc, il sera livré au bras séculier et le Présidial pourra alors ordonner la question.

Il m'envisagea œil à œil.

— C'est ici, Monsieur de Siorac, que l'ami de qui vous savez sera infiniment précieux, s'il vous informe à temps.

— Pour fuir ? demanda Merdanson d'une voix éteinte.

— Monsieur, dit Cossolat, sachez bien qu'en fuyant, vous perdez tout : votre famille, vos alliances, votre ville, vos études et votre futur état. C'est donc un parti à ne prendre qu'à toute extrémité : j'aimerais vous en avoir convaincu.

— Ha Monsieur ! dit Carajac. Siorac, lui, a de puissants protecteurs ! Mais nous !

— Monsieur, derechef vous errez, dit gravement Cossolat. Si la protection de Siorac vaut, elle vaudra pour les trois. On ne peut incriminer l'un sans l'autre, ni blanchir un des trois sans blanchir les deux autres. Méditez bien ceci.

Et là-dessus, il nous quitta à sa façon abrupte et militaire, nous saluant à peine, le dos droit et la nuque fort raide.

Je passai le reste de la journée comme je pus, c'est-à-dire fort mal, n'ayant qu'un seul pensement qui me tournait sans relâche dans cette pauvre mienne tête que peut-être j'allais perdre. Je tâchai, à la chandelle, retiré dans ma chambre, après le chiche repas, de colliger mes notes, mais quel branle celles-là dansaient sous mes yeux! Et de quelle usance, me demandai-je, serait maintenant pour moi ce savoir que j'entassais dans la gibecière de ma remembrance? Hélas, je ne pouvais le dire, étant dans la paume de la fortune comme une mouche aux mains d'enfants joueurs. Sentant enfin toute l'inutilité de mon dérisoire labour, je m'allai jeter sur le lit, et n'ayant plus de larmes pour en avoir trop répandu, je restai, les yeux secs, en une extrémité de désespoir que je ne saurais décrire.

On toqua à la porte, je levai la tête : c'était mon bien-aimé Samson que j'avais en ma misère quasiment oublié, ne lui disant pas trois mots par jour et à peine l'envisageant, lui dont la beauté et l'évangélique douceur eussent consolé même un lépreux. Et il était là, sur mon seuil, plus timide et farouche qu'une vierge, n'osant entrer, ses boucles de cuivre si gentiment entortillées autour de son oreille, l'œil pur et azuréen, le nez et la suave joue semés de taches de rousseur, les lèvres rouges sur sa denture parfaite.

— Monsieur mon frère, dit-il avec le délicieux zézaiement qui ne l'avait mie quitté depuis ses maillots et enfances, peux-je entrer?

— Vous le pouvez, Samson, dis-je en me soulevant sur le coude, mais sans force pour me lever et aller l'embrasser.

406

Me jetant alors un œil anxieux pour ce qu'il observait ma langueur, moi qui, à l'accoutumée, étais si bondissant, il ferma l'huis et venant s'asseoir sur mon lit, il me dit :

— Monsieur mon frère, souffrez-vous d'une mauvaise fièvre ? Je vous vois abattu, pâle assez, la mine défaite et ne disant mot et comme en proie à quelque secret pâtiment ?

— Ha Samson ! dis-je, ce n'est rien. Cela passera.

Et pensant que cela pouvait passer, en effet, mais sur le billot de l'exécuteur, j'éclatai en sanglots. Sur quoi, se couchant contre moi, il me prit dans ses bras et me serrant avec une tendresse infinie, il me donna cent baisers, protestant qu'il ferait tout au monde qui pût m'aider, si je lui en fournissais l'occasion, lui-même, ce-disant, versant des larmes, avec les miennes confondues.

— Ha mon frère tant aimé ! dis-je quand enfin je pus parler, que je vous sais gré de la grande affection que vous me témoignez et qu'elle me redonne de force dans la faiblesse où vous me voyez. Mais sur ce qui me poigne et m'aigrit, je ne peux rien dire de présent, me réservant de tout vous révéler, quand enfin je saurai le dénouement du prédicament où je suis. Mais que cette issue soit bonne ou qu'elle me soit fatale, je vous demande de ne pas moins m'aimer, quand vous saurez la gravissime faute que j'ai commise.

— Ha Monsieur frère ! dit Samson, qui en sa candeur colombine ne pouvait imaginer de péché plus grand que celui-là, auriez-vous tourné papiste ?

— Non ! Non ! dis-je en riant au milieu de mes pleurs, tant j'étais atendrézi de sa simplicité, je suis ferme en ma foi huguenote et je le serai toujours, si Dieu le veut.

— Vous serez donc sauvé ! dit Samson, son visage s'illuminant de joie, comme si mon sort dans l'autre monde fût pour lui de plus grande conséquence que ma fortune dans celui-ci.

Christ me pardonne, je ne voyais pas, quant à moi, les choses d'un œil aussi élevé, et j'étais, à parler franc, moins préoccupé de mon salut que de ma vie ; cependant, je ne pipai mot, ne voulant pas chagriner un frère si aimant, bien résolu que j'étais quand le moment viendrait de me confesser, de lui dire le déterrement, mais en aucune guise la fornication, le péché de chair paraissant à Samson plus damnable que tout autre.

Après mille nouveaux baisers et mille assurances que si j'avais des ennemis mortels, il mettrait son épée à mon service (ce qui me fit sourire en mon for pour ce qu'il était si lent à la tirer, tout vaillant qu'il fût), il s'en alla, et tel fut sur moi l'effet bienfaisant et de sa grande amour et de sa bonté angélique que je dormis mieux cette nuit-là que la douzaine de nuits qui l'avaient précédée.

Je me réveillai aussi plus gaillard et plus vif et me testonnant le cheveu devant mon petit miroir, dans mes chausses déjà, mais en chemise et le col nu, je dis, m'envisageant œil à œil : « Eh bien, si ma tête doit tomber, qu'elle tombe, Ventre Saint-Antoine ! Du moins je ne serai pas lâche ! » Et tournant la chose en comédie que je me donnais, et imaginant que j'étais déjà sur l'échafaud public entouré d'un grand concours de peuple, je m'avançai d'un pas fier et fendant dans ma chambre, les mains derrière le dos comme si elles étaient liées, et m'agenouillant devant mon escabelle comme si ce fût un billot, j'y posai la tête, et le cou offert, je dis au bourreau d'un ton de commandement :

— Frappe, vilain !

Et tant me plut cette bravade que je la recommençai incontinent et ce faisant, je me sentis tout soudain tant guéri et rebiscoulé de la terreur qui me rongeait qu'à partir de cet instant, ayant comme arraché son venin à l'imagination de la mort, je cessai de trembler, de pleurer, et de lamenter mon sort.

Ce jour-là était un mercredi, jour où Mme de Joyeuse me recevait pour « m'abandonner le bout de ses doigts », comme elle avait dit si joliment dans sa lettre.

Après un bel et bon repas aux *Trois-Rois*, arrosé

d'un vin des Corbières (car j'avais résolu — mon avenir étant si peu sûr — de ne pas tant ménager mes deniers), je me rendis à l'hôtel de Joyeuse d'un pas infiniment plus léger, et m'étant fait, le matin, une sorte de règle de considérer ma mort comme certaine, je me sentais le cœur comme nettoyé du fatras du désespoir — celui-ci n'étant rien d'autre qu'une sournoise façon d'espérer.

Ce changement n'échappa pas au bel œil pétillant d'Aglaé de Mérol quand elle vint me prendre dans l'antichambre pour me mener aux appartements de Mme de Joyeuse. Sur ce ton mi-tendre mi-piquant qu'elle affectionnait avec moi, elle me dit, balançant son ample cotillon, lequel était de soie bleue brodée d'or :

— Pour un homme dont la tête tient si peu aux épaules, il faut bien avouer, Monsieur de Siorac, que vous avez fière face et fendante allure.

— Madame, c'est que je suis heureux de vous voir.

— Pédagogue, gardez pour d'autres ce compliment inane.

— Pédagogue, Madame ? dis-je en m'arrêtant et en l'envisageant œil à œil. Comment l'entendez-vous ?

— N'avez-vous pas admis ma bonne maîtresse comme élève en votre Ecole du Gémir. Et bon régent vous devez être, car chaque mercredi que Dieu fait, je l'ois gémir davantage.

— Madame, si j'avais l'heur d'être votre mari, je vous tiendrais à cette école-là le matin, le midi et le soir.

A quoi elle rit, rosit, et ondula du chef à l'orteil, me laissant tout charmé de ce branle.

— Monsieur, dit-elle enfin, ne serait-ce pas là trop d'école et trop d'étude ?

— Nenni, nenni. Le gémir ne requiert point tant de labour. Il n'est que de se laisser aller.

A quoi elle rit de nouveau, ses fossettes se creusant délicieusement de chaque côté de ses lèvres.

— Ha Madame ! dis-je, vos fossettes ! Il me faut les baiser sur l'heure !

— Et pourquoi, Monsieur ? dit-elle sourcillant, la tête haut levée sur sa fraise à godrons.

Cependant, ce disant, elle s'arrêta, et loin de s'éloigner de moi, parut se rapprocher davantage.

— Madame, vous me devez ces fossettes : je vous ai fait rire.

Et ce disant, sans parlementer plus outre, je la pris dans mes bras et je la baisai trois fois : une fois sur chaque fossette et une fois sur les lèvres.

— Ha Monsieur ! dit-elle fort fâchée, mais toutefois frémissante, vous me recrutez de force pour votre école ! Poursuivez seul ! Je demeure céans !

Sur quoi, en effet, elle s'assit sur un fauteuil, la tête détournée, ne voulant sans doute pas paraître devant les autres dames d'atour dans le trouble où elle se trouvait. Quant à moi, je fis à celles-là fort peu de compliments, ayant grande hâte de me trouver seul avec Mme de Joyeuse, ma rencontre avec Aglaé m'ayant fort échauffé.

— Ha mon mignon ! s'écria Mme de Joyeuse, tandis que je refermais sur elle les rideaux de son baldaquin, qu'est-cela ? Que voulez-vous ? Jésus, quel homme ! Quoi ! *In medias res* [1] ! Suis-je une chambrière ? Etes-vous un soudard ? Quel tyranniseur vous faites ! Vous tuez tout ! Vous me mettez à sac ! Ha Pierre, c'est indigne ! Ha mon mignon !

Et certes, je la ménageai peu en cet assaut furieux, tout livré que j'étais à mon orgueil et à mes délices, ayant retrouvé mon glaive. Mais grand cœur qu'elle était et portée à l'extrême sur ces plaisirs-là (quoi qu'en eût son confesseur), elle fut bonne assez pour ne m'en vouloir pas de mes manières abruptes, mais bien à rebours, elle en rit à gueule bec, la bonace revenue.

— Mon mignon, dit-elle toujours riant, le sachet de Monsieur de Montaigne a fait merveille ! L'avez-vous fidèlement porté ?

— Je ne l'ai pas quitté. Mais, poursuivis-je en me l'ôtant du col, qu'en est-il de son contenu ? il me paraît fort mince !

1. (Vous commencez) par le milieu !

410

— Eh bien, nous l'allons voir! dit Mme de Joyeuse. Et saisissant, l'œil fort malicieux, des ciseaux d'argent qui se trouvaient sur une petite table, sans tant languir, elle fendit le sachet et l'ouvrit : il était vide.

A quoi elle rit de plus belle.

— Ha Madame! m'écriai-je, vous le saviez!

— Je le savais, l'ayant moi-même cousu!

— Madame, c'était m'abuser!

— Mon mignon, il le fallait. Vous avez été noué par une tromperie et dénoué par une contre-tromperie.

— Ha! dis-je, Madame! Quel génie il vous fallut là!

— Le génie est dans l'idée, qui est de Monsieur de Montaigne. L'exécution, de moi, dit-elle non sans un soupçon de vanité.

Sur quoi, je me jetai dans ses bras, je lui fis mille mercis, et lui dis que je désespérais de lui montrer jamais ma gratitude.

— Ha mon Pierre! dit-elle toujours riant, ne désespérez pas. Vous avez un fort beau moyen de me la témoigner. Et comme j'étais étendu sur elle, la baisotant dans le cou, elle posa ses deux mains potelées et fortes sur mes deux épaules, et me poussant insensiblement vers le bas, elle me donna à entendre qu'elle voulait la même mignonnerie qu'elle avait, la fois passée, exigée de moi. Ha, pensai-je en lui obéissant, Aglaé, vous errez, je crois, votre maîtresse n'est pas tant à mon école que je ne suis à la sienne. Et essayant de me ramentevoir les recommandations qu'elle m'avait faites là-dessus avec tant de tact et me guidant sur la montée de son gémir, je tâchai de lui donner la plus exquise sensation qui fût en mon pouvoir, émerveillé en mon for des ressources que nous donne notre corps pour apporter tant de bonheur, en nos jours périssables, à l'être que nous chérissons.

— Mon Pierre, dit-elle quand au sortir de la houle qui l'avait soulevée, elle reprit pied sur le sol, dites-moi, où en êtes-vous de votre triste affaire?

Pensant bien qu'elle savait déjà tout par Cossolat et qu'elle ne me posait cette question que pour me cacher ses sources et connaître ma version des faits, je lui fis alors par le menu un récit fort fidèle où je n'omis rien, sauf le nom de Fogacer que je ne voulus pas associer ouvertement au juge du Présidial, gageant de reste que Cossolat, toujours si circonspect, ne l'avait pas non plus mentionné dans les rapports qu'il lui avait faits.

Mme de Joyeuse, qui était au demeurant une femme fort avisée et connaissant bien le monde, ne se piqua pas de cette réticence : bien à rebours.

— Pierre, dit-elle, vous avez raison de taire le nom de cet ami, puisqu'il affronte pour vous des risques. Mais oyez-moi bien, à la minute même où il vous dira : Cabassus, sous la torture, vous a nommé, accourez ici. De jour comme de nuit, accourez. Vous serez admis. Je donnerai des ordres. Et cette maison sera pour vous un inviolable asile.

— Madame, dis-je, je vous sais un gré infini de vos bontés. Mais je ne suis pas seul. J'ai deux compagnons.

— Ha ! dit Mme de Joyeuse sourcillant, mais ils ne sont pas nés ! Voilà le hic ! Comment peux-je les admettre ici ?

Connaissant tout le prix qu'elle attachait à la noblesse, je ne voulus pas en disputer avec elle, et me contentai de l'envisager gravement sans piper mot. Et à la fin d'un temps assez long où mon regard lui dit tout ce que mes lèvres ne voulaient pas prononcer, sa bonté naturelle finit par l'emporter sur le sentiment de son rang et, trouvant un compromis qui pût accommoder l'un à l'autre, elle dit d'un air indifférent :

— Ha mon mignon ! Ne nous mettons pas tant martel en tête ! Vos amis seront reçus par mon intendant et logeront chez lui.

Je lui couvris les mains de baisers puis les bras qu'elle avait ronds et fermes et veloutés et que je louais hautement connaissant bien son faible. Qu'avais-je dit là ! Il fallut que tout y passât, comme à l'accoutumée.

— Certes, dit-elle, j'ai de beaux bras, mais le nez, Pierre, le nez est-il pas un peu gros?

— Ha Madame! point du tout! Il est racé! Il ne faut point le voir en dehors de la belle face où il se trouve, mais entouré de vos boucles blondes et éclairé de vos yeux mordorés.

— Oui, l'ensemble n'est point mal, il me semble. Mais le cou, Pierre, le cou? Qu'opinez-vous du cou? Il est de méchantes gens...

— Ha Madame, ne me parlez pas de ces vipères! Si je les connaissais, je leur écraserais la tête du talon! Votre cou, Madame, est divin, doux et mollet, et je ne peux le voir fléchir gracieusement sur votre épaule sans que l'envie me démange les lèvres d'y piquer mille petits baisers.

— Hé! Mon mignon! dit-elle toute rieuse, qui vous en empêche? Je ne demande que cela.

Et mon appétit alors me revenant et, par ailleurs, content assez de ne point tant me fatiguer la cervelle à lui trousser des compliments nouveaux, je la baisotai à la fureur dans le cou, aux tétins, sur son joli ventre rond mais j'abrège, le lecteur sait que le baiser est une sorte de petite bête qui voyage beaucoup. Et *hic et nunc* [1], l'Ecole du Gémir, comme disait Aglaé, reçut ses deux élèves, car à parler franc, je ne sais lequel des deux faisait la lecture à l'autre, tant les gémissements se valaient.

Au sortir de l'hôtel de Joyeuse, quelqu'un me prit par-derrière le bras. C'était Cossolat.

— Cornebœuf, Siorac! me dit-il à l'oreille, je vous vois piaffant et fendant comme étalon au pré, et le feu vous sortant des naseaux. Vous voilà donc, je gage, dénoué à un bout (il rit). Mais il s'en faut que tout se dénoue aussi bien à l'autre. Votre chef ne tient qu'à un fil. Les chanoines ont ordonné pour demain la dégradation de Cabassus. L'estrade sera dressée devant l'apothicairerie, Place des Cévenols, et quasiment sous vos fenêtres. J'y serai. La dégradation achevée, j'ai la tâche de mener l'ex-abbé à la

1. Sur-le-champ.

geôle de ville, où sur l'ordre du Présidial, l'exécuteur, sur trois heures de l'après-midi, le mettra à la question.

Et baissant encore la voix, il ajouta :

— Prévenez Fogacer qu'il ait à voir son ami demain dans la soirée, et vous dise incontinent si Cabassus vous a nommé. Chaque minute sera précieuse.

Chose étrange : le danger était maintenant trop proche pour que je pusse, armé de mon nouveau courage, le ressentir comme j'avais fait. Si mauvaises que fussent ces nouvelles, je les accueillis d'un front égal, sans ciller ni broncher, laissant Cossolat étonné de mon impassibilité. Au dîner chez Maître Sanche, je parlai davantage qu'à l'accoutumée, et argumentai même non sans flamme avec Fogacer et Maître Sanche sur la contagion du mal italien, le Bachelier tenant avec le médecin de Vérone, Jérome Fracastor, que la contagion se faisait de corps à corps par des sortes d'insectes si petits que l'œil ne les pouvait découvrir. A quoi Maître Sanche répliquait que puisque Fracastor n'avait pu les voir, c'est qu'ils ne se trouvaient pas là. Il me semblait, à les ouïr l'un et l'autre discuter, que le sens commun parlait par Maître Sanche, mais non peut-être une logique plus fine, car d'où venait que dans toutes les maladies qui se transmettaient, les agents de la contagion n'étaient jamais visibles à l'œil humain, combien qu'on sût qu'ils étaient présents.

Je fus réveillé le lendemain à la pique du jour par les marteaux des artisans mécaniques qui dressaient l'estrade Place des Cévenols sous ma fenêtre. Ce jeudi matin, ni le Doyen Bazin ni le Chancelier Saporta ne baillaient de lectures à l'Ecole de médecine, et je demeurai en ma chambre à colliger mes notes, bien plus attentif à mon labour que j'eusse pensé, l'instant du dénouement étant si proche.

Sur le coup de onze heures apparut — avec toute la pompe qu'ils affectionnent en leurs cérémonies — une bonne cinquantaine de prêtres papistes en un fort chatoyant cortège de camails et de chasubles comme s'ils allaient à messe solennelle à Notre-Dame-des-Tables. Le grand vicaire, les chanoines et le curé de Saint-Denis (Cabassus étant de sa paroisse) prirent place sur l'estrade, et le menu fretin des petits abbés, diacres, sous-diacres, et acolytes restant debout sur le pavé, mais au premier rang, devant les archers de Cossolat et Cossolat lui-même, afin que nul n'ignorât que le clerc l'emportait sur le laïc.

Monseigneur l'Evêque arriva dans un carrosse découvert tiré par quatre chevaux, mitre en tête et crosse en main, fort acclamé par le sot peuple qui était accouru là comme au spectacle. L'Evêque, qui paraissait malade, monta sur l'estrade avec une majestueuse lenteur, protégé du soleil par un dais de couleur pourpre tenu par quatre clercs.

On frappa à mon huis : c'était Fogacer qui requit de moi la permission d'assister à la dégradation du poste de ma fenêtre, celle-ci donnant de meilleures vues que la sienne.

— Ha, dit-il, voilà ce pauvre Cabassus, qui fut imprudent assez pour désirer redresser les erreurs des hommes.

— Mais, où donc est-il?

— Là, tout à fait à senestre, flanqué de ces deux gros chanoines.

Je n'avais pas reconnu, au premier abord, Cabassus, pas plus que je ne l'avais distingué de ceux qui l'entouraient parce qu'avant de l'amener sur l'estrade de son déshonneur, on l'avait lavé, rasé et revêtu des habits sacerdotaux propres à son rang, et notamment d'une chasuble tout aussi soyeuse et brodée d'or que celles des prêtres qui l'allaient dégrader. Et outre que je ne l'avais jamais vu si propre, ni si splendidement paré, il ne roulait point des yeux. Il les tenait baissés, et loin de jaser, de s'agiter et de se trémousser sans fin comme il faisait à son ordinaire, il se tenait fort coi et quiet, la mine non pas triste, mais grave.

— Ha Fogacer! dis-je fort troublé, va-t-il persister?

— Oui-da, il veut brûler et de la sorte porter témoignage de sa foi en la non-existence de Dieu. En quoi il est bien fol pour ce que la non-foi n'étant pas la foi, mais son contraire, elle ne requiert pas de martyr.

La cérémonie débuta par des chants latins célébrant la gloire et la puissance du divin maître. Puis Monseigneur l'Evêque, lequel était pâle et paraissait travaillé d'un mal d'estomac et d'un feu d'entrailles, appuyant souvent sa main sur son ventre, se leva et prononça sur le même thème une homélie assez courte. Après quoi se rasseyant, il s'adressa à Cabassus sur un ton paternel et l'air plus chagrin que sévère.

— *Fili, credesne in Deum* [1]?

— *Domine*, dit Cabassus d'une voix faible mais ferme et distincte, *non credo in Deum. Nego Deum esse.*

— *Nominas Deum. Ergo Deus est.*

— *Deum verbum atque nomen est. In se non est* [2].

A quoi l'Evêque poussa un soupir qui ne me parut pas que de façade et de cérémonie, et en fait, j'ouïs plus tard par M. de Joyeuse que, tenant comme le curé de Saint-Denis que Cabassus était fol, il n'eût jamais agi contre lui sans le scandale du mannequin et la pression du Présidial.

— *Fili*, reprit-il, *errare humanum est. Perseverare diabolicum.*

— *Diabolus non est*, dit Cabassus [3].

L'Evêque, se tournant alors vers un grand et fort chanoine qui était assis à sa droite, lui dit d'une voix fort lasse de poursuivre. Le chanoine se leva. Il avait belle trogne et cramoisie, l'air plus impérieux qu'évangélique, et la voix fort sonore. Et autant l'évêque avait été doux, autant il se montra à l'égard

1. — Mon fils crois-tu en Dieu?
2. — Seigneur, je ne crois pas en Dieu. Je nie que Dieu existe.
   — Tu nommes Dieu. Donc Dieu existe.
   — Dieu est une parole et un nom. En soi il n'existe pas.
3. — Mon fils, l'erreur est humaine. Persévérer est diabolique.
   — Le Diable n'existe pas.

de Cabassus dur et rugissant. Et combien que ses imprécations fussent tout à fait inutiles après la profession de foi publique de Cabassus, sa diatribe latine dura une longue demi-heure pendant laquelle l'Evêque portant la main sans cesse à son épigastre eut l'air de souffrir beaucoup en sa chair, et en son esprit davantage, paraissant fort impatient de cette éloquence — à laquelle il mit fin par quelques mots brefs à voix basse. Le chanoine, qui me parut assez quinaud de cette interruption — cette cérémonie devant un grand concours de peuple étant comme son jour de gloire —, articula alors le jugement du tribunal ecclésiastique qui prononçait la dégradation de Cabassus. Puis se tournant vers l'Evêque, il lui demanda s'il approuvait cette sentence. L'Evêque répondit qu'il l'approuvait d'une voix fort basse, son pâtiment paraissant redoubler.

Les deux chanoines qui flanquaient Cabassus, le prenant chacun par un bras, l'amenèrent alors au centre de l'estrade, face à l'Evêque, et procédèrent au dévestement de ses ornements sacerdotaux, expliquant à chaque fois en latin le pourquoi de ces ornements, et la raison pour laquelle ils étaient ôtés. La chasuble qui était de soie pourpre enrichie d'entrelacs de broderies d'or lui fut retirée par le cou, un jeune clerc la recevant avec respect sur ses deux bras tendus comme s'il se fût agi d'une idole. Cela fait, continuant à expliquer en latin (qu'en dehors des prêtres une dizaine de personnes peut-être dans cette assistance entendaient) l'usance et le symbole de l'ornement que je vais dire, les chanoines, prenant chacun un pan de l'étole, l'ôtèrent à Cabassus en la passant par-dessus sa tête et la posèrent sur la chasuble, le jeune clerc restant tout le temps les deux bras brandis devant lui. Enfin, commandant à Cabassus de lever les bras, les chanoines les dépouillèrent de l'aube, sorte de chemise blanche ornée dans le bas de broderies de même couleur. Le malheureux apparut alors en ses chausses, et un clerc, s'approchant avec des vêtements laïcs fort usagés, l'aida à s'en revêtir.

S'avança alors un autre clerc portant une escabelle. Sur celle-ci un des chanoines commanda à Cabassus de s'asseoir, et l'autre qui tenait dans la main une sorte de lame de métal, lui gratta sa tonsure. Mais ce grattement devait être plus symbolique que réel car n'ayant pas de cheveux en cet endroit de son crâne, le chanoine n'y pouvait rien ôter sauf la peau, auquel cas Cabassus aurait saigné. Quoi fait, sur un commandement qu'on lui fit, Cabassus tendit au chanoine sa dextre dont l'index et le majeur étaient dressés et le chanoine gratta pareillement ces deux doigts, expliquant en latin qu'il retirait à l'abbé déchu le pouvoir de bénir. Ce fut là le dernier acte de cette longue cérémonie que le populaire observa dans le plus grand silence et qui parut fort émouvoir quelques-uns des prêtres qui étaient là, au point de leur faire verser des larmes. Mais d'autres, en revanche, sourcillaient fort et envisageaient le pauvre Cabassus avec horreur.

Le grand et fort chanoine qui avait articulé contre Cabassus la sentence du tribunal ecclésiastique se leva et, tourné vers l'Evêque, lui demanda ce qu'il convenait de faire de l'homme qui était là puisqu'il n'était plus prêtre. A quoi l'Evêque, la main appuyée sur son ventre, et la face fort travaillée de pâtiment, répondit d'une voix faible :

— J'ordonne qu'il soit livré au bras séculier.

Le curé de Saint-Denis cacha alors son visage de ses deux mains, comme s'il avait chagrin et vergogne qu'un des prêtres de sa paroisse eût mérité pareille déchéance. Mais l'Evêque, avec un air de bonté, se pencha vers lui et lui dit quelques mots à l'oreille qui parurent l'apaiser. Le grand chanoine fit alors un signe à Cossolat, et Cossolat, ayant rassemblé ses archers, les forma en une double haie qui menait à l'escalier de l'estrade, puis montant lui-même sur l'estrade, il salua fort civilement l'Evêque qui, se détournant, lui répondit à peine, et bien savais-je pourquoi, d'aucuns des prêtres qui étaient là envisageant Cossolat comme s'ils eussent désiré le voir brûler pour son hérésie tout autant que Cabassus pour son athéisme. A quoi Cossolat, morion en tête, corselet couvrant le torse, parut tout à fait insensible sinon que sa face portait un air de gausserie secrète comme s'il tenait toute la pompe papiste qui s'étalait là pour une autre sorte de carnaval.

— Monseigneur, dit Cossolat, avec une respectueuse froideur, dois-je me saisir de cet homme?

L'Evêque, sans même jeter un œil sur lui, fit de la tête un signe des plus brefs et Cossolat s'avançant toqua du plat de la main sur l'épaule de Cabassus. Celui-ci qui, tout le temps qu'avait duré la cérémonie de sa dégradation, était resté serein, composé et merveilleusement ferme, ne broncha pas davantage à être livré au bras séculier, comprenant pourtant fort bien ce que cela voulait dire. Cossolat le prenant par le bras sans qu'il opposât la moindre résistance, le conduisit au bas des marches, où le populaire, de calme qu'il avait été jusque-là, devenant tout soudain enragé, se rua sur lui en hurlant : « Tue l'athée ! Tue ! »

Cossolat cria un ordre aux archers qui, inclinant leurs piques à l'horizontale et les empoignant des deux mains, en usèrent comme de barrière pour refouler ces sanguinaires marauds. Et courant avec Cabassus au milieu des deux haies formées par ses soldats, Cossolat l'épée à la main, gagna un chariot qu'il avait pris soin de poster à vingt toises de l'estrade, et bien lui en prit, car à peine y était-il monté avec Cabassus, que des badauds, ou soi-disant tels (car ce tumulte paraissait avoir été préparé en sous-main) se pressèrent contre les roues du chariot pour tâcher de le renverser, criant « Tue l'athée ! Tue le huguenot ! Tue ! » Mais Cossolat se penchant du haut du chariot et distribuant des coups du plat de son épée (et aussi quelque peu de la pointe, à ce que je vis), hurla un commandement et un fort groupe d'archers qu'il avait caché rue de la Barrelerie, apparut à la rescousse du premier, et prenant ces gueux à revers et les piquant au cul, eut tôt fait de les disperser. Voyant quoi Cossolat, criant à son sergent de fouetter les chevaux, enleva au galop son prisonnier comme si la vie d'y celui qui était pourtant si précaire, lui parût aussi précieuse que la sienne. Cependant la populace, à qui ses deux proies échappaient, continuait à gronder. Les deux groupes d'archers joignant alors leurs forces, sous l'ordre d'un lieutenant, chargèrent la multitude sans rien ménager, étant fort dépit et courroucés qu'on eût si traîtreusement attaqué leur capitaine sous couleur de déchirer Cabassus.

Quand enfin les soldats se retirèrent, une douzaine de ces gueux gisaient sanglants sur le pavé. On nous les amena à l'apothicairerie pour les panser. Et nous découvrîmes qu'ils étaient, non pas des Montpelliérains, mais des laboureurs des villages voisins (le plat pays étant tout catholique à la différence de la ville) lesquels d'acharnés papistes, excitant leur zèle, avaient fait venir tout exprès de leurs mas pour provoquer cette émotion. J'entends les papistes souterrains dont m'avait parlé Cossolat, et non pas l'Evêque, qui si peu qu'il aimât le huguenot, paraissait fort troublé et marri d'être mêlé à de si damnables excès.

Après avoir aidé Maître Sanche et Fogacer à laver à l'esprit-de-vin les plaies de ces malheureux — victimes de la haine qu'on leur avait contre nous inculquée —, je regagnai ma chambre où Fogacer incontinent me rejoignit et me dit, arquant son noir sourcil :

— Voilà qui est clair. Par le moyen de ce pauvre fol d'athée, on vise les huguenots. Ne bougez point d'ici et tenez votre cheval tout sellé. On va mettre Cabassus à la question avec un zèle atroce. Tout le Présidial sera là. Et si comme je le crains, Cabassus vous nomme, j'accours et vous le dis.

J'eus à peine le temps de lui dire merci : il était parti déjà. Je tâchai de me remettre à mon labour, mais je ne pus : j'avais les oreilles comme bourdonnantes des hurlades qu'allait pousser Cabassus sous la torture. Je me jetai alors sur ma couche, et pour

la première fois depuis que ma vaillance était revenue, je versai des larmes, qui furent toutefois loin
de m'amollir, puisque ce n'était point sur moi que je
les répandais.

Cependant, au bout d'un moment, il me vint à
l'esprit d'envoyer Miroul quérir Carajac et Merdanson, pensant que nous serions plus avisés — le cas
échéant — d'être ensemble tous trois, et armés,
pour cheminer de l'apothicairerie à l'hôtel de
Joyeuse, car les mêmes gens qui venaient de tendre
à Cossolat cet odieux traquenard pouvaient bien,
nos noms connus, préparer un guet-apens de leur
façon, pour devancer le cours de la justice.

Carajac et Merdanson, qui avaient fait quelque
toilette, arrivèrent en mon logis par des voies séparées, et parurent fort soulagés, et d'être en ma compagnie en cette extrémité, et de l'asile qui leur était
promis à l'hôtel de Joyeuse. Je commandai à Miroul
de seller son arabe et Albière, ayant prêté mon
Accla à Fogacer pour qu'il pût revenir plus vite du
lieu secret où, la question de Cabassus prenant fin,
il devait rencontrer son ami. Puis je préparai et dis-
tribuai les armes entre nous trois, donnant à chacun deux pistolets chargés et une épée.

Quatre heures avaient sonné, je crois (ici ma
remembrance est un peu incertaine) quand je
reconnus le trot bien particulier de mon Accla sur le
pavé. Je me penchai par la fenêtre, et Fogacer,
levant les yeux au même instant, me fit oui fort gravement de la tête.

— Compains, dis-je, nous sommes nommés! Partons sans tant languir!

On dévala l'escalier à se rompre le col. Fogacer
me rendant mon Accla, nous fûmes tous trois en
selle en un clin d'œil et pas une minute trop tôt, car
au moment où nous donnions de l'éperon, un
groupe d'hommes assez menaçants venaient à nous
par la rue de la Barrelerie, lesquels à leur allure je
pensais être quelques-uns des laboureurs du matin.
L'ami de Fogacer n'avait donc pas été le seul juge à
parler, la torture de Cabassus à peine achevée : le
parti adverse savait qui nous étions et déjà agissait.

— Piquons ! criai-je.

Et nos trois chevaux, arrachant des étincelles au sol, bondirent comme fols sur le pavé.

CHAPITRE XII

Mme de Joyeuse était fort dolente, et malgré que l'après-midi fût jeune encore, déjà en son déshabillé du soir et couchée, quand je fus admis en sa présence.

— Ha Pierre ! me dit-elle d'un air chagrin en se soulevant sur son coude, je ne suis plus ce que j'étais. Il fut un temps où un petit souper d'une douzaine de plats, arrosé de deux ou trois flacons de bon vin, me laissait le lendemain fraîche comme fleur à la rosée de l'aube. Hélas ! Ce temps n'est plus ! Qu'ai-je mangé hier ? Autant dire rien : quelques saucisses de Bigorre, trois ou quatre tranches de jambon, la moitié d'un loup pêché le matin, un chapon rôti à l'ail, une crème aux œufs, quelques petites tartes amandines, et enfin, ces dragées, nougats, pâtes de fruit et autres sucreries et casse-gueules dont je suis friande assez. De vin, très peu. Un flacon de rosé, deux ou trois verres de frontignan. Bref, une misère ! Et me voilà, mon Pierre, le foie tout rebiqué, l'estomac sourcilleux et qui pis est, mon pauvre mignon, un teint à faire horreur malgré tout le pimplochage que j'y ai mis.

— Ha Madame ! dis-je, vous vous diffamez ! Je ne sais ce qui se passe au-dedans, mais le dehors est aussi ensorcelant que jamais, et si vous n'étiez souffrante, je vous le ferais bien voir !

— Ha mon Pierre ! Je vous prie ! Ne me baisotez pas ! La gueule me pue affreusement ! Et ne me bougez pas non plus. Au moindre branle, j'ai un appétit à vomir que vous ne sauriez imaginer.

— Madame, dis-je en m'asseyant sur une escabelle à son chevet, je suis au désespoir que vous ne soyez pas en état de recevoir ma curation, laquelle pourtant est réputée souveraine quand on est bâtie comme vous.

— Pierre! Pierre! Ne me faites pas rire non plus! dit-elle en riant, la tripe me travaille trop. Mais dites-moi, poursuivit-elle, est-il donc véridique que vous me trouvez un corps assez passable?

— Ha Madame! Vous êtes faite au tour! Et si ravissante en vos rondeurs que j'emporte quand je vous quitte le souvenir de vos belles courbes dans le creux de mes paumes.

— Ha Pierre! Pierre! Que vous êtes donc caressant! Votre langue est de miel!

A quoi m'accoisant, je la regardai d'un air fort entendu qu'elle entendit fort bien.

— Mon petit cousin, dit-elle avec un soupir, point de tentation, je vous prie. Je ne le peux. Et non plus ne le veux, étant toute au repentir et à Dieu, quand le corps me pâtit.

— Madame, dis-je, le petit abbé qui vous confesse vous absout. Aurait-il l'impertinence de vous mettre à la diète?

— Il faudrait beau voir! dit Mme de Joyeuse. Mais dès que le foie me tracasse, je ne laisse pas d'être douillette aussi en ma conscience. Pardonnez-moi.

— Madame, dis-je gravement en m'agenouillant au chevet de son lit, vous pardonner? moi qui ne rêve que de vivre à vos pieds!

A quoi fort touchée, elle avança la main et emmêlant ses doigts à mes boucles, elle me caressa le cheveu.

— Ainsi, dit-elle changeant de voix et de ton, vous avez été nommé par Cabassus. Vous êtes en danger de votre tête, et je ne vous parle que de moi! Il y a eu tumulte, ai-je ouï, lors de la dégradation de ce malheureux.

Je lui dis alors tout ce que j'avais observé du haut de ma fenêtre, et le traquenard dont Cossolat d'abord, puis moi-même à mon départ de l'apothicairerie, avions failli être les victimes. A cela qu'elle écouta en pâlissant, elle sourcilla et grinça des dents, et mon récit fini, oubliant son mal en son ire, elle se leva, et marchant à pas rageurs dans la pièce et se mordant les poings, elle dit aussi rugissante et terrible que lionne défendant ses petits :

— Quoi! Ces scélérats me veulent assassiner mon mignon! Et je laisserais faire! Et je subirais cet outrage! Tudieu! Cela ne se fera pas, si j'ai encore quelque crédit auprès de M. de Joyeuse! Mon petit cousin, attendez-moi céans, et ne bougez d'un pouce. Je vais l'aller voir et incontinent je reviens.

Ce qui se passa ensuite — l'entretien entre le Lieutenant-Général du Languedoc et son épouse — je ne le connus que par le récit que m'en fit Mme de Joyeuse et dont je me ramentevois fort bien, tant il fut vif et coloré.

M. de Joyeuse était à son dîner quand son grand faquin de valet lui manda que Mme de Joyeuse désirait l'entretenir.

— Madame! dit-il en se levant et en allant vers elle, qu'avez-vous besoin d'être annoncée? Ma porte, ajouta-t-il avec un sourire, vous est ouverte jour et nuit, combien que je respecte la vôtre, ne désirant point violer les arcanes et mystères dont votre beauté s'entoure.

— Monsieur mon mari, c'est trop de bonté, dit-elle tandis que lui prenant la main, il la conduisait à un fauteuil. Je vous sais un gré infini de votre civilité.

— Madame, me feriez-vous l'honneur sans plus de façon de partager mon repas?

— Ha doux Jésus, Monsieur! Ne me parlez point de viande ni de gloutir! J'ai fait hier soir un petit souper qui m'est resté sur l'épigastre.

— Gageons, Madame, dit le vicomte en riant, qu'il n'était pas si petit. Mais si vous me permettez, j'oserais manger tout en vous écoutant; j'ai une faim canine, revenant sur l'heure de Nismes, où je crains quelque affrontement entre les huguenots et nos catholiques, l'Evêque Bernard d'Elbène ayant été assez mal avisé pour révoquer les régents du collège ès-arts [1], pour ce qu'ils étaient tous de la religion réformée. Hélas, à mon arrivée, le mal était fait déjà. J'ai dû soutenir Bernard d'Elbène, quoi qu'il m'en coûtât. Mais je crains le pire à Nismes. A ce que j'ois, ce ne sont de part et d'autre que sourdes menées, complots et assemblées secrètes.

— Ha Monsieur! dit Mme de Joyeuse, vous allez avoir le même prédicament céans. Avez-vous entendu Cossolat?

— Je l'entendrai demain.

— Et trop tard ce sera! s'écria Mme de Joyeuse.

Et incontinent, elle fit à son mari le récit de la dégradation de Cabassus, de l'émotion qui l'avait suivie, des révélations de Cabassus et de l'assaut auquel mes compagnons et moi avions à peine échappé.

— Et où sont nos trois écoliers? dit M. de Joyeuse en sourcillant à ce récit, étant fort courroucé qu'on eût fait des tumultes derrière son dos pendant qu'il se trouvait à Nismes.

— Ici même. Deux chez notre intendant. Et M. de Siorac en mes appartements.

— Je gage qu'il n'est pas des trois le plus malheureux, dit le Vicomte avec un sourire. Et je suis, quant à moi, content que votre petit cousin, qui tant vous charme et vous égaie, vous aide à supporter la solitude que les devoirs de ma charge m'obligent trop souvent à vous imposer.

— Il est de fait, Monsieur, dit Mme de Joyeuse, que pour une femme jeune encore et qui conserve quelques restes de beauté, je me trouve assez souvent délaissée.

— Ah! Ce n'est que trop vrai, Madame! dit le Vicomte en s'inclinant. Et je me le reproche assez. Je ne rends pas à votre émerveillable beauté tous les hommages que je lui dois, chevauchant beaucoup pour le service du Roi par toutes les sénéchaussées de mon gouvernement.

— Où, cependant, je suis heureuse d'ouïr que des beautés plus rustiques ne laissent pas de vous conforter.

1. Collège des Lettres.

— Madame, dit le Vicomte en s'inclinant derechef, je suis ravi que vous montriez tant de généreuse indulgence à la grossièreté d'un soldat qui dîne
parfois — vous m'entendez — d'un croûton de pain
au revers d'un talus. Mais, mon cœur, toutefois, est à
vous. Commandez. Vous serez obéie.

— Monsieur, il n'est dans le Languedoc que le Roi
qui puisse vous commander.

— Ha Madame ! dit le Vicomte de Joyeuse avec un
soupir, puissiez-vous dire vrai ! Mais je n'ai en cette
province qu'une autorité « par essence confuse »
comme dit Michel de Montaigne, disposant de trop
peu de troupes pour peser lourd à dextre comme à
senestre ; et j'agis davantage par la persuasion que
par le commandement. Nos Montpelliérains sont si
rebelles et si rebiqués ! Savez-vous comment le Roi
de France les appelle ? « Mes petits rois de Montpellier ! »... Néanmoins, je le répète, commandez,
vous serez obéie.

— Monsieur mon mari, si vous l'entendez ainsi, il
faut sauver nos trois écoliers et du Présidial, et de
l'assassinat.

— Il sera plus facile de les sauver du premier que
du second, nos dévots étant gens implacables. Mais
dès demain, je m'y emploierai de toutes mes forces,
Madame, je vous le promets.

— Ha, Monsieur, dit Mme de Joyeuse, que je vous
ai de grâces et de mercis ! Laissez-moi, je vous prie,
vous bailler un présent digne de vos immenses bontés. Je vous fais don à ce jour irrévocablement de la
vaisselle de vermeil que je tiens de mon père.

— Madame, dit le Vicomte de Joyeuse en se levant
avec la vivacité d'un jeune homme et en lui baisant la
main, c'est trop ! C'est mille fois trop ! J'ai en propre
ma vaisselle d'argent et elle me suffit, étant fort
simple en mes goûts et fort éloigné de toute pompe
comme vous savez (Mme de Joyeuse ne laissa pas de
rire en me répétant ce propos). Mais Madame, les
libéralités à votre endroit de Monsieur votre père
sont infinies. Vous êtes riche, je ne le suis point. Et
s'il vous plaît, à cette occasion, de remplir ma cassette, je vous en saurais un gré infini.

— Et, Madame, l'allez-vous remplir ? dis-je, béant, après avoir écouté ce récit le soir même de la bouche de Mme de Joyeuse.

— A ras bord — encore qu'elle soit sans fond.

— Mais Madame, dis-je, à ce que M. de Joyeuse a dit de Nismes, si j'ai bien ouï, et de Montpellier, il apparaît qu'il y redoute par-dessus tout un soulèvement des réformés qui sont si forts en nos provinces. N'entre-t-il donc pas dans sa politique d'empêcher les acharnés dévots de cette ville de perdre trois écoliers huguenots, de peur que les nôtres, pour se revancher, fassent céans un tumulte qu'il ne pourrait maîtriser ? Et si c'est bien là la politique de M. de Joyeuse, pourquoi le payer pour qu'il la fasse ?

A quoi Mme de Joyeuse rit à gueule bec.

— Mon petit cousin, dit-elle, vos propos sont abrupts, mais vos raisons sont justes. Vous dites vrai. Cependant, j'ai pour ma part fort sagement agi, et puisque vous êtes si fin, vous ne laisserez pas que d'entendre pourquoi, pour peu que vous y réfléchissiez.

Quant à ce qui se passa le lendemain au Présidial entre les juges et le Lieutenant-Général du Languedoc, j'en eus connaissance par deux récits. L'un par Mme de Joyeuse qui le tenait de son époux, et l'autre par Fogacer qui le tenait de son ami. Et à y bien penser, je préfère ce dernier, qui est plus proche de la réalité, je gage, M. de Joyeuse ayant eu quelque intérêt à grossir aux yeux de sa généreuse épouse les difficultés qu'il rencontra en sa démarche.

Les juges en étaient à délibérer au Présidial sur mon sort et celui de mes compagnons, balançant s'ils devaient résoudre de nous arrêter sur le témoignage de Cabassus, quand le Vicomte leur fit demander d'être par eux incontinent reçu. Les juges furent fort étonnés que le Vicomte eût condescendu à venir à eux au lieu de les mander chez lui. Cependant, les plus acharnés, entendant fort bien ce qu'il allait leur demander, opinaient qu'il fallait d'abord décider, ensuite le recevoir. Mais le parti modéré l'emporta, jugeant qu'on ne pouvait faire au représentant du

Roi l'injure de le faire attendre, et que, du reste, il convenait de l'ouïr avant que de trancher.

Les juges se levant et s'inclinant fort bas quand il fut introduit par un bedeau, M. de Joyeuse les salua à son tour très civilement, et les pria de se rasseoir. Après quoi, il accepta le siège qui lui était baillé et dit tout uniment, sans sourciller, sans hausser la voix, et d'une voix plus chagrine que sévère :

— Messieurs, je gage que vous délibérez sur cette affligeante affaire où un petit cousin de ma femme s'est si imprudemment fourré et encore que loi soit loi, et la justice égale pour tous, vous me voyez fort marri à la pensée que mon parent puisse souffrir un sort dont le déshonneur rejaillirait sur moi. Il n'en reste pas moins, poursuivit M. de Joyeuse, que le crime est patent : nos trois écoliers en médecine ont déterré une ribaude et un orphelin, à vrai dire sans idée de lucre ni intention sacrilège, mais pour en savoir davantage sur la géographie du corps humain, comme le grand Vésale lui-même avait fait, enlevant en sa jeunesse un pendu au gibet de Louvain. Ramentevez-vous aussi, Messieurs, que le Chancelier Rondelet ne craignit pas de disséquer son propre fils pour connaître l'intempérie dont il était mort.

— C'est différent, dit un des juges. L'enfant n'était pas inhumé.

— Certes ! Certes ! Mais considérez, je vous prie, que par leur fâcheux déterrement, nos droles n'ont pas offensé, en Montpellier, de notable famille : l'orphelin était élevé par la charité publique. Et quant à cette ribaude — gouge vivant en vilité publique et tenant boutique de son devant — personne ne sait de qui elle était la fille. Du reste, nos droles l'ont, après dissection, réinhumée...

— Mais sans son cœur, dit un des juges.

— En avait-elle en son vivant ? dit M. de Joyeuse, esquivant avec adresse par cette petite gausserie les marécages d'une disputation théologique sur les difficultés d'un corps mutilé à recevoir tous les bénéfices de la Résurrection des morts. Reste, poursuivit-il, le petit orphelin dont on a fait un squelette.

Cas pendable, je vous l'accorde. Mais où est ce squelette ? Le savez-vous ? En l'Ecole de médecine. Nos
écoliers en ont fait un don anonyme à Monsieur le
Chancelier Saporta, lequel a eu l'imprudence
d'accepter. Il suit de là que si vous poursuivez mon
petit cousin et ses deux compagnons, il vous faudra
aussi poursuivre M. le Chancelier de l'Ecole de
médecine pour recel de cadavre.

— Et pourquoi non ? dit alors le plus acharné des
juges.

A cette réplique, qui n'était pas sans quelque
impertinence, M. de Joyeuse se rebiqua fort. Il fut un
instant avant de répondre, mais quand il répliqua,
son ton, sa face et son déportement changèrent du
tout au tout. Il se leva, et fort sourcillant (que son
courroux fût vrai ou contrefait) il dit d'une voix
irritée :

— Et pourquoi non, en effet ? Et pourquoi ne pas
me faire aussi, comme hier, un tumulte derrière
mon dos ? Et pourquoi ne pas lancer aussi des laboureurs zélés pour occire Cossolat, lequel, tout huguenot qu'il soit, me sert fidèlement ? Ou contre mon
petit cousin ? Ou contre ses compagnons ? Ou contre
le Chancelier Saporta, lequel est pareillement huguenot ? Messieurs, il ne suffit pas de juger. Il faut savoir
ce que l'on veut. C'est fort beau de jeter trois têtes —
dont celle de mon petit cousin — à la face des huguenots. Mais voulez-vous qu'ils prennent les armes et
viennent forcer les portes du Présidial pour vous
fourrer dans la geôle de ville ? Voulez-vous qu'ils se
saisissent de Montpellier, comme ils en ont le pouvoir, ayant le nombre et les armes et les talents qu'il
faut ? Et que pourrais-je faire alors, sinon me réfu-
gier avec ceux d'entre vous qui auront été épargnés
dans le fort Saint-Pierre pour y soutenir un siège
dont nul à l'avance ne pourra connaître l'issue ?

A quoi les juges pâlirent et, saisis tout soudain
d'épouvante, s'entrevisagèrent un instant en silence,
le nœud de la gorge serré.

— Monsieur le Vicomte, dit enfin l'un d'eux, d'une
voix tremblante, disposez-vous de si peu de moyens
pour protéger les loyaux sujets de notre souverain ?

— Je dispose d'une poignée de soldats dont d'aucuns — et les meilleurs — sont gagnés à la réforme et s'en cachent à peine.

— Mais, Monsieur le Lieutenant-Général, dit alors un des acharnés, nous pouvons espérer des renforts. Le Roi et la Reine-mère viennent de lever six mille suisses.

— En effet, dit M. de Joyeuse sur un ton d'ironie, six mille suisses dont nous ne verrons pas un seul céans. Pas plus que je ne verrai un écu, car le Roi aura besoin de toutes ses troupes et de toutes ses pécunes si les choses se gâtent davantage entre les huguenots et lui.

Là-dessus, les plus acharnés se mettant à craindre que de chasseurs ils ne devinssent chassés — perspective infiniment moins riante — ils s'accoisèrent et baissèrent la crête. Ce que voyant M. de Joyeuse, il s'approcha d'eux — qui s'étaient levés quand il avait quitté son siège — et il les envisagea fort gravement un à un. Après quoi, il dit, la face composée et la voix grave :

— Messieurs, j'en ai dit assez. Je ne voudrais pas peser sur votre décision. Délibérez et délibérez librement. Je vous quitte.

— Monsieur le Lieutenant-Général, dit alors le plus âgé des juges, vous ai-je bien entendu si je déclare qu'il faut, en ce procès, user de la plus grande circonspection pour ce qu'il touche aux intérêts du Roi dans la province du Languedoc ?

— Vous m'avez bien entendu, Monsieur le Juge, dit M. de Joyeuse avec un petit salut de la tête.

— Mais, Monsieur le Lieutenant-Général, poursuivit le juge, plaise à vous de bien vouloir éclairer plus précisément votre propos. Que requiert l'intérêt du Roi en cette affaire ?

— Que l'ordre public ne soit pas troublé à un moment où il ne tient qu'à un fil.

— Mais encore ? dit le Juge.

— Monsieur, puisque vous m'y invitez, je parlerai en soldat. Sans fard ni phrase. Vous avez dans vos mains Cabassus. C'est un athée. Brûlez-le. *Cela devrait suffire.*

Ayant dit, et sur un salut des plus brefs, M. de Joyeuse leur tourna le dos et s'en alla.

— Ha Fogacer! dis-je quand il vint me faire ce récit en l'hôtel de Joyeuse, parlez, parlez! Vous omettez le principal! Qu'en fut-il de cette délibération?

— Cette libre délibération, dit Fogacer en arquant son sourcil, dura une demi-heure. Après quoi on relut les minutes du procès qui retraçaient l'interrogatoire de Cabassus sous la torture, et fort gravement, on décida de brûler celles de ces minutes qui incriminaient les écoliers que vous savez.

— Je suis donc sauf! m'écriai-je.

— Si on ne vous assassine, dit Fogacer, étant céans un huguenot un peu trop voyant et vaillant et dont on pourrait craindre quelque action d'éclat si les huguenots prennent la ville. Et puis Siorac, quel meilleur moyen aurait-on de punir M. de Joyeuse d'être un catholique un peu tiède que d'occire son petit cousin?...

Comme l'été précédent, l'été 1567 en Montpellier fut d'une touffeur et d'une chaleur à ne plus pouvoir souffle prendre. Derechef, on arrosa les rues et on tendit d'une maison à l'autre des cordelettes supportant des roseaux pour ombrer la rue et rendre la marche plus aisée, pour ce que le pavé, au zénith, était si brûlant qu'on y eût pu cuire un œuf.

Afin que de me protéger contre mes ennemis, j'avais obtenu du Chancelier Saporta, par dérogation spéciale, de porter dague, épée et pistolet rue du Bout-du-Monde et même en l'enceinte de l'Ecole, et je ne sortais jamais ni de l'Ecole ni de l'apothicairerie sans être accompagné de Miroul et de Samson. Le mercredi, Mme de Joyeuse avait la bonté d'envoyer son carrosse me quérir rue de la Barrelerie, avec deux grands faquins armés sur le marchepied arrière, et un archer portant arquebuse à côté du cocher. Elle me faisait ramener chez moi la nuit dans le même appareil.

Pour ne point m'exposer, la Thomassine me défendit de mettre le pied chez elle, le quartier de Saint-Firmin grouillant, la nuit tombée, de gueux désespérés dont on eût armé le bras contre moi pour quelques sols. Mais louant une chaise, elle se fit porter par son gardien Espoumel et un honnête maraud, tous deux armés, jusqu'à l'apothicairerie où elle osa monter me visiter en ma chambre, richement vêtue, les traits masqués et une voilette de soie noire jetée sur ses cheveux. Elle eut le front de dire au cyclopéen Balsa qu'elle était ma cousine, et Balsa, fort troublé, le répétant au très illustre maître, celui-ci, hochant la tête, se borna à citer un passage du Coran : « Si la montagne ne va pas à Mahomet, Mahomet ira à la montagne. »

Je sus plus tard par Luc que Dame Rachel, le fiel lui coulant des lèvres et le venin des yeux, lança à cette occasion contre son mari une furieuse diatribe, l'accusant de tolérer sous le toit où elle-même vivait l'éhontée et répétée fornication d'une gouge vivant en vilité et d'un déterreur de cadavres.

— Une fornication, Madame ? dit Maître Sanche en sourcillant. Avez-vous écouté à la porte de M. de Siorac ?

— Moi non. Mais Concepcion l'a fait.

— Concepcion fera donc sur l'heure son paquet, dit Sanche, et bien inspirée vous fûtes, Madame, de ne pas l'imiter. Il vous en aurait cuit.

Là-dessus, il lui tourna le dos, la laissant bouillir et rebouillir dans les poisons que son âme aigre sécrétait.

Vers la fin août, Cossolat me fit mander à l'auberge des *Trois-Rois* où je le trouvai dans le petit cabinet de l'alberguière, la mine fort soucieuse devant un rôt et un flacon.

— Ha Pierre ! dit-il, les choses vont mal. Je le tiens de M. de Joyeuse qui m'en a informé ce matin.

— Fort mal ? dis-je, pour moi ? pour les nôtres ?

— Pour le royaume.

Là-dessus il vida son gobelet et, m'ayant fort gravement envisagé, il poursuivit :

— Vous vous ramentevez sans doute les alarmes que nous avions conçues quand Philippe II, pour châtier les « gueux » des Flandres — qui ont même religion que nous — fit filer une puissante armée le long de nos frontières. Condé et Coligny demandèrent alors à Catherine de Médicis et au Roi la levée de six mille suisses. Ce qui fut fait. Mais l'armée de Philippe II ayant atteint le Luxembourg, Catherine de Médicis, ne craignant plus pour son royaume, changea de camp comme à l'accoutumée et fit porter à l'Espagnol six mille charges de blé. Pierre, avez-vous bien ouï cette infamie ? Le Roi de France ravitaillait les troupes qui allaient massacrer nos frères réformés des Flandres ! Qui pis est : le Roi, l'Espagnol parti, ne licenciait pas les suisses ! En vain, Condé demandait quotidiennement leur renvoi. Savez-vous ce que le Connétable à la fin lui dit ? « Que voulez-vous qu'on fît de ces suisses si bien payés si on ne les employait pas ? » Et les employer contre qui ? poursuivit Cossolat en abattant son poing sur la table. Puisque l'Espagnol était dans les Flandres !

On toqua à l'huis, et l'alberguière, passant la tête, me demanda si je voulais moi aussi un rôt et un flacon.

— Certes, mamie, dis-je, mais cette fois-ci je ne les paierai pas si cher.

A quoi elle rit, et Cossolat aussi, mais d'un ris qui ne passa pas le bout de ses dents, tant il avait martel en tête de son grand souci.

— Vous entends-je, Cossolat ? dis-je quand elle fut partie. L'Espagnol étant aux prises avec les gueux des Flandres, les suisses, cessant d'être contre eux un bouclier, deviennent en France un pistolet pointé contre les nôtres ?

— Vous m'entendez fort bien.

— Et que fit Condé pour désarmer ce pistolet ?

— Il réclama la charge de Lieutenant-général. S'il l'avait obtenue, il eût été, certes, malaisé de tourner les suisses contre les huguenots, puisque dans cette hypothèse, c'est lui qui les aurait commandés.

— Mais, dis-je assez troublé, n'était-ce point s'avancer beaucoup pour un huguenot, fût-il prince du sang, que de briguer une charge qui faisait de lui le second du royaume après le Roi?

— Assurément! Mais que décider en ce prédicament? Il y a une logique dans les choses. A méfiance, méfiance répond.

— Et que fit le Roi à front de cette grande prétention de Condé?

— Le Roi ne fit rien. La Reine-mère fit tout. Elle dressa contre Condé son autre fils tant chéri, son mignon adoré: le Duc d'Anjou [1]. Et ce béjaune qui se pimploche comme femme, se pulvérise de parfums et mange ses viandes avec une petite fourche...

— Ho pour cela, dis-je en riant, M. de Joyeuse en fait autant!

— C'est différent, dit Cossolat en sourcillant, M. de Joyeuse est un homme. Bref, le Duc d'Anjou, en plein conseil, osa parler avec de grosses dents à Condé, lui reprochant de fort insolente guise de briguer une charge qui lui revenait à lui, frère du Roi. Titre qu'il fit sonner à grandes cloches!

— Et quoi de très étonnant à cela? dis-je. N'en feriez-vous pas autant à sa place?

— Mais le Duc d'Anjou est un béjaune! s'écria Cossolat. Pardonnez-moi, mais il a tout juste votre âge! Et il n'a jamais commandé! Et surtout, Pierre, l'inouïe bravade, défiance et menace dont il usa! Il marcha sur Condé et le tança et rebiqua comme un valet, tenant son épée sur le pommeau fort haute, affectant de tâter sa dague, et tantôt haussant et tantôt enfonçant son bonnet, et lui disant, entre autres fâcheuses paroles, qu'il le « rendrait aussi petit compagnon qu'il voulait faire le grand! »

— Ha pour le coup, dis-je, c'est traiter fort mal un prince du sang et le chef d'un parti aussi puissant que le nôtre! Que fit Condé?

— Il écouta, découvert, cette merveilleuse algarade, puis saluant et sans mot piper, quitta la Cour dans l'heure, craignant d'y être assassiné.

1. Le futur Henri III.

434

— Ha Cossolat! dis-je, c'est la guerre! N'est-ce pas pitié? La guerre qu'aucun des deux partis ne veut : et pourtant ils s'y jettent, front baissé par la grande méfiance et peur qu'ils ont l'un de l'autre.

On toqua à l'huis, et l'alberguière entra, qui m'apportait à manger, et nous répartit équitablement des souris et des œillades, lesquels pourtant tombèrent à plat, Cossolat et moi-même nous entrevisageant, cois et la crête fort basse, ayant le cœur serré de cette grande querelle entre sujets d'un même Roi.

— Pierre, dit Cossolat, quand l'alberguière s'en fut allée, que ferez-vous si les huguenots de Montpellier tâchent de s'emparer de la ville?

— Ha Cossolat, dis-je, voilà donc la raison de cet entretien! Vous me sondez! Vous avez reçu mandat de me sonder! Et cependant ma réponse, vous l'avez déjà! Mon père n'a point consenti à tirer l'épée contre son Roi lors des premiers troubles dont la France a été si durement travaillée, et à cette occasion que voici je ne tirerai pas la mienne davantage, sauf...

— Sauf?

— Sauf si les acharnés papistes nous veulent céans faire un massacre comme à Vassy il y a cinq ans.

— Cela n'est pas à craindre, dit Cossolat. Nous sommes ici tant plus forts qu'ils ne sont.

— Nous, Capitaine Cossolat? dis-je avec un demi-sourire et cependant gravement assez. Nous? Dans quel camp êtes-vous? N'êtes-vous pas un officier de M. de Joyeuse? Et que ferez-vous s'il vous demande d'affronter les nôtres, les armes à la main?

— Ha Pierre! dit Cossolat avec un profond soupir, c'est là tout justement le point! Et tant s'en faut que je l'aie résolu! Loyal je suis et je veux être au souverain. Et pourtant!...

Je quittai Cossolat non sans quelque compassion pour la grande doutance où je le voyais, déchiré qu'il était entre sa foi et son Roi, et ne sachant ni voulant choisir. Et bien je me ramentevais que mon père, ayant refusé lors de la première de nos guerres civiles de se joindre à l'armée huguenote de M. de Duras (celle-là même qui assiégea Sarlat) en eut la conscience fort longtemps tourmentée, l'oncle Sauveterre lui disant, pour le conforter, que dans une affaire qui mettait en jeu des devoirs divisés, quel que fût le parti auquel on s'arrêtait, « on ne pouvait que se sentir ensuite dans son tort ».

Le 21 septembre, en ouvrant ma fenêtre le matin, et fort étonné de trouver le ciel noir et menaçant — car il avait fait fort chaud jusque-là —, je me penchai pour voir si le pavé luisait ou non de pluie et dans ce mouvement que je fis, je découvris des hommes vêtus de longues chemises pourpres, entassant un bûcher sur la place des Cévenols. Le nœud de la gorge tout soudain me serra et je sus qu'on allait brûler Cabassus. Ce que me confirma Fogacer, lequel entrant dans ma chambre sans toquer, pâle et la face chagrine (car il avait deux raisons, comme on sait, de craindre un sort semblable), envisagea sans mot dire, debout à mes côtés, les funèbres préparatifs du bourreau et de ses aides. Au bout d'un moment, les archers de Cossolat apparurent, prirent place tout autour du bûcher et dans les rues circonvoisines afin de contenir le peuple qui commençait déjà d'affluer, le brûlement d'un homme n'étant point spectacle à manquer. Et Fogacer, observant que les soldats étaient fort nombreux et armés en guerre, en conclut que Cossolat craignait — non sans bonne raison — la répétition du tumulte qui avait suivi la dégradation de l'abbé.

— Pierre, me dit-il, fermez à demi vos deux pans de rideau, mettez un masque, et sur vos blonds cheveux qui ne sont point si communs en Languedoc, posez une toque afin de n'être point reconnu. Je vais incontinent aviser le très illustre maître d'avoir à fermer boutique et cadenasser huis et fenêtres, car bien nous savons que s'il y a tumulte, d'aucuns de ces marauds courront à la picorée.

Ma fenêtre donnant de bonnes vues mais étant par là fort visible aussi de la place, je fis comme il avait dit, je mis un masque et me couvris le chef. Et Samson entrant dans ma chambre comme Fogacer en sortait, et fort étonné de mon appareil et de l'agitation de la rue, ouvrit tout grands ses yeux azuréens et demanda qui on allait brûler.

— Un athée, dis-je sans vouloir entrer plus outre dans le détail de l'affaire, et ayant remis jusqu'à ce jour de confesser à mon frère le déterrement que j'avais commis.

— Un athée? dit Samson sans battre un cil. Ha! On fait bien!

— Monsieur mon frère, dis-je la voix tremblante, ce « on fait bien » me fâche fort. Vous qui avez le cœur si tendre et si piteux, comment pouvez-vous envisager avec tant d'inhumaine froidure les tourments indicibles que va subir ce malheureux?

— Mais c'est un athée! dit Samson. Quand l'illustre Michel Servet nia la Sainte-Trinité, négation qui était crime, mais crime moins abominable que l'athéisme, notre Calvin le fit à Genève brûler.

— Aussi bien, dis-je, n'est-ce pas ce que notre Calvin fit de mieux.

— Quoi! s'écria Samson, vous censurez Calvin!

— Calvin n'est ni Dieu ni prophète. Pourquoi ne le devrais-je pas censurer?

— Mais nier la Sainte-Trinité est crime!

— C'est erreur et non point crime. Samson, comment pouvons-nous exiger pour nous la liberté de conscience que les papistes nous refusent, si nous la refusons à ceux qui n'opinent point comme nous?

— Mais un athée, mon frère, un athée! s'écria Samson, comment peut-on souffrir pareille vermine sur la surface de la terre?

— Ha Samson! dis-je perdant patience, brisons là. Retirez-vous, je vous prie, en votre chambre et me laissez seul. Je n'ai pas le cœur à disputer plus outre.

Sur quoi, fort navré de ma rebuffade, la face cramoisie et quelques pleurs se formant aussi au bord des cils, Samson me quitta, non sans que je conçusse incontinent quelque remords de ma rudesse.

On toqua à l'huis et Fogacer réapparut, ayant mis

pareillement un masque, pour ce que de sa présence, me dit-il, s'il était reconnu, on eût pu conclure à la mienne. Dans l'instant où il m'expliquait ceci, la pluie commença à tomber d'abord à grosses gouttes, ensuite à flots, avec accompagnement de grêle et d'une bise fort aigre et sentant davantage son hiver que la fin de l'été.

— Ha! dit Fogacer, le bois sera mouillé et brûlera petit. Ce sera long. Cabassus va immensément pâtir — à moins que Vignogoule, au moment où il boutera le feu, ne l'étrangle — ce que je crois, ajouta-t-il après un temps.

— Qui vous le fait croire?

— Le poteau qui s'élève au centre du bûcher est percé d'un trou par où passe une corde terminée par un nœud coulant.

— Et qui décide que le condamné soit étranglé avant que les flammes l'atteignent?

— Le Présidial. Mais c'est une miséricorde secrète. Et Vignogoule l'applique bien ou mal, selon qu'il est payé ou non par les amis du condamné. Et qui oserait ce jour d'hui être l'ami d'un athée?

— Moi! m'écriai-je. Moi qui vais porter incontinent cinq écus à Vignogoule pour qu'il étrangle proprement Cabassus.

Et ce disant, je courus comme fol à la porte, laquelle s'ouvrit et laissa apparaître Maître Sanche.

— Mon beau neveu, dit-il la mine sévère, j'ai ouï en entrant ce que vous avez dit. Cela ne se peut. L'huis est clos, toute fenêtre cadenassée et toute issue barrée. En outre, le Présidial vient d'arriver, et les chanoines, et Cossolat. Ce serait démence que de corrompre le bourreau devant eux.

Je courus à la fenêtre. Il disait vrai : à cheval tous, mais d'aucuns aussi à mulet, les juges du Présidial et les chanoines qui, avant eux, avaient condamné Cabassus à la dégradation, entouraient le bûcher, la mine fort grave et compassée, mais cependant jasant entre eux à voix basse et paraissant fort impatients d'en avoir fini. Derrière eux et formant comme un rempart pour écarter la foule et des juges et du bûcher, Cossolat avait disposé en cercle deux rangs d'archers.

Cossolat poussait son cheval à dextre et à senestre, son œil aigu sous le noir sourcil fouillant sans cesse tout l'alentour et jusqu'aux fenêtres des maisons, celles-ci étant garnies d'une infinité de personnes des deux sexes et jusqu'à des femmes grosses et des mères allaitant leur petit, lesquelles riaient, clabaudaient et se gaussaient comme si elles allaient assister à un jeu de farce ou de batellerie. La foule sur la place, à ce que je pus en deviner (car Fogacer, me saisissant le bras, m'empêcha d'écarter les deux pans du rideau), était immense, et je sus, sans le voir encore, que Cabassus apparaissait quand une huée s'éleva qui fut tant forte, stridente et sauvage qu'elle me glaça et que je fus un moment avant d'entendre les mots qui étaient hurlés avec tant de haine par des milliers de bouches.

— Brûle, athée! Brûle!

— Ha! dit Fogacer fort pâle et me saisissant la main, qui a dit que l'homme est un loup pour l'homme? Ce dicton n'a qu'un tort : il diffame le loup.

— Je ne peux en voir davantage, dit alors Maître Sanche, la voix tremblante, je retourne en mon officine. Et incontinent il nous quitta.

Cabassus, encore qu'il fût flanqué de deux archers, n'avait ni les jambes entravées ni les mains liées, mais toutefois marchait avec une peine infinie et comme titubant, tant parce qu'il était mal remis des tortures qu'il avait subies que parce qu'on lui avait attaché sur le dos une grosse botte de paille qui gênait beaucoup ses pas et qui était, je gage, comme le symbole du sort qui l'attendait. La foule du reste ne s'y trompa point qui fit là-dessus des quolibets et gausseries, criant : « Bats le briquet, scélérat, et rôtis-toi! » Mais cette vue déplut fort aux chanoines, peut-être parce que ce fardeau, tout dérisoire qu'il fût, leur ramentevait la croix qu'on avait fait porter à Christ sur son Golgotha. Tant est qu'après en avoir entre eux disputé, le plus âgé d'entre eux, se dressant sur ses étriers, cria à Vignogoule d'ôter la botte. Ce que le bourreau fit, au grand rechignement et déplaisir de la foule qui, n'osant huer les chanoines, le conspua.

A ce moment, la pluie, qui avait cessé à l'arrivée des archers, reprit, mais point tant à flots qu'à petites gouttes serrées et continues, comme un rideau qui fût tombé tout soudain du ciel, lequel était jusqu'à l'horizon fort noir avec des trouées livides. Les soldats qui avaient accompagné Cabassus s'étant retirés, le condamné resta seul au pied du bûcher, vêtu du pourpoint usagé et troué dont on l'avait revêtu quand on l'avait réduit à l'état laïc. Il ne roulait point les yeux et paraissait fort calme, et tout aussi résolu que le matin de sa dégradation.

Un des juges du Présidial, s'avançant alors à cheval jusqu'à Cabassus, déroula un rouleau qu'il tenait à la main, et lut sa sentence en latin, en français et en oc. Quoi fait, il demanda à Cabassus s'il avait quelque chose à ajouter, et Cabassus dit d'une voix haute et claire :

— Je meurs pour témoigner de la vérité.

— Le temps n'est plus à la disputation, dit le juge en sourcillant et, se tournant vers Vignogoule, il s'écria d'une voix forte :

— Vilain, fais ton office.

A ce commandement, la foule à tout rompre battit des mains et trépigna, étant bien aise que le spectacle dont l'attente l'avait maintenue sous la pluie et dans la froidure commençât enfin. Sur les faces que j'envisageais aux fenêtres et fenestrous de la place, je ne voyais que plaisir et soulas, comme s'il se fût agi d'un feu de la Saint-Jean autour duquel on eût eu appétit à danser et à s'ébaudir. On eût dit que Cabassus, étant athée, relevait d'une autre espèce que l'espèce humaine, et qu'il devenait aussi licite et plaisant de le brûler au milieu de tout ce bois, que les insectes assez mal avisés pour avoir élu gîte dans les fagots.

Vignogoule, à ouïr le juge, s'approcha à pas de velours de Cabassus et, lui posant les deux mains sur

les épaules en un geste qui tenait davantage, semblait-il, de l'affection que de la brutalité, lui parla à
l'oreille. Sur quoi, Cabassus, faisant du chef un signe
d'assentiment, s'assit sur un fagot, quitta ses chaus-
sures, puis se relevant, ôta ses chausses et son pourpoint, lesquels il plia avec le dernier soin et rangea
fort proprement en pile sur le bois comme s'il eût dû
les remettre, son brûlement achevé. Quoi fait,
debout, en chemise, les pieds nus sur le pavé luisant,
il attendit, ses cheveux gris collés par la pluie,
laquelle ruisselait sur sa face, sans que celle-ci bougeât et sans autre effet que de la faire, par moments,
frissonner. D'aucuns marauds, observant ce tremblement, lui crièrent qu'il n'allait pas tarder à se
réchauffer. Mais cette gausserie fit éclore peu de
rires, la foule n'ayant d'yeux dans l'instant que pour
Vignogoule.

Le bourreau — celui-là même qui m'eût tranché le
chef si le Présidial m'avait fait mon procès — était
une vraie montagne d'homme, haut de six pieds au
moins, gros et gras en toutes les parties de son corps,
du croupion à la bedondaine et de la bedondaine aux
tétins, lesquels tombaient sur son torse comme ceux
d'une garce ; la face grasse aussi, les yeux fort pâles
et délavés, les cheveux, les sourcils et les cils non
point tant blonds que sans couleur. Bien que sa force
fût prodigieuse, il se mouvait avec une mollesse
extrême, dodelinant du chef, son ventre sur sa ceinture tressautant, son large cul se balançant dans ses
chausses, et le pied se posant sur le sol avec aussi
peu de bruit que la patte d'un chat, sauf que cette
patte était monstrueuse, comme ses mains, tant
grandes, fortes et puissantes qu'elles pouvaient
étrangler, le temps d'un battement de cils, l'homme
le plus robuste comme elles l'eussent fait d'un
pigeon.

En son déportement ordinaire, Vignogoule n'eût
pu, semblait-il, tuer mouche ou moustique car de cet
énorme corps sortait une voix fort douce. Son geste
était rond et caressant, et sa contenance, suave,
benoîte et pateline. Cependant, ayant le cœur vide de

toute humanité, mais bien à rebours, une friandise inimaginable pour le pâtiment d'autrui, dès que le moment venait pour lui de mettre à la question un malheureux, ou de l'étrangler, ou de le décapiter, ou de le pendre ou de le brûler, son œil fixé sur sa victime tout soudain s'exorbitait, sa pupille se dilatait, il ouvrait toute grande la bouche et son souffle devenait tant rauque et bruyant que s'il besognait une garce.

Combien qu'elles aimassent les spectacles qu'il leur donnait, Vignogoule était haï, honni et déprisé des bonnes gens, peut-être parce que son infâme cruauté leur présentait de la leur un miroir qui la grandissait. Dès que Cabassus fut dévêtu et en chemise, Vignogoule, qui dominait son frêle et maigre corps de la tête et des épaules, se mit, en l'envisageant, à haleter comme un soufflet de forge, ses larges mains tremblant au bout de ses doigts, et le blanc de l'œil lui sortant des paupières. Et encore que le populaire retînt son souffle pour épier le sien, il ne put longtemps supporter l'odieuse volupté du bourreau et, éclatant tout soudain en haine et en imprécations, il hurla :

— Brûle-toi, Vignogoule ! Brûle-toi !

A quoi le juge-mage fit battre le tambour, et le silence se faisant sur la place, il se tourna vers Vignogoule et lui dit avec un dégoût extrême :

— Fais ton office, vilain, sans tant languir.

Vignogoule, toujours haletant et l'œil dilaté, s'avança alors vers Cabassus et lui donnant du plat de la main, dans le dos, une poussée fort douce et quasi caressante, de l'autre main, il montra le bûcher, mais sans mot piper, ne le pouvant sans doute, son souffle étant si laborieux. Sur quoi Cabassus s'élança joyeusement sur les fagots par des degrés qu'on y avait ménagés, et comme sans doute le bourreau le lui avait dit, s'assit au pied du poteau, les jambes repliées sous lui. En cette position, il attendit avec une émerveillable patience, la face calme et sans battre un cil, encore que toujours frissonnant de la froidure et de la pluie.

Vignogoule, toujours haletant, monta à son tour sur le bûcher et, liant les mains de Cabassus sur sa poitrine à la hauteur de l'épigastre, lui attacha le torse au poteau de plusieurs tours de cordelette, faisant un nœud à chaque tour derrière son dos afin, je gage, que si la flamme attaquait le chanvre, la cordelette ne se défît pas pour autant en totalité. Ensuite, il passa autour du col du condamné le nœud coulant que Fogacer m'avait montré, et vérifia si le bout libre coulissait bien à travers le trou percé dans le poteau. Quoi fait, il posa sur les fagots, à une demi-toise environ de Cabassus, et devant lui, le manuscrit de son traité sur l'athéisme que la sentence du Présidial avait ordonné de brûler en même temps que le condamné. Il n'apporta pas le manuscrit en le tenant dans ses mains mais au bout de grandes tenailles comme s'il eût craint, en le touchant, d'être par lui infecté.

Vignogoule fit tout cela avec une excessive lenteur et mollesse, le ventre, le croupion et les tétins à chaque pas ballant et branlant, mais cependant dans sa face qui paraissait comme endormie, l'œil toujours exorbité et la bouche, grande ouverte, laissant passer le souffle rauque et bruyant que j'ai dit. Quant à Cabassus, sa face changea et devint tout soudain fort chagrine quand il vit son *Nego* placé sur les fagots et il fit alors quelques mouvements de ses mains et de son torse dans les liens qui l'attachaient. Mais tout aussitôt retombant dans son immobilité, et baissant les yeux, il remua les lèvres comme s'il priait.

Cela ne laissa pas d'étonner et d'émouvoir les chanoines, lesquels ayant à nouveau conciliabulé, le plus âgé s'avança à cheval jusqu'à toucher le bûcher, et demanda d'une voix forte à Cabassus si Dieu avait touché son cœur endurci et si la foi lui était revenue.

Cabassus fit non de la tête.

— Et cependant, tu pries! dit le chanoine.

— Je ne prie pas, dit Cabassus d'une voix haute et claire. Je me répète les raisons que j'ai de ne pas croire.

— Quelles raisons valent contre la révélation? s'écria alors le chanoine.

A cela, Cabassus sourit — je dis bien : il sourit et dans le silence de la place, il dit d'une voix merveilleusement nette et distincte :

— Il faut croire qu'elles valent puisque vous les brûlez.

Le chanoine, la face fort navrée, haussa les épaules et tournant son cheval, reprit sa place parmi ses pairs.

— Poursuis, vilain! cria le juge-mage à Vignogoule, et celui-ci, battant le briquet, alluma les torches et les bailla à ses aides qui mirent le feu au bûcher sur le devant et sur les deux côtés, mais non sur l'arrière, le bourreau voulant sans doute se ménager un passage pour atteindre le condamné.

Encore que les fagots de dessous brûlassent assez bien, ayant été protégés de la pluie par ceux qui étaient dessus, le feu gagnait peu en hauteur et dégageait plus de fumée que de flammes. Celles-ci, pourtant, finirent par venir lécher le *Nego*, et tout soudain, il flamba, illuminant la face de Cabassus lequel, tournant les yeux vers les chanoines, s'écria d'une voix extraordinairement forte :

— Quand même moi et mon *Nego* serons réduits en cendres, nos cendres crieront vers vous : Dieu n'est pas!

Le juge-mage fit alors un geste avec le rouleau qu'il tenait à la main et Vignogoule, toujours haletant, monta par l'arrière sur le bûcher, saisit le bout de la cordelette qui passait par le trou du poteau et le tira à lui, mais d'un geste assez mol et comme à regret.

— Dieu merci, il l'étrangle! dit Fogacer, me serrant la main et me laissant étonné qu'il évoquât le Tout-Puissant — ce qu'il ne faisait mie en son ordinaire.

Et en effet, le nœud coulant serrant son col, la tête de Cabassus retomba inerte sur sa poitrine et le populaire, d'une seule clameur, hua le bourreau comme s'il était marri que Cabassus mourût par la corde, et non par la flamme. Son dépit, toutefois, fut de courte durée car le feu commençant à gagner l'endroit où le condamné était assis, celui-ci tout soudain s'agita et se convulsa dans ses liens, et relevant la tête, se mit à hurler dans un atroce pâtiment, étant attaqué par le fondement.

— Ha Vignogoule! cria Fogacer me meurtrissant la main, tant il la serrait. Ha gueux! Ha scélérat! Tu ne l'as étranglé qu'à demi et jusqu'à la pâmoison, mais pas plus outre.

Cependant Cabassus hurlait à tordre le cœur le plus dur et d'autant que le bûcher auquel de tous côtés maintenant les aides boutaient la torche, bien loin de s'embraser et d'en finir avec le supplicié, brûlait à feu chétif et menaçait même çà et là de s'éteindre, la pluie tout soudain redoublant.

— Vilain! s'écria le juge-mage en se dressant sur ses étriers, sourcillant et cramoisi, si tu n'actives ce feu, tu perdras ta place!

Oyant quoi, Vignogoule courut à l'apothicairerie de Maître Sanche et, toquant à l'huis des coups répétés, lui demanda de l'huile de térébenthine pour redonner vie aux flammes. Personne ne lui répondant, Fogacer me quitta pour aller voir ce qu'il en était et le bruit de ses pas avait à peine cessé que je vis, me penchant (mais entre deux pans de rideaux, prenant grand soin qu'on ne m'aperçût), Maître Sanche entrebâiller son huis et dire qu'il donnerait ce qu'il avait d'huile, mais qu'il en avait fort peu, et assurément point en quantité suffisante pour embraser le bûcher.

— Bourreau! cria le juge-mage à Vignogoule, quiers de la paille!

Cependant, Cabassus brûlait à feu petit, et les flammes le léchant mais sans s'élever, se convulsait comme fol dans ses liens et poussait des cris stridents et déchirants, sans que personne ne pût prévoir quand finirait son supplice, la paille devant être quise à la sortie de ville et ramenée en chariot, ce qui demanderait une bonne heure. Et la hurlade du malheureux à la fin incommodant la populace, celle-ci, par une étrange révolution de ses sentiments, commença à plaindre son pâtiment et gronder contre le bourreau et même contre ses juges, et d'autant que tout soudain des éclairs aveuglants et des coups de tonnerre éclatèrent au-dessus de la ville, comme si le ciel lui-même eût été mécontent qu'on brûlât si mal celui qui le niait.

Un fol (comme il en est toujours en ces grands concours de peuple), prophétisant et hurlant à maintes reprises que Cabassus n'allait pas tarder à être foudroyé par le Tout-Puissant, il y eut dans la foule un flux et reflux fort étonnant, d'aucuns, craignant la foudre, s'éloignant du bûcher et d'autres, pour mieux la voir tomber sur Cabassus, s'en rapprochant, ce qui produisit quelque tumulte, le flot montant et le flot descendant se heurtant et le heurt amenant des insultes, des coups et des navrements.

Le remuement de la foule inquiétait fort les juges et les chanoines qui, cependant, devaient demeurer là jusqu'au terme de l'exécution, si fort incommodés qu'ils fussent par l'épaisse fumée qui s'échappait du bûcher et que le vent poussait de leur côté, et sans qu'ils pussent bouger non plus, les archers étant derrière eux et leurs piques à l'horizontale, contenant à grand'peine le populaire. Quant à Cossolat, entouré d'un fort peloton d'archers, il tâchait d'apaiser les échauffourées éclatant çà et là et poussant son cheval vers elles, il cajolait et menaçait tour à tour la foule comme à son ordinaire, mais celle-ci, comme affolée par les stridentes hurlades de Cabassus, par les éclairs qui traversaient le ciel noir et livide et les roulements interminables du tonnerre, ne répondait à ses appels que par des grondements sauvages.

Ma décision fut prise en un clin d'œil. J'armai une arquebuse et, prenant bien garde que son canon ne dépassât pas les deux pans du rideau, je visai Cabassus au cœur.

— Par tous les diables de l'Enfer! s'écria Fogacer en entrant dans ma chambre et, courant, il abaissa le canon de mon arme, qu'allez-vous faire, Siorac? Etes-vous fol? N'avez-vous pas des ennuis et des traverses assez? Tuer un condamné, c'est meurtrerie, c'est crime capital! Allez-vous offenser le Présidial et risquer votre chef à nouveau?

— Fogacer, dis-je, observez que les juges et les chanoines sont aveuglés par la fumée, que Cossolat a fort à faire avec la foule, que le tonnerre roule sans discontinuer, que mon arquebuse ne sera pas ouïe, et qu'enfin on ne pourra trouver trace de ma balle, Cabassus étant réduit en cendres. Fogacer, serais-je assez couard pour accepter que Cabassus atrocement agonise une grande heure encore? J'ai quelque part à ce bûcher, comme vous savez.

— Vous n'en eûtes aucune! s'écria Fogacer tenant toujours mon arme abaissée. Cabassus est là pour avoir écrit le *Nego* et pour ce qu'il désirait à force forcée le martyre.

— J'ai fourni l'occasion de sa perte.

— L'occasion mais non la cause! s'écria Fogacer.

— Ha logicien! m'écriai-je. Nous disputons et il hurle! Otez la main de ce canon, Fogacer! Ma décision est prise!

Fogacer m'envisagea un petit en silence, puis lisant dans mes yeux qu'il ne saurait m'ébranler, il lâcha mon arme. Je la mis à l'épaule, visai avec un soin extrême, retins mon souffle, et fis feu. Je reculai incontinent afin que la fumée qui s'échappait du canon ne fût pas vue; après quoi posant l'arquebuse contre un mur, je courus à la fenêtre. La tête de Cabassus pendait sur sa poitrine, son corps ne bougeait mie, sa hurlade avait cessé. Et comme au même instant, le hasard le voulant, le tonnerre se tut et la pluie s'arrêta, un grand silence se fit sur la place des Cévenols, le remous en tous sens des vagues fluantes et refluantes de la foule s'apaisa, et tous demeurèrent cloués sur place et comme étonnés. Là-dessus, les chanoines se concertèrent à nouveau et le plus âgé, se dressant sur ses étriers et s'adressant au peuple, dit d'une voix forte :

— La fumée de l'impie qu'on brûlait a irrité le ciel et vous avez vu l'effet de son courroux et de sa compassion.

Le peuple répondit par une clameur de liesse à cette phrase, laquelle était, au demeurant, fort habile car sans dire tout à fait que le Seigneur avait foudroyé Cabassus — personne n'ayant vu un éclair le frapper — elle laissait cependant entendre qu'il était intervenu tout à la fois pour châtier l'athée et pour mettre fin, dans sa miséricorde, à son interminable agonie.

— C'en est fini! reprit le chanoine quand, le populaire s'accoisant, il put de nouveau parler. Récitez avec nous le Notre-Père. Quoi fait, que chacun rentre en sa chacunière sans troubler l'ordre public.

D'une voix tonnante qui parut remplir toute la place, il commença alors l'oraison dominicale, laquelle fut entonnée à sa suite par la foule avec une émerveillable ferveur.

— Eh bien, Siorac! dit Fogacer en arquant son sourcil et parlant d'une voix amère et dépit, vos lèvres ne remuent point! Vous ne faites pas oraison? Vous ne priez pas avec ces chattemites qui osent parler de compassion! Vous êtes pourtant l'auteur unique et véritable du miracle qu'ils célèbrent!

— Ha Fogacer! dis-je, ne raillez pas! Ce bûcher est une abomination et de ma vie je ne l'oublierai.

Et ce disant, fermant ma fenêtre, je m'assis sur une escabelle, et mis la tête entre mes mains.

— Quoi qu'il en soit, dit Fogacer, une chose est sûre : après ce miracle-ci, personne ne pourra vous accuser d'avoir tiré.

En quoi, comme il me l'apprit lui-même le lendemain soir (ayant vu son ami), il se trompait. Les juges du Présidial soupçonnèrent qu'un quidam avait, d'une fenêtre, achevé Cabassus d'un coup d'arquebuse et opinèrent que personne d'autre que moi n'aurait eu l'audace de le faire ni de le faire d'une fenêtre plus commodément située. Mais après en avoir entre eux longuement disputé, ils décidèrent qu'ils ne pourraient enquêter là-dessus sans contredire la version de l'intervention divine que tout le peuple croyait, ni affronter derechef le Vicomte de Joyeuse. Cependant, leur exécration pour moi grandit à proportion de leur impuissance, et Fogacer, me répétant leurs venimeux propos, me conseilla de quitter la ville, au moins pour un temps.

— Si vous avez pu tirer sur Cabassus, dit-il, un gojat ne pourrait-il aussi tirer sur vous d'une fenêtre, tandis que vous passez dans la rue? Et à quoi vous servira alors d'être si vaillant et si bien armé?

Dix jours après l'exécution de Cabassus, on brûla la Mangane, brûlement dont j'eus grande compassion, encore que cette pauvre folle m'eût mis à pain d'angoisse avec son nouement d'aiguillette. Mais n'avais-je pas bien reconnu que c'était farce et batellerie, comme le reste de ses simagrées? Et ne savais-je pas bien, comme Fogacer avait dit, qu'on la brûlait pour ce qu'elle troublait les esprits du populaire en feignant d'adorer le démon, et non point pour son pouvoir démoniaque, lequel n'existait point. Quant à la misérable mignote, élevée par des fols dont c'était le rêve et délire d'avoir commerce avec l'Enfer, comment n'eût-elle pas joué avec un pensement dont elle avait sucé le lait dès l'enfance? Nourris à Dieu, nous le confessons. Nourrie au diable, elle l'avouait. Etait-elle sorcière? Je dis que non. Et qu'elle-même le crût et le décrût à la fois, j'en veux la preuve en ce qu'elle me prît pour Belzebuth quand la chose l'accommodait, et dès qu'elle fut sortie de mes bras, fut fort dépit de sa commode erreur.

Je ne sais qui paya à cette occasion Vignogoule, mais d'après ce qu'on me dit, il apparut qu'au rebours de ce que le bourreau avait fait pour Cabassus, il étrangla fort proprement la pauvre garce dès qu'il eut bouté le feu, si bien que le temps étant remis au beau et les fagots fort secs, le bûcher s'embrasa en un battement de cil et réduisit en cendres un corps inerte. Tant est enfin que le populaire qui avait si fort rebiqué parce que Cabassus pâtissait trop, rebiqua tout autant, la Mangane ne pâtissant pas assez.

Le même jour à quatre heures de l'après-midi, un

valet vint me dire qu'un ministre de la religion réformée, Abraham de Gasc, demandait à me voir. Etonné assez de cette demande et le valet étant de moi au surplus déconnu, je craignis quelque embûche et envoyai Miroul demander à M. de Gasc si ce valet était bien à lui et s'il était constant qu'il requérait ma visite. On me répondit que oui et, troquant mon pourpoint de satin bleu pour ma vêture noire, laquelle convenait mieux, je gage, à mon austère interlocuteur, je m'en fus, bien armé, et rasant les murs, jusqu'à la demeure du ministre. Celle-ci n'était point pauvre ni chétive, M. de Gasc tenant boutique en Montpellier de chandelles qu'il faisait venir de Lyon et, d'après ce qu'on dit, prospérant grandement à ce commerce.

Toutefois, l'intérieur de sa maison me parut fort dénudé et j'augurai, à la voir ainsi, que M. de Gasc préférait avoir de l'or dans ses coffres que des tentures sur ses murs. M. de Gasc était grand et maigre, et le visage si creux que la peau lui collait sur les os sans charnure aucune, ce qui, n'eussent été le nez et aussi le feu de ses prunelles noires, lui eût donné quelque ressemblance avec une tête de mort.

— Monsieur, me dit-il, il court sur vous en ville tant de bruits si divers que j'aimerais que vous me disiez ce qu'il en est, étant comme vous êtes de la religion réformée.

Ce début me déplut fort, et je dis non sans froideur :

— Monsieur le Ministre, ma fidélité à la religion réformée me fait-elle une obligation de me soumettre à la confession auriculaire ?

Celle-ci étant par nos huguenots honnie et déprisée comme une des pires inventions papistes, je ne pouvais davantage affronter M. de Gasc qu'en lui prêtant l'intention de m'y contraindre. Et en effet, il devint cramoisi et demeura un moment le bec cloué.

— Monsieur de Siorac, dit-il enfin, la confession n'est point chez nous un sacrement et moins encore une obligation. Toutefois, n'est-il pas de mon devoir en tant que ministre de la religion, de m'enquérir du déportement des fidèles de notre culte ?

— Je ne sais, dis-je. Jamais aucun ministre ne m'a posé de question.

— Et qui donc vous en posait en votre Sarladais? dit le ministre avec un haut-le-corps.

— Mon père.

— Monsieur votre père étant absent, ne pouvez-vous me tenir pour tel?

— Mais Monsieur le Ministre, dis-je sans battre un cil, j'ai déjà un père céans à qui je rends compte de mes actes, c'est le Chancelier Saporta.

— Et ne pouvez-vous avoir même fiance en moi qu'en le Docteur Saporta?

Ceci m'embarrassa quelque peu et baissant l'œil, je me donnai le temps de la réflexion. Car je ne voulais ni affronter derechef le ministre ni toutefois céder à ses exigences.

— Monsieur le Ministre, dis-je enfin, j'aurais même fiance en vous qu'au Docteur Saporta, si vos questions étaient tant discrètes que les siennes.

— Ha! dit le ministre, quel interlocuteur est-ce là qui me rogne mes questions avant que je les aie posées?

— Monsieur le Ministre, mieux vaut rogner les questions que les réponses.

— Entendez-vous que vos réponses ne seront point sincères?

— J'entends que je ne me laisserai pas confesser contre mon gré.

— Vous sentez-vous donc si coupable?

— Certes, Monsieur le Ministre, je me sens fort coupable envers mon créateur.

— Ha! dit le ministre, que je suis aise de vous l'entendre dire!

Et en effet, à bien l'envisager, il me parut soulagé d'un grand poids. Ce qui n'eût pas laissé de m'étonner si la suite ne m'avait pas incontinent éclairé sur les soupçons qu'il nourrissait.

— Mon fils, reprit-il en levant les deux mains, vous n'avez donc point foi perdue au contact de cet athée! Vous croyez en Dieu!

— Certes! dis-je, béant. Et fort marri je suis que

451

vous ayez pu penser le rebours alors que je n'ai jamais à ce jour manqué le culte ! Suis-je un chattemite pour professer des lèvres ce que mon cœur décroit ?

— Mon fils, dit le ministre, pardonnez-moi de grâce. Je suis infiniment content que le démon n'ait point fait de vous sa proie, tant il en a eu d'occasions. Car pour dire le moins, mon fils, peu édifiant est votre quotidien déportement. A ce qu'on me dit, vous courez le cotillon. Vous avez dansé le branle et la gaillarde lors du Carnaval. Et on vous a vu à l'auberge des *Trois-Rois* faire une partie de tric-trac avec un compagnon.

Ha, pensai-je, assez dépit de me voir ainsi assaisonné, le tric-trac ! Comme à Clément Marot à Genève, on me fait grief de ce divertissement innocent ! Mais gageons qu'on ne va pas me taxer d'adultère : ma complice est trop haute dame pour qu'on la puisse nommer. Qu'on soit papiste ou huguenot, la morale s'arrête, effarouchée, sur les degrés du pouvoir.

— Monsieur le Ministre, dis-je, vous faites si bien les questions que les réponses deviennent inutiles.

— J'ai une question, pourtant, à vous poser, dit le ministre avec gravité. Le bruit court dans les couloirs du Présidial que vous avez le 25 septembre achevé Cabassus agonisant sur son bûcher d'un coup d'arquebuse.

— Monsieur le Ministre, dis-je avec une extrême froideur en me levant, le Présidial a renoncé à enquêter à ce sujet. Désirez-vous reprendre l'enquête à votre compte ?

— Vous ne m'entendez pas, Monsieur de Siorac, point n'ai affaire au crime, mais au péché. Et c'en est un de dérober au Seigneur le juste châtiment d'un impie.

— Vous ai-je bien ouï, Monsieur le Ministre ? dis-je béant. Quiconque a tué Cabassus a commis un péché pour ce qu'il a abrégé les souffrances terrestres d'un athée ? Ne peut-on s'en remettre à Dieu pour que l'athée soit châtié dans l'au-delà, si Dieu le veut ?

— Erreur, Monsieur de Siorac, gravissime erreur! s'écria M. de Gasc en levant les deux mains. La souveraineté absolue du Seigneur ne dispense point l'homme de son devoir, lequel est sur cette terre de poursuivre et de punir l'impie.

— Les papistes ont donc bien fait de brûler Cabassus?

— Nous l'eussions brûlé aussi, dit M. de Gasc avec gravité.

— Et à feu petit, si le feu n'eût pas pris?

— Pouvez-vous penser, Monsieur de Siorac, que la pluie, ce jour-là, fût fortuite et non pas expressément voulue par la Providence?

— Ha! dis-je, c'est donc cela? La longue et atroce agonie de Cabassus était voulue par Dieu et quiconque l'a abrégée a commis un péché? Pour ce qu'il a contrarié la volonté divine? Vous ai-je bien entendu, Monsieur le Ministre?

— Assurément.

Je baissai les yeux, glacé jusqu'au clos de mon cœur par ce que je venais d'ouïr et qui était si contraire à mon sentiment. Du reste, mon instinct ne laissait pas, en plus, de flairer là quelque péril car, me disais-je, si le Ministre de Gasc a appris des « couloirs » du Présidial que j'ai tiré ce coup d'arquebuse, que je cuidais miséricordieux mais qui est tenu tout à la fois par huguenots et papistes comme insigne impiété, ne dois-je pas ici prendre garde? Qui sait si l'information ne coule pas dans les deux sens? Et si ce que je vais dire céans ne sera pas répété demain dans les « couloirs » des juges.

— Eh bien! dit M. de Gasc, vous n'avez point répondu à ma question: Etes-vous l'homme qui tira sur Cabassus?

Sur quoi, l'envisageant œil à œil, je dis sur le ton le plus bref:

— Non.

Que M. de Gasc me crût ou me décrût, à ce jour je ne saurais dire, car sans que sa contenance perdît une once de son habituelle gravité, il me dit:

— Monsieur de Siorac, je vous renvoie à votre

conscience. Puissiez-vous vous accommoder à elle, ou elle à vous.

C'était là, je gage, un douteux compliment mais je le pris comme un congé courtois. Et, gardant une face de bronze, l'œil baissé mais non point la crête, et m'inclinant profondément (sans que M. de Gasc me rendît mon salut ni prononçât une seule parole d'adieu) je m'en allai. En haine que j'étais déjà aux acharnés papistes, il était clair, hélas, que chez les miens, j'étais en mauvaise odeur, ma foi mise en doute, mon déportement décrié. Cependant, je ne doutais pas que si les premiers m'eussent occis, les seconds, par esprit de parti, eussent tâché de me venger : ce qui m'était consolation fort maigre après la remontrance que j'avais essuyée.

Le carrosse de Mme de Joyeuse m'attendait rue de la Barrelerie et, prenant cependant le temps de remettre mon pourpoint de satin bleu, j'y montai en pensant qu'il me venait d'un cotillon sur lequel, ou sous lequel, le Ministre de Gasc n'eût jamais osé mettre un nom, pas plus d'ailleurs qu'il n'avait évoqué le déterrement du cimetière Saint-Denis, peut-être parce qu'il savait que les minutes qui m'incriminaient avaient été brûlées : péché au demeurant médiocre à ses yeux, comparé à celui d'avoir abrégé de quelques minutes en ce monde les souffrances d'un athée, alors même qu'il pensait que celles-ci seraient éternelles dans l'autre.

Ha ! pensai-je, où est ici l'humanité ? Où est le Dieu de pardon et d'amour ? Nous qui tenons pour la réforme, avons-nous en ce domaine poussé plus outre que les papistes ? Ou sommes-nous pas encore comme eux dans les ténèbres et la folie de l'antique férocité ?

Il faut croire, en tout cas, que ce coup d'arquebuse m'avait en tous quartiers fort desservi. Grande fut ma peine, quand j'observai qu'à l'hôtel de Joyeuse aussi, j'étais mal accueilli si j'en jugeais du moins par la froidure d'Aglaé de Mérol, laquelle, cheminant à mon côté, repoussa mes avances, mes compliments et mes petites gausseries, et refusant même de sourire, m'ôta jusqu'à la vue de ses fossettes et partant, le plaisir d'y nicher mes baisers.

Ha! pensai-je, le cœur me serrant, de quelle glace sera la maîtresse si la dame d'atour est si froide!

— Monsieur de Siorac, dit Mme de Joyeuse, dès qu'elle fut seule avec moi, et en prenant un de ses grands airs sans même me donner sa main à baiser, pour le coup, vous êtes chez moi en disgrâce, pour ne point vous le celer. M. de Joyeuse est fort dépit contre vous et dit bien haut que vous ne méritez pas sa protection, marchant de folie en folie, et commettant crime sur crime, le dernier vous ayant mis toute la ville à dos. A peine sorti d'un bourbier, vous voilà vous fourrant dans un autre! C'est démence! Et pourriez-vous me dire, Monsieur, ce qui vous a poussé à tirer ce coup d'arquebuse?

— Madame, dis-je, ma compassion.

Combien que j'eusse le cœur atrocement noué de cet accueil, la roideur de Mme de Joyeuse m'avait raidi et c'est l'œil sec et la mine assez fière que je lui fis cette réponse.

— Monsieur, dit-elle, fort piquée de ce ton, vous placez bien mal votre compassion! Un athée! Avez-vous tourné impie?

— Madame, dis-je, c'est là me faire insulte, je crois en Dieu, mais pour moi Cabassus n'était pas qu'athée, il était homme, et je n'ai pu supporter ses épouvantables souffrances. Si j'ai mal fait, Dieu me jugera.

— Monsieur, dit Mme de Joyeuse en se redressant, est-ce à dire que l'homme n'a pas à vous juger? Osez-vous bien m'en remontrer, tout béjaune que vous soyez?

— Non, Madame, dis-je avec autant de fermeté dans la mine mais avec plus de douceur dans la voix. Loin de moi la pensée de vous affronter. Je sais la gratitude que je dois à votre gracieuse bénignité et encore que je sois marri de perdre la protection de M. de Joyeuse dans les périls qui m'environnent, je suis infiniment plus fâché d'avoir perdu votre amitié, vous dont la beauté et la bonté éclairaient ma vie.

Mais je vois, Madame, que j'ai lassé votre patience, que je suis ici désaimé, qu'on n'y désire plus ma présence. Souffrez donc que je prenne de vous mon congé, en vous suppliant, avant que de partir, de m'abandonner une dernière fois votre main à baiser.

Disant ceci, et fort ému, je m'agenouillai devant elle, tendant ma dextre. Mais elle n'y mit point la sienne. Ce qui ne laissa pas de m'embarrasser et, qui plus est, de me navrer le cœur au point que les larmes que je retenais roulèrent le long de mes joues. Cependant, relevant la tête pour épier sa belle face, je la vis assez peu composée, fort pâle et sans la hauteur qu'elle y avait mise quand j'étais entré. Puis se reculant, elle s'assit ou plutôt se laissa choir dans un fauteuil mais l'œil baissé et sans mot piper, ce qui m'étonna fort, le silence étant peu dans sa complexion.

Je ne sus d'abord quel parti prendre, mais comme je ne pouvais point rester éternellement à genoux au milieu de la chambre et la dextre tendue, je ne vis d'autre issue à mon embarras que de faire comme j'avais dit et, me levant, je la saluai et me dirigeai vers la porte.

— Allez, Monsieur, me dit tout soudain dans mon dos Mme de Joyeuse, la voix aigre et sifflante, courez à Saint-Firmin demander des consolations à cette ribaude vivant en vilité publique dont vous avez fait vos délices ! Voilà de belles amours et dignes en tous points d'un athée et d'un scélérat ! Vous étiez trop haut ici ! Vous serez mieux à l'Aiguillerie à vous ébattre sur ce fumier !

Je fus fort navré de ces paroles cruelles et, me retournant comme si aspic m'avait piqué, je redressai haut la crête, et envisageant œil à œil Mme de Joyeuse et la mine sévère, mais toutefois avec quelque respect, je lui dis :

— Madame, je ne suis ni un athée ni un scélérat. Quant à mes délices et à mes belles amours, je les trouvais céans tant qu'on y eut de la bonté pour moi. Madame, je suis votre valet.

Et la saluant profondément, mais me redressant

tant haut que je m'étais incliné, je gagnai la porte, et sans attendre mon habituelle escorte, je me dirigeai à grands pas vers l'antichambre. Cependant mon courroux et mon chagrin m'aveuglant, je m'égarai dans les couloirs et je fus bien aise d'entendre sonner derrière moi les hauts talons de Mlle de Mérol.

— Ha, Monsieur de Siorac, cria-t-elle tout hors de souffle et le parpal houleux, où vous en sauvez-vous ? Ce n'est point là votre chemin ! En outre, ma maîtresse requiert derechef votre présence !

— Quoi ! dis-je, pour me tourmenter à nouveau !

— Ha Monsieur ! dit Aglaé en me posant la main sur le bras, je connais bien ma maîtresse : le verbe est vif. Le cœur est bon. On lui aura fait sur vous quelque méchant conte. En outre, depuis ce triste coup d'arquebuse, vous êtes fort exécré en cette ville, et même Cossolat ne vous défend plus !

— Eh bien, dis-je, je quitterai votre belle ville puisque je suis de tous à ce point mal aimé !

— Mais l'êtes-vous ? dit-elle en arquant le sourcil. En êtes-vous bien sûr ? Moi-même que votre orgueil amuse, et qui vous tiens pour le cadet le plus gueux et le plus fier de Périgord, je tolère assez volontiers votre présence.

— Quoi ! dis-je, vous la tolérez ? On ne l'eût pas dit à votre accueil !

— Il m'était dicté, dit-elle avec un sourire.

— Et votre sourire de présent l'est-il aussi ? Et vos fossettes ? Est-ce là le filet que vous jetez sur moi pour me ramener tout pantelant sous le couteau de Madame de Joyeuse ?

— Ha Monsieur, pour vous ramener, j'irai plus loin s'il le faut !

Et approchant alors sa face de la mienne, elle me baisa les lèvres. Après quoi, comme elle souriait, je lui mis quelques petits poutounes sur ses délicieuses fossettes, ce qu'elle souffrit.

— Madame, dis-je, je vous suis. Il faut que votre maîtresse soit fort bonne pour que vous lui soyez à ce point dévouée.

Cependant, ce badinage et ces mignonneries

m'avaient fort radouci — comme bien y comptait la petite rouée qui, pour être vierge et demoiselle, n'ignorait rien des mille guises par où drolette mène drole par le bout de son nez.

Je trouvai Mme de Joyeuse comme je l'avais quittée, assise en son fauteuil, mais la fraise ôtée et la robe dégrafée, fort rouge de son teint, haletante, pulvérisée de parfums, et dans une humeur que bien je connaissais et qui tout à fait me rassura.

— Ha Monsieur! dit-elle, j'ai cru mourir d'être par vous à ce point maltraitée! Avez-vous toute honte bue et toute vergogne gloutie pour faire avec une personne de mon rang le soudard et le tyranniseur! Que cela est donc déshonnête! Vous ai-je si mal dégrossi de votre crasse rustique et périgordine que vous le preniez si grossièrement avec moi! Tout orgueilleux que vous soyez, haut à la main et plus outrecuidé que Grand d'Espagne, je ne peux souffrir le ton et les regards dont vous avez usé! Monsieur, suis-je ou ne suis-je pas la Vicomtesse de Joyeuse?

— Vous l'êtes, Madame, dis-je la face grave, mais souriant en mon for. Comment en douter à vous ouïr?

— Alors, Monsieur, mettez-vous à mon genou et demandez-moi très humblement pardon des insultes dont vous avez osé m'accabler.

Je ne me mis pas à ses genoux, je m'y jetai, je les pris entre mes mains, je les baisai.

— Monsieur, dit-elle, êtes-vous fol? Que faites-vous?

— Madame, dis-je sans battre un cil, je vous demande humblement pardon de ce que vous m'avez appelé béjaune, périgordin crasseux, rustique mal dégrossi, athée et scélérat.

— Ha Pierre! s'écria-t-elle en riant incontinent à gueule bec, on ne saurait vous en vouloir longtemps. Au jeu des épingles, vous tirerez toujours la vôtre! Vous êtes si adroit! Vous jouez si bien du plat de la langue! Allons, je vois bien qu'il faut qu'on vous cède et qu'on vous pardonne! Mais vous allez, en revanche, me promettre d'être désormais mon esclave et de m'obéir en tout.

458

— Ha, Madame! Votre esclave? Quand vous ai-je jamais désobéi?

Mais le lecteur sait déjà ce que vaut l'aune de ce langage-là et de quelles mignonneries il était la préface en notre Ecole du Gémir et les bonnes leçons qu'il inspirait à l'un comme à l'autre. Dans celles-ci cependant, je ne voudrais pas entrer plus outre, ayant déjà dit beaucoup à ce sujet, et plus peut-être que je n'aurais dû, en dépit des licences que ce siècle permet.

Cependant, nos lectures achevées, et régent et écolier reprenant souffle derrière les bleus rideaux, et non point certes s'accoisant, le moment étant propice aux jaseries à l'infini, aux rires, aux gausseries, aux mille petites confidences de notre quotidien, tout soudain Mme de Joyeuse se mit à pleurer, les larmes coulant sur sa belle face, sans que d'abord elle consentît à me dire ce qui provoquait son chagrin.

— Ha mon mignon! dit-elle enfin, j'eusse préféré vous quitter dans la colère comme j'ai tâché de le faire, mais vous quitter je dois, ou ce qui revient au même, c'est vous qui devez départir de Montpellier, du moins pour un temps. Il le faut. M. de Joyeuse et Cossolat opinent que si vous demeurez céans, vous ne pouvez manquer d'être assassiné, tant est grande l'exécration où vous êtes tenu par les acharnés de notre parti.

— Moi, m'écriai-je, fuir! Fuir devant ces gens! Et vous quitter! Dans les dents de la mort je ne le ferai point!

— Oh si, mon Pierre, vous le ferez! dit Mme de Joyeuse. Vous le ferez quand je vous aurai dit ce qui se trame et que nos espions nous révèlent.

— Madame, dis-je comme elle restait silencieuse, je vous ois. De quoi s'agit-il? Un complot contre ma personne?

— Et non! Contre votre gentil frère!

— Contre Samson! m'écriai-je, en me redressant, fort effrayé sur mon séant, mais qu'a-t-il à voir dans l'affaire dont on s'est aigri contre moi? Dieu le sait, c'est le plus innocent des êtres!

— Samson pourtant court les plus grands périls!

— Mais pourquoi?

— Pour ce qu'il est votre frère. Pour ce qu'il se garde moins que vous. Qu'il n'est pas si prompt à dégainer, ni à faire feu de ses pistoles, et enfin parce qu'ainsi on vous navrerait davantage, sachant la grande amour que vous lui portez.

— Mais, m'écriai-je quasi hors de mes sens, quelle sorte de gens est-ce là pour s'en prendre à cet ange du ciel!

— Des dévots — lesquels sont implacables quand leur ire est soulevée.

— Mais Madame, dis-je prenant la décision en un clin d'œil, s'il y va de la vie de mon Samson, certes, je départirai, mais où aller? Je ne peux sans la permission de mon père retourner en sa baronnie.

— Ha! Dieu merci, mon mignon, vous n'irez pas si loin! J'ai à Nismes un fort bon ami, M. de Montcalm, lequel est officier royal de la sénéchaussée étant juge-mage [1]. M. de Montcalm, qui fut autrefois un de mes martyrs, vous recevra fort bien et pour le temps que je voudrai et à Nismes, mon petit cousin, vous n'aurez rien à redouter, n'étant connu ni des huguenots ni des catholiques. Et bien que souterrainement agitée — comme tout le Languedoc — par les événements que vous savez, la ville est calme. N'empêche, mon petit cousin, soupira-t-elle, versant de nouveau quelques pleurs, vous allez affreusement me manquer! Vous eussiez dû penser à moi avant de tirer ce méchant coup d'arquebuse!

— Madame, Cabassus pâtissait à rendre fols ceux qui l'ouïssaient. Même le populaire ne pouvait plus souffrir ses hurlades.

— Mais c'était un athée!

— Ha Madame! Un athée pâtit autant qu'un autre! Plus peut-être, pour ce qu'il n'attend pas de consolation dans l'au-delà.

Cette idée parut si nouvelle à Mme de Joyeuse que tout étonnée, elle s'accoisa. Puis me serrant dans ses

1. Lieutenant du Sénéchal dans la Sénéchaussée de Nismes.

bras, et passant de pensée en pensée par une pente insensible, elle finit par donner à son corps un gentil branle, et me piquant dans le cou de quelques petits poutounes, elle me chuchota à l'oreille :

— Est-il constant, mon petit cousin, que vous êtes de cœur et de corps mon esclave ?

— Ne l'ai-je pas dit ?

— Mon Pierre, ne m'entendez-vous pas ? Faut-il jaser plus clair ? Ha mon mignon, mon mignon, ne me faites pas languir plus outre ! Faites-moi cela que je veux !

Par Hippocrate, je l'eusse juré, connaissant sa complexion : ses larmes n'allaient pas tarir son appétence. Et quant à sa phrase coutumière « Mon mignon, faites-moi cela que je veux », ce jour d'hui encore elle résonne à mon oreille en sa douce, pressante et chantante intonation, et après tant d'années, chaque fois que je l'ois dans ma remembrance, elle ne laisse pas que de m'atendrézir. Tudieu ! S'il y avait esclavage en cette mignonnerie, de quel cœur consentant je m'y soumettais, tant j'aimais la bonté de cette haute dame, et tant j'avais friandise de son suave corps.

Arraché à ces délices — après quelles larmes confondues, quelles protestations infinies et quels serrements de cœur — je me jetai dans son carrosse et avant de rentrer au logis, je me fis conduire à l'église Saint-Firmin, mais ne voulant pas que cet équipage, qui portait les armes du Vicomte, fût vu devant l'Aiguillerie, je le fis arrêter de l'autre côté de l'église, laquelle je traversai par le fond de la nef, marchant à pas de velours pour gagner la porte latérale. Las ! je tombai en plein salut, et combien que les papistes qui étaient là fissent mine d'être fort confits en leurs dévotions, d'aucuns de ces chattemites qui avaient des yeux derrière le dos ne manquèrent pas de m'apercevoir, de me reconnaître et, chuchotant entre eux, de me lancer à la dérobée des regards qui m'eussent occis, s'ils en avaient eu le pouvoir.

Je ne pus faire à la Thomassine les adieux que

j'eusse voulus. Cossolat était là, attablé, le gobelet en main, et sourcilla fort à ma vue.

— Départez-vous ? dit-il d'un ton abrupt.

— Demain, à l'aube, avec Samson et Miroul.

— Vous faites bien, dit-il l'œil sec et la voix brève. Mettez un masque, et armez-vous en guerre, avec corselet et morion. Vous trouverez chez vous trois laissez-passer et une lettre de moi pour le Capitaine Bouillargues à Nismes. Ce capitaine est des nôtres si, du moins, Monsieur, je peux encore vous dire des nôtres, après que vous avez si fort embufé M. de Gasc.

— Je ne l'ai pas embufé, dis-je roidement. Je n'ai point voulu qu'il me confessât.

— De toutes guises, dit Cossolat en regardant le fond de son gobelet, après votre dernier exploit, M. de Gasc ne vous aime guère. Et pour ce qui est de moi, je ne vous aime pas davantage.

— J'en suis bien marri, Monsieur, dis-je et lui faisant un petit salut, je tournai les talons et quittai la place, assez navré de ces dures paroles, Cossolat m'ayant toujours montré, à sa manière abrupte et militaire, une sorte d'amitié.

Comme bien j'y comptais, la Thomassine me rejoignit dans l'antichambre et, se jetant dans mes bras, me serra contre ses beaux tétins et me dit dans un chuchotement :

— Moi, je t'aime, mon Pierre, quoi que tu aies fait et je serai toujours ton amie.

Mais j'eus à peine le temps de lui rendre ses baisers. Cossolat l'appelait, non sans rudesse. Ha ! pensai-je en contournant l'église Saint-Firmin (car je ne voulus point la traverser de nouveau sous l'œil de ces chattemites), Cossolat parle ici en maître. En maître aussi à l'auberge des *Trois-Rois*. Et Dieu sait en combien d'autres lieux ! Et cependant, lui, à n'en pas douter, il a l'oreille de M. de Gasc, il est « des nôtres » — preuve qu'on ne craint pas que « le diable fasse de lui sa proie », quel que soit « son déportement quotidien ». Et qui sait même si on ne lui passerait pas une partie de tric-trac : il rend tant de services !

462

Roulant en moi ces aigres pensées, et fort peu satisfait et des hommes et du monde, je me jetai dans le carrosse et balançai si je devais prendre congé de mon père Saporta. Mais bien je savais que selon sa sacro-sainte règle, je devrais, pour le voir, lui adresser une demande *écrite* à laquelle il ferait, huit jours plus tard, une réponse *écrite*. Quant à l'aller visiter à l'improviste — en admettant même qu'il m'ouvrît son huis — c'eût été chercher les verges pour me battre, et à parler franc, on ne m'avait, ce jour d'hui, baillé que trop de rebuffades, et j'étais, en mon for, trop saignant et navré pour en quérir d'autres de mon chef.

Il m'en vint une, cependant, que je n'attendais point, et celle-ci fort sévère, dans une lettre de mon père que je trouvai à l'apothicairerie et qui répondait à celle où je lui avais confessé, sans rien omettre (pas même ma fornication avec la Mangane sur la tombe du Grand Inquisiteur), le déterrement du cimetière Saint-Denis : action que mon père qualifia en latin — comme peut-être on s'en ramentevoit — d'« *atrocissima* ». Je ne montrai point cette lettre à Samson, pas plus que je ne lui dis ce qu'il en était de notre voyage à Nismes, mais m'enveloppant de mystère, sourcillant, et le parler bref, je lui commandai de faire ses bagues et, les bagues faites, d'aller aider Miroul à panser les chevaux, et de se tenir prêt à chevaucher le lendemain à la pique du jour.

Après le repas, où j'observai que Dame Rachel laissait éclater une joie tant inaccoutumée qu'insolente, entendant me montrer par là combien la confortait mon département, je vis Maître Sanche dans le particulier, et le très illustre maître sans me tabuster en aucune façon, sans un mot de fiel ni de reproche, me donna une forte brassée, frotta contre ma joue sa barbe grise, puis, me tenant au bout de ses bras, et m'envisageant œil à œil, il me dit :

— Ha mon beau neveu! Partez en paix! Et revenez au plus vite, vous allez me manquer beaucoup au logis et votre frère plus encore, qui me sert si bien en mon officine et plaît si fort à ma pratique, tant par sa joliesse que par sa colombine amabilité. Au demeurant, je ne sais ni ne veux savoir si c'est vous, comme le veut la rumeur, qui avez tiré ce coup d'arquebuse. Mais si vous le tirâtes, de toutes guises je ne le retiens pas contre vous. Bien à rebours. Ce malheureux Cabassus pâtissait et hurlait à vous nouer les tripes, et nous autres marranes, pour en avoir nous-mêmes trop souffert en Espagne, nous ne souffrons pas d'un cœur léger les supplices des autres. On vous dit impie. Je dis : voire! *Nemo proprius ad deum accedit quam qui hominibus salutem dat et beneficium* [1]. Fallait-il attendre que cette paille soit quise? Vous agîtes selon votre cœur qui est noble et constant. *Cor nobile, cor immobile* [2]. Par Hippocrate, je ne pouvais ouïr plus outre les hurlades de ce malheureux! Il me semblait que les tourments séculaires d'Israël criaient par sa bouche, et en ma couardise, j'avais caché ma tête dans ma flassada! Mon beau neveu, vous êtes jeune, bouillant, vaillant! Vous agîtes! Ne tenez pour rien l'exécration dont vous êtes accablé. Impie, c'est vite prononcé! Est-ce la piété qui compte ou la pitié? Ou retournons les termes : peut-on être pie sans pitié? Mon neveu, votre conscience brille comme les feuilles d'un arbre plein de sève. Ha je vous prie, gardez-la ainsi; c'est votre force! *Murus aheneus conscientia sana* [3]. Mon neveu, je vous bénis au nom du Seigneur Adonaï, amen.

Et me donnant derechef une forte brassée, et testonnant furieusement sa barbe de ses doigts, la larme au bord de l'œil, il s'en alla, plus courbé que jamais, une épaule plus haute que l'autre, et marmonnant encore, entre ses dents, une de ces belles sentences latines dont il aimait à se conforter dans les traverses de sa vie — lesquelles ne devaient pas manquer à en juger par la complexion de sa femme.

---

1. Nul n'est plus proche de Dieu que celui qui montre bonté aux hommes et les sert.
2. Cœur noble, cœur immuable.
3. Une conscience saine est un mur d'airain.

A peine avais-je quitté cet homme excellent que je rencontrai dans le couloir qui menait de l'officine au logis — passage assez obscur, mais que sa beauté mauresque tout soudain illumina — Typhème, laquelle s'arrêtant, me dit, les yeux baissés :

— Vous nous quittez, je crois. Le logis va paraître vide sans votre frère et vous.

Je fus tout saisi qu'elle me parlât, car en dix mois elle ne m'avait pas adressé dix paroles, si farouche était-elle en sa virginale réserve, étant promise, comme on sait, au Docteur Saporta, et entrant en mariage comme on entre en religion, et de reste quel couvent serait plus morne que le chiche et dénudé logis du régent, et sœur gardienne plus épiante et revêche que la gorgone fabuleusement flétrie qui lui servait de chambrière ? Comme je ne disais mot, étonné que j'étais, et qu'elle me parlât, et qu'elle fût seule avec moi en ce couloir obscur, elle me dit :

— Mais est-ce vrai ? Concepcion me l'a dit.

— Ha, dis-je, Concepcion est encore céans ! Je cuidais que le très illustre maître l'avait chassée pour avoir écouté à ma porte.

A cela elle rougit fort, et s'accoisa, ayant peut-être appris ou deviné ce que Concepcion tâchait d'ouïr. Observant alors sa vergogne et ne voulant pas l'embarrasser plus outre, je repris :

— Tant mieux si Concepcion a reçu sa grâce. Pour moi, en effet, je pars avec Samson. Mais pour un temps. Je reviendrai.

— J'en suis bien aise, dit-elle, et me prenant la main, elle la serra. Là-dessus rougissant de plus belle, les yeux baissés, elle me tourna le dos et, soulevant son cotillon pour courir plus vite, elle s'ensauva, comme effrayée de son audace.

Ha pauvrette ! pensais-je, aller vivre en chétif logis avec cet atrabilaire barbon ! Quelle geôle ! Quelle oubliette ! Quel cul de basse fosse ! Et cependant, le très illustre maître est toute bonté et bénignité. Comment comprendre qu'il ait accepté pour sa fille cette union ?

J'allai toquer à la chambre de Luc, elle s'ouvrit ; il

tomba dans mes bras, tout pleurant, et ne put dire un mot, me tenant étroitement embrassé, tant est que je dus le conforter, au lieu de l'être par lui.

— Ha! dit-il enfin quand il eut retrouvé voix, je ne peux plus souffrir M. de Gasc, ni la bigoterie des Anciens et des Diacres! Ils jettent feu et flamme contre vous pour cette arquebusade! C'est une fureur! On ne saurait les contredire ni les affronter sans péril — et surtout moi qui suis marrane, et donc tenu, peu ou prou, en grande suspicion de n'être pas franc en ma foi. Ha Pierre, je suis si faible! Sans vous, contre qui tant je m'appuyais, je ne ferai rien que trembler comme lièvre en son gîte!

Comme il disait, j'entendis des pas lourds dans l'escalier et on toqua à l'huis et comme je criais d'entrer, apparurent Merdanson et Carajac qui tout soudain emplirent la pièce de leurs carrures terribles. Ils venaient, disaient-ils, aux adieux.

— Quoi? dis-je béant, vous savez mon département? Il est secret! De qui le tenez-vous?

— De Fogacer.

— Fogacer le sait? D'où le tient-il? Compains, dis-je, espérez-moi un petit dans ma chambre avec Luc. Vous y trouverez un flacon. Débouchez-le. Confortez-vous. Je vous joins.

Et j'allai frapper à la chambre du Bachelier.

— Je vous attendais, dit Fogacer, le sourcil arqué, le geste long et élégant, et quelque ironique gausserie, aussi, dans sa voix. Entrez, jeune et bouillant Siorac! Prenez cette escabelle. Je suis bien aise d'envisager de si près notre chrétienne Iphigénie car, sachez-le, il n'est huguenot ou papiste en notre bonne cité qui n'ait appétit à vous mettre le couteau sur la gorge. Et à vrai dire, les huguenots renchériraient plutôt, craignant, s'ils vous soutenaient, d'être soupçonnés d'athéisme. Vous partez donc, tel le bouc qu'Israël renvoyait au désert, chargé de tous les péchés de l'astucieuse tribu. Mais savez-vous le quoi et le qu'est-ce de ce département?

— Vous le savez, je gage, Fogacer. Sans cela je ne serais point céans à vous ouïr.

— Je le sais, dit Fogacer en marchant de long et en large dans sa chambre, et « long et large » pour ce qui était de ses membres arachnéens certes se justifiaient, tant ils paraissaient s'étirer aux dimensions de la pièce, le corps lui-même étant si mince qu'un fil et d'autant qu'il était vêtu de noir de l'orteil au sourcil, celui-ci sinueux comme tracé au pinceau, et remontant vers la tempe. Je le sais, reprit-il en s'arrêtant et en m'envisageant avec une lueur d'ironie dans sa prunelle de jais. Et de moi désirez-vous l'apprendre ?

— Sans tant languir, je vous prie.

— Alors, oyez-moi bien, Siorac et à doubles oreilles ! Le Vicomte de Joyeuse, en sa machiavélienne diplomatie, a approché les acharnés papistes, ceux-là mêmes qui pieusement méditent de vous assassiner.

— Les connaît-il ?

— Comme les doigts de sa main.

— Que ne les envoie-t-il en sa geôle de ville ?

— Il ne le peut. Il ne le veut. Oubliez-vous qu'il est papiste aussi ?

— Et qu'a-t-il dit à ces acharnés ?

— Il a avec eux barguigné : le séné contre la rhubarbe. On ne tente rien contre vous, mais vous quittez la ville. Du moins pour un temps. Le temps que meurent les deux scandales dont vous êtes porteur.

— Deux ? Comment deux ?

— Le grand et le petit, dit Fogacer.

— Le grand, c'est l'arquebusade. Mais le petit ?

Fogacer s'accoisant alors et m'envisageant d'un certain air, reprit :

— Ho ! le petit est fort petit et ne vole pas plus haut que le pavé. Cependant, il déplaît au Vicomte — lequel entend pousser fort loin sa fortune — qu'on laisse entendre, à voix fort basse, en certains lieux, que vous n'êtes pas par Mme de Joyeuse aussi martyrisé que vous devriez l'être.

— Ha ! dis-je, c'est infâme !

— Assurément, dit Fogacer sans battre un cil. Mais comme vous savez, Siorac, la femme de César ne doit pas être soupçonnée. Et le Vicomte fort adroitement a fait d'une pierre deux coups. Il vous protège et il vous éloigne.

D'une pierre trois coups, pensai-je. Gageons qu'à cette occasion, le Vicomte de Joyeuse a ménagé si bien son affaire que sa femme lui va derechef remplir sa cassette.

— Eh bien, dit Fogacer, que pensez-vous de tous ces fils si bien noués?

— Ha Fogacer, dis-je après un temps de réflexion qui ne me laissa pas fort content, pourquoi l'homme est-il ce qu'il est?

Mais cependant, ceux-là qui étaient dans ma chambre, mes compains de l'Ecole de médecine, m'aimaient tout bonnement, et sans détour, ni pensée de derrière la tête qui ne se pouvait mettre devant. Et après avoir vidé ce flacon que j'ai dit, et un autre encore, et un autre avec Luc, Fogacer, Merdanson et Carajac, Miroul pinçant sa guitare (Samson étant présent, mais ne voulant pas goutte goûter), je m'en allai coucher, la tête me pesant un peu, mais tout ragaillardi. Et bien je me ramentevois que mon dernier pensement, avant de m'endormir, fut qu'à Nismes enfin j'allais trouver le calme et la quiétude après les inouïes traverses et tracassements dont j'avais pâti depuis le déterrement du cimetière Saint-Denis. Ventre Saint-Antoine! Quel bandeau sur l'œil me celait le futur! Si pis il y avait que ce que j'avais vécu, j'y galopais à brides avalées! J'allais mettre tant de lieues dans les sabots de mon Accla et me mettre moi-même tant de lieues dans les fesses pour tomber de poêle en braise! J'allais tout droit, sinon tout à fait dans la gueule du loup, du moins dans l'incommode position de le tenir par les deux oreilles, en grand danger et péril de sa dent.

CHAPITRE XIII

Lecteur, tu pourrais croire que j'étais le lendemain fort marri de quitter Montpellier, ville que tant j'aimais, et avec elle, tant de gens que j'avais enfermés à des degrés divers dans le clos de mon cœur. Cependant, lorsqu'à la pique du jour je me mis en selle sur mon Accla, masqué, morion en tête et corselet couvrant le torse, je ne sentis rien qu'une merveilleuse liesse à partir à l'aventure, en la fleur et vigueur de mon âge, sur les grands chemins du royaume, à la découverte d'une ville fameuse pour sa beauté, et de moi déconnue.

Samson, levé trop tôt, sommeillait encore sur son Albière, dodelinant du chef, et tenant en selle par l'habitude qu'il en avait. Mais Miroul, labourant fort à ménager ses deux arabes, celui qui le portait et celui qui portait notre bât et nos armes — dont cette arque buse miséricordieuse et impie qui me valait mon exil —, néanmoins tout affairé qu'il fût, chantonnait à voix basse, tant il avait la tripe soulagée de me voir échapper aux périls où j'étais, lui dont mon père avait fait mon ange gardien — pour la sûreté s'entend, car pour ce qui était de son déportement, ses amours avec l'Azaïs de la Thomassine eussent donné de l'ombrage à M. de Gasc s'il les avait connues. Et pourquoi le frère s'arroge-t-il le droit, au nom de Dieu, de juger le frère, du Diable si je le sais !

Je tenais la tête de notre petit peloton, et tout attentif que je fusse à surveiller les fenêtres sous lesquelles nous passions, et prêt à faire feu incontinent de mes deux pistolets sur le canon d'une arquebuse qu'on eût eu l'impertinence de pointer sur moi, occupé aussi à tenir la main à mon Accla, dont le sabot glissait sur le pavé luisant (car il avait plu un petit pendant la nuit), je gonflais mon poitrail de l'air frais du matin et, la narine palpitante, je respirais avec délices l'odeur de l'avenir inconnu, m'abandonnant à la véhémence de joie dont j'étais saisi au sortir de mes tracassements.

J'atteignis sans alerte la porte de la ville, et là, chargés que nous étions de nos bagues, et au surplus tous trois masqués, il fallut montrer patte blanche au gardien, à savoir les trois laissez-passer que nous avait baillés Cossolat.

— Mon noble Moussu, dit le gardien, lequel était rond comme boule, avec une bonne et bénigne face, l'œil d'un chien fidèle et la lippe friande, vous n'allez point tarder, ayant chevaux si vifs, de rattraper le Capitaine Cossolat et un peloton d'archers. Ils accompagnent Vignogoule et son affreuse garce, car les deux aides du bourreau sont saisis depuis deux jours d'une fièvre quarte, lesquels (je parle de Vignogoule et de sa femme) mènent pendre une pauvrette qui a occis son enfantelet pour ce qu'elle l'avait conçu hors mariage. Plus jolie mignote oncques ne vis, et je me pense que c'est grande pitié qu'on détruise ainsi l'ouvrage et l'image de Dieu.

— Ha! dis-je. Mais n'est-ce pas à l'accoutumée à la Porte de la Saulnerie, dans un champ d'oliviers, qu'on pend les criminels? Je me ramentevois qu'à mon arrivée en Montpellier en juin 1566 et venant de Narbonne, il y a de cela quinze mois, j'ai vu le gibet tout dressé et sur les arbres circonvoisins les morceaux démembrés d'une drolette qu'on avait pendue pour même crime.

— Mon noble Moussu, on a changé le lieu, le maître du champ ne voulant plus le louer, arguant que l'odeur lui gâtait ses olives. Et la ville a acheté depuis une oliveraie, dont les arbres avaient tourné stériles, à deux lieues de la commune clôture, sur le grand chemin de Nismes. C'est là que vous trouverez, à sa vilaine besogne, Vignogoule, lequel ferait mieux de pendre d'abord son horrible femelle et de se pendre lui-même ensuite, tant ils sont l'un et l'autre cruels, avaricieux, odieux à tous, et d'une laideur à vous faire raquer vos tripes. Ha, mon noble moussu! combien j'ai vu passer de ces drolettes qu'on menait au gibet pour la destruction de leur fruit, tandis que les pères de leurs enfantelets se trantolent en la ville, libres comme l'air et, qui plus est, se paonnant d'avoir si bien besogné les pauvrettes, et se gaussant de leur simplicité, leur ayant promis mariage !

— Ha, gardien, dis-je. Tu as raison. L'homme est fourbe et la justice, boiteuse.

Pour le reste, le bonhomme avait bien dit aussi. Nos chevaux étaient vifs et ne tardèrent pas à rattraper les lourdes montures de Cossolat. Le peu de pluie de la nuit ayant séché plus vite sur le grand chemin que sur le pavé de la ville, les rosses des archers nous mirent, dès que nous fûmes proches, tant de poussière dans l'œil et dans le nez que je décidai de les dépasser et d'autant que mon dessein était de bailler à Cossolat au passage, sans m'arrêter, un salut des plus brefs, ayant sur le cœur son accueil de la veille à l'Aiguillerie. Cependant, avant que de donner l'éperon, j'ôtai mon masque, qui me tenait fort chaud, car le soleil était levé, et qui, de reste, ne m'était plus utile puisque j'avais laissé derrière moi mes ennemis, croupissant derrière la commune clôture dans leur haine dévote.

— Çà, Samson, dis-je, réveillez-vous, monsieur mon frère ! Il n'est plus temps de s'acagnarder sur votre Albière comme dans un lit. Piquons, monsieur, piquons ! Ces lourdauds nous donnent leur poussière à gloutir ! Nous allons leur bailler la nôtre !

Et je mis au galop, suivi de Samson et, à quelques toises à peine de lui, de Miroul, menant fort adroitement ses deux arabes. Cependant, le cortège qui nous devançait tenant toute la largeur de la route, je dus mettre au trot, puis au pas, et criai aux archers devant moi de me laisser le passage. Sans paraître m'ouïr, ni même tourner la tête, ni broncher, ils poursuivirent comme devant, malgré mes cris, et s'étalant davantage, s'il se pouvait, sur toute la largeur du chemin qui, à vrai dire, n'était guère large en cet endroit, étant resserré entre deux rochers. Emu de leur insolence, je délibérai si, dégainant, je n'allais pas donner du plat de mon épée sur les croupières de leurs chevaux, quand Cossolat, attiré par ce tumulte, apparut. Je le saluai non sans froideur, à quoi il répondit plus civilement que je n'eusse pensé, se reprochant peut-être sa raideur de la veille.

— Monsieur de Siorac, dit-il, que désirez-vous ?

— Passer, Monsieur, dis-je, avec votre permission !

— Soldats, dit Cossolat, laissez passer M. de Siorac. Il est plus pressé que nous.

Les archers se rangeant alors sur le côté droit de la route, je mis d'abord au trot, mais voyant devant moi le dos de la pauvrette qu'on menait pendre, je revins au pas afin de l'envisager, tant par la compassion que j'avais d'elle que parce que le gardien avait loué sa beauté. J'hésitais cependant à la dépasser, ayant quelque vergogne de ma curiosité. Et tandis que je balançais, j'observai qu'elle était montée sur une mule et ligotée sur le haut dosseret d'une selle mauresque, les bras passés en arrière dudit dosseret, les mains liées, et le lien passant autour du ventre de sa monture. Une affreuse commère, monstrueusement grosse et de mine basse et repoussante, tenait sa mule par la bride, étant elle-même montée sur une haridelle qui devait recevoir plus de coups que d'avoine, à en juger par sa condition. En tête, chevauchait sur un bidet étique, écrasé par son énorme poids, Vignogoule, vêtu de la longue chemise pourpre qu'il revêtait pour les exécutions. Mais de juge aucun, et je n'en fus pas autrement étonné, le Président, je gage, n'allant point se déranger si matin pour des pendaisons de cette sorte, qui étaient tant fréquentes et, à ses yeux, de si petite conséquence.

De dos, je trouvais bonne tournure à la pauvre mignote, encore qu'elle ne fût vêtue que d'une chemise grise et déchirée et que son cheveu fût coupé court pour que la corde lui serrât le cou sans traverses. Et me mettant enfin à sa hauteur et au botte à botte avec elle, je me penchai pour l'envisager davantage. Mais le mouvement que je fis attirant son attention, la pauvrette tourna la tête vers moi et poussa un grand cri. Et béant, le sang tout soudain se glaçant dans mon cœur, je reconnus Fontanette.

— Fontanette, dis-je, le nœud de la gorge m'étouf-

472

fant, est-ce bien toi que je vois ainsi accommodée ?
Et comment en es-tu venue là, toi, si bravette ?

— Ha, mon noble moussu ! dit-elle. C'est vous qui
me dites cela ! Vous qui m'avez fait chasser de l'apothicairerie en m'accusant faussement de vous avoir
larronné !

— Moi ? criai-je. Mais qui t'a dit ça ?

— Dame Rachel.

— La vipère en a menti, je le jure sur mon salut !

— Moussu, dit la Vignogoule, la condamnée est
pour être pendue, et il n'est permis à personne de
jaser avec elle.

J'envisageais la Vignogoule avec autant de répul-
sion que si j'eusse vu cent crapauds mis en tas. Tout
en sa face était d'une vilité à faire peur, comme si le
venin dont sa cervelle était travaillée avait corrompu
et tordu ses traits, l'œil étant bigle, chassieux, tombant, le nez tordu et s'étalant en sa base, les lèvres
fermées l'une sur l'autre comme la cicatrice rougeâtre et boursouflée d'une plaie, la joue et le menton grisâtres, poilus et semés de pustules — pour ne
rien dire du corps informe sur lequel reposait ce chef
hideux.

Je fis passer mon Accla derrière la mule où était
liée ma pauvre Fontanette et vins me mettre à la dextre de la Vignogoule.

— Commère, dis-je, dix sols pour toi si tu fermes
l'ouïe.

— Moussu, dit la Vignogoule, son petit œil dur se
mettant à briller, dès le moment que la condamnée
est remise ès mains de mon mari, tout est à lui : sa
vêture, son corps, ses cinq sens et son souffle.

— Commère, dis-je, vingt sols pour trois minutes.

— Mon noble moussu, dit la Vignogoule, fût-ce
pour trois minutes, je ne peux rien vendre, ni même
prêter, de la condamnée : ni son oreille ni son
souffle.

— Commère, dis-je, quarante sols.

— Mon noble moussu, dit la Vignogoule, vous
m'avez ouïe.

— Garce, dis-je, sourcillant et lui lançant un

regard terrible, un écu d'or pour ce que je requiers, ou je te passe mon épée à travers les tripes.

A cette menace, dont je ne saurais dire à ce jour si je ne l'aurais pas mise à exécution, tant j'étais dépit et courroux, la Vignogoule, si tentée qu'elle fût de hausser l'enchère, n'osant ni m'affronter ni disputer plus outre, sans mot piper me tendit la main. J'y mis un écu qu'incontinent elle porta à ses lèvres boursouflées et mordit. Quoi fait, elle le serra dans sa ceinture et sortant un chapelet de dessous sa chemise pourpre, elle baissa le nez et se mit à l'égrener, mais qu'elle priât ou fît semblant, Dieu seul le sait.

Je tournai mon Accla et la fis repasser à côté de ma pauvre Fontanette.

— Fontanette, dis-je, je ne t'ai accusée mie de m'avoir larronné! Me crois-tu à présent?

— Hélas, je vous crois!

— Après ton congédiement, je t'ai cherchée partout!

— Hélas, je le sais! J'étais à Grabels.

— A Grabels! Fontanette! Mais c'est tout près de Montpellier! J'y suis passé dix fois! Et à tous échos clamant ton nom!

— Je le sais. J'avais donné le mot partout pour qu'on dise qu'on ne m'y connaissait point.

— Ha, Fontanette! En moi tu n'avais pas fiance, et tu croyais Dame Rachel!

Sur quoi, s'accoisant, elle m'envisagea d'une mine à me tordre le cœur, les larmes lui coulant sur les joues.

— Et qu'as-tu fait à Grabels?

— J'étais servante dans un mas dont le maître m'a engrossée, m'ayant promis mariage.

— Tu n'eusses pas dû céder, dis-je, sachant que je disais mal, mais quelque jalousie peut-être me poussant.

— Ha, moussu! dit-elle, tournant vers moi sa douloureuse face et me lançant un regard de reproche qui me transperça. Est-ce bien vous qui dites cela! Vous qui m'avez mise le premier au montoir!

A quoi, fort vergogné, je baissai la tête, et fus un

moment sans trouver salive pour parler, tant me poignait ma conscience.

— Fontanette, dis-je à la fin, toi si bonne et si piteuse, comment as-tu pu en venir à occire ton enfantelet?

— Ha, moussu! De force forcée! Et bien contre mon cœur! Le maître me l'a commandé, me menaçant, si je ne le faisais, de me renvoyer sans un sol sur les chemins du monde! Et comment alors aurais-je nourri mon petit, n'ayant pas même un croûton à gloutir? Ha, moussu! L'horrible remembrance que je me ramentevois! La minute que je fus pour poser, la mère du maître, ne voulant pas ouïr mes cris, me poussa dans la bergerie sur même paille que brebis, et c'est là que je mis bas, sans âme au monde pour m'aider et m'aimer. Et quand le pitchoune fut là, me pensant que de toute guise il irait mourir avec moi sur les chemins, j'appuyai ma main sur son nez et sa bouche, et quand j'ôtai ma main, il ne bougeait mie!

Là-dessus, ses larmes coulant de plus belle sur sa pauvre face, et secouée de gros sanglots, Fontanette dit d'une voix entrecoupée:

— Ha, moussu! C'est gros péché que j'ai commis là! Et c'est bonne justice qu'on me pende! Et puisse la Vierge Marie requérir mon pardon de son divin fils! Cependant, j'ai grande peur et frayeur de mourir, surtout par la corde.

Et la voyant trembler de tous ses membres à ce sinistre pensement, chaque pas de sa mule la rapprochant un peu plus du gibet, je voulus, pour occuper son esprit, la questionner plus outre.

— Que fis-tu du petit corps, Fontanette?

— Je le jetai dans un puits asséché, mais la Grenue me vit...

— Qui est la Grenue?

— Une voisine, qui a grand appétit à marier mon maître. La Grenue me dénonça au curé de Grabels, lequel me manda en son presbytère. Et là, seul avec moi, il me promit le silence, si je consentais à me laisser par lui besogner. Mais point ne voulus, ayant horreur de pécher encore, et si vilainement, et avec un homme de Dieu. Le curé alors écrivit une belle lettre en latin aux juges de Montpellier. Et un mois plus tard, les archers vinrent m'arrêter à Grabels et me serrer dans la geôle de la ville.

Ha, Fontanette! pensai-je, quelle chaîne de gens s'est tristement soudée, maillon par maillon, pour forger ta male fortune. Moi-même, hélas, Dame Rachel, ton maître, la Grenue et le curé de Grabels, que Dieu nous pardonne le mal que nous t'avons fait!

— Moussu, dit-elle, pleurant et tremblant, j'ai grand épouvantement, non tant de la mort, mais d'être pendue par le col avant de perdre vent et haleine. Car on m'a dit en la geôle que c'est un supplice fort long et très affreux.

— Monsieur de Siorac, dit tout soudain Cossolat derrière moi sans que je l'eusse entendu venir, il n'est pas licite de parler à la condamnée. Commère, poursuivit-il, tourné, fort sourcillant, vers la Vignogoule, comment se fait-il que tu n'aies rien interdit?

— Capitaine, dit la Vignogoule, la paupière hypocrite, je récitais des prières pour la pauvrette, je n'ai rien ouï.

— Oui-da! J'ai autant fiance en ta compassion que dans le croc d'une vipère! Je te connais, garce! A poignet bien graissé, oreille sourde! Monsieur de Siorac, un mot, je vous prie, en particulier. Piquons!

Nous piquâmes, et ayant mis quelque distance entre nos chevaux et le sinistre cortège, Cossolat me dit:

— Je n'ignore pas ce que fut cette garce pour vous. Et le Présidial, moins encore. Or, sachez-le, j'ai tout fait pour que son exécution soit remise à demain, afin d'éviter cette rencontre. Mais le Présidial en a décidé autrement. Et c'est pourquoi mes archers sont si nombreux. D'aucuns des juges craignent, et d'autres, en revanche, espèrent, vous sachant si haut à la main, que vous commettrez derechef quelque folie.

— C'est donc un piège?

— Assurément. Et j'en suis la mâchoire.

— Je n'y tomberai point. Merci de m'avoir prévenu.

— Donc, point d'arquebusade? dit Cossolat, en se tournant sur sa selle pour m'envisager d'œil à œil.

— Ni de pistoletade. Ni d'arme blanche. Cependant, j'aimerais que vous m'accordiez de parler seul au bourreau.

— Cela ne se peut, dit Cossolat d'un ton bref. Le seul qui puisse ici s'adresser à Vignogoule, c'est moi.

— Monsieur, dis-je en avalant ma salive, vous me réduisez aux actes désespérés que vous auriez voulu éviter.

A quoi, Cossolat, s'accoisant, m'envisagea et me vit la mine très résolue, encore que je le fusse assez peu en mon for, car je ne pouvais rêver d'affronter un peloton d'archers, sans beaucoup d'aide à attendre de Miroul, fort occupé avec ses deux arabes, et moins encore de mon Samson. Et pouvais-je, au reste, aventurer leurs vies comme j'étais prêt à risquer la mienne?

— Monsieur de Siorac, dit Cossolat, si vous me promettez de renoncer aux actes dont vous parlez, je pourrais devancer le cortège pour reconnaître le chemin, et ce que vous direz, pendant cette courte absence, à toute personne de votre choix, n'est assurément pas mon affaire.

— Capitaine, dis-je, c'est promis.

Là-dessus, il piqua et partit sur le chemin, et je m'en retournai, seul, joindre le cortège.

— Vignogoule, dis-je en me mettant au botte à botte avec lui, non sans répugnance pour son odieuse contenance et l'odeur qui émanait de lui. Un mot avec toi.

— Moussu, dit le bourreau, d'une voix fort douce et m'envisageant de côté de son œil bleu délavé, lequel disparaissait presque dans les plis de sa grasse face, vous ne devez point me parler.

— Un mot, cependant.

— Moussu, je ne vous ois point, dit-il en détournant pieusement la tête.

— Cinq écus pour toi, si avant que de passer à la pauvrette la corde au cou, tu lui appuyes du pouce sur l'os de la gorge et le brises. Ainsi, elle mourra tout soudain et tu hisseras une morte au gibet.

— Moussu, cela ne se peut. Le juge ne l'a pas commandé.

— Dix écus.

— Moussu, si je le fais sans être commandé, je perds ma place.

— Qui le saura? Ma voix ne porte point jusqu'à l'oreille du capitaine.

— Moussu, j'ai ma conscience.

— Quinze écus.

— Moussu, chacun a ses faiblesses, dit Vignogoule, l'œil baissé et faisant sa chattemite. Pour moi, j'ai grande commodité à voir le condamné s'étrangler lentement au bout d'une corde.

A ouïr cette odieuse parole, je fus quasi hors de mes sens et m'écriai :

— Vingt écus, vilain, pour conforter ta vilaine âme!

— Moussu, dit Vignogoule avec une mine merveilleusement fausse, mon âme n'est point tant laide. Ce que j'en ai dit, c'est par l'effet de la grande amour que j'ai pour mon état. En outre, vingt écus est somme bien petite au regard à l'amitié que vous semblez pour la garce nourrir.

A cela, qui me parut tant bas et vil qu'à peu que le cœur me soulevât, je décidai que l'or n'y suffirait pas, et que je devais poigner le misérable et lui faire sentir le fer.

— Vilain, dis-je, sourcillant et la voix fort rude, me connais-tu?

— Moussu, dit Vignogoule, l'œil baissé et tout ensemble servile et menaçant. Qui ne vous connaît? Et n'ai-je pas failli vous connaître de fort près? On dit que vous défouissez les morts pour les découper. On dit aussi que c'est vous qui avez arquebusé Cabassus sur son bûcher.

— Ce n'est pas moi. Mais quiconque a eu le front de le faire eût pu tout aussi bien arquebuser le bourreau.

— Ha! dit Vignogoule. C'est crime capital qu'occire l'exécuteur!

A quoi je répliquai, parlant entre mes dents d'une voix basse et sifflante :

— Et crime capital aussi, d'occire le condamné. Et qui ose le second peut très bien oser le premier.

Là-dessus, Vignogoule me jeta un bref regard de son œil délavé et baissa sa lourde paupière. Je l'envisageai à mon tour. Sa face, si semblable à un bloc de boue, en ayant la couleur et la consistance, ne broncha point, mais je vis que les rênes que tenaient ses énormes mains se mettaient à trembler.

— Vilain, dis-je, m'as-tu bien entendu?

— Mon noble moussu, dit-il de sa voix douce, avec un grand soupir qui, gonflant sa volumineuse poitrine, souleva ses tétins si étrangement pareils à ceux d'une garce, je vous prie et requiers de bien vouloir considérer ceci : si je mets le pouce où vous avez dit, à savoir sur l'os de la gorge, la ribaude ne souffre plus aucun pâtiment. Le temps d'appuyer, la mort est là. Ce n'est pas une exécution, c'est une meurtrerie vulgaire, laquelle est étrangère et répugnante à mon art, et en quelque guise, le déshonore.

— Bref? dis-je, sourcillant et portant la main à ma dague.

Se retournant et jetant un coup d'œil aux archers et les voyant assez loin derrière nous, Vignogoule mouilla ses grosses lèvres de sa langue et dit d'une voix éteinte :

— Ce sera donc vingt-cinq écus, et pas un écu de moins.

— Barguin conclu! dis-je, ne voulant ni toper ni disputer plus outre avec ce scélérat.

Je repris :

— Vingt-cinq écus sonnant, trébuchant, non rognés et sur l'heure versés. Mais, bourreau, ramentevois bien ceci : si après cela, la condamnée meurt lentement, toi, en revanche, tu seras promptement dépêché.

— Moussu, dit Vignogoule, tant payé, tant tenu.

Me rapprochant de lui davantage, quelque horreur

479

qu'il m'inspirât et quelque puanteur de mort qui émanât de cette boue, je lui comptai alors son or, ce qui prit un certain temps, car il mordit chaque pièce une à une, comme son horrible femelle avait fait avant lui.

Et bien soulagé je fus quand je le quittai pour m'aller remettre au botte à botte avec la Fontanette.

— Ma pauvre Fontanette, dis-je à voix basse, j'ai barguigné avec ce vilain. Dès qu'il te mettra la main autour du col, ferme les deux yeux, tu n'auras pas le temps de pâtir, tu mourras en un battement de cil.

— Ha, moussu! dit-elle. La merci Dieu et vous aussi! C'est grande miséricorde que je vous aie rencontré pour adoucir ma malemort! Et plus encore d'apprendre de votre bouche que point ne m'avez accusée faussement devant Dame Rachel.

— Ha! m'écriai-je, les poings serrés sur les rênes et grinçant des dents, j'écraserai cette femme malicieuse! C'est son venin qui a fait tout le mal! Sans elle, je t'eusse retrouvée à Grabels, et retirée des mains de ce mauvais maître!

— Moussu, dit-elle, les larmes coulant sur sa belle face, ne parlez point ainsi! Vous me tuez le cœur de regrets! Et je veux courage garder pour affronter ce qui vient. Moussu, ajouta-t-elle, en tournant vers moi ses yeux dont j'aimais la naïve douceur, m'aimez-vous donc un petit?

— Fontanette, dis-je, le nœud de ma gorge me serrant en un pâtir affreux, je t'aime de grande amitié et amour, et ne me pardonnerai mie de t'avoir prise en ton bourgeon sur la terrasse que tu sais.

— Ha, moussu! dit-elle. Ne jasez point à tort de cette terrasse et de la lune. Ce fut là mon court paradis. Tout le mal est venu après.

Et quelle touchante bonté je trouvai en ces paroles qui m'exonéraient de ma faute, alors que dans un premier temps elle m'en avait fait grief, je ne saurais dire. Et encore que Fontanette ne voulût point ouïr parler en ses derniers moments de l'irréparable enchaînement des causes qui l'avaient menée là, je ne pus m'empêcher de revenir là-dessus, tant me poignait son injuste destin.

— Ainsi, dis-je, Dame Rachel ne t'a pas révélé que la véritable raison de ton congédiement, c'est qu'elle avait appris par le prêtre qui te confessait que tu paillardais avec moi ?

— Non, moussu, pas un mot. Rien que ces deux mouchoirs que je vous aurais larronnés.

— Et tout ce temps que je te cherchais, tu étais à Grabels ! A deux pas de galop de mon Accla, tu te rongeais de ma prétendue injustice ! Ha, Fontanette, les mots, les mots, les mots ! Quel poison ils ont versé en toi, afin de nous séparer !

— Moussu, dit-elle, ne parlons plus de ces choses affreuses. Vous êtes là. Je ne peux vous toucher, ayant les mains liées derrière le dos, mais plaise à vous, moussu, de me mettre la main sur mon épaule, j'en serai contente.

Je fis comme elle avait dit, et à peine mes doigts se posèrent sur elle qu'inclinant son long cou, elle plaça sur eux sa joue, ce qui me fit même effet que si un oiseau avait palpité en mourant dans le creux de ma main.

Le chemin montait fort, mules et chevaux se mirent au pas, d'autant qu'il faisait chaud. Au sommet de la montée, mon sang se glaça tout soudain, et je vis à quelques toises, dans une oliveraie, à notre dextre, le gibet, et à côté de lui, immobile sur son cheval, Cossolat qui nous attendait.

— Ha ! dit Fontanette. Nous y voilà ! Moussu, ne vous ai-je retrouvé que pour si tôt vous perdre ?

A quoi elle ajouta d'une voix tant menue, basse et piteuse qu'elle me tordit le cœur :

— J'ai dix-huit ans ! Que brève fut ma vie !

Ha, Christ ! Ce fut comme si un couvercle d'airain se refermait sur moi ! Christ ! Pourrai-je jamais oublier ce moment ! Ce gibet, ces archers, cet ignoble bourreau, et ma Fontanette que, sous mes yeux, on m'allait occire ! Mon Dieu, comment peux-je avoir de présent la force de dire la suite, chaque mot que j'écris étant comme un lambeau que j'arrache, trente ans plus tard, à mon inguérissable plaie !

Dès qu'il me vit, Cossolat vint coller sa monture à

la mienne, et tout soudain je me vis séparé de Fontanette et environné d'archers qui de l'œil ne me quittaient pas, l'arquebuse sous le bras et la mèche allumée. Pour moi, le nœud de la gorge serré, et comme paralysé par l'excès de mon pâtiment, j'envisageais toute chose comme dans une brume, et cependant, avec une attention extrême. Je vis Vignogoule descendre de son bidet, délier une escabelle qu'il portait derrière lui sur la croupe de sa bête, et dessus monté, arranger sur les bois une corde de chanvre usée et noircie. Quoi fait, plaçant l'escabelle fort exactement au-dessous du nœud coulant, il commanda à sa femme de s'y asseoir, ce qui m'étonna, n'entendant pas le rôle qu'il lui destinait. Vignogoule fit tout ceci la mine fort rechignée, l'œil triste, la tête basse et les gestes si lents et si mols qu'on eût dit une méduse flottant entre deux eaux.

Sa femme assise sur l'escabelle, il se traîna jusqu'au cheval de Cossolat, les tétins et la bedondaine à chaque pas tressautant, et lui demanda de sa voix douce et fluette s'il lui commandait de poursuivre. A quoi Cossolat, cramoisi et dressé sur ses étriers, cria d'une voix forte :

— Poursuis, Tudieu ! Poursuis ! Et fais vite !

A quoi il ajouta en oc :

— *Aviat ! Aviat !*

— Capitaine, dit Vignogoule, mon art répugne à la précipitation. Ouvrage lent, ouvrage bien fait.

— Par les septante diables de l'enfer ! hurla Cossolat. Vaque ! Vaque ! Et sans tant languir ! Ou je te reconduirai à coups de plat d'épée sur les épaules tout le chemin d'ici à Montpellier !

Sa face de boue impassible, Vignogoule, branlant comme gélatine, se traîna vers la Fontanette, et tandis qu'il déliait, avec la même désespérante lenteur, la cordelette qui l'attachait au dosseret de sa selle et à la sangle de sa mule, son œil tout à coup s'exorbita, et son souffle devint rauque et bruyant. Je tressaillis, comme éveillé de ma transe, et avançai la main vers un de mes pistolets. Mais Cossolat, me posant la dextre sur le bras, dit à voix basse :

— Ta promesse, Pierre.

Et tourné vers le bourreau, il hurla derechef en oc :

— *Aviat! Aviat!*

Je retombai en mon hébétude. Et Vignogoule, saisissant alors ma Fontanette par la taille, la souleva comme plume de dessus sa mule et la posa à terre. Toujours haletant et le blanc de l'œil sorti de la paupière, il la poussa du plat de la main vers le gibet. Elle me tournait alors le dos, mais comme il lui commandait de s'asseoir sur les genoux de sa femme, à l'aplomb du nœud coulant, elle pivota sur elle-même pour lui obéir, et dans le mouvement qu'elle fit, son œil me chercha, me trouva et ne me lâcha plus.

La Vignogoule, dès que la Fontanette fut assise sur elle, referma ses deux bras sur la poitrine de la pauvrette, de façon à la maintenir serrée, enfouie et comme enlisée dans sa monstrueuse charnure. Le bourreau, tirant à lui avec un geste d'une lenteur infinie le nœud coulant, le passa autour du chef de Fontanette, et je crus d'abord qu'il allait trahir sa promesse. Mais se penchant, il lui serra le col d'une seule main en appliquant son pouce sur sa gorge. Sans qu'elle pût pousser un cri ni même un soupir, sa tête retomba inerte, comme celle d'un pigeon qu'on étouffe. Vignogoule cessa de souffler. C'était fini. Cependant, je voulus rester jusqu'à ce qu'il la hissât, voulant être assuré qu'il ne l'avait pas étranglée à demi, comme il avait fait pour Cabassus.

— Allons, Pierre, dit Cossolat en me touchant le bras derechef. Ne restez pas un siècle céans! Elle ne bouge ni ne branle. Observez. Point de convulsion, ni de pied qui danse dans l'air. Elle est morte, vous voyez bien.

— Morte? dis-je, comme étonné.

Je ne pus parler plus outre, hébété que j'étais encore, le regard fixé sur la blanche face de Fontanette, ses yeux grands ouverts, son col tordu. Dieu! Etait-ce là cette mignote, si vive et si tendre, que j'avais sous la lune tenue dans mes bras, sentant battre contre moi la houle de son jeune sang! Pendue, la pauvrette, en la fleur de son âge, pour être ensuite hachée et démembrée, et ses membres que j'avais tant de fois baisés, exposés sur ces oliviers stériles qui porteraient ces tristes fruits de mort jusqu'au final pourrissement!

— Pierre, dit Cossolat, ne restez point là à vous ronger le cœur. Venez! Venez! Je vais vous remettre en chemin!

Et appliquant une claque sur la croupe de mon Accla, il la fit bondir en avant et nous partîmes tous deux à brides avalées, suivis de Samson et de Miroul. Nous fîmes en galopant deux bonnes lieues pour le moins et, plus tard, je compris que Cossolat me voulait à force forcée éloigner au plus vite du gibet, tant il craignait que, sortant de la transe où je me trouvais plongé, je ne tuasse Vignogoule et sa femme, ce que j'eusse fait peut-être, tant j'étais hors de moi.

A peine vis-je que Cossolat nous quittait, et peu distinguai-je le chemin, tandis que je chevauchais comme fol, droit devant moi, sans ménager mon Accla. Mon chef était tant gourd que si on m'avait bastonné, et je n'avais quasiment plus l'usage de mes yeux, lesquels étaient restés glués à ce gibet odieux dont j'emportais l'image avec moi à travers pechs et combes. Je me sentais, pour ainsi parler, comme mort à moi-même, n'ayant plus dans mon cœur glacé que le sentiment d'une faute immense et d'une désolation infinie.

A midi, le soleil étant fort chaud et la sueur ruisselant à flots sous les corselets dont nous étions revêtus, Miroul, se portant au botte à botte avec moi, osa me dire que les chevaux étaient fourbus et qu'il fallait s'arrêter. Je l'entendis enfin et, envisageant à l'orée d'un bois, sur notre dextre, un petit pré assez bien fourni en herbe, je dis d'une voix éteinte que ce serait là notre étape. Et démontant, je défis mon corselet, ôtai mon morion, et laissant mon Accla à Miroul, je fis en trébuchant quelques pas à l'écart et me laissant tomber à plat ventre au sol, tant me poignaient tout ensemble la fatigue et le pâtiment, j'enfonçai mes deux mains dans la terre et, enfouissant ma tête et ma bouche dans l'herbe chaude comme dans le tétin d'une mère, je me pris à pleurer à sanglots si convulsifs et si longs qu'il me semblait qu'ils ne finiraient plus.

Notre petite troupe atteignit Nismes le 30 septembre, sur le coup d'onze heures, par une porte cintrée surmontée d'une tour, mais dont le chemin de ronde paraissait étrangement garni en défenseurs, y ayant là une vingtaine d'hommes qui, pour ne pas montrer la mine de soldats (ayant beaucoup plus l'air d'ouvriers mécaniques), n'en portaient pas moins un assortiment fort varié et surprenant d'armes de toutes sortes, dont d'aucunes assez anciennes, sans compter des boucliers, des corselets, des cottes de mailles, et même des cuirasses. Ces quidams paraissaient fort échauffés et se paonnaient de long en large en se tirant sur la moustache avec des airs fendants, et dès que nous nous présentâmes à la porte, armés en guerre comme nous l'étions et le morion sur le chef, ils ne laissèrent pas, du haut de leur chemin de ronde, de nous envisager avec méfiance et sourcillement, d'aucuns même allumant la mèche de leur arquebuse, comme si, à trois, nous avions formé le dessein d'attaquer la ville.

Je démontai et, jetant mes rênes à Samson, je m'approchai du guichet.

— Soldat, dis-je, plaise à toi d'ouvrir le guichet. Nous avons des laissez-passer.

— Nous n'ouvrons à personne, dit le guichetier, qui était une sorte de petit homme un peu tordu, vêtu d'un corselet beaucoup trop grand pour lui, et tenant à la main une hallebarde qu'il avait peine à soulever, tant lourde pour lui elle paraissait.

A quoi il ajouta :

— Ni pour entrer ni pour sortir. C'est notre commandement.

Quoi dit, il sourcilla d'un air terrible, mais lui trouvant, malgré cet air, la face assez bravette, je dis en oc, sur un ton d'aimable gausserie :

— Eh quoi, compain! A quoi sert une porte si on ne l'ouvre mie? Ni pour entrer ni pour sortir? Et où coucherons-nous ce soir, si votre belle ville ne veut point de nous, en dépit de nos laissez-passer?

— Ha, moussu! dit l'homme, s'adoucissant à ouïr mon propos enjoué. Je suis bien marri pour vous, qui me paraissez une bien aimable sorte de gentilhomme, mais je n'en peux mais. C'est mon commandement.

— Ton commandement? dis-je. Es-tu soldat?

— Ah, non point! dit le petit homme avec un certain air de piaffe. J'ai un état, et j'y excelle. Je suis cardeur de laine. Et ces autres hommes que vous voyez sur le chemin de ronde sont tisserands, cordonniers, savetiers, ou ouvriers en soie, lesquels je n'aime point, car ils pètent plus haut que leur cul et se croient plus grands compagnons que nous, parce qu'ils sont soyeux et non laineux.

— Mais d'où vient que vous montez ce mardi la garde à la porte de la ville, au lieu d'être à votre métier?

— Quoi! dit le cardeur avec naïveté. Vous ne savez point?

— Comment le peux-je? dis-je, étant dehors et non dedans!

— C'est que ce jour, nous avons enlevé la ville aux papistes, sauf le château, où ils tiennent garnison.

— Que voilà, dis-je, une bonne nouvelle! Mon frère et moi, sommes tous deux de la religion réformée. Et mon valet aussi.

— Quoi? dit le cardeur en écarquillant son œil tant bravet que niais. Ugonau? Tous les trois? Que ne le disiez-vous d'abord? Je vous aurais ouvert!

— Ouvre-nous donc de présent.

— Voire! dit le cardeur en soulevant sa bourguignotte et se grattant la tête. Je ne sais si je dois de présent, ne vous ayant pas d'abord ouvert. Car le commandement est toujours commandement, combien que vous soyez huguenots. Du diable si je sais ce que je dois faire! Moussu, qu'opinez-vous?

Je trouvai plaisant qu'il me posât la question, à

moi qui la lui avais posée en premier, et je fus pour le persuader tout de gob de m'ouvrir, mais gageant qu'après que j'aurais ainsi opiné, il balancerait encore, je dis :

— Compain, il m'est avis qu'il y aurait de la commodité pour toi à quérir ton chef, pour qu'il décide à ta place.

— C'est ma foi une idée, dit le cardeur. Et de ce pas, j'y vais.

Il partit en se dandinant dans son corselet trop grand, traînant après lui sa hallebarde dont je suis assuré qu'il n'aurait pu donner un coup à quiconque, tant il avait peine à la soulever. Mais il ne fit pas trois pas qu'il revint et me dit :

— Moussu, je me nomme Jean Vigier.

— Jean Vigier ! Ton nom me vient à plaisir, étant nom de brave homme. Je m'appelle Pierre de Siorac.

— Etes-vous homme noble, moussu, ou feignez-vous de porter un *de* qui vous vient bonnement d'une terre ?

— Je suis fils cadet du Baron de Mespech en Périgord.

— Ha, moussu ! Qui l'eût dit, à ouïr votre parler tant aimable ! On voit bien que vous ne déprisez pas, comme d'aucuns, l'ouvrier mécanique.

— Que nenni. Un état est un état. Et celui d'un cardeur de laine vaut bien celui d'un ouvrier en soie.

— Moussu, c'est parler d'or. Je vais quérir mon chef.

Et là-dessus, Jean Vigier s'en alla, traînant sur le pavé la queue de sa hallebarde et, quasi incontinent, revint avec un grand maigre fort noir, dont le regard ne me plut qu'à demi, ayant dedans la prunelle je ne sais quelle lueur farouche.

— Monsieur, dit-il, je suis Jacques de Possaque, maréchal des logis dans la compagnie de cavalerie du capitaine Bouillargues, et j'apprends que vous requérez d'entrer. Peux-je vous demander quelle affaire vous amène céans ?

— Rien que visiter votre belle ville, dis-je, ne désirant pas lui apprendre que j'allais demeurer chez M. de Montcalm, lequel étant officier royal et papiste, ne devait point être tenu par ceux de notre parti, en ces occasions, en très bonne odeur. Nous sommes écoliers en Montpellier, repris-je. Et j'ai une lettre du capitaine Cossolat, qui est des nôtres, pour le capitaine Bouillargues.

Et la sortant de mes fontes, je lui montrai l'adresse sur le pli, mais sans lui tendre ce dernier. Cependant cette lettre, même cachetée, fut un sésame.

— Monsieur, dit Possaque (dont le « de », je gage, était « feint », comme avait dit Jean Vigier), je vais vous escorter en l'auberge de la *Coquille*, où je vous demande de demeurer jusqu'à ce que le capitaine Bouillargues vous peuve voir. Cependant, je doute que ce soit avant ce soir. Sauf le château — mais la garnison est trop faible pour nous inquiéter —, la ville est dans nos mains. Et le capitaine a de certains comptes à régler avec d'aucuns acharnés papistes, lesquels comptes ne souffrent pas de délais.

En disant cela, Possaque grinça des dents, son œil brilla d'un brillement que je trouvai, à part moi, fort peu rassurant pour ceux qu'il avait désignés. Ha, pensai-je, les acharnés ne sont pas seulement que d'un bord! En voici d'autres, et du mien!

Possaque, nous ayant admis à l'intérieur des murs, nous demanda de démonter et de tenir nos montures par la bride : ce que nous fîmes. On nous mit alors à la queue d'un peloton d'une vingtaine d'hommes armés de guises très diverses, comme j'ai dit; je reconnus le cardeur Jean Vigier, lequel avait troqué son incommode hallebarde contre une courte épée. Il tenait ce braquemart à la main, n'ayant pas de fourreau, et paraissait si content d'être en possession d'une arme maniable, que tout en marchant, il en donnait dans l'air de grands coups, tant est qu'enfin Possaque, craignant qu'il navrât l'un des nôtres, le renvoya en queue, où il fut fort aise de nous retrouver, et moi, de l'ouïr, car sans lui, nous aurions peu compris le comment et le pourquoi de la tragédie dans laquelle, *in medias res* [1] nous étions jetés.

1. En plein milieu.

Au fur et à mesure que nous tirions vers le centre de la ville, le tumulte se faisait plus rugissant, non qu'il y eût combat ou résistance, les papistes se tenant terrés en leurs logis. Mais le pavé était sans arrêt parcouru dans les deux sens par des pelotons armés, lesquels, marchant ou courant, criaient à tue-tête et à oreilles étourdies : « *Sarre boutiques ! Sarre boutiques !* » commandement auquel les marchands n'avaient garde de désobéir, ayant grand'peur d'être pillés. En un clin d'œil, la ville fut morte, les étals enlevés, les contrevents clos, les portes barricadées, et les bonnes gens derrière leurs murs, à moins qu'ils ne fussent de ceux qui se donnaient des hurlades à se péter les poumons en huchant : « Tue papistes ! Tue ! Monde nouveau ! »

Ha, pensai-je, quel monde nouveau est-ce là, qui doit commencer par le massacre de ceux qui, à la fin, ont même Dieu que nous, quand même ils l'adorent d'une autre guise ?

— Quoi ? dis-je à voix basse à Jean Vigier, allez-vous occire céans tous les papistes ?

— Nenni ! dit Vigier. Nous ne sommes point si turcs ! D'après ce que j'ois, on ne touchera pas un cheveu aux femmes, ni aux enfants, non plus qu'aux papistes modérés. Mais quant à ceux qui faisaient continuellement des prêches contre nous et nous promettaient des bûchers, ceux-là ne pisseront pas si roide quand ils auront passé dans nos mains.

— Vigier, dis-je, vous ois-je bien ? Des exécutions ? Sans procès ? Et sans juges ?

— Ha ! pour les juges ! dit Vigier, comment les avoir ? Ils étaient tous de leur côté et contre nous.

Cependant qu'il parlait ainsi, Possaque faisait arrêter sa troupe devant un logis de belle apparence, à l'huis duquel, s'avançant, il frappa à coups redoublés avec le pommeau de son épée. Mais comme on ne répondait pas, il donna l'ordre à ses hommes de l'enfoncer : ce qu'ils ne purent exécuter, la porte étant en chêne vieux et épais, aspée, en outre, de trois bandes de fer. Là-dessus, une fenêtre, à l'étage, s'ouvrit et une dame aux tresses blanches, fort bien et proprement mise, demanda à Possaque ce qu'il voulait.

— Garce, dit Possaque, nous voulons ce scélérat, ce maraud, ce larron, j'entends ce premier consul de merde, ton fils, Gui Rochette ! Et qu'il comparaisse devant nous pour nous rendre compte de son ménagement de la ville !

— Mon fils, dit la dame non sans dignité, ne mérite pas ces paroles sales et fâcheuses. En outre, il n'est point là.

— Il y est, garce ! A n'en point douter ! dit Possaque. Qu'il montre incontinent à la fenêtre sa traîtreuse face de traître, ou je boute le feu à ta maison !

— Quand même vous la mettriez toute en flammes, dit la dame avec fermeté, il n'y est point, je le dis, et par le Christ qui m'entend, je le répète et je le jure. Et où il est de présent, je ne saurais dire, car je l'ai vu partir tout soudain sur le coup de midi, et sans même un chapeau.

A cela, nos hommes murmurèrent fort et jurèrent avec d'affreux jurons que le scélérat s'était échappé de la ville. « Paix ! Paix ! dit Possaque. Cela ne se peut ! A midi, nous avions fermé les portes. » A quoi, je vis la dame pâlir étrangement, et Possaque le dut voir aussi, et cette pâleur lui donnant à penser qu'elle avait dit vrai, il ordonna à son peloton de poursuivre.

J'augurai fort mal de cette première rencontre, et de la brutale et profane guise dont Possaque avait parlé à cette pauvre femme et, me tournant vers Vigier, je lui dis à voix basse :

— Qu'a fait ce Gui Rochette pour qu'on le mette si bas ?

— Rien, moussu, dit le cardeur, que d'être le premier consul et d'être fort acharné contre nous, et d'être cause qu'en novembre de l'an dernier, on a choisi les consuls tous les quatre parmi les papistes, et non point deux chez eux et deux chez nous, comme nous voulions. On a réclamé de cette élection auprès de M. de Joyeuse, mais ce petit vicomte de merde, qui mange sa chair avec une fourche (avez-vous ouï cela?) a décidé contre nous. Le Rochette va donc être dépêché si on le trouve, et peut-être aussi les trois autres consuls, mais pour eux c'est moins sûr, pour ce qu'ils sont moins papistes que le Rochette, lequel est toujours fourré chez l'Evêque Bernard d'Elbène, à lui baiser la main et à se pourlécher avec lui des bûchers où ils pourraient nous brûler, le Roi y consentant! Ventre Saint-Michel! Nous allons de clic et de clac balayer cette engeance!

— Quoi? dis-je. L'Evêque aussi?

— L'Evêque aussi! Combien qu'il ne soit pas si mauvais homme. Mais nous ne serons pas si turcs qu'eux. On ne dressera pas de bûchers. Nous savons trop ce qu'il en cuit! (Il rit à cette petite gausserie.) Non, mon noble moussu, un bon coup de dague dans la gorge, et les voilà adorant la Vierge Marie dans l'autre monde, et nous laissant celui-ci!

A ouïr Vigier parler ainsi, et il était grand jaseur et soulignait son dire de grands coups dans le vide de son braquemart, je le vis, lui pourtant si bravet, tant animé contre les chefs papistes et tant rancuneux des persécutions et perpétuelles menaces que les nôtres avaient essuyées, que je ne laissai pas de craindre que ce jour de septembre, si beau et si ensoleillé, ne finît point sans que le sang coulât.

J'en étais là de ce triste pensement, quand une troupe de huguenots venant en sens inverse de la nôtre nous croisa, se rangeant à notre dextre pour nous laisser passer. Mais dans l'instant de ce croisement, leur chef, un grand roux fort allumé, cria à tue-tête en brandissant son épée :

— Compagnons! Monde nouveau! Condé et Coligny ont fait prisonnier le Roi au château de Monceaux! On a occis cette vieille chienne de Catherine de Médicis! Et ses deux chiots, Anjou et Alençon [1]! Compagnons! Lyon est saisi par les nôtres! Et bientôt Montpellier! Thoulouse! Paris!

1. Le duc d'Anjou (le futur Henri III) et le duc d'Alençon, son frère.

Je décrus ces nouvelles dès que je les ouïs, et en effet je ne me trompais point, mais elles eurent sur Samson, qu'à voix basse j'exhortai à se taire, et plus encore sur mes compagnons, un effet extraordinaire, leur faisant croire que tout dans le royaume était désormais à leur botte, et enflant démesurément la soif qu'ils avaient de se revancher pour ce qu'ils pensaient n'avoir plus à rendre compte de leurs actes, si sanglants qu'ils fussent, à quiconque, et pas même au Roi, qui était, à ce qu'on leur avait dit, dans leurs mains. Je vis incontinent les fâcheux effets de cette exaltation quand Possaque, s'arrêtant, demanda au grand roux quels étaient les deux quidams qu'il tenait prisonniers.

— Ha, rien que du menu fretin, que je mène à l'Hôtel de Ville, dit le grand roux. Guérinot, le cordonnier, et Doladille, ouvrier en soie, tous deux acharnés papistes.

— Petite prise, dit Possaque en haussant les épaules.

Mais Jean Vigier, entendant nommer Doladille, blanchit de colère. Et donnant la roide épaule à tous ceux qui se trouvaient sur son passage, parvint jusqu'au malheureux soyeux, et le prenant au collet, s'écria :

— Ha, Doladille ! Ha, gallant ! Tu es là !

Et il lui porta incontinent un grand coup de son braquemart, mais si maladroitement qu'il ne lui fit au bras gauche qu'une longue estafilade. Sur quoi Possaque, prenant Vigier par le bras, le tança fort, disant que ce n'était pas à lui, mais aux chefs, de décider des exécutions. Et lui ayant ainsi, après maints jurons, rabattu la crête, il le renvoya en queue du peloton, où Vigier, observant quand on se fut remis en marche que je ne lui parlais plus, me dit avec naïveté :

— Hé quoi, moussu ! Vous ne m'aimez plus !

— Ha, Vigier ! Frapper un homme désarmé ! Fi donc ! C'est grande honte !

— Hé, moussu ! C'est que ce n'est point n'importe quel homme ! C'est Doladille !

— Et qui est ce Doladille?

— Il est ouvrier en soie, comme vous avez ouï, et en toute occasion, décrie et déprise mon état de laineux.

— Est-ce une raison?

— En outre, il m'a cocu cocué avec ma garce et s'en est partout paonné.

— C'est traîtrise, certes...

— Ha, moussu! Il y a pis! Car la malice le gonflant encore, ce Doladille, méchant papiste qu'il est, s'est vanté, si les huguenots étaient mis hors la loi par Charles IX, de me dépêcher de sa main et d'épouser ma veuve, ayant, dit-il, en sa braguette de quoi la convertir à la volée à la vraie religion!

Nous ne pûmes disputer plus outre, Possaque m'appelant pour me montrer l'auberge de la *Coquille*, qu'il faisait, à grands cris et à grands coups de pommeau, ouvrir. L'huis enfin s'entrebâilla et l'alberguière, une fort accorte commère, le tétin haut, l'œil fier et le verbe assuré, apparut.

— Qu'est cela? dit-elle, la crête dressée. Je suis fermée. On me l'a commandé.

— On vous commande de présent autrement, dit Possaque avec rudesse. Accommodez ces gentilshommes, sans tant baragouiner. Ils arrivent incontinent de Montpellier et ils ont besoin d'un gîte.

Et là-dessus, sans trop de civilité, et Vigier seul me saluant de la main, il s'en alla avec sa troupe à la chasse aux papistes, dans l'espoir, je gage, de ramener à l'Hôtel de Ville de plus grosses prises qu'un cordonnier et qu'un soyeux.

Cependant, l'alberguière, sans mot piper, et le front de glace, mit Samson dans une chambre et moi dans l'autre, tandis que son valet aidait Miroul à panser nos montures dans l'étable.

— Mamie, dis-je en la retenant par bras comme elle me quittait, qu'est cela? Vous me montrez mine revêche? Œil dur! Bouche pincée! Qu'ai-je donc qui vous déplaît si fort?

— Moussu, dit-elle, rien de votre personne, dont je m'accommoderais assez, mais beaucoup de vos actes.

— Mes actes! dis-je, béant. Qu'ai-je donc fait?

— Rien, dit-elle avec un brillement de l'œil, sinon venir tout exprès de Montpellier pour vous joindre céans aux massacreurs.

— Ha, Mamie, m'écriai-je. Vous me diffamez! Je n'ai jamais tué personne, sauf en combat loyal. Et je ne compte pas en votre ville commencer... Je suis à Nismes pour demeurer chez certaine personne qui est papiste de sa religion. Mais voyant, à mon arrivée céans, la couleur que les choses avaient prise, je n'ai pas voulu le nommer. Et me voici en votre logis, sur le commandement de ce Possaque, et bien marri d'y être contre votre gré.

— Moussu, dit-elle, dois-je vous croire?

— Vous le devez, mamie, dis-je en lui mettant les deux mains sur l'épaule (qu'elle avait ferme et potelée). Je suis huguenot, mais point si zélé et acharné que d'aucuns que je vois à Nismes.

— Moussu, dit-elle, mollissant quelque peu. Peux-je avoir fiance en vous? Pourriez-vous nommer la personne chez qui vous alliez céans demeurer?

— Mamie, dis-je, je ferai mieux : je vous montrerai la lettre que j'eusse dû lui remettre. La voici, poursuivis-je et, ôtant mon corselet, je sortis de mon pourpoint le pli et le lui tendis.

— Il n'est point cacheté. Lisez-le.

— Ha, moussu, dit-elle fort radoucie, vous agissez à si nette et si franche guise avec moi que je commence à vous aimer.

Rosissant, et non sans quelque vergogne, elle ajouta :

— Bien sais-je compter, mais bien peu sais-je lire. Moussu, peux-je envoyer quérir mon cuisinier, lequel lit aussi bien que curé en chaire, et me dira si je dois avoir en vous autant de fiance que mon sentiment m'y porte.

Et là-dessus, elle me bailla une œillade si douce et un sourire si chaleureux que je ne pus que consentir. Ayant dit alors quelques mots à l'oreille de sa chambrière, elle s'assit sur une escabelle, je m'assis à mon tour, et n'ayant rien à faire que d'attendre, nous nous entrevisageâmes un assez long temps, et tous deux s'accoisant pour ce que chacun aimait fort ce qu'il voyait, sans que le moment fût encore venu de le dire.

On toqua à l'huis, et sur le cri d'entrez que fit l'alberguière, un cuisinier s'avança, dodu assez, ayant bonne trogne et gros nez, mais aisé en ses manières, et l'alberguière, incontinent, lui tendit ma lettre, lui demandant fort civilement de la lire. Ce qu'oyant le cuisinier, il me fit un petit salut, mais ce qui m'étonna fort, sans ôter sa toque blanche. Et sans qu'on l'y invitât, il s'assit avec un certain air de pompe, et lut la lettre fort gravement, tandis que l'alberguière le considérait avec un respect que peu de cuisiniers, je gage, peuvent attendre de leur maîtresse. Quand il eut fini, le cuisinier se leva, me fit un profond salut, mais sans ôter sa toque davantage et, tendant la lettre à l'alberguière, croisa les mains sur sa bedondaine et dit d'une voix fort suave :

— Madame, la lettre est écrite par Mme la Vicomtesse de Joyeuse à M. de Montcalm, notre juge-mage, et lui recommande ce gentilhomme, lequel est son petit cousin...

— Le petit cousin de Mme de Joyeuse ! s'écria l'alberguière, fort ébahie et m'envisageant d'un œil nouveau.

— Ce gentilhomme se nomme Pierre de Siorac, dit le cuisinier en levant la main comme s'il n'était pas accoutumé à être interrompu. Il est fils cadet du Baron de Mespech en Périgord. M. de Siorac, et son frère Samson sont tous deux écoliers. Et Pierre de Siorac, ayant commis en Montpellier quelques imprudences (ici, l'alberguière me regarda d'un œil tendre, n'imaginant pas que ces fautes pussent être autres que celles qu'elle croyait deviner), la vicomtesse demande à M. de Montcalm de les retirer un moment chez lui jusqu'à ce que les esprits à son endroit se calment. Mme de Joyeuse ajoute que M. Pierre de Siorac est, comme son père, un huguenot loyaliste et qu'en aucun cas il ne portera les armes contre son Roi...

— Ha, moussu! s'écria l'alberguière. Voilà qui est fort bien! Voilà qui me rassure! Ma fiance en vous est de présent entière! Je ne vais rien vous celer non plus!...

— Madame! coupa le cuisinier sur un ton d'autorité avec un bref sourcillement. Votre fiance va trop vite en besogne! M. de Siorac a toute l'apparence d'un bel et bon gentilhomme, mais il est huguenot, fidèle sans doute à son parti...

— Certes! criai-je. Mais pas au point de commettre des assassinats! Ni de prendre une ville au Roi! Compain, ajoutai-je en me dirigeant vers le cuisinier et en lui saisissant les deux mains (lesquelles étaient fort douces et point du tout celles qu'on eût attendues de son état) si je peux aider quelqu'un ici à sauver sa vie en le préservant des excès que commettent les miens, je le ferai!

Et disant ceci, non sans fougue ni feu, je ne laissai pas de penser que cette toque blanche qu'on n'ôtait jamais cachait peut-être la tonsure d'un prêtre, qui avait dû recourir à ce déguisement pour échapper à la chasse qu'on faisait de présent à Nismes à tout ce qui portait soutane.

— Mais, ajoutai-je. Rien n'est perdu encore. On fait des prisonniers, on ne les tue pas!

— Ha, Monsieur de Siorac! s'écria le cuisinier, les larmes lui venant aux yeux. Vous vous flattez d'un faux espoir! Détrompez-vous! Combien que le commandement des rebelles soit pour l'heure d'amener les prisonniers sains et saufs à la maison de ville, nous avons eu vent d'un dessein de les exécuter cette nuit en secret. Et au moins en un cas, déjà, la fureur fanatique a devancé les exécutions : ce matin, sur le coup de midi, le vicaire général Jean Péberan a été surpris dans sa chambre par le greffier La Grange, et une vingtaine d'hommes armés, et incontinent percé de plus de cent coups de dague et d'épée.

— Ha! dis-je. C'est vilainie! Je commence à concevoir des alarmes pour la sécurité de M. de Montcalm. Etait-il mal vu de mon parti à Nismes?

— Fort mal, dit l'alberguière. Mais le bruit court

qu'il a pu s'ensauver, avec sa femme et sa fille, avant qu'on fermât les portes. Et d'aucuns jurent même les avoir vus tous trois prendre le chemin de la Provence, où M. de Montcalm a un logis bien remparé avec une douve, des tours et des mâchicoulis.

— Mamie, dis-je, dès que vous m'aurez donné quelque morcel à gloutir, car j'ai grand'faim, j'irai voir ce qu'il en est de M. de Montcalm. Cependant, cachez ce pli à lui adressé, en lieu sûr, afin qu'il ne soit point trouvé sur moi si je viens à être fouillé par des excités de mon parti.

— Moussu, dit l'alberguière en me faisant bon œil et plus peut-être, plaise à vous de ne point sortir ! Il y a grand péril à courir les rues à cette heure.

— Mamie, dis-je avec un sourire, rien ne me plairait davantage que de demeurer céans avec vous. Mais je ne peux que je n'y aille. J'ai quelque obligation envers M. de Montcalm, puisqu'il devait être mon hôte, et plus encore envers Mme de Joyeuse, qui m'a adressé à lui.

L'alberguière quitta alors son escabelle en disant au cuisinier, mais de façon fort civile, qu'il devait cuire mon rôt. Celui-ci qui, apparemment, n'y songeait guère, incontinent se leva. Mais avant de se retirer, il s'approcha de moi et me dit sur le ton de la supplication et m'envisageant gravement :

— Monsieur, l'Evêché jouxte la maison de M. de Montcalm, et si vous allez de ce côté, pourriez-vous jeter les yeux de-ci, de-là, et ouïr à doubles oreilles les jaseries des rues pour savoir si on a pris le vent de notre Evêque Bernard d'Elbène, lequel, jusque-là, a réussi à dépister les poursuivants.

— Monsieur, dis-je, pour l'amour du Christ, je le ferai.

Et là-dessus, me saluant profondément, mais la toque toujours sur la tête, l'étrange cuisinier s'en fut à sa cuisine.

Je voulus manger mon repas dans ma chambre, seul avec Samson. Et quand on eut fini, prenant mon ton le plus pressant, je lui dis que j'allais sortir, mais sans lui, et qu'il devait m'attendre en sa

497

chambre sans parler à personne, et si les nôtres l'interrogeaient, répondre que nous étions céans pour visiter la ville, et remettre une lettre au Capitaine Bouillargues, et s'en tenir là, sans rien prononcer d'autre, sans opiner, sans montrer qu'il fût pour ou contre ce qui se passait céans, sans se mêler à rien de ce qui s'y pouvait faire, et sans rien dire non plus qui pût donner offense au Roi, à la Reine Mère, et aux frères du Roi, pour ce que je décroyais tout à plein ce qu'on avait dit de leur male fortune à Possaque. Enfin, lui donnant une forte brassée et le baisant tendrement sur ses suaves joues, je lui dis de se ramentevoir que notre père était un huguenot loyaliste, qu'il n'avait point consenti à tirer l'épée contre son Roi, et non plus à prendre part au siège de Sarlat, cuidant que c'était là rébellion pure et simple et qu'au surplus, les exécutions de prêtres et de bourgeois papistes, combien même ils étaient contre nous acharnés, n'étaient que meurtreries communes, répugnantes à l'honneur et sanglants défis à nos lois.

Je pris épée et dague, mais sans remettre corselet et morion, la chaleur en cette fin septembre étant étouffante. L'alberguière me fit sortir par une porte de derrière, qui donnait sur une ruelle, et dans celle-ci, qui trouvai-je, m'attendant sur le pavé, et armé en même guise que moi ?

— Miroul ! dis-je, béant. Que fais-tu là ?

— Je ne vous quitte point, monsieur mon maître, dit-il, son œil marron s'égayant tandis que son œil bleu restait froid.

— Et par où es-tu sorti ?

— Par ce fenestrou que vous voyez au deuxième degré du logis.

— Douce Vierge ! dit l'alberguière. Il faut être mouche ou oiseau pour atterrir de là sans se rompre le col !

— Ho ! Je l'ai vu mieux faire ! dis-je, non sans fierté de l'émerveillable agilité de mon Miroul, lequel, si le lecteur se ramentevoit, escalada sans bruit aucun toutes les défenses de Mespech pour venir larronner notre jambon, pauvre petit gueux qu'il était alors et crevant la faim.

— Miroul, dis-je, feignant quelque déplaisir, qui t'a commandé de me suivre ?

— M. le Baron de Mespech, partout où il y aurait occasion de péril. Et n'y sommes-nous pas à plein ?

— Oui-da ! Il a raison ! dit l'alberguière. Mon noble moussu, gardez-vous bien ! Et toi, Miroul, garde-le !

Quoi dit, et non sans que son bel œil me lançât, au départir, toute une gerbe de promesses, elle ferma l'huis sur elle. Ha ! pensai-je, si je reviens entier, douce me sera cette maison.

Dans la rue, allant, venant, courant, je retrouvai ces pelotons d'hommes en armes, fort échauffés et toujours sans se lasser mie, criant comme fols : « Tue papistes ! Monde nouveau ! », et nous espinchant au passage, d'un œil fort soupçonneux, nos faces leur étant déconnues. Mais j'avais l'air si tranquille, si grave et si assuré, que personne n'osa nous accoster pour nous demander quelle affaire nous avions d'être là. Et encore que j'eusse peine à celer ma compassion, quand je voyais, au milieu de ces acharnés, des moines, des prêtres et des bourgeois, menés à la maison de ville, pour y être serrés, comme je l'appris plus tard, dans une chambre basse où on faisait boucherie pour les malades dans le temps du carême, je détournai les yeux et hâtai le pas, et me donnai si bien la mine de courir à une mission urgente que je passai à travers toutes les mailles de ce filet sans encombre ni traverse, et atteignis enfin la cathédrale, non loin de laquelle, m'avait dit l'alberguière, se dressait l'Evêché et le logis de M. de Montcalm.

Là, je jugeai que je ne courais plus aucun péril, car si une foule de huguenots se pressait sur la place, ils étaient tout à leur affaire, les uns armés, les autres non, pillant l'église et la mettant à sac, et portant dehors les croix, les images, les statues, les stalles des chanoines, les brisaient à coups de hache, ne laissant pas toutefois d'emporter les vases sacrés et les ornements brodés d'or. Sur le parvis, d'autres entretenaient un grand feu, où ils brûlaient les titres et reconnaissances féodales du sacré chapitre, criant que c'était bien fini! Et que personne à Nismes et dans le plat pays ne paierait plus un sol aux chanoines! Tous se ruant à la destruction, et à la picorée, avec une activité forcenée et une allégresse inimaginable, comme si, en effet, de ces débris épars et de ces cendres, un monde nouveau devait naître, Miroul et moi nous pûmes passer inaperçus et gagner l'Evêché. Mais là je n'osai entrer, le palais regorgeant de soldats qui brisaient tout ce qui se pouvait briser, l'œil furieux et la face ruisselante, si grand était le branle qu'ils se donnaient, par l'étouffante chaleur, pour hacher menu ce qui leur tombait sous la main.

Jouxtant l'Evêché, je vis un logis de belle apparence, avec une tour d'escalier, deux étages à encorbellement et, jugeant que c'était celle de M. de Montcalm et en trouvant la porte ouverte, j'y pénétrai, suivi de Miroul et y trouvai une dizaine de personnes en armes moins occupées à détruire qu'à piller, et que mon arrivée parut fort déranger. L'un d'eux, que je reconnus comme ce grand et gros homme roux qui avait annoncé à Possaque la meurtrerie supposée de Catherine de Médicis et la capture du Roi par les nôtres, sourcilla fort à ma vue, comme s'il était courroucé d'être surpris à cette éhontée picorée. Outrecuidé et déprisant, il se dirigea vers moi d'un air fendant, son pistolet à la main, et me dit du ton le plus injurieux :

— Drole, qui es-tu? Et qu'as-tu à faire céans?

— Monsieur, dis-je, la crête haute, je me nomme Pierre de Siorac et je suis fils cadet du Baron de Mespech en Périgord, lequel, poursuivis-je en inventant ma menterie tandis que je parlais, possède une créance de cinq cents livres sur M. de Montcalm, que je suis venu de Montpellier pour recouvrer. Mais peut-être suis-je arrivé trop tard? A vous voir occupés céans à recueillir ses biens, je gage que M. de Montcalm est mort et que vous êtes ses héritiers.

— Il n'est pas mort! cria un des picoreurs. Il est en fuite!

— Tais-toi, Vidal, cria l'homme roux. Maroufle, poursuivit-il en se tournant vers moi, toujours sourcillant et affectant de me traiter de très haut, je ne crois mot ni demi de cette histoire de baron et de créance. J'ai déjà vu ta menteuse face quelque part et je te tiens pour un espion envoyé par les papistes pour surprendre nos secrets!

— Monsieur, dis-je en me redressant, cramoisi, la main sur la hanche et le verbe fort haut, si vous voulez bien remettre votre pistolet à votre ceinture et dégainer, je vous ferai promptement rentrer dans la gorge vos sales accusations! Je suis de la religion réformée, et mieux que vous, j'ose le dire! Car si j'entends bien ce que je vois céans, il y est moins question de foi que de picorée!

— Insolent faquin! cria l'homme en avançant d'un pas et en m'appliquant tout soudain son pistolet contre la poitrine. Et de l'autre main, l'œil tout soudain farouche, il ouvrit mon pourpoint que j'avais laissé déboutonné en raison de l'étouffante chaleur, et découvrit la médaille d'or de Marie, que ma mère m'avait en mourant léguée. A cette vue, sa fureur portée à son comble, il hurla :

— Et tu oses, traître, prétendre que tu es huguenot! Et tu portes autour du col une image idolâtre! Tu es papiste, scélérat, et qui pis est, espion papiste! Et tu n'auras rien gagné que l'enfer à nous épier céans!

Il n'eut pas le temps d'achever que Miroul, d'un prompt coup du plat de la main, lui faisait sauter son pistolet de la dextre. Puis lui baillant prestement la jambe, il jeta à terre cette montagne d'homme, s'assit à croupetons sur sa poitrine et sa dague jaillissant du fourreau, il la lui posa sur la gorge. Ce fut merveille de voir ce frêle David terrasser ce Goliath en un tournemain.

— Moussu, dit Miroul, le dois-je dépêcher pour ses cruelles insultes?

— Non point, dis-je.

Ce disant, je dégainai et, ramassant le pistolet de mon assaillant, je le tins braqué d'une main et, de l'autre, je pointai mon épée sur les picoreurs, car ceux-ci, d'abord béants, s'étaient ressaisis et nous faisaient face, leurs armes brandies et la mine menaçante.

— Messieurs, dis-je d'une voix haute et claire et les envisageant œil à œil, je n'ai point menti. Je suis huguenot. C'est par amour pour ma défunte mère, laquelle était papiste, que je porte cette médaille, et non point par idolâtrie. S'il en est parmi vous qui en doutent, qu'ils me fassent conduire incontinent chez un ministre de notre culte, afin que j'y sois interrogé sur le fait de ma religion.

Mon ton, mon ferme propos, ma vêture noire, et la proposition que je fis d'être examiné, ne furent pas sans les ébranler, et aussi, à ce que je vis, sans les embarrasser beaucoup.

— Il faudrait bien, en effet, l'emmener chez M. de Chambrun, dit celui de ses compagnons que l'homme roux avait appelé Vidal. Sans cela, que résoudre ?

— Certes, dit un autre. Mais qui le conduira ?

Ils s'entrevisagèrent un moment en silence, aucun d'eux n'étant apparemment disposé à abandonner sa part de picorée aux autres en m'escortant chez M. de Chambrun.

— Monsieur, dit enfin Vidal, que votre valet libère François Pavée, et nous vous laisserons départir sans dommage.

— Ai-je votre parole ? dis-je. Et encore que je n'eusse guère confiance en la parole d'un picoreur, je voyais bien qu'il me fallait l'accepter.

— Vous l'avez, dit Vidal. Partez, Monsieur.

— Mais point avant que votre chef rétracte ce qu'il a dit contre moi ! m'écriai-je d'une voix forte, tandis que Miroul piquait François Pavée derechef à la gorge de la pointe de sa dague.

— Je rétracte, dit François Pavée d'une voix étouffée, mais la haine suintant par tous les pores de sa vilaine face.

— Messieurs, dis-je, cela suffira. Posez vos armes contre le mur, le temps que je me retire.

Ils obéirent, je déchargeai le pistolet de Pavée contre le plafond et le lançai à terre à côté de lui. Puis faisant signe à Miroul, et sans souci aucun de mon rang, je détalai comme lièvre levé pour traverser la place, Miroul volant à mes côtés avec une légèreté infinie, en quoi nous fîmes bien, car deux coups d'arquebuse éclatèrent derrière nous, mais sans succès. A peine, cependant, avais-je tourné l'angle d'une rue qu'abrité des regards, je m'arrêtai et rengainai mon épée, bien persuadé que j'étais qu'aucun de ces soudards ne me poursuivrait, étant bien trop occupé à s'enrichir.

Quand je dis soudard, c'est manière de parler. Car ce François Pavée, comme je l'appris plus tard, n'était pas un gueux nourri par la guerre. Il comptait parmi les bourgeois étoffés de Nismes, ayant pignon sur rue, coffre bien rempli et beau mas en Provence, grâce à quoi il se nommait seigneur de Servas. Mais la bigoterie, la cruauté et l'avarice se disputant son âme, il n'en fut pas moins un des trois chefs huguenots de Nismes qui, à l'insu des autres chefs de la communauté et des ministres du consistoire, organisèrent en leur ville, pendant la nuit, la sinistre tuerie dont je devais être témoin.

— Mon maître, dit Miroul, vous avez maintenant en ce Pavée un mortel ennemi. Il est temps de quitter la ville, si nous pouvons.

— Mais pas avant d'avoir vu M. de Chambrun.

— Le voir, moussu ? Et pour quoi faire ?

— Pour qu'il sache bien que je suis huguenot, et le fasse assavoir, et surtout, pour tâcher d'arrêter ces damnables excès, si faire se peut.

— Ha, Moussu ! Vous voulez toujours tout rhabiller ! dit Miroul.

Et là-dessus, il s'accoisa, fort vergogné, en sa paysanne délicatesse, d'avoir eu l'air de me censurer.

Le ministre de Chambrun, qui était aussi humain et pliable que M. de Gasc était roide et cassant, m'interrogea avec la dernière minutie et voulut bien reconnaître que j'étais fort bien instruit en la religion réformée, et sincère en mon sentiment comme en ma pratique, encore qu'il me blamât sans ambages quant à cette médaille de Marie que je portais au col et qui me donnait, dit-il, « les apparences de l'idolâtrie ». Il opinait, en effet, que j'eusse dû sacrifier à la vraie religion la parole donnée à ma mère mourante. Et là-dessus, après que nous eûmes disputé un bon moment sans que je le persuadasse et sans qu'il me convainquît, il me *renvoya à ma conscience*, phrase qui paraissait avoir les faveurs de nos ministres, M. de Gasc l'ayant déjà employée à mon endroit. Mais M. de Chambrun n'y mit pas la même aigreur, bien à rebours. Cependant, quand j'en vins aux excès présents et à venir de la rébellion à Nismes et à la nécessité de rhabiller ces blâmables abus, il leva les bras au ciel.

— Ha, Monsieur de Siorac ! dit-il. En temps de guerre, et hélas nous y sommes, les armes ne le cèdent pas à la toge ! J'ai fait citer devant le consistoire les chefs les plus violents, François Pavée, le capitaine Bouillargues, et Poldo Albenas, mais peu leur chaut : ayant la force, ils s'arrogent le droit. Ils répondront à ma citation avec un apparent respect, mais quand tout sera fini. Et ils nieront alors, rejetant sur d'autres les exécutions qu'ils auront eux-mêmes commandées. Tout ce que le consistoire peut faire, c'est limiter celles-ci. Et au mieux, y mettre un terme.

Je fus atterré de l'impuissance des ministres de Nismes à brider la cruauté des capitaines et, faisant un retour sur ma propre fortune, je la jugeai excessivement menacée, François Pavée ayant tout à la fois le vouloir et le pouvoir de me faire occire sans que personne pût l'en empêcher.

— Ha, certes ! dit M. de Chambrun. Pavée, c'est le pire de tous ! Et le plus arrogant. Vous l'avez défié. Et il n'est pas homme à le souffrir. Je vais écrire au capitaine Bouillargues un billet où je lui expliquerai qui vous êtes et les iniques soupçons que François Pavée a conçus sur vous et je lui demanderai en outre de vous signer des laissez-passer, afin que vous puissiez quitter Nismes avant que François Pavée n'abatte sa main sur vous.

M. de Chambrun fit comme il avait dit, et je le quittai, après mille grâces et mercis, mais fort peu rassuré, sa lettre à Bouillargues venant s'ajouter dans mon pourpoint à celle de Cossolat à ce même capitaine qui paraissait à Nismes presque impossible à joindre : faibles remparts, ces deux plis, contre les forts pelotons armés dont disposait mon ennemi.

Je ne m'alarmais pas en vain, car à peine avions-nous fait une centaine de pas hors du logis de M. de Chambrun que nous nous trouvâmes confrontés à une dizaine d'hommes armés qui braquaient sur nous leurs arquebuses, les mèches allumées. Encore que le cœur me battît comme tocsin, je tirai vers eux hardiment, transpirant cependant et du soleil brûlant et de tant d'armes dirigées contre ma poitrine. Mais affectant un abord calme et riant, je leur dis d'une voix forte :

— Compagnons, qu'est ceci ? Vous me braquez ? Et pourquoi ? Dépêche-t-on les gens ainsi dans votre bonne ville, et sans leur dire quoi ni qu'est-ce ? Etes-vous de vulgaires coupeurs de gorge, ou de bons ouvriers mécaniques fidèles à la religion réformée ?

Et tandis que je parlais, l'air apparemment tranquille, je tremblais que l'un d'eux, d'un coup de feu, coupât court à mes paroles. Mais par bonheur, ils n'y pensaient point, étant sensibles au discours, comme tous nos gens du Languedoc.

— Moussu, dit l'un d'eux en s'avançant, et à peine eut-il parlé que je le reconnus Jean Vigier, aussi vrai que vous êtes un gentilhomme bien aimable, et ne déprisant pas l'ouvrier mécanique, nous avons le commandement de François Pavée de vous occire sur l'heure, vous et votre valet, comme espions papistes.

— Ha ! Jean Vigier ! dis-je. Je ne suis ni espion ni papiste ! Mais fils d'un baron huguenot ! Et moi-même huguenot ! En veux-tu la preuve ? Voici, dis-je en la sortant de mon pourpoint, une lettre que M. de

Chambrun adresse au Capitaine Bouillargues pour lui dire que je suis bel et bien de l'église réformée, quoi que Pavée en dise, et requérir le garde des portes de me laisser sortir de la ville.

— Je ne sais point lire, dit Jean Vigier en repoussant de la main le pli que je lui tendais.

— Compagnons, dis-je, qui parmi vous voudrait lire ce pli ?

Mais aucun ne savait ses lettres et je jugeai à leurs mines que tous, à devoir l'avouer, ne m'avaient pas en si bonne odeur. Aussi changeai-je mes batteries promptement.

— Ha ! dis-je. Qu'importe cette lettre ? L'important, c'est que je suis bon religionnaire, et que cela se voit à yeux clos. Je peux vous chanter les psaumes de David, du début à la fin, sans en sauter un seul, et mon valet aussi ! Et je peux vous dénoncer les hérésies papistes, poursuivis-je en boutonnant mon pourpoint jusqu'au col, la chaîne de ma médaille me brûlant la peau, de la première à la dernière, aussi bien qu'un de vos ministres. La vérité, c'est que François Pavée me veut mal de mort, parce que je l'ai surpris dans le logis de M. de Montcalm, entassant dans des sacs une immense picorée, pendant que vous, compagnons, vous suez dans vos corselets et cottes de mailles à courir les rues. Pourquoi Pavée ne m'at-il pas occis lui-même, s'il cuidait que je fusse un espion ? Eh bien, pourquoi, je vais le dire : mon père est puissant baron huguenot en Périgord, et grand capitaine aussi, ayant combattu à Cérisoles et à Calais. Et Pavée a craint, en me tuant de sa main, que mon père se revanchât sur lui. Il vous a donc chargés de cette méchante besogne, aimant mieux que ce soit vous, compagnons, que mon père envoie tout bottés au gibet !

Ce discours n'eut pas autant d'effet sur eux que je l'escomptais. Je voyais bien qu'il était aussi difficile de leur faire pénétrer une idée dans la cervelle que de l'en faire sortir une fois qu'elle y était entrée. Cependant, si mes paroles glissaient sur leurs crânes durs, moi, en revanche, je ne leur déplaisais point.

— Il est de fait, dit l'un, que le moussu a **bonne** face.

— Et qu'il est fort jeune, dit un autre. Et si bien fait de sa personne que ce serait pitié.

— Et point la trogne d'un espion, dit un petit rondelet au crâne chauve.

— Voire! dit un quatrième, qui était long, maigre et fort jaune de peau. Le moussu n'a point l'air malicieux, mais il n'est pourtant point de Nismes... Que vient-il faire céans?

— Quoi? dis-je. Ceux qui viennent admirer votre belle ville sont-ils par cela même espions?

— Tant est, pourtant, que nous avons notre commandement, dit Jean Vigier, fixant sur moi son petit œil amical et niais. Et avec votre permission, Moussu, notre commandement est de vous occire.

— Jean Vigier, dis-je, qui te commande? François Pavée ou le capitaine Bouillargues?

— Le capitaine.

— Et que dira-t-il quand tu lui apporteras les lettres que tu trouveras sur moi quand tu m'auras tué?

— C'est là un point, dit Jean Vigier.

Et soulevant son morion, il se mit à se gratter le crâne.

— J'opine, dit le grand maigre, qu'on dépêche le moussu de présent sans tant baragouiner. Ramentevez-vous bien ceci: il n'est pas de Nismes. En outre, il fait fort chaud à disputer au soleil, et je sue dans mon corselet. Finissons-en.

— Compain, dis-je promptement, je me pense que pour la chaleur tu as raison. Allons disputer à l'auberge de la *Coquille* devant quelques bons flacons que je vous offre à tous, pour l'amour de Nismes et pour l'amour de ma vie.

A ceci, qui fut par tous bien accueilli, Jean Vigier sourcilla:

— C'est que c'est défendu, ce jour d'hui, d'aller à l'auberge.

— Mais point de m'y accompagner, puisque j'y ai mon gîte, dis-je, et assurément, vous ne devez point en conscience me quitter tant que vous n'avez rien résolu à mon sujet.

— C'est là un point, dit Jean Vigier.

Mais il balançait encore.

— Allons boire en premier, dit le grand maigre. Et nous le dépêcherons en second.

Cet avis l'emporta, et nous partîmes tous, mes exécuteurs et moi-même, vers l'auberge de la *Coquille*, eux suant dans leurs corselets, et moi dans mon pourpoint, l'après-midi étant encore chaude bien qu'elle fût avancée.

Je leur conseillai d'entrer dans l'auberge, afin que de n'être point vus, par la porte de derrière. Mais là parvenus, il ne nous fut pas possible de nous faire ouvrir, quelque bruit que nous fîmes. Tant est que je commandai à Miroul d'escalader le mur jusqu'au deuxième étage du logis et d'y pénétrer par le petit fenestrou dont il avait sailli. Ce qu'il fit avec une agilité qui laissa béants mes périlleux invités, car il grimpait quasiment comme une mouche, à la verticale, et au surplus, sans bruit aucun.

— Ma foi, dit le grand maigre, si j'étais ce drole, je me ferais larron ! Je gagnerais mieux mon pain qu'en étant savetier.

Craignant de leur laisser l'esprit inoccupé et tremblant qu'ils ne se ravisassent, je leur contai alors comment Miroul avait pénétré nuitamment à Mespech en sautant tous les murs, et je les tins ainsi en haleine jusqu'à ce que l'alberguière ouvrît la porte, ce qu'elle fit sans témoigner de la moindre frayeur, mais la crête haute, le ton ferme et l'œil assuré, en garce qui sait en son logis maîtriser la turbulence des hommes. De reste, je sus dès les premiers mots que Miroul lui avait expliqué le péril où nous étions, tant elle saisit bien nos hommes par le bon bout.

— Compagnons, dit-elle, vous êtes les bienvenus, si tant est que vous êtes bien les invités de ce gentilhomme huguenot, car aux papistes j'ai commandement de ne rien servir, bien qu'étant papiste moi-même.

— Vous pouvez l'être, dit Jean Vigier. Aux garces, nous ne touchons pas.

— Et bien avisés êtes-vous, dit la commère. Sans cela, qui cuirait votre rôt? Compagnons, éteignez les mèches de vos arquebuses avant que d'entrer. Et de grâce, ôtez vos corselets et cottes de mailles et morions, et en tas mettez-les proprement, pour non point me rayer ma table. Je vais quérir vin frais et gobelets.

A tous ces commandements, comme si l'hôtesse eût été capitaine en son logis, mes exécuteurs obéirent sans rechigner ni rebéquer, et s'attablèrent et burent. Et comme après deux ou trois pots, le grand maigre proposait de lever le camp et de me dépêcher dans la ruelle sur le derrière de l'auberge, l'hôtesse se récria qu'ils ne pouvaient partir sans manger, et les chambrières incontinent leur servirent un jambon entier, et des saucisses de Bigorre, et un rôt froid avec moutarde, et des truites de torrent, et des vins encore, lesquels furent traîtreusement mêlés, et tandis que mes hommes buvaient et gloutissaient toutes ces viandes à belle gueule, je commandai à Miroul d'aller chercher sa guitare, et leur disant à chacun de me citer le premier vers d'un psaume, à son choix, je leur chantai le psaume entier, Miroul m'accompagnant. Mais ce fut peine perdue, comme on va voir.

— Eh bien, dis-je, quand j'eus fini. Après ce coup, qu'opinez-vous, compagnons? Suis-je papiste ou huguenot?

— Oui-da, dit Jean Vigier. Voilà qui est bel et bon. Vous chantez nos psaumes à merveille. Mais François Pavée nous a prévenus: vous êtes habile à contrefaire le huguenot! Tant est pourtant que vous portez autour du col une médaille d'or de Marie. Le niez-vous?

— Non.

— C'est donc que vous êtes idolâtre.

Après quoi, tous me regardèrent avec autant d'horreur que s'ils m'avaient surpris à genoux en train d'adorer le veau d'or. Ha! pensai-je, tandis que la sueur me coulait le long des omoplates, car cette fois je me jugeai perdu. Tout est violence et terreur dès qu'on touche à la religion ! L'idolâtre est fanatique. Mais la contre-idolâtrie aussi. Montluc a décapité un homme pour avoir brisé une croix. Et ceux-là vont m'égorger pour avoir porté une médaille.

— Compagnons, dis-je, cette image de Marie me vient de ma mère, laquelle était papiste et me l'a léguée en mourant, avec le commandement de ne m'en séparer mie. C'est par idolâtrie de ma mère défunte que je l'ai autour du col. Et non par idolâtrie de Marie. Car à la vérité, je prie Dieu comme vous, sans intercession aucune de Marie ni des saints.

— Oui-da, dit Jean Vigier, vous jouez bien du plat de la langue ! Et c'est belle jaserie que vous faites ! Mais est-ce bien la vraie ? Qui le dira ? ajouta-t-il avec un rot à déboucher une cheminée.

— Le moussu n'est point de Nismes, dit le grand maigre d'une voix quelque peu confuse, le vin lui portant fort à la tête. Oyez bien ceci : il vient de Montpellier. Et comme chacun sait, a beau mentir qui vient de loin.

— Mais je ne mens point ! criai-je, désespéré. Que je suis bon, sincère et loyal huguenot, tout cela est inscrit noir sur blanc dans la lettre de M. de Chambrun au Capitaine Bouillargues ! M'allez-vous égorger parce que vous ne savez pas lire ? Et en premier lieu, pourquoi ne savez-vous point vos lettres ? J'ai ouï dire que les ouvriers mécaniques et les laboureurs qui se joignent à notre religion réformée apprennent incontinent leurs lettres pour lire la Sainte Bible.

A ce reproche, ils baissèrent la tête dans leurs gobelets, fort vergognés, me sembla-t-il. Et un petit homme rondelet, qui n'avait point un cheveu sur la tête, me dit d'une voix tremblante et la larme au bord des cils, et pas seulement, je cuide, en raison du vin qu'il avait bu :

— Moussu, nous sommes convertis de fraîche date à la vraie religion, et combien qu'on nous ait dit qu'il faudrait apprendre à lire pour lire les textes sacrés, cependant, labourant quinze heures le jour à mon métier de tisserand, et ayant cinq bouches à nourrir avec le peu que je gagne, j'ai peu le courage, le soir, de labourer avec ma tête, encore que je m'y essaye. Mais je fais peu de progrès.

— J'entends bien, dis-je, que personne céans ne sait lire. Dès lors, envoyez quérir M. de Chambrun. Il vous dira ce qu'il en est de ma religion.

— Ma foi, c'est une idée, dit le petit rondelet.

Mais se levant, il retomba incontinent sur son escabelle, n'ayant plus l'usage de ses jambes.

— Ha bah! dit Jean Vigier, le nez dans son gobelet. Il y a traîtrise. Je n'en démordrai point. Le moussu porte une idole autour du cou.

Et derechef, il rota.

— Ce vin n'est des pires, dit le grand maigre à peau jaunâtre. Cependant, je n'oublie point mon commandement, tout content que je sois de me remplir, car il faisait chaud. Moussu, espérez un peu. Un moment, et nous vous dépêchons.

— Quoi? dit le petit rondelet. Sans quérir M. de Chambrun?

Mais tentant à nouveau de se lever, il retomba assis.

— Ha, va! dit un grand brun assis à son côté. Qu'importe que M. de Chambrun opine ou non, ou que le moussu soit papiste ou huguenot. Tuons-le. Le Seigneur, là-haut, décidera. Miroul, je m'en vais chanter une chanson de mon état de tisserand, pour ce que je suis tisserand, comme ce petit rondelet que voilà. Me pourras-tu accompagner?

— Voire! dit Miroul. Me dépêcheras-tu comme mon maître?

— Oui-da!

— Avec ou sans idole? dit Miroul, son œil marron s'égayant, tandis que son œil bleu restait froid.

— Avec ou sans.

— Alors, je suis ton homme. Chante, tisserand.

Et Miroul m'envisageant d'une certaine guise, je vins me placer à son côté, à savoir près de la porte de la salle, et assez rassuré d'observer que j'avais encore à ma ceinture épée et dague et Miroul aussi, nos exécuteurs n'ayant pas pensé à nous désarmer, ayant trop fiance, peut-être, en leur nombre. Et certes, si l'on venait à combattre, j'eusse pu, avec Miroul, en navrer et tuer plus d'un. Mais je répugnais à ce que coulât le sang de ces bonnes gens, si mal qu'ils entendissent les préceptes de la religion.

Cependant, le tisserand chantait un air où il n'était pas question que de tisser et qui eût fait rougir les chambrières si elles n'avaient eu coutume de tout ouïr en ces banquets. Après le tisserand, un cardeur de laine y alla de sa chanson, puis un savetier, puis un ouvrier en soie. En ces refrains, où un chacun exaltait son état très au-dessus des autres, les paillardises ne manquaient point. Dans celle de l'ouvrier de laine, il était question d'une mignote qui demandait à son drole de lui filer un beau fil et de faire grossir son fuseau.

— Sanguienne! dit le grand maigre qui, bien qu'il fût savetier, n'avait point voulu chanter la chanson de sa corporation. C'est grand péché, je me pense, de chanter salement et de s'ébaudir à boire et se remplir la panse, alors que nous n'avons même pas trouvé où se cache cet évêque de merde (à ces mots, l'alberguière dressa l'oreille). Compagnons, reprit-il en toquant du poing sur la table et en roulant des yeux furieux, nous rendons bien mal céans notre devoir à Dieu!

Et à ouïr ces mots « notre devoir à Dieu », j'augurai le pire, tant l'homme, qu'il soit papiste ou huguenot, est accoutumé à les mal entendre.

— Compagnons, reprit le savetier en toquant derechef sur la table, dépêchons sur l'heure le moussu. Nous n'avons que trop langui!

— Il a raison! dit Jean Vigier. Traîtrise il y a. Le moussu porte une idole autour du col!

— Donc, dépêchons-le, dit le savetier en dégainant sa dague, et sans toutefois se lever.

— Quoi? cria l'alberguière, se dressant devant lui comme furie, et pas plus effrayée de sa dague que s'il eût eu une cuiller à la main. Quoi? cria-t-elle à pleins poumons. Le dépêcher céans? Savetier, est-ce ainsi qu'on entend la civilité dans la saveterie? Du sang sur mon carreau, que j'ai si bien lavé!

— C'est vrai, dit le savetier en envisageant sa dague d'un œil vague et trouble, comme s'il eût été étonné de se la voir en main.

— Savetier, dis-je, l'hôtesse a raison. Sortons tous les trois pour non pas l'affronter en gâtant son carreau.

— Trois ? dit le savetier.

— N'est-ce pas ton commandement d'occire aussi le valet ? dit Miroul gravement. Avec ou sans idole ?

— Oui-da.

— Donc, sortons, dis-je, cuidant que l'occasion était bonne d'en finir.

— Moussu, dit le savetier, se mettant sur pied, non sans peine ni labour. Bien aimable vous êtes d'être si peu rebéquant quand il s'agit d'être dépêché. De mon côté, point cruel ne suis. Je ferai l'affaire promptement.

Il fit quelques pas vers la porte, où il se serait étalé si nous ne l'avions soutenu. D'aucuns de ses compagnons firent mine alors de se lever pour le suivre, tant la mort d'un homme est pour l'homme spectacle qui l'allèche. Mais les jambes de nos bons soldats étaient fort lourdes, leurs ventres bien ancrés à la table, et les chambrières apparaissant avec de nouveaux flacons, ils se ravisèrent. Il est vrai que ces bonnes gens avaient peu souvent l'occasion de tant boire et manger, labourant tout le jour pour chétif salaire, et ne se remplissant qu'aux fêtes.

Miroul me prêtant main-forte et chacun lui tenant un bras, nous dûmes soutenir le savetier jusqu'à une petite cour close, entre souillarde et cuisine, sur le seuil de laquelle tous les gâte-sauce étaient accourus, mais sur le commandement du cuisinier, sans un geste ni mot piper. Là, le savetier ne put marcher plus outre, ses jambes se dérobant sous lui. Mais comme il ne laissait pas pour autant de donner dans l'air de grands coups de sa dague, Miroul, craignant qu'il se blessât, la lui quitta en un tournemain.

— Moussu, où est ma dague ? dit le savetier en agitant les doigts et en m'envisageant d'un œil fort égaré.

— Dans ta main.

— Certes, dit-il. Je l'y vois, mais je ne l'y sens pas.

— C'est que ta main est lourde, et ta dague légère.

— Moussu, reprit-il. D'où vient que tu sois si peu rebéquant à être dépêché ?

— Et d'où vient que tu me veuilles dépêcher ?

— Ha, Moussu ! J'en suis bien marri. Vu que je me pense de présent que vous n'êtes peut-être pas papiste.

— Pourquoi le fais-tu, alors ?

— Pour ce que vous n'êtes point de Nismes. Et qui peut avoir fiance, en ces occasions, à quelqu'un qui n'est point de Nismes ?

— Tu as raison, savetier. Fais ton devoir. Frappe au cœur, sans tant languir.

Et saisissant son poing nu, je m'en donnai un coup dans la poitrine et criai :

— Hélas ! Je suis mort !

Passant alors tout soudain derrière lui, je fis signe à Miroul d'imiter mon trépas, ce qu'il fit à merveille, son œil marron s'égayant fort. Après quoi, je donnai au savetier dans le dos une poussée fort petite, et il tomba à deux genoux, tâtant des deux mains sur le pavé comme s'il nous y eût cherchés et marmonnant d'une voix fort hébétée :

— Les ai-je occis ?

Je me tournai alors vers le cuisinier, celui qui ne quittait jamais sa toque, et lui dis à l'oreille, ayant quelque raison de penser qu'il aimerait assez nous aider :

— Ami, asperge-le du sang d'un poulet. Sa dague aussi. Quoi fait, noie ses esprits avec un gobelet d'esprit-de-vin. Qu'il dorme une dizaine d'heures et rêve nous avoir occis. Quant à toi, drolissou, dis-je à un gâte-sauce, voici deux sols. Va bâter et brider nos chevaux et tiens-les prêts.

Je me gardai bien de revenir dans la salle où nos vaillants festoyaient en chantant derechef tous ensemble les diverses chansons de leur état, ce qui faisait une bien horrible cacophonie. Mais passant devant leur porte, que l'alberguière devant moi referma, je gagnai ma chambre, où je trouvai mon Samson se rongeant les poings, ayant appris par l'alberguière ce qu'il en était de ce banquet. Je lui dis le reste en peu de mots, et lui commandai, ainsi qu'à Miroul, de s'armer en guerre, avec morion et corselet.

— Et où irons-nous? dit Samson. Puisque les portes nous sont fermées.

— Quérir ce capitaine Bouillargues, le trouver enfin, lui remettre nos lettres, celle de Chambrun comme celle de Cossolat, et lui demander des laissez-passer.

— Mais, dit Samson, il y a grand péril pour toi et pour Miroul à vous montrer dans les rues de Nismes, étant proscrits par ce Pavée!

— Certes, mais la nuit est tombée. Nos morions nous cachent à demi le visage, et armés en guerre comme nous sommes, et comme ils le sont, nous passerons davantage inaperçus qu'en pourpoint.

On toqua à la porte et, l'entrebâillant, je vis que c'était l'alberguière. Ne voulant point l'entretenir devant Samson, je l'entraînai dans ma chambre, dont je tirai incontinent le verrou.

— Ha! dit-elle. Vous avez comme moi ouï! Ils n'ont pas pris l'Evêque! Et qu'en est-il de M. de Montcalm?

— Il est en fuite.

— Merci, bonne Vierge, dit l'alberguière. Mais, poursuivit-elle d'un air assez tendre, départez-vous sur l'instant, mon noble moussu? Vous ne risquez plus rien céans. Nous avons porté ce grand fol de savetier dans la salle, où il a dit vous avoir l'un et l'autre occis, après quoi il s'est endormi comme souche, la trogne sur le bras, et les bras sur la table. Mais départez-vous de présent, moussu?

— Mamie, dis-je avec un sourire, je suis bien marri de vous quitter. Mais il me faut quérir ce Bouillargues, pour avoir les laissez-passer.

— Mais, moussu, vous avez le temps : la nuit n'est pas noire assez.

— Eh bien, mamie, en attendant, parlons de vous.

515

Il ne vous faut point moutons manier sans en avoir toison. Qu'opinez-vous de cinq écus pour éponger ce banquetage ? En serez-vous satisfaite ?

— Ha, moussu ! dit-elle en me regardant d'un certain air. Point de pécunes entre nous !

Et cependant, tandis qu'elle protestait, les écus passèrent de mon escarcelle à la sienne sans trop gémir, et pour moi, je ne gémis pas non plus d'avoir fait couler tant de vin pour que mon sang ne coulât point. Mais mon cinquième écu ayant gagné sa bourse, debout devant moi, l'alberguière m'envisageait, s'accoisant, avec des yeux comme des lunes, et moi sachant bien ce qu'elle voulait, et que je voulais aussi, étant fort content d'être en vie après avoir été si près de ne plus l'être et n'étant pas assuré de le demeurer dès que je passerais sa porte, je voulus jouir de cette bonace-là entre deux tempêtes, et si bref que fût ce petit paradis, y entrer du moins, ne fût-ce que le temps d'un soupir. Ha, lecteur, ne sourcille point. Si c'est péché d'être si terrestre, pardonne-le-moi. Il est si doux de vivre. Et n'était-ce pas merveille, de me sentir chaud et vibrant en cette bonne garce, alors qu'à cette minute même, j'eusse pu me trouver sanglant et froid sur le pavé ?

CHAPITRE XIV

J'avais ouï dire par mes exécuteurs, tandis qu'ils jasaient à table sur leurs gobelets, qu'il y aurait à neuf heures du soir grande assemblée des religionnaires sur la place de l'Eglise Cathédrale. Je résolus de m'y rendre, avec Samson et Miroul, me disant que si le Capitaine Bouillargues devait être trouvé, c'est là, assurément, qu'il serait, et pensant aussi que je pouvais, le morion sur le nez, me hasarder la nuit dans cette foule en armes sans être du tout reconnu, et d'autant qu'à peine arrivé là, je ne laissai pas d'observer qu'on se frottait à des huguenots des pays circonvoisins, parlant chacun leur oc particulier, lesquels s'étaient hâtés d'accourir, à peine connue la prise de la ville par les nôtres. Et je ne voyais pas non plus qu'on les déprisât ni qu'on se méfiât d'eux en aucune guise, comme eût fait mon savetier, pour ce qu'ils n'étaient pas de Nismes. Bien le rebours.

Il y avait grande liesse en ce peuple qui se revanchait cette nuit-là des cruelles persécutions que les nôtres avaient subies depuis François Ier. Mais combien qu'il criât à gorge déployée : « Tue papistes ! Monde nouveau », je ne vis pas que se dessinât le moindre mouvement pour se répandre dans la ville, forcer les maisons et occire les catholiques sans épargner femme, fille ou enfantelet — comme, hélas, les papistes firent, cinq ans plus tard, aux nôtres, en la nuit si funeste de la Saint-Barthélemy.

Nous fûmes là une bonne heure mêlés au populaire avant que d'oser parler à quiconque, mais envisageant à la fin un quidam qui avait bonne trogne et, d'après ses jaseries, paraissait bien connaître son monde, je lui dépêchai Samson, pour ce que ce dernier était tout à plein déconnu à Nismes, n'ayant pas depuis le midi sailli de l'auberge de la *Coquille*.

— Mon beau moussu, dit le quidam, envisageant Samson avec de grands yeux comme s'il eût vu l'archange saint Michel descendre en sa gloire et beauté d'un vitrail papiste pour lui parler, si vous avez affaire au Capitaine Bouillargues, vous n'êtes que de suivre le peloton de Pierre Cellerier, qui part à cette heure pour la maison de ville, et si d'une semelle vous ne le quittez, vous êtes assuré de trouver Bouillargues à l'autre bout.

— Ce Pierre Cellerier est-il aussi un capitaine ? demanda Samson.

— Non point. Il est orfèvre, et des plus étoffés, mais toutefois, huguenot sévère et imployable.

Je tirai par le coude Samson, craignant qu'il jasât trop, et incontinent nous nous mîmes à la queue du peloton, fort de trente hommes au moins, qui s'ébranlait et marchait par trois en assez bon ordre. Ce qui fait que Miroul, Samson et moi, nous formâmes un rang de plus, sans que personne s'en étonnât. En outre, il faisait maintenant nuit noire, et le peloton étant éclairé dans sa marche par quatre ou cinq hommes porteurs de torches et qui marchaient en tête, la queue, où nous étions, restait dans la pénombre.

On arriva à la maison de ville et là, au lieu que les soldats restassent dehors comme je m'y attendais, Pierre Cellerier leur commanda de le suivre et, descendant quelques degrés, la troupe se trouva devant une porte fortement gardée par les nôtres, mais qu'à notre vue ils déverrouillèrent, nous donnant accès à une salle où les prisonniers papistes étaient serrés. Cette chambre, comme j'ai dit, servait d'abattoir et de mazelerie pour fournir de la chair aux malades pendant le carême. Elle était fort humide, basse de plafond, méchamment pavée, avec une rigole centrale pour l'écoulement du sang, une grande table de pierre et de chiches ouvertures aspées de bandes de fer, raison sans doute qui l'avait fait choisir comme geôle pour y mettre la centaine de personnes qui se trouvaient là, lesquelles comptaient surtout des prêtres et des moines de différents ordres, mais aussi des bourgeois et quelques ouvriers mécaniques, dont un que je reconnus pour être ce Doladille que Jean Vigier avait blessé au bras.

Comme tous ces malheureux moisissaient dans l'obscurité, dès qu'ils envisagèrent les torches et les soldats en armes, ils reculèrent, éblouis et effrayés, les uns clignant comme hiboux au soleil, les autres mettant leurs mains devant les yeux, mais tous se rencognant le plus loin possible de nous, car ils cuidaient peut-être qu'on allait les abattre sur place incontinent comme moutons pendant le carême. Et à vrai dire, je le craignis aussi, à observer l'air farouche avec lequel Pierre Cellerier et les nôtres les contr'envisageaient, leurs yeux étant chargés des haines et des rancunes mille fois cuites et recuites dans le chaudron de la persécution.

Pierre Cellerier s'avança de deux pas dans la partie de la salle que les papistes avaient laissée vide, et commandant à un torcheux de l'éclairer, il tira de son pourpoint une liste et commença à appeler des noms. Cellerier était de son physique trapu et fort large d'épaules, sa taille tirant vers le petit. La face, éclairée de côté par la torche, me parut fort grosse de traits, creusée de rides et commune assez. Et tant par la voix que par la mine et contenance, il avait l'air bien davantage d'un mazelier que d'un orfèvre, et plus à son affaire dans cet abattoir qu'à labourer de délicats joyaux.

Il appela d'abord le premier consul Gui Rochette, dont Possaque, comme on se ramentevoit, avait devant moi questionné fort incivilement la mère. Gui Rochette, qui était un fort bel homme et bien vêtu, s'avança, non sans courage et dignité, sachant bien cependant la fortune qui l'attendait. Et il ne broncha, ni davantage ne pipa, quand deux soldats fort roidement l'empoignèrent chacun par le bras. Cependant, quand après lui, Cellerier appela « Robert Grégoire, avocat », le premier consul de Nismes montra quelque trouble, et tournant la tête vers l'orfèvre que, jusque-là, il avait affecté de ne pas voir, il dit :

— Au nom de Dieu, je vous en prie, Monsieur, pas Grégoire ! Il n'a rien fait que d'être mon frère !

— Cela suffit qu'il soit votre frère, dit Cellerier en sourcillant.

Mais la cruelle absurdité de cette parole le frappant peut-être, il ajouta :

— Du reste, les Messieurs en ont décidé ainsi.

Là-dessus, il répéta :

— Robert Grégoire, avocat !

Et le susdit, qui était fort jeune, et l'air très effrayé, s'avança et fut saisi par les soldats, mais sans rudesse, comme s'ils étaient étonnés en leur for qu'il fût livré à leurs couteaux.

Cellerier, en troisième lieu, appela un moine, à qui, comme à Grégoire, il donna son titre, mais en y mettant délectation et dérision.

— Jean Quatrebar, prieur des Augustins et prédicateur ordinaire de l'Eglise Cathédrale !

Il mit quelque vengeresse intention dans la façon dont il prononça le mot « prédicateur », et Quatrebar, quand il s'avança, fut hué par les soldats, ce qui me donna à penser que le prieur, dans ses prêches à la Cathédrale, avait dû vouer plus d'une fois aux flammes de l'enfer et qui pis est, aux bûchers terrestres, nos frères huguenots. Quatrebar, dont la taille, la force et la mâchoire carrée paraissaient répondre à son nom, marcha vers les soldats avec une défiante et fendante vaillance, le front hardi, l'œil enflammé et, envisageant Cellerier du haut de ses six pieds, il dit d'une voix sonore :

— Je vous sais gré de me donner la fin d'un martyr !

A quoi, les soldats grondèrent, mais Cellerier, levant la main et déprisant de répondre, poursuivit, le nez sur sa liste :

— Nicolas Sausset, prieur des Jacobins.

Celui-là était petit, fluet, courbé, chenu, et soit par l'effet de l'âge, soit par la terreur qui l'habitait, ses mains, qu'il tenait croisées contre sa poitrine, n'arrêtaient pas de trembler. Mais combien qu'il eût l'air inoffensif assez, cette apparence devait cacher quelque malice, car les nôtres le huèrent tout autant que Quatrebar, et ne furent pas plus tendres à l'empoignement.

Cellerier reprit :

— Etienne Mazoyer, chanoine de l'Eglise Cathédrale.

Là, il n'y eut pas de huées, mais quelques rires, ce qui me fit entendre que le malheureux chanoine devait d'avoir été désigné davantage à sa fonction qu'à ses actes. Au reste, il paraissait fabuleusement vieux, rêveux et rassotté, sénilement tremblant, marchant à grand labour, et comme il s'avançait, n'entendant goutte ni miette à ce qu'il faisait céans, il demanda à Cellerier :

— Va-t-on me libérer ?

— En quelque guise, oui... dit Cellerier.

Et combien que cette gausserie, pour cruelle qu'elle fût, valût peut-être mieux que la vérité, elle ne fit rire que deux ou trois soldats, fâchant assez les autres. Cependant, Mazoyer, dodelinant du chef, et n'entendant pas davantage, demanda encore, comme hésitant :

— Mais où m'emmenez-vous, Monsieur ?

— A l'Evêché, dit Cellerier avec un sourire qui me déplut fort. Vous y serez mieux qu'ici ! Allons, assez jasé, cela suffit. Partons !

— Et nous ? cria une voix fort angoissée parmi les papistes qui demeuraient. Et nous, Monsieur ? Allez-vous une prochaine fois nous appeler aussi ? Devons-nous tous mourir ?

A quoi, Cellerier sourcilla si fort que je crus qu'il n'allait pas répondre. Mais cependant, après un instant pendant lequel il parut balancer, l'honnêteté l'emporta sur la cruauté et il dit de sa voix rude :

— Je ne sais point. Les Messieurs n'ont pas encore résolu.

— Mais vous, voisin ? cria une autre voix. Qu'opinez-vous qu'ils résoudront ?

Cellerier parut troublé et battit la paupière, comme s'il connaissait bien cette voix-là pour l'avoir souvent ouïe et, se détournant, il dit en partant, pardessus son épaule, quasiment à la dérobée et comme s'il était vergogné de faire à des papistes cette petite charité :

— J'opine que vous ne mourrez pas tous.

Phrase qui, cruelle cette fois sans le vouloir, déplaçait le doute, mais ne le supprimait point.

Je m'arrangeai pour sortir de la salle le dernier, avec Miroul et Samson, afin que de n'être pas trop éclairés par les torches, mais nous risquions fort peu qu'on vînt sous le nez nous envisager, les soldats n'ayant d'yeux et d'ouïe que pour les prisonniers, lesquels, sauf Nicolas Sausset, se déportaient avec courage, mais jetaient cependant, en passant dans les rues, quelques regards désespérés sur les maisons, comme s'ils eussent pu attendre du secours de ce côté-là. Hélas pour eux, la ville était morte, sans qu'une chandelle même brillât aux fenêtres, les volets étant clos, les portes remparées, pour ce que les Messieurs avaient fait défense aux papistes de mettre cette nuit-là le nez dehors, en telle guise que le pavé appartînt aux huguenots, et à eux seuls.

Cependant, tandis que nous cheminions, les prisonniers au milieu de nous, Quatrebar, de cette voix sonore qui avait dû si bien résonner sous les voûtes de l'Eglise Cathédrale, les exhortait à la patience, répétant de minute en minute avec exaltation :

— Mes frères! Mes bien-aimés frères! Je vois les cieux grands ouverts, déjà, pour nous recevoir!

A quoi les soldats finirent par murmurer, l'un d'eux s'écriant avec indignation :

— C'est bien plutôt l'enfer qui t'attend, idolâtre!

— Paix là! dit Cellerier en tournant la tête. Paix dans le rang! Et toi, prêcheur, prêche moins fort ton dernier prêche!

— Et pourquoi t'obéirais-je, hérétique? cria Quatrebar en levant haut la crête. Tu ne peux me bailler qu'une mort!

— Mais c'est la bonne! dit Cellerier.

A quoi les soldats rirent fort et haut.

C'était bien l'Evêché notre destination, comme Cellerier l'avait dit en se gaussant au pauvre chanoine Mazoyer qui pouvait si peu marcher à notre pas que les soldats se relayèrent à le porter. Et non point tant l'Evêché que la cour fermée qui se trouvait devant, laquelle était grande assez, fort bien pavée et comportait en un angle un beau puits d'amples dimensions surmonté de ferrures ouvragées. Au fond, s'élevait un beffroi, avec quatre ouvertures en plein cintre, et sur trois côtés, les murs qui fermaient la cour étaient couronnés par un chemin de ronde à quoi on accédait par des degrés. Sur ces degrés, sur le chemin de ronde et dans les ouvertures du beffroi, on avait disposé bon nombre de soldats portant des torches dont le vent de la nuit tordait les flammes, ce qui faisait que les pavés de la cour avaient l'air de branler. Un coin d'ombre subsistait à l'aplomb d'un des murs, et je me hâtai de m'y mettre avec Samson et Miroul, craignant d'être découvert et questionné avant que ne survînt le Capitaine Bouillargues —

lequel, cependant, nous attendîmes pendant des heures, n'osant bouger.

La sueur dans le dos me coulait et le cœur me cognait autant que si j'eusse dû moi-même affronter la mort. Cependant, tant j'étais neuf à l'horreur qu'espérant contre l'espoir, je n'arrivais pas à croire, encore moins à imaginer, que cette cour dont me frappait la monumentale beauté, et à laquelle les torches flamboyantes donnaient un air de fête, pût devenir le théâtre d'une mazelerie effroyable. Et pourtant, pourquoi avait-on choisi ce haut lieu du papisme, sinon pour signifier à tous qu'il allait être le tombeau de ses zélateurs ?

Les soldats — s'il faut les appeler ainsi, car ils étaient presque tous des ouvriers mécaniques commandés par des bourgeois huguenots — ne se ruèrent pas incontinent à la tuerie, peut-être parce que leur état ne les avait pas accoutumés à verser volontiers le sang, et peut-être aussi parce qu'ils attendaient d'en recevoir expressément le commandement, lequel était plus entendu à demi-mot que vraiment prononcé. Cellerier lui-même, une fois les prisonniers rendus dans la cour de l'Evêché, n'eut garde de rien ordonner, et s'en fut aussitôt avec le demi de son peloton quérir d'autres proscrits à la maison de ville, laissant l'autre demi décider lui-même ce qu'il fallait faire des malheureux qui étaient là. Et je gage que ces soldats qui, à part un ou deux, n'avaient guère plaisir à cette vile besogne, eussent pu tarder fort longtemps encore à plonger les mains dans le sang de leurs concitoyens, si le prédicateur Quatrebar n'avait montré pour le martyre tant d'arrogante appétence. Dressé de toute sa taille et la crête fort haute, il requit à toute gorge, de sa voix de cathédrale, et en très insolente guise, la permission de prier à voix haute. Irrités, les soldats lui dirent qu'il le pouvait, à condition que ce fût le *Notre Père*, et rien d'autre. Quoi oyant, Quatrebar croisa les bras sur sa poitrine et entonna un *Ave Maria* comme si ce fût un pæan de guerre. On lui commanda à grands cris, huées, et grondements, de se taire. Il poursuivit : tant enfin que les nôtres, hors d'eux-mêmes, se jetèrent sur lui et le percèrent de plus de cent coups, d'aucuns hurlant ce faisant :

— Va dedans l'enfer, misérable idolâtre !

Là-dessus, Nicolas Sausset se jeta à genoux et tremblant de tous ses membres, supplia qu'on lui fît grâce, criant qu'il ne prierait plus Marie, qu'il avait reconnu ses erreurs, qu'il se convertirait. Mais sa couardise irritant les soldats tout autant que la vaillance de Quatrebar, il fut incontinent massacré, et tandis qu'on le perçait, plus couvert d'injures et de crachats que le prédicateur.

Le pauvre chanoine Mazoyer qui, tout ce temps laissé seul, n'avait pu se soutenir sur ses jambes, et s'était assis sur le pavé au milieu de la cour, envisageait tout cela avec de grands yeux et disait d'une voix bêlante :

— Qu'est cela ? Qu'est cela ?

Il fut tué comme en passant, et nos hommes, avec de grandes hurlades pour ce qu'ils le haïssaient, se jetèrent alors sur le premier consul Gui Rochette. Il fallut un moment pour en venir à bout, car de ses bras, il parait les pointes qu'on lui destinait, tout en criant qu'on épargnât du moins son jeune frère. Mais cette résistance enrageant les soldats, une fois Rochette à terre, leur haine déborda sur Robert Grégoire, qu'ils égorgèrent à la fureur, alors qu'un moment plus tôt, je les avais ouïs s'étonner qu'il fût là.

Les soldats étaient maintenant tout échauffés à la meurtrerie et dès que Cellerier amena d'autres prisonniers, ils ne balancèrent pas autant à les expédier. S'étonnant même que les suivants tardassent tant à venir, ils commencèrent à dépouiller les occis de leur vêture, leur arrachaient les bagues et retournaient leurs poches, se plaignant que celles-ci eussent été visitées avant eux par les soldats de l'escorte. Dès que cette picorée commença, leur humeur changea et il me sembla que, à part un ou deux qui ne voulaient toucher à rien de ce qui était à leurs victimes, l'appétit du lucre ajoutait à leur zèle.

Le dévêtement des égorgés terminé, je vis un soldat traîner le corps sanglant de Nicolas Sausset sur le pavé de la cour et je me demandais ce qu'il allait en faire quand, le hissant sur la margelle du puits — lequel, comme j'avais observé, était fort large —, il l'y jeta. Son exemple fut incontinent suivi, et c'est là qu'aboutirent tous les corps des malheureux qu'on tua cette nuit-là en cette cour, comme si on eût voulu corrompre à jamais l'eau claire qui sourdait au fond par l'usance où on la réduisait. J'ai ouï dire dans la suite que le puits fut quasi comblé par tous ces corps mis en tas, et que les Messieurs, le lendemain, ordonnèrent qu'on jetât par-dessus assez de terre pour qu'il fût obstrué.

J'envisageai cet affreux spectacle avec un sentiment que je ne saurais décrire, glacé jusqu'au cœur et, en même temps, suant par tous les pores. Ce qui ajoutait encore à l'horreur que nous éprouvions, fut d'ouïr, venant de ce puits qui était proche du coin d'ombre où, adossés au mur, nous nous dissimulions, des gémissements poussés d'une voix faible et mourante, ce qui nous donna à penser que d'aucunes victimes n'étaient qu'à demi égorgées et poursuivaient dans l'eau et le hideux enchevêtrement des corps une interminable agonie. Poussé par la compassion, ou l'espoir peut-être de venir en aide à quelqu'un — Mais qu'eussé-je pu faire, le puits étant si profond? — j'allai me pencher par-dessus la margelle, ce qui était peu prudent, les torches m'éclairant à plein, mais je ne vis que des masses s'agitant confusément dans l'eau rougie par le sang. Et, Miroul me tirant vivement en arrière, je regagnai l'ombre et mis mon bras par-dessus l'épaule de mon Samson, lequel, je m'en aperçus alors, pleurait sans bruit, cachant sa face dans ses mains. Ha! J'eusse bien fait comme lui, tant me poignaient la honte et la pitié. Cependant, Miroul, les larmes lui coulant aussi sur la face, me tenait très fermement la dextre, craignant, je gage, que je n'allasse me jeter comme fol entre les assassins et les victimes, comme, en effet, l'envie ne cessa de m'en démanger.

Au fur et à mesure que la nuit avançait, j'observai que la meurtrerie devenait plus mécanique, et que les soldats s'endurcissaient davantage. La plupart des condamnés acceptaient leur sort avec résignation et priaient tandis qu'on les frappait. Mais l'un d'eux, qui s'appelait Jean-Pierre, se rebéqua tout soudain, et cria qu'il n'était que maître de musique à l'Eglise Cathédrale, qu'il n'avait rien dit ni fait contre les nôtres, et qu'il ne méritait pas la mort ! A quoi, les soldats excessivement s'ébaudirent et, se gaussant cruellement, lui dirent qu'il allait mourir, pour ce que sa musique était papiste. Et comme Jean-Pierre, pour échapper à leur fureur, courait comme fol autour des murs, ils le poursuivirent en criant : « Tu cours bien pour un musicien ! », et à la fin le rattrapant, ils le daguèrent en disant à chaque coup de dague : « Et que penses-tu de cette petite note ? » Et comme Jean-Pierre s'écriait dans un grand gémissement : « Hélas ! Je suis mort ! Je n'en puis plus ! », un des soldats dit en oc en riant : « Encore camineras-tu jusqu'au pous [1] ! » Et l'y poussant, ne l'acheva que lorsqu'il l'eut atteint.

Ce qui, à mon sentiment, ajoutait à la vilainie de l'affaire, ce fut que, vivant en même ville, et même parfois voisins, meurtriers et victimes se connaissaient fort bien, tant est que parfois, au zèle et à l'appétence du lucre s'ajoutaient de vieilles rancunes dont c'était là l'occasion de se revancher. C'est ce qui éclata dans l'exécution de Doladille, l'ouvrier en soie, que Jean Vigier avait blessé d'un coup de son braquemart et qu'on amena tout sanglant à l'Evêché. Ce fut, à sa vue, de toute part, une grande hurlade et un torrent d'injures, ce Doladille étant, semble-t-il, un grand paillard qui avait, selon le dit de Vigier, « cocu cocué » plus d'un parmi les nôtres, et s'en paonnait haut et fort dans la ville, étant de sa complexion bien fendu de gueule, et se vantant d'avoir en sa braguette de quoi convertir à la volée toutes les huguenotes de Nismes. Celui-là, on ne l'expédia pas promptement,

1. Encore chemineras-tu jusqu'au puits.

et il eut à pâtir excessivement et en propos affreux et en mutilations, avant que de trouver son repos dans la mort.

Cependant, après Doladille, il n'y eut plus d'autre éclat de redoutable gaieté chez les exécuteurs et ils revinrent à une sorte de morne routine, tuant, comme j'ai dit, mécaniquement. Du reste, la pique du jour s'annonçait déjà. Et il me sembla que les soldats mettaient plus de lenteur et de répugnance à accomplir leur sinistre tâche, comme si, s'étant gorgés de tant de sang, le dégoût, à la longue, leur en était venu — ou la fatigue, ou peut-être le sentiment de l'affreuse inutilité de ces meurtreries.

Il survint alors, tandis que la nuit blanchissait, un incident qui me frappa fortement l'esprit, parce qu'il me redonna quelque fiance en la nature de l'homme que j'envisageais jusque-là sous son jour le plus vil. Mais à être témoin de ce que je vais conter, je respirai comme une bouffée d'air pur, et me laissai persuader qu'il y a moins de méchantes gens que de méchantes pensées dont celle-ci — peut-être la pire de toutes — qu'il n'est pas de mauvais moyen pour avancer ce qu'on tient pour la vraie religion. Cependant, pour peu que recule cette néfaste idée, cause de tous nos maux, les semences de la bénignité se retrouvent dans le cœur de presque tous les hommes comme les étincelles du feu dans un silex : il suffit de peu de chose pour les en faire sortir.

Parmi les exécuteurs, j'avais observé un drole d'une vingtaine d'années, fort assez et bien découplé, lequel, autant que j'en pouvais juger à la lumière des torches, n'avait point mauvaise face, et qui semblait tuer plus par devoir que par goût, sans insulter mie ses victimes et sans les dépouiller non plus, laissant sa part de picorée à ceux qui en étaient friands. Or, il se trouva que ce gojat, en raison d'une lassitude à occire qui tout soudain le saisit, vint s'adosser au mur à côté de nous, son épée sanglante à la main, et dit avec un soupir :

— Ha, compagnons ! Nous tuons et nous tuons ! Sont-ce là nos belles évangiles ?

A quoi, la prudence me désertant, malgré que Miroul me serrât fort la main, je ne pus m'empêcher de dire :

— Assurément non.

Le drole tourna la tête vers moi pour m'envisager mieux, comme étonné de ma réponse que, pourtant, il eût dû attendre, puisqu'elle était enclose en germe dans sa question.

— Vous n'avez donc point tué ? dit-il enfin.

— Nenni, dis-je. Nous sommes céans pour une autre affaire. Nous attendons le capitaine Bouillargues.

— Ha, moussu ! dit le gojat. Tenez pour sûr qu'il ne viendra point... Le renard est trop finaud pour se mettre du sang sur les pattes ! Et où il est, je vous dirai, ou plutôt je vous conduirai, dès que cette vilaine besogne sera finie.

A cela, je lui fis de grands mercis, et au bout d'un moment pendant lequel il ne fit rien que soupirer, le drole reprit :

— Je me nomme Anicet, j'ai vingt-trois ans, et de mon état je suis tisserand. Et mieux j'aimerais avoir labouré toute la nuit à mon métier que d'avoir occis tant de mes semblables. Passe encore pour Gui Rochette et Quatrebar, qui crachaient feu et flammes contre nous. Mais Robert Grégoire qui était une sorte bien tranquille de papiste ! Fallait-il le dépêcher parce qu'il était le frère du Rochette ?

— Anicet, dis-je. Et pourquoi même Rochette et Quatrebar ? Faut-il expédier tous les papistes qui requièrent contre nous des bûchers ?

— Je ne sais, moussu. Nos Messieurs tiennent qu'il faut que nous soyons à Nismes les héritiers des papistes, ou que les papistes soient les nôtres... Et qu'il faut les tuer avant qu'ils nous tuent.

— Ha ! dis-je. Je n'aime pas ce mot « héritier » ! Il sent trop la pécune et la picorée.

— Moussu, dit Anicet, vous avez bien raison. Voyez céans ces éhontés dévêtements et fouillements de poches. Est-ce là la foi de Calvin ?

Comme il disait, deux soldats amenèrent, le por-

tant l'un par la tête et l'autre par les pieds, un galapian qui pouvait avoir vingt ans d'âge et qui portait
une large plaie à la cuisse senestre. Il fut roidement
jeté sur le pavé à quelques pas de nous, ce qui le fit
gémir. Mais sans en avoir cure, les deux soldats, avec
d'affreux jurons, se mirent à le dévêtir, ayant sans
doute trouvé qu'il était plus facile de le faire avant
qu'après le dépêchement. Cependant, comme on lui
quittait une manche de son pourpoint, le malheureux, dans le mouvement qu'on lui fit faire, tourna
vers nous sa face que les torches éclairèrent à plein.

— Ventre Saint-Antoine! s'écria tout soudain Anicet d'une voix troublée. Je ne peux souffrir cela!

Et s'avançant, son épée sanglante à la main, il dit
d'une voix forte :

— Compagnons! Arrêtez! Je connais ce drole. Il
se nomme Pierre Journet. Il est petit clerc à l'Evêché,
point encore tonsuré, et n'a jamais rien dit ni fait
contre nous!

— Il n'empêche, dit l'un des exécuteurs : il a été
trouvé se cachant avec l'évêque et ses domestiques
dans la maison du Conseiller de Sauvignargues.
Robert Aymée l'a blessé d'un coup d'épieu à la cuisse
et nous a commandé de le porter ici pour y être avec
les autres dépêché!

— Quoi! s'écria Anicet. Ce pendard d'Aymée nous
baillerait des commandements? Il n'y a que les Messieurs ou le Capitaine Bouillargues à posséder ce
droit!

— Peu me chaut qui a le droit ou pas, dit le
second des soldats. Le drole est à nous pour l'avoir
porté jusqu'ici. Et je veux son pourpoint!

— Et moi, ses chausses! dit l'autre.

— Par ma foi, s'écria Anicet pointant contre eux
son épée. C'est là pillerie et larronnerie, et non point
zèle! Compagnons! Laissez ce drole et sa vêture, et
remettez-lui la vie, ou je prendrai la vôtre!

A quoi, les deux soldats, béants, s'entrevisagèrent
en silence, puis l'un, se penchant, parla à l'oreille de
l'autre, qui acquiesça. Et tout soudain, prenant du
champ, ils tirèrent leurs épées, qu'ils avaient remises
au fourreau pour dépouiller Pierre Journet.

— Sanguienne! cria l'un. Nous sommes deux! Et tu es seul! Vas-tu nous affronter tous les deux, compagnon?

Je m'arrachai alors de force forcée à la main de Miroul et dégainant, fus aux côtés d'Anicet en un battement de cil.

— Qu'est celui-là? dit le soldat.

— Le juge de cette disputation, dis-je.

Et enveloppant son épée de la mienne, par un soudain mouvement du poignet, je la lui fis sauter à dix pas, ce qui, à vrai dire, ne fut pas un exploit, tant il la tenait mal.

Quoi fait, je lui mis la pointe de la lame sur la gorge.

— Et voici mon arrêt, dis-je. Vous allez porter Pierre Journet en la maison où se trouve le Capitaine Bouillargues. Et il tranchera le cas.

— Quoi! Le porter encore! cria le soldat qui confrontait Anicet, le mien étant plus muet que pierre.

— Voilà de quoi t'y résoudre, dis-je.

Et saisissant mon pistolet, qui pendait à mon côté senestre, je le braquai sur lui.

L'homme remit sa lame au fourreau, sans baragouiner plus outre, et se disposa à reprendre le fardeau qui tant lui déplaisait depuis qu'il n'était plus sûr d'en tirer marchandise.

Le plus étrange de cette contestation, c'est que les exécuteurs qui, dans la cour de l'Evêché, assistaient à cette scène, l'envisagèrent en silence, comme hébétés de lassitude, sans presque entendre de quoi il s'agissait, et sans intervenir. On eût dit que l'affaire ne les concernait point, et qu'ils ne tuaient plus, quant à eux, que par la force de l'habitude qu'ils en avaient prise depuis le coucher du soleil.

On trouva le Capitaine Bouillargues en sa maison, armé en guerre, mais à ce que je compris, peu disposé à mettre cette nuit-là le museau hors du terrier, étant trop avisé pour se montrer à la maison de ville ou à l'Evêché, et sachant trop ce qui s'y faisait, puisque c'était lui et les Messieurs qui l'avaient

530

commandé. De son corps, qui était grand, gros et lourd, le capitaine tenait de l'ours, mais de sa face, comme Anicet avait si bien dit, il tenait plutôt du renard, ayant des petits yeux rusés, et la narine mobile et fureteuse, comme pour éventer les pièges avant d'avancer la patte. Ha, certes ! Ce n'était pas le genre de goupil à piller ouvertement un poulailler, ni à faire grossière picorée dans la maison d'un papiste en fuite, comme François Pavée au logis de M. de Montcalm ! Cependant, je tiens de la bouche même de Dame Etienne André, qu'elle versa en secret à ce Bouillargues (chez qui tout était faux, y compris son nom, car il s'appelait, en réalité, Pierre Suau) mille livres d'espèces sonnantes pour qu'il épargnât la vie de son mari, que sur son commandement on avait arrêté. Et bien après que la Michelade fut finie (on appela ainsi la tuerie de Nismes, pour cette raison qu'elle eut lieu le lendemain de la Saint-Michel), j'appris que Bouillargues reçut en rançon cette nuit-là des pécunes de toutes mains et qu'il tint boutique et marchandise des vies qu'il avait le pouvoir de trancher ou de sauver, s'enrichissant ainsi d'écus anonymes, et non point comme Pavée, et tant d'autres imprudents, de butin dont on eût pu, plus tard, déceler l'origine.

Je voulus entrer seul en cette tanière où on trafiquait du sang des autres, laissant dans la rue Pierre Journet, gémissant mais non pâmé, en compagnie d'Anicet et des deux soldats, lesquels, la crête quelque peu rabattue, commençaient à regretter fort d'être là. Quant à Miroul et Samson, que je ne voulais point mêler à cette affaire, ne sachant comment elle se conclurait, ils étaient demeurés, par mon commandement exprès, en la cour de l'Evêché, où je les devais rejoindre.

Bouillargues vivait en son logis, entouré d'émissaires qu'il dépêchait de minute en minute à tous les coins de Nismes, et gardant par-devers lui quatre ou cinq secrétaires ou majordomes qu'il me fallut tous, et un par un, acheter avant de pouvoir parvenir jusqu'à lui. Encore me reçut-il de prime abord avec une cauteleuse froidure, se demandant qui j'étais, et si j'étais volaille qu'il pût plumer aussi, et hausser les enchères si je lui proposais rançon pour un ami. J'affectais un front tranquille, sans rien de fendant ni d'outrecuide, mais cependant l'air d'un homme à ne pas me laisser morguer. Lui ayant dit mon nom, d'où je venais, de qui j'étais le fils, je lui remis la lettre de Cossolat à lui-même adressée, et quand il l'eut lue, celle de M. de Chambrun. La première, je gage, l'émut davantage que la seconde. Me voyant protégé à la fois par Cossolat et par M. de Joyeuse (lequel, bien qu'il fût papiste, Bouillargues n'était pas homme à ne pas ménager), il changea tout à plein de ton, de visage, d'œil et de déportement, et me priant fort civilement de m'asseoir, il me demanda ce qu'il en était de mes démêlés avec François Pavée, récit auquel il sourcilla fort, tant il lui parut insupportable, et comme empiétant sur ses prérogatives que ce Pavée eût ordonné une meurtrerie sans son assentiment. Sur le coup de son courroux, il dicta une lettre pour Pavée à un secrétaire, laquelle il envoya porter incontinent. Quoi fait, il inscrivit mon nom, et ceux de Samson et de Miroul, sur des laissez-passer préparés en tas sur sa table, et que, je gage, il devait monnayer aux papistes. Quand il les eut signés, et que je les eusse, avec un immense soulagement, serrés contre ma poitrine, je lui contai, sans pourtant le nommer, l'histoire du petit clerc qu'Anicet et moi-même avions sauvé des griffes des vautours, et le priai de sortir un moment dans la rue pour résoudre le cas. Haussant sa puissante épaule et me faisant sentir combien cette affaire lui paraissait de petite conséquence, et qu'il ne consentait que pour me plaire à s'en occuper, Bouillargues se leva et, se dandinant comme un ours, mais avec une sorte de lourde agilité, il gagna la porte. Mais à peine l'eut-il ouverte et, sur les degrés du logis, envisagé le clerc sanglant, qu'il poussa une manière de rugissement et cria :

— Mais c'est toi, mon Pierre ! Qui t'a réduit à cet état ! Qui t'a navré ? J'en ferai sur l'heure justice !

Sont-ce ces deux-là? poursuivit-il en désignant les soldats et en portant la main à sa dague.

— Nenni! dis-je promptement. C'est Robert Aymée.

— Aymée! Ou bien plutôt le Désaimé! cria Bouillargues. Sanguienne! Je le daguerai! Qui ne sait à Nismes que Pierre Journet est mon frère de lait, et par moi tendrement chéri? Marauds, portez le navré en mon logis et le posez doucement sur mon lit! Et toi, dit-il en se tournant vers un majordome qui l'avait suivi sur les degrés, va, quiers le chirurgien Domanil, et vole comme carreau d'arbalète, il y va de ta vie! Monsieur de Siorac, poursuivit-il, de vraies larmes lui coulant sur la face (ce que voyant, je n'en crus pas mes yeux) et me serrant fortement les deux mains, je vous saurai à jamais un gré infini...

— Mais, dis-je, c'est Anicet qui arrêta le premier la meurtrerie. Je ne fis que lui prêter main-forte.

— Anicet, cria Bouillargues, se tournant vers lui et lui donnant une grande brassée, je me ramentevrai ton nom, dussé-je vivre cent ans!

Et ce disant, observant qu'Anicet était pauvre comme Job, il voulut lui bailler un écu, mais Anicet refusa, arguant qu'il n'avait fait qu'obéir à sa compassion. Cependant, les deux soldats, cois, l'œil baissé et la crête fort basse, plaçaient Pierre Journet sur le lit de Bouillargues avec autant de tendres soins qu'ils avaient mis de rudesse, une demi-heure plus tôt, à le jeter sur le pavé dans la cour de l'Evêché. Après quoi, et se faisant encore plus petits, ils furent fort contents de s'en aller avec nous, craignant que Bouillargues tournât contre eux le courroux que, mi-pleurant, mi-rugissant, il continuait d'exhaler contre Robert Aymée. Et moi, quittant enfin le capitaine, non sans d'ultimes embrassements, je partis en m'étonnant que ce renard eût, après tout, une sorte de cœur, encore qu'il ne battît, comme il arrive souvent, que pour les membres de sa famille, les autres hommes étant comme rejetés hors de la commune humanité.

A peine, cependant, avais-je descendu les degrés

de son logis que, me ravisant, je revins sur mes pas, trouvai le capitaine Bouillargues assis au chevet du navré, et le tirant à part, lui dis à l'oreille :

— Capitaine, on a arrêté Bernard d'Elbène, l'Evêque de Nismes. Sera-t-il aussi dépêché? N'a-t-on pas eu assez de sang?

A quoi Bouillargues baissa l'œil et dit d'un air merveilleusement faux :

— Pour moi, je n'ai pas commandé qu'on le dépêche, et j'eusse mille fois préféré le tenir en otage et en exiger rançon (en quoi sans doute il disait vrai). Mais je ne sais ce que les Messieurs ont résolu.

— Capitaine, pardonnez ma curiosité, dis-je à voix basse. Qui sont donc ces Messieurs dont j'ois céans tant parler?

— Ha, Monsieur de Siorac! Qui le sait? dit Bouillargues, fermant un œil et plissant l'autre, de l'air d'un homme qui le savait fort bien.

Et derechef me serrant sur son poitrail d'ours, il me fit encore mille mercis, y ajouta mille protestations de me toujours servir, et me toquant un petit dans le dos du plat de la main, il s'en alla.

On peut penser que je n'étais pas fort aise de retourner dans la cour de l'Evêché, fût-ce pour y quérir Samson et Miroul, car en mon imagination, ces torches, ce pavé luisant de sang, ces cris, ces corps qu'on dépouillait, ce puits où on jetait pêle-mêle les morts et les mourants me peignaient une image horrible que j'eusse voulu n'avoir jamais envisagée.

Comme plein de ce triste pensement je cheminais sans mot piper, un des soldats qui avaient failli occire Pierre Journet, me tirant un petit par la manche, me rendit merci d'avoir dit à Bouillargues que c'était Robert Aymée qui avait navré son frère de lait. Je lui répondis que je n'avais pas voulu que Bouillargues le daguât sur l'heure, non plus que son compagnon, mais que s'ils me voulaient remercier, ils mettraient fin à leurs meurtreries et rentreraient chacun en son logis. Il me le promit, mais s'excusa pourtant de retourner avec moi à l'Evêché, pour ce qu'ils y avaient caché leur picorée, laquelle ils ne voulaient pas perdre, étant tous deux tanneurs de leur état, mais depuis plus de six mois désoccupés, et voulant vendre la vêture qu'ils avaient ôtée aux papistes pour apporter un peu de pain à leurs garces et pitchounes, lesquels étaient maigres comme roues de charrette, ayant si peu à gloutir, et depuis si longtemps. Je demandai à Guillaume (c'était son nom, l'autre soldat s'appelant Louis, mais celui-là coi comme carpe) s'ils avaient pécunes en leur picorée.

— Hélas, non, moussu, pas une piécette ! Les ceux qui les amènent de la maison de ville les prennent toutes, ainsi que les bagues et bijoux, et ne nous laissent que la vêture !

Quoi oyant, et touché de ce qu'il m'avait dit sur leurs garces et pitchounes, et entendant bien qu'ils n'avaient agi que sur le commandement qu'on leur avait fait, et par l'aigre nécessité qui les poignait, je leur donnai à chacun un écu, lequel ils reçurent, l'un toujours muet, mais de joie cramoisi, et l'autre avec des remerciements à l'infini. Car celui-là (celui qui se nommait Guillaume) était bien fendu de gueule, et sautant et caressant, s'affectionnait de moi comme chien berger et se serait volontiers à ma fortune attaché, si j'avais voulu. Et moi, voyant qu'Anicet montrait quelque humeur à me voir si ployable avec nos anciens ennemis, je lui baillai aussi un écu, qu'il refusa en premier, mais que sur mon insistance il finit par accepter, disant pourtant, non sans quelque petite piaffe, qu'il n'était point, lui, désoccupé, et vivait de son état, encore que chichement.

Cependant, le jour était levé et le soleil apparaissait au-dessus des maisons quand on arriva à un carrefour ayant un puits en son centre, lequel on appelait le Puits de la Grand'Table, comme me l'apprit Guillaume. A ce carrefour, notre petit groupe rejoignit une troupe plus forte, qui serrait en son milieu trois ou quatre papistes qu'elle menait à l'Evêché, les soldats qui les entouraient paraissant fort échauffés et hurlant : « Tue papistes ! Monde nouveau ! », qui fut le cri de cette funeste nuit.

— Mais, cria Anicet tout soudain, c'est le Seigneur Evêque, Bernard d'Elbène! Et à son côté, ce petit à gros bedon, c'est son majordome, Maître de Sainte-Sophie!

Comme il disait, le grand diable brun, qui commandait la troupe, l'arrêta et marchant sur le majordome, un épieu à la main, lui dit à la fureur :

— Ha, scélérat! Tu t'es assez engraissé de nos pécunes! Voilà qui te dégraissera!

Et ce disant, d'un coup furieux, il lui mit son épieu dans le ventre, et le retirant, le replongea encore. Ce que voyant, une partie des soldats se jeta sur Maître de Sainte-Sophie, et le percèrent, qui de son épée, qui de sa dague, lui portant tant de coups que c'est à peine s'il eut le temps de gémir. Il tomba, et sur le pavé, tout agonisant qu'il était déjà, ces furieux le perçaient encore.

D'aucuns de ceux-là, que son sang n'avait pas rassasiés, criaient qu'il fallait en finir incontinent avec l'Evêque! D'autres protestant, disant qu'on ne leur avait pas commandé de le dépêcher. Et les furieux, de reste, ne pouvant pas parvenir jusqu'à Bernard d'Elbène, celui-là étant entouré et pressé de toutes parts par des soldats fort acharnés à lui arracher ses bagues.

— Guillaume, dis-je à voix basse. Qui est ce grand scélérat qui vient d'occire le majordome?

— Robert Aymée.

— Quoi! Celui-là qui a navré Pierre Journet?

— Oui, celui-là même!

M'avançant incontinent vers le quidam, je le tirai par le coude et lui dis à l'oreille :

— Monsieur, un mot, pour vous servir. Le capitaine Bouillargues est fort dépit et courroux contre vous, pour ce que vous avez, chez le Conseiller de Sauvignargues, navré d'un coup d'épieu à la cuisse son frère de lait, Pierre Journet. Et en sa fureur, il vous cherche partout pour vous daguer.

— Quoi! dit Aymée, ce petit curaillon de merde que j'ai trouvé tantôt avec l'Evêque...

— C'était son frère de lait.

— Mais je ne le savais point! cria Aymée, fort quinaud et la crête fort basse.

— Ha, Monsieur! dis-je, prenant soin de pimplocher la vérité de quelque couleur qui la rendît plus menaçante, le capitaine pense que vous le saviez, et que vous avez agi par malice! Monsieur, si j'étais que de vous, j'irais le trouver sur l'heure en son logis pour lui dessiller les yeux, car il crache feu, flammes et mort contre vous, que c'est à trembler de l'ouïr!

— J'y vais de ce pas, dit Robert Aymée.

Et parlant haut, il ajouta :

— Compagnons, point n'avez besoin de moi pour remettre l'Evêque en son Evêché, et le noyer dans son propre puits!

Sur cette vilaine gausserie, par quoi il tâchait de celer sa frayeur, il partit à grands pas, sans même me demander mon nom et, à ce que j'observai, dans une direction tout opposée à celle du logis de Bouillargues. Je gage que cet Aymée, aussi pleutre qu'il était cruel, s'allât cacher sous son lit, en attendant que Pierre Journet guérît! Ce qui, par la grâce de Dieu, advint, encore que le pauvre drole fût deux mois quasiment dans les dents de la mort.

Cependant, le peloton, sans Robert Aymée, continua jusqu'à l'Evêché, et nous le suivîmes, Anicet à ma dextre, Guillaume et Louis à ma senestre, et tous trois ne laissant pas de me dire à voix basse que c'était pitié qu'on tuât le Seigneur Evêque, lequel n'était point mauvais homme, bien loin de là, dépensant ses pécunes en tant grandes et fréquentes charités, vivant chichement en son palais, faisant petite chère et buvant peu; et qu'en outre, on ne l'avait jamais entendu prêcher des bûchers contre nous, comme Quatrebar et Sausset, et de certains bourgeois papistes de Nismes, plus acharnés que les prêtres; qu'il était simple, débonnaire, et accueillant au petit peuple; et qu'enfin, les huguenots eussent pu s'accommoder à lui sans toute la cour qui l'entourait, laquelle hurlait continuellement à nos chausses comme une meute de loups dévorants.

Les furieux parmi les soldats avaient mis l'Evêque

en pourpoint, placé par dérision sur sa tête une sorte de bonnet à plis retombants, et d'aucuns, en marchant, ne lui épargnaient pas de cruelles gausseries sur la fortune qui l'attendait. Bernard d'Elbène supportait tout sans murmure aucun, mais non plus sans guerrière et défiante vaillance, comme avait fait Quatrebar. Il priait à voix basse, peut-être pour ne pas offenser ses bourreaux par des *Ave Maria*, mais toutefois sans baisser les yeux, et il envisageait ceux qui le menaient au supplice sans haine ni dépit, et tout uniment, comme s'il leur eût déjà pardonné. Tant est que sa fermeté et sa douceur, frappant à la fin les plus excités, ils cessèrent de le moquer, et même de le menacer, sauf un nommé Simon, dont je reparlerai. De son physique, l'Evêque était de moyenne taille, faible de sa complexion, assez pâle de face, chenu, et ses mains tremblaient, mais on voyait bien que c'était par débilité, et non par peur.

Dès qu'on arriva dans la cour de son Evêché, Bernard d'Elbène, voyant la mazelerie qu'on y avait faite par les flaques de sang qui tachaient les pavés, se jeta à genoux, et poussant de grands soupirs, et les larmes lui coulant des yeux, se mit à prier pour le salut des âmes des occis. Les soldats qui étaient là, au nombre peut-être d'une vingtaine en tout, sentant bien que cette grande douleur ne se tournait pas vers soi, mais vers les autres, en éprouvèrent incontinent quelque vergogne. Lassés en outre de la grande et sanglante fatigue de la nuit, ils laissèrent l'Evêque prier plus longtemps qu'ils n'avaient permis à quiconque de le faire. Tant est qu'à la fin, l'un d'eux, s'impatientant, s'avança vers Bernard d'Elbène et lui dit, son épée sanglante à la main, assez rudement, mais sans oser toutefois le toucher :

— C'est assez prié ! Quitte ton pourpoint, Evêque, que je ne le gâte point en te tuant !

A quoi, l'Evêque, sans battre un cil et le visage ferme, ôta son pourpoint et balançant un instant de le poser sur le pavé, ne voulut point pour finir le souiller du sang qui s'y trouvait, et le tendit à son bourreau, en disant avec douceur :

— Tiens, mon fils. Et je souhaite qu'il te fasse bon usage, combien qu'il soit quelque peu rapiécé.

A quoi, le soldat rougit qu'on lui donnât sa picorée au lieu qu'il eût à la prendre, et que cela se fît devant tous, dont d'aucuns riaient à gueule bec que la vêture qu'il appétait eût reçu une pièce, et il se tint fort embarrassé, le pourpoint d'une main, et l'épée de l'autre, sans se résoudre à frapper, ce qui irrita fort un des plus excités parmi les soldats, lequel était une espèce de gnome à grande gueule qui, sur le chemin, avait lardé l'Evêque de brocards et de vilainies.

— Ha, Martin! cria-t-il d'un air fendant. Coquefredouille! Es-tu homme? Es-tu femme? Et femme quenouillante! Tudieu! Si tu ne le veux, moi j'ai encore appétit assez pour un Evêque!

Et levant sa dague, il en eût incontinent occis Bernard d'Elbène, si un jeune gars, qui avait bonne face et bonne allure, n'avait pointé contre sa poitrine un pistolet et une épée.

— Non! cria le drole, l'air tout à plein résolu. Tu ne le tueras point! Moi, Coussinal, je lui remets sa vie! Et personne céans ne la lui ôtera, sous peine de la sienne!

— Quoi, Coussinal! s'écria Simon. Es-tu fol devenu? Défendre un Evêque papiste, et contre nous, tes frères huguenots!

— Qu'il soit papiste, dit Coussinal, peu me chaut. Il a préservé ma mère, un hiver entier, de la famine et du froid. Et pour ce qu'il lui a sauvé la vie, je lui remets la sienne!

— Ha, sanguienne! Le conte est beau! s'écria Simon du ton le plus venimeux. A peu qu'il ne me mette la larme à l'œil! Compagnons, avez-vous ouï bêler cet agneau? Sa mère! Tudieu! Qu'avons-nous affaire de la mère de ce bâtard! Compagnons, qui commandait à Nismes les papistes? L'Evêque! Allons-nous donc occire les soldats et gracier le Lieutenant-général? Compagnons, que nous veut céans Coussinal? Traîtrise! Je dis traîtrise! et rien d'autre! Ce Coussinal de merde n'est qu'un huguenot soudoyé par l'or de l'Evêque! Compagnons, sus! sus! Expédions l'Evêque et ce gueux de Coussinal avec!

— Nous verrons bien, dit Coussinal, qui n'avait point la gueule aussi bien fendue que Simon, mais dont l'œil farouchement brillait, et qui, debout devant l'Evêque, se tenait penché en avant, le pistolet d'une main, et l'épée de l'autre.

A ce que je vis, une dizaine de soldats seulement tenaient pour Simon, les autres n'ayant pas trop d'appétence ni à tuer l'Evêque, ni à se prononcer pour lui. Toutefois, parmi les premiers, il se trouvait un quidam qui avait une arquebuse, et le voyant battre le briquet pour allumer sa mèche, j'augurai que les choses prenaient mauvaise tournure pour Coussinal. Soufflant alors à mes compagnons d'avoir à me soutenir s'il en était besoin, je m'avançai, mes deux pistolets au poing, et je criai à l'arquebusier :

— Eteins ta mèche, compagnon ! Ou je ferai passoire de ton morion !

Et ce disant, je le visai. L'homme qui, sans doute, se paonnait à Nismes de quelque adresse aux bâtons à feu, épaula en ricanant, mais dans l'instant qu'il couchait la face dessus son arquebuse, je tirai, et comme j'avais dit, je trouai son morion, lequel s'arracha avec tant de force à son chef, que le malheureux se crut mort, et lâchant arme et mèche, porta ses deux mains à sa tête comme s'il était navré.

— Allons ! Compagnon ! criai-je. Point de grimace ! Tu es sauf ! Ecrase ta mèche du pied ! Tu n'as pas le crâne si dur que ton morion, et vois ce que j'en ai fait !

— Mais qu'est celui-là ? cria Simon, cramoisi, et de colère écumant. D'où sort-il ?

— Simon, dis-je, je sors du logis du Capitaine Bouillargues, où il m'a dit, je le jure sur mon salut, qu'il n'a point commandé le dépêchement de l'Evêque, et qu'il ne sait point ce que les Messieurs là-dessus résoudront !

— Quoi ! s'écria Simon. Faut-il attendre plus outre avant que de s'aller coucher ! Un Evêque est un Evêque ! Nous avons le commandement de Robert Aymée ! Cela suffit ! Compagnons, ils ne sont que deux ! Deux traîtres achetés par les papistes ! Tombons-leur sus ! Tue ! Tue les traîtres !

Je me retournai alors tout soudain, et criai :

— A moi, mes bons enfants!

Et non seulement Samson, Miroul et Anicet, mais Guillaume et Louis vinrent à nous se joindre, l'épée à la main, et entourant l'Evêque.

— Seigneur Evêque, dis-je à Bernard d'Elbène qui, pendant ce temps, avait continué à genoux, priant aussi paisiblement que dans son oratoire. Relevez-vous! Nous allons, s'il se peut, vous mettre en sûreté.

Pendant que je disais, ce Simon huchait à gueule déployée à se craquer les bronches. Et par ses cris, il avait ameuté derrière lui, comme j'ai dit, une dizaine d'hommes, mais fort peu résolus et fort peu enclins à précipiter l'assaut, craignant nos armes à feu. Cependant, tandis que Simon nous criait pouilles et mort, avec un torrent d'insultes, Anicet et Coussinal consultaient entre eux pour résoudre où mettre l'Evêque pour qu'il fût à l'abri des furieux, et l'Evêque, les oyant, leur dit à voix basse que le refuge le plus sûr serait la maison de Jacques de Rochemaure, lieutenant particulier de la Sénéchaussée, pour ce qu'il avait en son logis une porte secrète qui communiquait avec le château, où le Sénéchal tenait encore garnison.

— Allons-y donc sans tant languir, dis-je. Anicet marchera en tête avec Guillaume et Louis. Et le reste, qui est armé de pistolets, fera l'arrière-garde.

— Moussu, dit Guillaume à mon oreille, peux-je, avant que de départir, quérir ma picorée?

— *Aviat!* Guillaume! *Aviat!*

Il fut de retour en un clin d'œil, portant sous le bras sa picorée et celle de Louis, lesquelles faisaient un assez gros paquet de vêtements, mais cependant tachés de sang, à ce que j'observai non sans dégoût. Cependant, le gnome Simon hurlait toujours à oreilles étourdies, la haine lui jaillissant des yeux, et le venin des lèvres. Mon père disait bien, après l'affaire de la Lendrevie, qui fut mon premier combat, quand il prétendait que ce sont toujours les plus méchants qui font le gros d'une mutinerie, car ceux-là ne soufflent que sang, ne halètent que guerre, ne ronflent que massacres, et à la fin, de même que le vent furieux met en branle les ailes d'un moulin, ils poussent les autres à la meurtrerie et au sac. Je résolus donc de mettre un bœuf sur la langue de cet acharné, et prenant à Miroul un de ses deux pistolets, pour ce que je n'en avais plus qu'un qui fût chargé, je criai, couvrant sa voix :

— Simon, je te fais céans défense de nous suivre ! Si tu enfreins mon commandement, ma première balle trouera ton morion, et ma seconde, ton crâne !

Après quoi, il vociféra encore, mais sans mettre un pas devant l'autre. Ce que voyant ses séides, ils ne branlèrent pas davantage, étant tous au surplus extrêmement las après cette sanglante nuit, et chacun n'appétant plus qu'à sa chacunière, pour y remiser sa picorée, et y manger un morcel, et à la fin, dormir. Raison pour laquelle les rues que nous traversâmes avec l'Evêque, pour le mener chez Rochemaure, étaient étrangement désertes, malgré que le soleil fût haut, les papistes se terrant toujours derrière leurs murs, et les soldats huguenots, rentrés chez eux, repus et recrus de leurs tristes exploits.

La porte de Jacques de Rochemaure était fortement aspée de bandes de fer, mais comportait en sa partie haute un judas grillagé qui s'entrebâilla un petit quand on eut toqué un moment. M. de Rochemaure, nous voyant en armes, balança. Ce qu'observant l'Evêque, il s'avança et lui dit que nous l'avions arraché aux bras des exécuteurs, et il lui requit de nous admettre. Mais M. de Rochemaure n'y voulut pas consentir, craignant une ruse et que l'Evêque parlât ainsi de force forcée. Il nous demanda de nous retirer jusqu'au bout de la rue, lequel était distant d'une cinquantaine de pas, et de laisser l'Evêque seul, et qu'à cette condition, il lui ouvrirait. Bernard d'Elbène prit alors congé de nous de la façon la plus touchante, nous demandant à chacun nos noms, et à chacun rendant merci, et nous disant qu'il se ramentevrait, matin et soir, de prier pour nous, puisque aussi bien nous adorions le même Dieu, encore que souvent il n'y parût guère. Nous le quittâmes, mais parvenus au bout de la rue, nous attendîmes un moment que la porte s'ouvrît et se refermât sur Bernard d'Elbène, lequel, avant d'entrer dans ce havre de paix, nous voulut encore saluer de sa main tremblante.

Le massacre de la Michelade cessa sur ce dépêchement manqué de l'Evêque, comme si les Messieurs (qui s'étaient gardés de le commander, mais n'eussent pas été fâchés, peut-être, qu'il se fît) avaient été étrangement frappés que des mutins se fussent, en cette occasion, contre eux-mêmes mutinés.

Les Messieurs relâchèrent sous forte caution les prisonniers de la salle basse, qui étaient encore au nombre de quarante, une soixantaine ou plus ayant péri. Et après une négociation avec le Sénéchal Honoré de Grille, qui tenait toujours le château, le 2 octobre, ils permirent à Bernard d'Elbène de quitter la ville sous escorte. L'Evêque se retira à Tarascon, et là, il légua plusieurs salmées de terre qu'il possédait près de Nismes, au seul de ses gens qui n'eût pas été occis : Jean Fardeau. Et comme il ne pouvait écrire, en raison de l'extrême débilité de ses mains, il dicta une lettre au Vicomte de Joyeuse, où il parlait avec des grands éloges de la part que j'avais prise à son terrestre salut. Cette lettre, en Montpellier, fut lue, relue et publiée, et par elle je fus tout soudain en honneur en la ville autant que j'y avais été abhorré, et toutefois, pour la même raison, n'ayant pas agi autrement pour l'Evêque que j'avais fait pour Cabassus.

J'opine pour ma part que le plus insigne et éclatant mérite de l'affaire revint à Coussinal, pour avoir osé, avec une merveilleuse vaillance, affronter seul une vingtaine d'hommes. Pour moi, je n'eusse peut-être pas agi si Coussinal ne m'avait donné l'exemple, tout ému de compassion que je fusse pour ce vieil homme qui montrait tant d'humanité en ses derniers moments.

Nous sortîmes tous trois de Nismes sans encombre ni traverses, par la Porte des Carmes, et prîmes le chemin dit, Dieu sait pourquoi, « des cinq vies », qui menait à Beaucaire.

Là, nous envisagions de traverser le Rhône pour passer à Tarascon, et de Tarascon gagner par la montagnette le château de Barbentane, où l'alberguière nous avait dit que M. de Montcalm, sa femme et sa fille, s'étaient retirés quand ils avaient fui la ville. Ne sachant pas alors le retournement en ma faveur de l'opinion en Montpellier, je pensais que pour obéir à Mme de Joyeuse, je n'y devais point retourner, mais résider avec M. de Montcalm, où qu'il se trouvât, en attendant que ma protectrice me voulût bien rappeler.

Je fus dans un triste pensement tout le temps que dura le premier jour de chevauchée, étant fort troublé que les nôtres fussent ce coup-ci les massacreurs, tant nous étions accoutumés, depuis Vassy, à être les victimes des papistes et non point leurs bourreaux. Me ramentevant à cette occasion la belle parole de Socrate, lequel affirmait à sa mort qu'« *il valait mieux subir l'injustice que la commettre* », j'étais fort près de lui donner raison, tant me semblaient lourdes à porter en ma remembrance les meurtreries que j'avais vu commettre. Et cependant, je voulais leur trouver quelque décharge dans les persécutions qui les avaient précédées. Hélas, combien j'eusse trouvé ma défense plus forte si j'avais pu prévoir ce qui se perpétrerait contre les nôtres durant la nuit de la Saint-Barthélemy, et qui fut le fait non point de quelques petits tyranniseurs de Nismes, mais du puissant Roi de France en son Louvre.

J'arrête là cette disputation, car j'y suis juge et partie. Et il me paraît, à me relire, que j'y cherche trop d'atténuation aux crimes des miens. A la vérité, il n'en est point. Le sang n'excuse pas le sang.

En cette première journée, nous fîmes pas moins de six lieues. Il est vrai que le chemin n'était ni

pentu, ni tournoyant, ni malaisé. Au soir, nous atteignîmes Beaucaire, où nous passâmes la nuit. Mais
sur le rapport qu'on nous fit, à l'auberge, que la montagnette — région de pechs, de combes et de bois —
était depuis peu infestée de caïmans qui tuaient et
détroussaient les voyageurs, je résolus de départir à
la pique du jour, dans le désir où j'étais de nous
mettre avant la nuit derrière les murs de Barbentane. Je poussai l'allure tout le jour, et quelle ne fut
pas mon inquiétude, en arrivant au château de Barbentane, de ne pas y trouver mes hôtes. Le majordome, qu'ils avaient fait prévenir par un chevaucheur lors de leur fuite précipitée de Nismes, les
attendait en vain depuis la veille, et balançait à aller
à leur rencontre, ayant la garde du château, et les
caïmans étant si proches. Il s'appelait Antonio, petit
homme noir, sec et tordu, qui paraissait très attaché
à ses maîtres. Après en avoir disputé avec lui, je résolus incontinent de partir à la recherche des Montcalm, ne m'allégeant que du cheval de bât que je laissai dans les mains d'Antonio.

   Il pouvait être alors vers les deux heures de l'après-
midi et, après avoir reposé et restauré nos montures,
buvant peu et ne les laissant boire qu'à peine un
quart de seau, on repartit, mais sans aller plus vite
que le petit trot, tant pour ménager nos montures
que pour jeter l'œil, de-ci, de-là, dans le bois de la
Montagnette par où passait le chemin.

   Nous le traversâmes d'un bout à l'autre sans rencontrer personne. Et avisant, à son orée, une abbaye
qui se donnait la mine d'une petite forteresse tant
elle était bien remparée, j'y galopai et, démontant, je
sonnai cloche à l'huis à tour de bras, tant est qu'enfin
le judas s'entrouvrit et un frère, m'envisageant avec
méfiance et froidure, me dit assez roidement que
l'abbaye ne recevait point de voyageurs, y ayant une
bonne auberge à Barbentane.

   — Mon frère, dis-je, je ne requiers point de gîte. Je
loge au château. C'est M. de Montcalm que je
cherche, car il devrait y être arrivé, et n'y est point.

   — Quoi ! cria le frère, fort troublé. Il n'y est point ?

Mais nous l'avons vu hier soir à la tombée du jour, avec Mme de Montcalm et sa fille! Ils nous ont demandé du vin, et sont incontinent repartis. Il faut donc qu'ils soient tombés aux mains des caïmans qui infestent le bois de la Montagnette que vous venez de traverser. Moussu, espérez-moi un petit. Je vais prévenir le prieur.

Je trouvai d'abord bien fâcheux ce retardement, et d'autant que le prieur, l'œil noir fort aigu sous d'épais sourcils, m'ayant introduit sous une petite voûte fermée d'une herse, et mis sous l'œil de deux moines armés, me posa d'infinies questions. Ventre Saint-Antoine! pensai-je. Quels questionneurs que ces prêtres et ces ministres! Bouillant de tout ce temps gaspillé, je coupai court à ce confessionnal, en tendant au prieur le pli écrit par Mme de Joyeuse à M. de Montcalm. Ce fut un sésame, derechef.

— Monsieur, dit le prieur, je vous crois enfin, et je crains le pire. Si les Montcalm sont aux mains des caïmans, ce ne sera pas une petite affaire que de les en tirer. Car ces coupe-jarrets sont au moins au nombre d'une douzaine. Vous n'êtes que trois. Ils connaissent le bois à merveille. Vous y serez comme des enfants perdus. Je vais vous donner le Père Anselme et trois de nos frères, tant pour vous aider à démêler les chemins que pour combattre avec vous. Car il y faudra du sang. Ces misérables demandent rançon, mais dès qu'ils l'ont, ils dépêchent les otages et le messager.

Dès que nous fûmes à cheval, j'envisageai fort curieusement ces moines que l'abbaye dépêchait pour la délivrance de M. de Montcalm et, à mon grand contentement, ne leur trouvai rien de cafard ni de cagot. Ils avaient, à ce que je crus observer, revêtu sous leur froc une cotte de mailles, portaient à leur ceinture une grande épée, et dans le dos un bouclier rond armé en son milieu d'une forte pointe qui permettait, tout en parant, de frapper d'estoc. Mais le plus merveilleux fut pour moi les arbalètes qu'ils arboraient, lesquelles dataient peut-être de la fondation de l'abbaye, tant vieilles elles me parurent, mais cependant bien huilées et graissées.

Je vins me mettre au botte à botte avec le Père Anselme et l'envisageai de côté, de mon mieux le jaugeant. Il était gros et non point mol, sa grosseur annonçant beaucoup de force, son cheveu noir ras comme chaume après moisson, le nez grand, le menton saillant, les joues tannées comme cuir par le soleil : un maître moine, plus accoutumé à la chasse qu'à égrener sans fin des patenôtres, et point chattemite non plus, à ce qu'il m'apparut.

— Monsieur, dit le Père Anselme en tournant carrément vers moi sa grosse tête et sur le ton de la gausserie paysanne, m'avez-vous assez envisagé ? Ma mine vous agrée-t-elle ?

— Oui-da ! dis-je en souriant.

— J'en suis bien aise. A donneur donnant : j'aime assez la vôtre.

— Tant est pourtant que je suis huguenot.

— Peu me chaut. A qui se bat avec moi, je ne requiers pas billet de confession. D'autant que vous défendez avec nous l'abbaye.

— Comment cela ?

— Mon fils, dit le Père Anselme, une petite gausserie se jouant derechef dans son œil brun, si M. de Montcalm est occis, ces vaunéants prendront le château et, le château pris, qui les en délogera, en ces temps de guerre civile où les bons sujets du Roi sont si occupés à se couper la gorge ? Or, oyez-moi bien : le château dans leurs mains, le village de Barbentane est à eux. Et à l'autre bout du bois, les voilà courant sus à l'abbaye pour la prendre et piller.

— Voilà qui est bien raisonné, dis-je, et encore que je n'aie en vue que le salut des Montcalm, vous me voyez fort aise d'être, du même coup, un si bon catholique !

A quoi, le maître moine rit à gueule bec, ayant l'humeur fort enjouée, même à deux doigts de se battre.

— Père Anselme, dis-je, vous avez bonne épée et rondache. Mais ne voulez-vous pas un de nos pistolets, pour le combat lointain ?

— Nenni. Nous avons nos arbalètes et nous les prisons bien au-dessus des bâtons à feu.

Aimant assez ce moine, je lui eusse parlé plus avant s'il ne m'avait fait signe, de sa main, de m'accoiser. Quittant alors le sentier, il s'enfonça dans le sous-bois, moi à sa suite, et les autres, à la mienne. Et en effet, à écouter à doubles oreilles, j'entendis fort loin, dans le sentier que nous suivions, et fort faiblement, un bruit sourd de sabots de cheval, ou de chevaux, je n'aurais su trancher. Au bout d'un moment, la main toujours levée, Père Anselme me dit, me laissant béant de sa fine ouïe, grand chasseur qu'il était sans doute :

— Ils sont trois, et l'un des trois est Antonio. Je reconnais le trot de sa jument.

Et c'était Antonio, en effet, suivi de deux grands valets armés jusqu'aux dents et qui paraissaient aussi résolus à en découdre que le majordome, lequel, pour être sec, noir et tordu, n'était point petit adversaire, à en juger par son œil flamboyant. Car il était fort courroux que les caïmans lui eussent enlevé son maître à son nez, sur le domaine même de Barbentane, où ils s'étaient mis depuis un mois comme des poux dans la chevelure d'un malpropre, commettant larronneries, meurtreries, et autres forfaits à force ouverte. Il expliqua qu'une heure plus tôt, un de ces gueux lui avait crié, au bas du châtelet d'entrée de Barbentane, d'avoir à apporter mille écus à un bastidou au pied du Mont de la Mère, s'il ne voulait point qu'au coucher du soleil, on ne vînt lui jeter devant le pont-levis la tête de M. de Montcalm.

— Et tu as la rançon, Antonio ? dit le Père Anselme.

— Je l'ai.

— Et tu vas de ce pas la porter au Mont de la Mère ?

— J'y vais.

— C'est folie ! Ils se seront mis en embûche. Dès que tu apparaîtras, tu seras occis, tes pécunes pillées, et tes maîtres, dépêchés. Démonte, Antonio, et rentre avec nous au sous-bois.

On fit comme il avait dit, et les montures attachées à de flexibles branches, on s'assit en rond sur des souches dans une petite clairière que la hache des bûcherons avait faite.

— Il faut embûcher l'embûche, dit le père Anselme, et sans branler mie, se posa les deux coudes sur les genoux, et son menton sur ses larges mains. Et en cette posture resta coi et quiet, et si longtemps qu'à la fin, je lui dis :

— Qu'attendons-nous ?

— Mon fils, dit Anselme sans bouger de sa posture, quand on chasse, il faut patience garder. Ces vaunéants ont placé quelque guetteur qui a vu Antonio et les valets saillir du château. Adonc, ils l'attendent de présent sur le sentier du Mont de la Mère. Qu'ils l'espèrent un petit. Rien n'emburlucoque davantage une embûche qu'un long retardement. Nous les surprendrons au coucher du soleil.

Mais pour nous aussi l'attente fut longuette, encore qu'on s'amusât quelque temps à envisager Miroul lancer le cotel contre un arbre, batellerie où il excellait, l'ayant apprise d'Espoumel. Mais Miroul, se fatiguant, se rassit, et personne n'ayant le cœur à jaser, on s'accoisa, les yeux à terre, tant grande était en chacun la vergogne de ne point vouloir surprendre l'émeuvement de l'autre. Car il y avait apparence que le combat serait dur contre ces gueux désespérés, et que plus d'un chez nous y serait navré, ou sur le terrain laissé mort.

Pour moi, je priai le Seigneur, si je devais en ce jour devant lui comparaître, de me pardonner mes péchés, dont ma peccante chair faisait le plus gros, car je ne trouvais pas que je fusse, autrement, entaché de malice. Cependant, ma prière finie, je ne laissais pas de me ramentevoir les garces qui avaient eu pour moi tant de bontés, me gardant cependant d'évoquer la Fontanette, cette navrure étant si fraîche.

Ainsi me recueillais-je en mes plus aimables remembrances, ces gentilles mignotes ayant été pour moi, comme bien je m'en rendais compte, le garant de la beauté et bénignité merveilleuse de la vie, laquelle, privée de leur présence, n'eût été qu'un aride chemin. Encore que ce recueillement-là puisse paraître bien terrestre au regard à celui des moines, j'y trouvais une confortante chaleur et m'y ococoulais comme aux tétins de ma bonne Barberine. Hélas! Cela ne dura point. Car si fort que j'eusse voulu écarter le souvenir de ma Fontanette, il me revint tout soudain en mémoire, et si fort et si vif et si déchirant que je me levai de la souche où je m'étais assis, et tournant le dos à mes compagnons, j'allai cheminer dans le sous-bois, les larmes roulant sur ma face.

Au bout d'un moment, j'entendis des pas derrière moi, et crus d'abord que c'était mon bien-aimé Samson, mais me retournant, je vis le Père Anselme.

— Mon fils, dit-il d'une voix grave, vous paraissez fort troublé en votre conscience. Et encore que vous répugniez, comme ceux de votre Eglise, à la confession auriculaire, si néanmoins, sans l'appareil, les prières et l'absoute dont s'accompagne la confession, vous voulez me dire, dans les dents du proche péril, ce qu'il en est de votre grand tourment, peut-être de l'avoir départi à une oreille amie, vous sentirez-vous conforté.

— Ha, Père Anselme, dis-je, touché que j'étais de son ton, et parlant en toute sincérité de cœur, huguenot que je suis, je ne suis pas accoutumé à la confession, ni même aux confidences. Je n'y ai pas appétit. Ma conscience huguenote est comme un cabinet noir où j'ai serré à double tour mes plus aigres tracassements, lesquels me poignent, de temps à autre, de la façon la plus griève, mais on dirait que j'ai perdu la clef qui pourrait leur ouvrir et me libérer d'eux.

Je crus que Père Anselme allait presser le point davantage, mais posant la main sur mon épaule, il se contenta de dire :

— Ma religion est plus facile à l'humaine faiblesse. Mais je n'en tire pas gloire. Je sais trop les abus qu'elle a laissé champignonner sur son vaste corps. Monsieur de Siorac, votre main. Quand nous rejoindrons nos compagnons, nous réciterons ensemble le *Notre Père*, puisque c'est la seule prière que les vôtres et les miens ont en commun.

Ce que nous fîmes, debout, en cercle, à voix haute, en un fraternel recueillement, comme si huguenots et papistes oubliaient les meurtreries et les bûchers qui les séparaient.

Le Père Anselme nous commanda de démonter à un quart de lieue du bastidou du Mont de la Mère, où les caïmans avaient donné rendez-vous à Antonio.

— Si je ne me trompe, l'embûche est proche. Miroul, poursuivit-il en se tournant vers mon valet, pars en avant la reconnaître. Tu es vif et leste à ce que j'ai vu, et tu lances fort bien le cotel. N'attaque pas le gros, mon fils, mais si tu surprends un guetteur, dépêche-le.

La nuit déjà tombait quand Miroul revint, pâle et pantelant.

— J'ai dû occire une sentinelle, dit-il reprenant souffle, qui m'avait découvert, et il m'en a coûté, tout méchant gueux qu'il fût. Quant à l'embûche, elle se cache sur le côté senestre du sentier qui mène au bastidou, et à six cents pas de nous. Il y a là cinq marauds fort bien enterrés dans un fossé, et des branchages sur le dos, lesquels je n'eusse pas éventés si l'un d'eux, de fatigue s'étirant, ne s'était pas montré.

— Miroul, dis-je, as-tu poussé jusqu'au bastidou?

— Oui-da! Ils sont là une dizaine, se gardant peu, devant un logis en ruine où je gage que les Montcalm sont serrés.

— Toutefois, ils sont en nombre, dit Père Anselme engageant un carreau dans son arme. L'affaire sera chaude. Monsieur de Siorac, divisons-nous. Les frères et moi, nous ferons notre affaire de l'embûche, les attaquant à la velours avec nos arbalètes sans donner l'éveil au gros. Pendant ce temps, tournez le bastidou par le sous-bois et le prenez à revers. Mais n'attaquez point avant que sifflent derechef nos carreaux. Donnez-leur alors de vos pistolets. L'ours se combat mieux de loin que de près, comme chacun sait!

Le Père Anselme était meilleur stratège que calculateur, car les moines étaient quatre, et cinq les caïmans de l'embûche, et quatre d'entr'eux ayant le dos percé par les carreaux des moines, le cinquième se leva et s'enfuit avant qu'ils n'aient retendu leurs armes. Tirant à folles jambes vers le bastidou, le gueux passa à moins de dix pas de nous sous le feuillage, ce que voyant Miroul, il tira son cotel de ses chausses pour le lancer, mais par malheur, avant que j'aie pu crier gare, Antonio visa le misérable de son arquebuse, tira et l'abattit. Le coup claqua dans le sous-bois avec une force qui nous laissa pantois.

— Ha, Antonio! dis-je. Tu as tout gâté! La surprise est perdue! Sus, maintenant, sus! Et vite! La vitesse est notre seul recours!

Mais l'éveil, hélas, était donné, et les gueux nous attendaient, les armes à la main. On déchargea nos pistolets, mais ceux-ci étant vides, il fallut bien dégainer et en venir au corps à corps avec une dizaine de gueux sanguinaires, lesquels, les moines survenant, fort rouges de leur course, ne pouvaient même plus tirer à l'arbalète, courant le risque de nous atteindre. Cependant, ils firent merveille de leurs épées et rondaches, huchant de grandes hurlades tout en poussant leurs bottes, et en terribles imprécations vouant les caïmans au diable et à l'enfer. Ceux-ci, qui n'étaient plus que trois, voulurent nous montrer les talons, mais ressaisissant leurs arbalètes, qu'ils avaient au sol posées, les moines abattirent deux des fuyards. Le troisième s'ensauva, mais n'alla pas loin, comme je dirai.

Croyant le jour gagné, et le bastidou sans défenseurs, je m'y ruai, et vis un caïman debout, le couteau levé sur M. de Montcalm. Je fus plus prompt, je lui perçai le col de mon épée. Mais au même instant, un autre gueux, que je n'avais pas aperçu, me porta un terrible coup de pique, que mon corselet dévia sur mon épaule gauche, et tomba à son tour, Miroul, de la porte, le clouant au mur de son cotel. Pour moi, je sentis un coup de poing dans le gras de l'épaule, et rien de plus.

552

M. de Montcalm gisait, lié par les deux mains à un pied de table, la face pâle mais fort calme, et le Père Anselme, survenant, trancha ses liens de son coutelas, tandis que Miroul et moi, nous tâchâmes de délier les demoiselles. Etrangement, le premier mot de M. de Montcalm fut non point pour son épouse, mais pour sa fille, dont je tâchai de rompre les liens.

— Angelina, es-tu sauve?

— Monsieur mon père, je le suis, dit Angelina d'une voix légère et chantante, qui me fit l'effet d'une délicieuse musique, après les hurlades des caïmans et celles que les moines avaient poussées, sans compter les miennes que je n'avais même pas ouïes dans le chaud du moment.

— Mais, monsieur, dit Angelina, dont la face était fort près de la mienne tandis que je la déliais. Vous êtes navré! Vous saignez!

— Ce n'est rien, dis-je, ne sentant encore d'autre douleur que le toquement que j'avais reçu, et fort étonné du regard extraordinairement doux d'Angelina.

— Mais monsieur! dit-elle encore en se levant. Vous êtes navré! Votre sang coule!

Et envisageant à ce moment mon bras senestre et voyant rouge de bas en haut la manche de mon pourpoint, je sentis pour la première fois et tout ensemble pâtiment et faiblesse, et le cœur me faillant tout soudain, je serais tombé si Angelina ne m'avait soutenu. Mais Père Anselme, m'allongeant sur la table et me faisant boire de l'esprit-de-vin de sa gourde, sur ma prière en arrosa la plaie, ce qui ne fut pas plaisant, avant que le Père me pansât, aidé de Samson, et celui-là plutôt mal que bien, les larmes l'aveuglant à m'envisager en cet état.

Je me ramentevois à peine comment je me pus hisser à cheval et gagner le château de Barbentane, tant j'avais peu mes esprits. Dès que je fus au lit, M. de Montcalm manda un médecin, mais je renvoyai cet ignoramus qui voulait me saigner, comme si je n'avais pas perdu assez de sang! Et en outre, me purger, comme s'il cuidait que pour guérir mon bras, il me fallait vider mon intestin! Là-dessus, apprenant qu'il y avait à Beaucaire un barbier chirurgien qui avait appris son état sous Ambroise Paré, je demandai à M. de Montcalm de le quérir. Et le barbier fit fort bien, en effet, se contentant de nettoyer ma plaie à l'esprit-de-vin, et de refaire mon pansement et de me donner un peu d'opium pour alléger mon pâtiment.

Le combat avait fait trois morts parmi nous : le majordome Antonio, un des frères, et le valet qui gardait les chevaux, et les gardait si mal qu'il fut surpris par un fuyard, lequel s'ensauva sur le cheval d'un moine — fort mauvais choix qu'il avait fait là de sa monture — pour ce que Miroul, sur son arabe, le rejoignit en moins d'une heure et d'un coup de pistolet, l'abattit. Quant aux navrés dans notre troupe, ils furent légion. Et à part Miroul et mon bien-aimé Samson, tous, peu ou prou, eurent, en quelque partie du corps, le cuir entamé, combien que ce fût moins grièvement que moi.

M. de Montcalm me venait visiter chaque matin en ma chambre et me rendait à chaque fois mille mercis pour ce que je l'avais sauvé, et sa femme et sa fille, et celles-ci en outre non seulement de la mort, mais du déshonneur. C'était un homme de haute taille, le sourcil broussailleux, et de sa mine imposant assez, cependant le cœur bon, combien que son jugement fût un peu étroit, et qu'il tînt un peu trop à son papisme, comme je m'en aperçus à quelques mots qui lui échappèrent et qui me donnèrent à penser qu'il m'eût aimé davantage si j'avais été de son opinion. Raison, sans doute, pour laquelle il avait donné tant d'ombrage aux huguenots de Nismes, qui l'eussent occis, je le crains, s'il n'avait fui à temps.

M. de Montcalm était fort coiffé de sa fille, laquelle était le seul enfant qui lui restât, mais se querellait souvent avec elle, car l'un et l'autre se courrouçaient à la volée. Et l'un et l'autre dans la disputation s'obstinant comme béliers, s'entretoquaient les cornes sans rien céder. Ces querelles étaient, je gage, leur manière de se témoigner la grande amour qu'ils nourrissaient l'un pour l'autre, et qu'ils eussent rougi, étant pudiques assez, d'exprimer autrement. Quant à Mme de Montcalm qui, en paroles du moins, prenait parti pour son époux, elle était bonne aussi, mais portant dans le clos de son cœur le deuil d'une jeunesse plus heureuse que celle qu'elle avait eue, elle était fort avide de vivre de présent celle de sa fille, et partageait ses bonheurs, tout en en prenant quelque ombrage. Ce qui ne laissait pas de la rendre si changeante en son déportement que tantôt elle paraissait servir les desseins d'Angelina, et tantôt les contrecarrer.

M. de Montcalm me venait visiter vers dix heures du matin, Mme de Montcalm sur le coup de midi, et Angelina l'après-midi : ce qui faisait que les matinées me paraissaient longues, si fort que je tâchasse de les raccourcir en dormant. Cependant tandis qu'au fil des jours, je reprenais des forces, ce sommeil laissa place à des rêves, dont le tissu ne risquait point de me manquer, vivant dans l'attente que j'ai dite.

Angelina me ravissait par l'émerveillable douceur de ses yeux, lesquels étaient ainsi, non point certes par feinte comme chez d'aucunes drolettes, mais de par leur nature, et reflétant son intime complexion qui tenait de l'ange en effet, car elle envisageait tous et un chacun avec cette même grâce, étant toute bénignité et compassion, se chagrinant du dol et dommage d'autrui et jusque de la mort d'une souris ou d'un passereau, n'ayant que bonne volonté à l'égard du prochain, même le plus aigre ou rebéquant, plaignant jusqu'aux méchants qui lui voulaient du mal et pardonnant l'offense dans l'instant où elle la recevait. Quant à l'œil par où transparaissait cette âme si donnante, il était grand, bien fendu, et en son noir intense, oriental et langoureux, comme s'il y eût eu, en la famille de M. de Montcalm, quelque ascendance marrane ou sarrazine; le nez un peu fort, mais sans déparer sa belle face, le teint tirant sur le blond, et le cheveu bouclé, tenant du roux vénitien.

Ma chambre, qui était vaste et claire, donnant au

midi par deux fenêtres à meneaux, était sise au bout d'un long couloir par lequel j'ouïssais mes visiteurs arriver, et je m'amusais à reconnaître à son pas la venue d'un chacun, jeu où je me trompais parfois, mais jamais quand il s'agissait d'Angelina. Car Angelina étant de ces femmes grandettes qui sont de leur complexion lentes et phlegmatiques (sauf quand elle se courrouçait), elle marchait, combien que ses jambes fussent longues, avec une langueur étonnante, et faisait un seul pas quand j'en eusse fait trois.

M. de Montcalm se rongeait les ongles à Barbentane, ayant appris de moi comment son beau logis de Nismes avait été mis à sac par François Pavée. Il en avait écrit des plaintes fort aigres au Parlement d'Aix, lequel lui avait sagement répondu qu'il serait mis bon ordre à ces damnables excès quand l'autorité royale serait rétablie à Nismes. Mais elle ne l'était point, il s'en fallait, on était en pleine guerre civile, et la fortune des armes balançait fort entre les armées du Roi et celles des nôtres. Et M. de Montcalm, inquiet, trépidant, désoccupé, brouillon, tâchait de ménager son domaine de Barbentane où, à ce qu'il m'apparut, il réussissait moins bien que la frérèche à Mespech, n'ayant point la vertu huguenote de l'économie.

Il m'aimait assez, malgré ma religion, admirait fort qu'en mes années si vertes j'eusse eu déjà tant d'aventures et, pour se désennuyer, me priait de les lui conter. Ce qu'oyant Angelina, elle en fut fort dépit, pour ce que le matin, sa mère dormant fort tard, elle avait à commander les chambrières, ce qu'elle faisait avec une gentillesse infinie, et cependant ne laissait pas d'être fort bien obéie, pour l'amour que ces drolettes avaient d'elle.

— Ha, Monsieur de Siorac ! me dit-elle, une après-midi, assise sur une escabelle au chevet de ma couche, je suis bien marrie que le soin de notre domestique me prive le matin d'ouïr les récits que vous faites à mon père !

Et ce disant, sans coquetterie aucune, et sans

conscience même de l'extraordinaire beauté et bénignité de son regard, elle attachait sur moi ses yeux noirs, si profonds et si doux qu'il n'était que de les envisager pour sentir qu'on ne pourrait aisément se rassasier de leur lumière.

— Ha, Madame, dis-je, je suis votre serviteur, et tout disposé, si ces récits doivent vous amuser, à les répéter dans vos après-midi.

— Le feriez-vous ? dit-elle avec une vivacité de joie où la fillette qu'elle avait été reparut tout soudain.

— Certes !

— Et n'en serez-vous point fatigué ?

— Point du tout !

— Ha, Monsieur de Siorac, que vous êtes aimable !

Elle n'en dit pas davantage, étant quelque peu malhabile à trouver ses mots, et portant dans ses entretiens la même langueur distraite que dans les mouvements de son corps. Cependant, quand elle eut toute fiance en moi, ce qui ne devait tarder, elle jasa beaucoup.

Pour ce que mes récits demandaient plus de temps que les brèves visites qu'Angelina était accoutumée à me faire, il fallut, afin que celles-ci s'allongeassent à la mesure de mes contes, requérir la permission de Mme de Montcalm, laquelle la bailla, la reprit, la redonna, exigea d'être présente, se lassa de m'écouter, revint, repartit, et en fin de compte, nous laissa seuls aussi longtemps que nous voulûmes.

Pour M. de Montcalm, je dévidais des récits graves, cérémonieux, quand il le fallait repentants, et ménageant beaucoup son papisme où le bât l'eût vite navré. Mais à Angelina, dès que Mme de Montcalm eut jeté manche après cognée, je fis des contes plus vifs, encore qu'*ad usum delphinae* [1] mes amantes y devenant des amies, dont je parlais avec une innocence dont celle qui m'ouïssait me donnait le modèle. Mais pouvant alors me lever, et sauf de mon bras senestre, gesticuler, je mimai mes aventures,

1. A l'usage de la dauphine.

marchant de-ci, de-là, comme sur un théâtre, et changeant de ton et de voix avec mes personnages. Angelina me buvait de l'œil et de l'ouïe, et tout entière dans l'histoire que je contais, s'affligeait, ou s'ébaudissait, et contremimant ma mine, vivait ma propre vie, et me devint si proche qu'à la fin elle pâlit et à demi pâma quand le défouillement des morts me mit à deux doigts de l'échafaud.

— Ha, Pierre! me dit-elle. Que de traverses! Que d'inouïs périls! Que je tremble pour vous! Et ce disant, ses beaux yeux se remplissaient d'une compassion si suave que tout occupé et caressé de leur maternel souci, je ne trouvais plus mes mots.

Ceux-ci, pourtant, même quand nous étions la nuit et le matin séparés, ne laissaient pas de l'agiter encore, car en nos après-midi, qui chaque jour s'allongeaient davantage, elle me posait dès l'abord une foule de questions, qui eussent été indiscrètes si celle qui les posait n'avait été si naïve.

— Mais Pierre, disait-elle, d'où vient que vous visitiez Mme de Joyeuse si souvent? Et quel attrait pouvait avoir pour vous l'entretien d'une dame tant vieille que son âge avait passé trente ans?

— Elle m'instruisait, dis-je, sans battre un cil.

Ce qui, d'ailleurs, était vrai, mais pas dans le sens que je lui donnai à entendre.

Samson n'eût peut-être pas été sans prendre quelque ombrage de mon étroit commerce avec Angelina, si M. de Montcalm, s'entichant fort de lui, ne l'avait chaque jour, le midi passé, traîné à la chasse. Non que Samson eût tant de goût pour la meurtrerie que les hommes sont habitués à faire en plat pays du poil et de la plume, mais il eût craint de déplaire à son hôte en tordant le nez sur cet amusement. Du reste, il s'ennuyait à périr à Barbentane, étant éloigné de Maître Sanche, et plus encore de l'apothicairerie, dont il s'était tant affectionné, ce qui ne laissait pas de m'étonner, ne pouvant concevoir qu'on pût nourrir tant d'amour pour des choses tant inertes. Et certes, si j'avais été que de lui, je n'eusse pas manqué de répondre aux œillades des chambrières du château, dont d'aucunes étaient accortes, paraissaient ployables en leur complexion et n'avaient d'yeux que pour son ensorcelante beauté. Mais autant donner le bon œil à une belle image dans un livre! Les pauvrettes eussent pu être transparentes : mon Samson ne les voyait pas. Pas plus qu'il ne voyait Angelina, ce dont mon amie se piqua quelque peu d'abord, étant accoutumée à recevoir des hommes plus d'attention.

— Mais Pierre, me dit-elle un jour, d'où vient cette immense froidure de Samson à l'égard du beau sexe? Je serais balai ou sorcière qu'il ne m'envisagerait pas d'un œil plus sec! Est-il de ces infortunés dont on dit qu'ils n'aiment point les femmes?

— Nenni. Il en aime une. Le reste ne compte point.

— Est-elle si belle? dit Angelina, m'envisageant cette fois avec un soupçon de coquetterie.

— Elle l'est, mais point autant que d'aucunes que je pourrais dire.

Quoi oyant, Angelina baissa son bel œil et, se levant (mon conte, ce jour-là, étant fini), elle me souhaita le bon soir, et avec son accoutumée langueur et marchant de son pas si nonchalant, elle sortit de ma chambre, sans que je pusse me plaindre de sa lenteur, ayant du temps davantage pour la regarder s'éloigner.

Mon Samson n'était point tout à plein désoccupé : il s'essayait à écrire à Dame Gertrude du Luc et, suant sang et eau à coudre quelques phrases à la suite l'une de l'autre, me les apportait le matin pour que je les corrigeasse, fort marri que je lui eusse refusé tout à plat d'écrire ses lettres pour lui. A quoi, sans lui dire la raison, je m'obstinais depuis le département de sa belle, étant fort dépit de l'intrigue de la traîtresse avec Cossolat, et d'autant que j'avais dû moi-même, pour résister à ses caresses, cuirasser ma vertu : effort où j'avais trouvé de l'incommodité.

Combien j'en trouvai davantage à Barbentane, où les chambrières que j'ai dites, rebutées de mon frère, se fussent volontiers revanchées sur moi! Mais encore qu'avec mes forces renaissantes, un grand appétit du vif m'était revenu, je me remparai de mon mieux et je repoussai leurs assauts. Car il faut le dire enfin : dans le silence de mes nuits et les rêves de mes jours, je m'étais tout entier baillé à Angelina, m'étant persuadé que je ne trouverais mie dans le vaste monde, et si bien et si longtemps que je cherchasse, une femme qui allierait autant de cœur à autant de beauté. Je ne lui pipai pas mot de ce feu-là, ne sachant si son sentiment répondrait au mien, lequel était si fort que déjà je ne pouvais penser à la quitter sans affreusement pâtir. Mais si peu assuré que je fusse de l'avoir un jour, je ne voulais rien faire du moins qui eût pu risquer de la perdre. Ha, certes, pour ce qui était de moi, j'eusse pu, sans offenser ma tendresse, apaiser ma faim, en dînant, comme avait dit le Vicomte de Joyeuse, « d'un croûton de pain au revers d'un talus ». Mais Angelina, je gage, ne l'eût pas si bien pris. Combien qu'elle fût de deux ans mon aînée, je la cuidai trop naïve pour distinguer entre l'amour et la tyrannie de nos sens, n'étant point, comme moi, accoutumée à leur céder.

Je reçus deux lettres de Mme de Joyeuse. L'une, vingt jours après mon navrement, me requérait de revenir à Montpellier, le rapport de l'Evêque de Nismes au Vicomte ayant fort retourné l'opinion en ma faveur.

L'autre, quinze jours plus tard, chantait une tout autre chanson.

　　Mon petit cousin,

Ha, pauvre roi ! Pauvre royaume ! Quelle affreuse chose que cette male fortune que nous venons d'essuyer ! J'en mourrai, je gage, ou j'y perdrai le peu de beauté qui me reste ! Ces méchants gueux de huguenots (du parti de qui vous êtes, hélas, mon gentil mignon) ont saisi Montpellier, et de force forcée, le vicomte, avec une poignée d'hommes, s'est réfugié dans la forteresse de Saint-Pierre, y amenant sa femme, ses enfants et sa vaisselle d'argent. Mais ces furieux se préparant à nous assiéger, le vicomte s'est ensauvé la nuit par une porte secrète. Et une fois dehors, retrouvant quelques troupes qu'il avait çà et là, il a pris langue avec les rebelles pour que nous puissions sortir, moi, ses enfants et sa vaisselle. Notre bon Cossolat s'entremettant, qui est un peu des deux camps, étant huguenot mais loyal à son roi, l'entreprise a réussi, du moins pour ce qui est de moi et des enfants. Car ces messieurs ont retenu la vaisselle et, Saint-Pierre pris, l'ont fort dévotement pillée, les petites fourches comprises. Mon cousin, est-ce là votre Calvin?

Le vicomte enrage de cette perte, et à Pézenas, où nous sommes réfugiés, il laisse éclater sa bile contre ces scélérats. Tant est que pour l'adoucir et le rendre plus ployable à mes desseins, je lui ai promis ma vaisselle de vermeil.

Rien n'y a fait! Et au premier mot que j'ai dit sur votre venue céans, le vicomte a levé les bras au ciel: « Madame! On a beaucoup jasé! Voulez-vous qu'on jase plus outre? A Montpellier, passe encore! Votre Pierre y étudiait la médecine. Mais de quel plausible prétexte colorer sa présence à Pézenas? Encore si ce n'était pas un huguenot! Me voudriez-vous, par surcroît, ridicule? »

Mon gentil cousin, vous pensez bien que j'ai jeté à mon tour feu et flammes contre ces odieux soupçons. Et vous imaginez, je pense, avec quelle hauteur j'ai repoussé ces infâmes innuendos sur l'innocence de notre commerce. Mais hélas, mon petit cousin, ma volonté, pour vous, Dieu merci, souveraine, est sans force sur le vicomte, lequel s'est fermé comme une huître. Ha, mon gentil cousin! Vous, du moins, vous m'obéissez, et à y bien penser (et j'y pense souvent) il n'y a que vous au monde à qui je puisse dire: « Mon mignon, faites-moi cela que je veux », en étant bien assurée que vous ferez mon commandement. Et certes, de ne le pouvoir dire, vous ne sauriez croire à quel point cela me fault !

Mon petit cousin, en lisant ceci, ayez de moi compassion : Vivre à Pézenas, en chétif logis, sans mes dames d'atour ! Sans mes commodités ! Sans mon petit martyr ! Ha, c'est trop de malheur ! Plaignez-moi. Ma beauté se fane, je n'y survivrai point !

Mon petit cousin, je vous abandonne le bout de mes doigts.

Eléonore de Joyeuse.

Si tendrement que je m'affectionnasse encore de Mme de Joyeuse, et si peu chattemite que je fusse de ma complexion, comment répondre à cette lettre, sinon à l'hypocrite ? Ma plume plaignit Mme de Joyeuse, puisqu'elle le voulait. Et comme elle l'attendait, elle lamenta mon sort qui me retenait si loin de son indestructible beauté. Mais on peut croire que je ne fus point tant marri en mon for d'avoir à demeurer à Barbentane, les choses y ayant pris pour moi la tournure que l'on sait.

Hélas, les jours que je coulais dans un ravissement secret — rien n'ayant encore été dit de part et d'autre — ces jours-là m'étaient comptés. Mon père, à qui j'avais dépêché un rapport fidèle, et de ce qui était à Nismes survenu, et de ce qui se passait de présent en Montpellier, m'écrivit qu'il ne voulait point que je retournasse en cette ville, tant que les nôtres y commettaient les excès que l'on sait, tuant les prêtres et ne laissant pierre sur pierre des églises. Mais ne désirant pas non plus que je revinsse à Mespech dans le faible équipage où nous étions, Samson et moi, il me viendrait quérir lui-même à Barbentane avec les plus aguerris de nos gens, les chemins étant si peu sûrs en ces temps si troublés. Cependant, le fait que mon père dût traverser, pour parvenir jusqu'à nous, les monts d'Auvergne et les monts de Cévennes — voyage fort long et malaisé — me donnait encore un sursis.

Angelina écoutant de ses beaux yeux, autant que de l'ouïe, je n'avais aucune hâte à conclure mon odyssée, d'autant que notre entretien, avant de venir au propos, commençait par des discours aimables et gazouillants, où elle me contait le menu de sa vie, où je lui contais le menu de la mienne, et Samson, Miroul, mon père, l'oncle Sauveterre, et nos gens. Mais au bout d'une bonne heure où, Barbentane contre Mespech, nous nous étions baillé nos châteaux l'un à l'autre, elle me priait de renouer mon histoire à l'endroit où, la veille, je l'avais dénouée.

Je m'assombris tout soudain, et restai coi. J'en étais à mon département de Montpellier pour Nismes, quand je saillis de la ville dans l'allégresse à la pique du jour pour me retrouver au pied du gibet que l'on sait. Angelina, observant mon trouble et m'en demandant la raison, je lui dis que ce que j'avais à conter ce jour était si infiniment triste que je balançai à l'exclure de mon récit, ou à l'y mettre.

— Ha, me dit-elle, choisissez plutôt ce dernier parti ! Si quelqu'un de vos personnages mérite notre compassion, qu'elle ne lui fault du moins en son malheur.

Ce sentiment me parut si touchant et si bien accordé à la bénignité de son âme, que je me décidai à lui dire la lamentable fin de ma pauvre Fontanette, en lui cachant toutefois les liens qui m'avaient, pour un temps si petit, attaché à elle.

Angelina était assise sur un fauteuil à haut dosseret entre les fenêtres à meneaux, caressant sur son genou son chat Belzebuth, lequel était noir du museau à la queue, celle-ci étant plus fournie et haut dressée que celle d'un écureuil. Mais ce nom insultait à ce gentil matou, lequel était aussi suave et nonchalant que sa maîtresse et l'aimait tant qu'il la suivait partout, comme eût fait un chien dammeret.

J'ai quelque raison de me ramentevoir ce moment qui, après tant d'années, est peint encore de couleurs si vives en mon esprit. Le soleil de l'après-midi entrant par les fenêtres grandes ouvertes — cet octobre étant si doux — éclairait en quasi poudreuse auréole les cheveux roux vénitien d'Angelina, lesquels encadraient son visage en longues, légères et bouffantes boucles. Elle ne portait point de fraise, Belzebuth en jouant l'ayant griffée au cou, mais un grand col ouvert sur une chaînette d'or et une croix. Sa robe était de soie vert pâle, avec des rubans d'un vert foncé, ce qui ne laissa pas de m'émouvoir, le vert étant la couleur de ma défunte mère, laquelle était blonde aussi. Il y avait dans les grands yeux qu'Angelina attachait sur moi quelque chose qui excessivement me plaisait. Le noir de l'iris, aussi noir que le plus noir charbon, ne brillait ni n'étincelait. Il luisait, mais d'un éclat si doux, quiet, tendre et amical que je n'ai jamais vu le semblable que dans les yeux des biches, ce qui me donnait tantôt l'appétit de me jeter en son giron comme un enfant, et tantôt le désir de la protéger.

Je commençai mon récit comme à mon accoutumée, debout, marchant de-ci et de-là, mimant, changeant de ton, revivant mon souvenir, mais dès qu'en celui-ci la Fontanette réapparut avec une incrédible force, sur la mule où elle était liée, les mains derrière le dos, un charme affreux opéra. Je cuidais l'envisager comme si elle était vive encore, me contant d'une voix petite et piteuse, les larmes coulant sur sa belle face, comment la malice de l'homme l'avait menée au gibet. Christ! Tout était là de nouveau, sous mon œil! Je touchais son épaule de ma main. Elle y couchait sa joue. Je n'eusse pas cru que les mots pouvaient détenir cette horrible magie de ressusciter une remembrance au point de la rendre tangible, ni de me tordre le cœur, le nœud de ma gorge se nouant, altérant et resserrant ma voix au point qu'elle passait à peine mes dents, rauque et balbutiante.

Je ne pus finir. J'éclatai en sanglots. Et les yeux obscurcis, je me dirigeai vers Angelina dont je voyais briller les cheveux dans l'auréole du soleil. Belzebuth, saisi de je ne sais quelle frayeur, s'enfuit à ma vue des genoux de sa maîtresse, sans qu'elle fît rien pour le retenir, ne voyant que moi, mais sans piper, ses grands yeux noirs luisant de compassion. J'osai alors en ma détresse ce que je n'eusse pas eu le front d'aventurer autrement. Je me jetai aux pieds d'Angelina, et y pleurai, la tête dans mes mains, tourmenté cependant du désir de la poser dans son giron pour me faire conforter, mais sans toutefois hasarder jusque-là, tant son innocence me donnait du respect. Elle ne bougea mie pendant un temps très long, encore que je la sentisse frémissante en toutes les parties de son corps, mais les larmes, ne me tarissant pas, et pas davantage le tumulte dont j'étais secoué, elle posa à la fin sa dextre sur mon cheveu, et fort légèrement, comme une mère eût fait d'un enfantelet, le caressa. Et moi, ne sachant si je devais cette mignonnerie à sa seule pitié, ou si, à celle-ci s'ajoutait un intérêt plus fort, étonné de cette doutance même, et comme distrait de mon chagrin, je m'apaisai et m'accoisai, gardant cependant les mains sur mon visage, craignant que si je les en ôtais, elle retirât par vergogne la sienne de ma tête.

Vint un moment, pourtant, où l'appétit de l'envisager fut le plus fort. Je retirai mes mains. Elle retira la sienne de mon cheveu, et tout soudain me dit :

— Pierre, aimiez-vous cette pauvre garce ?

— D'amitié. Mais d'amour, avant cette minute où je vous parle, je n'ai jamais aimé personne.

A ce discours, elle attacha ses yeux sur moi fort longuement, et cependant s'accoisait d'une certaine guise, comme si elle attendait que je poursuivisse. Ce que je fis, encouragé par son silence, et tandis que je les prononçais, fort étonné de mes propres paroles, pour ce qu'elles me paraissaient devancer mes pensées.

— Angelina, dis-je, je suis cadet, et j'ai ma fortune à faire. Consentiriez-vous à m'attendre?

Ce disant, je me levai de ses genoux et m'écartai un petit, pour lui marquer que je n'outrecuidais point la familiarité que j'avais prise. Elle eut l'air, à m'ouïr, saisie de quelque stupeur. Mais comme elle baissait les yeux, il me fut impossible de déceler en quelle façon elle prenait ma proposition, car, sa paupière fermée, son visage n'offrait plus de miroir à son pensement.

Enfin, elle se leva avec son accoutumée nonchalance, et me dit, inclinant la tête, mais sans m'envisager davantage et sans me bailler mon nom :

— Je vous souhaite le bon soir.

Le cœur me serra, je crus tout perdu, tandis qu'elle se dirigeait vers la porte avec une lenteur infinie, mais comme elle l'atteignait, la dextre sur la poignée, elle se retourna et par-dessus son épaule, me regardant fort gravement, elle dit, non sans quelque force et résolution :

— Monsieur, je vous attendrai.

Qu'Angelina eût confié à sa mère et cet entretien et son serment, c'est ce que je ne tardai pas d'entendre, étant assis seul à la tombée du jour sur un banc de pierre dans la cour du château, lequel banc était adossé à une salle du logis dont la fenêtre était ouverte. J'entendis des pas dans cette salle, et aux voix qui résonnaient, je reconnus M. de Montcalm et son épouse, mais comme je ne pouvais distinguer les paroles qu'ils échangeaient, je ne bougeai point, et quand je voulus branler, c'était trop tard, ils m'eussent vu me levant, et m'auraient cru maloneste, et d'autant que tout soudain se rapprochant de la fenêtre devant laquelle j'étais, ils parlaient de moi, et sur le ton de la disputation la plus vive.

— Madame, je vous ai déjà dit mon sentiment. Pierre est trop jeune.

— Monsieur mon mari, dit Mme de Montcalm, la différence d'âge qu'il y a entre eux est fort petite. En outre, Pierre est un homme, et fort mûr déjà. Angelina, une enfant.

— Cela se peut. J'ai d'autres vues pour elle.

— Le malheur, c'est qu'elle n'y entre pas.

— Elle y entrera.

— Nenni. Vous la connaissez. Elle est plus acaprissat que chèvre.

— Fort bien, donc. Le couvent la rendra plus souple !

— Le couvent, Monsieur ? dit Mme de Montcalm.

Et là-dessus, elle rit à gueule bec.

— Vous riez, Madame ? Vous vous gaussez, je crois.

— Monsieur, vous auriez le cœur de serrer Angelina en geôle ?

— Et pourquoi non ? N'est-ce pas là où tant de pères mettent leurs filles, quand elles sont rebelles et rebéquées ?

— Ces pères ne sont pas vous. Vous êtes raffolé de votre fille.

— Madame, dit M. de Montcalm après un moment de silence, je ne suis pas tant faible. Je veux être obéi.

— Qui parle de vous désobéir ? Mais il faut bien avouer que Pierre est fort aimable.

— Il l'est, mais sans fortune.

— Il la fera.

— S'il n'est pas tué avant. Il est haut à la main et follement vaillant.

— Ha, Monsieur ! Allez-vous le lui reprocher ? Sans sa folle vaillance, ni vous, ni moi, ni votre fille, ne pourrions ce jour d'hui disputer !

— Madame, dit M. de Montcalm d'un ton irrité, allez-vous me tympaniser de ce sauvetage tous les jours que Dieu fait ?

— Non, Monsieur. Je me repose sur votre gratitude.

— Madame, à nouveau, vous vous gaussez.

— Point du tout.

— Madame, sous couleur que Pierre a aidé à nous sauver la vie, dois-je lui bailler mon château, ma femme, ma fille, ma maison de Nismes, et ma charge d'officier royal ?

— Monsieur, il ne vous demande que votre fille.

— Il ne l'aura pas ! C'est un hérétique !

— Ha, Monsieur, quel grand mot ! Vous n'êtes point céans à Nismes, Pierre est un huguenot loyaliste, et fort peu zélé.

— Zélé ou non, il l'est.

— Comme l'est toute votre famille en Montpellier. A ma connaissance, vous êtes le seul Montcalm à être demeuré dans la foi de vos pères.

— Je m'en glorifie.

— Monsieur, vous eussiez pu rester catholique avec plus de modération. Nous ne serions pas ce jour d'hui proscrits et notre maison de Nismes, pillée.

— Madame, qu'entends-je ? s'écria M. de Montcalm d'une voix courroucée. Avez-vous le front de me censurer ? Vous mettez-vous du parti de mes ennemis ?

Ici, il y eut un silence au bout duquel ayant fait, je gage, quelques petites mines qu'elle savait n'être pas sans pouvoir sur son mari, Mme de Montcalm reprit d'une voix fort douce :

— Monsieur mon époux, je suis bien marrie de vous avoir déplu. Si je vous ai offensé, je me retire incontinent. Je souperai dans ma chambre.

— Mamie, restez ! dit M. de Montcalm d'un ton plus doux. Vous me désoleriez en me laissant seul. Vous savez que j'aime tout de vous, même nos querelles.

— Ha, Monsieur, vous êtes trop bon ! Je ne suis qu'une sotte embéguinée à vous affronter. Il est bien vrai que Pierre est trop jeune pour Angelina. Et qu'adviendra-t-il s'il change d'avis quand il aura fait sa fortune ?

— Oh, je ne crains pas cela ! J'ai toute fiance en sa parole. C'est un gentilhomme.

568

— Oh, pour cela, Monsieur, sa noblesse est moins ancienne que la vôtre. Il y a trois cents ans déjà que votre ancêtre Dieudonné de Gozon terrassait en combat singulier le dragon de l'île de Rhodes !

— Assurément ! Mais comment dépriser une noblesse neuve, quand elle fut, elle aussi, gagnée au combat comme celle du Baron de Mespech ! En outre, par sa mère, Pierre est Castelnau et Caumont, qui est vieille famille en Périgord. Et le Baron est réputé fort riche, quoiqu'un peu chiche-face à la mode huguenote.

— Mais Pierre n'est que cadet.

— Et cependant, dit M. de Montcalm, il abonde en talents qui font croire à son avancement.

— Vous dites vrai, mais ce n'est pas une affaire de petite conséquence que la différence de religion.

— Ha, Madame ! C'est là que le bât me blesse ! Encore que Pierre soit si peu zélé qu'on peut espérer qu'il se convertira.

— Oh, je ne m'en flatterais pas, si j'étais vous. Il aurait trop peur de déplaire à son père, lequel est son dieu, à ce qu'il apparaît.

Là-dessus, à mon immense soulagement, ils quittèrent la salle, me laissant sur mon banc, la proie de sentiments fort divers, où espérance et désespérance se mêlaient, car je n'étais, me semblait-il, ni accepté ni rejeté. Cependant, j'eusse été plus content si Mme de Montcalm n'avait pas été faite d'une étoffe si changeante. Si fort que je m'y efforçasse, je ne pouvais comprendre qu'elle pût, presque dans le même souffle, servir l'inclination de sa fille et la desservir, réfutant en second lieu les arguments qu'elle avait alignés en premier, et détissant en notre défaveur la toile qu'elle avait d'abord si bien ourdie pour nous.

Cependant, rien ne fut changé dans l'ordre de notre quotidien, et je pus voir Angelina tout mon saoul, sans jamais hasarder fût-ce un baiser ou une pression de main, tant j'eusse été sûr de lui déplaire, et sans que Mme de Montcalm fût davantage présente que par le passé, étant femme aussi vive et agitée que sa fille était lente, et ne pouvant demeurer plus d'une demi-heure en même lieu sans avoir grand appétit d'être ailleurs. Quant à M. de Montcalm, il me montrait fort bonne face, et je l'entendis dire un jour à Samson, dont il était merveilleusement entiché, qu'il était bien marri que mon père vînt nous quérir : il nous aurait volontiers gardés tout l'hiver avec lui.

Hélas, cela ne se pouvait. J'étais en sursis et les jours, pour suaves qu'ils fussent, coulaient de présent trop vite, alors que ceux de ma guérison avaient été si longs. Mon père arriva à la mi-novembre, suivi de nos cousins Siorac, du Gascon Cabusse, et de Jonas, notre carrier, tous armés en guerre, la carrure terrible et le cuir tanné.

Ha, lecteur! Quelle folle brassée ce fut! Le moment que mon père démonta, je fus contre son cœur, et comme il m'y serra, son œil bleu brillant de joie! Mon gentil frère Samson sagement attendait son tour, lequel vint avec emportement, car si mon père m'admirait davantage, il l'aimait tout autant, tout bâtard qu'il fût. Nos cousins Siorac nous happèrent ensuite, lesquels on pouvait maintenant distinguer l'un de l'autre, Michel ayant à la joue senestre, depuis le combat de la Lendrevie, une balafre que Benoît n'avait point. Je ne fis que passer dans leurs bras. Mon Cabusse me voulut, l'air fier et la moustache hirsute.

— Ha, Cabusse! dis-je, retrouvant la parole que l'allégresse, à la vue de mon père, m'avait ôtée. Que fais-tu céans sans Coulondre Bras-de-Fer?

— Il a dû rester en son moulin. Le labour n'y fault point.

— Et ta Cathau?

— Elle est grosse! dit Cabusse d'un ton fort héroïque et sa forte main tirant sur sa moustache.

Et tant je le voyais fidèle à l'image que j'avais gardée de lui que je l'embrassai derechef.

— Moussu, peux-je? dit l'herculéen Jonas qui,

n'étant point ancien soldat de la frérèche, n'avait pas avec nous la même familiarité.

— Ha, Jonas, tu le demandes ? Comment va la Sarrazine ?

— Elle est grosse, dit Jonas en baissant le chef.

— Et tu en es marri ?

— Ha, Moussu, tant de garces meurent en couches que le cœur me défaille à ce pensement.

— Alors, n'y pense point, dit mon père qui, cependant, y pensa tout soudain, et son œil se rembrunissant, pour ce que ma mère était morte ainsi.

Cependant, M. de Montcalm, prévenu par ses gens, descendait le perron du logis, les mains tendues.

— Ha, Baron ! dit-il. Que j'ai d'aise à voir chez moi le héros de Cérisoles et de Calais !

— Monsieur de Montcalm, dit mon père à sa façon enjouée et toujours quelque peu se gaussant de soi, l'héroïque, là-dedans, c'est d'avoir survécu... Le reste est fortune de guerre. Et je n'avais affaire, moi, qu'à des hommes, tandis que votre grand ancêtre, Dieudonné de Gozon, terrassa à lui seul un dragon !

— Je ne sais si je suis bien digne de lui, dit M. de Montcalm, ravi que mon père, en son lointain Périgord, connût son illustre lignée. Mais comme vous savez, j'ai abandonné le métier des armes pour la charge d'officier royal.

— *Cedant arma togoe* [1], dit mon père en se rinçant la bouche de son latin comme du cru d'une bonne année.

— Mais dans votre cas, dit M. de Montcalm, qui prit lui aussi un air fin et friand, on devrait dire : *Cedant arma aratro* [2].

Là-dessus, ils se sourirent, et s'étant fait un mutuel hommage qui de la vaillance de l'autre, qui de celle de son ancêtre, et au surplus, un réciproque échange de leur latin, dont tous deux se piquaient, j'augurai qu'ils allaient devenir bons amis, étant tous deux, au

1. Les armes le cèdent à la toge.
2. Les armes le cèdent à la charrue.

surplus, grands chasseurs, et pour dire le vrai, chassant aussi le cotillon, qui ne courait si vite qu'ils ne le rattrapassent, étant de ces hommes qui vieillissent peu en ce domaine.

— Vous avez là un superbe logis, reprit mon père, continuant le compliment. Et à ce que je vois, fort bien remparé.

— Je l'eusse pourtant perdu sans vos fils, dit M. de Montcalm, lesquels sont aussi beaux qu'ils sont vaillants !

Ce qui émut si fort mon père qu'il rougit et, se trouvant le bec cloué par la force de son émotion, salua M. de Montcalm sans mot piper. Quoi voyant, notre hôte, dont le grand chagrin était d'avoir perdu deux fils, comprenant que mon père, dès qu'il sentait un peu trop vivement la grande amour qu'il avait pour nous, tremblait incontinent que la mort ne nous ravît à lui, lui mit la main sur le bras et lui dit :

— Mme de Montcalm et ma fille ont grand appétit à vous voir.

— Ha, dit mon père, je serais ravi aussi. Mais vous me voyez armé en guerre, tout botté et crotté. Souffrez que je fasse quelque toilette avant que d'oser me montrer à d'aussi hautes dames.

M. de Montcalm, Samson et moi, nous attendîmes donc le Baron de Mespech dans la grande salle du logis, tandis qu'à l'étage, dans sa chambre, il se préparait. Et je dois avouer ici, à risque qu'on me cuide frivole, que je craignis quelque peu que mon père apparût en noir, les huguenots, par dépris de l'ostentation, affectionnant cette couleur, comme bien l'on sait. Mais c'était compter sans la finesse de mon père qui, avant que de départir de Sarlat, avait fait quelques frais pour paraître à son avantage, et à l'honneur de ses fils, ce qui, je gage, n'avait pas dû être du goût de l'oncle Sauveterre, grand épargneur de nos pécunes. Tant est enfin que lorsqu'il se montra, je fus fort content de lui voir un pourpoint de satin vert pâle — le vert, auquel il restait fidèle, étant la couleur de ma défunte mère —, et arborant même une fraise à godrons, au lieu de la petite fraise huguenote que Mme de Joyeuse trouvait si mesquine. M. de Montcalm fut fort satisfait de cette bonne apparence, et plus encore Mme de Montcalm et Angelina, qui entrèrent au même moment dans la salle, pimplochées à ravir dans leurs beaux affiquets, Angelina tout sourires, et Mme de Montcalm fort civile, mais réticente assez en son for et curieuse de mon père qui, selon ses vues, émergeait à peine de l'état de roture. Mon père sentit fort bien cette nuance et, déployant ses forces, incontinent chargea, enveloppa Mme de Montcalm de ses grâces, et en un tournemain, la conquit.

Ha, que j'admirais mon père et que j'eusse voulu être lui ! Et que je suivais donc avec agrément son assaut, l'œil fin et toujours se gaussant quelque peu, souriant et pourtant fier, sachant se taire, et sachant jaser, le dos droit et le mouvement vif, et se déportant si bien en ce premier engagement que ses hôtes, lesquels privés de leur maison de ville s'ennuyaient fort à la campagne, furent si enchantés de lui qu'ils eussent voulu le garder tout un mois ! Mais, tout en prodiguant à M. et Mme de Montcalm, en sa périgordine amabilité, d'infinis compliments, le Baron de Mespech ne consentit à demeurer à Barbentane qu'une « petite semaine ». Et que petite elle me parut, en effet ! Car si heureux que je fusse de retrouver mon père, j'étais dans le même temps fort chagrin de quitter Angelina, et me trouvais un peu dans la même position que Gargantua, lequel, à la naissance de son fils Pantagruel, sa femme étant morte en lui donnant le jour, ne savait s'il devait pleurer pour la mort de sa femme, ou rire pour la joie de son fils.

La veille du jour fixé pour notre départ, Angelina, se promenant avec moi sur le chemin de ronde de Barbentane, s'arrêta et, attachant sur moi son merveilleux regard, retira de son majeur un petit anneau orné d'une pierre bleue.

— Mon Pierre, dit-elle avec gravité. Voici un anneau que j'ai reçu en héritage. S'il va à votre petit doigt, je veux vous le bailler.

Je l'essayai : il allait tout à plein. Angelina parut s'en réjouir comme d'un présage faste, et reprit :

— Ne le portez que lorsque vous aurez quitté Barbentane. Mais le portez toujours, et ne portez que lui.

— Je vous en fais serment, dis-je, fort ému, et comprenant que par ce don, elle entendait engager et sa foi et la mienne. Hélas, ajoutai-je, je n'ai rien à vous bailler en échange, ne portant d'autre bijou que la médaille de Marie qui est à mon col, laquelle m'a été léguée par ma mère, et que je n'ai jamais quittée.

— Et bien vous fîtes, dit Angelina.

Et souriant de ses fort jolies lèvres, pleines et remplies, lesquelles annonçaient beaucoup de bénignité et de friandise à vivre, elle ajouta :

— J'ai une grâce à requérir de vous. Entrons dans cette poivrière, et je vous la dirai.

Cette poivrière était une petite guérite ronde construite en flanquement de la tour de l'Est et garnie de minces meurtrières.

— Nous sommes céans, dit Angelina, pour ne pas être vus. Car je désire couper une boucle de vos cheveux. Peux-je, mon Pierre ?

J'acquiesçai et, tirant de son escarcelle brodée une petite paire de ciseaux d'argent, elle me commanda de baisser la tête. Mais je n'eus pas à la baisser beaucoup, Angelina haussée par ses talons ayant même taille que moi, étant grandette fille, comme je l'ai dit.

Quand elle eut fait sur mon chef sa picorée, qui était fort petite, et l'eut serrée en sa bourse avec les ciseaux, je dis en souriant, tant le sourire m'était nécessaire pour celer mon émoi :

— Vous n'avez pas fait grande moisson, je ne perdrai donc pas ma force...

Et comme à cela elle ouvrait de grands yeux, et ne paraissait pas vouloir quitter la poivrière, mais y demeurer quelque temps avec moi, je lui contai l'histoire de Samson et Dalila, qu'elle ignorait, étant papiste.

— Hélas, dit-elle, se rembrunissant tout soudain, nous ne sommes point de la même religion. Ce sera grande traverse, je le crains, à nos projets.

— Je le crains aussi, dis-je, bien embarrassé de lui conter comment je l'avais appris.

Elle s'accoisa alors, ne voulant en dire davantage, et attachant ses yeux noirs sur ma face, elle entr'ouvrit un petit ses jolies lèvres, et parut respirer plus vite. La rondeur du mur de la poivrière, l'espace étant étroit au surplus, nous forçait à être assez près l'un de l'autre, comme devaient l'être les défenseurs du château quand ils tiraient par les meurtrières contre les assiégeants. Et encore que ni Angelina ni moi n'avions de ce haut lieu à repousser les assauts des bandes, nous ne laissions pas d'être en quelque guise assiégés en nos jeunes vies par des forces contraires.

— Ma nourrice m'a répété souvent, dit Angelina, que si une garce baille à un homme le petit doigt, il voudra le bras entier.

— Il me semble, dis-je, le cœur me cognant beaucoup, et ma voix s'étranglant, que cela dépend beaucoup de l'homme. Et qu'il n'agit pas ainsi quand il a du respect.

— Est-ce vrai, mon Pierre? dit-elle.

Et poursuivant, après avoir balancé un moment, elle ajouta :

— Et si je vous baille un baiser, en exigerez-vous un second?

— Angelina, dis-je avec gravité, je voudrai ce que vous voudrez et pas davantage.

Elle me posa alors les deux mains de chaque côté du col et gardant les bras à demi tendus, et sans me toucher en aucune partie du corps, elle me posa un baiser sur les lèvres. Et certes, ce fut là un bien petit, bien court et bien léger poutoune, au regard à tous ceux que j'avais jusque-là reçus. Et n'est-ce pas merveille qu'il me fît tant d'effet, et qu'à ce jour encore je m'en ramentevois, tout aussi bien que si j'étais encore avec Angelina dans cette poivrière par cette douce après-midi d'automne, ses mains sur les épaules?

— Mon Pierre, dit-elle, céans est notre dernière rencontre, et je voudrais que demain, au moment de votre département, vous ne m'envisagiez pas devant tous, comme cela vous est déjà arrivé, avec des regards trop parlants.

— Ha, dis-je. Mais comment faire? Dois-je l'œil détourner?

— Non, non! Je veux que votre œil me voie une ultime fois et que je le voie aussi.

Cependant, si prudent que je fusse aux adieux pour obéir à Angelina, mon père ne laissa pas d'apercevoir mon sentiment, ou peut-être même l'avait-il avant discerné. Car me voyant sur le chemin qui traversait le bois de Barbentane d'autant plus rêveux et chagrin qu'on s'éloignait davantage du logis des Montcalm, il m'ordonna de prendre quelque avance sur notre groupe et de reconnaître la route, l'œil et l'ouïe vigilants.

Ce que je fis. Mais au bout de quelques minutes, ouïssant un galop derrière moi, et tournant le col, je vis mon père s'approcher, me joindre et se mettre au botte à botte.

— Monsieur mon fils, dit-il de son ton enjoué, son œil bleu cependant me scrutant, je vous vois une belle bague au petit doigt, que je n'ai point vue hier. Avez-vous engagé votre foi à quelque demoiselle?

— Oui, Monsieur mon père, avec votre permission.

— Ha! dit Jean de Siorac, mi-sévère, mi se gaussant. Ma permission! Celle-là, il me semble que vous la requérez après coup!

— Monsieur, dis-je, je vous en fais mes excuses. Vous n'étiez point là. L'événement m'a pressé.

— J'entends bien. Mais vous êtes fort jeune. Vous êtes cadet. Des pécunes comme sur ma main.

— On attendra que j'aie fait ma fortune.

— Et pensez-vous que M. et Mme de Montcalm vous agréent?

— Pour cela, je ne sais, dis-je, ne voulant pas l'instruire de la grande doutance où j'étais.

Là-dessus, sa mine, quoique toujours un peu gaussante (mais peut-être était-ce là un masque pour celer la vergogne qu'il trouvait à cet entretien) devint plus réfléchie, comme s'il jaugeait et pesait l'affaire en ses balances.

— Eh bien, dit-il, à ce que j'ai pu voir, on prise assez votre père en cette famille, et Samson, et vous-même. On y a pour vous deux de la gratitude, ce qui est rare. Et quoique papiste, on ne sème pas, dans cette famille, le sentiment à la volée. On n'y vit point vaniteusement. On a du cœur. Enfin, ce sont là bonnes gens, ayant bonnes alliances en Languedoc, et riches assez, combien que leur domaine soit mal ménagé, et qui n'ont que le défaut de se trop paonner de leur lignée. Mais après tout, c'est petit péché. Qui sait ce que diront vos arrière-petits-fils du héros de Calais? A les entendre, j'aurais pris la ville à moi seul!

Ici, s'interrompant, et renversant sa tête en arrière, il se mit à rire à gueule bec. Et comme je l'aimai alors! Et pour la façon de se gausser de soi, et pour ce qu'il avait dit des Montcalm et qui me donnait quelque espoir.

— Quant à vos chances, reprit-il, la mine à nouveau sérieuse, elles me paraissent, à vous parler franc, osciller. D'après ce que j'ai pu voir, la fille est tout à fait pour vous. La mère est à demi pour. Le père, est à demi contre.

— Et vous-même, Monsieur mon père?

— *Distinguo*, dit-il avec une gravité mi-feinte, mi-sérieuse. *Distinguo* entre la personne et la religion. Quant à la personne, vous ne pouviez mieux choisir.

Elle est fort belle, mon Pierre. Mais si grande que soit en une garce cette commodité, elle n'est rien au regard au cœur, lequel chez Angelina est excellent, je l'ai observé tous les jours. C'est donc pitié qu'elle soit papiste.

— Monsieur mon père! dis-je fort effrayé. N'avez-vous pas vous-même marié une papiste?

— Certes, dit Jean de Siorac s'assombrissant. Et ce fut la croix de ma vie.

Et comme ayant dit, il s'accoisait, je m'accoisai aussi. Et cependant, au bout d'un moment, le cœur me cognant beaucoup, et tremblant que mon père ne se rangeât parmi les « contre », comme le ferait sans doute aucun l'oncle Sauveterre, je lui dis d'une voix assez mal assurée :

— Monsieur, si ma mère devait revenir à la vie, ne seriez-vous pas très heureux?

— Oh, que si! Que si! dit Jean de Siorac, sa voix s'étranglant dans sa gorge.

Et me saisissant la main senestre, il se pencha et m'envisageant œil à œil, il me dit :

— Ne tremblez pas plus outre, Pierre. Je ne suis point si zélé. Et le serais-je que, pour l'amour de votre défunte mère, je ne vous ferais pas de traverses. Celles que vous avez devant vous sont grandes assez sans que j'y ajoute encore.

Je le remerciai du mieux que je pus, pouvant à peine articuler, tant j'étais travaillé de ma gratitude.

— Galop, Monsieur mon père? dis-je, pour celer mon tumulte.

Et je me redressai sur ma selle, la poitrine gonflée et la narine ouverte.

— Galop! dit Jean de Siorac en souriant, pour ce qu'il entendait fort bien mon humeur.

Et au galop, nous nous mîmes, restant au botte à botte, lui si vert encore et vigoureux, et m'aimant au-dessus de sa baronnie, et moi, tout réchauffé de sa grande amour et certes la lui rendant bien. La terre volait sous les sabots de nos chevaux. Et la tête toute pleine de mon Angelina, il me sembla, penché sur ma monture, que je chevauchais, non point tant ma vaillante jument que les années de mon bel avenir.

ANNEXES

NOTES DE L'AUTEUR

1. De tous les Professeurs de l'Ecole de Médecine contemporains de nos héros, celui sur lequel nous avons le plus de documents est le Docteur Rondelet, grand médecin selon les lumières du temps, et homme admirable. Pour le Docteur Saporta, dont on possède un portrait éloquent et dont on sait qu'il réorganisa d'une main de fer l'apothicairerie de Montpellier (non sans plaintes et grincements de dents des intéressés), j'ai dû, à partir de cette réputation tyrannique, recourir à mon imagination. Cependant, je n'ai inventé ni le jeu de paume qu'il faisait fructifier dans la *devalada*, ni l'incident de la signature avec le Doyen Bazin.

Maître Sanche est un portrait composite qui s'inspire de deux modèles : l'apothicaire Laurent Joubert, dont la réputation s'étendait au royaume entier, et l'apothicaire Catalan dont parle Félix Platter dans ses *Mémoires*.

2. Le petit clerc Pierre Journet, qui fut sauvé in extremis du massacre de la Michelade, survécut à ses blessures, fut ordonné et fit une belle carrière ecclésiastique, puisqu'il finit chanoine. Bernard d'Elbène, l'Evêque de Nismes, mourut de maladie peu de temps après avoir échappé à ses bourreaux. Gui Rochette fut le seul consul exé-

cuté : les trois autres eurent la vie sauve, moyennant rançon.

3. Le Vicomte de Joyeuse, Baron d'Arques, dut à son fils Anne, archimignon d'Henri III, de devenir Maréchal de France. Anne lui-même fut fait Duc et Pair avant de périr à la bataille de Coutras (1587). Le château des Ducs de Joyeuse s'élève à Couiza, dans l'Aude.

4. D'après M. Paul Vergnaud, qui a fait des recherches sur ce sujet, les formes « *périgordin* » et « *périgourdin* » se partagent à peu près les faveurs des écrivains du XVIe siècle. Mon usage de « périgordin » dans *Fortune de France* est donc licite, sans être aussi normatif que je le pensais.

5. C'est par les femmes que les Montcalm descendaient des Gozon, dont le grand ancêtre terrassa, dit-on, le dragon de l'Île de Rhode — Marthe de Gozon ayant épousé en 1552 Louis de Montcalm, lequel possédait des domaines dans le Rouergue et à côté de Nismes (Candiac).

Et c'est par les femmes aussi — Louis II de Montcalm ayant épousé en 1632 Jeanne de Calvet — que les Montcalm entrèrent en possession du bel hôtel qui à Montpellier porte leur nom. Ce n'est pourtant pas en cet hôtel, mais à Candiac, que naquit en 1712 Louis-Joseph de Montcalm, le futur héros du Québec. Les Montcalm étaient alors redevenus catholiques.

En ces temps où, la vie étant brève, l'âge adulte commençait tôt, la précocité de Pierre de Siorac n'avait rien d'exceptionnel : soldat à l'âge de neuf ans dans le régiment du Hainault, Montcalm fut élevé à dix-sept ans au grade de capitaine.

6. L'aiguillette était un cordon à l'aide duquel on laçait la braguette. Elle passait pour avoir des vertus curatives, à moins que les sorciers ne l'eussent le jour des noces nouée. Le nœud était un double

nœud, c'est-à-dire un huit, et la « magie » faisait que cette fermeture, si symbolique qu'elle fût, agît sur le réel. Les sorciers n'étaient pas, on le voit, sans connaître les phénomènes psychosomatiques.

GLOSSAIRE
DES MOTS ANCIENS OU OCCITANS
UTILISÉS DANS CE ROMAN

A

acagnarder (s') : paresser.
acaprissat (oc) : têtu (chèvre).
accoiser (s') : se taire (voir *coi*).
accommoder : mal traiter, ou bien traiter, selon le contexte.
accommoder à (s') : s'entendre avec.
affiquet : parure.
affronter : tenir tête, braver.
agrader (oc) : faire plaisir.
aigremoine : plante de la famille des rosacées, que l'on
    rencontre à l'orée des bois, et qui était utilisée pour
    guérir l'ulcère de la cornée.
alberguière : aubergiste.
alloure (oc) : allure.
algarde : attaque, mauvais tour.
alpargate (oc) : espadrille.
amalir (s') (oc) : faire le méchant.
amour (une) : amour. Féminin au xvie siècle.
anusim (les) (hébr.) : les convertis de force.
apaqueter : mettre en paquet.
apazimer (oc) : apaiser.
apostume : abcès.
apparesser (s') : paresser.
appéter : désirer.
appétit (à) : désir, besoin de (ex. appétit à vomir).
arder : brûler de ses rayons (le soleil).
assouager : calmer.
aspé(e) : renforcé (en parlant d'une porte).
à'steure, à s'teure : tantôt... tantôt.
atendrézi (oc) : attendri.

587

attentement (de meurtrerie) : tentative (de meurtre).
aucuns (d') : certains.
avette : abeille.
aviat (oc) : vite.

B

bachelette : jeune fille.
bagasse (oc) : putain.
bagues : bagages (vies et bagues sauves).
bander (se) : s'unir (en parlant des ouvriers) contre les patrons. Voir *tric*.
banque rompue : banqueroute.
baragouiner : parler d'une façon barbare et incorrecte. Selon Littré et Hatzfeld, le mot daterait de la Révolution française, les prisonniers bretons de la chouannerie réclamant sans cesse du pain, *bara*, et du vin, *gwin*. Je suis bien confus d'avoir à apporter le démenti à d'aussi savants linguistes, mais le mot baragouin est *antérieur* à la Révolution, et se rencontre dans de nombreux textes du XVIe siècle (Montaigne : « *Ce livre est bâti d'un espagnol baragouiné* »).
barguigner : trafiquer, marchander (qui a survécu dans l'anglais *bargain*). *Barguin* ou *bargouin* : marché.
bas de poil : couard.
bastidou (oc) : petit manoir.
batellerie : imposture, charlatanerie.
bec jaune : jeunet (par comparaison avec un jeune oiseau, dont le bec est encore jaune). Plus tard : béjaune. *Bec* : bouche (voir *gueule*). *Prendre par le bec* : moucher quelqu'un qui a proféré une sottise ou une parole imprudente.
bénignité : bonté.
bestiole : peut désigner un chien aussi bien qu'un insecte.
billes vezées : billevesées.
biscotter : peloter.
blèze : bégayant.
de blic et de bloc : de bric et de broc.
bonnetade : salut.
bordailla (oc) : désordre.
bordeau : bordel.
bougre : homosexuel.
bourguignotte : casque de guerre.
branler : ce mot, qui s'est depuis spécialisé, désignait alors toute espèce de mouvement.

brassée : accolade.

braverie (faire une) : défier, provoquer.

braveté (oc) : bonté.

brides (à brides avalées) : nous dirions : à bride abattue. Le cavalier « abat » la bride (les rênes) pour laisser galoper à fond le cheval.

buffe : coup, soufflet (français moderne : baffe).

C

caillette : voir *sotte*.

caïman : de « *quémant* », mendiant devenu voleur de grand chemin.

calel (oc) : petit récipient de cuivre contenant de l'huile et une mèche.

caque : petit baril.

caquetade : bavardage.

carreau : coussin.

cas : sexe féminin.

casse-gueule : amuse-gueule.

catarrhe : rhume.

céans : ici.

chabrol : rasade de vin versée dans le reste de la soupe et bue à même l'écuelle.

chacun en sa chacunière : chacun en sa maison.

chaffourrer : barbouiller.

chair, charnier, charnure : *chair*, au xvie siècle, désigne la viande. Les « *viandes* » désignent les mets. *Charnier* : pièce d'une maison où l'on gardait la « chair salée ». *Charnure* : les contours d'un corps de femme.

chamaillis : combat, le plus souvent avec les armes.

chanlatte : échelle grossièrement faite.

chattemite : hypocrite.

chatterie, chatonie : friponnerie.

chaude (à la) : dans le feu de l'action.

chiche-face : avare (voir *pleure-pain*).

chicheté : avarice.

chié chanté (c'est) : c'est réussi ou c'est bien dit.

circonder : entourer.

clabauder : bavarder. *Clabauderie* : bavardage.

de clic et de clac : complètement.

clicailles : argent.

coi : silencieux (*s'accoiser* : se taire).

col : cou.

colloquer : conférer, donner (colloquer en mariage).

colombin(e) : blanc, pur, innocent.

combe : vallée étroite entre deux collines. « *Par pechs et combes* » : par monts et vaux.

combien que : bien que.

commodité : agrément. Faujanet (sur le mariage) : « La commodité est bien courte et le souci bien long. »

compain : camarade (celui avec qui on partage le pain).

conséquence (de grande ou de petite) : importance (de grande ou de petite importance).

constant : vrai.

coquardeau : sot, vaniteux.

coquarts : coquins.

coquefredouille : voir *sotte*.

coqueliquer : faire l'amour.

corps de ville : la municipalité.

en correr (oc) : en courant.

cotel (oc) : couteau.

côtel : côté (d'un autre *côtel*).

courtaud : petit cheval de chétive apparence.

courre : courir.

cramer : brûler (ex : putain cramante).

cuider : croire.

D

dam, dol : dommage.

déconforter : désoler.

déconnu : inconnu.

déduit : jeu amoureux.

dégonder : déboîter.

délayer : retarder.

demoiselle : une demoiselle est une femme noble, et ce titre se donne aussi bien aux femmes mariées qu'à celles qui ne le sont pas.

dépêcher : tuer.

dépit (substantif pris adjectivement) : courroucé.

déporter (se), *déportement* : se comporter, comportement.

dépriser, déprisement, dépris : mépriser, mépris.

dérober : enlever sa robe à.

désoccupé : sans travail.

dévergogné : sans pudeur.

diagnostique : l'usage, au xvie siècle, était de l'employer au féminin.

domestique (le) : l'ensemble des domestiques, hommes et femmes. S'agissant d'un prince, le « domestique » peut inclure les gentilshommes.

doutance : doute.

driller : briller.

drola ou *drolette* (oc) : fille.

drolasse (oc) : mauvaise fille.

drole (oc) (sans accent circonflexe, comme Jean-Charles a
  bien voulu me le rappeler) : garçon.

drolissou (oc) : gamin.

E

embéguinée : voir *sotte*.

embufer (oc) : contrarier, braver.

emburlucoquer : embrouiller (emburlucoquer une embûche).

émerveillable : admirable.

émeuvement : agitation, émoi.

emmistoyer (s') (marrane) : faire l'amour avec.

émotion (une émotion populaire) : émeute. On dit aussi un
  « tumulte ».

esbouffer (s') à rire : éclater de rire.

escalabrous (oc) : emporté.

escambiller (s') (oc) : ouvrir voluptueusement les jambes.

escopeterie : coups d'arquebuse tirés en même temps.

escouillé (oc) : châtré.

escumer (s') (oc) : transpirer.

espincher (oc) : lorgner.

estéquit (oc) : malingre.

esteuf : balle ou jeu de paume.

estranciner : s'éloigner de.

estrapade : supplice qui se donnait pour fin la dislocation
  des épaules.

étoffé : riche (des bourgeois étoffés).

évangiles : le mot s'emploie au féminin. Ex. : « leurs belles
  évangiles » (François de Guise).

évicter : faire sortir.

F

fallace : tromperie.

fault (ne vous) : ne vous fait défaut.

fendant (l'air assez) : fier.

fétot (oc) : espiègle.

fiance : confiance.

fils : « Il n'y avait fils de bonne mère qui n'en voulû tâter » :

591

Il n'y avait personne qui... (la connotation favorable s'étant perdue).

folieuse : prostituée.

for (en son) : en lui-même.

forcer : violer, *forcement* : viol.

fortune (la fortune de France) : le sort ou le destin de la France.

friandise (par) : par avidité. Ce mot est aujourd'hui passé du mangeur au mangé, le mangeur gardant « friand ».

frisquette : vive.

front (à... de) : en face de.

G

galapian (oc) : gamin.

galimafrée : ragoût.

gambette : jambe.

garce : fille (sans connotation défavorable).

gargamel (le ou la) : gorge.

gausser (se) : plaisanter, avec une nuance de moquerie (d'où gausserie).

un gautier, un guillaume : un homme.

geler le bec : clouer le bec.

gens mécaniques : ouvriers.

godrons : gros plis ronds empesés d'une fraise. Il y avait fraise et fraise, et celles des huguenots étaient austèrement et chichement plissées à petits plis.

goguelu(e) : plaisant, gaillard.

gouge : prostituée.

gripperie : avarice.

grouette : terrain caillouteux.

gueule : *rire à gueule bec* : rire à gorge déployée. *Baiser à gueule bec* : embrasser à bouche que veux-tu. *Etre bien fendu de la gueule* : avoir la langue bien pendue.

guilleri : verge.

H

haquenée : monture particulièrement facile qu'on peut monter en amazone.

harenguier : marchand de poissons.

hart : la corde du gibet.

haut à la main : impétueux.

heur (l') : le bonheur.

hucher : hurler (Colette emploie plusieurs fois le mot dans ses « *Claudine* »).
hurlade : hurlement.

I

immutable : fidèle, immuable.
incontinent : immédiatement.
intempérie : maladie.
ire : colère.
irréfragable : qu'on ne peut pas briser.

J

jaser : parler, bavarder.

L

labour, labourer : travail, travailler.
lachère : qui donne beaucoup de lait.
lancegaye : lance petite et fine.
langue (bien jouer du plat de la) : avoir le verbe facile.
lauze : pierre taillée plate dont on fait des toitures en Périgord et dans les provinces voisines.
lécher le morveau (péjoratif) : baiser les lèvres.
lecture : le cours d'un professeur.
léthal : mortel.
loche : branlant.
louba (oc) : louve.
loudière : putain (de *loud* : matelas).

M

maloneste (oc) : mal élevé.
marmiteux : triste.
maroufle, maraud : personne mal apprise.
mazelier, mazelerie : boucher, boucherie.
membrature : membres et muscles.
ménage : la direction et gestion (d'une maison, d'un domaine). L'anglais use encore de ce mot dans son sens français ancien *management*.
ménine (oc) : vieille femme.

mentulle : verge.

mérangeoises : méninges (?).

merveilleux, merveilleusement : extraordinaire. La connotation n'est pas nécessairement favorable. Ex. : « L'Eglise romaine est merveilleusement corrompue d'infinis abus » (La Boétie).

meshui : aujourd'hui.

mie : pas du tout.

mignarder : voir *mignonner*.

mignonner : caresser.

mignote : jeune fille (ou mignotte).

milliasse : millier (dans un sens péjoratif : un milliasse d'injures).

miserere : appendicite.

mitouard : hypocrite.

montoir (mettre au) : saillir ou faire saillir.

morguer : le prendre de haut avec.

morion : casque de guerre.

moussu (oc) : monsieur.

muguet : galant, jeune homme à la mode.

mugueter : faire la cour.

musarde : flâneuse, rêveuse.

N

navrer : blesser.

navrement, navrure : blessure.

nephliseth (hébr.) : verge.

niquedouille : voir *sotte*.

O

occire : tuer.

ococouler (s') (oc) : se blottir.

oncques : jamais.

orde : sale.

oreilles étourdies (à) : à tue-tête.

osculation : baiser.

oublieux : marchand de gaufres.

outrecuidé : qui s'en croit trop.

P

paillarder : faire l'amour (probablement de « paille », par allusion aux amours rustiques).

594

paillardise : lubricité.

paonner (se) : se pavaner.

Paris : le nom est féminin au xvi⁰ siècle.

parladure (oc) : jargon.

parpal (oc) : sein.

pasquil : épigramme, pamphlet.

pastisser (oc) : peloter.

pastourelle : bergère.

pâtiment : souffrance.

patota (oc) : poupée (Espoumel dit : *peteta*).

paume : jeu de balle qui se jouait d'abord à mains nues mais qui, au xvi⁰ siècle, incluait déjà l'usage du filet et de la raquette (ronde ou carrée).

pauvre (mon) : emprunte à *paure* (oc) son sens affectueux.

pech (oc) : colline, le plus souvent colline pierreuse.

pécune : argent.

pécunieux : riche (cf. français moderne : *impécunieux* : pauvre).

pensamor (oc) : pensée amoureuse.

pensement (oc) : pensée (dans le sens de : penser à quelqu'un).

périgordin : employé dans cette chronique de préférence à périgourdin.

peux-je ? : n'avait pas encore été vaincu par *puis-je ?*

piaffe (la) : étalage vaniteux. *Piaffard* : faiseur d'embarras.

picanier (oc) : taquiner, quereller. *Picanierie* : querelle, taquinerie.

picorée : butin.

pile et croix (à) : pile ou face.

pimplader (se) (oc) : se farder.

pimplocher (se) : même sens.

piperie : tromperie.

pique (la pique du jour) : l'aube.

pisser (n'en pas pisser plus roide) : n'y avoir aucun avantage.

pitchoune (oc) : enfant.

pitre (oc) : poitrine.

platissade : coup de plat d'une épée.

plat pays : campagne.

pleure-pain : avare.

plier (oc) : envelopper (la tête pliée : la tête enveloppée).

ploros (oc) : pleurnicheur.

ployable : souple, flexible.

poilon : poêlon.

pointille : affaire de peu d'importance.

pouitrer (oc) : pétrir.

poutoune (oc) : baiser.
prédicament : situation.
prendre sans vert : prendre au dépourvu.
proditoirement : traîtreusement.
prou : beaucoup (peu ou prou).
provende : provision.

Q

quand (quand et quand) : souvent.
quenouillante : qui file la quenouille.
quia (mettre à, réduire à) : détruire, anéantir.
quiet : tranquille (quiétude).
quinaud : penaud.

R

ramentevoir (se) : se rappeler.
raquer (oc) : vomir.
rassotté : sot, gâteux.
ratelée (dire sa) : donner son opinion ou raconter une histoire.
rebelute : à contrecœur.
rebiquer, rebéquer (se) : se rebeller.
rebiscoulé (oc) : rétabli (après une maladie).
rebours : hérissé, revêche.
réganier : repousser.
religionnaires (les) : les réformés.
remochiner (se) (oc) : bouder.
remuements : manœuvres, intrigues.
remparer : fortifier.
reyot, ou *reyet* (oc) : (de *rey*, roi). Petit roi, dans un sens
  péjoratif. Charles IX, après la Saint-Barthélemy, devint
  pour les réformés du Midi : « ce petit reyet de merde ».
rhabiller (un abus) : porter remède à un abus.
ribaude : putain.
rober : voler.
robeur : voleur.
rompre : briser (les images et statues catholiques).
rompre les friches : labourer les friches.
rufe (oc) : rude, mal dégrossi.

S

saillie : plaisanterie.

saillir : sortir.

sanguienne : juron (sang de Dieu).

sarre (impératif) : fermez. Ex. : Sarre boutiques !

serrer : garder prisonnier.

sotte : les insultes courantes à l'époque, surtout lorsqu'elles s'adressaient aux femmes, mettaient l'accent sur la niaiserie et l'ignorance plus encore que sur la sottise. Ex. : sotte caillette, sotte embéguinée, niquedouille, coquefredouille, etc.

soulas : contentement.

strident : aiguisé, vorace (l'appétit le plus strident).

sueux : suant.

T

tabuster : chahuter.

tant (tant et tant) : tellement.

tantaliser : faire subir le supplice de Tantale.

tas (à) : en grande quantité.

testonner : peigner.

téton : le mot « sein » est rare dans la langue du xvie siècle du moins au sens féminin du mot. On dit aussi *tétin*.

tire-laine : larron spécialisé dans le vol des manteaux.

tirer (vers, en) : aller dans la direction de.

tortognoner : biaiser, hésiter.

touchant : en ce qui concerne.

toussir : tousser.

tout à plat (refuser) : refuser catégoriquement.

tout à plein : complètement.

tout à trac : tout à fait.

tout de gob : tout de go.

trait (de risée) : plaisanterie.

trantoler (se) (oc) : flâner.

travaillé (de) : subir ou souffrir (la guerre dont la France était durement travaillée).

trestous : tous.

tric : l'arrêt de travail concerté (puni alors des plus lourdes peines).

truchement : interprète.

tympaniser : assourdir de ses cris, et aussi mettre en tutelle (au son du tambour : *tympane*).

de tric et de trac : complètement.

U

ugonau (oc) : huguenot.
usance : usage.

V

vanterie : vantardise.
vaudéroute (mettre à) : mettre en déroute.
vaunéant : vaurien.
ventrouiller (se) : se vautrer.
viandes (les) : voir *chair*.
vif : vivant.
vilité : mode de vie bas et vil (ribaude vivant en vilité).
vit : verge.
volerie : chasse fauconnière.

Table

En nos vertes années 7

Annexes

Notes de l'auteur 583

Glossaire des mots anciens ou occitans
utilisés dans ce roman 587

Robert Merle
dans Le Livre de Poche

FORTUNE DE FRANCE

1. *Fortune de France*   n° 13535

De la mort de François Ier en 1547 à l'édit de Nantes en 1599,
la France s'enlise dans les guerres de Religion. C'est dans ce
pays dévasté, en proie à la misère, au brigandage, à la peste, à la
haine, que grandit le jeune Pierre de Siorac, rejeton d'une noble
famille périgourdine et huguenote, héros et narrateur du roman.

2. *En nos vertes années*   n° 13536

1563-1567 : quatre années de paix entre catholiques et protestants de France. Paix fragile, mais suffisante pour que Pierre de
Siorac et son frère Samson soient envoyés étudier la médecine à
Montpellier. Et puis de nouveau la guerre civile, les massacres,
la fuite...

3. *Paris, ma bonne ville*   n° 13550

Un duel contraint Pierre de Siorac à gagner la capitale pour y
demander la grâce du roi. Le voici donc à Paris en 1572. Il découvre le monde des ruelles, du petit peuple, des ouvrières et des
artisans ; et puis le Louvre, les princes, les soldats et les maîtres
d'armes... Jusqu'au terrible matin de la Saint-Barthélemy...

4. *Le Prince que voilà*   n° 13551

1572-1588 : catholiques et protestants continuent de s'entredé-
chirer. Pierre de Siorac devient le médecin, puis l'agent secret
d'Henri III. Il va découvrir, au cours de ses missions, les menaces qui guettent le royaume, à l'heure où Philippe II d'Espagne
arme contre le roi de France le bras du duc de Guise, chef de la
Ligue...

5. *La Violente Amour*   n° 13612

À la mort d'Henri III, la France voit grandir l'étoile du huguenot
Henri de Navarre. Pierre de Siorac combat dans son armée avant
de redevenir agent secret pour de périlleuses missions dans Paris
aux mains de la Ligue.

6. *La Pique du jour*   n° 13625

Henri IV doit affermir son trône et pacifier le royaume. Pierre
de Siorac se voit confier des missions tantôt guerrières, tantôt
diplomatiques, souvent secrètes. À Rome, il prend part aux sub-
tiles intrigues vaticanes dont l'enjeu est l'absolution du roi.

7. *La Volte des vertugadins*   n° 4351

Les dernières années du règne d'Henri IV voient l'intolérance
religieuse renaître avec violence... Le roi mène une double
lutte : contre le catholicisme fanatique et contre les ambitions
des Habsbourg d'Espagne. Tout autour grouille un Paris coloré
et dangereux, magnifique et puant.

8. *L'Enfant-Roi*   n° 13681

Henri IV est tombé sous le poignard de Ravaillac. Louis XIII
n'a que neuf ans. Marie de Médicis, entend conserver le plus
longtemps possible le pouvoir... Siorac est le témoin des années
au cours desquelles l'enfant-roi va en secret tisser son réseau,

s'initier aux affaires du royaume, jusqu'au coup de force qui lui donnera le trône.

9. *Les Roses de la vie* n° 14074

Louis XIII devra mener encore de rudes batailles pour affirmer un pouvoir environné de menaces : insoumission des Grands, rébellion des huguenots, incapacité ou corruption des ministres... Devenu comte d'Orbieu, Siorac effectue sur ses terres de nombreux séjours qui lui font découvrir la condition misérable des laboureurs assommés d'impôts, bien loin de la vie brillante et oisive de la Cour.

10. *Le Lys et la Pourpre* n° 14580

Avril 1624 - octobre 1627. Entrée de Richelieu au Conseil du roi, guerres contre les huguenots, entreprises galantes du duc de Buckingham auprès de la reine de France... Siorac traverse au gré de ses missions les milieux les plus divers. Il connaîtra autant d'aventures galantes que d'intrigues politiques...

11. *La Gloire et les Périls* n° 14865

La prise de La Rochelle, en 1628, par Louis XIII et Richelieu, fut le dernier acte des affrontements entre catholiques et huguenots et sonna le glas des entreprises anglaises sur le continent. À l'intérieur, elle renforça la royauté et l'État. Pierre de Siorac relate ce siège qui dura un an.

12. *Complots et cabales* n° 15304

Pierre de Siorac vient de se marier et aspire au repos. Pourtant, les trois années qui suivent le siège de La Rochelle vont être celles de tous les dangers : menées des Habsbourg dans la péninsule italienne, agitation endémique des villes du Midi, complots des Grands du royaume contre le tout-puissant cardinal...

1631 à 1661, trente années qui se terminent par la mort de Maza-
rin et la prise du pouvoir par Louis XIV. Trente années marquées
par des révoltes, le conflit avec l'Espagne, la Fronde… Trente
années d'histoire que nous raconte le duc d'Orbieu.

Composition réalisée par EURONUMÉRIQUE

Achevé d'imprimer en avril 2012, en France sur Presse Offset par
Maury-Imprimeur – 45330 Malesherbes
N° d'imprimeur : 171948
Dépôt légal 1re publication : juin 1994
Édition 16 – avril 2012
LIBRAIRIE GÉNÉRALE FRANÇAISE – 31, rue de Fleurus – 75278 Paris Cedex 06